JN298904

D. バル・タル 編著
Daniel Bar-Tal

熊谷智博・大渕憲一 監訳
Tomohiro Kumagai & Ken-ichi Ohbuchi

紛争と平和構築の社会心理学

集団間の葛藤とその解決

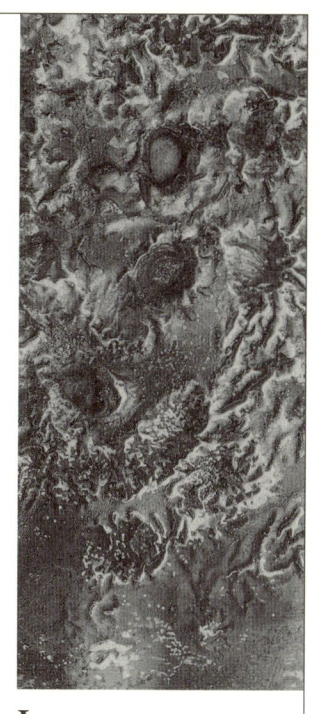

Intergroup
Conflicts
and Their
Resolution:
A Social
Psychological
Perspective

北大路書房

INTERGROUP CONFLICTS AND THEIR RESOLUTION
by
Daniel Bar-Tal
Copyright © 2011 by Taylor and Francis Group, LLC
Psychology Press is an imprint of Taylor & Francis Group, an Informa business
All Rights Reserved. Authorized translation from
English language edition published by Routledge,
Part of Taylor & Francis Group, LLC.
Japanese translation published by arrangement with
Taylor & Francis Group LLC through The English Agency (Japan) Ltd.

日本語版への序

　本書では，今なお世界に苦しみを与えている紛争において特徴的な社会心理的ダイナミックスについて説明している。スリランカ，ルワンダ，チェチェン，カシミール地方，中東，キプロス，その他の地域の紛争について，この地球のどこに住んでいようが，われわれは人類の一員として関心をもつべきである。なんと言ってもこれらの紛争は，巻き込まれた何百万人の人々に被害と悲劇と苦難を与えている。その被害者の多くは兵士ではなく，女性，子ども，老人を含む一般市民である。多くの人々が暴力を終わらせたいと望みつつも，実際には，望んでいない，絶え間ない流血沙汰の渦中に自分たちがいることを悟っている。これらの紛争は何十年，時には何百年にも及び，巻き込まれた国や社会では，延々と続く暴力的紛争を引き起こし，それを持続させている社会心理的要因を排除しようとする人々の意図や意思は失われてしまうのである。

　解決困難な紛争が継続する原因である，国際レベルにおける様々な強大な力や，超大国の野望を示すことはできるが，つまるところ人間というものは指導者やエリートが紛争を継続し，民衆はその決定に従い，それを支持さえすることで，それぞれが自らの役割を果たすものである。

　これらすべてが，紛争に巻き込まれた社会が野望や目標に対して正義を果たそうしてこなかったという意味ではない。いくつかの紛争では正義を果たそうとする当事者がはっきりと存在している。しかし目的が正当であっても，暴力的紛争の継続は大変なコストと損失を与える。そして紛争の継続は両陣営にとって好ましいものではない。多くの紛争の結果が示しているように，紛争をもっと早く終わらせることができれば多くの社会成員を救うことができたことが明らかなときなどには，その紛争に勝者はなく敗者だけが存在することが特にはっきりする。

　文明の発展が道徳規範や道徳的手続の向上という点で著しい成果をあげてきたと私は強く信じているが，国際的コミュニティが解決困難な紛争をいかに解決するかについては，われわれは未だに学んでいる最中である。多くの場合，紛争当事者は悪意，憎悪，恐怖の完結的悪循環に囚われており，その悪循環を破壊し平和へと進む能力は備えていない。そのような場合，紛争に介入し，対立集団同士の欲求を公平に満たす平和的解決を彼らに課すことは，国際的コミュニティの責任であり義務でもある。この最上位のミッションのための規範，目標，手続き，メカニズム，手段を発展させる必要がある。

　私のみるところ，今後はこの責任をいっそう発展させなければならない。なぜなら

ば多くの場合，紛争に巻き込まれた社会は紛争による損失，苦痛，被害から自分たちを守る能力も意思ももっていないと私は考えるからである。また私のみるところ，国際的コミュニティはよく知られた道徳規準を強制することに，今のところ多くの場合失敗している。多くの場合に調停や解決を受け入れるよう圧力をかける裁定の国際的仕組みをつくっておく必要がある。これは次の世代の人々にとって最も重要な課題の1つである。そのような手続きが制度化され実施されたときのみ，社会はその方法を自ら取り入れ，受け入れるだろう。これによって，完結性，教条主義，暴力の悪循環，独善，盲目的愛国心，対立する当事者の紛争目的への執着といったものを克服できる。国際的コミュニティがオランダのハーグに，国連の上級司法機関である国際司法裁判所（International Court of Justice: ICJ）が設立できるとは，かつては誰も想像しなかった。その主な役割は，国家によって提起された法律的争議を解決したり，正当に認められた国際組織，エージェンシー，国連総会から提起された法律上の問題について助言を与えたりすることである。また，ジェノサイド，人権犯罪，戦争犯罪を犯した者を起訴するための常設裁判所として，国際犯罪裁判所（International Criminal Court: ICC）が設立されるとはかつては想像できなかった。このような進歩を考えれば，紛争に巻き込まれた社会や世界に多大な被害を与える解決困難な紛争を平和的に終結させる責任を担う，強制機構を備えた国際的仕組みの設立を想像することも可能である。

　そのためには，自分たちの利益のために道徳規範をしばしば無視する，超大国の利益と強欲さを抑制することが重要である。いくつかの超大国は，ある場合には紛争を支持し，別の場合にはそれを終わらせようとするといった，ダブル・スタンダードを用いている。超大国は，解決困難な紛争に巻き込まれた社会が苦痛を被るだけではなく，国際的コミュニティの道徳的秩序と正義への信頼を傷つけ，道徳的規範に対して妥協してでも些細な利益を得ようとする。最終的には大規模な国際的変化の大部分は，国際的コミュニティの成員に依存している。現在のところ，道徳的価値を実践上の大原則としているのは，ほんのわずかな社会だけである。多くの社会が道徳的価値について言及し，それに対する支持を表明するが，実際にはその大半は，理想的だが実践的ではないものとみているし，時には道徳的価値を些細な利益，実践的価値，アイデンティティを否定するものとみている。

　私のみるところ，われわれみなが直面している課題とは，平和，正義，道徳を育む信念，態度，価値，規範のシステムをつくり出すことである。多くの人にとってはそれが非現実的な目標と映るだろうし，それ以外の人には非常に長期的な目標と映ることは私もわかっている。しかし私は，希望を与える後者の見方の方が好きだ。この目標を達成するために，解決困難な紛争に苦しめられた社会に住んでいる人々はもちろん，人類の一員である以上どこに住んでいようとも，開放性，寛容，表現の自由，批

判的・反省的思考，個人的・集合的説明責任の機能を活性化させる制度，システム，社会化のパターン，教育システムを築き上げる努力をしなくてはならない。その上で，それらのスキルを用いて社会はあらゆるレベルにおいて人権，暴力の深刻さ，不当化の性質と結果，服従，人間性に対する犯罪，表現の自由，完結的精神の影響，正義，平等，差別，圧制についての検討を進めるべきである。これはこれらの一般的な意味と結果を単に精緻化するだけではなく，重要な目標として特に内集団の文脈に焦点を当て，新しい信念，態度，価値，道徳規範，平和，正義，人権をつくり出すことを進めるべきだということである。継続的な流血沙汰をなくすことは非常に困難である以上，それを止めさせたいという望みは文明社会にとって大きな挑戦になる。

　過去の経験について知っている今日の日本は，よりよい世界をつくろうとする活動において重要な役割を担うことが明らかに可能である。破滅的結果となった嵐のような過去の後，日本の人々は平和文化の恩恵をよく理解している。日本人は平和を愛する他の国々と一緒に，平和な世界の基礎となるべき原則の創出において，積極的にその役割を担うことができる。このミッションは空想的でナイーブだと考えるべきではなく，集団間紛争における人間のレパートリーから暴力を取り除くために必要なものと考えるべきである。

Daniel Bar-Tal

原著編者まえがき

　紛争に対する私の関心は，自分が紛争に支配された地域で生活し，暴力と戦争が自分の人生の一部であり，それに対してアカデミックな傍観者でいることは許されないのだと気がついた，約30年前から始まった。人類の一員として，イスラエルの愛国者として，心理学者として，解決困難な紛争に社会全体を巻き込む社会心理的基盤の理解に挑戦し，和平形成を促進しうる社会心理学的ダイナミックスを解明することは，私にとって義務であった——それらはすべて，中東においては自然的実験の文脈内にあったのである。本書は紛争と平和構築に関する社会 - 政治心理学分野における，私の長い旅を反映したものである。本書の編集を依頼されたことは私にとって光栄であり，有意義な機会を与えてくれた Frontiers of Social Psychology シリーズの編集者，Arie W. Kruglanski と Joseph P. Forgas に感謝したい。

　本書のタイトルには「社会心理学的観点」（訳注：本書の原題は *Intergroup Conflicts and Their Resolution: A Social Psychological Perspective*）という言葉が入っている。これは本書の特別なアプローチを強調するためである。そして紛争の発生，動員，激化，維持，平和構築，交渉，調停，平和的解決，和解といった，紛争に内在するさまざまな社会心理的なプロセス，条件，構造に光を当てる本をつくり出すことを願ったためである。本書の各章はこれまでに蓄積された社会心理学的知見を用い，これを紛争の核心にあるさまざまな問題の分析に適用しているが，他の社会科学の分野による貢献も十分に認識している。各章が互いに補完し合い，最終的には紛争と和平形成についての首尾一貫し，体系立った知識を提供し，全体的特徴をもたせるよう編集の際には注意をした。

　本書では社会心理学の研究を超えて，現実生活での紛争原因について言及し説明することを企図している。それはこの世界の人々の心を支配している問題に近づきたいという願望を反映している。事実，紛争の問題は基礎的な科学的問題のみならず，世界中の人々にとって関心のあるテーマでもある。さらに本書は，現実生活の問題について言及するだけでなく，紛争の平和的解決と，その発生予防に懸命に取り組んでいる実践家に対して有益な知識を提供することを目指している。加えて，本書はこうした知識を専門家だけでなく，われわれの生活において最も普遍的現象の1つ——地球上に暮らす個人と集団の安寧に重大な影響を与える集団間紛争——に関心をもつ一般の人々にまで広げることを意図している。

　各執筆者は読者に集団間紛争の理解に役立つ，明快かつ独自な知識を提供している。そのような啓蒙的知識は平和形成の地平と視点を拡張し，その実践に役立つものと期

待される。紛争問題に光りを当て，きわめて啓蒙的内容をもつ各章を全体的図式に合致するよう提供するために多大の努力を払ってくださった各執筆者に，この場を借りて感謝を述べたい。

Daniel Bal-Tal

目次

日本語版への序　　i
原著編者まえがき　　iv
原著編者紹介　　x
原著執筆者一覧　　xi

序　章　　　　　　　　　　　　　　　　　　　　　　　　　　1
葛藤・紛争と社会心理学
マクロ・レベルの紛争　2
社会心理学的展望　3
社会心理学における紛争研究　4
破壊的紛争　6
概念的枠組み　10
平和構築への道　20
本書では　29

第1章　　　　　　　　　　　　　　　　　　　　　　　　　41
豚，スリングショット，およびその他の集団間紛争の基盤
個人という焦点　43
集団ダイナミックスへの焦点　46
集団間関係　52
文化：紛争のるつぼ　55
結論　57

第2章　　　　　　　　　　　　　　　　　　　　　　　　　64
紛争の知覚
知覚の重要性　64
敵イメージと自己イメージの形成　67

矛盾情報に対するイメージの抵抗　75
結論　81

第3章　　　　　　　　　　　　　　　　　　　　　　　　　　　　87
集団間紛争における感情と感情制御——評価基盤フレームワーク

基本的概念とその定義　87
集団間紛争における感情と感情制御：「評価基盤フレームワーク」　91
紛争の異なる段階でのモデルの適用　95
今後の研究の方向性　103

第4章　　　　　　　　　　　　　　　　　　　　　　　　　　　　110
紛争の集合的記憶

集合的記憶の定義　110
集合的記憶の構築　112
集合的記憶の維持と再活性化における要因　115
戦争の集合的記憶とアイデンティティおよび紛争との関係　120
過去の紛争に関する表象と現在の集団間関係の改善　123
結論　125

第5章　　　　　　　　　　　　　　　　　　　　　　　　　　　　132
アイデンティティと紛争

集団同一化の理論　133
アイデンティティ脅威と集団間紛争　139
解決困難な紛争における集合的アイデンティティの役割　141
紛争鎮静化におけるアイデンティティの役割　144
アイデンティティと紛争：要約　146

第6章　　　　　　　　　　　　　　　　　　　　　　　　　　　　153
イデオロギー葛藤と極化——社会心理学の視点から

どんな意味で人は「イデオロギー的」か　154
イデオロギーの極化：神話か現実か　158
イデオロギーの極化の程度を調整する社会心理学的変数は何か　161
結論：イデオロギー葛藤は望ましいのか，望ましくないのか　172

第7章　　　　　　　　　　　　　　　　　　　　　　　　　　　　184
政治的暴力，集団間紛争，民族カテゴリー

政治的暴力と民族紛争：最新の知見と新たな疑問　184

政治的暴力と「民族的内集団」の変質　192
政治的暴力と集団的記憶の構築　195
結論　200
謝辞　202

第 8 章　　　　　　　　　　　　　　　　　　　　　　　　　206
テロリストの心理——個人，集団，組織レベルの分析
個人レベルの分析　208
集団レベルの分析　213
組織レベルの分析　218
テロ対策　220
結論　223

第 9 章　　　　　　　　　　　　　　　　　　　　　　　　　230
紛争解決における社会心理的障碍
紛争解決における社会心理的障碍：従来のアプローチ　230
統合的アプローチ　232
内容に基づく障碍の帰結　240
結論　244

第 10 章　　　　　　　　　　　　　　　　　　　　　　　　254
紛争解決に対する社会心理学的アプローチ
紛争解決：概念的意味　254
紛争状況の認知的解釈　256
感情と紛争状況の認知的解釈　259
自己関与　261
紛争解決とパーソナリティ　264
集団プロセス　267
集団間紛争の解決：主要因子の概観　270

第 11 章　　　　　　　　　　　　　　　　　　　　　　　　281
集団間紛争における交渉と調停
集団間交渉と個人間交渉　281
仲介者　283
なぜ集団は交渉を開始し継続するのか　288
交渉の前段階と後段階　291
裏ルート・コミュニケーション　293

公式外交の代替手段：トラック2，トラック1.5,その他の革新的手法　297
　　調停　298
　　結論　302

第12章　　　　　　　　　　　　　　　　　　　　　　　　　　　308
　　和解をめぐる主要論点──紛争解決とパワー力動に関する伝統的仮定への挑戦
　序　308
　紛争処理の3種のプロセス：鎮静化，解決，和解　310
　紛争の鎮静化　311
　紛争解決活動　311
　和解　312
　パワー非対称性と和解　323
　歴史的責任　325
　和解における他の重要事項　329
　要約　329

第13章　　　　　　　　　　　　　　　　　　　　　　　　　　　335
　　　　　　　　平和構築──社会心理学的アプローチ
　序　335
　エリート・レベルにおける積極的和平の触媒　337
　積極的和平のための草の根レベルの触媒　342
　考察　349

終　章　　　　　　　　　　　　　　　　　　　　　　　　　　　356
　　　　　　　　　クローゼットを開けるために
　紛争の知識　357
　紛争研究と社会心理学　358
　紛争研究の限界　361

　　人名索引　365
　　事項索引　368
　　監訳者あとがき　374

原著編者紹介

　Daniel Bar-Tal はイスラエルのテルアビブ大学教育学部児童発達教育学科の Branco Weiss 記念教授である。彼の研究関心は解決困難な紛争と平和構築のための社会心理的基盤，児童による政治理解の発達，平和教育に関する政治・社会心理学である。彼は15冊以上の著書を上梓し，社会・政治心理学の主要な雑誌・文献に200以上の論文を寄稿している。彼は国際政治心理学会会長として貢献し，その業績はさまざまな賞を受賞している。1991年と2009年にはSPSSIのOtto Klineberg 文化間・国際関係賞を受賞し，2000～2001年にはオランダ人文・社会科学高等研究所において，Golestan Fellowship を受けた。2006年，Yona Teichman との共著 *Stereotypes and Prejudice in Conflict*（Cambridge University Press, 2006）は，国際政治心理学会より，政治心理学に関する最優秀書籍に与えられる，Alexander George 賞を受賞した。また2006年には，平和・公正学会より，彼の紛争と和平形成研究への偉大なる貢献に対して，平和研究者賞が授与された。

■原著執筆者一覧

Daniel Bar-Tal
テルアビブ大学教育学部（テルアビブ／イスラエル）

Klaus Boehnke
ヤコブ大学ブレーメン校ブレーメン社会科学国際大学院（ブレーメン／ドイツ）

Marilynn B. Brewer
ニューサウスウェールズ大学心理学部（シドニー／オーストラリア）
オハイオ州立大学（オハイオ州コロンバス／アメリカ合衆国）

Aleksandra Cislak
ポーランド科学アカデミー 社会・人間科学部ワルシャワ校（ワルシャワ／ポーランド）

Dawna K. Coutant
ハワイ大学ヒロ校心理学部（ハワイ州ヒロ／アメリカ合衆国）

Guy Elcheroth
ローザンヌ大学社会科学研究科（スイス／ローザンヌ）
ブリュッセル自由大学（ブリュッセル／ベルギー）

Ronald James Fisher
アメリカン大学国際活動学部（ワシントン D.C.／アメリカ合衆国）

Shira Fishman
メリーランド大学国立テロリズムおよびテロリズム対策研究コンソーシアム（START）（メリーランド州カレッジパーク／アメリカ合衆国）

James J. Gross
スタンフォード大学心理学部（カリフォルニア州スタンフォード／アメリカ合衆国）

Eran Halperin
ヘルツリヤ学生センターラウダー政治学研究所（ヘルツリヤ／イスラエル）

Marcelo Hanza
ハワイ大学ヒロ校心理学部（ハワイ州ヒロ／アメリカ合衆国）

John T. Jost
ニューヨーク大学心理学部（ニューヨーク州ニューヨーク／アメリカ合衆国）

Herbert C. Kelman
ハーバード大学心理学部（マサチューセッツ州ケンブリッジ／アメリカ合衆国）

Margarita Krochik
ニューヨーク大学心理学部（ニューヨーク州ニューヨーク／アメリカ合衆国）

Arie W. Kruglanski
メリーランド大学心理学部（メリーランド州カレッジパーク／アメリカ合衆国）

James Hou-fu Liu
ビクトリア大学ウェリントン校応用異文化研究センター（ウェリントン／オーストラリア）

Dario R. Paez
バスク地方大学社会心理学部（サンセバスチャン／スペイン）

Dean G. Pruitt
ジョージメイソン大学紛争分析解決研究科（メリーランド州ベセスダ／アメリカ合衆国）

Janusz Reykowski
ポーランド科学アカデミー社会・人間科学部ワルシャワ校（ワルシャワ／ポーランド）

Nadim N. Rouhana
タフツ大学フレッチャー法学・外交学部（マサチューセッツ州メドフォード／アメリカ合衆国）

Henning Schmidtke
ヤコブ大学ブレーメン校ブレーメン社会科学国際大学院（ブレーメン／ドイツ）

Maor Shani
ヤコブ大学ブレーメン校ブレーメン社会科学国際大学院（ブレーメン／ドイツ）

Keren Sharvit
メリーランド大学心理学部（メリーランド州カレッジパーク／アメリカ合衆国）

Dario Spini
ローザンヌ大学社会科学研究科（スイス／ローザンヌ）

Stephen Worchel
ハワイ大学ヒロ校心理学部（ハワイ州ヒロ／アメリカ合衆国）

序章

葛藤・紛争と社会心理学

Daniel Bar-Tal

　紛争（conflict）は，二者以上が目標や関心について互いに正反対であると知覚し，その知覚に基づいて行動を決定している状況と定義される。この定義は紛争が発生するために必要な2つの条件を示唆している。それは，対立の認識と，それに基づく行動決定である。それゆえ，当事者たちが目標や関心の対立を確認するだけでは不十分である。紛争が発生するためには，少なくとも一方の当事者がこの対立に関連して行動を起こすことを決め，それを少なくとも言葉で表明する必要がある。このことは，第1段階として，目標や関心の不一致を一方の当事者だけが知覚し，それに基づいて行動決定するだけで，紛争が発生する可能性があることを意味している。そうした行動は他方の当事者を対立に注目させ，同様の行動を引き起こし，紛争を拡大させるであろう。

　紛争は人間生活のあらゆるレベルにおける相互作用において不可避かつ重要な側面である。対人葛藤，集団内葛藤，集団間紛争，組織内紛争，社会内紛争，民族間紛争，それに国家間紛争，文明間紛争なども存在する——これらは，ミクロな紛争からマクロな紛争にいたる広範囲の紛争の中で最も顕著なものを表わしている（Galtung, 2004）。目標，関心，価値，信念に関して人々の間で一致しないことがあることは避けられないので，紛争は定期的かつ継続的に発生する。願望，価値，目標，欲求，社会化の方法，文化的環境などに関する信念システムだけではなく，政治・経済システムなどにおいて異なる人々が，有形・無形の便益をめぐって，個人あるいは集団として紛争状態に陥ることはまったく自然なことである。

　このことに関連して，あらゆる紛争がネガティブな意味や性質をもつわけではないことも述べる必要がある。頑迷な旧いドグマ，価値，習慣，慣例を覆す新しいアイデアやイノベーションは，人類の進歩や発展のために必要である。差別，不公正，不平，搾取，占領，さらに民族浄化やジェノサイドといった人類の悪行をやめさせるために紛争が起こることもある。時には紛争によってのみ，集団は国際法や国際倫理に従った適正な扱いを受けることができる。なぜならば，ある集団が外集団に対して，これ

らの法や倫理に従った適正な扱いを自発的に与えることは非常に稀だからである。不公正を正そうとする試みはたいてい強い抵抗と拒絶に直面し，これが深刻な紛争を引き起こす。さらに紛争は，パラメータにもよるが，対称－非対称の次元で異なる。パラメータには，軍事，経済，政治力に関するものと，紛争時の行動が道徳律に違反している程度とその範囲の2種類がある。それぞれのパラメータにおいて対立者たちは異なる。紛争そのものが人類の醜悪な面を反映しているわけではないが，その原因，あるいは人々が用いる手段によっては，そうである。

マクロ・レベルの紛争

　本書では特定タイプの紛争に焦点を当てる——複数の社会がかかわるマクロ・レベルの紛争に焦点を当て，社会の成員が参加する最も深刻で残酷な紛争について分析を試みる。社会とは広範囲に及ぶ独自かつ安定したシステムであり，他の社会と自らを区別する境界線をもっている。それは，一定の所属感をもち，社会的信念を共有し，連帯意識を経験し，ある程度の活動において協力し，共通のアイデンティティ感覚をもつ人々によって構成されている。Giddens（1984）の言葉によれば，社会とは「人々が埋め込まれている他の多くの関係を背景として，その上に『際立って』浮き上がる社会システムである。それは，時間的空間的に特定可能な『制度群』が，明確な構造的原理に従って成立しているがゆえに『際立っている』のである」(p.164)。これらの社会的集合体は，伝統，文化，集合的記憶，信念体系，社会構造，制度を発展させながら持続する（Griswold, 1994）。それらは，異なる諸集団を1つの社会へと統一する際の結合・統合の要素である（Hoebel, 1960）。

　マクロ・レベルの社会的紛争の多くは民族社会間で生じる。民族社会や民族集団は集合的であり，その成員性は共通の過去，共通の文化，共通の言語，共通の運命に関する知覚に基づいて決定される。このことは，民族性が共有特徴の知覚と意識に基づいていると同時に，他の集団との差異認知に基づいていることを意味する（Anderson, 1991; Barth, 1969; Brubaker, 2004; Connor, 1994; Geertz, 1973）。

　マクロ・レベルの紛争分析では，社会成員が集団への同一化と集合的アイデンティティを通して集団の一部となることが示されている（David & Bar-Tal, 2009）。これは紛争時においては，多くの場合，社会成員は他の仲間成員たちと感情，信念，価値，規範を共有し，協力して行動することを意味している。すなわち，マクロ・レベルの紛争は，権利，領土，自己決定権，資源，威信，価値，イデオロギー——それらは，社会成員である人々が集合的実体のために価値づけし，願望し，熱望し，要求する有形・無形の社会的便益であるが——などの集合的目標や関心にかかわるものである。

その結果，人々は自己の集団の一員として紛争に注目し，関心をもち，感情的に巻き込まれ，参加する。これらの紛争においては個人的関心や目標も喚起される。しかし中心的優先事項は社会の安寧である。さらに，社会成員はこの優先事項が，その集合体に同一化している他の成員たちの間で共有されたものであることにも気づいている（Ashmore et al., 2004）。このため社会成員は，紛争を直接経験することなく，それが自分の一部であると感じる。社会成員である彼らは，さまざまなコミュニケーション・チャネルと社会制度を通じて紛争にさらされ，そのため社会への同一化プロセスを通じて，紛争のあらゆる側面において代理的参加者となるのである。

社会成員は社会の安寧に関心と注意を払い，あるいはこれに直接かかわるが，しかし，だからといって紛争にどのように対処するかについて全員が一致するとは限らない。彼らの一部は紛争の目的さえも支持しないであろう。彼らは紛争に関するさまざまな点について同意せず，そうした不一致が議論や行動として現われることもある。その不一致はマクロな社会間紛争のあらゆる局面で生じ，時には社会内部で対立をもたらし，深刻な分裂さえも引き起こしかねない。

社会心理学的展望

マクロ・レベルの集団間紛争の分析には，たとえば，歴史的，政治的，社会学的，経済的，文化的といったさまざまな観点が含まれる。それぞれが異なった概念，理論的枠組み，モデル，データの収集方法を提案し，独自の視点や着眼点を提供している。歴史的観点では，出来事の原因を最も正確に記述するために，紛争の発生とその経過に関する歴史的記録に注目するが，政治的観点では紛争における政治システムの機能とダイナミックスを解明しようとする。

しかし私は，なによりも紛争を引き起こし，それに参加し，対処し，時にはそれを平和的に解決して和解を達成しようとする人間について認識する必要があると思っている。人間は知覚し，評価し，推論し，行動する。人間は紛争場面における唯一の行為者なのだから，これら人間の心理学的行動は紛争における相互作用に不可欠な要素である。すでに述べたように，紛争は必要だという考えを宣伝し，社会の成員がそれに参加するように動員をかけ，それを継続するように子どもたちを社会化し，それを暴力的に実行し，平和的な解決法を拒否するのは人間なのである（第1章参照）。

動員（mobilization）はマクロ・レベルの集団間紛争を遂行させるために必要な条件である。動員は社会成員を紛争の大義に巻き込むよう，意図的に行なわれるリクルートである。それは集団成員が紛争を支持し，それに自発的に参加することを目的として行なわれる説得のプロセスとみなすことができる。動員に必要な基本的前提条

件は，社会成員である人々が集団に対して強く同一化すること，また特に社会が掲げる紛争の目的に同一化することである（Simon & Klandermans, 2001; 第5章も参照）。さらに動員とは，単に人々が集団に同一化し，紛争目的を受け入れるだけではなく，集団が取る行為の方向性を是認し，その行為の一部を，集団を代表するものとして自分自身で遂行することだが，それはしばしば対立者の殺害と同時に自分が殺されることを覚悟することでもある（Klandermans, 1988）。動員のプロセスでは，重要かつ具体的で，社会的アイデンティティに訴え，現状を受け入れられないものとして否定し，大切な価値が脅かされていることを伝え，強い感情を喚起するような信念を含むメッセージが用いられる。命すら惜しまないという覚悟と忠誠心を示す集団成員が多少なりとも参加しなければ，激しい暴力的紛争へと発展し，強大なものとなることはあり得ない（Bar-Tal & Staub, 1997）。

　上に述べた前提からみて，紛争研究は社会心理学分野からの貢献なしには成り立ち得ない。もっとはっきり言えば，社会心理学は紛争のダイナミックスと和平形成を理解するための基盤形成に必要な核となる知識を提供する。社会心理学的観点は，紛争の「実際の」原因は何かを説明するのではなく，むしろ人々がその状況において何を考え，何を感じるかを分析するが，それはなぜ人々が特定のやり方で行動するかを理解するのにきわめて重要だからである。Krechら（1962）が数年前にいみじくも述べたように，「人間は自分の考えに基づいて行動するので，合理的行動だけでなく，非合理的行動もまた，その人が何を考え，何を信じ，何を懸念しているかによって左右される。人間，部族，国民の行動は部外者の目には奇妙に映るかもしれないが，その人自身，その部族，その国民にとっては，自分たちの行動は自分たちの世界観からすれば道理にかなっているのである」（p.17）。

　これは紛争の最中だけのことではなく，紛争の発生以前，長期間にわたるさまざまな文脈の中で獲得された信念，態度，感情，行動意図などから成る心理的レパートリーに従って人々が行動していることを意味する。多様な過去経験や獲得された知識も，紛争状況での集合的行為に対して決定的な影響力をもっている。したがって社会心理学的アプローチは，紛争の発展・維持とともに，最終的に目指す解決と和解の基礎となる思考，感情，行動を明らかにしようとするものでもある。平和構築の可能性を探るためには，まず人間の心の研究に着手しなくてはならない。これは紛争を発生させ，継続させる側の人たちに対してもアピールすべき点である。

社会心理学における紛争研究

　集団間紛争に関する上記の前提からすると，社会心理学の創始者たちが，紛争研究

を主要課題の1つと考えていたことは驚くべきことではない（Deutsch, 1980）。紛争研究の初期における1つの方向性は，Murphyら（1937）の社会心理学の教科書に要約されている。その後，一方において課題遂行という枠組みの中で個人間の協力と競争に焦点を当てた実証研究が進められた。他方，20世紀前半には偏見が集団間紛争と暴力の顕著な指標の1つとみなされたことなどから，紛争研究は偏見研究の中核的部分となったのである（Cantril, 1941; Harding et al., 1954; Newcomb, 1950）。しかし，状況は時代ともに変化した。現在の偏見研究には，紛争とその解決に関する詳細な分析は見あたらない（Stephan, 1985）。

現代社会心理学が発展した20世紀半ば，紛争研究はその主流の1つであった。Kurt Lewinは，葛藤は人間の行動の不可分な一部であり，社会心理学者はこの現象のさまざまな側面を解明できると信じていた。彼はその編著『社会的紛争の解決（*Resolving social conflicts*)』（Lewin, 1948）において，個人内から集団間まで，さまざまな種類の葛藤について社会心理学の概念的枠組みを用いて紹介し，これを分析した。Lewinの理論を元に，現代社会心理学のパイオニアの1人であるDeutschは，紛争研究の基礎概念となる協力と競争の理論を発展させた（Deutsch, 1949a, 1949b）。この時期，紛争に関する知識は体系化され，古典ともいえるKrechとCrutchfield（1948）の著書『社会心理学の理論と問題（*Theory and problems of social psychology*)』では，すでにその中の2章が紛争に割かれていた。それは産業組織分野の紛争と国際的緊張であった。

Sherifと共同研究者たちによる紛争と協力に関する古典的研究は，紛争がいかに発生し，またいかに解決できるかを示した最も有益で重要な研究であることは疑いない（Sherif, 1966; Sherif et al., 1961）。いわゆる「泥棒洞窟実験」は，最初に2つの集団をつくり，それらの間での紛争の発生，そのさまざまな影響，そして最終的には上位目標の設定による平和的紛争解決の方法などを，現実場面において実証的に観察する機会を提供した。ほぼ同時期，ゲーム理論において紛争をゲームとしてシミュレートするパラダイムが導入され，社会心理学者たちにとって集団間紛争とその解決に関してさまざまな仮説を検証する実証的手法を使うことが可能になった（Deutsch, 1958; Kelly et al., 1970; Rapoport, 1960）。このパラダイムは，結果の正確な測定，さまざまな状況の操作，変数の厳密な統制を可能としたのである（Pruitt & Kimmel, 1977）。最も人気のあるパラダイムは「囚人のジレンマ」だが，複数の動機が働く紛争の分析を可能にしたDeutschとKrauss（1960）のトラッキング・ゲームを含め，他のパラダイムもこの時期に考案された。

Klineberg（1950）の最初期の研究成果は，社会心理学者の間で国際紛争に対する関心が高まりつつあることの証拠であった。1960年代，社会心理学におけるこの方向への傾斜は明らかであった。Kelman（1965）の編集本と同様，Stagner（1967）と

White (1970) の著作も大規模な国際紛争を分析するための社会心理学的枠組みを提案したものだが，そこでは集団間知覚，暴力，リーダーシップ，交渉などに焦点が当てられていた。社会的アイデンティティに対する Tajfel (1978, 1982) の重要な貢献は集団間紛争に対して直接的な意味をもつものだが，それは集団形成とその働きに関する重要なメカニズムだけでなく，集団間差異化と紛争をもたらす要因についての示唆を含むものであった。

現在のところ，紛争というテーマは偏見や同調ほど長期にわたって中心的地位にあったとはいえないが，社会心理学の正統な一分野という地位を築くことには成功したといえよう。多くの教科書はこのトピックを含んでおり (Myers, 1993; Raven & Rubin, 1976; Saks & Krupat, 1988)，指導的な社会心理学者たちの多く（ここにあげるのはその一部だが）Morton Deutsch, Herbert Kelman, 後の Jeffrey Rubin や Ralph White, Dean Pruitt などは，自分の研究キャリアをこのトピックに捧げてきた。長年の間，社会心理学者は紛争と平和構築研究を先取りした平和心理学や政治心理学の発展と構築において重要な役割を果たしてきた。1990年にはアメリカ心理学会 (APA) に第48分科会，すなわち平和，紛争，暴力研究学会が設立された。数年後，その学会は機関誌 *Peace and Conflict: Journal of Peace Psychology* を創刊した。

今日，葛藤と紛争の社会心理学に対する関心は高まりつつあり，社会心理学の若い世代がこの領域のさまざまな側面に注目している。ここ数年間，紛争と平和構築のさまざまな側面に関して多くの著書，章，論文が発表され，社会心理学の研究集会では多くの研究発表が行なわれた (Vollhardt & Bilali, 2008)。ヨーロッパ社会心理学会においても，紛争とその解決の社会心理学に関して「小集会」が開催され，*Journal of Social Issues* や *Group Process & Intergroup Relations* などの雑誌においてこのテーマが特集として扱われた。数年前，『紛争管理論 (*The handbook of conflict resolution*)』(Deutsch et al., 2006) の第2版が刊行され，また最近，いくつかの重要論文集が出版されて，紛争と平和構築の社会心理学に勢いを与えている (de Rivera, 2009; Fitzduff & Stout, 2006)。

本書は，社会心理学的視点から紛争の分析を行なうものである。本書では，おもに，激烈で破壊的な集団間紛争（だけではないが）の社会心理的な基盤とダイナミックスに焦点を当て，その発生，対処，解決，平和構築などを解明する。

破壊的紛争

社会的紛争にはさまざまな方法で分類された多様なタイプがある。中でも有益な分類法は，深刻さと長期性に焦点を当てたものである。実際，この次元は紛争の破壊的

性質の程度をよく表わしている。多様な集団間紛争を位置づけることができるこの次元については，その両極を表現するためにさまざまな用語が用いられてきた――しかし，ある紛争はこの次元上において時間とともにダイナミックに変化する可能性がある。解決容易，解決困難という概念もその１つである。つまり，この次元の一方の極は，目標の重要性が低く，短期間で終わる解決しやすい紛争であり，対立する当事者はそれを解決可能と考え，交渉を通じてそれを早急に解決したいと思っている。加えて，当事者社会は暴力を避け，自分たちの主張を実現するために社会成員を動員することもなく，相互の利益，目標，欲求を理解し，それを考慮に入れ，また自分たちの紛争には混合動機という性質があるとみている。フランスとドイツ，あるいはイギリスとアメリカのような同盟国同士の紛争のいくつかはこのタイプの例である。

　もう一方の極は，解決困難な紛争の特徴である。これらの紛争は知覚された重要な目標に関するものである。それはきわめて激しい敵意とおぞましい暴力の連鎖を含む。どちらも勝つことができないまま長期化し，それゆえ解決不能で自己永続化する。同時に，双方とも妥協や平和的方法によって解決することには関心がない。むしろ双方とも，社会成員をその紛争に参加するように動員して，自分たちの欲求と目標追及しか眼中にない（解決困難な紛争の別の特徴については以下を参照。Azar, 1990; Burton, 1987; Deutsch, 1985; Huth & Russett, 1993; Kriesberg et al., 1989; Mitchell, 1981; Mor & Maoz, 1999）。北アイルランドにおけるプロテスタント教徒とカトリック教徒，チェチェン共和国におけるチェチェン人とロシア人，スリランカにおけるタミル人とシンハラ人，トルコにおけるトルコ人とクルド人，インド・カシミール地方のイスラム教徒とヒンドゥー教徒，そして中東におけるユダヤ人とパレスチナ人といった民族間紛争は，それぞれ異なる時期における解決困難な紛争の典型例だったし，それは今もそうである。この永続的で，悲惨かつ暴力的な紛争のタイプは，それに巻き込まれている社会の成員個人と同様に，そのコミュニティ全体にとっても深刻な意味をもつ。このため，解決困難な紛争の基盤とダイナミックスを理解することは，社会心理学者を含め社会科学者にとって特別重要な課題である。本書の多くの章は，特にこのタイプの紛争に焦点を当てている。

　ここであげた解決困難な紛争の特徴は Kriesberg（1993, 1998）によるものである。彼は必要な特徴として以下の４点をあげている。

1．解決困難な紛争とは暴力的であり，戦争，小規模な軍事衝突，テロ攻撃によって社会成員が殺害されたり傷ついたりといった暴力を含んでいる。
2．解決困難な紛争に巻き込まれた社会成員は，紛争の平和的解決の可能性を知覚しないので，それらは解決不能と知覚される。
3．解決困難な紛争では，その状況に成功裏に対処するために，当事者には莫大な

物理的（すなわち，軍事的，技術的，経済的）および心理的投資が求められる。
4．紛争は少なくとも一世代にわたって続き，解決困難なものとなる。長期にわたるということは，紛争当事者たちが多くの対立経験をもち，その結果，憎しみと敵意が蓄積されることを意味する。

これらの特徴に加えて，Bar-Tal（1998a, 2007a）は解決困難な紛争の性質をより詳細に記述するために，次の3つの必然的特徴を加えている。

5．解決困難な紛争は，集団の存在と生存にとって不可欠で，本質的かつ基本的な目標，欲求，価値に関係があると知覚されるものの総体である。
6．解決困難な紛争は，妥協することなく本来の目標に執着するゼロ-サム的性質をもつと知覚される。加えて，解決困難な紛争の当事者は，相手が被ったいかなる損失も，それは自分にとっての利得であり，反対に相手の利得はいかなるものでも自分の損失であると知覚する。
7．解決困難な紛争は，集団成員の生活において，また集団全体において中心を占める。社会成員は恒常的にかつ持続的に紛争に巻き込まれる。

これらの特徴をまとめると，解決困難な紛争は存在にかかわるもので，解決不能で，ゼロ-サム的性質をもつと知覚されるとことから，その本質的特徴のいくつかは純粋に心理学的である。他の特徴は個人的・集合的経験のさまざまな領域と関係がある。暴力の程度や紛争に対する投資の程度ですら主観的に評価される。長期的であるという特徴のみが絶対的な意味で客観的である。このことは解決困難さの評価が想像の産物という意味ではない。人々は自分の経験と与えられた情報に基づいて紛争を評価するし，紛争がそれぞれ，激しさと状況の明確さに関して異なることはまちがいない。戦争や過酷な暴力は，紛争の激しさを評価するための明確な基盤を提供する。しかし，状況や持続的条件が不明確な場合，社会成員は与えられた情報や獲得した知識に依存して判断を行なうことになる。
　これらの（長期性を除く）6つの特徴すべては時間とともに強まるが，そのペースはそれぞれ独自である。いったんそのすべてが出現すると，解決困難な状況が始まり，それぞれの特徴は慢性的で過酷な現実を生み出す。紛争の過酷さを特徴づける上で暴力が主要な役割を果たすと仮定することは可能だが，解決困難という性質に対して他の要素の影響を評価することはむずかしい。それにもかかわらず，長期性を除く6つの要素の出現は，第2次世界大戦の苦い記憶が教えるように，非常に深刻な喪失を伴うきわめて過酷で，強烈で，冷酷な紛争を引き起こすであろう。持続的暴力は紛争を信念システムの中に固定化するが，これが長期間にわたって敵意を形成し蓄積すること

になり，それが長期性という特徴の特殊な要素となる。それはまた，軍事的勝利も平和的解決も紛争終結をもたらすことができないことを意味する。そして，7つの要素すべてが極端な形で出現した場合にのみ，解決困難な紛争の典型的性質が現われる。解決困難な紛争とはいえ，現実には，これら7つの特徴の強さには違いがある。さらに解決困難な紛争には，いったん弱まった後で再び激化するという変動性もみられる。つまり，7つの特徴は，時間とともに強度が変化するのである。

　紛争激化の最も顕著な徴候の1つは，当事者たちが暴力に頼ることである（第7章参照）。多くの場合，紛争の一方あるいは両当事者にとって，暴力は目的達成のために必要な要素と知覚される（Brubaker & Laitin, 1998; Opotow, 2006）。存在目標をめぐる紛争は，集団の社会的アイデンティティと結びついたゼロ-サム性質のものとみられ，こうした紛争においては暴力の行使は不可避であるが，それはその主張があまりにも広範囲なので，相手側がこれに対して善意で応えることはほとんど不可能なためである。一方が対立する相手の正当性を認めず，パワーに大きな格差があり，相手の要求を無視できると信じ，他方は自分たちの力を見せつける必要があると感じているときには，しばしば暴力が発生する。不満を処理するための制度化された方法がなく，一方の当事者が，暴力の行使を目標達成の最適な方法であると信じている場合がそうである。

　多くの場合，一方による暴力はただちに他方からの暴力的反応を誘発する。これがさらに進むと，暴力的行為は紛争の一部となり，当初の暴力の意味も失われ，特定の行為に対する報復というものでもなくなる。いったん暴力が生じると，それは社会成員に対する危害を含むものになるため，紛争の性質はすぐに変化する。物理的暴力とは，破壊に始まり，拷問，強姦，殺人による人的損傷など，人間に対するあらゆる形態の危害を含み，時には大量殺戮や民族浄化，さらにはジェノサイドすらもたらすことがある。物理的加害は，通常，侮辱や差別といった象徴的暴力を伴う。加害は軍事的集団だけでなく，一般市民に対しても行なわれる（第8章参照）。加害は道徳的行動基準から逸脱したもので，集団成員を巻き込み，集団的被害感覚を生み出し，強い感情反応を喚起し，対立者を非合法化し，ついには紛争を激化させる（Bar-Tal, 2003）。また民族紛争の状況で特に重要なのは，暴力は個人によるものではあっても，それは社会システム内で開始され，遂行されるという事実である。すなわち，社会-政治システムは，暴力に合理性や正当性を与え，それを実行するよう集団成員を動員し，暴力を行なう人々を訓練し，暴力的行為とその実行者を美化する。

　上述の通り，解決困難な紛争に巻き込まれている当事者は，勝利することができず，紛争を平和的に解決する可能性も認識できず，解決困難さが最終的に消滅するまで，すなわち一方が最終的に勝利するか，双方が最終的にそれを平和的に解決すると決めるまでの何十年間も対立し続ける。民族間紛争の多くは，軍事的勝利が非常に困難で

あり，それゆえ双方が紛争を平和的に解決するのに数十年，数百年かかる（Sandole et al., 2009; Worchel, 1999）。一方が領土を占領し，自分たちの願望に協力的な政治体制をつくったとしても，占領された側の集団の基本的欲求が満たされ，目的が達成されない限り紛争は再発するであろう（たとえば，チェチェン，ルワンダ，中東，あるいはスリランカの紛争を参照）。わずかだが，民族間紛争が民族浄化やジェノサイドによって終結することもある（例：オーストラリアのアボリジニの場合）。解決困難な紛争が持続し，平和的解決方法を見いだせない状況において最も深刻な問題は，対立する双方の社会成員が抱く共有信念である——すなわち，自分たちは紛争を続ける人的・物的資源をもっていること，自分たちの目標は神聖で，それゆえ歩み寄りは不可能であること，敵対集団は信頼できないこと，そして時流は自分たちに有利で，やがて状況は時とともに好転し，勝利すら収めることができる，といった信念である。これらの信念のどれか1つでも優勢になると，それは紛争の平和的解決を強く妨害する。

概念的枠組み

25年以上にわたる私の学術研究は，紛争とその解決方法，全体として平和構築に焦点を当ててきたものである。とりわけ，解決困難な紛争を継続させるレパートリーのプロセスと内容を明らかにするための，概念的枠組みの形成に取り組んできた。後に，この概念的枠組みに基づいて，平和構築と和解を検討するための理論を発展させてきた。本書の構成はこの研究の流れに添ってつくられたものである。これによって各章は首尾一貫した体系となったが，その構造の詳細について後に述べる。

■ 解決困難な紛争に関する課題

これまでに説明した解決困難な紛争の特徴からみて，このタイプの紛争において，これに巻き込まれた社会はその人的・物的両面において脅威，ストレス，苦悩，疲弊，悲嘆，トラウマ，不幸，苦難，損失などきわめてネガティブな経験を被ることになる（Cairns, 1996; de Jong, 2002; Robben & Suarez, 2000）。この状況は慢性化し，長期にわたる。そのため成員は，個人的・集団的生活の両面において，この困難な状況に適応しなければならない（Hobfoll & deVries, 1995; Shalev et al., 2000）。私は心理学的観点から，解決困難な紛争という悲惨な状況に適応する上で，人々は3つの困難な課題に直面すると仮定する（Bar-Tal, 2007a, 2007b, manuscript in preparation; Bar-Tal & Salomon, 2006）。

第1に，解決困難な紛争の中では，知識，運命のコントロール，ポジティブなアイデンティティなどが剥奪されることが多く，これらに対する心理的欲求を充足させる

方法を生み出す必要がある（Burton, 1990; Staub, 2003; Tajfel, 1982）。第2に，解決困難な紛争状況には，慢性的ストレス，恐怖，その他ネガティブな心理現象が伴うので，これらに対処する方法を学ぶ必要がある。第3に，紛争に適応するためには，対立集団に適切に対抗するため，つまり紛争に勝利を収めるとか，少なくとも敗北しないようにするための心的態勢を構築する必要がある。

ここで私の基本命題は，上述の諸課題に取り組むために，解決困難な紛争状態にある社会では，必然的に共有された信念，態度，動機，感情を含む社会心理的レパートリーが形成されるというものである[★4]（第2章）。それら共有されたレパートリーは徐々に組織化されて，社会的信念[★5]（societal belief），態度，感情へと結晶化し，将来的には社会心理的インフラとなって社会制度やコミュニケーション・チャネルに浸透していく。この社会心理的インフラは，特に解決困難な紛争状況において解決されるべき心理的課題に取り組むという適応的役割を果たすので，本書においても詳しく論じられ，分析されることになる。

■ 解決困難な紛争における社会心理的インフラ

私は，解決困難な紛争における社会心理的インフラは3つの要素から構成されると仮定する。それは，集合的記憶（第4章），紛争エートス，集合的感情志向性（第3章）である。これらの3要素は相互に関係し，維持し合い，互いの進展に影響するが，分析自体は個別に行なった方がよいであろう。

紛争の集合的記憶　集合的記憶は，紛争の歴史として社会成員に想起される過去の表象と定義される（Kansteiner, 2002）。それは何らかの形で実際の出来事に基づいており，まとまりをもって社会的に構成された重要なナラティブであるが（Cairns & Roe, 2003; Halbwachs, 1992; Liu & Hilton, 2005），社会の現在の欲求に沿うように歪められ，取捨選択されている。紛争に関する集合的記憶は少なくとも以下の4つのテーマを含んでいる。

- 紛争の発生とその激化を正当化する
- 自社会をポジティブに表現する（Baumeister & Gastings, 1997）
- 対立社会を不当なものとして描く（Bar-Tal, 1990; Oren & Bar-Tal, 2007）
- 自社会を敵からの被害者として表現する（Bar-Tal et al., 2009; Mack, 1990; Volkan, 1997）

これらすべてのテーマは紛争の歴史の中に現われる。
その結果，紛争中の敵対集団はしばしば，同じ出来事に対して正反対の内容を選択

的に含んだ歴史の集合的記憶を心の中に形成するであろう。集合的記憶においては特定の歴史的出来事とプロセスを選択的に取り込んだり排除したりするが，こうした内集団をポジティブに，外集団はネガティブに特徴づけることによって，集団は自分自身とその歴史的経験を独自で特別なものと見ることができる（Baumeister & Gastings, 1997; Irwin-Zarecka, 1994）。集合的記憶では黒白の明確な図式が描かれ，それによって紛争の「歴史」は素朴で，断固として非多義的で，単純で理解しやすいものにする。

紛争エートス　解決困難な紛争の長い期間の間に，それに巻き込まれた社会は，集合的記憶に加えて，ある特殊なエートス——紛争エートスを発展させる（Bar-Tal, 1998a; 2000）。エートスとは，社会の現在と未来に対して一定の優勢な方向性を与える共有された中心的社会的信念の配列と定義される（Bar-Tal, 2000）。長年にわたる対立の中で成育する紛争エートスは，社会を主導する方向づけの認識基盤となり，紛争を理解する明確な図式，その目的，条件，要求，そして自集団と対立者のイメージなどを提供する。それは個人的・社会的行動に目標と方向性を示し，社会生活を意味づけ，社会システムに正当性を与え，指導者の決定を説明し正当化する。

　紛争エートスは，8種類のテーマの社会的信念から構成されると仮定されている（Bar-Tal, 1998, 2007a, 2007b; Rouhana & Bar-Tal, 1998）[★6]。それは以下の通りである。

- 紛争の目的を述べ，それがきわめて重要であることを示し，それらに正当性と合理性を与える，自己目的の正当性に関する社会的信念
- 個人の安全と国家存続の重要性を述べ，これを達成する条件を示す，安全性に関する社会的信念
- 自社会に対してポジティブな特性，価値，行動を帰属する，自集団中心的傾向をもつポジティブな集合的自己イメージに関する社会的信念
- 自分たちを被害者とする集合的自己表象を伴う，自己被害者化の社会的信念
- 敵対者の人間性を否定する，対立者非合法化に関する社会的信念
- プロパガンダ，忠誠，愛情，自己犠牲によって国や社会への愛着を生み出す，愛国心に関する社会的信念
- 解決困難な紛争において外的脅威に対抗する諸勢力を糾合するため，集団内の紛争や不一致を無視することが必要であることを強調する，一体性に関する社会的信念
- 具体性のない漠然とした言い方で平和を論じ，それこそ自社会の求めるものであるとする，平和に関する社会的信念

集合的記憶とともに紛争エートスは紛争イデオロギーの認識基盤を構成し，同一内

容に関して補完し合う関係にある。しかし，集合的記憶が紛争の歴史のナラティブを提供するのに対して，紛争エートスは社会の現在と未来の方向性を示すものである。社会的信念とともに構成された認識・認知的基盤に加えて，社会心理的インフラには集合的感情志向性も含まれる。

集合的感情志向性　社会は，特定の感情，あるいは複数の感情を強調しながら，ある特徴をもつ集合的感情志向性を発展させることがある（Bar-Tal et al., 2007; Barbalet, 1998; Kemper, 1990; Mackie & Smith, 2002）。解決困難な紛争に巻き込まれている社会は，さまざまな集合的感情志向性によって支配される傾向がある。最も顕著なものは恐怖の集合的志向性であるが，そうした社会では，それに加えて，憎しみ，屈辱，怒り，罪悪感，恥，プライドなどが優位になることもある（Bar-Tal, 2001; Halperin, 2008; Petersen, 2002; Scheff, 1994）。

機能　すでに示したように，集合的記憶，紛争エートス，集合的感情志向性などの社会心理的インフラは，解決困難な紛争に巻き込まれた社会が直面する困難を解決する際に重要な機能を果たす。それは特に，紛争が最も激しく，和平プロセスのきざしがまったくないときに観察される（Burton, 1990; Staub & Bar-Tal, 2003）。第1に，それは社会成員に対して，紛争に関する意味のある首尾一貫した図式を提供する（Antonovsky, 1987; Frankl, 1963; Janoff-Bulman, 1992; Taylor, 1983）。第2に，それは暴力や破壊など，敵に対する内集団の行為を正当化するのに役立つ（Apter, 1997; Jost & Major, 2001）。第3に，それは社会成員が外集団による脅威，暴力，また困難な生活状況に対する心的備えの用意を助ける（Antonovsky, 1987; Lazarus & Folkman, 1984）。第4に，それは結束，動員，活動に対する動機づけ機能をもっている（Bar-Tal & Staub, 1997）。そして最後に，それは差異化と優越性の感覚を生み出す（Sandole, 1999; Sidanius & Pratto, 1999）。

影響　上記の特徴をもつ社会心理的インフラは，解決困難な紛争状況の中で発展し，深刻な影響をもたらす。インフラの社会的信念はしばしば強固なものであり，ある種のイデオロギー的紛争支持信念へと変化する（第6章）。これらの信念と感情を伴う社会心理的インフラは情報処理に対して，選択性，偏り，歪みなどの影響を与え，紛争の平和的解決に対する障碍として機能する（第9章）。特に心理的レベルでは，社会心理的インフラは，入力情報の予期，選択的な注意とコード化，解釈，想起，実行などに影響を与える（Bar-Tal & Geva, 1986）。それは，社会成員が自分たちの現実を分析し，新しい情報を集め，彼らの経験と行動を方向づけるプリズムとなる。いわば，社会心理的インフラは「心を閉ざす」傾向，つまり不一致情報と紛争に対する代替的

アプローチを排除する視野狭窄を引き起こす傾向がある (Jervis, 1976; Vertzberger, 1990; White, 1970)。社会心理的インフラによって，紛争社会は暴力的で解決困難な紛争という安定した図式を獲得するが，その一方で，ネガティブな情報と経験が継続することによって紛争は正当化され，いっそう強化されることも指摘されている。そのため，このネガティブなレパートリーは個人の心に蓄えられ，硬化し，継続的にアクセスが容易になる。したがって，集団間紛争解決の分析において重要なのは，目標の不一致それ自体ではなく，悲劇的結果を生み出す敵意，憎しみ，恐れ，憤慨，怒り，不透過，不信などの社会心理的レパートリーである。

これまで論じてきたインフラの共有度，つまりその範囲と強度において社会成員の間には違いがある。それは，社会に対する脅威知覚の程度，目標の統一性，強力なリーダーシップ，動員のためのコミュニケーション・チャネルの利用可能性といったさまざまな要因によって規定される。ある社会では，成員の間で覇権主義的レパートリーが一体として発達するが，他の社会では，紛争の目的，その他の紛争テーマに関して成員間に深刻な不一致や亀裂がある。またインフラ共有の範囲と強度は紛争期間の長さとともに変化する。社会成員の間で初めは意見が一致していても，後にそれは弱まって社会の分裂を招くことがあるし，また，最初は社会内に不一致があっても，後には現実的脅威の出現によって，社会成員たちは愛国的統一という傘の下に集うことがある。

■ 紛争文化の発展

先に述べたプロセスからみると，解決困難な紛争を長期間にわたって経験し，優勢な社会心理的インフラを備えた社会は，紛争文化を発展させる (Bar-Tal, 2000)。紛争の中で生きるという長期的・持続的経験の特別な意味を伝達するために，具体的・抽象的な紛争シンボルが生み出されるが，そのシンボルの下に歴然と社会が統合されるとき紛争文化が生まれる (Geertz, 1973; Ross, 1998)。これら紛争シンボルは，解決困難な紛争に巻き込まれた社会の文化において中核的要素となる。それは紛争を象徴するものとして，目前の現実，過去，未来の目標についてある重要な意味を与え，実際の行動指針としても機能する。さらに時が経つにつれて，集合的記憶と紛争エートスに含まれる信念は，双方の社会において，その信念内容に従った社会的アイデンティティの形成をうながす (Ashmore et al., 2001; Cash, 1996; Oren et al., 2004; Ross, 2001; Worchel, 1999; 第5章参照)。

紛争文化は，社会心理的インフラが制度や社会のコミュニケーション・チャネルを通して，社会成員が暮らす安定した政治的，社会的，文化的，教育的文脈を形成し，それが支配的なレパートリーになることを意味している (Ross, 1993)。重要なことは，紛争文化というものが個人と集団のあらゆる生活領域に及ぶという点である

(Kimmel, 2006)。具体的には，紛争文化のレパートリーは社会成員によって広く共有されているだけではなく，マスコミという社会的チャネルを通じて支配的世論となる。その上，それはしばしば指導者の決定，政策，行動を正当化し，これを説明するために用いられる。加えて，社会心理的インフラは，出版物，テレビ番組，映画，演劇，視覚的芸術，記念碑，他の種類の創作などといった文物に表現される。また，制度化された式典，祝賀会，記念祭などにも表現される。最後に，社会心理的インフラは教師と生徒が使う学校の教科書にもみられ，それは高等教育機関でも顕著である。この点は特に重要だが，それは学校の教科書に表現された信念には，あらゆる世代の若者が接触するからである（Bar-Tal, 2007b; 例として，イスラエルのユダヤ社会を対象とした大規模な分析がある）。紛争文化は，紛争レパートリーが広く普及して支配的視点が伝達されることを意味しているが，他方でそれは，その社会が見る現実を反映しているのである。

■ 紛争を平和的に解決する際の障碍

　紛争時に発生する，すでに述べたようなレパートリーをもつ紛争文化は，実際，紛争を継続させ，解決の障碍となる主要因である。事実，それは解決困難な紛争のもつ悪循環の一部である。このプロセスが両当事者において同時に生じることを考えれば（いわゆるミラーイメージ），暴力の悪循環がいかに作用するかは明白である（Sandole, 1999）。紛争が発展するに従って，敵対する両者はレパートリーを備えた紛争文化を発展させ，それは当初，個人レベル・集合レベルの両方において重要な機能的役割を果たす。しかし，時が経つにつれ，このレパートリーは紛争自体を動機づけ，正当化し，合理化するおもな要因として働くようになる。双方が対立者に対して行なったあらゆる悪質な行為は，既存の社会心理的レパートリーを正当化する情報となり，それが今度は紛争に参加することへの動機づけとレディネスを強める。対立者の悪質さに目を向けることによって，両者の行動はそれぞれすでに抱いている社会心理的レパートリーを確証し，敵対者への加害行為を正当化する。双方の社会が道徳的排除，道徳的適格化，自己焦点化を行ない，また，対立者が受けた被害に対する共感，自集団の加害行為に対する道徳的責任と説明責任を放棄する。この状況では，紛争社会の成員の心を紛争から平和的解決へと変えることは非常に困難である。[8]

　深刻で，残酷で，暴力的な紛争に関する観察結果が示唆していることは，社会成員を紛争に動員する方が，平和構築に乗り出すよう説得するよりも簡単だということである。多くの人命を奪う暴力的紛争ですら，これを熱狂的に支持するよう社会成員を扇動することは，数日もあれば可能である。しかし，流血沙汰と災禍をやめさせるため，紛争終結に向けて妥協するよう交渉で説得するには長い年月が必要である。

　この非対称性にはさまざまな理由がある。少なくともそのいくつかは，以下の点と

何らかの関係がある。

1. 進化心理学によれば，人間は平和のサインよりも脅威に対してチューニングされている（Bigelow, 1969; Ross, 1991; van der Dennen & Falger, 1990）。脅威下の生存本能は強力かつ非常に基本的なものである（Duntley, 2005）。人々はリスクを負いたがらず，被害を避けるために，知覚された脅威に対して即座に，断固として対処する（Riek et al., 2006; Stephan & Renfro, 2002）。この傾向は適応行動を反映している。というのは，ネガティブな情報，特に脅威関連情報は，新奇状況に対して攻撃を含む（Eibl-Eibesfeldt, 1979）即座の機能的反応を求めるからである（Fox, 1992; Gil-White, 2001）。
2. 解決困難な紛争に関与した社会成員を支配する激しい恐怖は，通常，希望に勝る。なぜなら，恐怖は無意識的に処理され，単純な感情を引き起こすが，平和に必要な希望は，意識的で緩慢な認知活動に基づくものだからである（Lake & Rothchild, 1998; Petersen, 2002）。加えて，恐怖は自動的で，努力や認知的コントロールなしに活性化されるが，希望は常に思考に依存し，さまざまな知的スキルを必要とする（Jarymowicz & Bar-Tal, 2006）。行動レベルでは，恐怖は防衛的，攻撃的行動を引き起こすが，それはしばしば過去に利用されたもので，記憶された反応パターンに基づいている（Eibl-Eibesfeldt & Sütterlin, 1990）。一方，希望では，ポジティブに価値づけられた望ましい目標を達成するため，新しい行動を構想し，これを実現しようとする努力が必要である（Snyder, 2000）。この人間のプログラムでは，人々は強い恐怖によってガイドされ，それは社会成員を平和構築へと駆り立てる条件の1つである希望の高まりを抑制してしまう。
3. 被害を暗示するネガティブ情報は，和平のチャンスを示唆するポジティブ情報よりも重視される。この特性は，ネガティブな出来事や情報はより詳細な注意が向けられ，より頻繁に想起される傾向があり，評価，判断，行動傾向に対して強い影響を与えるという現象に基づくものであり，これについては多くの心理学的証拠がある（Cacioppo & Bernston, 1994; Christianson, 1992; Lau, 1982; Peeters & Czapinski, 1990のレビュー，Ito et al., 1998; Wagenaar & Groeneweg, 1990の研究参照）。このネガティビティ・バイアスは負の動機づけシステムに備わった特徴であり，それは評価・カテゴリー化段階において自動的に作動する。同程度に活性化された場合にも，負の動機づけシステムは正の動機づけシステムよりも強く反応する（Cacioppo & Gardner, 1999）。
4. 最後に，存在脅威管理に関する社会心理学理論によれば（Pyszczynski et al., 1997; Solomon et al., 1991），死の不可避性認識と結びついた存在消滅に対する生得的不安のために，人間は常に恐怖を感じやすい状態にある。存在脅威管理理論

の中心命題の中で実証的に強く支持されてきたものは（Greenberg et al., 1997），さまざまな不快な脅威状況を特徴付ける死の不可避性の顕在化が，潜在的恐怖とこれに対する防衛欲求を喚起するというものである。言い換えると，死の不可避性顕在条件では防衛欲求に関する信念を強め，これを支持する行動を選択させ，同様に，社会に脅威を与えるとみられる部外者を拒絶し，これを壊滅させようとさえするレディネスを生み出す。

いったん集合体が紛争に参加するために団結し，それが長期間続くと，社会成員の間では紛争を維持し拮抗情報に抵抗するというレパートリーへのドグマ的執着が起こるが，これについては補足説明が必要であろう。それは，以下の通りである。

1. 解決困難な紛争とは，しばしば和平合意を得るために，守るべき価値に関しては妥協する必要がある紛争である。しかし，守るべき（あるいは神聖な）価値は，紛争社会の成員にとって，自分たちのアイデンティティ，世界観，イデオロギーを定義付ける基盤として知覚され，それゆえ，いかなる取引や妥協からも守られなければならない（Baron & Spranca, 1997; Fiske & Tetlock, 1997）。これらの価値をあきらめるということは，彼らにとって道徳崩壊を意味し，妥協を考えることだけでも道徳的憤慨という強い心理反応を引き起こす（Tetlock, 2003; Tetlock et al., 2000）。

   守るべき（あるいは神聖な）価値とは，抽象的なものである場合もあれば（たとえば，人権，正義など），聖地のような具体的資産を象徴したものである場合もある（Skitka, 2002）。別のケースは，神聖な価値を反映すると知覚される特定政策である（たとえば，ヨルダン川西岸地区でのユダヤ人入植）。守るべき価値というのは，その定義上，交渉の余地がないので，紛争当事者がその価値を集団間紛争の中心争点と知覚した場合は，紛争は制御不能になり，解決困難なものとなるであろう（Landman, in press）。
2. 解決困難な紛争は，あらゆる社会制度とコミュニケーション・チャネルに入り込んで紛争文化を発展させる（Bar-Tal, 2010; Ross, 1998）。たとえば，世論，文化的創作，教材，マスコミなどにそれは現われる。通常，文化を変えることは非常に困難だが，それは紛争状況において確立され支持されている紛争文化も同様である。この文化によって支配された状況は，平和構築を促進する代替的アイデアの発展を妨げる抑制的環境として機能する。
3. 多くの解決困難な紛争は，集合的アイデンティティと関係があるとみられている（Kelman, 1999a）。Rothman（1997）によれば，これらの紛争は「社会的アイデンティティを構成する人間の基本的欲求と価値に深く根ざしている」（p.6）。

解決困難な紛争においては，集合的アイデンティティの基本的特徴が社会的使命への帰服をうながす（David & Bar-Tal, 2009）。また，紛争エートスと集合的記憶に含まれる社会的信念の内容が社会的アイデンティティに意味を与えるが，それが紛争を継続させる（Barthel, 1996; Cairns et al., 1998; Gillis, 1994; Oren et al., 2004）。平和構築を支持するような新しい信念を生み出す試みは，首尾一貫したものとして構築された集合的アイデンティティの基盤に脅威を与える。その内容を変化させるにはきわめて時間がかかり，新しいアイデンティティの登場にあたっては堅固な基礎構築が必要である。

4．解決困難な紛争は，構造的・動機的要因によって硬直化し，平和構築の社会心理的障碍となるイデオロギー的紛争支持信念によって支えられている（Bar-Tal, et al., in press; Cash, 1996）。硬直した構造とは，変化に抵抗し，複雑性が低く，代替信念を受け入れないような首尾一貫した体制をもっているという意味である（Tetlock, 1989; Rokeach, 1960）。硬化をうながす動機的要因は，あるタイプの完結性欲求で（Kruglanski, 1989, 2004），それは，現在の紛争支持信念がさまざまな欲求を満たし，信頼性と妥当性があると社会成員に信じ込ませるものである。少なくとも社会成員の一部はこれに凝り固まっているので，この障碍を克服するのはきわめて困難である。

5．解決困難な紛争に巻き込まれている社会では，成員が支配的な紛争支持的レパートリーに執着し，代替情報を無視する状態をいっそう確実にするために，大きな努力が払われる。すなわち，そうした社会は集合的記憶のテーマ，紛争エートス，集合的感情などが維持され，平和構築の可能性に関する代替知識が拒絶されているときでさえも，それらが社会的領域に侵入しないよう堅固な機構をつくり上げるのである（Bar-Tal, 2008; Horowitz, 2000; Kelman, 2007）。それは，マス・メディアの統制，情報の検閲，代替情報とその情報源の非合法化，公文書の非開示などである。

6．集団と同様，個人もまた，解決困難な紛争の長い年月を通じて，暴力的衝突の状況と条件にどう対処するか，これらにいかに適応するかを学ぶ。彼らは，紛争状況には意味があり，明瞭で予測可能であると感じながら生活をしている。平和構築のためには，この堅固に確立された対処・適応の仕方を変える必要がある。しかし，そうした変化は不確実性，予測不可能性，曖昧さを発生させる。このため社会成員は，ストレスと脅威を伴う未知の事態に進むよりも，既知で確実で予測可能な事態の継続を好むのである（Mitzen, 2006）。

7．解決困難な紛争に参加している当事者たちは，自分たちの置かれた状況にうまく対処するために，膨大な投資（たとえば，軍事的，技術的，経済的など）をする。これらの投資には，社会成員の動員，軍事訓練，軍事産業の発展，兵器の獲

得，それに集合生活のあらゆる領域における支援的インフラ形成などが含まれる（Mintz, 1983）。それらは紛争のために構築され，その本質からして，これを継続することだけを念頭に置いた研究開発，政策立案，組織体制，人員，予算，資源，システムなので，結局は平和構築の障碍となる。そして，こうした投資は紛争状況の継続に根拠を与えるものとなるのである（Koistinen, 1980）。

8．あらゆる解決困難な紛争において，それに巻き込まれた社会の中に，紛争の継続によって利益を得る者たちがいることに疑いはない。それらは産軍共同体への投資家，地位と特権を得た軍職員，紛争地域で利益その他の利権を得る部門などである（Zertal & Eldar, 2007）。これらの部門は，紛争中にはその管理機関となり，和平プロセスへの可能性が出てくると，その妨害者となる。

9．解決困難な紛争に参加している社会は，莫大な人的資源の損失を被る。この損失が時には平和構築の障碍となる。社会成員の莫大な犠牲は，集合体が目的をあきらめるとその犠牲がむだになってしまうと感じさせるので，妥協によって平和を求めるあらゆる動きに対して反対する可能性を強める。新たに平和的和解の可能性が浮上すると，もっと前にそれができていれば犠牲を避けられたかもしれないという気持ちを生じさせる。どちらの感じ方からしても，親愛なる者を亡くした家族は，紛争の平和的和解のために妥協が必要であるとなると，反対することになる（Bar-Tal, 2007b）。

10．最後に，解決困難な紛争を指揮する指導者たちは，首尾一貫し，精緻に組み立てられた正当化を用いるが，後に平和構築が必要になり，大衆を説得して考えを変えさせる必要が生じると，その分，たいへんな困難に直面することになる。個人的レベルにおいて，指導者たちは紛争時における態度，信念，行為と，和平プロセスにおいて必要となるそれらとの間で生じる認知的不協和に直面する（Bar-Siman-Tov, 1996）。社会的レベルでは，以前の政治的・イデオロギー的コミットメントとの一貫性，また政治や選挙に影響する批判への恐れなどから，大きな政策変更を避ける傾向がいっそう強まる（Auerbach, 1980; Janis & Mann, 1977）。解決困難な紛争に巻き込まれた社会では，予想される不協和によって指導者は大衆の支持と自らの正当性を失い，裏切り者とさえみられる恐れがある（Bar-Siman-Tov, 1996; Kelman & Fisher, 2003）。それゆえ研究者たちは，指導層の交代が平和構築に向けた政策の前提条件と考えている（Bennett, 1997; King, 1997; Licklider, 1993）。

平和への妨害については上述のようなリストをあげることができるが，紛争は発生し，遂行されるだけではなく，そのいくつかは解決可能である（第10章参照）。集団は，時には，自分たちの目標と他の集団の目標との対立を解消する方法を見つけ出す

ことができる (Sandole et al., 2009)。

　これらすべてに関して，あらゆる紛争が同じであるということではない。むしろ反対で，紛争には差異があり，当事者たちの責任の程度，正当化の主張，暴力使用などのレベルは異なっている。しかし，これらほとんどすべてに関して，それらを終わらせるためには平和構築のプロセスが必要である。次節ではこのプロセスを詳しく論じる。[★9]

平和構築への道

　平和構築 (peace building) の第一歩は，少なくとも数名の社会成員が，紛争を平和的に解決すべきだと考え，それを実現しようと行動するときに始まる。いったんそのような考えが生まれ，社会成員たちによって広められると，社会が紛争を平和的に解決するための長い活動が始まる。これらのプロセスを説明するさまざまな用語がある (Galtung, 1975; Rouhana, 2004)。平和構築プロセスは，社会成員，社会機構，エージェント，コミュニケーション・チャネル，国際的コミュニティによる平和文化の枠組み内で，かつての対立者と完全に永続的な平和の関係を実現しようとする継続的努力と定義される。つまり平和構築には，和解に表現されている目的を達成するためのあらゆる行為が含まれる (de Rivera, 2009a; Lederach, 1997)。対照的に，和平形成 (peace making) は，対立を終わらせようと対立者同士が公式に同意する，公式の紛争解決活動だけに焦点を当てている (Zartman, 2007)。和平形成のプロセスには，公式の紛争解決を達成するために意思決定者間で行なわれる交渉も含まれる。

　紛争解決とその後に続く平和のためには，新しいレパートリーが形成され，それが社会成員に広まらなくてはならない。このレパートリーは，紛争の平和的解決への欲求，対立者の人格化と正当化，紛争を煽っていた目標の変更，暴力の中断，妥協案の提出，両当事者が受け入れ可能な最適の解決策，信頼の構築，合意達成などが可能という信念の構築，対立者との新たな平和的関係に関連した目標の形成，最終的には，和解の必要性，和平形成と平和構築にかかわるこれらのアイデアを促進する新しい風土の醸造が必要といった認知などから成る (Bar-Tal, 2009)。和平を成功させるためには，これらの考え方が和平プロセスに動員されるべき社会成員によって採用されなければならない。つまり，原則的には，社会成員たちの心の中に深く浸透し長い間利用されてきた旧来の考え方から，非合法とされたライバルに依存し，不確実で予測不能な未来を描く新しい考え方へと移行する必要がある。それゆえ，こうした変化は長期にわたる複雑で非直線的プロセスをたどり，このため必ずしも新しい和平支持的レパートリーや平和的紛争解決にいたるとは限らないのである。(第13章参照)。

■ 和平形成

　Lewin（1947）の古典的理論によれば，個人であれ集団であれ，認知的変化のプロセスは軟化（unfreezing）を必要とする。それゆえ，紛争や平和構築に関する代替内容が何であれ，それが受容され内面化されるかどうかは，紛争社会において優勢な紛争関連の社会心理的レパートリーの硬直構造を軟化させることができるかどうかにかかっている。

　多くの紛争状況では，このプロセスはマイノリティが勇気をもって代替案を社会成員に示す必要があるので，その試みは特に困難になりやすい。このようなマイノリティは，大多数の人々からすれば，よく言っても世間知らずで，現実離れしているとみられ，多くの場合は反逆者で愛国的目的を傷つけ，集団の目標を妨害する者とみられる。それにもかかわらず，このマイノリティの登場は一方の社会にとってだけではなく，対立集団にとっても同様に重要である。それは外集団においても同じプロセスに点火し，それを強めるかもしれないからである。時間とともに，マイノリティは支持を得て大きくなり，持続することによって平和運動と状況変化の礎となるが，最終的には，紛争を平和的に解決する効果的なキャンペーンを始動する可能性を拡大するであろう。

　和平形成は，その実現のためにフォーマルな指導者たちによる支持が必要であり，実際その何人かは紛争解決をはかる初期段階から，和平形成プロセスに参加することがある。多くのケースにおいて，和平形成は，さまざまな集団，草の根，社会成員が平和構築の考えを支持し，それを指導者層に広めるよう活動するボトムアップ型プロセスである。他方で，台頭した新指導者たちが社会成員に紛争の平和的解決の必要性を説く努力を始め，それを実行するというトップダウン型プロセスも必要である。

　和平形成プロセスはエリート層と制度による支持を得なければならず，結局は，社会の大部分の人たちによって共有されなければならない（Bar-Siman-Tov, 2004; Knox & Quirk, 2000; Weiner, 1998）。特に重要なのは，マス・メディア，その他の社会的コミュニケーション・チャネル，それに制度であり，それらが平和的傾向の進展を後押しし，徐々に社会成員間に新しい信念システムを伝搬する役割を果たす。平和構築の目的，計画，情報，イメージ，意見，議論，これに正当性を与える新しい信念の提示は，説得の原理に従ったものである。これらの新しい信念は，現実の理解と新情報を処理するための新しいプリズムを形成する。和平形成プロセスを成功させるためには，あらゆる出来事において，新しい代替案が広められ，正当化され，最終的にはその社会において制度化されなければならない（Bar-Tal et al., 2009での概念）。

　状況が変化し，紛争継続をうながしてきた既存のレパートリーを見直す必要があることを社会成員に伝えることができるようになると，これと並行して，多くの場合，軟化プロセスも促進されるであろう。その場合，起こりうる変化のいくつかを記す。

第1に，その状況変化は，疲弊，膨大な人的および資産的損失，長期的な手詰まり状態，効果的な統治の欠如といった紛争経験の集積の結果起こることがある。第2に，状況の変化はまた，戦争の勃発，印象的な平和の訴え，激しい暴力事象といった大きな出来事の結果として起こりうる。第3に，その変化は，対立者による懐柔的な信頼構築活動の結果として生じることがあり，その場合は，相手の特性，意図，目的，態度などに関する変化の知覚を伴うであろう。第4に，紛争とは無関係な社会内部での出来事やプロセス（景気後退，飢饉，新たな敵の登場）のためにそうした変化が起こることがあり，それは間接的に，紛争が何よりも重要という従来の認識を再評価する気持ちを誘導するであろう。第5に，強力な第三者が介入して状況を変化させることがあるが，それは，調停，誘因提示，説得，爆撃，派兵，経済制裁といったさまざまな形態をとる。第6に，紛争イデオロギーへのコミットが弱い新指導者が現われると，彼は紛争に対する新しいアプローチを試みて，新しい社会的状況をつくり出すことができる。加えて，紛争とその意味に対して，これまでとは異なる見方をする新世代が台頭すると，これも新しい社会的状況をつくり出すであろう。最後に，紛争と直接関係はないが，よりグローバルで地政学的なプロセスや出来事（超大国の崩壊や国際的風潮）も最終的には当事者に影響を与えうるので，その結果，状況を再評価しようとする欲求が生じることがある。

　明らかに，平和への一歩は，事実上ほとんどの場合，激烈な紛争に巻き込まれている社会しだいである。多くの研究成果は，和平形成プロセスと紛争解決を促進する条件がどのように熟するか説明している。たとえば，Zartman (2000) は，もし（2組の）紛争当事者が，(a) 自分たちは傷つけ合うだけの膠着状態にあると知覚し，そして (b) 交渉による（脱出の）可能性を知覚するならば，紛争解決（すなわち，解決を始めるための交渉）の機は熟している，と主張する (pp.228-229)。プロスペクト理論 (Kahneman & Tversky, 1979) によれば，紛争継続による損失が，妥協と和平によって社会が被る損失よりも明らかに大きいと社会成員が知覚すれば，社会は平和的解決のための交渉を始めるであろう (Bar-Tal & Halperin, 2009)。社会の大多数の成員は，おおむね利己的・功利主義的思考に基づいて和平プロセスを支持するように動機づけられると思われる。道徳的観点から問題にアプローチして価値判断するのは一部の少数だけある。

　最終的には，社会成員が紛争目的を支持することから解放され，平和的解決に向かって動かされるとき，紛争は弱まり，平和的解決が進行する (Gidron et al., 2002)。しかし，平和は単にそれを望むだけでは不十分であり，精力的に活動する平和的勢力の影響力と説得力がなければ平和を達成することはできない。この世のほとんどすべての人が平和の価値を重視し，その翼下で暮らしたいと望んでいる。しかし，これは単純なことではない――和平形成には，非常に魅力的で崇高な夢から醒め，現実に向

かって一歩一歩階段を降り，長年にわたって機能していた紛争継続の心理的レパートリーを変える必要がある。和平形成プロセスを成功させるためには，正義や道徳的価値が強調する目的でさえも，結局は現実的な思考と妥協しなければならない。

　このプロセスは複雑である。紛争の心理的ルーツを簡単には消し去ることはできない。紛争の集合的記憶と紛争エートスは記憶システムの中で精緻に体制化され，現実的であれ象徴的であれ，脅威が知覚されると自動的に活性化される。したがって，平和に目を向けさせるためには，紛争に関する思考の自動的活性化を抑制するだけではなく，それらを新しい信念や行動と置き換える必要がある。これらの新しい信念が，自動的に活性化される紛争レパートリーに代わって機能するには，それに先立って，注目され，理解され，受け入れられ，実践されなくてはならない。

　このチャレンジは多くの妨害を受けるであろう。なぜなら，和平形成プロセスが始まり，紛争の解決困難な状況が一時停止することはあっても，その状態は依然として存在し，市民に対するテロ攻撃，軍事的衝突，攻撃的レトリック，扇動といった暴力表現が継続されることがあるからである。敵意的・攻撃的行動はすぐには収まらず，解決の合意が正式に達成された後でも，それは通常，数年間続く。紛争の徴候が依然としてみられる場合には，紛争レパートリーがアクセス可能であるばかりでなく，それらが，こうした事態を待ち望み，敵意，恐怖，憎悪をかきたてる方法を知る妨害者によって利用されるため，和平形成は困難な課題となる。そのような状況では，脅威のきざしに対する指導者たちとメディアの反応が重要となる。彼らがこれを紛争志向の枠組みでみるなら，和平プロセスが進展する可能性は非常に低くなる。しかし，これと対照的に，もしも指導者たちとメディアの両方が，紛争加害者とその行為を断固として非難し，同時にこれを重大視することなく，大衆の気持ちを鎮め，平和目標へのこだわりをくり返し強調するなら，和平形成プロセスは存続し，勢いが回復し，紛争解決のステップにいたる可能性は高まる。

■ 紛争鎮静化

　鎮静化（settlement）を伴う紛争解決プロセスの最終段階は，解決困難な紛争の中で対立してきた者同士の関係が転換することである。多くの場合，それは社会成員に対する長い説得のプロセスを経て，たいていは指導者が紛争を平和的に鎮静化する決定を下した後に達成される。それは紛争当事者同士が，目的と関心に関する不一致の知覚を解消し，一致の知覚という新しい状況をつくり出す政治的プロセスである（Burton, 1990; Deutsch, 1973; Fisher, 1990; Kriesberg, 1992）。紛争解決は，通常，対立する2集団の代表交渉によって，目標の対立を鎮静化する詳細な取り決めに合意するという形になる（第11章参照）。紛争解決は，交渉者が自己の目標，他集団の目標，これら2つの目標が対立する程度，政治的環境条件，自集団の状況，他集団の状況な

どに関する信念を変える必要があるので，心理的プロセスとみることもできる（Bar-Tal et al., 1989; Bercovitch, 1995; Burton, 1987, 1990; Fisher, 1990, 1997; Kelman, 1997; Kriesberg, 1992; Ross, 1993; Worchel, 1999）。

　紛争鎮静化に関する合意は，対立者との敵対関係の推移において非常に重要な局面である。それは紛争の終わりを公式に表明し，鎮静化のための条件を明確化するが，それらは不確実で曖昧な将来の利益に基づいている。多くの場合，そのためには，夢や願望は断念して，可能性のある実質的な現実を受け入れる必要がある。

　しかし，紛争解決の合意が平和構築プロセスを決定づけるほど有効で，紛争関係を変えることができるためには，いくつかの条件が必要である。

- 紛争の核心問題について十分に取り組まなければならない。
- 両当事者の基本的欲求と目標が満たされなくてはならない。
- 現実的制約の範囲内で，正義が果たされなければならない。
- かつてのライバルの利益条件に関して目に見える変化が示されなければならない。
- 和平形成を支える新しい心理的レパートリーの基盤をつくり出さなければならない。
- 当事者たちの対立関係を変える戦略的決定を示すサインがなければならない。
- 紛争の平和的解決を確実にし，紛争社会を平和構築の道へと誘導する，新しい政策と新しい活動経路の基盤が提供されなければならない。

　達成可能な平和はさまざまな形態をとるので，紛争の平和的鎮静化というものを一義的に定義することはできない。平和には，暴力行為の空白と最小限の関係性という冷たい和平から，大規模な変化によって完全に平和的関係を構築するという温かい和平まで幅がある（Galtung, 1969の消極的和平と積極的和平の違いを参照）。多くの出来事の中で，解決困難な紛争を対立社会の支持を得て平和的で満足できるように鎮静化することは，人類が達成しうる最も印象的かつ重要な出来事である。

　したがって，紛争鎮静化を成功させることがフォーマルな意味での和平プロセスの第一歩であることはまちがいない。平和構築は和平形成によって終了するわけではない（Cohr & Boehnke, 2008）。特に重要なのは，社会成員に紛争を煽り，和平プロセスの障碍となっていた紛争文化にかかわる社会心理的レパートリーを変更する和解の社会的プロセスである。その上，フォーマルに平和的紛争鎮静化が達成されても，かつての敵対者との真の平和的関係が構築されても，それが短期間で終わってしまう可能性もある。集団指導者が紛争を平和的に解決し，和平合意にサインしても，紛争を煽っていたレパートリーはすぐには変化しない。必要なことは，和解が強い意志によって達成されることである。多くの障碍を乗り越えて和解を達成するためには，互

恵的に計画された能動的努力が必要である（第12章参照）。

■ 和　解

解決困難な紛争に巻き込まれていた社会の間でフォーマルに紛争解決が達成された後，真の平和的関係の形成・回復こそが重要であるという点に関して，ここ10年の間和解研究に携わってきた者たちの間で見解は一致している（Nadler et al., 2008）。和解とは，フォーマルな紛争解決宣言を超えて，紛争に関与した社会成員の大半の動機，目標，信念，態度，感情，それに当事者間の関係性と当事者自身を変えることである（De Soto, 1999; Kelman, 1999b; Lederach, 1997; Nadler, 2002; Rouhana, 2004; Shonholtz, 1998; Wilmer, 1998）。

和解の第一条件が，対立者の合法化，人格化，人間化，平等化であることは疑いがない（Bar-Tal & Teichman, 2005）。このような認識によって，対立者を和平の正当なパートナーで，等しく人道的扱いをすべき人間的存在とみなすことができるようになる。それに加えて，和解とは，紛争が解決可能で，双方に正当な主張，目標，欲求があること認識し，紛争を解決するためにはそれらを満たす必要があり，その上で平和的関係を形成することである。これらの基本的変化が，和解進展プロセスに道を拓くのである。

和解に関して，一般的レベルでは，さまざまな研究者によって多くの詳細な定義が示されてきた。たとえば，Marrow（1999）は，和解とは「既存の亀裂を超え，十分な信頼を喚起する友情の再形成」としている（p.132）。彼は信頼を強調することで，和解の基本的特徴が他者の欲求に敏感になることであり，その基本は，和解プロセスのために相手が何をすべきかではなく，われわれが何をしなければならないかであると主張した。Lederach（1997）はおもに社会内での和解に焦点を当てた4要素を提起しているが，それら社会間紛争にも拡張できる。すなわち，以下があげられる。

真実：過去を明らかにすることが必要であり，これには告白してそれを認めること，それに情報公開が含まれる。
慈悲：受容，寛容，同情，そして新しい関係を築くための癒しが必要。
正義：改善，補償，賠償，そして社会の再構築が必要。
平和：共通の未来，協力，協調，安寧，調和，尊重，紛争解決の制度的メカニズム，そして当事者全員の安全の強調。

これは，両当事者が加害行為について真実を語ること，両当事者の視点変更を伴う寛容性，報復と完全な正義をあきらめ，新たな友好的関係を築くことが和解の基礎であると主張したLongとBrecke（2003）のモデルと同じ観点に立つものである。

Kriesberg（2004）は，このリストに以下の点を加えている。

配慮：人間性と社会のアイデンティティを相互に承認することを含む。
安全：双方の社会が物理的危害から安全であるという保証。

Kelman（1999b）は，彼が積極的和平とよぶ和解の詳細な構成要素を示した。彼の理論では，和解は以下の構成要素から成り立つ。

a．紛争の解決，すなわち当事者たちの基本的欲求と国民的願望の充足
b．他集団の生活と福祉に関連した相互受容と尊重
c．双方の集団における安全と尊厳の感覚の強化
d．さまざまな領域での協力的相互作用パターンの発展
e．紛争解決メカニズムの制度化（Bar-Siman-Tov, 2004）

その後 Kelman（2004）は，和解を「暫定的信頼の形成（working trust），互恵性と相互共感に基づくパートナー関係，当事者双方の基本的欲求に沿った合意」(p.119) と定義した。この観点からすると，和解においては内面化のプロセスを通じたアイデンティティの変化が必要である。

和解プロセスが進展し，それが成功するためには，過去について新しい共通理解が形成される必要があるという点に関しても研究者間では意見が一致している。過去に関する認識が共有され，それが相互に承認されていると知覚するなら，両当事者はすでに和解に向けた重要な一歩を踏み出している。Hayner（1999）が示したように，「いまだに苦痛を喚起する重要な出来事について根本的に異なる見解をもっているとか，その違いを無視し続けているような状況では，和解は幻想に過ぎない」(p.373)。こうした現象の分析，また罪悪感，責任受容，謝罪に注目するなど，最近，多くの社会心理学者たちがこの方向での研究に取り組んでいることは強調すべき点である(Branscombe & Doosje, 2004; Cehajic & Brown, 2008)。

非対称的な紛争のもつ種々の問題に対処できるのは和解だけである。第1に，それは紛争発生前の状況，とりわけ当事者たちが行なったさまざまなタイプの不正，たとえば差別，搾取，占領などを扱うべきである。さらに，紛争がどのように行なわれたかを扱うべきであり，その結果生じた容認できない暴力，特に市民の国外追放，大量殺人，集団処刑，テロリズム，民族浄化，ジェノサイドなどにも言及すべきである。これは，和解プロセスを実行するためには，多くの場合，対象となった個々の社会だけではなく，その関係性に関しても全体的な再構築が必要であることを意味している。これらは必要な政治的−経済的−社会的−文化的プロセスであり，それなしには和解

が成功することは不可能である。

■ 和解のための社会心理的条件

社会心理的レベルで見るなら，和解とは相互の承認と受容，それに平和的関係，相互信頼，ポジティブな態度などに向けた関心と目標，他の当事者の欲求と関心に対する感受性と配慮によって生じうる結果である（Bar-Tal, 2009）。和解に関するこれらすべての要素は，2つの集団が異なる政治的実体――個別の国家として，あるいは1つの政治的実体の中で2つの対立集団が存続し続ける状況――の中で平和的関係を構築しようとする紛争後状況にあてはまる。しかし，この平和構築の長い道のりは，通常，紛争の平和的解決が合意に達する以前から始まっている。和解は，延々と続いた暴力的紛争の後で集合体が直面するおそらく最も複雑で最も困難な課題である。

上で述べた諸課題については，解決困難な紛争に巻き込まれた当事者双方が協力して取り組むことと，同時に，当事者それぞれが相手集団とは独立に，自己と自集団を改善するよう努力することで対処できる（Nets-Zahngut, 2009）。解決困難な紛争の時期に支配的であった社会心理的ダイナミックスから見ると，和解は通常，明確な政策，計画的主導性，広範な活動を必要とする。それらはすべて，社会成員に和平プロセスの必要性，有用性，価値，実現可能性を説得するために必要である。最終的には，和解は新しい集団間関係としての平和を支持・確立し，その関係を象徴する協力的で友好的な活動の安定した基盤となる。

知識に関して特に重要なのは，以下の紛争エートスと紛争の集合的記憶に関する主要テーマの変化である（Bar-Tal & Bennink, 2004）。

【集団目標に関する社会的信念】　和解プロセスのための重要な課題は，紛争を引き起こし維持する根拠となっていた目標の正当性に関する社会的信念を変えることである。新たな信念は，妥協を許し，平和的紛争解決を導くような新しい目標を社会に対して示さなければならない。

【対立集団に関する社会的信念】　和解のための重要な別の目標は，敵対集団のイメージの変更である。その成員を合法化し，人格化することが重要である。

【かつての敵との関係に関する社会的信念】　和解のためには，対立集団間の関係に関して，公正・平等で，協力と友好の重要性を強調した新しい社会的信念の形成を促進する必要がある。

【紛争の歴史に関する社会的信念】　和解には，紛争に参加した社会で支配的だった集合的記憶を変化させる必要もある。かつての対立者と歩調を合わせて，紛争を煽ったそれらのナラティブを過去の見方として修正する必要がある。そこでは，過去の不正義，非道徳的行為，暴力的残虐行為を取り上げる必要がある。

【平和に関する社会的信念】　和解においては，平和の多元的性質を述べ，それを達成

するための諸条件とメカニズムを具体化し，そのコストと利益を現実的に示し，平和裡に暮らすことの意義を示し，それを維持する条件を強調した新しい社会的信念を形成する必要がある．

和解にはまた，一般的な意味でのポジティブな感情と，かつての敵対者との平和的関係に対する個別の感情も必要である．上記の信念にはポジティブな感情が伴うべきで，それは相手と両者の関係について快適に感じていることを伝えるものである．感情に関して言えば，和解のためには，解決困難な紛争で優勢だった強い恐怖，怒り，憎悪といった集合的感情志向性を変える必要がある．そして，かつての対立者との間で平和的関係を築くためには，少なくとも希望という感情志向性を発展させる必要があり，それは他の当事者との間で，平和的かつ協力的な関係を維持するというポジティブな目標への願望を反映したものである．この感情志向性は，暴力や敵意のない未来に対するポジティブな展望，ポジティブな出来事への期待を示すものである．

解決困難な紛争に参加していた集団が和解という枠組みの中で示す変化は，非常に複雑で，痛みを伴い，時には脅威を与え，抵抗や妨害に満ちたプロセスである．そうしたプロセスを成功させるためには，開放的な社会風土と，新しい情報を探索し吸収しようとする動機が必要であり，それが紛争に代わる新しい視点を提供する．強調すべきは，平和エートスの発達を伴う和解プロセスは，あらゆる社会制度とコミュニケーション・チャネルを含む政治的，社会的，文化的，教育的プロセスであるという点である（Gawerc, 2006）．しかし，それは完全に統制できるフォーマルなプロセスではない．それは多くの重要な要因に依存している．

何よりも第1に，それは紛争解決が成功するかどうかにかかっているが，それは紛争を公式に終結させ，双方が合意に署名することである．これが決定的に重要な要因である．それなしには和解は進まない．第2に，和解は，事態の進展と，かつての敵の行動が紛争関係を平和的関係へと変える望みを表しているかどうかにかかっている．第3に，平和的国際情勢，強力な同盟勢力からの圧力，新たな共通目標（たとえば，脅威）の登場といった外的支援状況も重要であり，それは和解プロセスを促進する上で決定的な役割を果たす可能性がある．第4に，和解の進展は，紛争に巻き込まれた社会が和平プロセスに抵抗する強さしだいであり，エリート層や大衆から支持されている政党あるいは非政党組織が強く反対している場合は，和解プロセスが遅滞する可能性がある．第5に，非常に重要な点として，紛争社会内にあって和解プロセスを支持する部分の活動と意思決定があげられる．第6に，和解の成功は，教育的，社会的，文化的制度を，和解プロセスを支持する方向に動かせるかどうかにかかっている．最後に，和解プロセスの成功は，内集団成員間の和解とかつての敵対集団との共同活動の取り組みしだいである．

新世紀に入り，今後数年の間，われわれは和解の研究と実践に関する多くの試みを

目撃することになるであろう。特に解決困難な紛争の場合，紛争解決は和解プロセスのほんの一部でしかないので，そのためには多大な努力が求められる。和解が達成されなければ，紛争の種は社会成員の間で成長し，過去に起こったような紛争が再発する（たとえば，ボスニアやルワンダ）。和解は，かつての対立者たちが平和的関係を築き，自他ともにこの新しい関係の中で機能的であることを根本的な意味で保証するものである（フランス－ドイツ間関係で起こったことのように）。

本書では

　本書ではさまざまな紛争を扱っているが，その多くは，非常に解決困難な紛争の中でも特に悲惨で深刻な集団間紛争である。またおもにマクロ・レベルの紛争に焦点を当てているので，それらの多くは，人々の社会生活に打撃を与える破壊的紛争である。社会心理学的観点から紛争のさまざまな側面を分析しようとする各章は，この序章で示された順序に従って構成されている。つまり本書は紛争の発生に始まり，和解プロセスを通じて紛争解決と平和構築にいたる全サイクルを記述している。したがって，解決困難な紛争における各段階とその諸側面を特徴づける社会心理的ダイナミックスに対して，全体としてこれを理解するための視点を提供している。各章は理論的枠組みと概念を説明しながら，このサイクルの各段階を体系的に解明し，また，長い年月の間に蓄積された実証的データを提示する。

　本書の約3分の2の章は，紛争発生，激化，継続に寄与する要因の解明にあてられている。第1章では，なぜ集団間紛争が発生するのか，そのさまざまな理由と原因を解説する。第2章では，集団間紛争の発展と維持には知覚が重要な役割を果たしているという仮定に基づき，紛争における知覚的・認知的要因について考察する。第3章では，集団間紛争とその解決において喚起される感情の性質と役割について詳細に述べる。第4章では，紛争の過去に関する集合的記憶が現在の紛争の原因に影響を与えるプロセスを検討する。第5章では，役割アイデンティティとそれへの同一化が紛争においてどのような役割を果たすかを分析し，アイデンティティから生じる紛争について論述する。その際，社会的アイデンティティと集団間紛争発生の関係，そしてその維持に焦点を当てる。第6章では，紛争の分析において重要な要素，すなわち，しばしば紛争を激化させるイデオロギーを取り上げる。第7章では，紛争における暴力という邪悪な現象を解析する。暴力発生の理由，暴力の継続をうながす要因と紛争の激化に対する暴力の影響，そして紛争の継続と解決などについて分析する。第8章は，テロの時代とよばれることもある現代の状況と特に関連が深い。現代の紛争の多くはテロリズムにかかわるものであり，この章ではそれが拡大してきた原因を明らかにす

る。第9章では，平和構築を妨げ，これを抑制する社会心理的障碍について述べる。これ以降の各章は平和構築プロセスに関するものである。第10章では，紛争解決プロセスを紹介し，そのプロセスを促進・抑制するさまざまな変数に焦点を当てる。第11章では，集団間交渉と調停のプロセスを詳述するが，それは平和構築プロセスにおいて重要なパーツとなっているためである。第12章では，和解の研究に対する現在のアプローチの問題点を指摘し，紛争が非対称関係である場合には新しい視点が必要であることを強調する。最後の第13章では，平和的文化を含め，平和の構築と維持のための社会心理学的アプローチと方法について具体的に述べる。

　これらの各章は，紛争に関する社会心理学的議論の中心に位置する中核的論点について知る機会を与える。これらは網羅的ではないかもしれないが，部分的とはいえ，この分野において蓄積された知見の現状を明らかにしている。まだ最終結論に達したとは言えないが，これらが，人類の安寧に直接かかわる重大なトピックの中でも，人々が特に関心をもつであろう問題を扱っていることに疑いはない。

原注

★1　本稿の原稿を吟味し，有益なコメントを与えてくれたShai Fuxman, Nimrod Goren, Dana Guy, Dennis Kahn, Shiri Landman, Rafi Nets-Zehngut, Amiram Raviv, Nimord Rosler, Ofer Shinar, およびDoron Tsurに感謝する。

★2　行動という用語は一般的な心理学での用い方では，知覚，認知，感情と情動の経験，行為を指す。

★3　解決困難な（intractable）という言葉は，最近では社会科学者の間では一般的となっている（Coleman, 2000, 2003; Lewicki, Gray, & Elliot, 2003, およびhttp://www.crinfo.org 参照）。

★4　この考えは，脅威的でストレスフルな状況にうまく対処するためには，重要な世界観構築が必要であることを明らかにした理論的・実証的研究に基づいている（Antonovsky, 1987; Frankl, 1963; Janoff-Bulman, 1992; Taylor, 1983）。

★5　社会的信念とは，自分たちの社会と特別に関係があるトピックや問題について，社会成員が共有している認知であり，彼らの独自性の感覚に寄与する（Bar-Tal, 2000）。

★6　提案されたエートスの8テーマは，1967年から2000年までのイスラエルのユダヤ人社会の世論にみられ，それらを体制化するスキーマとして働いていた。それはイスラエルの学校の教科書においても重要なモチーフとなっていることが見いだされている（Bar-Tal, 1998a, 1998b）。最後に，最近，それらはイスラエル社会における紛争の文化の基盤を提供するものとして大規模な分析が行なわれた（Bar-Tal, 2007b）。

★7　集合的感情志向は，ある社会が特定感情を表現する傾向があることを表わすものである。すなわち，その感情を喚起する信念は社会成員に広く共有されており，社会のフォーマルな言説，文物，教育素材において頻繁に現われる（Bar-Tal, 2001）。

★8　大規模な集団間紛争がさまざまな次元において必ずしも対称的ではないことを記しておくべきであろう。非対称的紛争の理解にとって特に重要なのは，軍事的・経済的パワーの程度である。この点における非対称性は紛争の進展に大きな影響を与える。これらの非対称性は紛争の分析において考慮されなければならない。それにもかかわらず，本書の理論と

章の多くは非対称性と独立に働く心理学的諸要因に焦点を当てている。ただし，非対称性が社会心理学的プロセスとダイナミックスに影響を与えていることはよく認識されている（Aggestam, 2002; Rouhana, 2004; Rouhana & Fiske, 1995）。

★9　本章では（他の章でもそうだが），集団間紛争は平和的に解決するのが望ましいという暗黙の前提がある。一般的に，この前提は広く受け入れられているが，私はこの前提が，道徳的原理からみて完全な勝利を必要とするような一部の紛争にはあてはまらない可能性があると思っている。明白な一例は第2次世界大戦時の暴力的紛争で，ナチス体制下の邪悪な行為を止めるには完全勝利が必要であった。

■■ 引用文献 ■■

Aggestam, K. (2002). Mediating asymmetrical conflict. *Mediterranean Politics,* **7**(1), 69-91.
Anderson, B. (1991). *Imagined communities: Reflections on the origin and spread of nationalism* (rev. ed.). London: Verso.
Antonovsky, A. (1987). *Unraveling the mystery of health: How people manage stress and stay well.* San Francisco: Jossey-Bass.
Apter, D. E. (Ed.) (1997). *Legitimization of violence.* New York: New York University Press.
Ashmore, R. D., Deaux, K., & McLaughlin-Volpe, T. (2004). An organizing framework for collective identity: Articulation and significance of multidimensionality. *Psychological Bulletin,* **130**, 80-114.
Ashmore, R. D., Jussim, L., & Wilder, D. (Eds.). (2001). *Social identity, intergroup conflict, and conflict reduction.* Oxford: Oxford University Press.
Auerbach, Y. (1980). *Foreign policy decisions and attitude changes: Israel-Germany 1950-1965.* Unpublished dissertation, The Hebrew University of Jerusalem (in Hebrew).
Azar, E. E. (1990). *The management of protracted social conflict.* Hampshire, UK: Dartmouth Publishing.
Barbalet, J. M. (1998). *Emotion, social theory, and social structure: A macrosociological approach.* Cambridge: Cambridge University Press.
Baron, J., & Spranca, M. (1997). Protected values. *Organizational Behavior and Human Decision Processes,* **70**(1), 1-16.
Bar-Siman-Tov, Y. (1996). *The transition from war to peace: The complexity of decisionmaking—The Israeli case.* Tel-Aviv: Tel-Aviv University (in Hebrew).
Bar-Siman-Tov, Y. (Ed.) (2004). *From conflict resolution to reconciliation.* Oxford: Oxford University Press.
Bar-Tal, D. (1990). Israel-Palestinian conflict: A cognitive analysis. *International Journal of Intercultural Relations,* **14**, 7-29.
Bar-Tal, D. (1998a). Societal beliefs in times of intractable conflict: The Israeli case. *International Journal of Conflict Management,* **9**, 22-50.
Bar-Tal, D. (1998b). The rocky road toward peace: Societal beliefs functional to intractable conflict in Israeli school textbooks. *Journal of Peace Research,* **35**, 723-742.
Bar-Tal, D. (2000). *Shared beliefs in a society: Social psychological analysis.* Thousand Oaks, CA: Sage.
Bar-Tal, D. (2001). Why does fear override hope in societies engulfed by intractable conflict, as it does in the Israeli society? *Political Psychology,* **22**, 601-627.
Bar-Tal, D. (2003). Collective memory of physical violence: Its contribution to the culture of violence. In E. Cairns & M. D. Roe (Eds.), *The role of memory in ethnic conflict* (pp. 77-93).

Houndmills, UK: Palgrave Macmillan.
Bar-Tal, D. (2007a). Sociopsychological foundations of intractable conflicts. *American Behavioral Scientist,* **50**, 1430-1453.
Bar-Tal, D. (2007b). *Living with the conflict: Socio-psychological analysis of the Israeli-Jewish society.* Jerusalem: Carmel (in Hebrew).
Bar-Tal, D. (2009). Reconciliation as a foundation of culture of peace. In J. de Rivera (Ed.), *Handbook on building cultures for peace* (pp. 363-377). New York: Springer.
Bar-Tal, D. (2010). Culture of conflict: Evolvement, institutionalization, and consequences. In R. Schwarzer & P. A. Frensch (Eds.), *Personality, human development, and culture: International perspectives on psychological science* (Vol. 2, pp. 183-198) New York: Psychology Press.
Bar-Tal, D. (in preparation). *Intractable conflicts: Psychological foundations and dynamics.* Cambridge: Cambridge University Press.
Bar-Tal, D., & Bennink, G. (2004). The nature of reconciliation as an outcome and as a process. In Y. Bar-Siman-Tov (Ed.), *From conflict resolution to reconciliation* (pp. 11-38). Oxford: Oxford University Press.
Bar-Tal, D., Chernyak-Hai, L., Schori, N., & Gundar, A. (2009). A sense of self-perceived collective victimhood in intractable conflicts. *International Red Cross Reviev,* **91**, 229-277.
Bar-Tal, D., & Geva, N. (1986). A cognitive basis of international conflicts. In S. Worchel & W. B. Austin (Eds.), *Psychology of intergroup relations* (2nd ed., pp. 118-133). Chicago: Nelson-Hall.
Bar-Tal, D., & Halperin, E. (2009). Overcoming psychological barriers to peace process: The influence of beliefs about losses. In M. Mikulincer & P. R. Shaver (Eds.), *Prosocial motives, emotions and behaviors: The better angels of our nature* (pp. 431-448). Washington, DC: American Psychological Association Press.
Bar-Tal, D., Halperin, E., & Oren, N. (in press). Socio-psychological barriers to peace making: The case of the Israeli Jewish society. *Social Issues and Policy Review.*
Bar-Tal, D., Halperin, E., & de Rivera, J. (2007). Collective emotions in conflict situations: Societal implications. *Journal of Social Issues,* **63**, 441-460.
Bar-Tal, D., Kruglanski, A. W., & Klar, Y. (1989). Conflict termination: An epistemological analysis of international cases. *Political Psychology,* **10**, 233-255.
Bar-Tal, D., Landman, S., Magal, X., & Rosier, N. (2009). *Societal-psychological dynamics of peacemaking process—A conceptual framework.* Paper presented at the small meeting of the European Association of Social Psychology about Resolving Societal Conflicts and Building Peace: Socio-psychological Dynamics." Jerusalem, Israel, September 7-10, 2009.
Bar-Tal, D., & Salomon, G. (2006). Israeli-Jewish narratives of die Israeli-Palestinian conflict: Evolution, contents, functions and consequences. In R. Rotberg (Ed.), *Israeli and Palestinian narratives of conflict: History's double helix* (pp. 19-46). Bloomington: Indiana University Press.
Bar-Tal, D., & Staub, E. (Eds.) (1997). *Patriotism in the life of individuals and nations.* Chicago: Nelson-Hall.
Bar-Tal, D., & Teichman, T. (2005). *Stereotypes and prejudice in conflict: Representations of Arabs in Israel Jewish society.* Cambridge: Cambridge University Press.
Barth, F. (1969). *Ethnic groups and boundaries.* Boston: Little, Brown.
Barthel, D. (1996). *Historic preservation: Collective memory and historical identity.* New Brunswick, NJ: Rutgers University Press.
Baumeister, R. E., & Gastings, S. (1997). Distortions of collective memory: How groups flatter and deceive themselves. In J. W. Pennebaker, D. Paez, & B. Rimé (Eds.), *Collective memory of political events: Social psychological perspectives* (pp. 277-293). Mahwah, NJ: Lawrence Erlbaum.
Bennett, D. S. (1997). Democracy, regime change and rivalry termination. *International Interactions,*

22(4), 369-397.
Bercovitch, J. (Ed.). (1995). *Resolving international conflicts*. Boulder, CO: Lynne Rienner.
Bigelow, R. (1969). *The dawn warriors: Man's evolution towards peace*. Boston: Little Brown.
Branscombe, N. R., & Doosje, B. (Eds.). (2004). *Collective guilt: International perspectives*. New York: Cambridge University Press.
Brubaker, R. (2004). *Ethnicity without groups*. Cambridge, MA: Harvard University Press.
Brubaker, R., & Laitin, D. D. (1998). Ethnic and nationalist violence. *Annual Review Sociology*, **24**, 423-442.
Burton, J. W. (1987). *Resolving deep-rooted conflict: A handbook*. Lanham, MD: University Press of America.
Burton, J. W. (Ed.) (1990). *Conflict: Human needs theory*. New York: St. Martins Press.
Cacioppo, J. T., & Berntson, G. G. (1994). Relationship between attitudes and evaluative space. A critical review, with emphasis on the separability of positive and negative substrates. *Psychological Bulletin*, **115**, 401-423.
Cacioppo, J. T., & Gardner, W. L. (1999). Emotion. *Annual Review of Psychology*, **50**, 191-214.
Cairns, E. (1996). *Children in political violence*. Oxford, UK: Blackwell.
Cairns, E., & Roe, M. D. (Eds.) (2003). *The role of memory in ethnic conflict*. New York: Palgrave Macmillan.
Cairns, E., Lewis, C. A., Mumcu, O., & Waddell, N. (1998). Memories of recent ethnic conflict and their relationship to social identity. *Peace and Conflict: Journal of Peace Psychology*, **4**, 13-22.
Cantril, H. (1941). *The psychology of social movements*. New York: Wiley.
Cash, J. D. (1996). *Identity, ideology and conflict: The structuration of politics in Northern Ireland*. Cambridge: Cambridge University Press.
Cehajic, S., & Brown, R. (2008). Not in my name: A social psychological study of antecedents and consequences of acknowledgment of ingroup atrocities. *Genocide Studies and Prevention*, **3**, 195-211.
Christianson, S. A. (1992). Remembering emotional events: Potential mechanisms. In S. A. Christianson (Ed.), *The handbook of emotion and memory* (pp. 307-340). Hillsdale, NJ: Lawrence Erlbaum.
Cohr, J. C., & Boehnke, K. (2008). Social psychology and peace: Introductory overview. *Social Psychology*, **39**, 4-11.
Coleman, P. T. (2000). Intractable conflict. In M. Deutsch & P. T. Coleman (Eds.), *The handbook of conflict resolution: Theory and practice* (pp. 428-450). San Francisco: Jossey-Bass.
Coleman, P. T. (2003). Characteristics of protracted, intractable conflict: Towards the development of a metaframework—I. *Peace and Conflict: Journal of Peace Psychology*, **9**(1), 1-37.
Connor, W. (1994). *Ethnonationalism: The quest for understanding*. Princeton: University Press.
de Jong, J. (Ed.) (2002). *Trauma, war, and violence: Public mental health in socio-cultural context*. New York: Kluwer Academic/Plenum Publishers.
David, O., & Bar-Tal, D. (2009). A socio-psychological conception of collective identity: The case of national identity. *Personality and Social Psychology Review*, **13**, 354-379.
de Rivera, J. (Ed.). (2009). *Handbook on building cultures for peace*. New York: Springer.
De Soto, A. (1999). Reflections. In C. J. Arnson (Ed.), *Comparative peace processes in Latin America* (pp. 385-387). Stanford: Stanford University Press.
Deutsch, M. (1949a). A theory of cooperation and competition. *Human Relations*, **2**, 129-153.
Deutsch, M. (1949b). An experimental study of the effects of cooperation and competition upon group process. *Human Relations*, **2**, 199-232.

Deutsch, M. (1958). Trust and suspicion. *Journal of Conflict Resolution*, **21**, 265-279.
Deutsch, M. (1973). *The resolution of conflict*. New Haven, CT: Yale University Press.
Deutsch, M. (1980). Fifty years of conflict. In L. Festinger (Ed.), *Retrospections on social psychology* (pp. 46-77). New York: Oxford University Press.
Deutsch, M. (1985). *Distributive justice: A social psychological perspective*. New Haven, CT: Yale University Press.
Deutsch, M., Coleman, P. T., & Marcus, E. C. (Eds.) (2006). *The handbook of conflict resolution: Theory and practice* (2nd ed.). San Francisco: Jossey-Bass.
Deutsch, M., & Krauss, R. M. (1960). The effect of threat on interpersonal bargaining. *Journal of Abnormal and Social Psychology*, **61**, 181-189.
Duntley, J. D. (2005). Adaptation to dangers from humans. In D. M. Buss (Ed.), *The handbook of evolutionary psychology* (pp. 224-249). Hoboken, NJ: John Wiley & Sons.
Eibl-Eibesfeldt, I. (1979). *The biology of peace and war*. New York: Viking.
Eibl-Eibesfeldt, I., & Sütterlin, C. (1990). Fear, defense and aggression in animals and man: Some ethological perspectives. In P. F. Brain, S. Parmigiani, R. J. Blanchard, & D. Mainardi (Eds.), *Fear and defense* (pp. 381-408). London: Harwood.
Fisher, R. J. (1990). *The social psychology of intergroup and international conflict resolution*. New York: Springer-Verlag.
Fisher, R. J. (Ed.) (1997). *Interactive conflict resolution*. Syracuse: Syracuse University Press.
Fiske, A. P., & Tetlock, P. E. (1997). Taboo trade-offs: Reactions to transactions that transgress the spheres of justice. *Political Psychology*, **18**(2), 255-297.
Fitzduff, M, C, & Stout, C. (Eds.) (2006). *The psychology of war, conflict resolution and peace* (3 Vols.). Westport, CT: Praeger.
Fox, R. (1992). Prejudice and the unfinished mind: A new look at an old failing. *Psychological Inquiry*, **2**, 137-152.
Frankl, V. E. (1963). *Man's search for meaning*. New York: Washington Square Press.
Galtung, J. (1969). Violence, peace and peace research. *Journal of Peace Research*, **6**, 167-101.
Galtung, J. (1975). Three approaches to peace: Peacekeeping, peacemaking and peacebuilding. In J. Galtung (Ed.), *Peace, war and defence—Essays in peace research* (pp. 282-304). Copenhagen: Christian Ejlers.
Galtung, J. (2004). *Transcend and transform: An introduction to conflict work*. London: Pluto Press.
Gawerc, M. I. (2006). Peace building: Theoretical and concrete perspectives. *Peace & Change*, **31**, 435-478.
Geertz, C. (1973). *The interpretation of cultures: Selected essays*. New York: Basic Books.
Giddens, A. (1984). *The constitution of society*. Berkeley, CA: University of California Press.
Gidron, B., Katz, S. N., & Hasenfeld, Y. (Eds.) (2002). *Mobilizing for peace: Conflict resolution in Northern Ireland, Israel/Palestinian and South Africa*. New York: Oxford University Press.
Gillis, J. (1994). Memory and identity: The history of a relationship. In J. Gillis (Ed.), *Commemorations: The politics of national identity*. Princeton: Princeton University Press.
Gil-White, F. J. (2001). Are ethnic group biological "species" to the human brain? Essentialism in our cognition of some critical categories. *Current Anthropology*, **42**, 515-554.
Greenberg, J., Solomon, S., & Pyszczynski, T. (1997). Terror management theory of selfesteem and cultural worldviews: Empirical assessment and conceptual refinements. In M. Zanna (Ed.), *Advances in experimental social psychology* (Vol. 30, pp. 61-139). San Diego: Academic Press.
Griswold, W. (1994). *Cultures and societies in a changing world*. Thousands Oaks, CA: Pine Forge Press.
Halbwachs, M. (1992). *On collective memory*. Chicago: University of Chicago Press.

Halperin, E. (2008). Group-based hatred in intractable conflict in Israel. *Journal of Conflict Resolution*, **52**, 713-736.

Harding, J., Kutner, B., Proshansky, H., & Chein, I. (1954). Prejudice and ethnic relations. In G. Lindzey (Ed.), *Handbook of social psychology* (Vol. 2). Cambridge, MA:Addison-Wesley.

Hayner, P. B. (1999). In pursuit of justice and reconciliation: Contributions of truth telling. In C. J. Arnson (Ed.), *Comparative peace processes in Latin America* (pp. 363-383). Stanford: Stanford University Press.

Hobfoll, S. E., & deVries, M. W. (Eds.) (1995). *Extreme stress and communities: Impact and intervention*. New York: Kluwer Academic/Plenum Publishers.

Hoebel, E. A. (1960). The nature of culture. In H. L. Shapiro (Ed.), *Man, culture, and society* (pp. 168- 181). New York: Oxford University Press.

Horowitz, D. L. (2000). Ethnic groups in conflict. Berkeley: University of California Press.

Huth, P., & Russett, B. (1993). General deterrence between enduring rivals: Testing three competing models. *American Political Science Review*, **87**, 61-72.

Irwin-Zarecka, I. (1994). *Frames of remembrance: The dynamics of collective memory*. New Brunswick, NJ: Transaction.

Ito, T. A., Larsen, J. X., Smith, N. K., & Cacioppo, J. T. (1998). Negative information weighs more heavily on the brain: The negativity bias in evaluative categorizations. *Journal of Personality and Social Psychology*, **75**, 887-900.

Janis, I. L., & Mann, L. (1977). *Decision making: A psychological analysis of conflict, choice, and commitment*. New York: The Free Press.

Janoff-Bulman, R. (1992). *Shattered assumptions: Towards a new psychology of trauma*. New York: The Free Press.

Jarymowicz, M., & Bar-Tal, D. (2006). The dominance of fear over hope in the life of individuals and collectives. *European Journal of Social Psychology*, **36**, 367-392.

Jervis, R. (1976). *Perception and misperception in international politics*. Princeton: Princeton University Press.

Jost, J. T., & Major, B. (Eds.) (2001). *The psychology of legitimacy: Emerging perspectives on ideology, justice, and intergroup relations*. New York: Cambridge University Press.

Kahneman, D., & Tversky, A. (1979). Prospect theory: An analysis of decision under risk. *Econometrica*, **47**, 263-291.

Kahneman, D., Slovic, P., & Tverski, A. (Eds.) (1982). *Judgment under uncertainty: Heuristics and biases*. New York: Cambridge University Press.

Kansteiner, W. (2002). Finding meaning in memory: Methodological critique of collective memory studies. *History and Theory*, **41**, 179-197.

Kelley, H. H. et al. (1970). A comparative experimental study of negotiation behavior. *Journal of Personality and Social Psychology*, **16**, 411-438.

Kelman, H. C. (Ed.) (1965). *International behavior: A social psychological analysis*. New York: Holt, Rinehart and Winston.

Kelman, H. C. (1997). Social-psychological dimensions of international conflict. In I. W. Zartman & J. L. Rasmussen (Eds.), *Peacemaking in international conflict: Methods and techniques* (pp. 191-237). Washington, DC: United States Institute of Peace Press.

Kelman, H. C., (1999a). The interdependence of Israeli and Palestinian identity: The role of the other in existential conflicts. *Journal of Social Issues*, **55**(3), 581-600.

Kelman, H. C. (1999b). Transforming the relationship between former enemies: A socialpsychological analysis. In R. L. Rothstein (Ed.), *After the peace: Resistance and reconciliation* (pp. 193-205). Boulder: Lynne Rienner Publishers.

Kelman, H. C. (2004). Reconciliation as identity change: A social psychological perspective. In Y. Bar-Siman-Tov (Ed.), *From conflict resolution to reconciliation* (pp. 111-124). Oxford: Oxford University Press.

Kelman, H. C. (2007). Social-psychological dimensions of international conflict. In I. W. Zartman (Ed.), *Peacemaking in international conflict: Methods and techniques* (rev. ed., pp. 61-107). Washington, DC: United States Institute of Peace Press.

Kelman, H. C., & Fisher, R. J. (2003). Conflict analysis and resolution. In D. O. Sears, L. Huddy, & R. Jervis (Eds.), *Oxford handbook of political psychology* (pp. 315-353). Oxford: Oxford University Press.

Kemper, X D. (Ed.) (1990). *Research agendas in the sociology of emotions.* Albany, NY: State University of New York Press.

Kimmel, P. R. (2006). Culture and conflict. In M. Deutsch, P. T. Coleman, & E. C. Marcus (Eds.), *The handbook of conflict resolution: Theory and practice* (2nd ed., pp. 625-648). San Francisco: Jossey-Bass.

King, C. (1997). *Ending civil wars.* Adelphi Paper 308. New York: Oxford University Press.

Klandermans, B. (1988). The formation and mobilization of consensus. In B. Klandermans, H. Kriesi, & S. Tarrow (Eds.), *From structure to action: Comparing social movement research across cultures* (Vol. 1, pp. 173-196). Greenwich, CT: JAI Press.

Klineberg, O. (1950). *Tensions affecting international understanding.* New York: Social Science Council Bulletin.

Knox, C., & Quirk, P. (2000). *Peace building in Northern Ireland, Israel and South Africa: Transition, transformation and reconciliation.* London: Macmillan.

Koistinen, P. A. C. (1980). *The military-industrial complex: A historical perspective.* Westport, CT: Praeger.

Krech, D., & Crutchfield, R. S. (1948). *Theory and problems of social psychology.* New York: McGraw-Hill.

Krech, D., Crutchfield, R. S., & Ballachey, E. L. (1962). *Individual in society.* New York: McGraw-Hill.

Kriesberg, L. (1992). *International conflict resolution.* New Haven, CT: Yale University Press.

Kriesberg, L. (1993). Intractable conflicts. *Peace Review,* **5**(4), 417-421.

Kriesberg, L. (1998). Intractable conflicts. In E. Weiner (Ed.), *The handbook of interethnic coexistence* (pp. 332-342). New York: Continuum.

Kriesberg, L. (2004). Comparing reconciliation actions within and between countries. In Bar-Siman-Xov, Y. (Ed.), *From conflict resolution to reconciliation* (pp. 81-110). Oxford: Oxford University Press.

Kriesberg, L., Northup, X A., & Xhorson, S. J. (Eds.) (1989). *Intractable conflicts and their transformation.* Syracuse: Syracuse University Press.

Kruglanski, A. W. (1989). *Lay epistemics and human knowledge: Cognitive and motivational bases.* New York: Plenum.

Kruglanski, A. W. (2004). *The psychology of closed mindedness.* New York: Psychology Press.

Lake, D. A., & Rothchild, D. (Eds.) (1998). *The international spread of ethnic conflict: Fear, diffusion, and escalation.* Princeton: Princeton University Press.

Landman, S. (in press). Protected values as barriers to solving the Israeli-Palestinian conflict: A new perspective on the core issues of the conflict. In Y. Bar-Siman-Tov (Ed.), *Barriers to the resolution of the Israeli-Palestinian conflict.* Jerusalem: Jerusalem Institute for Israel Studies (in Hebrew).

Lau, R. R. (1982). Negativity in political perception. *Political Behavior,* **4**, 353-377.

Lazarus, R. S., & Folkman, S. (1984). *Stress, appraisal, and coping.* New York: Springer.
Lederach, J. P. (1997). *Building peace: Sustainable reconciliation in divided societies.* Washington, DC: United States Institute of Peace Press.
Lewicki, R., Gray, B., & Elliott, M. (Eds.) (2003). *Making sense of intractable environmental conflicts: Frames and cases.* Washington, DC: Island Press.
Lewin, K. (1947). Frontiers in group dynamics. *Human Relations,* **1**, 5-41.
Lewin, K. (1948). *Resolving social conflicts.* New York: Harper & Row.
Licklider, R. (1993). What have we learned and where do we go from here? In R. Licklider (Ed.), *Stopping the killing: How civil wars end* (pp. 303-322). New York: New York University Press.
Liu, J. H., & Hilton, D. J. (2005). How the past weighs on the present: Social representations of history and their in identity politics. *British Journal of Social Psychology,* **44**, 537-556.
Long, W. J., & Brecke, P. (2003). *War and reconciliation: Reason and emotion in conflict resolution.* Cambridge, MA: MIX Press.
Mack, J. E. (1990). The psychodynamics of victimization among national groups in conflict. In V D. Volkan, D. A. Julius, & J. V Montville (Eds.), *The psychodynamics of international relationships* (pp. 119-129). Lexington, MA: Lexington.
Mackie, D. M., & Smith, E. R. (Eds.) (2002). *From prejudice to intergroup emotions: Differentiated reactions to social groups.* Philadelphia, PA: Psychological Press.
Marrow, D. (1999). Seeking peace amid memories of war: Learning form the peace process in Northern Ireland. In R. L. Rothstein (Ed.), *After the peace: Resistance and reconciliation* (pp. 111-138). Boulder: Lynne Rienner Publishers.
Mintz, A. (1983). The military-industrial complex: The Israeli case. *Journal of Strategic Studies,* **6**(3), 103-127.
Mitchell, C. R. (1981). *The structure of international conflict.* London: Macmillan.
Mitzen, J. (2006). Ontological security in world politics: State identity and the security dilemma. *European Journal of International Relations,* **12**, 341-370.
Mor, B. D., & Maoz, Z. (1999). Learning and the evolution of enduring rivalries: A strategic approach. *Conflict Management and Peace Science,* **17**, 1-48.
Murphy, G., Murphy, L. B., & Newcomb, T. M. (1937). *Experimental social psychology* (rev. ed.). New York: Harper and Brothers.
Myers, D. G. (1993). *Social psychology.* New York: McGraw-Hill.
Nadler, A. (2002). Post resolution processes; instrumental and socio-emotional routes to reconciliation. In G. Salomon & B. Nevo (Eds.), *Peace education: The concept, principles and practice in the world* (pp. 127-143). Mahwah, NJ: Lawrence Erlbaum.
Nadler, A., Malloy, X E., & Fisher, J. D. (Eds.) (2008). *The social psychology of intergroup reconciliation.* New York: Oxford University Press.
Nets-Zahngut, R. (2009). The collective self healing process of the aftermath of intractable conflicts. (Submitted for publication.)
Newcomb, T. M. (1950). *Social psychology.* New York: Holt-Dryden Books.
Opotow, S. (2006). Aggression and violence. In M. Deutsch, P. T. Coleman, & E. C. Marcus (Eds.), *The handbook of conflict resolution: Theory and practice* (2nd ed., pp. 509-532). San Francisco: Jossey-Bass.
Oren, N., & Bar-Tal, D. (2007). The detrimental dynamics of delegitimization in intractable conflicts: The Israeli-Palestinian case. *International Journal of Intercultural Relations,* **31**, 111-126.
Oren, N., Bar-Tal, D., & David, O. (2004). Conflict, identity and ethos: The Israeli-Palestinian case. In Y-X Lee, C. R. McCauley, F. M. Moghaddam, & S. Worchel (Eds.), *Psychology of*

ethnic and cultural conflict (pp. 133-154). Westport, CT: Praeger.

Peeters, G., & Czapinski, J. (1990). Positive-negative asymmetry in evaluations: The distinction between affective and informational negativity effects. *European Review of Social Psychology,* **1**, 33-60.

Petersen, R. D. (2002). *Understanding ethnic violence: Fear, hatred, and resentment in twentieth-century Eastern Europe.* Cambridge: Cambridge University Press.

Pruitt, D. G., & Kimmel, M. J. (1977). Twenty years of experimental gaming: Critique, synthesis, and suggestions for the future. *Annual Review of Psychology,* **28**, 363-392.

Pyszczynski, T., Greenberg, J., & Solomon, S. (1997). Why do we need what we need? A terror management perspective on the roots of human motivation. *Psychological Inquiry,* **8**, 1-20.

Rapoport, A. (1960). *Fights, games, and debates.* Ann Arbor: University of Michigan Press.

Raven, B. H., & Rubin, J. Z. (1976). *Social psychology: People in groups.* New York: John Wiley.

Riek, B. M., Mania, E. W. M., & Gaertner, S. L. (2006). Intergroup threat and outgroup attitudes: A meta-analytic review. *Personality and Social Psychology Review,* **10**, 336-353.

Robben, A., & Suarez, O. M. M. (Eds.) (2000). *Cultures under siege: Collective violence and trauma.* New York: Cambridge University Press.

Rokeach, M. (1960). *The open and closed mind.* New York: Basic Books.

Ross, M. H. (1991). The role of evolution in ethnocentric conflict and its management. *Journal of Social Issues,* **47**(3), 167-185.

Ross, M. H. (1993). *The culture of conflict: Interpretation and interests in comparative perspective.* New Haven, CT: Yale University Press.

Ross, M. H. (1998). The cultural dynamics of ethnic conflict. In D. Jacquin, A. Oros, & M. Verweij (Eds.), *Culture in world politics* (pp. 156-186). Houndmills: Macmillan.

Ross, M. H. (2001). Psychocultural interpretations and dramas: Identity dynamics in ethnic conflict. *Political Psychology,* **22**, 157-198.

Rothman, J. (1997). *Resolving identity-based conflict in nations, organizations, and communities.* San Francisco: Josey-Bass.

Rouhana, N. N. (2004). Group identity and power asymmetry in reconciliation process: The Israeli-Palestinian case. Peace and Conflict: *Journal of Peace Psychology,* **10**, 33-52.

Rouhana, N., & Bar-Tal, D. (1998). Psychological dynamics of intractable conflicts: The Israeli-Palestinian case. *American Psychologist,* **53**, 761-770.

Rouhana, N., & Fiske, S. X. (1995). Perception of power, threat and conflict interest in asymmetric intergroup conflict. *Journal of Conflict Resolution,* **39**, 49-81.

Saks, M. J., & Krupat, S. (1988). *Social psychology and its applications.* New York: Harper & Row.

Sandole, D. (1999). *Capturing the complexity of conflict: Dealing with violent ethnic conflicts of the Post-Cold War era.* London: Pinter/Continuum.

Sandole, D. J. D., Byrne, S., Sandole-Staroste, I., & Senehi, J. (Eds.) (2009). *Handbook of conflict analysis and resolution.* New York: Routledge.

Scheff, T. J. (1994). *Bloody revenge: Emotions, nationalism, and war.* Boulder: Westview.

Shalev, A. Y, Yehuda, R., & McFarlane, A. C. (Eds.) (2000). *International handbook of human response to trauma.* Dordrecht, Netherlands: Kluwer Academic Publishers.

Sherif, M. (1966). *The common predicament: Social psychology of intergroup conflict and cooperation.* Boston: Houghton Mifflin.

Sherif, M., Harvey, O. J., White, B. J., Hood, W. R., & Sherif, C. W. (1961). *Intergroup cooperation and competition: The Robber Cave experiment.* Norman, OK: University Book Exchange.

Shonholtz, R. (1998). Conflict resolution moves East: How the emerging democracies of Central and Eastern Europe are facing interethnic conflict. In E. Weiner (Ed.), *The handbook of*

interethnic coexistence (pp. 359-368). New York: The Continuum Publishing Company.
Sidanius, J., & Pratto, F. (1999). *Social dominance.* New York: Cambridge University Press.
Simon, B., & Klandermans, B. (2001). Politicized collective identity. *American Psychologist,* **56**, 319-331.
Skitka, L. J. (2002). Do the means justify the ends, or do the ends justify the means? A test of the value protection model of justice. *Personality and Social Psychology Bulletin,* **28**, 588-597.
Snyder, C. R. (Ed.) (2000). *Handbook of hope: Theory, measures, & applications.* San Diego: Academic Press.
Solomon, S., Greenberg, J., & Pyszczynski, T. (1991). A terror management theory of social behavior: Xhe psychological functions of self esteem and cultural worldviews. In M. P. Zanna (Ed.), *Advances of experimental social psychology* (Vol. 24, pp. 91-159). San Diego: Academic Press.
Stagner, R. (1967). *Psychological aspects of international conflict.* Belmont, CA: Brook/Cole.
Staub, E. (2003). *The psychology of good and evil: The roots of benefiting and harming other.* New York: Cambridge University Press.
Staub, E., & Bar-Tal, D. (2003). Genocide, mass killing and intractable conflict: Roots, evolution, prevention and reconciliation. In D. O. Sears, L. Huddy, & R. Jervis (Eds.), *Oxford hand book of political psychology* (pp. 710-751). New York: Oxford University Press.
Stephan, W. G. (1985). Intergroup relations. In G. Lindzey & E. Aronson (Eds.), *Handbook of social psychology* (Vol. III, pp. 599-658). New York: Addison-Wesley.
Stephan, W. G., & Renfro, C. L. (2002). The role of threat in intergroup relations. In D. Mackie & E. Smith (Eds.), *From prejudice to intergroup emotions* (pp. 191-207). Philadelphia, PA: Psychology Press.
Tajfel, H. (Ed.). (1978). *Differentiation between social groups: Studies in the social psychology of intergroup relations.* London: Academic Press.
Tajfel, H. (1982). *Social identity and intergroup relations.* Cambridge: Cambridge University Press.
Taylor, S. E. (1983). Adjustment to threatening events: A theory of cognitive adaptation. American Psychologist, **38**, 1161-1173.
Tetlock, P. (2003). Thinking the unthinkable: Sacred values and taboo cognitions. *Trends in Cognitive Science,* **7**, 320-324.
Tetlock, P. E. (1989). Structure and function in political belief system. In A. R. Pratkanis, S. J. Breckler, & A. G. Greenwald (Eds.), *Attitude structure and function* (pp. 126-151). Hillsdale, NJ: Erlbaum.
Tetlock, P. E., Kristel, O. V., Elson, S. B., Green, M. C., & Lerner, J. F. (2000). The psychology of the unthinkable: Taboo trade-offs, forbidden base-rates, and heretical counterfactuals. *Journal of Personality and Social Psychology,* **78**(5), 853-870.
Wagenaar, W. A., & Groeneweg, J. (1990). The memory of concentration camp survivors. *Applied Cognitive Psychology,* **4**, 77-88.
van der Dennen, J., & Falger, V (Eds.). (1990). *Sociobiology and conflict: Evolutionary perspective on competition, cooperation, violence and warfare.* London: Chapman & Hall.
Vertzberger, Y. (1990). *The world in their minds: Information processing, cognition and perception in foreign policy decision making.* Stanford: Stanford University Press.
Volkan, V. (1997). *Bloodlines: From ethnic pride to ethnic terrorism.* New York: Farrar, Straus and Giroux. 水谷 驍（訳）（1999）．誇りと憎悪　民族紛争の心理学　共同通信社
Vollhardt, J. K., & Bilali, R. (2008). Social psychology's contribution to the psychological study of peace: A review. *Social Psychology,* **39**, 12-25.
Weiner, E. (Ed.) (1998). *The handbook of interethnic coexistence.* New York: The Continuum

Publishing Company.

White, R. K. (1970). *Nobody wanted war: Misperception in Vietnam and other wars.* Garden City, New York: Anchor Books.

Wilmer, F. (1998). The social construction of conflict and reconciliation in the former Yugoslavia. *Social Justice: A Journal of Crime, Conflict & World Order,* **25**(4), 90-113.

Worchel, S. (1999). *Written in blood: Ethnic identity and the struggle for human harmony.* New York: Worth.

Zartman, I. W. (2000). Ripeness: The hurting stalemate and beyond. In P. C. Stern & D. Druckman (Eds.), *International conflict resolution after the cold war* (pp. 225-250). Washington, DC: National Academy Press.

Zartman, I. W. (Ed.) (2007). *Peacemaking in international conflict: Methods and techniques* (rev. ed.). Washington, DC: United States Institute of Peace Press.

Zertal, I., & Eldar, A. (2007). *Lords of the land: The settlers and the State of Israel, 1967-2007.* New York: Nation Books.

第1章

豚，スリングショット，および その他の集団間紛争の基盤

Dawna K. Coutant, Stephen Worchel and Marcelo Hanza

　社会心理学のルーツの1つは集団研究である。心理学者は集団行動に興味をそそられ，同時に，それをどう理解すべきかについて悩まされてもしてきた。集団にかかわるあらゆる問題の中で，おそらく最も重要なものは集団間紛争である。なぜ集団の存在するところには，しばしば他集団との紛争が伴うのか。なぜ紛争と紛争によって生み出された憎悪は人々の間に深く浸透し，世代を超えて継承されるのか。歴史上，集団間紛争がなかった時代はなく，世界のあらゆる地域が集団間紛争の惨禍を経験してきた。さらに，人間のもつ発明発見の才によって，創造性あふれる破壊のための兵器が次々と開発され，そのため集団間紛争の本質を理解することは，ますます緊急の課題となっている。

　人類を破滅に導く可能性のあるこうした行動には，きわめて複雑な原因があると一般には信じられている。しかし，歴史と文献が示すところは必ずしもそうではない。アメリカの，ある人里離れた小さな町に起こった出来事を例としてあげてみよう。ケンタッキーとウェスト・バージニアの州境を流れるビッグ・サンディ川沿いの谷間にその町はあった。時代に置き去りにされたような地域によくみられるように，この孤立した町にはハットフィールド家とマッコイ家という2大勢力があった。両家は隣接した土地に住み，互いに婚姻関係もあった。1893年のある朝，フロイド・ハットフィールドは自分の豚を豚小屋へと追い立てていた。数日後，義理の兄ランドルフ・マッコイが彼を呼び止め，自分の記録によれば，ハットフィールド家の豚の1匹が自分たちの豚に似ていると主張し，「フロイド，そいつはおまえの豚じゃねえ，うちのだ」と言いだした（Jones, 1948, p.18）。2人の男は豚の所有権で口論となり，そしてついにその問題は地方裁判所に持ち込まれた。陪審員はその豚の持ち主をフロイドとしたが，その決定が，ハットフィールド家とマッコイ家の間で50年以上にわたって100人もの犠牲者を出すことになる抗争に火を点けた。この紛争の原因は，豚の所有権に関する意見の相違だったのである。

　このエピソードは特別だと感じる人がいるかもしれない。しかしそう結論づける前

に，ある児童文学作品をのぞいてみよう。『ガリヴァー旅行記』（Swift, 1735）の中では，ゆで卵を割るとき，細い方から割るか太い方から割るかで意見が分かれた人々が長い間にわたって争いを続けるようすが描かれている。もっと最近の「古典」にも同様のストーリーがみられる。ドクター・スース（Seuss, 1984）によるゾーク家，ヨーク家という2つの家族の話だが，両家は石壁によって隔てられ，食事の習慣も違っている。ゾーク家では皆，バターを塗った面を下にしてパンを食べる！　しかし，ヨーク家では朝食でも夕食でも，パンを薄切りにして「バターは上の面に塗る」とお爺さんが言う（Dr. Seuss, 1984, pp.5-6）。このようにとても不安定な共存関係は，「まったく無礼なゾーク家のやつ」がヨーク家の者に対してスリングショットを使って石をぶつけたとき崩れてしまった。この出来事は軍拡競争に火を点け，ついには双方が究極の大量破壊兵器を開発するにいたったのである。

　フィクションから現実に眼を向けると，長期的な暴力的紛争にかかわった対立集団の人々を同じ活動に参加させる「和平プログラム」が最近各地で試みられているが，これに参加した青年たちの反応は，集団間紛争を生み出す土壌が広範に及ぶものでありながら，じつは単純なものであることを明瞭に示している。WorchelとCoutant（2004, 2008）は，中東とバルカン半島の紛争地域に暮らす参加者（14～18歳）に，それぞれの地域の紛争の原因について意見を求めた。回答の大部分は紛争の責任が「相手側」にあるとしていた。加えて，紛争に影響を与えるものとして「集団の歴史」，宗教，政府，教師を含めた種々の「集団的」要因があげられた。紛争が個人の力の及ぶ範囲外の条件によって引き起こされ，それゆえ何らかの文脈的要因が変化しない限り紛争は続く運命にあるというあきらめもみられた。特に興味深い反応として，集団間の紛争は「自然」であり，暴力は減るかもしれないが，紛争は永遠に続くというものがあった。

　集団間紛争が「自然」，あるいは期待されるものであるという結論はいろいろなことを考えさせる。しかし，集団間紛争をあるべき規範と結論づけようと，あるべきでない逸脱と結論づけようと，紛争の結果として生じる破壊的結果を容認する人はいないであろう。社会心理学者たちは半世紀以上前から，集団間紛争の原因について理論化を試み，これを注意深く検討してきた。この問題を扱った書物は膨大な数にのぼるので，このアプローチをたった1つの章に要約することはとうてい不可能なことである。われわれはさまざまなやり方で研究の知見を分類して細分化し，一方，理論については，焦点によって区分けするのが最良であろうと考えた。ある理論は紛争が生じる際の個人とその心理プロセスを強調している。別の理論は集団間紛争の起源として集団内の条件を検討している。第3のアプローチでは，集団間の敵意と紛争の原因として，集団間に存在する特殊な要因を強調している。そして最後に，集団間紛争を促進する要因として文化的文脈も考察される。

第1章 豚，スリングショット，およびその他の集団間紛争の基盤

　検討を始めるにあたって，2つの点を述べておく。第1に，種々のアプローチを分類する際，それぞれの最も特徴的な面を取り上げて体系化を試みる。われわれは，理論というものが，ある特定領域や特定レベルにのみ焦点を当てて分析を行なうものであると主張するつもりはない。しかし，本章は集団と集団間関係に焦点を当てているので，われわれは複数のレベルを含むアプローチでも，集団レベルに関してのみ議論することにする。たとえば，相対的剥奪が個人と集団に与える影響を示す研究などがそうである。冗長さを避けて主張を簡明にするために，われわれは相対的剥奪研究を集団的要因の節に含める。第2に，多くの理論は相互に排他的ではない。集団間紛争を説明する唯一のアプローチがあるわけではない。そうではなく，多様なレベルの説明が統合されて，集団間紛争にかかわる全レベルの要因を包含するシステムが構成される。ある紛争はあるレベルの要因から強い影響を受けるが，多くの場合，紛争はあらゆるレベルの要因とプロセスによって促進される。これらの点を念頭に，集団間紛争の本質について考察していく。

個人という焦点

　心理学は個人に関する科学であり，そのため，集団間紛争に関する理論のいくつかも個人内のプロセスに焦点を当てている。これらの理論は攻撃の本能論的アプローチから，国家主義的パーソナリティと態度傾向（Adorno et al., 1950; Stangor & Jost, 1997），そして同調や服従までを含む。この分野で最も有名な理論の1つが社会的アイデンティティ理論（social identity theory: SIT）である。

　おそらく最も影響力のある理論である SIT は，人々のアイデンティティが2つの主要な源をもつと主張する（Tajfel, 1970; Tajfel & Turner, 1986）。1つは個人的アイデンティティであり，パーソナリティ，業績，身体的特徴など，その人独自の特徴から形成される。他方は社会的アイデンティティであり，その人が所属している集団に基づくものである。人々は可能な限り最もポジティブなアイデンティティを形成するよう動機づけられているが，「ポジティブ」とはしばしば相対的なものなので，人々は他者との社会的比較を行なう（Festinger, 1954）。私は他人よりも金持ちか。私の所属する集団（内集団）は他の集団（外集団）よりも優れているか。一見，これらは無害な心理プロセスのようにみえる。それなのに，個人間であれ集団間であれ，個人が自分自身について知り，ポジティブな自己イメージをもちたいという願望によってなぜ紛争が引き起こされるのだろうか。

　Tajfel と Turner（1979），Turner ら（1979）はポジティブな自己イメージをもとうとする自己中心的動機を強調して，その疑問に答えようとした。すなわち，人々は

他の人「よりも良い」状態を望む。この他の人より良いことを望む気持ちは，他の人や他集団と比べたとき，自己あるいは自集団について誤った知覚を生じさせる。BlakeとMouton（1962）は，人間関係訓練プログラムに参加していた人々が，ある課題の解決法について，内集団が考えた解決法と外集団が考えた解決法の質をそれぞれ評価するように頼まれたとき，内集団の成果を過大に評価し，外集団の成果を過小に評価すること見いだした。同様にWorchelら（1978）は，2つの集団が共通の課題について共同作業しているとき，失敗は外集団の能力の低さに帰属されることを見いだした。最後にHastorfとCantril（1954）は，プリンストン大学とダートマス大学の間で行なわれたフットボールの荒れた試合の後，それぞれの大学の学生に対してインタビューを行なった。その試合でダートマス大学はプリンストン大学よりも多くの反則をとられていたが，それぞれのチームの反則がどれくらいだったかを尋ねると，ダートマスの学生は両校が同数だったと答え，プリンストンの学生はダートマス大学（つまり外集団）の反則を実際よりも多く答えた。このタイプの誤知覚は，人々に自集団が外集団よりも良質のものであるとの信念をうながす。外集団をネガティブに知覚した結果，異なる集団成員間では当然認識が異なり，それが彼らの紛争のもととなる。しかし，そうした知覚自身が憎悪や差別を生じさせるわけはない。

　不幸にして，比較プロセスは記憶や認知処理だけでなく，行動をも巻き込む。SITによれば，人々は2つの集団の相対的差異を強調することによって，内集団の利益と外集団の不利益につながる行動に従事する（Abrams & Hogg, 1988; Mullen et al., 1992）。こうした差別的行動には，屈折した面もある。たとえば，人は内集団と外集団の相対的差異を拡大するために，絶対的な尺度でみれば自集団の不利益になる行動を選択することさえある。ある研究において，参加者たちは2人の抽象画家に対する好みで集団を割り振られ，その後，（1人で）得点分配表から1つの選択肢を選ぶよう求められた。内集団成員と外集団成員の間で得点に差をつけるために，参加者がどのような方略を選ぶかを調べるために，研究者は得点表に工夫を凝らした。その結果，参加者にとって，内集団成員の利益を最大化することと同じくらい（あるいはむしろ，わずかにそれ以上）重要なのは，内集団と外集団の差を最大化することであることを見いだした。外集団の利益を減らすことで内集団との間に差をつけようとする動機は，単に利益を最大化しようとする動機と同程度か，それ以上に強かった（Turner et al., 1979）。内集団による互恵性の期待を実験操作によって統制しても，結果は同様だった（Gagnon & Bourhis, 1996）。重要な点は，人々は集団差異を拡大するために，自集団を傷つけることすらあるということである。たとえば，雇い主は自分の会社の役に立ちそうな外集団成員の雇用を拒否し，あまり役に立ちそうもない能力の低い内集団成員を雇うといったことをしてしまう可能性がある。

　SITは，多方面にわたる研究を促進したすばらしい理論的触媒であった。差別とは

第1章　豚，スリングショット，およびその他の集団間紛争の基盤

内集団を有利に扱うことなのか，外集団を不利に扱うことなのか，それともその両方を含むのが一般的かという点を詳細に検討したいくつかの研究がある。SITは，集団間紛争というものは，有限な集団カテゴリーや有限な社会的カテゴリーが単に存在するだけで，あるいはそれが形成された結果であるという，多くの人々を当惑させる仮説を提起した。それが発するメッセージは，集団というものがわれわれの社会的情景の現実である以上，集団間紛争は人間存在に深く根ざしたものであるということである。こうした悩ましい考え方は脇に置いておくとして，社会的アイデンティティのプロセスに関しては多くの疑問が提起されている。重要な問題の1つは集団形成に関するものである。われわれは皆，常に複数の集団に所属している。それはたとえば，ジェンダー，政党，国家，宗教，民族，年代，性的嗜好などである。実際，どの個人を取り上げても，その人物を描写するために内集団の独自な配列が必要である。もしもSITが正しいなら，極端にいえば，各人はあらゆる他者と常に紛争を起こすことになる。この疑問に対して，自己カテゴリー化理論（Turner et al., 1987）では，人は自分たちの社会的世界を内集団と外集団に認知的に分割できることを主張した。個人と個人を分かつ特定の特徴に注目することによってカテゴリーが形成される。個人は自己を参照枠組みとして用いるので，カテゴリー化は自己中心的な傾向がある。特徴を共有する人は内集団で，それ以外の人はすべて外集団となる。ある時に特定の集団が顕著になると，その集団は集団間行動に影響を与える。この「顕著さ」は，他者の存在，成員として所属する集団，彼らがどれくらいポジティブにみられているか，個人の気分，他者と共有する上位集団の存在といった要因によって影響を受ける（Brewer et al., 1987; Crisp & Hewstone, 2000; Hewstone et al., 1993; Schmitt et al., 2006）。存在脅威管理理論（Arndt et al., 1997）では，別の観点として，個人が自己の死の不可避性を意識する事態に直面すると（たとえば，死に瀕するといった脅威），重要な内集団への絆が顕著になり，結果として集団間差別が生じる可能性を提起している。

　SITの多くの研究は，内集団びいきが外集団差別と集団間紛争の間に密接なつながりがあることを指摘しているが，現実世界の状況（Struch & Schwartz, 1989）や集団間囚人ジレンマゲーム（Halevy et al., 2008）を扱った研究では，内集団びいきと集団間攻撃は無関係であると主張している。それらの研究は，外集団を貶めることなく内集団からポジティブな自己アイデンティティを獲得することが可能であることを示唆している。社会的カテゴリー化と社会的比較は，どのようなときに集団間紛争を引き起こし，どのようなときには引き起こさないのか，これを区別する要因は明らかではない。これらの研究が示す要点は，個人の心理プロセスが集団間レベルにおける紛争の一因となりうるということである。

集団ダイナミックスへの焦点

　社会的カテゴリー化とSITは，なぜ人々が外集団に対して敵対，差別，そして暴力まで振るおうとするのかについて洞察を与えるものだが，しかし，それでも多くの疑問は残る。社会的認知理論の観点からすると，集団とは人々が生み出した認知カテゴリーである。しかし，集団は人々の心の中にある認知的構造以上のものであり，この事実を忘れてはならない。集団には人々の間の，人々によって行なわれる相互作用が含まれている。集団間紛争は，しばしば同調する人々によって行なわれる対立と暴力を含んでいる。いかにしてこの舞台劇は，共通の標的に対する人々の認知的表象から行動へと転換するのだろうか。

　これは目新しい疑問ではなく，これに対する回答は，すでに，Le Bon (1908) の群衆行動理論にもみられる。彼の群衆心理学は，集団行動というものは個人に焦点を当てただけでは完全には理解できないと主張する。「理解すべき重要なこととして，群衆心理学において個人に焦点を当てること」は，人々による大規模な現象を説明することにはならない (Graumann, 1986, p.221)。Worchel (2003) は，集団間紛争という集団行動を理解するためには，リーダーシップ，同調，感化，脱個性化，規範形成といった要因がいかに人々を結束させ，共通目標に向けた行動の刺激剤となるかを論じてきた伝統的グループ・ダイナミックスに目を向けなくてはならないと主張する。これらのダイナミックスは，個人が自分自身を集団の一部とみなし，仲間と一緒に行動するように突き動かすものであるとともに，外集団との紛争を発生させる源泉なのであろう。

　集団行動の理解を目指すアプローチでは，アイデンティティが中心的役割を果たすと仮定するが，しかし，それは個人の領域から集団の領域へと変化するものである (Crocker & Luhtanen, 1990; Worchel & Coutant, 2004)。このアプローチでは，個人と同様，集団もまた集団的アイデンティティあるいは集合的アイデンティティとよばれる社会的アイデンティティを発展させると主張する。集合的アイデンティティは，同一集団の成員たちが同一の社会的アイデンティティを共有しているという相互的意識を含んでいる (David & Bar-Tal, 2008; Klandermans & de Weerd, 2000; Mellucci, 1989)。このアイデンティティには，認知的，感情的，動機的の3つの側面がある。認知的側面とは，大規模な集団カテゴリーに個人が自己を包含することである。これが生じることによって，個人的アイデンティティが集合的アイデンティティへと「脱個人化」することが研究によって示されている (David & Bar-Tal, 2008; Hogg & McGarty, 1990; Turner, 1999)。他方，集合的アイデンティティの感情的側面は，誇り，忠誠，集団性への関心などの感覚を個人が経験する程度を含んでいる (Bar-Tal,

1993)。そして最後に，動機的側面とは，個人が集団に所属しようとする意志にかかわるものである。研究者たちは，個人が集団の一部であろうとする意志は，集団成員性によって満たされる人間の基本的欲求から生じると仮定している。これには人間関係をつくりたい，ポジティブな自己価値を保ちたい，そして安全に保護されたいといった欲求が含まれる（Baumeister & Leary, 1995; Mack, 1983）。われわれの関心にとって特に重要なことは，集合的アイデンティティの結果，集団の将来に人々が互いに依存する運命にあるという「共通運命」の感覚が生まれる点である。集合的アイデンティティはまた「独自性」知覚の結果でもある。独自性とは，集団が自己を他集団とは異なるものであること，また，自集団を他集団と区別する信念，価値，規範，言語といった特徴に焦点を当てることである（David & Bar-Tal, 2008）。そして，集団の差異を誇示しようとする結果が，しばしば集団間紛争を招くのである。

集団の中で，個人が共有信念と共有感情を経験することを強調する立場がある。この立場は，「集団心」と感情感染を仮定する，集合行動に関する初期の社会学的分析（Le Bon, 1908）に深く根ざしている。近年，「社会的信念（societal belief）」（Bar-Tal, 1990a, 2000）や「集合的罪悪感」（Miron & Branscombe, 2008）といった概念によって集団行動を分析する試みが広がっている。これらの研究者たちは，信念と感情は集団レベルでも生じると主張する。社会的信念は内集団成員を一体化させるだけではなく，外集団に対する彼らの行動を正当化し，方向づける働きをもっている（Bar-Tal, 1990b, 2000）。

社会的信念は，社会の人々を1つに結びつける働きをもつ，共有された信念である（Bar-Tal, 2000）。そうした信念はしばしば集団形成の基盤となり，集団行動にも影響を与える。歴史，神話，宗教といった社会的信念は，社会の成員たちが互いに心理的つながりを形成し，これを維持することを可能にする。これらの結びつきは集団形成の主要な要因である。社会的信念はまた，同じ信念を共有する者と共有しない者，すなわち，自集団と他集団を区別することにも使われる。EidelsonとEidelson（2003）は集団間紛争の誘因となりうる5つの信念領域をあげている。それは，優越性，不正義，脆弱性，不信，そして絶望である。彼らはこれらの信念は個人と集団の両方のレベルで生じ，個別に処理される一方で，並行して同時進行すると主張する。

社会的信念は内集団の歴史と神話に根ざしている。これらの物語は集団とその独自性だけではなく，かかわりのある外集団を比較の対象とし，これを自集団に潜在的な脅威を与えるものとして定義する。このプロセスを示す証拠は，集団の歴史を教える学校の教科書にみられ，それらは子どもたちに自集団と外集団の見分け方を教える（Luke, 1988）。Bar-Tal（1998）は，イスラエル教育省が認定した歴史，地理，文学など，さまざまな科目の124冊にも及ぶ教科書を分析した。そこからは，安全，ポジティブなアイデンティティ，被害者ユダヤ人といった社会的信念を明確に表わすテー

マが浮かび上がってきた。イスラエルの歴史記述に埋め込まれていたものは，イスラエルの安全を常に脅かすものとして描かれたアラブ人に対するネガティブなステレオタイプだったのである。

他方，集合的感情（collective emotion）とは，集団成員によって広く共有されている感情である（Bar-Tal et al., 2007; Stephan & Stephan, 2000）。集団的感情には恐怖，憎しみ，罪悪感，希望，そして安全感などが含まれる。集合的感情の中には，その共有経験によって集団の統一性を保つなど有益な働きをするものがある一方で，有害なものもある。恐怖は集団成員の視野を狭め，過去の不幸な経験を現在に結びつけることで集団を紛争へと追いやる集合的感情である。紛争あるいは脅威となる条件が揃うと，集合的感情として恐怖を経験した集団はおそらく暴力に訴えるであろう（Bar-Tal et al., 2007）。対照的に，集合的希望は平等，安全，平和という集団的目標へと駆り立てる力をもつものである。

Bar-Tal（2007）は，さらに，集合的記憶（collective memory: CM）という別の次元を加える（第4章参照）。集合的感情と同じ方向性をもつ社会的信念を含んだCMは，解決困難な紛争の社会心理的インフラ（socio-psychological infrastructure）である。CMの中には，内集団が外集団によって被害を受けた歴史的事件も含まれている。これらの記憶は次世代へと受け継がれ，文学，神話，詩歌などの文化的所産として表現される。しかし他の記憶と同様，これらの記憶は変容し，形を変え，最終的には出来事に関する主観的解釈となる。共有された信念となるのはまさにこの解釈だが，これがやがて客観的なものとして受け入れられ，「本当の」説明となる。今度はこれらの説明が集団間紛争を正当かつ妥当なものとするだけではなく，内集団のポジティブなイメージを紡ぎ出すのである。

集団的信念，集団の感情，集団的記憶のいずれに焦点を当てるにせよ，それらの特殊な組み合わせが集団行動や集団間紛争に大きな影響を与える可能性がある。恋人と初めてのキスをしたときにかかっていた曲を聴くと，お互いに胸がドキドキするように，集団的記憶はしばしば集団成員が抱いている感情を刺激する（第3章参照）。これらの感情は記憶の評価的内容を誇張するだけではなく，集団を覚醒させ，行動の準備状態を生み出す。集団間感情理論（Mackie et al., 2000）は，集団的感情が自集団に強く同一化している成員によって経験される。それらの感情は個人的に経験されるが，集団の他の成員と共有され，集団間関係と集団内関係の両方に影響を与える（Smith et al., 2007）。集団的感情は集団間関係の研究を，単に友好的，敵対的というものから複雑な図式へと拡張した。そしてまさにこの複雑さこそが，なぜある外集団がポジティブなステレオタイプ的特性とネガティブな知覚の両方を同時に引き出すのかを説明するのに有益なのである（Yzerbyt et al., 2003）。たとえばFiskeとその同僚たちは，有能さ（肯定的）の次元で高く評定された外集団が，親しみの次元ではポ

ジティブに評定されなかったことを報告している（Fiske et al., 2002）。

すべての子どもたちが同じ教科書を使って，自集団の歴史や敵の集団について教えられるが，そのメッセージによって受ける衝撃は異なる。ある子どもはそのメッセージを信じ込み，それがその子どもの外集団に対する行動を規定する。しかし別の子どもはメッセージを受け入れず，それに対して主体的に疑問をもつかもしれない。集団成員の心と感情に訴える情報の源は，いうまでもなく複数存在する。いくつかの例をあげれば，友人，親，宗教指導者，そしてメディアなどである。しかしながら，内集団からのメッセージを人々が受け入れるかどうか，それによって集団間紛争に参加するかどうかを決定する別の興味深い要因がある。それは人々が集団に同一化する程度，集団的アイデンティティを個人的アイデンティティに取り込んでいる程度である（第5章参照）。SahdraとRoss（2007）は，内集団が関与した歴史的事件を想起する際，内集団に強く同一化している人はネガティブなものよりもポジティブなものを多く思い出すことを見いだした。一方，集団同一化の弱い人は強い人よりも，内集団による暴力と憎悪をより多く思い出した。後者は，外集団によって加えられた危害をより多く想起する傾向があった（第4章参照）。したがって，集団的アイデンティティは現在の脅威から集団を守るだけではなく，次世代に向けて集団に対する忠誠心を維持する強い力でもある。

集団的アイデンティティ，集団的信念，集団的記憶に焦点を当てたこれらのアプローチは，集団間紛争の基盤を集団内に置くという共通点がある。これらは集団間紛争における一般的要因を明らかにするもので，大局理論とでもよぶべきものである。しかし，それらは，いつ，どのようにしてある紛争が起こるのかという個別要因の解明にはあまり適していない。個別の予測精度を高めるため，われわれは，互いに無関係に発展してきた，集団要因よりも微視的な視点をもつ研究群に眼を向けなくてはならない。この種の研究は広範囲にわたるので，われわれはそのうち代表的なものをいくつか検討することにする。

■ 周期的パターン

国民，民族集団，労働団体など，どの集団を対象にしても，われわれは，紛争と暴力の時期の間に，どんなに実現が困難であっても相対的に平和な時期があり，それらが周期的に出現するのをみることができる。たとえば，イスラエルとパレスチナの間には緊張があり，両者は時には暴力的な関係に陥るにもかかわらず，やがて停戦があり，時には数年間続く比較的平和な共存の時期もある。不幸にも暴力と憎しみが再び優勢になると，紛争解決の望みは端に追いやられてしまう。集団間紛争というものが，ある時期には生じるが，別の時期には生じないという事実は，どのように説明されるのだろうか。

この疑問に関連し，集団の発達サイクルに焦点を当てる研究者たちは，集団が他集団との紛争に対して感受性が高まり，積極的にそれにかかわる特別な時期が存在すると主張する（Lacoursiere, 1980; Worchel et al., 1922）。Worchel ら（1992）は長期にわたってさまざまな集団を観察し，集団発達の一般的パターンを発見した。この研究者たちは，集団は最初，自らを定義するために集団同一化を行なうと主張する。さらに彼らは，集団の生産性，個人的アイデンティティ，秩序の崩壊などと関連する諸問題に焦点を当てる。ある研究において彼らは，集団成員に対して外集団（および内集団）との間でどのような関係を望むかと質問した。初期の集団的アイデンティティの段階では，集団成員は外集団との競争関係を望んでいることが見いだされた。研究者たちは，集団間の紛争と競争は，集団の形成時期にはいくつかの機能性をもっていると主張する。第1に，紛争は集団の境界線を定義し，集団に誰が入り誰は入らないかを明確にするのに役立つ。事実，Sassenbergとその同僚たち（Sassenberg et al., 2007）は，対抗には集団間の偏見という「持ち越し効果」があることを明らかにした。ある外集団と対抗状態にある集団は，別のまだ対抗状態にいたっていない外集団に対しても偏見と外集団同質視を起こしていた。第2に，外集団との紛争は集団成員の集団凝集性を強めるが（Campbell, 1958; Gairtner & Schopler, 1998），それは互いを結束させる共通目標を与えるからである。最後に，集団間紛争はしばしば中央集権的指導者を成員に受け入れさせ，それによって明確な集団階層の発展をうながす（Allport, 1979; Bekkers, 1976; Rabbie & Bekkers, 1978）。反対に，かつて紛争状態にあった外集団をより包括的な内集団の下位集団に再カテゴリー化することは，集団が新しい外集団との新しい紛争を起こす可能性を生み出す（Kessler & Mummendey, 2001）。たとえば，それぞれ別の島からやってきたポリネシアの諸集団（マオリ人，タヒチ人，ハワイ先住民）は，自分たちはそれぞれ異なった集団であるという歴史観をもっている。しかし，定期的に彼らは，より包括的な内集団ポリネシア人として自らを再カテゴリー化し，アメリカ人やヨーロッパ人のような外集団と張り合い，包括的内集団を支持し，時には積極的に外集団に挑戦しようとする。

■ 指導者たち

　イラク戦争はさまざまな理由からアメリカ人にとっては重大な出来事だった。戦争で得られた成果の1つは，外国の人々が「われわれ（アメリカ人）を憎んでいた」ということである。しかし，より詳細な検討の結果明らかになった事実は，外国の人々が「アメリカ人」を憎んでいるのではないこと，イラク戦争には自分たちも責任があるということであった。外国人たちが非難したのは指導者たちであった（Pew Research Center for the People & the Press, 2004）。この反応は集団間の紛争と暴力において，集団の指導者が重要な役割を果たしていることを示している。指導者が集団間紛争と

利害関係にあるのは明らかで，彼らはしばしばそれによって利益を得ている。Allport（1979）は，パワーの衰えを感じている指導者は外集団との紛争を始めることで支持を強めようとすると指摘した。外集団からの脅威という恐怖は，内集団凝集性と中央集権的な指導者の受容をもたらす。RabbieとBekkers（1978）の研究では，指導者たちの行動を，指導的立場を失うという脅威がある場合とない場合で比較した。その結果，脅威を感じた指導者は，外集団に対する戦略において，機会さえ与えられれば，協力よりも競争を多く選ぶ傾向があることが見いだした。

内集団の不幸を外集団のせいだと非難する傾向は，指導者だけにみられる行動ではない。スケープゴート理論（Berkowitz & Green, 1962）によると，経済的あるいは他の要因によって困難な状況に置かれたとき，社会を構成する人々はしばしば外集団を非難し，特に自分たちの苦境を，パワーをもたない，あるいは少数派である外集団のせいにする。フラストレーション・攻撃仮説（Dollard et al., 1939）に基づいて，スケープゴート理論は，低パワー外集団に対する暴力と攻撃は，資源が乏しくなるほど起こりやすくなると主張した。その一例は，ナチス・ドイツによるユダヤ人弾圧である（Berkowitz & Green, 1962）。HovelandとSears（1940）は，世界恐慌時のアメリカ南部での綿花価格の下落が，アフリカ系アメリカ人に対する暴力およびリンチ数と連動することを見いだした。これは，綿花価格の下落が南部地方のフラストレーションを強め，その結果，これを黒人のせいだと決めつけた結果であると解釈された。しかし，世界恐慌時以外の時期では両者の関係が消滅してしまうことから，この一般理論に対しては疑問が投げかけられた（Berkowitz, 2005）。他の経済的評価指標を使い，他の集団に対する暴力を検討した研究でも，両者の間には何の関係も見いだせなかった（Green et al., 1998）。したがって，スケープゴートは経済的苦境によって生じるものではなく，そこには明らかに別の要因が働いている。

Lickelら（2006）は置き換え攻撃（displaced aggression）理論を発展させ，集団間紛争の原因として代理報復（vicarious retribution）の概念を提唱した。代理報復は内集団成員に対する攻撃行為を目撃したり伝え聞いたりしたときに（個人的にはその行為の影響を受けていないにもかかわらず），集団同一化によって動機づけられ，無関係の外集団成員に対して攻撃を行なおうとするものである。したがって，この現象は個人間の挑発を集団間の舞台へと拡張するものである。

■ 相対的剥奪

飢餓や貧困といった大規模な社会的条件は，外集団に向けられる非人間的行為と明らかに関連があった（Pinstrup-Anderson & Shimokawa, 2008; Staub, 1996, 1999; Thelsen, 2008）。しかし，単なるフラストレーション（たとえば貧困状態）というものからは，まったく視点を移した研究もみられる。そこでは，焦点はむしろ相対的剥

奪（relative deprivation）に当てられてきた。剥奪感は実際の剥奪とは直接関係がないことが明確に示されてきたが，これに関連する条件として集団状況があげられる（Corning, 2000; Crosby, 1976）。形態はさまざまだが（Crosby, 1976; Gurr, 1972; Runciman, 1966），相対的剥奪とは，何かを得たいとする期待や願望と，実際にはそれを得ることができないという不一致から生じる。重要な問題は，実際の不一致と知覚された不一致である。あるものが入手可能であると信じ，自分にはそれを得る資格があるという感覚をもちながら，自分の瑕疵ではないのに，それが得られないときに生じるのが不公正感である。相対的剥奪の結果，怒り，憤り，そしてネガティブなアイデンティティが生み出される。くり返すが，それは結果の客観的な差異からではなく，不公正という主観的評価から生じるものである。

　ドイツ統一後の旧東ドイツ地域での研究において，Mummendeyら（1999）は，不満足な集団間関係の中で経験される，ネガティブな社会的アイデンティティに対処するため，人々がどのような行動方略を用いるかを分析し，社会的アイデンティティ理論と相対的剥奪理論の比較を試みた。彼女らは，相対的剥奪理論は社会的競争といった集団的反応を説明するが，一方，社会的アイデンティティ理論は再カテゴリー化といった個人的方略を説明することを見いだした。

　これらの理論的主張の核心は，集団内にいるという状況が他集団との紛争を招きうるという点である。実際，研究結果は，集団間紛争とグループ・ダイナミックスが相互に関連することを示している。つまり，集団間紛争もまた，集団内ダイナミックスに影響を与えるのである。集団間紛争が非常に頑固で解決困難である理由の1つが，この相互影響である。集団は，集団間紛争に対処するために自集団の構造，目標，規範，役割などを変容させ，こうした変化がまた紛争を持続させるのである。

集団間関係

　集団間紛争に対してはさまざまなアプローチがあるが，紛争に巻き込まれる集団自体に原因があると結論づけるのは安易なやり方である。ここには，集団間紛争を解決するには，互いを苦しめているものを「改修する」ことが必要であるという考え方がある。しかし，集団間紛争の原因は集団自体ではなく，集団間の状況の中にあることがある。Sherifら（1961）は，集団間紛争とは集団の希少資源をめぐる競争の結果であると主張した。この観察研究は現実的葛藤理論の土台となったものである（Sherif & Sherif, 1953）。すでに論じた相対的剥奪理論と同様，現実的葛藤理論（realistic conflict theory）も希少資源をめぐって集団同士が現実に競い合うという考え方を基盤としているが，相対的剥奪の場合は，集団の期待に基づいて生じる葛藤で，必ずし

も現実に利用可能な資源が存在するとは限らない。Sherif ら（1961）は，最終的に勝者と敗者を生む多くの競争的課題を設けたが，それはキャンプ中の子どもたちの間に集団間の敵意を生み出すためであった。たとえば，少年たちは陸上競技（一方が勝ち，もう一方は負ける）や，どちらのバンガローがきれいに片付いているかを決めるコンテストなどに参加した。予想通り，集団はたちまち相手集団を敵とみなし，互いに対して妨害を試みるという結果をもたらした。重要なことは，競争は現実（勝者は一方だけ）だったかもしれないが，それはむしろ知覚されたもの（資源を共有することは可能だったが，子どもたちはそれに気づかなかったか，あるいはそれを望まないという状況）であった点である。実際，集団間競争が集団間紛争を引き起こすという説明は使い古された感すらあり，競争と紛争はしばしば相互に交換可能な用語として使われている。

しかしながら，詳細に検討してみると，競争と敵意のある紛争の間には重要な違いがある。あらゆる競争が憎悪と暴力を引き起こすわけではない。あるタイプの競争は集団が技術を高め，よりよい調和の形成に向かうものであるのに，なぜ別のタイプの競争は紛争と憎悪を生むのだろうか。Stephan と同僚たち（Corenblum & Stephan, 2001; Stephan & Stephan, 2000; Stephan et al., 1999）は，恐怖を生む集団間相互作用が紛争と暴力を促進する可能性が高いことを主張している。彼らは集団間関係における知覚された脅威の役割に焦点を当て，偏見の統合脅威モデル（integrated threat model of prejudice）を提案した。そのモデルでは，強い集団同一化，外集団とのネガティブな接触，集団間紛争の歴史などを先行要因にあげている。それら先行変数は，集団間不安，現実的脅威知覚，象徴的脅威知覚などからなる脅威変数を強め，それが，外集団に対する偏見とネガティブな態度を強める。このモデルは，カナダでの白人とファーストネーション（先住民の団体）を対象に実証的に検討されてきた。ファーストネーション参加者に関する結果では，経済的・政治的勢力の知覚といった現実的脅威，内集団の文化・伝統・言語の破壊といった象徴的脅威，および集団間不安が，外集団に対するネガティブな態度を有意に予測した（Corenblum & Stephan, 2001）。さらに，内集団（民族的）アイデンティティおよび集団間接触はともに（ともに先行変数），集団間不安（脅威変数）を強めたが，これは，集団レベルの要因（内集団同一化）と集団間要因を結びつけるものである。脅威に関する研究の興味深い点は，脅威の本質が集団の内的なものであるとともに，外集団の行動（現実，あるいは知覚された）と意図といった外的なものであることを示唆していることである。

Worchel と Coutant（2008）は恐怖モデルを拡張し，外集団への恐怖がいかにしてしだいに強まり，永遠に続く紛争という結果にいたるのかを示した。彼らは，集団の安全と存在を脅かす特殊な不安が解決困難な紛争を引き起こすと述べた。実際，資源をめぐる集団間競争の場合，多くは受容可能な妥協によって決着をはかることが可能

である。しかし，競争状態に置かれた集団は，外集団が自分たちのアイデンティティと安全に脅威を与えていると知覚することがあり，この場合，それは単なる資源の問題ではなくなる。そのようなケースでは，ご都合主義の指導者によって扇動されると，しばしば恐怖が集団全体を飲み込んでしまうことがある。しかし，非合理な恐怖を抱き続けることはできないので，人々は恐怖を正当化しようと努め，その結果，外集団は邪悪であるという知覚を構築するにいたる。邪悪な意図知覚が強まることは単に恐怖を正当化するだけではなく，恐怖をいっそう掻き立て，安全への関心を発生させる。これがさらに邪悪さの増した敵の印象を生むのである。この状況は，2001年9月11日の世界貿易センタービルに対する攻撃の後，アルカイダに対する敵意と憎悪が強まるという現象の中に明瞭にみられる。この最初の出来事と恐怖は，アルカイダという高度に組織化された敵が，アメリカを破壊する目的ですぐにでも攻撃を始めそうだという知覚を急速に育て上げた。この新しい知覚は恐怖レベルを高めてより激しい紛争を引き起こし，それが危険なアルカイダという知覚をいっそう強めた。

　現実的葛藤理論，およびその関連理論の要点は，集団間関係にかかわる一定の要因，特に恐怖と集団的安全関心に点火する競争が集団間紛争の基盤になりうるということである。これらの要因はしばしば暴力的で長期にわたる紛争に火を点ける。しかし競争は，集団間紛争を引き起こすとされてきた集団間要因候補の1つにすぎない。対人関係にみられる多くの所業の原因であるパワーもまた，その1つであった。

　集団間の力の差は，社会的格差として，現実社会のどこにでもみられる状況的要因である。Moul (2003) は政治科学分野の理論的比較のため，1816年から1989年までの戦争勃発に関する古文書研究を実施し，勢力均衡理論（balance of power theory: BOP, Morgenthau, 1967）が予測する勢力均衡状態と，勢力変遷理論（power transition theory: PT, Organski, 1968）が予測する不均衡状態のいずれの状態において2国間の敵意が戦争を引き起こすのかを検討した。BOPでは，軍事的紛争は参加集団の勢力が平等，あるいは「均衡」しているときに紛争が起こりにくくなるとしている。それに対して，PTは，低勢力集団が対等（あるいは平等）な勢力に近づくときよりも，勢力不均衡が安定している状態の方が紛争は起こりにくいとしている。PTによれば，低勢力集団が勢力均衡のために抵抗し始め，この台頭しつつある集団が格差を乗り越えようとしていると知覚されるなら，高勢力集団は勢力不均衡を維持するために先制攻撃を行なおうとする。Moul はPTを支持する証拠，すなわち国家間の軍事的紛争は勢力状態が接近し，ほとんど対等になるときに起こりやすいことを見いだした。

　Rothgerber と Worchel (1997) は，実験室において，集団間紛争に勢力差が与える影響を検討した。彼らは低勢力集団が高勢力集団よりも，他の低勢力集団に対して危害を加える傾向があることを見いだした。くり返すと，低勢力集団は，高勢力集団

(不平等に高勢力な集団) よりも，他の低勢力集団 (ほとんど同程度の勢力をもつ) との間で紛争を起こす傾向がみられた。Coutant (2006) はさらに，低勢力集団成員が高勢力をもつ外集団成員に関する情報処理を行なう際も，集団間の勢力格差だけではなく，その安定性も影響を与えることを示した。勢力格差の不安定な状況では，低勢力集団の人々は個別的処理を多く用いたが，安定した状況ではステレオタイプ的処理を用いる傾向があった。ステレオタイプ化は，次に外集団の脱人間化を引き起こし，それによって紛争はより受容可能なものとなる。たとえばアパルトヘイト下の南アフリカでは，黒人と白人の勢力差は長年にわたり非常に安定的であった。この安定的な勢力差は外集団に対するステレオタイプ的知覚を生じさせ，それは黒人を白人よりも「下等」なものとみなし，黒人がこれに反発するときには，白人に対する身の毛もよだつような暴力が行なわれた。黒人，つまり低勢力集団がアパルトヘイトを終わらせるために世界中から支持を得るにつれ，そして勢力状況がより不安定と思えるようになるにつれて，外集団の処理はおそらくより個別的なものとなり，その結果，黒人指導者はどの白人指導者がともに活動するのに都合がよく，また変化を受け入れるか弁別できるようになったのである。

集団間条件の役割が興味深いのは，集団同士が比較的快適な状況にあるときでさえも暴力的紛争が生じることを示していることである。それはまた，内集団も外集団もともにコントロールできない要因が紛争の火種となることを示している。

文化：紛争のるつぼ

われわれはこれまで，集団間紛争の発展に影響する個人内，集団内，そして集団間の多様な条件を検討してきた。しかし，看過できないもう1つ別の領域が残っている。その領域は，まったく同じ条件下なのに，なぜある状況では紛争が生じやすく，ある状況では生じないのかを説明する助けになる。それは文化である。文化とは，何が良いか悪いか，受け入れられる行動とは何か，そしてタブーとは何かなどに関するわれわれの観念であり，われわれが世界を見るメガネと考えることができる。文化にはわれわれの意識下にある潜在的態度と期待が含まれる。紛争とパワー格差を受け入れることに関する文化差も集団間関係に影響を与えるものである。

多くの研究者がパワー不均衡の受容と関連する文化的要因を検討してきた。それは，Hofstede の権力格差 (Hofstede, 1984; Hofstede & McRae, 2004)，Schwartz の階層主義対平等主義 (Schwartz, 1992, 1994)，GLOBE 計画のパワー格差 (House et al., 2001) などである。これらの研究者たちは，パワー格差に対する寛容さ，あるいはこれを受容する程度の違いを生み出す文化要因を明らかにしてきた。勢力格差の大きな

文化では上位者と下位者の区別は明確で，下位者は疑問をもつことなく依存し，妥協する。したがって，ある文化において耐え難い不正義と思われ，是正を求められるものが，別の文化では，当然のものとして疑問を感じることなく受け入れられていることがある。

　KluckholnとStrodbeck（1961）は，人間の本質に関する文化的価値について論じ，人間は基本的に善人であると知覚する文化がある一方で，基本的に悪人であると知覚する文化があると述べている。個人が外集団成員をどのように見るかは，予言の自己成就のメカニズムによって，その人が外集団に向けて行なう行動に対して劇的な影響を与えると期待される。交渉によって外集団が意志を変えるのかどうか，その柔軟性に関する期待は，相手が基本的に「善良である」か「邪悪である」かに関する個人の信念によって影響されるであろう。

　Schwartz（1992，1994）は，支配－調和に関する文化的価値を明らかにしたが，これも集団間紛争に影響を与える候補要因の1つである。この次元は，ある文化では社会と天然資源の個人的支配に価値を置くが，一方，調和に価値を置く別の文化では，地域固有の文化と天然資源の維持を礼賛することを示唆する。高度に支配的な文化集団では，高度に調和的な社会集団とは違って，資源獲得のために外集団を征服することが内集団にとって有益な行動であると評価されるであろう。たとえば，ネイティブ－アメリカンをみると，この次元において異なるインディアン部族が存在していた。アパッチやブラックフッドなどいくつかの部族はどう猛なハンターで，必要とあれば求めるものを手に入れるためにどこまでも獲物を追いかけた。ブラックフッド族は特に柔軟な社会的単位で構成されており，成功を求めて個人がある集団から別の集団へと移動することもできた。これらと比べて，ホピ族のインディアンは調和を重視していた。ホピ族は，その調和的文化によって共存を奨励する平和的な人々として知られていたが，一方のブラックフッド族では，征服者が賛美された。

　より一般的なレベルで考えるなら，コミュニケーションや交渉スタイルにおける文化差も集団間の衝突を促進するであろう。Hall（1976）はコミュニケーションにおける文脈性に関する文化次元を明らかにした。文脈性の高い文化では，メッセージの明示的な表現以上に，それを伝達する物，コミュニケーションの場，伝達方法（対面，文章，電話）などがメッセージ情報のほとんどを伝達する。文脈性の低い文化よりも高い文化において，伝達者との関係がより強調される。文脈性の低い文化では，そうではなく，メッセージの実際の文言に含まれる情報に注意が向けられ，文脈から情報を取り出そうとはあまりしない。Kimmel（2006）は，イラクがクウェート侵攻をする前，イラク－アメリカ間で行なわれた交渉の失敗にも文脈理解の欠如がみられるとし，これが最初のペルシャ湾危機においてアメリカがイラクを攻撃するという結果を招いたと述べた。「一方の国の指導者から他方の国の指導者に向けて書かれた明示的

メッセージは，誤った手段によって，誤った人物に送られた，誤ったメッセージだった。彼らの文化的期待と仮定が異なった結果として，アジズとイラクは，アメリカ人が本気で交渉をする気がなく，彼らを侮辱しようとしていると結論づけた」(Kimmel, 2006, p.626)。

　国際商取引に関する研究も，紛争を誘発しやすいコミュニケーションの文化的差異を明らかにしてきた。たとえば，アメリカとアジアの企業間でしばしばトラブルとなる沈黙についての誤解がそうである（Graham & Sano, 1984）。アジアでは，沈黙は「不服のていねいな意思表示」として頻繁に用いられるが，アメリカではそれとは反対に「同意」と解釈される。逆に，相手の主張に対して言葉によって直接に批判することは，アメリカ文化では一般的で立派な行為だが，アジア文化の人々の間では，失礼で敬意を欠いているとみなされる。

結　論

　われわれは，集団間紛争の原因を求めて，長く曲がりくねった道を旅してきた。理論と研究は多様であり，それらは複雑な問題を提起しているが，いくつかの重要な結論も得られている。第1に，集団間紛争の基盤は社会的関係のあらゆるレベル，つまり，個人内，集団内，集団間，そして文化レベルで生じうる。これらのレベルは相互排他ではない。多くの紛争がこれらすべてのレベルの原因を含んでいる。また，あるレベルの条件が他のレベルの条件を派生させることもある。たとえば，ポジティブな社会的アイデンティティを形成しようと個々人が努力することが，集団としては，集団的アイデンティティへの関心と，外集団からのアイデンティティ脅威に対して関心を高めることがある。これはまた，内集団が外集団との勢力格差に注意を向けるきっかけとなる可能性がある。また，集団内の不和は成員個人に自己の社会的アイデンティティへの関心を生じさせるが，これが集団としては外集団との競争を強調する方向に働くことがある。

　これらの議論は，なぜ，集団間紛争がきわめて解決困難なのかを理解させてくれる。紛争は社会的相互作用のさまざまなレベルから生じるが，さまざまな要因がこれをエスカレートさせる。たとえば，指導者は集団間紛争が彼らの力を強めることを知っている。このため，彼らは紛争の種をまき，それを長引かせようとするのである。平時において集団の周辺部に置かれている人々は，紛争時には集団が自分たちを喜んで受け入れてくれることに気づく。そしてわれわれは，紛争が人々を興奮させ，元気づかせるものであることを認識しなくてはならない。それは人々を行動に駆り立て，彼らに生きる目的を与える。しかし，もっと基本的な問題として，社会的アイデンティ

ティ理論が示唆するように，集団間紛争は日常生活の，また集団と社会的カテゴリーの必然的発生から生まれる自然な副産物であることがあげられる。文字通り，「集団間紛争は起こる」のである。これらさまざまな理論と研究は，われわれに，なぜ紛争が発生するのか，またそれが最も生じやすい条件とは何かについて理解する視点を提供している。

　集団間紛争の原因を解明することに加え，これらの理論は紛争管理に向けたロードマップとしての役割を果たしうる。科学は最終的には集団間紛争を削減し管理する方法を発見するであろうから，そうなれば，豚やスリングショットによる射殺は単独の事件にとどまり，10年間も続く暴力的抗争に発展することはなくなるであろうと考えることは魅惑的である。この魔法の弾丸は，和平キャンプ，第三者調停，飢餓や疫病など社会的病理の排除といった形をとりうる。しかし，集団間紛争の原因（豚の飼育や射殺といった個別事件から，国の代表として「不適切な人物」を送り込むことまで）の多様性は，こうした見方に警告を発するものである。紛争の原因が実に多様で，紛争の発生レベルも多様であるということからみて，集団間紛争を削減する手立ても多数なければならないことがわかる。紛争を減らす最も効果的なアプローチは，紛争原因に適合したアプローチを採用することである。たとえば，おもに集団内のダイナミックスによって醸成される紛争を処理するには，集団内部の問題に焦点を当てる必要があるであろう。

　最後に，集団間紛争の原因論は，紛争管理術を開発する以上の役割を果たすことができる。実際，紛争というものが，その低減に対してどれほど強く抵抗するものであるかを研究は示している。しかし，紛争原因を知ることは，集団間紛争を予防する方法を発見する上でも有益で，少なくともその発生を抑えることはできる。成長して紛争の発生をうながす種子は何かを，研究は明瞭に指摘している。研究はまた，その種子が集団同士の暴力的対立へと決してエスカレートしないよう，その反応を不活性化することができることを示している。たとえば，貧困が紛争や対立をうながす集団的要因になりうることを認識したなら，それが集団間暴力を引き起こす前にこれを解決するよう努力することができるであろう。

　集団間紛争の原因が多数かつ多様であるというメッセージはわれわれの心を惑わすものだが，しかし同様に，それらを理解することは，紛争低減と予防のための多様な選択肢を与えてくれるであろうというメッセージはわれわれを勇気づけてくれるものである。

■■ 引用文献 ■■

Abrams, D., & Hogg, M. A. (1988). Comments on the motivational status of self-esteem in social identity and intergroup discrimination. *European Journal of Social Psychology,* **8**, 317-334.

Adorno, T. W., Frenkel-Brunswik, E., Levinson, D. J., & Sanford, R. N. (1950). *The Authoritarian Personality*. Oxford, England: Harpers.
Allport, G. W. (1979). *The nature of prejudice*. Oxford, England: Addison-Wesley.
Arndt, J., Greenberg, J., Pyszczynshi, T., & Solomon, S. (1997). Subliminal exposure to death-related stimuli increases defense of the cultural worldview. *Psychological Science, 8*, 379-385.
Bar-Tal, D. (1990a). Group beliefs: A conception for analyzing group structure, processes, and behavior. *Springer series in social psychology* (p. 140). New York, NY: Springer-Verlag Publishing.
Bar-Tal, D. (1990b). Causes and consequences of delegitimization: Models of conflict and ethnocentrism. *Journal of Social Issues, 46*, 65-81.
Bar-Tal, D. (1993). Patriotism as fundamental beliefs of group members. *Politics and Individual, 3*, 45-62.
Bar-Tal, D. (1998). The rocky road toward peace: Beliefs on conflict in Israeli textbooks. *Journal of Peace Research, 35*, 723-742.
Bar-Tal, D. (2000). *Shared beliefs in a society: Social psychological analysis*. Thousand Oaks, CA: Sage.
Bar-Tal, D. (2007). Sociopsychological foundations of intractable conflicts. *American Behavioral Scientist, 50*, 1430-1453.
Bar-Tal, D., Halperin, E., & de Rivera, J. (2007). Collective emotions in conflict situations: Societal implications. *Journal of Social Issues, 63*, 441-460.
Baumeister, R. E., & Leary, M. R. (1995). The need to belong: Desire for interpersonal attachments as a fundamental human motivation. *Psychological Bulletin, 117*, 497-529.
Bekkers, F. (1976). A threatened leadership position and intergroup competition (a simulation experiment with three countries). *International Journal of Group Tensions, 6*, 67-94.
Berkowitz, L. (2005). On hate and its determinants: Some affective and cognitive influences. In R. J. Sternberg (Ed.), *The psychology of hate* (pp. 155-183). Washington, DC: American Psychological Association.
Berkowitz, L., & Green, J. A. (1962). The stimulus qualities of the scapegoat. *The Journal of Abnormal and Social Psychology, 64*, 293-301.
Blake, R. R., & Mouton, J. S. (1962). Overvaluation of own's group's own product in intergroup competition. *Journal of Abnormal Social Psychology, 64*, 237-238.
Brewer, M. B., Ho, H. K., Lee, J. Y., & Miller, N. (1987). Social identity and social distance among Hong Kong schoolchildren. *Personality and Social Psychology Bulletin, 13*, 156-165.
Campbell, D. T. (1958). Common fate, similarity, and other indices of the status of aggregates of persons as social entities. *Behavioral Science, 3*, 14-25.
Corenblum, B., & Stephan, W. G. (2001). White fears and native apprehensions: And integrated threat theory approach to intergroup attitudes. *Canadian Journal of Behavioural Science, 33*, 251-268.
Corning, A. F. (2000). Assessing perceived social inequity: A relative deprivation framework. *Journal of Personality and Social Psychology, 78*, 463-477.
Coutant, D. K. (2006). The effect of a power-imbalanced situation on the cognitive processing of low-power group members. *Group Dynamics: Theory, Research, and Practice, 10*, 71-83.
Crisp, R. J., & Hewstone, M. (2000). Crossed categorization and intergroup bias: The moderating roles of intergroup and affective context. *Journal of Experimental Social Psychology, 36*, 357-383.
Crocker, J., & Luhtanen, R. (1990). Collective self-esteem and ingroup bias. *Journal of Personality and Social Psychology, 58*, 60-67.

Crosby, F. (1976). A model of egoistical relative deprivation. *Psychological Review,* **83**, 85-113.
David, O., & Bar-Tal, D. (2008). Collective identity and nations: A socio-psychological conception.
Dollard, J., Miller, N. E., Doob, L. W., Mowrer, O. H., & Sears, R. R. (1939). *Frustration and aggression.* New Haven, CT: Yale University Press.
Dr. Seuss. (1984). *The butter battle book.* New York: Random House Publishing.
Eidelson, R. J., & Eidelson, J. (2003). Dangerous ideas: Five beliefs that propel groups toward conflict. *American Psychologist,* **58**, 182-192.
Festinger, L. (1954). A Theory of social comparison processes. *Human Relations,* **7**, 117-140.
Fiske, S. T., Cuddy, A. J. C., Click, P., & Xu, J. (2002). A model of (often mixed) stereotype content: Competence and warmth respectively follow from perceived status and competition. *Journal of Personality and Social Psychology,* **82**, 878-902.
Gagnon, A., & Bourhis, R. Y. (1996). Discrimination in the minimal group paradigm: Social identity or self-interest? *Personality and Social Psychology Bulletin,* **22**, 1289-1301.
Gairtner, L., & Schopler, J. (1998). Perceived ingroup entitativity and intergroup bias: An interconnection of self and others. *European Journal of Social Psychology,* **28**, 963-980.
Graham, J., & Sano, Y. (1984). *Smart bargaining: Doing business with the Japanese.* Cambridge, MA: Ballinger.
Graumann, C. F. (1986). Crowd mind and behavior: Afterthoughts. In C. F. Graumann & S. Moscovici (Eds.), *Changing conceptions of crowd mind and behavior* (pp. 217-228).
Green, D. P., Glaser, J., & Rich, A. (1998). From lynching to gay bashing: The elusive connection between economic conditions and hate crime. *Journal of Personality and Social Psychology,* **75**, 82-92.
Gurr, T. R. (1972). The calculus of civil conflict. *Journal of Social Issues,* **28**, 27-47.
Halevy, N., Bornstein, G., & Sagiv, L. (2008). "In-group love" and "out-group hate" as motives for individual participation in intergroup conflict: A new game paradigm. *Psychological Science,* **19**, 405-411.
Hall, E. (1976). *Beyond culture.* Garden City, NY: Doubleday Anchor Books.
Hastorf, A. H., & Cantril, H. (1954). They saw a game: A case study. *The Journal of Abnormal and Social Psychology,* **49**, 129-134.
Hewstone, M., Islam, M. R., & Judd, C. M. (1993). Models of crossed categorization and intergroup relations. *Journal of Personality and Social Psychology,* **64**, 779-793.
Hofstede, G. (1984). *Culture's consequences: International differences in work related values.* London: Sage.
Hofstede, G., & McCrae, R. R. (2004). Personality and culture revisited: Linking traits and dimensions of culture. *Cross-Cultural Research: The Journal of Comparative Social Science,* **38**, 52-88.
Hogg, M. A., & McGarty, C. (1990). Self categorization and social identity. In D. Abrams & M. A. Hogg (Eds.), *Social identity theory: Constructive and critical advances* (pp. 10-27). New York: Harvester Wheatsheaf.
House, R., Javidan, M., & Dorfman, P. (2001). Project GLOBE: An introduction. *Applied Psychology: An International Review. Special Issue: Leadership and culture in the Middle East: Norms, practices, and effective leadership attributes in Iran, Kuwait, Turkey, and Qatar,* **50**, 489-505.
Hoveland, C. I., & Sears, R. R. (1940). Minor studies of aggression: VI. Correlation of lynchings with economic indices. *Journal of Psychology: Interdisciplinary and Applied,* **9**, 301-310.
Jones, V. C. (1948). *The Hatfields and the McCoys.* Chapel Hill, NC: University of North Carolina Press.

Kessler, T., & Mummendey, A. (2001). Is there any scapegoat around? Determinants of intergroup conflicts at different categorization levels. *Journal of Personality and Social Psychology*, **81**, 1090-1102.

Kimmel, P. R. (2006). Culture and conflict. In M. Deutsch, P. T. Coleman, & E. C. Marcus (Eds.), *The handbook of conflict resolutions: Theory and practice* (2nd ed., pp. 625-648). Hoboken, NJ: Wiley.

Klandermans, B., & de Weerd, M. (2000). Group identification and political protest. In S. Stryker, T. J. Owens, & R. W. White (Eds.), *Self identity, and social movement-Social movements, protest, and contention* (Vol. 13, pp. 68-90). Minneapolis: University of Minnesota Press.

Kluckholn, F. R., & Strodbeck, F. L. (1961). *Variations in value orientations*. Evanston, IL: Row, Pearson.

Lacoursiere, R. B. (1980). *The life cycle of groups: Group development stage theory*. New York, NY: Human Science Press.

Le Bon, G. (1908). *The crowd*. London: Unwin. 桜井成夫 (訳) (1993). 群衆心理 講談社

Lickel, B., Miller, N., Stenstrom, D. M., Denson, T. F., & Schmader, T. (2006). Vicarious retribution: The role of collective blame in intergroup aggression. *Personality and Social Psychology Review*, **10**, 372-390.

Luke, A. (1988). *Literacy, textbooks, and ideology*. London: Falmer.

Mack, J. (1983). Nationalism and the self. *The Psychohistory Review*, **11**, 47-69.

Mackie, D. M., Devos, T., & Smith, E. R. (2000). Intergroup emotions: Explaining offensive action tendencies in an intergroup context. *Journal of Personality and Social Psychology*, **79**, 602-616.

Mellucci, A. (1989). *Nomads of the present: Social movements and individual needs in contemporary society*. London: Hutchinson Press.

Miron, A. M., & Branscomben, N. R. (2008). Social categorization, standards of justice, and collective guilt. In A. Nadler, T. E. Malloy, & J. D. Fisher (Eds.), *The social psychology of intergroup reconciliation* (pp. 77-96). New York, NY: Oxford University Press.

Morgenthau, H. J. (1967). *Politics among nations: The struggle for power and peace* (4th ed.). New York: Knopf.

Moul, W. (2003). Erratum: "Power parity, preponderance, and war between great powers, 1816-1989". *Journal of Conflict Resolution*, **47**, 706.

Mullen, B., Brown, R., & Smith, C. (1992). Ingroup bias as a function of salience, relevance, and status: An integration. *European Journal of Social Psychology*, **22**, 103-122.

Mummendey, A., Kessler, T., Klink, A., & Mielke, R. (1999). Strategies to cope with negative social identity: Prediction by social identity theory and relative deprivation theory. *Journal of Personality and Social Psychology*, **76**, 229-245.

Organski, A. F. K. (1968). *World politics* (2nd ed.). New York: Alfred A. Knopf.

Pew Research Center for the People & the Press. (2004, March). *A year after Iraq war: Mistrust of America in Europe ever higher, Muslim anger persists*. Washington, DC: Pew Global Attitudes Project.

Pinstrup-Anderson, P., & Shimokawa, S. (2008). Do poverty and poor health and nutrition increase the risk of armed conflict onset. *Food Policy*, **33**, 513-520.

Rabbie, J. M., & Bekkers, F. (1978). Threatened leadership and intergroup competition. *European Journal of Social Psychology*, **8**, 9-20.

Rothgerber, H., & Worchel, S. (1997). The view from below: Intergroup relations from the perspective of the disadvantaged group. *Journal of Personality and Social Psychology*, **73**, 1191-1205.

Runciman, W. G. (1966). *Relative deprivation and social justice: A study of attitudes to social inequality in twentieth-century England.* Berkeley, CA: University of California Press.

Sahdra, B., & Ross, M. (2007). Group identification and historical memory. *Personality and Social Psychology Bulletin, 33,* 384-395.

Sassenberg, K., Moskowitz, G. B., Jacoby, J., & Hansen, N. (2007). The carry-over effect of competition: The impact of competition on prejudice towards uninvolved outgroups. *Journal of Experimental Social Psychology, 43,* 529-538.

Schmitt, M. T., Branscombe, N. R., Silvia, P. J., Garcia, D. M., & Spears, R. (2006). Categorizing at the group-level in response to intragroup social comparisons: A self-categorization theory integration of self-evaluation and social identity motives. *European Journal of Social Psychology, 36,* 297-314.

Schwartz, S. H. (1992). Universals in the content and structure of values: Theoretical advances and empirical tests in 20 countries. In M. P. Zanna (Ed.), *Advances in experimental social psychology* (Vol. 25, pp. 1-65). San Diego, CA: Academic Press.

Schwartz, S. H. (1994). Beyond individualism/collectivism: New cultural dimensions of values. In U. Kim, H. C. Triandis, C. Kagitcibasi, S. Choi, & G. Yoon (Eds.), Individualism and collectivism: Theory, method, and applications. *Cross-cultural research and methodology series* (Vol. 18, pp. 85-119). Thousand Oaks, CA: Sage Publications.

Sherif, M., Harvey, O. J., White, J., Hood, W., & Sherif, C. W. (1961). *Intergroup conflict and cooperation: The robbers cave experiment.* Norman: University of Oklahoma, Institute of Intergroup Relations.

Sherif, M., & Sherif, C. (1953). *Groups in harmony and tension.* New York: Harper.

Smith, E. R., Seger, C. R., & Mackie, D. M. (2007). Can emotions be truly group level? Evidence regarding four conceptual criteria. *Journal of Personality and Social Psychology, 93,* 431-446.

Stangor, D., & Jost, J. T. (1997). Commentary: Individual, group and system levels of analysis and their relevance for stereotyping and intergroup relations. In R. Spears, P. Oakes, N. Ellemeres, & A. Haslam (Eds.) *The social psychology of stereotyping and group life,* (pp. 336-358). Maiden: Blackwell Publishing.

Staub, E. (1996). Cultural-societal roots of violence: The examples of genocidal violence and of contemporary youth violence in the United States. *American Psychologist, 51,* 117-132.

Staub, E. (1999). The roots of evil: Social conditions, culture, personality, and basic human needs. *Personality and Social Psychology Review. Special Issue: Perspectives on Evil and Violence, 3,* 179-192.

Stephan, W. G., & Stephan, C. W. (2000). An integrated threat theory of prejudice. In S. Oskamp (Ed.), *Reducing prejudice and discrimination* (pp. 23-46). Hillsdale, NJ: Erlbaum.

Stephan, W. G., Ybarra, O., & Bachman, G. (1999). Prejudice toward immigrants. *Journal of Applied Social Psychology, 29,* 2221-2237.

Struch, N., & Schwartz, S. H. (1989). Intergroup aggression: Its predictors and distinctness from in-group bias. *Journal of Personality and Social Psychology, 56,* 364-373.

Swift, J. (1735). *Gullivers travels.* Benjamin Motte, London. 平井正穂 (訳) (1980). ガリヴァー旅行記 岩波書店

Tajfel, H. (1970). Experiments in intergroup discrimination. *Scientific American, 223,* 96-102.

Tajfel, H., & Turner, J. C. (1979). An integrative theory of intergroup conflict. In W. G. Austin & S. Worchel (Eds.), *The social psychology of intergroup relations* (pp. 33-47). Monterey, CA: Brooks-Cole.

Tajfel, H., & Turner, J. C. (1986). The social identity theory of intergroup behavior. In S. Worchel & W. Austin (Eds.), *Psychology of intergroup relations* (pp. 7-24). Chicago: Nelson Hall.

Thelsen, O. M. (2008). Blood and soil? Resource scarcity and internal armed conflict revisited.

Journal of Peace Research, **45**, 801-818.

Turner, J. C. (1999). Some current issues in research on social identity and self categorization theories. In N. Ellemers, R. Spears, & B. Doosje (Eds.), *Social identity: Context, commitment, content* (pp. 6-34). Boston: Blackwell.

Turner, J. C., Brown, R. J., & Tajfel, H. (1979). Social comparison and group interest in ingroup favouritism. *European Journal of Social Psychology,* **9**, 187-204.

Turner, J. C., Hogg M. A., Oakes, P. J., Reicher, S. D., & Wetherell, M. S. (1987). *Rediscovering the social group: A self-categorization theory* (p. 230). Cambridge, MA: Basil Blackwell. 蘭　千壽・磯崎三喜年・内藤哲雄・遠藤由美（訳）（1995）．社会集団の再発見―自己カテゴリー化理論　誠信書房

Worchel, S. (2003). Come one, come all: Toward understanding the process of collective behavior. In M. Hogg & J. Cooper (Eds.), *The Sage handbook of social psychology.* London: Sage Publications.

Worchel, S., & Coutant, D. (2004). It takes two to tango: Relating group identity to individual identity within the framework of group development. In M. B. Brewer & M. Hewstone (Eds.), *Self and social identity. Perspectives on social psychology* (pp. 182-202). Maiden, MA: Blackwell Publishing.

Worchel, S., & Coutant, D. (2008). Between conflict and reconciliation: Toward a theory of peaceful co-existence. In A. Nadler, T. E. Malloy, & J. D. Fisher (Eds.), *The social psychology of intergroup reconciliation.* New York: Oxford University Press.

Worchel, S., Axsom, D., Ferris, E., Samaha, G., & Schweitzer, S. (1978). Determinants of the effects of intergroup cooperation on intergroup attraction. *Journal of Conflict Resolution,* **22**, 429-439.

Worchel, S., Coutant-Sassic, D., & Grossman, M. (1992). A developmental approach to group dynamics: A model and illustrative research. In S. Worchel, W. Wood, & J. A. Simpson (Eds.), *Group processes and productivity* (pp. 181-202). Thousand Oaks, CA: Sage Publications, Inc.

Yzerbyt, V., Dumont, M., Wigboldus, D., & Gordijn, E. (2003). I feel for us: The impact of categorization and identification on emotions and action tendencies. *British Journal of Social Psychology,* **42**, 533-549.

第2章

紛争の知覚

Ronald J. Fisher and Herbert C. Kelman

知覚の重要性

　本章は，破壊的な集団間紛争と国際紛争の原因および現われ方の両方において，知覚プロセスが中心的役割を果たすという主張に基づいている。Bar-TalとGeva（1986）がすでに指摘したように，紛争当事者は紛争に関する自分たちの信念（推測，期待，態度など）が客観的現実に基づいていると主張するが，実際には彼らが得ている情報は，既存の知識に影響を受けた知覚プロセスを通じて伝えられたものである。したがって，信念を理解すること，すなわち当事者の知覚世界を知ることは，紛争のダイナミックスを理解するのに不可欠である。

　国際関係学者が社会心理学の有効性に初めて気づいたのは，敵イメージの形成，認知的一貫性欲求，外交政策における認知バイアスといった国際紛争にみられる知覚プロセスの役割を認識したときであった（Jervis, 1976; Kelman, 1965）。その後しだいに，国際紛争の分析や紛争解決に対する社会心理学的アプローチが普及し，それは今や，国際関係分野における学際研究の一部として，または，政治心理学という学際分野として広く受け入れられている（Kelman & Fisher, 2003; Mitchell, 1981; Rosati, 2001; Stein, 2001）。集団間紛争および国際紛争の本質とダイナミックスの分析に対する社会心理学的貢献は，社会心理学的アプローチがもついくつかの重要な長所から生み出されたものである（Fisher, 1990; Kelman, 2007b）。

　第1に，社会心理学的アプローチは現象学の哲学的伝統にそのルーツがあり，そこでは現実に対するわれわれの知覚と，反応を決定づける主観的経験の重要性が強調されている。つまり，紛争にかかわる人々の知覚，態度，価値観は，紛争および他の当事者に対する反応の重要な規定因である。国内および国際的集団間関係に関する最近の社会心理学理論によれば，「……人々，彼らの思考プロセス，そして対人関係におけるそれらプロセスの現われは，集団間および国際的ダイナミックスの基本的側面で

ある」(Dovidio et al., 1998, p.832)。われわれは国際紛争を集団的欲求と恐怖——安全，アイデンティティ，承認，自律性，自尊心，公正感など人間の基本的欲求が充足されていない，あるいはそれが脅威にさらされているという恐怖——によって引き起こされるプロセスとみている（Burton, 1990）。基本的欲求と実存的恐怖にかかわる主観的作用は，国際紛争の激化やその知覚に大きな役割を果たしている。このような点から，集団間紛争と国際紛争の発生および激化を完全に理解するためには，個人および集団レベルで生じる広範な知覚と認知の構造，プロセス，そしてバイアスなどを検討する必要がある。

　第2に，社会心理学的アプローチは，集団間紛争が生じ，それが持続する場である集団の機能，それに集団間関係という文脈で起こる知覚と認知のプロセスを分析する。これらのプロセスは，集団および集団間環境と，個人が社会的な意味を参照せず，刺激に対して独立に反応しているときとでは異なる働きをする。Sherifとその同僚たちは，集団間文脈での行動は，個人が集団同一化の観点から外集団成員と相互作用するという事実によって特徴づけられることを初めて強調した（Sherif, 1966）。この考え方は，集団間文脈における人々の知覚と相互作用が社会的カテゴリーの成員性によって規定されると仮定する，社会的アイデンティティ理論（social identity theory: SIT, Tajfel, 1982; Tajfel & Turner, 1986）によって詳細に検討された。SITは外集団との自益的な社会的比較によって，社会的カテゴリー化を個人的自尊心やポジティブなアイデンティティと関連づける一連の命題を示した。この分析によれば，社会的知覚と認知に関する集団間および国家間の文脈は，特に人種，宗教，民族，文化，あるいは国民的徴表によって定義され，歴史と運命を共有するアイデンティティ集団という社会的集団の形成とその存続という観点から理解される必要がある。成員個人はそのような集団と認知的，機能的，および感情的側面で同一化し，それゆえに，彼らの成員性は彼らの社会的アイデンティティと自己概念にとって重要な要素となる。

　集団同士を区別するという単なる社会的カテゴリー化という事実が，集団内の類似性の知覚を強め，それとともに集団間の差異を強調することは明らかである。その結果，集団形成と社会的アイデンティティのプロセスは内集団に対する愛着とポジティブな態度を生み出し，それが自集団中心主義の種子を植えつける。自集団中心主義の明瞭な顕現，それに外集団に対する偏見もまた，集団間の現実的利益葛藤の存在を必要とするように思われるが，それは——現実的葛藤理論（realistic group conflict theory: RCT, LeVine & Campbell, 1972）によれば——集団間紛争の必要条件であり，外集団に対する偏見を含め，すべてはこれとともに生じる。言い換えれば，両立不能な目標と希少資源をめぐる競争は，結果として脅威の知覚を生み，それが自集団中心主義を強め，差別的な比較を生むのである。脅威の感覚とこれと関連した不信によって自集団中心主義が中程度のレベルに達すると，認知的歪曲によって集団内類似性と

集団間差異の知覚が強められ，それがネガティブなステレオタイプ，ミラー・イメージ，選択的知覚，そして自益的バイアスを促進する（Fisher, 1990）。

　第3に，社会心理学的アプローチでは，当事者同士の相互作用が，主観的な要素間の相互影響を通して，国際紛争の原因と結果を規定する基本的要因であるとみなす。当事者間の相互作用は，とりわけ協力性－競争性の次元上に位置づけられる，彼らの当初の志向性およびその後の志向性によって，また社会の全レベルに浸透するコミュニケーション・プロセス——開放性，正確さ，複雑さ——によって形づくられる。紛争状態にある社会の全レベルでの相互作用を強調する考え方に従って，社会心理学的アプローチでは，国際紛争を単なる政府間の現象ではなく，社会相互間のプロセスとみなしているが，このことはまた，それぞれの社会内部の相互作用が国際紛争のプロセスにおいて重要な役割を果たすことをわれわれに想起させる。さらに，社会心理学的アプローチでは，国際紛争を単に強制力を行使し合う争いではなく，相互に影響し合う多面的プロセスとみており，また，特定の登場人物たちによる行為と反応の単なる反復としてではなく，自己永続的ダイナミックスを備えた促進的相互作用プロセスとみている。したがって，社会心理学的アプローチがまず分析の焦点とするものは，集団間紛争や国家間紛争がどう展開していくのか，とりわけ葛藤的相互作用が亢進されるダイナミックスである。

　第4に，社会心理学的アプローチは，集団間紛争と国家間紛争を理解するために，葛藤が個人レベルから社会システムのレベルに移行する際，集団内および集団間にどのようなダイナミックスが働いているのか，これを多元的に分析することが必要であることを強調する。Dovidioら（1998）によれば，社会心理学は個人の心的プロセス，個人の行動，そして政治レベルにおける集合的行動との間を結びつける力をもっている。しかし最も大切なことは，問題自体の現象レベル，この場合は集団間と国家間のレベルだが，そこからまず分析を始め，その後，低レベルの分析から有益と思われる概念やモデルを抽出して，これと融合させることである（Fisher, 1990）。したがって，心理学的要因はそれぞれの文脈の中で理解されなければならないし，それが集団間紛争の分析に有益かどうかは，どういう点で応用性があるかを正確に見極めなければならない。さらに，社会心理学の視点は集団間紛争と国家間紛争の分析に深みと豊かさを与えるものだが，しかしそれ自体が，紛争の各レベルを統合する包括的理論を提供することはできないであろう。

　われわれがこれまで提示した集団間紛争と国家間紛争に対する社会心理学的アプローチの4つの特徴は，この後論じる国家間紛争における知覚プロセスの役割について，議論の枠組みを提供するものである。知覚プロセス——それは，紛争社会に支配的な規範プロセスを反映するものだが——は，紛争の発生に対して，また発生後の紛争激化に対して特に重要な役割を果たす社会心理的プロセスである（Kelman, 2007b）。

紛争当事者たちが自己と他者に対して，また紛争というものに対してもっているイメージは集合的欲求と恐怖に根ざすもので，これが紛争を発動させ，それゆえ自己と他者の間の相互作用の中で紛争を激化し永続化するダイナミックスを生み出す。われわれは紛争の激化と永続化に貢献する主観的要因の影響を説明する2つの知覚プロセスに焦点を当てる。それは敵イメージと自己イメージの形成で，これらはそれと矛盾する情報の受け入れに抵抗するのである。

敵イメージと自己イメージの形成

　集団間関係の推移は他集団に対する知覚によって大きな影響を受けるが，一般にはこれが集団の自己知覚にも影響を与える。この現象の中心的特徴はステレオタイプという概念であり，一般的には，他の社会集団の性質に関する単純化され硬直した信念の組み合わせと定義される。この言葉はジャーナリストのウォルター・リップマンが1922年に「われわれの頭の中の写真」として言及したもので，たちまち，種々のマイノリティに対するステレオタイプの測定に関心をもつ社会心理学者（Hamilton et al., 1994）によって採用された（Katz & Braly, 1935）。ステレオタイプの内容とその持続性の解明に焦点を当てたことは，後に社会心理学における認知革命をもたらしたが，それはステレオタイプが外集団に関する知覚と判断に影響する認知構造としての役割を強調するものであった（Fiske, 1998; Hamilton, 1981; Rothbart & Lewis, 1994）。ステレオタイプは，社会的カテゴリー化のプロセスと，外集団成員は内集団成員よりも同じ特徴を強く共有しているという外集団同質視（out-group homogeneity）の上に成り立っている。さらにステレオタイプは，自集団中心主義における外集団差別という側面，すなわち，外集団はネガティブな性質をもつという単純な信念をしばしば併せ持っている。ステレオタイプはどんな集団間にも存在するもので，紛争激化が低いレベルでは，比較的害のない集団リアリティに関する誤知覚といえよう。それは，時には重要な真実を含んでいることがあり（Triandis & Vassiliou, 1967），その特徴の多くは，すべての認知的一般化と同じものである（Schneider, 2004）。しかし紛争激化の高いレベルでは，ステレオタイプは予言の自己成就といったより有害なプロセスを生み出し，差別や脱人間化といった破壊的行動を正当化する一助となる。

　主として内集団カテゴリー化によってステレオタイプが形成されると，それは知覚的選択を駆動する認知構造の1つとして機能するが，これは非常に複雑で変化の激しい世の中においてはある程度必要な基本的プロセスである。不幸なことに集団間の文脈においては，社会的カテゴリー化と自集団中心主義の効果は，たとえば，言語，服装，肌の色など集団弁別特徴がより明瞭になり，より顕著になるに従って大きくなる。

したがって，集団を弁別するステレオタイプは，一致する情報には注意を向けてコード化する一方で，矛盾するあるいは無関連の情報は無視するか割り引くといったフィルターの働きをする (Hamilton, 1979; Hamilton et al., 1994)。その上，ステレオタイプの知覚的効果は自動的で，意識的覚知外で働き，一致情報の迅速な再認をうながすように思われる。その結果，人々は実際にそうであるよりも，ステレオタイプにより類似しているようにみえる (Fiske, 1998)。加えて，その自動的な同化効果は，外集団のネガティブな特性を処理するよりも，内集団のポジティブな特性を処理するときの方がより迅速に行なわれ，その結果，知覚において自益的な内集団バイアスを生み出す。紛争激化の圧力のもとでは，それに付随する脅威，不信，敵意の知覚と相まって，これらの知覚的歪曲が促進されやすくなる。

　解決困難な紛争におけるステレオタイプ研究の好例はBar-TalとTeichman (2005) にみられ，これはステレオタイプの原因，保持，結果に関する包括的な理論化を試みたものである。彼らはこれをイスラエル－パレスチナ紛争に応用し，特に「アラブ人」ステレオタイプがイスラエル・ユダヤ人の子どもから大人まで広範囲でもたれていることを指摘した (Bar-Tal & Teichman, 2005)。インタビュー，質問紙，人物描画などさまざまな測定方法を用いてBar-TalとTeichman (2005) は，アラブ人ステレオタイプが公式な談話，学校の教科書，文学，娯楽メディアなどに存在することを明らかにした。ユダヤ人がもつ「アラブ人」ステレオタイプを直接に取り上げたこの実証研究では，その内容として「知性が低く，原始的で，不誠実で狂気に満ちており，保守主義者，暴力的，そして人間生活に値しない」といった粗野な人間像が見いだされたが，他方では「面倒見がよく，社会性があり，勤勉といったポジティブな性格」 (p.228) もあげられていた。この研究の優れた点は，人物描画などこれまでにない方法を用いて，子どもと青年によるアラブ人，イスラエル人，ユダヤ人に対するステレオタイプ形成を明らかにしたこと，これによって，この単純化された表象がどのようにして何世代にもわたって保持されるのかという重要な問題にアプローチしていることである。

　自集団中心主義の内集団光栄化にも，内集団を高揚し称賛する知覚の選択性と歪曲が存在することが示されている。社会的アイデンティティ理論によれば，そこで働いている自益的バイアスは自尊心高揚欲求によるものであり，不公平な比較による内集団の差異化と外集団の差別化を生み出す。それは単純なもので，人々は内集団については肯定的な行動をより多く見いだし，外集団には否定的行動をより多く見いだす傾向があり，さらに同じ行動であっても，それが内集団成員によるものか外集団成員によるものかによって評価が変化する (Pruitt & Kim, 2004)。これらの自益的バイアスはそれ自体重要であるが，それはさらなる知覚的歪曲をもたらし，紛争が激化するに従っていっそう重要性をもつことになる。

国家間あるいはコミュニティ間の紛争研究においては，敵と自分たちの相互的知覚をとらえるためにイメージが広く用いられてきた。実際，イメージ研究は，国際関係，外交政策，政治心理学の分野におけるさまざまなトピックに対して有益なアプローチとして用いられてきた（Herrmann, 2003; Herrmann & Fischerkeller, 1995）。イメージは人の認知システム内にある社会的対象に関する体制化された表象と定義される（Kelman, 1965）。その高度な複雑さからして，イメージはステレオタイプ以上のものであり，単なる社会的対象に関する認知的性質というだけではなく，好き－嫌いなど感情的要素や社会的対象に対する適切な反応をうながす行動的側面ももっている（Scott, 1965）。この観点から，イメージの概念は社会心理学における態度の一般的定義とかなり類似しており，それゆえ集団間の社会的態度研究の多くは，国際関係レベルで働くイメージの機能研究に応用可能である。事実，Herrmannとその同僚たち（Alexander et al., 1999）によれば，ステレオタイプに対する社会心理学的関心は国際関係におけるイメージへの関心と類似しており，後者では国際紛争に関するイメージの起源と結果が研究されている。特にステレオタイプの概念は，敵イメージの概念と類似していることが見いだされており，敵対者に関する認知的特性の典型では，邪悪，非道徳的，陰謀好き，ご都合主義だが本質的にひ弱なもの──「張り子の虎」──として描かれる。つまり，ステレオタイプと敵イメージは同一の知覚現象を指すものだが，それらの違いはレベルの違い，すなわち集団間か国家間かという違いなのである。敵イメージが知覚や認知に与えるバイアス効果は，ステレオタイプのそれと著しく類似している。いったん脅威的な敵イメージが形成されると，注意，コード化，記憶などから行動の帰属や将来の行動に対する予期にいたるまで，情報処理のあらゆる局面にバイアスが入り込む傾向がある（Silverstein & Flamenbaum, 1989）。SilversteinとFlamenbaum（1989）は冷戦時代のソビエトに対するアメリカ人の敵イメージのさまざまな面にバイアスが働いていることを示す研究例を紹介している。
　国家間紛争の知覚研究に対する社会心理学の重要な貢献は，ミラー・イメージの形成現象に関するもので，これは多くの紛争関係に特徴的なものである。紛争の両当事者は，自己と他者に対して類似しているが，正反対のイメージを発展させる傾向がある。つまり，彼らは敵に対しては類似したネガティブなイメージをもち，自己については類似したポジティブなイメージをもっている。この現象はアメリカ人社会心理学者Bronfenbrennerによって，冷戦初期の米ソ関係に関して最初に論じられた（Bronfenbrenner, 1961）。彼は学術目的でソビエトに滞在しているとき，ソビエト市民同士が2つの超大国について話し合っている会話に流暢なロシア語で参加したが，最初彼は，ロシア人のアメリカに対する見方がいかに歪曲されているかを知り当惑した。しかし間もなく，彼は真実を悟ることになった。アメリカ人に対するロシア人の典型的なイメージは，平均的なアメリカ人がロシア人に対してもっているイメージ

——相手国とその政策は攻撃的で信頼できない，狂気の一歩手前であり，政府は国民を裏切って搾取し，国民の多くは現状に対して本当は満足していないといったネガティブなミラー・イメージ——と非常に似たものだった。Bronfenbrennerの理論はすぐにWhiteやその他の研究者によって採用され，さまざまな集団間紛争や国家間紛争に応用された（Haque, 1973; Haque & Lawson, 1980; White, 1965, 2004）。

ミラー・イメージの中核的内容は，善－悪の次元でとらえられる。両当事者は，自分たちを善良で平和的で，防衛目的で武装するだけであり，妥協への道を探り，問題に柔軟に対応しようとしているものとみている。同時に，両当事者とも敵に対しては，邪悪で敵対的，攻撃的目的をもって武装し，力を背景にした交渉しかできないものとみている。これらの極端な対比によって，当事者たちは紛争状況において，自分たちの目的を一方的に達成しようとして，破壊的な相互作用とまではいかなくても，非生産的な活動に従事してしまうのである。

長期にわたる紛争にみられる善－悪イメージの典型的な結果は，相手側の攻撃性は生得的なもので，それはイデオロギー（たとえば，シオニズムやPLOナショナリズム），政治経済システム（たとえば，帝国主義的資本主義や共産主義的拡大路線），宗教，あるいは国民性に内在したものだといった見方を生み出すことである。同時に，自分たちの側がこれまでとってきた攻撃的手段は，完全に反応的・防衛的なものであるとみなす。帰属理論によれば，両サイドでみられるこの傾向は，敵の攻撃行動は内的属性のため，自分たちのそれは状況によるものと説明するためのものである（Jones & Nisbett, 1971）。敵の邪悪な行為がその内的属性に根ざしたものであると知覚することは，相手を悪魔化し，脱人間化することと同じであり，それによってあらゆる危険な結果が生じる。自分たちの安寧を脅かしているある集団が，いったん人間という範囲から除外されたと知覚されると，その集団に対するほとんどあらゆる行動——排斥，強奪，拷問，強姦，ジェノサイド，民族浄化などを含め——が必要で正当なものとみなされるようになる（Kelman, 1973）。たとえば，イスラエル－パレスチナ紛争に関し，イスラエルのユダヤ人を対象に行なわれた最近の研究では，パレスチナ人に対する嫌悪や軽視として表現されたパレスチナ人の脱人間化は，政府による拘束，ゴム弾の使用，家屋の破壊，拷問といった彼らに対する強圧的な政策の支持と関連することが示されている（Maoz & McCauley, 2008）。

善－悪イメージがもたらす第2の結果——それは，高潔という自己イメージから生じるものだが——は，自分たちが相手に脅威を与えているわけではないことを敵も知っているはずという仮定である。われわれが基本的に良識と平和傾向をもっていること，われわれの方が挑発を受けてきたこと，これらはわれわれには明白であるので，それは敵にとっても明白であるはずである（Ross & Ward, 1995）。それは，われわれがわれわれ自身を見ているように，彼らもわれわれをそう見ているという仮定であ

る——事実は，われわれが彼らを見ているように，彼らもわれわれを見ているというのに。ミラー・イメージ・プロセスのこの特徴は，葛藤的相互作用における激化のダイナミックスを促進するものだが，この点については後でまた触れる。

　第3の結果——それほど一般的ではないが——は，Bronfenbrenner（1961）が最初に指摘しWhite（1965, 1970）が発展させたもので，相手側におけるエリートと大衆の分離である。これは，一般市民は良識をもっているが，指導者によって誤った方向に導かれ，洗脳され，支配されているという見方である。対照的に「われわれの」側では指導者と市民は完全に一致している。たとえば，イスラエル－パレスチナ事例の場合，ミラー・イメージの関連要素として，自分たちの側には真の協力体制があるのと対照的に，敵側の協力体制はうわべだけのもので，指導者はこれを維持するために紛争を継続しようと努めているという見方がある。

　国境を越えて起こる，集団間紛争のダイナミックスから生じるミラー・イメージの一般的特徴とは別に，ミラー・イメージは特定の紛争の特定のダイナミックスを反映する可能性もある。たとえば，イスラエル－パレスチナ紛争の近年の顕著な特徴は，相互に相手の国家的運動と国民的主張を不当なものであるとする試みとともに，相手の国民的アイデンティティを軽視することである（Kelman, 1978, 1987）。イスラエル－パレスチナ紛争その他の激しい民族紛争（ボスニア紛争や北アイルランド問題など）に特徴的なそれ以外のミラー・イメージとしては次のようなものがある。

- 自集団を壊滅させようとする計画が相手のイデオロギーの中核に内在するという見方から生じる，国家的・個人的消滅に対してお互いが抱く恐怖。
- 自分たちこそ被害者という相互の感覚，これは現在の敵イメージを歴史上の敵イメージと同化させ，被害を受けているという現在の経験と集合的歴史や過去の経験を同化させる傾向を伴う。
- 屈辱や劣弱さといった，自分たちのアイデンティティのネガティブな要素は敵のせいであるという相互の見方。

　ミラー・イメージは紛争のダイナミックスにとって中核的特徴ではあるが，それはしばしば——紛争当事者たちは強く否定するが——紛争が必然的に対称的であることを暗黙のうちに仮定しているという理由から，いくつかの制約条件をあげる必要がある。葛藤的相互作用のまさに本質から当事者の反応に一定の対称性が生じること，また，それが紛争を激化するものであることから，これを理解することが重要であるということをミラー・イメージの概念は暗示している。しかしながら，自己と敵のあらゆるイメージがミラー・イメージであると仮定することはできない。たとえば，イスラエル－パレスチナ紛争では，双方ともイスラエルが優勢な当事者だという点で同意

している（イスラエル側は，紛争はパレスチナ側とだけではなく，アラブ世界全体，さらにはイスラム世界を相手にしたものであると主張している）。さらに，双方のイメージが等しく不正確であると仮定することもできない。ミラー・イメージの概念が暗示することは，現実に対する2つの正反対の見方があり，それゆえ双方ともが完全に正確ということはありえないから，明らかに何らかの歪曲があるのだろうということである。また，双方の知覚は紛争のダイナミックスによって影響を受けるので，おそらく双方に何らかの歪曲があるのであろうということも推測できる。しかしこのことは，双方が同じ程度に歪曲しているという意味ではない。

　第3の制約条件は，ミラー・イメージの概念が，双方の間の経験的対称性を意味するわけではないということである。双方の歴史的経験や現状が，あらゆる次元において，もしくは最も重要な次元においてさえも，類似していると仮定することはできない。例としてある次元を取り上げると，多くの紛争は当事者間の勢力において非対称であるとされ，それが当事者の紛争の知覚に大きな影響を与える（Rouhana & Fiske, 1995）。最後に，ミラー・イメージの概念は，2つの当事者の立場が道徳的に等価であることを暗示するわけではない。自己に対する道徳的優越性の知覚が双方において対称的であると示すことは，双方の主張や活動が道徳的に対称的であることを意味するわけではない。つまり，たとえばボスニアにおけるセルビア人とイスラム教徒との関係の中に，多くの類似した要素をミラー・イメージとして指摘することはできるが，それでも虐殺を行なったのはセルビア人であるという道徳的判断を下すことはできる。

　こうした制約条件を念頭に置いた上で，紛争当事者がミラー・イメージを形成する一般傾向の原因を紛争関係それ自体のダイナミックスの中にみていくことにしよう。紛争に巻き込まれた当事者たちは，それが生み出す同じ力にさらされるせいで，彼らが形成するイメージの中にいくつかの類似性が生じるに違いない。これらの類似したイメージは，紛争当事者の中で通常働く動機的，認知的要因から生じる。動機的には，紛争に対して非難された際に，双方とも「好ましく見える」ことに関心をもつことである。それゆえ，政治的指導者は――自分たちの紛争理由は正当で，その行動は本質において完全に防衛的なものであるがゆえに――非難されるべきは敵であると，自分自身，国民，第三者である世界，そして未来の歴史家に向かって説得する必要を強く感じるのである。認知的には，双方が紛争を自分の側の視点からみて――自分の欲求，恐怖，歴史的トラウマ，憤り，疑念，政治的抑圧などを痛みとともに自覚しながら――自分たちは防衛的に善意をもって行動していると強く信じるのである。さらに双方とも，この状況は自明であり，それゆえ，それは敵にとっても同様に明白であると仮定する。その結果，敵からの敵意のサインは攻撃的な意図によるものに違いないと仮定するのである。

　双方が自らを非難することから目を逸らすよう動機づけられ，また，自分たちの善

良な意図は自分たちにとって明らかであるのと同様に，相手方にも明瞭であると確信しているとき，ミラー・イメージが形成される。ミラー・イメージは，古典的な軍拡競争のパターンのように激化のリスクを高める。双方とも，相手の敵対的行動は自分たちが守るべきものへの攻撃を意図していると解釈し，一方，自分の側の反応が防衛的性質のものであることは敵にも明白だろうと推測するが，相手にとってはそれが攻撃意図のサインと受け取られるので，ミラー・イメージには螺旋効果があるといえる。敵側のイデオロギーや国民性が本来的に攻撃的で拡大主義であると知覚される限り，ミラー・イメージは促進効果をもつ。なぜなら，この本質主義という視点が，相手の行動を説明するための安定した枠組みを提供するからである。促進効果に加えて，ミラー・イメージには無垢な自分と攻撃的な相手というはっきりとした対比が含まれており，これが紛争におけるゼロ-サム観念の破壊を妨げ，紛争をより解決困難なものにする。

初期の段階で効果的に対処されないと，集団間紛争と国家間紛争は激化の経過をたどり，それは勝利と敗北の差を拡大し，紛争の激化と敵意を増加させる傾向がある。いわば紛争という賭け事は，コスト・ベネフィット分析の観点からすると，質量ともに拡大し続ける。紛争が激化するにつれて，両当事者の志向や行動に一連の変化が生じ，それによって彼らの相互作用も変化する（Pruitt & Kim, 2004）。これらの変化の1つは，当事者たちの動機にかかわるもので，最初は自分自身の目標を達成することだったのが，相手に勝つことが重要となり，最終的には相手に危害を加えることそのものが目標となる。激化が高水準で，解決困難さが際立っているときには，ミラー・イメージは当初の善−悪二分法から，White の研究において誤知覚として確認されたような，敵の邪悪イメージ，自己の剛健・道徳的イメージなどさまざまに誇張された形態に発展する（White, 1970）。敵の邪悪イメージとは，対立者を悪意に満ちた怪物で，道徳の範囲外にある存在という見方を具体化したものである。自己の剛健イメージとは，自分の側を力強く妥協を許さないものとみなし，力は美徳である，軍事的優位は成功への道であるなど，軍隊に対する過剰な信頼というバイアスを生み出す。道徳的自己イメージは，自集団中心的なミラー・イメージの善−悪要素を最大限誇張したもので，自分の側は防衛者であり，あらゆる点からみて人間として正しい判断をしているとみなすにいたる。

邪悪な敵のイメージは，敵の悪魔化として表現されるが，White は前世紀における40年間の最も深刻な紛争を分析することによって，それがほとんど普遍的な誤知覚であることを見いだした（White, 2004）。悪魔化に付随して敵の集団成員は脱人間化され，それはすでに述べたように，彼らに対する攻撃行動を正当化する。次に，脱人間化は脱個性化を伴い，そのプロセスによって敵集団成員は個人的アイデンティティを喪失し，全員が集団の認知的現実性によって覆われてしまう（Festinger et al., 1952）。

集団間紛争においては，外集団成員に対するものと同様，人々は自分自身についても個人というよりも社会的カテゴリーの一員としてみるようになるが（Pruitt & Kim, 2004），その結果，個人的責任感の低下と，相手の道徳的コミュニティからの排除の両方によって，外集団に対する攻撃抑制が低下する。非常に激しい集団間紛争に特徴的な相互の被害意識は，部分的には，これら過剰なイメージとそれに関連した認知的バイアスの効果である。

　紛争が激化するにつれて強まる敵と自己のイメージは，自集団の被害者意識を生む一方，敵集団成員に対する激しい攻撃をうながし，それがさらに紛争を激しいものにする。この被害者意識は「不当，不正義，非道徳的と知覚された他集団によって自集団に加えられ，それを自集団が防ぐことのできなかった深刻な結果と，それが意図的な加害であるという知覚から生じる，集団成員によって共有されたマインドセット」と定義されてきた（Bar-Tal et al., 2009, p.238）。解決困難な紛争における被害者意識は多様な機能をもつが，それは紛争の責任を相手側に帰属すること，団結の基盤となること，自集団成員の他集団に対する行動を動機づけ，それを実行するよううながすことなどである。そのため，それは紛争の持続と暴力的報復によって紛争を深刻化させるものとなる。解決困難な紛争において被害者意識が果たす役割の大きさは，2001年，北アイルランドの「事件[2]」を経験した26の行政地区で行なわれた調査結果からも推測される（Cairns et al., 2003）。ランダムに選ばれた成人1,000名のうち12%がしばしばあるいは頻繁に自分は事件から被害を受けたと知覚していた。そして実際に中・高程度の直接的被害（分離主義者の起こした事件によって怪我をした，爆弾で家を破壊された，家の外で脅迫を受けた）を経験した人は16%，中・高程度の間接的な被害（家族や親しい友人が怪我したり脅迫を受けたり，爆弾によって家が損傷した）を経験した人は30%であった。驚くべきことではないが，これら自分を被害者とみなしている，あるいは直接，間接の被害を受けたと報告している人は，一般的健康の質問項目による測定の結果，心理的健康度が低かった。

　紛争が非常に激化した状態では，敵イメージと矛盾する情報は受け入れられなくなり，それは社会的現実を正確に表わすものとして確証されるようになる。同時に紛争は長期化の局面に移行し，解決に対する抵抗を示す解決困難という特徴を帯びるが（Coleman, 2003, 2006），そこには，部分的には自益的バイアスと他者の歪曲を通じて形成された極化した集合的アイデンティティが含まれている。われわれは次に，敵イメージと矛盾する情報を拒否することがもたらす影響と，その結果として紛争が解決困難になる条件について考察する。

矛盾情報に対するイメージの抵抗

　自分たちの正当性を脅かす新しい情報に対して，紛争イメージは高い抵抗力をもっている。そうしたイメージに固執することによって，紛争解決の可能性を生み出す変化の知覚や将来の変化に対する期待などが抑制され，それによって紛争は永続化される。

　社会心理学的理論と研究の多くは，観察者の目には明らかに矛盾し，少なくとも現在の態度に疑問を生じさせるような新しい情報に直面したときに，人々はその矛盾を多少なりとも中和したり無視したりするという，態度・信念の一般的固執現象に取り組んできた。これは態度が変化しないといっているのではない。実際，個人の，あるいは社会集団の態度は——時には徐々に，時には劇的に——新しい事象や経験に反応しながら常に変化することを示す多くの証拠がある。しかし，変化はいつも何らかの抵抗に遭いながら生じる。

　態度はわれわれにとって一定の重要な機能を果たすので，われわれはそれを維持する傾向があるという意味で，抵抗が動機づけられる。態度はわれわれが社会的現実を解釈し，われわれの価値を示し，自尊心を支え，人生における報酬の最大化を支援する (Katz, 1960)。しかしそれ以上に，抵抗は態度の働きそのものでもある。態度は，われわれの経験の形成をうながし，新しい情報がどのように組織化されるかを規定するものなので，それ自身を確証し，反証は回避させるような条件を生み出す役割を果たす。これまでの研究においては，矛盾情報に対する抵抗を説明するために，選択性，一貫性，帰属，予言の自己成就など，さまざまなメカニズムに焦点が当てられてきた。

　選択的接触，選択的知覚，選択的想起といった概念のすべては，われわれのステレオタイプや態度が利用可能な情報の種類を決定することを示している。たとえば，われわれの政治的態度は，われわれが参加する組織や集会，われわれが受け取る出版物を決定する。その結果，われわれは自分の信念に反する情報よりも，それを確証する情報に接触することが多くなる。またわれわれは確証的情報を求める傾向があるが，それはわれわれがそれを快適に感じ，それを信頼し，それが役に立つことをわかっているから——たとえば，議論の場で，自分の立場を主張する根拠とすることができるから——である。その上，すでに述べたように，われわれは提示された情報を，もとからもっているステレオタイプや態度と一致するように知覚する傾向があるが，それはそのような傾向がわれわれが何を見るかあらかじめ期待させ，それに意味を与える枠組みを提供するからである (Fiske, 1998)。最後に，われわれが確証的情報を頻繁に想起するのは，それが適合しやすい既存の枠組みをもっているためであり，また，それが役立つことを経験することが多いからである。

選択性のプロセスは，個人間の関係にも集団間の関係にも影響する。われわれは，嫌いな人とは話をしたがらない傾向がある。その結果，自分の態度を変えるかもしれない新しい知覚に出会うチャンスを減らしている（Newcomb, 1947）。同様に，初期の態度とイメージ——それは時には，第一印象や集団のラベルに基づいてつくられるが——は期待を生み出してその後のわれわれの観察に影響を与え，他者の行動をどう知覚し，何を想起するかを規定する枠組みを提供する。集団間知覚に関する研究レビュー（Rothbart, 1993）によると，初期の集団カテゴリー化は「それが生み出す暗黙の期待を確証する出来事を選択的に想起することで強化される」（p.98）。たとえば，ある研究では，参加者たちに，ある集団を「友好的」な人たち，あるいは「知的」な人たちであると説明した後で，彼らがとったさまざまな行動を示した。その結果，参加者は与えられたラベルと一致した行動をよりよく想起した（Rothbart et al., 1979）。Rothbart（1993）は研究レビューによって，記憶効果は内集団か外集団かによって異なり，内集団の好ましい行動と，外集団の好ましくない行動がより多く想起されることを示している。端的にいえば，記憶プロセスには「外集団を貶めるように"決定づけられた"自己確証的認知システム」が含まれているのである（Rothbart, 1993, p.98）。
　認知的一貫性は実験社会心理学において大きな注目を集めてきた。数多くの研究で用いられてきたモデルの中で最も影響力のある2つがHeiderの認知的バランス理論とFestingerの認知的不協和理論である（Festinger, 1957; Heider, 1958）。さまざまな一貫性モデルに共通するプロセスは，異なる認知要素間の不一致（たとえば，対象に対する感情と信念の違い，態度と行動の違い，あるいは自分自身の態度と重要他者の態度の違い）は不快な心的状態であるという点である。それは緊張状態を生むので，人は一貫性を回復する手段なら何であれ，最も利用可能なものを用いて，それを低下させようとする。認知的不協和の研究では多くのパラダイムが使用され，その中に，参加者に対して自分の信念と矛盾する情報を提示するという，信念－非確証パラダイムがある（Harmon-Jones & Mills, 1999）。もしも不協和を低減するために自分の信念を変えるのでなければ，それに代わるいくつかの代替案が利用可能だが，ここで特に興味深いのは，情報の誤知覚や誤解釈などである。その他に，情報を否認したり，自分を支持する他者を探したり，支持しない他者を説得しようとすることがある。
　新しい情報に対する反応において，一貫性メカニズムが果たす役割はかなり複雑である。不一致情報は，もしも説得力があって，興味をそそるものであり，また状況要因が人々に新しい情報を求めるように動機づけるときには，それは態度や行動の変化を引き起こす重要な刺激因となることがある。しかしそうではないときには，一貫性メカニズムは選択的接触，知覚，想起を強化するように働く。人々は自分の既有の態度や信念と一致しない情報をふるいにかけ，その結果，認知的一貫性を維持する。この反応は——敵イメージのように——既存の態度が強く抱かれ，その影響が広範囲に

及ぶときには特に強い。これらの概念をわかりやすい形で国家間紛争に初めて応用したのはおそらくJervisで，彼の事例分析は，政策決定者が新しい情報を，いかにして既存の信念や認知カテゴリーに一致するように認知的に同化させるかを示したものである（Jervis, 1976）。非合理的一貫性を生み出すこうした認知的メカニズムの力は，その後の研究によって支持されてきた（Jervis, 1988; Tetlock & McGuire, 1985）。特に外交政策の決定において，これらの認知バイアスは情報の選択的注意を引き起こすだけではなく，意思決定者がいったん既存の信念を十分に支持する情報を得ると，それで情報検索を止めてしまうという，時期尚早の認知的完結性（cognitive closure）を引き起こす（Levy, 2003）。たとえば，LevyはI973年の中東戦争において，イスラエルが「エジプトはイスラエル領に深く侵攻できないだろうから，参戦しないだろう」という信念をもったため，エジプト軍の攻撃を示唆する情報を無視し，行動を起こすことに失敗した例を示している。政治心理学の分野においては，態度の一貫性欲求が情報処理に対して大きな影響力をもつことが広く主張されてきた（Taber, 2003）。

　帰属理論は社会的認知研究におけるもう1つの柱である。この理論では，人々が自分自身と他人の行動を説明する方法，つまり人々が行動の原因をどのように判断するのかを分析する。原因帰属は，他の人の行動に対する個人の感情的・行動的反応に影響を与えるので，人々の間の相互作用において重要である。これまでの節で取り上げた研究領域の中で論じられてきた重要な区別の1つは，性質帰属と状況帰属である。ある行為の原因は，行為者の特徴や内的性質である場合もあれば，状況要因の力である場合もある（Jones & Nisbett, 1971）。しかし，他者の行動を観察したとき，人々は性質帰属をする強い傾向がある。いわゆる基本的帰属錯誤（fundamental attribution error）である（Ross, 1977）。反面，自分の行動を説明するときは，人々はその原因を状況に帰属しがちであるが，それは，ある時点，ある場所において，自分の行動に対してどんな力が働き，どんな制約があるかを当人は気づいているからである。帰属バイアスに関する初期の研究の多くは，人と対人関係のレベルに焦点を当てていたが，やがて集団間や国家間のレベルにまで拡張されてきた（Betancourt, 1990; Hewstone, 1988, 1990）。基本的帰属錯誤に関する結論の1つは，紛争関係にある敵の行動を性質に帰属することは，敵が本性において攻撃的であるというイメージを生み出すことになるということであり，それは反証情報への抵抗よりもはるかに強い傾向である。

　敵イメージへの反証に対する抵抗は，Pettigrewが主張した究極の帰属錯誤（ultimate attribution error）――彼によれば，それは強いネガティブ・ステレオタイプと激しい紛争によって特徴づけられる集団間関係において特に強い認知バイアスである（Pettigrew, 1979）――によってさらに強められる。人々が自分あるいは自集団成員や支持者の行動を説明するとき，人々は肯定的な行為には性質帰属を，否定的な行為には状況帰属を行なう。敵や外集団成員の行動を説明するときは，反対に望まし

くない行為を性質的原因に，望ましい行為を状況的原因に帰属しがちである。これらの傾向は，国家間紛争に関するいくつかの研究において確認されている（Heradsveit, 1981; Rosenberg & Wolfsfeld, 1977; Rouhana, 1997）。印象的な例は，北アイルランドのカトリックとプロテスタントの大学生に内集団あるいは外集団成員による暴力のニュース映像を見せた研究である（Hunter et al., 1991）。映像を見た後，回答者たちは登場人物が何を考え，なぜそのようなふるまいをしたかを説明するよう求められた。因果関係に関する彼らの発言が2人の独立した評定者によって，内的あるいは外的帰属にコード化された。Pettigrewの仮説通り，プロテスタント教徒とカトリック教徒双方とも，外集団の暴力を有意により強く内的に帰属し，自集団成員による暴力はより強く外的に帰属した。このように，帰属メカニズムは——一貫性メカニズムのように——もともとの敵イメージの確認をうながす。敵による敵対的行為は内的に帰属され，そのため敵は本性において攻撃的で冷酷な人物たちであるとの証拠となるのである。融和的な行為は，状況的諸要因に対する反応——たとえば，策略，外圧への反応，あるいは不利な状況とみて一時矛を収める——として説明され，それゆえ当初のイメージを改訂するにはいたらない。

　予言の自己成就（self-fulfilling prophecy）の概念は，他人や集団についての期待が，その人の実際の行動に影響を与えることを示している。われわれの期待は，おそらく婉曲かつ無意識的に，相互作用のプロセスの中でわれわれが人にどう接近するかに現われる。そうする中で，相手の行動がわれわれの期待に添うよううながす環境をつくり出し，その結果もともとのステレオタイプを確証する。こうした効果は，当初，教育場面で研究されていた。生徒の能力に対する教師の期待が，その生徒の後の成績に影響を与えることが見いだされたが，それは生徒に対する教師の扱いが異なっていたためである（Jussim, 1986; Rosenthal & Jacobson, 1968）。この効果は対人関係においても報告されており，相手に関するステレオタイプはその人に対する婉曲なサインを発して，確証的行動を導く（Snyder, 1984; Snyder et al., 1977）。集団間紛争の場面においては，相手の敵意に関する集団的期待が冷淡で防衛的な行動を生み出し，それが今度は相手からの敵対的反応を誘起するが，これが結局，当初のイメージを確証する結果になる。たとえば，交渉の場で頑固な相手を予期する当事者は，こちらもタフな姿勢で臨み，相手が拒否するしかないような提案をして，期待通りの結果を得ることになる。このように，期待は予言の自己成就を生み出し，その結果，敵イメージが確証されるだけでなく，次の相互作用に向けてそれはいっそう強められる。予言の自己成就の影響は，政策決定の場合，その最終局面まで続く場合がある。たとえば，解決困難なキプロス紛争において（Fisher, 2001），1990年のギリシャ系キプロス人政府は欧州連合のメンバーとして加入を認められたが，それはトルコ系キプロス人からの非難と怒りを招いた。なぜ双方一緒に加入しようとしなかったのかと問われたとき，あ

るギリシャ系キプロス人は,トルコ系キプロス人がそれを拒否するだろうからと答えた。この予測は,トルコ系キプロス人の加入反対によって確証された。

反証情報に対する抵抗を説明するメカニズム——選択性,一貫性,帰属,予言の自己成就——は,いくつかの理由から,紛争関係がある場合に特に強力になる。第1に,敵イメージと紛争関連の自己イメージは,国民的合意の中核部分にある。激しい紛争において,特に危機的な雰囲気が強いときには意見の一致を維持しようとする強い社会的圧力が働く。敵イメージを和らげることは,この一致を破壊する背信行為として非難される。軍事部門は,敵イメージの改訂が国の決定を揺るがし,防衛力を低下させ,破滅的な妥協を招く徴候であるとして抵抗する。敵の敵意を過小評価することは,それを過大評価するよりも危険である（そして,これによって和平のチャンスを過小評価する）という考え方は広く共有されている——そして,過小評価は背信行為として非難を招く——ことから,彼らの反対は広範なアピールになる。一言でいえば,反証情報に対する抵抗のメカニズムは,紛争状況での規範的圧力によって強められるのである。

第2に,紛争関係において相手の視点に立つチャンスは少なく,そうする能力も損なわれているので,反証情報に対する敵イメージは特に強い抵抗を示す。通常の社会的相互作用では,人々の態度は,相手の視点を取得することによって新しい情報を入手し,これを分析評価することによって変化する。しかし紛争中の当事者同士の相互作用は——たとえ,それが起こったとしても——一連の紛争規範によって支配されている。このような状況では,相手の視点取得に必要な共感が生じるのはむずかしく,事実それは忌避される。その結果,敵対社会に関する分析は,一方的な視点からのみ行なわれる。たとえばアラブ－イスラエル関係の場合,双方とも自己の意図と関心を相手が知っていると実際以上に過大に見積り,彼らは自分たちが知っていることに基づいて相手が何を知っているかを見積もっていた（先に述べたように,ミラー・イメージは紛争激化の重要な要因である）。相手をもっぱら自分の視点から見ることがもたらすそれ以外の結果としては,以下のようなものがある。

- 相手の社会にある階層や職業領域などの区別を無視し,その社会の内的ダイナミックスではなく,自分たちの関心から相手をカテゴリー化する傾向（たとえば,PLOを支持するパレスチナ人か支持しないパレスチナ人か,シオニストかそれとも反シオニストのイスラエル人かなど）。
- 相手側の反対勢力に関する自己中心的な見方,つまりそれを自分たちの大儀の支持者とみなすこと（このため,反対勢力のハト派が立場を変えないとわかると落胆する）。
- 相手側の国家的活動の目標は,自分たちの国家を消滅させることだけであるとの

知覚。相手のイデオロギーに対する自己中心的な見方。

これと同様に，相手の立場を理解し損なうことは，そこから得られるはずだった新しい情報の利用価値を失うことである。幸運な事情に恵まれなければ，当事者は相手の立場が多様で変化しうるものであるなど，その柔軟性に気づくことがなく，その意義を適切に評価することもできないであろう。

第3に，反証に対する敵イメージの抵抗は，敵は変化しないという強い信念によって強められる。その信念は典型的なミラー・イメージであり，敵の敵意はそのイデオロギーと特性に内在しているとみなすものである（すなわち，ミラー・イメージは敵意を特性的原因に帰属する）。長年にわたり，イスラエル，パレスチナ双方は敵の立場に変化はない，あるとしてもそれは単なる戦略的なものであると主張してきた。そのような見方はしだいに――特に，1993年のオスロ合意以降――変化してきたが，2000年のキャンプデービッド会談の失敗と新しいインティファーダの勃発によって再び強まった。相手側の変化を過小評価する理由の1つは，当事者たちが変化量を異なる参照点から査定するためである。一方は，ある行為について，それが元の立場からどれくらい離れているかを調べてその変化量を測定するが，他方は，それが自分たちの立場とどれくらい近いかという観点から測定する。たとえば，パレスチナ人の観点からすると，1974年のパレスチナ議会が下した，パレスチナの解放されたすべての地域に「国家の権威」を受け入れるという決定は，大きな変化を表わしていた――それは，2つの国家に向けたステップとみなされて激しい非難を浴び，運動を分断させることになった。しかしながら，イスラエルが認める武力闘争の終結にはまだほど遠かったので，イスラエルはこの決定には何の意味もないと受け止めた。もっと最近の例をあげると，イスラエル人は2000年のキャンプデービッド会談でバラク首相が示したパレスチナ側への提案を気前がよすぎると感じていた。なぜなら，彼が提示した分割地の面積は，これまでのどの提案よりも広いものだったからである。しかしパレスチナ人にとってそれは，パレスチナが独立し，紛争の最終決着のために必要とみなす最低限の広さにも及ばなかったので，彼らはその提案を不適切とみなした。

紛争当事者が――異なる参照点からスタートすることによって――敵の側に生じる変化を知覚することはむずかしいが，それだけでなく，彼らはしばしば敵の立場が変わることはないだろうし，どんな変化もありえないと信じている。彼らは現在展開しつつある進行中の政治プロセスよりも，歴史や公的文書に大きな信頼を置く。彼らはそれゆえ，敵が変わったとか，変わるであろうという提案に対しては，それは危険なもので，裏切りでさえあると考える。そして――「敵が理解できる唯一の言葉」である――力づくによってしか影響を与え，変化をうながす方法はないとみなすのである。そうした信念のあるところに，敵側の陣営に変化があったとか，変化が近いうちに生

じるであろうといったことを示唆する新しい情報が簡単に入り込む余地はない。

　紛争イメージが矛盾情報に対して特に強い抵抗を示すことには確かに理由があるが，だからといってそれが不変というわけではない。社会心理学的知見はそれが変化しうることを示しており，歴史的証拠はそれが実際に変化することを示している。国家間紛争解決の研究者と実践家の課題は，変化への抵抗を克服する手段を開発することである。

結　論

　本章での分析は，知覚および認知プロセスが，破壊的な集団間紛争や国家間紛争の激化と深刻化において重要な役割を果たすという主張を支持するものであった。とりわけ，ここで取り上げた種々の認知メカニズムとバイアスは，不正確で誇張されたミラー・イメージの形成と，紛争イメージの反証情報に対する強い抵抗の両者に寄与する。それゆえ，人間の社会集団には，自己の安寧と存在を脅かす激しい紛争を効果的に処理する能力において限界があることは明らかである。同時に，破滅的で解決困難な紛争の発生と激化において，社会心理学的プロセスが果たす役割の重要性について，いくつか補足的コメントを述べる必要があるであろう。第1に，社会心理学の多くの理論と研究に，本質的な点で限界があることは認めざるをえない。それは，この学問が動機や感情のプロセスよりも，認知プロセスに焦点を当てた個人レベルでの分析を主として行なっていること，そして個人が機能する枠組みであるより広い社会的あるいは制度的文脈が無視されたり軽視されたりしていることなどである。この懸念が深刻なのは，この分野における標準的研究デザインが，主にアメリカやヨーロッパの大学生という標本を使った実験室実験や質問紙調査であることから，その外的妥当性に限界があるという点である。さらに，それらの理論と研究成果が主として狭い文化的環境の中で生み出されてきたことから，文化的一般性にも疑問が生じる。それぞれの文化が，紛争を処理する方法について独自の考え方をもっているとすれば，文化領域を超えて概念やプロセスを適用する際には，相当の慎重さが求められる。こうした制約があるのは事実だが，それにもかかわらず，その主張が，本章で試みたように多様なケースにおいて検証可能な仮説として提起されるのであれば，それは紛争の理解と緩和に対して何らかの貢献をしうるであろう。

　社会心理的プロセスは，より一般的には——本章で述べた知覚プロセスに加えて，紛争社会に典型的にみられる規範プロセス（Kelman, 2007b）を含め——促進的かつ自己永続化のダイナミクスをもつ相互作用パターンに，当事者を陥らせる心的抵抗を生み出す。社会心理学的アプローチは，大衆や指導者が争点をどのようにフレーミ

ングするか，利害をどのように定義するか，戦争と平和に向けた集団の準備体制をどのように形成するかを解明することによって，集団システム，国家システム，国際的システムにおいて変化がどのように生じるかをわれわれに理解させてくれる。平和的方向への変化の条件を生み出すためには，思考，行為，相互作用の習慣的様式を変化させ，紛争を生み出す社会心理的プロセスを逆転させる必要がある。本章の分析からすると，新しい情報によって紛争に関するイメージに異を唱え，それによって植えつけられ支持されていた紛争のスパイラルを破壊するようなコミュニケーション・パターンを発展させることが特に重要と思われる。紛争解決に対する障害を乗り越えるためには，紛争のダイナミックを逆転させ，これまでとは異なる相互作用を促進する必要がある。

　マクロ・レベルでは，紛争集団の中で影響力のあるメンバーを対象に，相互作用的紛争解決法とその典型である問題解決ワークショップ，あるいはその他の類似のアプローチを実施し，相互の立場を理解すること，敵イメージを分化させること，互いに対する再保証を主導すること，双方の側にある集団的欲求と恐怖に対処するアイデアを出し合うことなどを彼らに働きかけることができる（Fisher, 1997; Kelman, 1986, 2002）。マクロ・レベルでは，オープンで協力的な文脈の中で，力の強制使用に頼るのをやめ，相互共感と互恵性に向けた対話を紛争当事者間で新たに構築する必要がある。紛争関係の知覚的・認知的ダイナミックスを理解することは，集団間紛争と国家間紛争の鎮静化と解決に向けた努力にとってその基盤となる。

原注
　★1：文章におけるイメージと内容の形成および確証のために本章で用いられている組織化の枠組みの一部は，Kelman（2007b）を，また別の部分はFisher（2008）を改訂したものである。

訳注
　●1：原語のethnocentrismは一般には「自民族中心主義」と訳されるが，本章では，文脈上から「自集団中心主義」と訳した。
　●2：北アイルランドでの爆弾テロなどのこと。
　●3：キプロス共和国における北部のトルコ系住民と南部のギリシャ系住民との対立。北部のトルコ系住民は1983年に北キプロス・トルコ共和国として独立を宣言しているが，国際的には承認されていない。
　●4：イスラエルの占領政策に対するパレスチナ側の抵抗運動。

■■ 引用文献 ■■

Alexander, M. G., Brewer, M. B., & Herrmann, R. (1999). Images and affect: A functional analysis of out-group stereotypes. *Journal of Personality and Social Psychology*, **77**(1), 78-93.
Bar-Tal, D., Chernyak-Hai, L., Schori, N., & Gundar, A. (2009). A sense of self-collective

victimhood in intractable conflicts: Nature, antecedents, functions, and consequences. *International Red Cross Review,* **91**, 229-258.
Bar-Tal, D., & Geva, N. (1986). A cognitive basis of international conflicts. In S. Worchel & W. G. Austin (Eds.), *Psychology of intergroup relations* (2nd ed., pp. 118-133). Chicago: Nelson-Hall.
Bar-Tal, D., & Teichman, Y. (2005). *Stereotypes and prejudice in conflict: Representations of Arabs in Israeli Jewish society.* Cambridge, UK: Cambridge University Press.
Betancourt, H. (1990). An attributional approach to intergroup and international conflict. In S. Graham & V. S. Folkes (Eds.), *Attribution theory: Applications to achievement, mental health, and interpersonal conflict* (pp. 205-220). Hillsdale, NJ: Lawrence Erlbaum.
Bronfenbrenner, U. (1961). The mirror image in Soviet-American relations: A social psychologist's report. *Journal of Social Issues,* **17**(3), 45-56.
Burton, J. W. (Ed.) (1990). *Conflict: Human needs theory.* New York: St. Martins Press.
Cairns, E., Mallet, J., Lewis., C., & Wilson, R. (2003). *Who are the victims? Self-assessed victimhood and the Northern Irish conflict* (NIO Research & Statistical Series: ReportNo. 7). Belfast: Northern Ireland Office, Northern Ireland Statistics and Research Agency.
Coleman, P. T. (2003). Characteristics of protracted, intractable conflict: Towards the development of a metaframework—I. *Peace and Conflict: Journal of Peace Psychology,* **9**, 1-38.
Coleman, P. T. (2006). Intractable conflict. In M. Deutsch, P. T. Coleman, & G. E. Marcus (Eds.), *The handbook of conflict resolution* (2nd ed., pp. 533-559). San Francisco, CA: Jossey-Bass.
Dovidio, J. F., Maruyama, G., & Alexander, M. G. (1998). A social psychology of national and international group relations. *Journal of Social Issues,* **54**(4), 831-846.
Festinger, L. (1957). *A theory of cognitive dissonance.* Stanford, CA: Stanford University Press. 末永俊郎（訳）(1965). 認知的不協和の理論　誠信書房
Festinger, L., Pepitone, A., & Newcomb, T. (1952). Some consequences of deindividuation in a group. *Journal of Abnormal and Social Psychology,* **47**, 382-389.
Fisher, R. J. (1990). *The social psychology of intergroup and international conflict resolution.* New York: Springer-Verlag.
Fisher, R. J. (1997). *Interactive conflict resolution.* Syracuse, NY: Syracuse University Press.
Fisher, R. J. (2001). Cyprus: The failure of mediation and the escalation of an identity-based conflict to an adversarial impasse. *Journal of Peace Research,* **38**, 307-326.
Fisher, R. J. (2008). An overview of selected social-psychological contributions to international conflict resolution: Social cognition, decision making and escalation. Paper presented at *the 49th Annual Convention of the International Studies Association,* San Francisco, CA, March 26-29, 2008.
Fiske, S. (1998). Stereotyping, prejudice, and discrimination. In D. T. Gilbert & S. T. Fiske (Eds.), *The handbook of social psychology* (4th ed., Vol. 1, pp. 357-441). New York-McGraw-Hill.
Hamilton, D. L. (1979). A cognitive-attributional analysis of stereotyping. In L. Berkowitz (Ed.), *Advances in experimental social psychology* (Vol. 12, pp. 53-84). New York: Academic Press.
Hamilton, D. L. (Ed.) (1981). *Cognitive processes in stereotyping and intergroup behavior.* Hillsdale, NJ: Erlbaum.
Hamilton, D. L., Stroessner, S. J., & Driscoll, D. M. (1994). Social cognition and the study of stereotyping. In P. G. Devine, D. L. Hamilton, & T. M. Ostrom (Eds.), *Social cognition: Impact on social psychology* (pp. 291-321). San Diego, CA: Academic Press.
Haque, A. (1973). Mirror image hypothesis in the context of the Indo-Pakistan conflict. *Pakistan Journal of Psychology,* **6**,13-22.
Haque, A., & Lawson, E. D. (1980). The mirror image phenomenon in the context of the Arab-Israeli conflict. *International Journal of Intercultural Relations,* **4**,107-116.

Harmon-Jones, E., & Mills, J. (Eds.) (1999). *Cognitive dissonance: Progress on a pivotal theory in social psychology.* Washington, DC: American Psychological Association.

Heider, F. (1958). *The psychology of interpersonal relations.* New York: Wiley. 大橋正夫（訳）(1978). 対人関係の心理学　誠信書房

Heradstveit, D. (1981). *The Arab-Israeli conflict: Psychological obstacles to peace* (2nd ed.). Oslo: Universitetsforlaget.

Herrmann, R. (2003). Image theory and strategic interaction in international relations. In D. O. Sears, L. Huddy, & R. Jervis (Eds.), *Oxford handbook of political psychology* (pp. 285-314). Oxford: Oxford University Press.

Herrmann, R., & Fischerkeller, M. P. (1995). Beyond the enemy image and spiral mode: Cognitive-strategic research after the cold war. *International Organization,* **49**(3), 415-450.

Hewstone, M. (1988). Attributional bases of intergroup conflict. In W. Stroebe, A. W. Kruglanski, D. Bar-Tal, & M. Hewstone (Eds.), *The social psychology of intergroup conflict.* New York: Springer-Verlag.

Hewstone, M. (1990). The ultimate attribution error? A review of the literature on intergroup causal attribution. *European Journal of Social Psychology,* **20**, 311-335.

Hunter, J. A., Stringer, M., & Watson, R. P. (1991). Intergroup violence and intergroup attributions. *British Journal of Social Psychology,* **30**(3), 261-266.

Jervis, R. (1976). *Perceptions and misperceptions in international politics.* Princeton, NJ: Princeton University Press.

Jervis, R. (1988). War and misperception. *Journal of Interdisciplinary History,* **18**, 675-700.

Jones, E. E., & Nisbett, R. E. (1971). The actor and the observer: Divergent perceptions of the causes of behavior. In E. E. Jones, D. E. Kanouse, H. H. Kelley, R. E. Nisbett, S. Valins, & B. Weiner (Eds.), *Attribution: Perceiving the causes of behavior* (pp. 79-94). Morristown, NJ: General Learning Press.

Jussim, L. (1986). Self-fulfilling prophecies: A theoretical and intergrative review. *Psychological Review,* **93**, 429-445.

Katz, D. (1960). The functional approach to the study of attitudes. *Public Opinion Quarterly,* **24**, 163-204.

Katz, D., & Braly, K. (1935). Racial prejudice and racial stereotypes. *Journal of Abnormal and Social Psychohgy,* **30**, 175-193.

Kelman, H. C. (1973). Violence without moral restraints: Reflections on the dehumanization of victims and victimizers. *Journal of Social Issues,* **29**(4), 25-61.

Kelman, H. C. (1978). Israelis and Palestinians: Psychological prerequisites for mutual acceptance. *International Security,* **3**, 162-186.

Kelman, H. C. (1986). Interactive problem solving: A social-psychological approach to conflict resolution. In W. Klassen (Ed.), *Dialogue: Toward interfaith understanding* (pp. 293-314). Tantur, Jerusalem: Ecumenical Institute for Theological Research.

Kelman, H. C. (1987). The political psychology of the Israeli-Palestinian conflict: How can we overcome the barriers to a negotiated solution? *Political Psychology,* **8**, 347-363.

Kelman, H. C. (2002). Interactive problem solving: Informal mediation by the scholar-practitioner. In J. Bercovitch (Ed.), *Studies in international mediation: Essays in honor of Jeffrey Z. Rubin* (pp. 167-193). New York: Palgrave Macmillan.

Kelman, H. C. (2007a). The Israeli-Palestinian peace process and its vicissitudes: Insights from attitude theory. *American Psychologist,* **62**, 287-303.

Kelman, H. C. (2007b). Social-psychological dimensions of international conflict. In I. W. Zartman (Ed.), *Peacemaking in international conflict: Methods and techniques* (rev. ed., pp. 61-107).

Washington, DC: United States Institute of Peace.

Kelman, H. C. (Ed.) (1965). *International behavior: A social-psychological analysis.* New York: Holt, Rinehart and Winston.

Kelman, H. C., & Fisher, R. J. (2003). Conflict analysis and resolution. In D. O. Sears, L. Huddy, & R. Jervis (Eds.), *Oxford handbook of political psychology* (pp. 315-353). Oxford: Oxford University Press.

LeVine, R. A., & Campbell, D. T. (1972). *Ethnocentrism: Theories of conflict, ethnic attitudes and group behavior.* New York: Wiley.

Levy, J. S. (2003). Political psychology and foreign policy. In D. O. Sears, L. Huddy, & R. Jervis (Eds.), *Oxford handbook of political psychology* (pp. 253-284). Oxford: Oxford University Press.

Maoz, I., & McCauley, C. (2008). Threat, dehumanization, and support for retaliatory aggressive policies in asymmetric conflict. *Journal of Conflict Resolution,* **52**(1), 93-116.

Mitchell, C. R. (1981). *The structure of international conflict.* London: Macmillan.

Newcomb, T. (1947). Autistic hostility and social reality. *Human Relations,* **1**, 69-86.

Pettigrew, T. F. (1979). The ultimate attribution error: Extending Allport's cognitive analysis of prejudice. *Personality and Social Psychology Bulletin,* **5**, 461-476.

Pruitt, D. G., & Kim, S. H. (2004). Social conflict: Escalation, stalemate, and settlement (3rd ed.). New York: McGraw-Hill.

Rosati, J. A. (2001). *The power of human cognition in the study of world politics.* Maiden, MA: Blackwell Publishers.

Rosenberg, S. W., & Wolfsfeld, G. (1977). International conflict and the problem of attribution. *Journal of Conflict Resolution,* **21**, 75-103.

Rosenthal, R., & Jacobson, L. (1968). *Pygmalian in the classroom.* New York: Holt, Rinehart & Winston.

Ross, L. (1977). The intuitive psychologist and his shortcomings. In L. Berkowitz (Ed.), *Advances in experimental social psychology* (Vol. 10, pp. 173-220). New York: Academic Press.

Ross, L., & Ward, A. (1995). Psychological barriers to dispute resolution. In M. P. Zanna (Ed.), *Advances in experimental social psychology* (Vol. 27, pp. 255-304). New York: Academic Press.

Rothbart, M. (1993). Intergroup perception and social conflict. In S. Worchel & J. A. Simpson (Eds.), *Conflict between people and groups: Causes, processes and resolutions* (pp. 93-109). Chicago, IL: Nelson-Hall.

Rothbart, M., Evans, M., & Fulero, S. (1979). Recall for confirming events: Memory processes and the maintenance of social stereotypes. *Journal of Experimental Social Psychology,* **15**, 343-355.

Rothbart, M., & Lewis, S. H. (1994). Cognitive processes and intergroup relations: A historical perspective. In P. G. Devine, D. L. Hamilton, & T. M. Ostrom (Eds.), *Social cognition: Impact on social psychology* (pp. 347-382). San Diego, CA: Academic Press.

Rouhana, N. N. (1997). *Palestinian citizens in an ethnic Jewish state: Identities in conflict.* New Haven, CT: Yale University Press.

Rouhana, N. N., & Fiske, S. T. (1995). Perceptions of power, threat, and conflict intensity in asymmetric intergroup conflict. *Journal of Conflict Resolution,* **39**, 49-81.

Schneider, D. J. (2004). *The psychology of stereotyping.* New York: The Guilford Press.

Scott, W. A. (1965). Psychological and social correlates of international images. In H. C. Kelman (Ed.), *International behavior: A social-psychological analysis* (pp. 71-103). New York: Holt, Rinehart & Winston.

Sherif, M. (1966). *In common predicament: Social psychology of intergroup conflict and cooperation.* Boston: Houghton-Mifflin.

Silverstein, B., & Flamenbaum, C. (1989). Biases in the perception and cognition of the actions of enemies. *Journal of Social Issues,* **45**(2), 51-72.

Snyder, M. (1984). When belief creates reality. In L. Berkowitz (Ed.), *Advances in experimental social psychology* (Vol. 18, pp. 248-306). New York: Academic Press.

Snyder, M., Tanke, E. D., & Berscheid, E. (1977). Social perception and interpersonal behavior: On the self-fulfilling nature of social stereotypes. *Journal of Personality and Social Psychology,* **35**, 656-666.

Stein, J. G (2001). Image, identity, and the resolution of violent conflict. In C. A. Crocker, F. O. Hampson, & P. Aall (Eds.), *Turbulent peace: The challenges of managing international conflict* (pp. 189-208). Washington, DC: United States Institute of Peace.

Taber, C. S. (2003). Information processing and public opinion. In D. O. Sears, L. Huddy, & R. Jervis (Eds.), *Oxford handbook of political psychology* (pp. 433-476). Oxford: Oxford University Press.

Tajfel, H. (Ed.) (1982). *Social identity and intergroup relations.* Cambridge, UK: Cambridge University Press.

Tajfel, H., & Turner, J. C. (1986). The social identity theory of intergroup behavior. In S. Worchel & W. G. Austin (Eds.), *Psychology of intergroup relations* (2nd ed., pp. 7-24). Chicago, IL: Nelson-Hall.

Tetlock, P. E., & McGuire, C. B. (1985). Cognitive perspectives on foreign policy. In S. Long (Ed.), *Political behavior annual* (Vol. 1, pp. 255-273). Boulder, CO: Westview.

Triandis, H. C., & Vassiliou, V. (1967). Frequency of contact and stereotyping. *Journal of Personality and Social Psychology,* **7**, 316-328.

White, R. K. (1965). Images in the context of international conflict: Soviet perceptions of the U S. and the U.S.S.R. In H. C. Kelman (Ed.), *International behavior: A socialpsychological analysis* (pp. 238-276). New York: Holt, Rinehart and Winston.

White, R. K. (1970). *Nobody wanted war: Misperception in Vietnam and other wars.* Garden City, NY: Doubleday.

White, R. K. (2004). Misperception and war. *Peace and Conflict: Journal of Peace Psychology,* **10**(4), 399-409.

第3章

集団間紛争における感情と感情制御
——評価基盤フレームワーク

Eran Halperin, Keren Sharvit and James J. Gross

民族紛争に費やされた膨大な熱情は，感情の領域を公平に評価してくれる説明を求めている……人の血が流れた事件を，血の通わない理論で説明することはできないのだ。
(Horowitz, 1985, p.140)

　国際関係と民族紛争を専門とする研究者たちは，紛争の激化，鎮静化，そしてその解決において感情が中心的役割を果たしていることを長い間認識していた (Horowitz, 1985; Lindner, 2006; Petersen, 2002)。このことは，国際関係分野でよく取り上げられる大規模で長期的な集団間紛争の理解にとって心理学の研究が大いに貢献できることを示唆している。しかし驚くべきことだが，こうした激しい紛争において感情と感情制御（emotion regulation）が果たす役割について心理学者はほとんど注意を払ってこなかったのである。

　本章の目的は，集団間紛争状況において感情と感情制御が果たす役割を分析するための一般的枠組みを提示することである。本章は解決困難な激しい紛争に焦点を当てるが，そうした状況での感情の役割を検討した心理学的研究は少ないので，感情と集団間関係を扱った広範な研究例を参考にしながら論を進める。初めに，感情，感情制御，集団間紛争に関する心理学研究に含まれる重要な概念の定義を試みる。その後，集団間紛争に関する個人の信念，態度，行動に対して感情と感情制御がどう影響するのかを検討するための概念的枠組みを紹介する。次に先行研究のレビューをもとに，われわれが提案する枠組みを集団間紛争の3段階——勃発，鎮静化，和解——に適用して考察する。最後に，将来の研究プランを示して本章の結論とする。

基本的概念とその定義

■ 感　情

　感情の研究領域に顕著な発展はみられるが (Lewis et al., 2008)，この概念につい

て合意された定義は依然としてとらえどころのないものである。その原因の1つは，領域の理論的境界に関する基本的な意見の不一致である。「感情（emotion）」という語は日常的にも使用されているため，説明を要するような現象（たとえば，感情語，感情経験，感情表現，感情的行動；Frijda, 2004; Niedenthal et al., 2006参照）について見解の相違がある。

本章でわれわれは，感情をある種の反応傾向とみなす James（1884）の古典的な立場を採用する。この見方によれば，感情とは人がある状況を重要な試練あるいはチャンスであると評価するときに喚起される柔軟な反応の連続（Frijda, 1986; Scherer, 1984）であると考えられる（Tooby & Cosmides, 1990）。言い換えれば，感情とは，現実の事象を，その事象に特定のやり方で反応しようとする動機に変化させるものである（Zajonc, 1998）。

感情の中核成分とは，主観的な感情経験，身体的変化，表情，その他の心理的反応などである。これらの成分によって，感情は態度や信念といった他の現象から区別される（Cacioppo & Gardner, 1999）。しかし，先に述べた立場からすると，感情においては別の2つの成分の役割も顕著である。それは認知的評価と反応傾向である。われわれは，集団間紛争における感情の役割を理解する上では，これらの成分が特に重要であると考えている。

感情と認知の共生関係を認識することから，個々の感情の認知的側面に関する広範囲の研究が生み出されてきた（Lazarus, 1991; Roseman, 1984; Scherer, 2004; Smith & Ellsworth, 1985）。今日では，感情には，ほとんどの場合，これを引き起こした刺激に関する（意識的，または無意識的な）包括的評価が含まれていることが広く認められている。このため，用語の違いこそあれ，多くの研究者の著作に共通したいくつかの評価次元をあげることが可能である。それは，快，努力の予期，注意活動，確実性，知覚された障碍，責任の（自己，他者，または状況への）帰属，相対的強度（統制可能性）などである。

評価成分に加えて，Arnold（1960）は各感情が特定の行動傾向と関連していることを主張した。より最近では，Frijda（1986）は17の異なる感情を特徴づける固有の行動準備状態をあげた。Roseman（1984），Roseman ら（1994）は，行動，行動傾向，感情目標を区別する。一般的な動機や目標というものはそれぞれの感情に固有の成分であり，したがって個々の感情によって予測が可能である。その一方，これらの動機が文脈特有の反応傾向や実際の行動へと変容する際には，非常に多くの外的要因が関与していることから，その変容は非常に柔軟性に富むものである（Frijda et al., 1989; Roseman, 2002）。古典的な例は恐怖感情にみられる多様な可能性である。恐怖感情は安全な環境をつくり出そうとする一般的動機と関係しているが，その反応傾向は状況に応じて闘争となって現われることもあれば，逃走となって現われることもある。

■ 感情，気分，心情，集団的感情

　感情は，類似した複数の反応の1つでしかない（Gross, 2007）。本章でのわれわれの目的のためには，感情，心情（sentiment）[1]，気分を区別しておくことが重要である。すでに見てきたように，感情は複数の成分を含んだ特定の出来事に対する反応である。一方，心情とは持続的な形態の感情と定義できる（Arnold, 1960; Ekman, 1992; Frijda, 1986）。この見解に従えば，心情とは時間的に安定した人，集団，シンボルに対する感情傾向といえる（Halperin, 2011）。また心情には対象となるものが明確に存在するが，気分は一般にはそういった明確に定義された対象をもたない。

　近年，集団的感情（group-based emotions）という概念への関心が高まっている。これは，集団成員性，あるいは集団や社会との自己同一化の結果として個人が経験する感情を指す（Mackie et al., 2000; Smith, 1993; Smith & Mackie, 2008）。このトピックを扱った研究は，個人的な出来事や経験だけでなく，個人は自分が同一化した集団の他のメンバーに影響を及ぼすような出来事に対しても感情を経験することを示している（Mackie et al., 2000; Wohl et al., 2006; Yzerbyt et al., 2003）。集団的感情は，出来事，人物，社会集団に対して向けられる個人的経験である。特に対象が社会集団である場合は，集団間感情と定義される。これは，ある集団への所属意識の結果として経験され，かつ他の集団へと向けられる感情のことである（Smith et al., 2007）。

　全体社会（societal）レベルでの分析において，ある社会の大多数の人々によって集団間感情が共有され，同時に経験されたならば，それは集合的感情（collective emotions）と定義することができる（Bar-Tal, 2001; Stephan & Stephan, 2000）。de Rivera（1992）はこれに関連した概念として感情風土（emotional climate）というものを提案している。彼は，感情風土とは，社会に属する個々人が経験した感情の集合体ではなく，むしろその社会のアイデンティティと統一性を維持させるような社会の特徴であると述べている。本章のほとんどは全体社会レベルの分析ではなく，個人レベルの分析に焦点を当てるが，個々人の感情経験が一定の社会的文脈内で起きるという点は念頭に置くべきである。つまり，感情の集合的形態——あるいは，感情風土——は，集団間紛争という文脈において個人的感情が果たす役割を理解する上で重要な概念であるといえる（Bar-Tal et al., 2007）。

■ 感情制御

　近年発展が著しい感情制御分野において研究者たちは，感情が修正され影響を受ける仕組みの解明に取り組んでいる。多くの場合，彼らの焦点は個人と対人関係に向けられている（Gross, 2007）。そのアプローチは，心的防衛（Freud, 1926/1959），ストレスとストレス対処（Lazarus, 1966），アタッチメント（Bowlby, 1969），自己制御（Mischel et al., 1989）などの先行研究に基づいている。われわれは，感情制御研究か

ら得られたいくつかの知見は，集団間の文脈にも応用できると考えている。

個人レベルでは，自分（または他人）が経験する感情の程度や種類を操作しようとするとき，あるいは，そういった感情をすでに自分（または他人）がもっているときには，それを自分（または他人）がどのように経験し表出するかにかかわるプロセスを指して感情制御とよぶ（Gross, 1998）。感情制御は自動的か統制的，あるいは意識的か非意識的に行なわれ，感情生成プロセスの1つまたは複数のポイントにおいてこれに影響を及ぼす。また，感情制御は，感情が展開するときにその成分同士が連動する程度を変えることもある。たとえば，感情経験と生理的反応には大きな変化が起きているにもかかわらず，表情には変化がないような場合がそうである

最新の文献は，感情制御プロセスには5つの方略群があると主張する。それは状況選択，状況変容，注意配置，認知変容，そして反応調節である（Gross, 1998）。これらの機能群の違いは感情生成プロセスのどの時点で影響を与えるかである（Gross & Thompson, 2007）。たとえば，「状況選択」方略は感情生成プロセスの非常に早い段階で発動し，望ましい（望ましくない）感情を生じさせると予期される状況に最終的に行き着く可能性を高める（低める）行動をうながす。反対に「反応調節」方略は，反応傾向がすでに動き始めた後，感情生成プロセスの遅い段階で発動する。その他のすべての制御方略も重要ではあるが，本章におけるわれわれの関心は認知変容プロセスにある。それは，この方略が大規模な集団間紛争に応用可能であると期待できるからである。われわれは特に，特定の集団間感情を上方制御したり下方制御したりするために，現在進行中の出来事を再評価する試みに焦点を当てる。

■ 解決困難な集団間紛争

社会的紛争は通常，「2人以上の人あるいは2つ以上の集団が互いに相いれない目標をもっているという信念を明らかにしている」状況と定義される（Kriesberg, 2007, p.2; Mitchell, 1981; Rubin et al., 1994）。心理学的観点からみると，相反する目標や関心をもっているという信念の出現は，常に2つの段階から成るプロセスを経る。最初の段階では内集団の目標，外集団の目標，そしてそれらの相互作用についての主観的な評価がかかわる。次の段階では，その評価がある特定の行動をとろうとする動機とその行動の準備状態という形となって表わされる。したがって，感情の構造に組み込まれているこれらの成分，すなわち，認知的評価と反応傾向は紛争の最も基本的な定義の不可欠な要素であり，このこと自体，紛争を理解する上でこの2つが重要であることを物語っている。

別の研究者たちは紛争の別の段階について論じ（Mitchell, 1981），たとえば，Kriesberg（2007）は，①紛争発生，勃発，顕現化，②紛争激化，③紛争縮小と解決という3つの段階がどの紛争にもみられると主張する。他の研究者は，最近，和解の

段階というもう1つの重要な段階について論じている（Gibson, 2006）。本章では，集団間紛争の3つの段階，つまり紛争発生と激化，鎮静化，そして和解における感情と感情制御の役割について検討する。

本章は，個人や集団の感情，態度，行動は紛争の進行に影響を与えるというボトムアップ的視点に立つ。「個人」の心理学は，解決困難な紛争において他の視点よりも重要なものである。なぜなら，解決困難な紛争はしばしば暴力を伴って長期化する。また，紛争は広範囲の投資を要求して，その社会に住む人々の生活はこれを軸に展開するようになる。解決困難な紛争は，また，ゼロ - サムとみなされる（Bar-Tal, 1998; Kriesberg, 1993）。Bar-Tal（2007）によると，このような紛争に巻き込まれた社会は独特の心理的特徴を示すようになる。それは，紛争関連の社会的信念体系（つまり「紛争エートス」），紛争の歴史に関するかたよった集合的記憶，敵に対する非常にネガティブな「集合的感情志向性（collective emotional orientation）」などである（Bar-Tal & Halperin, 本書第9章）。

これらの心理的特徴に含まれる感情成分が紛争を持続させる上で果たす役割は，本章で提起される枠組みの中核となるものである。長期にわたって続く解決困難な紛争の性質こそが，短期の時間枠を超えて感情を持続させ重積させる。紛争に関するある特定の情報をくり返し伝播する紛争関連の重大事象が，敵と紛争に対する安定した集団的心情を引き起こすであろう。結果として，恐れ，怒り，憎しみといった安定的でネガティブな集団間感情は，紛争状態にある個人の持続する心理的状況に内在する一部となる（Kelman, 1997）。これらの心情と紛争関連事象への反応として生じる感情の相互作用，そしてそれらが態度と行動に与える影響が，われわれが提起する「評価基盤フレームワーク」の中心を成すものである。

集団間紛争における感情と感情制御：「評価基盤フレームワーク」

紛争中に感情が果たす役割への関心は高まってきてはいるが，われわれが知る限り，戦争と平和に関する個人的・集合的信念，態度，行動などに感情がどのような影響を与えるのかを理解するための包括的枠組みは存在しない。そこで，以下の節では，感情が影響を与えるプロセスの重要な側面を解明するため，評価に基づく新しい枠組みを提出する。この新しい枠組みは，集団間紛争における感情と感情制御に関する今後の実証研究の理論的基盤として有益なものである。われわれの枠組みの第1部（図3.1の円で示された箇所）は，紛争関連事象に対する特定の態度や行動反応の形成において心情と感情が寄与するプロセスの系列を示している。

このプロセスは，事象の発生，紛争関連情報の発生，過去の紛争関連事象の想起の

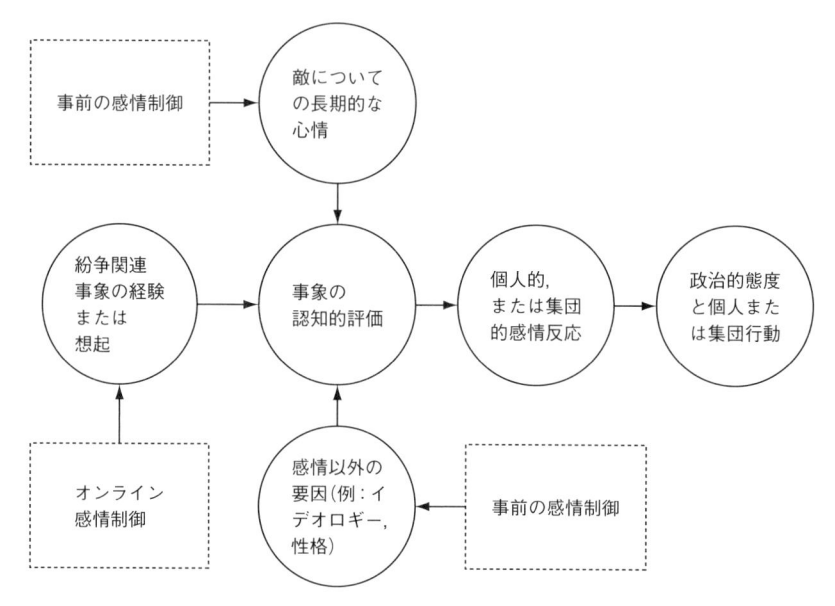

▶ 図3.1　紛争における感情と感情制御が果たす役割の評価基盤フレームワーク

いずれか，またはこれらの組み合わせからスタートする。事象や情報はネガティブなもの（たとえば，戦争，テロ攻撃，和平提案の拒否）でもポジティブなもの（たとえば，友好的なジェスチャーや妥協する意欲）でもありうるが，それはまず，意味のあるものとして評価されなければならない。事象は個人的なものとして経験されることもあるが，ほとんどの場合，少数の集団成員が直接経験したものが，他の人々，マス・メディア，指導者などによる仲介を経て他の集団成員に伝えられていく。こういったケースでは，直接経験した人が属する集団と同一化をしている人々は，集団的感情を経験することになる（Mackie et al., 2000; Smith, 1993）。

このような短期的事象は，その評価によって個人的および集団的感情を引き起こし，その結果，政治的反応傾向を誘発する。たとえば，内集団に対する外集団成員の暴力行為が不当なものと評価され，かつ内集団が（外集団より）強いという評価が伴う場合，怒りが生じる（Halperin, 2008; Huddy et al., 2007）。それゆえ，事象の主観的評価は，どの種の感情が事象によって喚起されるかを決定する上で不可欠な要素である。

われわれの枠組みによると，長期的紛争の場合，事象評価は3つの主要因によって影響される。第1に，事象は特定の観点からフレーミングされることがあり，それが個人の事象評価に影響を与える可能性がある（Halperin, 2011）。フレーミングが異

なることによって同じ事象に対して異なる認知評価が生まれる可能性がある。これによって異なる感情反応が誘発される（Gross, 2008）。たとえば，敵の軍事行動を味方の軍事行動に対する防衛反応であるとフレーミングすると，恐れが誘起されたり，場合によっては悲しみが発生したりする。しかし，同じ行為を正当化できない理由による侵略行為とフレーミングすると，強烈な怒りや，あるいは憎しみさえもたらされるであろう。

第2に，事象の評価は広範な非感情的要因によって影響を受ける。これらの要因を詳しく論評することは本章の目的を超えるが，これには，性格要因（たとえば，権威主義，認知的構造欲求，暗黙の人格理論），道徳的価値の順守，社会経済的地位，紛争と敵に関するイデオロギーなどが含まれる（Halperin, 2011; Sharvit et al., 2008）。

最後に，最も関連の深いものとして，われわれの評価基盤フレームワークでは，長期的心情が事象の認知的評価を歪めることが仮定されている。この仮定は評価傾向の枠組みに基づいている（Lerner & Keltner, 2000）。この枠組みによると，感情はこれを喚起する上で中心となった評価次元と一致した解釈を事象について行なうために，ある認知傾向を活性化させる。たとえば，集団に対する長期にわたる外部からの脅威は，脅威を想起させるものに対して社会の成員を敏感にする。その結果，成員たちは危険をより高く評価する（見積もる）ようになり，それによって頻繁に恐怖反応が誘起されるようになる（Bar-Tal et al., 2007）。

ある事象が発生すると，それはこれら3要因と統合されて，その事象に対する認知的評価を形成し，それに対応する特定の感情を生み出す基盤となるとわれわれは主張する。さらに，個々の感情と，特にこれに組み込まれている感情目標と反応傾向は，その事象に対する行動的，政治的反応を決定するであろう（Halperin, 2011）。

本章で提案する「評価に基づく枠組み（あるいは評価基盤フレームワーク）の第1部」は，紛争関連事象に対する反応を決定する際に個別の感情が果たす中心的な役割に注目するものである。「枠組み（またはフレームワーク）の第2部」では（図3.1において破線の四角で示された部分），集団間紛争のさまざまな段階で発生するこれらの感情に対する制御の2経路を示している。われわれの知る限り，集団間紛争と紛争解決に関し，感情制御の方略がこれまで実証的に検討されたことはなかった。したがって，第2の枠組みは推論に基づくものであり，これについては今後，実証的な検証が必要である。

すでに述べたように，個人レベルの先行研究では，感情制御に用いられる方略に焦点が当てられてきた（Gross, 1998）。長期化している集団間紛争に最も関連した方略は，認知の変容，具体的には再評価による感情制御であろうとわれわれは考えている。再評価とは，状況の感情的影響の強さを変化させるように，その状況がもつ意味を変化させることである（Gross, 2002）。認知の変化を引き起こす最も直接的な方法は，

状況を評価しなおす，別の視点から考える，あるいは出来事や情報の解釈について考え直すよう指示することである（Ochsner & Gross, 2008）。このやり方は，対人場面で個人のネガティブな感情を低減させるには非常に効果的だが，集団間紛争への応用は容易ではない。主たる理由は，紛争時の心理的機能がきわめて柔軟性を失っていることで（Bar-Tal, 2007），このため，人の指示に従ってそれを変化させることはむずかしい。こうした状況において認知的変化を引き起こすには間接的な方法がよいとわれわれは考えている。その際，2種類の再評価，すなわち，オンライン再評価（online reappraisal）と事前再評価（prospective reappraisal）を区別することが重要である。

オンライン再評価とは「感情喚起事象が展開している間に経験する感情を変化させようとする試み」（Sheppes & Meiran, 2007, p.1518）を指す。集団間紛争に関していうと，このプロセスは，社会の人々にある事象を提示する方法やフレーミングの仕方を変えることによって引き起こされる認知的変化である。このプロセスは事象が発生した後でしか作動せず，しかもたいていの場合，事象直後でないと効果を発揮しない（Sheppes & Meiran, 2007）。したがって，事象の適切な解釈やフレーミングの仕方を人々の間に普及させるには，それを事象が発生した直後に行なう必要がある。そうしたフレーミングとは，建設的目標を活性化するような感情に対応した評価を際立たせ，一方，破壊的感情と関連する評価は回避するものでなくてはならない。たとえば，集団的罪悪感の経験には，ある行為の責任が自集団にあるという評価が重要なので（Wohl et al., 2006），和平首脳会議の失敗に対して集団的罪悪感を上方制御するためには，メディアは自集団にその責任があることを即座に報道しなければならない。

しかし，長期的な紛争状態においては，感情喚起事象が発生した後でのみ感情を制御しようとしていたのではうまくいかない。先行研究は，再評価による感情制御が感情喚起事象の発生前から行なわれていると効果的であることを示してきた（Gross & Levenson, 1997）。そこで，われわれの枠組みでは，事前の感情制御という認知的変化の新しい感情制御方略を提案する。この事前感情制御は，集団間紛争に関与する集団成員の持続的心情や信念を変化させることを目指すが，これが事象に関する評価を変更させ，結果として感情反応を変化させるという論理に基づいている。具体的に言うと，ある事象に先立って集団間の否定的な心情を弱めたり，長期にわたって保持されている否定的な信念を緩和させたりすることが，結果的にある事象に対する各個人の解釈を変更させることになる。たとえば，敵が提示した和平案を人々がどう解釈するかは，彼らが敵に対して長期間抱いてきた憎悪の程度に強く依存する。したがって，こうした憎悪のレベルを低下させることによって，紛争関連のポジティブな事象やネガティブな事象に対して，より建設的な感情反応を生み出すのに好都合な条件が形成されるであろう。この方略は集団間紛争という特殊な状況に非常に適したものである。なぜなら，これによって，大規模な集団の感情制御を「リアルタイム」で行なわなけ

ればならないという困難な問題を回避することができるからである。

　事前の感情制御のもう1つの利点は，感情表出の直後にどのような反応傾向が形成されるかに影響を与えることができることである。言い換えると，事前感情制御は感情経験に対して量的変化（たとえば，恐怖感情のレベルを下げる）と質的変化（たとえば，恐怖感情に対する反応傾向として「闘争」ではなく「逃走」を誘発する）の両方をもたらす。この感情制御方略は応用が容易なようにみえるかもしれないが（たとえば，教育などを通じて），実際には，そうした長期的感情や信念を変えることは非常にむずかしいことである（Bar-Tal & Halperin，本書第9章）。

紛争の異なる段階でのモデルの適用

　われわれの「評価基盤フレームワーク」は，事象→情動反応→感情制御→政治的姿勢／行動という4段階からなるプロセスである。われわれは，この枠組みは，集団間紛争の主要な3段階，つまり，発生と激化，鎮静化，和解において有益であると考えている。以下の節では，紛争の各段階において感情と感情制御が果たす役割を明らかにすることを目的に，さまざまな紛争に関して実施された研究をレビューする。その際，各段階における議論を2つに分けて行なう。前半部では各段階で感情が果たす役割に焦点を当てるが，その性質からここでの議論は記述的なものである。後半部では紛争中の再評価と事前の再評価が紛争の鎮静化にどのように有益かを検討する。ここでは規範的なアプローチをとる。

　指摘すべき点は，従来のほとんどの研究においては，紛争に関する感情と政治的姿勢／行動との間のつながりにのみ焦点が当てられ，われわれのモデルの他の側面（たとえば，評価と感情制御）は考慮されていないということである。これまでに検証されたものよりも広範なモデルを提案するために，以下ではわれわれの包括的な枠組みを用いてこれまでの実証研究を検討し，さらに，今後研究されるべき仮説を提起する。

■ 紛争の発生と激化

　この段階は，潜在的な不調和から暴力的紛争への変質，またはその出現を指す。ここには指導者による意志，または政策決定が含まれている。民主社会では指導者の決定は民衆によって支持されなければならない。紛争に直接関与する人々は高いリスクを背負い，また生命を犠牲にすることが求められる可能性さえあるので，こうした支持は必要不可欠である。集合的攻撃行動にいたる道筋を社会の成員が支持する程度は，彼らの感情に大きく左右されるであろう。

感情と紛争の発生／激化　紛争のこの段階に関して最も頻繁に研究されてきた情動は怒りである。怒りは，他者の行動を不公正（unjust），不公平（unfair），あるいは社会規範を逸脱していると個人が知覚することで喚起される感情である（Averill, 1982）。さらに，怒りは（他者と比べて自分の方が）相対的に強く，対処できる可能性が高いという評価を伴う（Mackie et al., 2000）。これら2つの特性が結合されると，しばしば，怒り喚起対象に対して，対決（Berkowitz, 1993; Mackie et al., 2000），衝突，殺害，襲撃といった行動傾向が生み出される。

　こうした特徴と一致して，現実の紛争を題材にした先行研究は一貫して，怒りと外集団に対する責任（blame）の帰属の間に明確で直接的な関連性を見いだしてきた（Halperin, 2008; Small et al., 2006）。他の研究では，怒りを経験している人は軍事攻撃のリスクを低く評価すること（Lerner & Keltner, 2001），そうした攻撃がポジティブな結果をもたらすと予測すること（Huddy et al., 2007）を明らかにしている。同様に，9.11のテロ攻撃後にアメリカで行なわれた研究は，怒りを感じている人がイラクや他の地域でのアメリカの軍事行動を強く支持したことを明らかにしている（Cheung-Blunden & Blunden, 2008; Huddy et al., 2007; Lerner et al., 2003; Skitka et al., 2006）。この種の反応がまさに紛争の激化を促進するものである。

　さいわいなことに，ほとんどの場合，敵の挑発や攻撃的発言，あるいは軍事行動によって引き起こされる感情は怒りだけではない。たとえば，恐怖といった他の感情反応は，怒りが導く反応傾向を抑制するであろう。恐怖感情は，個人またはその環境や社会に対する脅威と危険が認知されるような状況で喚起され，適応的な行動を可能にする（Gray, 1989）。恐怖感情は（他者と比べて自己の方が）力が弱く，状況に対するコントロールが低いという評価と連合している（Roseman, 1984）。また，リスクを高く見積もることや，悲観的な予測をすることとも連合している（Lerner & Keltner, 2001）。行動面では，恐怖感情は回避傾向や安全な環境をつくりたいという欲求と関連している（Frijda et al., 1989; Roseman et al., 1994）。そのため，紛争のこの段階における恐怖感情は，高いリスク評価と回避傾向によって，暴力的な軍事活動に従事しようとする集団成員の気持ちを削ぐことになるであろう。実際にいくつかの研究は，9.11のテロ攻撃以後のアメリカ人の恐怖反応が，テロリズムと戦争に関するリスクの見積もりを高め（Huddy et al., 2007; Lerner et al., 2003），軍事活動とイラク戦争への支持を低下させた（Huddy et al., 2007）ことを示している。

　われわれの提案する理論モデルが示唆するように，一時的な感情は外集団に対するより長期的な心情という文脈の中でつくり出される。紛争発生段階において，信念，態度，行動に影響を与える最も破壊的な心情は憎悪である。憎悪はネガティブで過激な二次的感情であり（Royzman et al., 2005; Sternberg & Sternberg, 2008），集団間関係に破壊的な影響を及ぼす可能性がある（Halperin, 2008; Petersen, 2002; Volkan,

1997)。憎悪は特定の個人や集団に向けられ，これらの対象を根本的に，かつ公然と非難しようとする行動をもたらす（Sternberg, 2003）。憎悪は，ほとんどの場合，外集団の行動が，その集団がもっている根の深い，変わりようがない邪悪な性質から生じているのだという評価を伴う。結果的に，憎悪はポジティブな変化へのきわめて低い期待および高水準の絶望と連合している。

　紛争に関連した短期的な（short-term）事象が憎悪という名のレンズを通して評価されると，暴力行為を開始すること，紛争をエスカレートさせることを容認する気持ちが自動的に強まる（Staub, 2005）。もしも外集団が破壊的な意図をもっていると確信し，そのやり方を外集団が変える可能性はないと絶望したなら，その人は，暴力的な手段のみが唯一妥当な選択肢であるとみなすであろう。2007年のアナポリス中東和平会議の前日に行なわれた最近の研究は，他の感情と比較して，イスラエル人の心情的憎悪がパレスチナ人に対する過激な軍事行為を支持する傾向を顕著に強めたことを明らかにした（Halperin, 2011）。

　われわれが提案する枠組みに従えば，長期的な憎悪のレベルは，怒りが実際に行動となって現われるかどうかにも影響する可能性がある。強い憎悪がある状況で発生する怒りは，ほとんどの場合，過激な攻撃反応を引き起こすであろう。反対に，憎悪が弱い状況での怒りは，より建設的なアプローチの選択をうながすであろう（Fischer & Roseman, 2007）。敵対集団がその行動を変えることができ，しかもその意図は自己防衛，あるいは無害なものであると考えた場合（つまり憎悪の程度が低い場合）には，怒り感情に含まれる「（自分の方が）強い」という評価が，暴力的反応ではなく，建設的な問題解決や危機管理に取り組む意欲を強めるであろう（Halperin, 2008, 2011）。

感情制御と紛争の発生／激化　もし紛争の激化を避けようとするなら，攻撃行動を実行するかどうかの意思決定の段階において感情制御が重要な役割を果たすであろう。オンラインの再評価方略によって恐怖反応を上方制御し，怒り反応を下方制御することができる。これらの目的のためには，事象のフレーミングの仕方を選択する際，また，その事象に対して起こりうる反応のアセスメントを行なう際，軍事行動のリスクの大きさを際立たせるようにすべきである。これは敵の強さと自分の側の弱さを強調することで達成される。加えて，伝達されるメッセージは状況に対する双方の責任について可能な限りバランスがとれたものであるべきである。そうした情報は不公平あるいは不公正という評価を弱め，その結果，怒りを弱めることになるであろう。

　事前の再評価方略は，状況を絶望視することを改善し，敵に対する長期的な憎悪を下げようとする試みに力を注ぐべきである。これらの試みは，個人や集団にはその性質や倫理観，態度や行動を変える能力があること，外集団の人間性，その集団は等質ではないことなどを強調するものとなるであろう（Dweck et al., 1995）。さらに，他

者視点取得方略もまた，敵の動機と目標を理解するために有益である（Galinsky & Moskowitz, 2000）。教育チャネル，文化的産物，その他の社会的機構を通して広められるこのような（事前的な再評価による）長期的プロセスは，ネガティブな感情反応から生じる行動を変えることができるとわれわれは信じている。もっともそのネガティブな感情反応自体は，攻撃や挑発に対する自然で正当な反応なのだが。

■ 紛争の鎮静化

この段階にはある種の紛争解決，あるいは公式の和平合意を実現するための試みが含まれる。ほとんどの場合，紛争の鎮静化は非直線的で，長くまた困難なプロセスである。そのためには，「殺戮者」あるいは「テロリスト」と公式に認知されていた敵と交渉を行なうなど，心に深く刻まれたタブーを破ることが必要である。加えて，重要な利害やイデオロギー信念に関して妥協をするという困難なプロセスがある。これらのプロセスの促進と妨害においては世論が中心的な役割を果たす。

感情と紛争の鎮静化　このプロセスは長引く傾向があるため，長期的心情がきわめて重要な役割を果たす。2つの強力で相反する心情——恐怖と希望——がこのプロセスを支配する（Jarymowicz & Bar-Tal, 2006）。集団間紛争を平和的な解決へと導くどのステップにおいても，積極的にリスクをとろうとする意欲が必要である。したがって，この意欲を削ぐ恐怖という心情は，しばしば解決に向かう道程の中で最も深刻な障碍とみなされる。

紛争の激化段階では，恐怖反応がその激化を抑制する役割を果たすが，ひとたび暴力的紛争が開始されてしまえば，むしろ心情的恐怖が暴力的状況を固定化し，交渉しようとする相互の試みを妨げてしまう。具体的には，脅威と恐怖の経験が保守主義傾向，偏見，自民族中心主義傾向，不寛容を強めることが研究によって示されている（Duckitt & Fisher, 2003; Feldman & Stenner, 1997; Jost et al., 2003; Stephan & Stephan, 2000）。紛争がもたらす脅威と恐怖をくり返し経験することで，集団成員は危険を示唆する手がかりに対して過敏になり，常に身構えた心理状態に置かれることになる（Jarymowicz & Bar-Tal, 2006）。

紛争の鎮静化段階における1つの重要な心情は希望である。希望はポジティブな目標に対する期待と願望，また予期された結果に対するポジティブな感情を伴う（Staats & Stassen, 1985）。また希望は，目標設定，企画立案，イメージの活用，創造性，認知的柔軟性，新奇状況での思考探索を促進し，リスク負担さえもうながす（Breznitz, 1986; Snyder, 1994）。このため，希望は暴力的紛争にかかわっている集団成員たちに過去とは異質の未来を想像させ，紛争の核心にある問題を解決するための創造的思考を活発にする（Jarymowicz & Bar-Tal, 2006）。紛争の平和的解決が可能であるとい

う信念は，リスクを引き受け，妥協するために不可欠なステップである。北アイルランドで実施された研究は，実際に，希望が報復欲求の低下と正の関係にあること，また，後者が敵に対する寛容性と結びついていることを明らかにした（Moeschberger et al., 2005）。

紛争の勃発と激化は怒りや憎しみといったネガティブな感情によって助長されるが，これは紛争の継続にも影響を与えると予想される。憎しみに関してはこの予測通りである。ある最近の研究は，中東の和平交渉が行なわれている時期に人々が憎しみを強める出来事を経験すると，彼らは敵に関するいかなるポジティブな情報も拒絶し，交渉を続けること，妥協や和解をすることに対して否定的になることが明らかにされている（Halperin, 2011）。

しかし，紛争鎮静化の段階において怒りが果たす役割に関しては，研究結果はもっと複雑な様相を呈している。鎮静化段階では，相手の平和構築に対する意欲が後退していると認識することによって怒りが生じる可能性がある。あるいは，交渉中に過激派が行なった暴力行動によって怒りが生じることもある。北アイルランド紛争，およびスペインのバスク地方（自治州）の紛争[2]に関して行なわれた研究は，妥協を引き出すことが可能な場面において，敵に対する怒りが深刻な感情的障碍となっていることを示しており，この点では紛争の激化段階で怒りが果たす役割と一致している（Páez, 2007; Tam et al., 2007）。しかし一方，交渉において怒りがリスク受容を高め，その結果，平和的解決の一因となったと思われる事例もある（Halperin, 2011; Reifen et al., 2008）。このことからわれわれは，怒りは常に接近傾向を活性化させるが，実際の反応の質（建設的か非建設的か）は，これに付随する心情，つまり恐怖，憎しみ，希望などによって規定されるであろうと考えている。

紛争の鎮静化プロセスに貢献するもう1つの重要な感情カテゴリーに，内集団に向けられる道徳的感情がある（Rozin et al., 1999）。紛争解決に向けた交渉プロセスの間は，特定の事象や内集団の行動についての新たな情報（たとえば非戦闘員に対する攻撃）が，集団成員がもつポジティブな自己イメージに深刻な脅威を与える可能性がある。このような脅威は集団的道徳感情を引き起こすであろう。この感情はある人が信じている基本的な道徳観に反すると評価された行動に対する感情的反応と定義されている（最近のレビューとしては Tangney et al., 2007 参照）。紛争の文脈で最も頻繁に研究されている道徳的感情は集団的罪悪感と集団的羞恥である。

集団的罪悪感（group-based guilt）は，ある行動の責任が内集団にあり，その行動が内集団の重視する規範や価値に反しているという評価に付随して生じる（Branscombe, 2004）。罪悪感は不正行為そのものに向けられたもので，違反者の特性は無関係である（Tangney et al., 1992）。このため，罪悪感は不正行為を正し，被害者たちに償いをするように集団成員を動機づける（Doosje et al., 1998; Iyer et al., 2003）。

現実の紛争（たとえば，ボスニアや南アフリカや中東）に関して検討された多くの研究は，敵に与えた被害の責任が自集団にあると認識し，集合的罪悪感を経験している人は，自集団の行ないによって被害を受けた人々に対して償いをし，賠償金を支払いたいと考えるようになることを示している（Brown & Cehajic, 2008; Brown et al., 2008; Klandermans et al., 2008; Pagano & Huo, 2007; Sharvit et al., 2008; Wohl et al., 2006）。そのため，罪悪感は敵対集団との関係改善に貢献し，紛争解決のプロセスを容易にする可能性がある。
　集団的羞恥（group-based shame）という感情もまた内集団成員の行動が不適切であったという評価と関連している（Lazarus, 1999）。しかし，罪悪感と違って羞恥の経験は，加害行為が加害者の一般的な性質を反映したものであると認識されたことから生じる（Tangney et al., 1996）。結果的に，羞恥に付随する反応は自己に向けられたものとなる。このため，羞恥が紛争の平和的解決にどのように貢献するのかはあまり明確でない。羞恥が前向きな政治態度を引き出すことを示す証拠はあるものの（Brown & Cehajic, 2008; Brown et al., 2008），ほとんどの場合，羞恥はその感情を喚起させた状況から内集団を遠ざけたいという欲求しかもたらさない（Iyer et al., 2007; Sharvit et al., 2008）。

紛争の鎮静化と感情制御　紛争の鎮静化と解決を促進するには，集団的罪悪感を上方制御するオンラインでの努力がなされなければならない。その一方，羞恥が上方制御されることを避ける努力も必要である。これらの目的のためには，集団のポジティブ・イメージが危機に瀕していることを知覚させ，不正行為に対する集合的（連帯）責任の認識をうながすために，内集団の不正行為（たとえば，拷問，抑圧，迫害，無実の人々の殺戮）を人々の間に周知させるようくり返し努力する必要がある。しかしそれは，集団成員の性質を非難するようなフレーミングにならないよう注意する必要がある。言い換えると，羞恥ではなく罪悪感を生じさせるためには，集団成員が，自分たちには自己の行動を変えるだけの能力があること，和平の道に向かうことによって自分たちのイメージを向上させることができることを信じられるようなフレーミングでなければならない。
　この段階における事前の感情制御努力は，長期的な恐怖心情を下方制御することに向けられるべきである。これまでの研究は，集団間紛争の初期段階（つまり，紛争の激化段階）では，内集団の相対的な強さを強調することは恐怖感情を低下させ，結果として対立傾向を強めることを示している（Mackie et al., 2000）。紛争の鎮静化段階では，同じ制御過程（つまり，内集団の強さと外集団の弱さを強調すること）が平和構築に伴うリスク恐怖を減少させ，結果的として，敵と交渉し，妥協することを受け入れやすくするのではないかとわれわれは考えている。

恐怖低減の長期的努力とともに，紛争の先行きに対する希望的心情を確立する試みも必要である。長期的な紛争状態において希望を喚起することはかなりの難題である。おもな理由は，こういった紛争社会の成員の多くは平和というものを経験したことがなく，そのよさを想像することができないためである。このため，希望喚起の試みは現実的で具体的な目標を強調するものでなくてはならないし，これを実現するための実践的で有効な手段を開発することができるようなものでなくてはならない（Halperin et al., 2008）。そうしたプロセスを進展させるための方策としては，まだ不十分なリストではあるが，世界中の類似の紛争において実際にみられたポジティブな変化をくり返し示すこと，集団の性質や行動は変わりうるという増大理論（incremental theory）を強調すること（Rydell et al., 2007），敵対集団内にも立場の違いがある（均質でない）ことを強調することなどがあげられるであろう。

■ 和　解

暴力が終焉し，紛争解決が正式に承認されても集団間に必ずしも真の平和的関係がもたらされるとは限らない（Kriesberg, 1998; Lederach, 1997）。多くの場合，集団間の平和的関係を安定させるには，比較的長い和解のプロセスが必要である。和解のためには，紛争終結の正式決定を超えたより深い心理的・文化的転換を必要とする。（Bar-Tal, 2008; Kelman, 1997; Lederach, 1997）。そのプロセスにおいては，集団成員の日々の活動を変えるだけでなく，視点の転換も必要である。

感情と和解　紛争の和解段階において最も重要な感情は赦し（forgiveness）と共感（empathy）である。赦しは，ふつう，過去の怒りや敵意を放棄する（あるいは決別する）ための感情プロセスと定義される（Baumeister et al., 1998; Enright & Fitzgibbons, 2000）。この定義に沿って行なわれた 2 つの研究は，北アイルランドのプロテスタント教徒とカトリック教徒のいずれにおいても，敵対集団に対する怒り感情が相手を赦そうとする意欲と負の関連を示すことを明らかにした（Tam et al., 2007, 2008a, 2008b）。そのため，赦しを促進するためのプロセスには，紛争中の残虐行為の責任が双方にあることを認識すること，外集団の過去の動機と利害に関する理解を深めることが必要となる。

和解において重要なもう 1 つの感情プロセスは共感である。共感は他者の感情状態を知覚することによって生じる相手の福祉を願う他者志向的感情状態と定義される（Batson et al., 2005）。行動面では，共感は相手を援助したり，公正に扱おうとしたりする欲求を強める（Zhou et al., 2003）。北アイルランド（Moeschberger et al., 2005; Tam et al., 2008b）やボスニア（Cehajic, Brown & Castano, 2008）の紛争終結後に行なわれたいくつかの研究では，共感と敵に対する寛容動機の間に正の関係があるこ

とを見いだしている。イスラエルで実施された別の研究では，アラブ人の子どもたちがユダヤ人の子どもたちに対して抱く共感が暴力行為に対する支持と負の関係にあることを明らかにしている（Shechtman & Basheer, 2005）。Nadler と Liviatan（2006）は，敵が示した共感に接することもまた和解しようとする意欲を促進する可能性を示唆している。

感情制御と和解　和解のすべてのプロセスは，正式の紛争終結決定に続く集団間感情の制御プロセスと考えることができる。このプロセスを通して，対立する両集団は，恐怖，憎しみ，怒りなど，紛争の長い年月の間につくり上げられた持続的な負の感情を下方制御するという困難な課題に直面することになる。和解プロセスは，本質的に，過去の出来事に関する再評価と感情制御であるとわれわれは仮定している。言い換えると，これまで述べてきた紛争の2段階は，紛争関連の新しい出来事に対する感情反応によって特徴づけられるものであったが，これとは違って，和解段階の主要課題は，双方の集団によって引き起こされた過去の残虐行為の記憶に対して建設的な対処が可能となるような状況をつくり出すことである。

　これらの目的のためには，和解段階における感情制御の試みは，外集団に対する共感を増加させることを目指して長期にわたって（将来への見通しをもちながら）行なわれるべきである。集団間の憎悪を減少させるダイナミックスには，集団間の共感を誘起することと多くの共通点があるように思われる。つまり，憎悪減少の方略とまったく同様，集団間共感を誘起する主要手段は，敵対集団の視点取得をそれぞれの集団成員にうながし（Davis, 1994），また，相手集団がどのように感じているのかを想像するよううながす（Batson et al., 1997）ことである。

　北アイルランドのカトリック教徒とプロテスタント教徒を対象に最近行なわれた研究（Tam et al., 2008a）は，他者視点取得と共感の先行要因として集団間で友情関係をつくる機会が重要であることを明らかにしている。これらの結果は，集団間での成員の接触が集団間関係に及ぼす効果について見いだされてきた一般的知見（Pettigrew & Tropp, 2006）と同様，紛争の和解段階における集団間接触は散発的でランダムなものではなく，制度化されたものである必要性を強く示唆している。

　紛争後の文脈で行なわれた別の2つの最近の研究（チリに住む先住民族と他の人々の間の紛争と1990年代半ばボスニアで起きた戦争）は，非人間化（de-humanization）された外集団を再人間化（re-humanization）するとともに，過去に内集団が行なった不正行為の責任に注意を向けさせると，外集団に対する共感水準が有意に上昇することを明らかにした（Cehajic, Brown & González, 2008）。これら共感の先行要因を制御することは困難ではあるが，NGO団体，大学などの研究機関，学校教育，さらにマス・メディアなどの間で協力しながら長期にわたって進めるべき教育プロセスで

あるとわれわれは指摘したい。

今後の研究の方向性

　解決困難な集団間紛争では，怒りや恐怖などの負の感情が飽和状態にある。また憎しみや絶望といった負の心情も高水準で存在する。これらの負の感情と心情は出来事の評価とこれに対する反応に強い影響を与える。したがって，解決困難な集団間紛争の進展に関して，また，その解決を可能にする手段に関して，これらを包括的に説明しようとするいかなる心理学理論も，それらのプロセスにおいて感情が中心的な役割を果たすことを考慮しないわけにはいかない。

　本章でわれわれは，集団間紛争において感情と感情制御が果たす役割に関する新しい概念的枠組みを提案した。このモデルを説明した箇所では，フレーミングのプロセス，外集団に対する長期的心情，そして外集団と紛争に関する根深い信念などが紛争関連事象に関する集団成員の評価を規定することを論じた。そしてこれらの評価が感情を生じさせ，それが事象に対する個々人の政治的，行動的反応に広範な影響を与えることを論じた。

　規範的な観点からは，感情制御は2つの異なるルートによって紛争解決と和解プロセスに寄与する可能性を論じた。1つは集団間紛争における破壊的な感情の影響を和らげるルート，他方は建設的な感情の効果を強めるルートである。感情制御理論の導入は，紛争に感情が果たす役割について新しい研究視点を提供する。ここには，集団間紛争における感情の強い影響力を，実現可能な平和構築と和解という目的のために利用することができるし，また利用すべきであるという仮定がある。本章で述べてきたように，集団成員の感情を慎重に制御することは，紛争解決と和解という重要ではあるが困難なプロセスに大いに貢献してくれるであろう。

　紛争と感情に関する研究には，近年，顕著な発展がみられるが，それはまだ始まったばかりである。本章で提案した枠組みの重要な側面を精緻化していくためには，さらなる理論的研究が必要である。それに加えて，この枠組みがもたらす具体的な予測については，世界各地の紛争や文脈の中で実証的に検討される必要がある。これを含め，今後の取り組みは，すべての関連分野，すなわち国際紛争研究，感情研究，感情制御研究などの理論的・実証的統合に基づいて進められるべきであろう。

　われわれが提案した枠組みはそのような統合への道を拓き，今後の研究の方向性を指し示している。それはまず，紛争の異なる段階において個々の感情が果たす具体的な役割を明確にしていくことである。この方向での研究は，長期的，短期的感情の交互作用とそれらの混合体が，紛争に関する政治プロセスにどのような影響を与えるの

かを明らかにすることである。しかし，個別の紛争文脈においてそれらの感情を制御する方法を明らかにしようとする試みがそれに続かない限り，そうした取り組みは十分なものとはいえないであろう。われわれの領域における最重要な挑戦は，ある意味で，紛争において集団間感情がもつ破壊的な力を建設的な力に変換するという大規模な感情制御方略を見つけることであろう。

訳注

- ●1：sentiment は通常，「国民感情」「反日感情」という意味での感情と訳されるが，ここでは一般的な意味での感情などと区別するために「心情」と訳す。
- ●2：バスク語を話す人々が多く住む，スペイン北部にあるバスク地方の分離独立をめぐる紛争。

■■ 引用文献 ■■

Arnold, M. B. (1960). *Emotion and personality* (Vols. 1 and 2). New York: Columbia University Press.
Averill, J. R. (1982). *Anger and aggression: An essay on emotion.* New York: Springer-Verlag.
Bar-Tal, D. (1998). Societal beliefs in times of intractable conflict: The Israeli case. *International Journal of Conflict Management,* **9**, 22-50.
Bar-Tal, D. (2001). Why does fear override hope in societies engulfed by intractable conflict, as it does in the Israeli society? *Political Psychology,* **22**, 601-627.
Bar-Tal, D. (2007). Societal-psychological foundations of intractable conflicts. *American Behavioral Scientist,* **50**, 1430-1453.
Bar-Tal, D. (2008). Reconciliation as a foundation of culture of peace. In J. de Rivera (Ed.), *Handbook on building cultures for peace* (pp. 363-377). New York: Springer.
Bar-Tal, D., Halperin, E., & de Rivera, J. (2007). Collective emotions in conflict: Societal implications. *Journal of Social Issues,* **63**, 441-460.
Batson, C. D., Ahmad, N., Lishner, D. A., & Tsang, J. A. (2005). Empathy and altruism. In C. R. Snyder & S. J. Lopez (Eds.), *Handbook of positive psychology* (pp. 485-498). Oxford: Oxford University Press.
Batson, C. D., Early, S., & Salvarani, G. (1997). Perspective taking: Imagining how another feels versus imagining how you would feel. *Personality and Social Psychology Bulletin,* **23**, 751-758.
Baumeister, R., Exline, J. J., & Sommer, K. L. (1998). The victim role, grudge theory, and two dimensions of forgiveness. In E. L. Worthington (Ed.), *Dimensions of forgiveness: Psychology research and theoretical perspectives* (pp. 79-104). Philadelphia: Templeton Foundation Press.
Berkowitz, L. (1993). *Aggression: Its causes, consequences and control.* Philadelphia: Temple University Press.
Bowlby, J. (1969). *Attachment and loss: Attachment.* New York: Basic Books.
Branscombe, N. R. (2004). A social psychological process perspective on collective guilt. In N. R. Branscombe & B. Doosje (Eds.), *Collective guilt: International perspectives* (pp. 320-334). New York: Cambridge University Press.
Breznitz, S. (1986). The effect of hope on coping with stress. In M. H. Appley & R. Trumbul (Eds.), *Dynamics of stress: Physiological, psychological and social perspectives* (pp. 295-306). New York: Plenum Press.
Brown, R., & Cehajic, S. (2008). Dealing with the past and facing the future: Mediators of the

effects of collective guilt and shame in Bosnia and Herzegovina. *European Journal of Social Psychology,* **38**, 669-684.

Brown, R., González, R., Zagefka, H., & Cehajic, S. (2008). Nuestra Culpa: collective guilt and shame as predictors of reparation for historical wrongdoing. *Journal of Personality and Social Psychology,* **94**, 75-90.

Cacioppo, J. T., & Gardner, W. L. (1999). Emotion. *Annual Review of Psychology,* **50**, 191-214.

Cehajic, S., Brown, R., & Castano, E. (2008). Forgive and Forget? Antecedents and consequences of intergroup forgiveness in Bosnia and Herzegovina. *Political Psychology,* **29**, 351-367.

Cehajic, S., Brown, R., & González, R. (2008). What do I care? Perceived ingroup responsibility and dehumanization as predictors of empathy felt for the victim group. (Unpublished manuscript).

Cheung-Blunden, V., & Blunden, B. (2008). The emotional construal of war: Anger, fear and other negative emotions. *Peace and Conflict: Journal of Peace Psychology,* **14**, 123-150.

Davis, M. H. (1994). *Empathy: A social psychological approach.* Wisconsin: Brown & Benchmark.

de Rivera, J. (1992). Emotional climate: Social structure and emotional dynamics. In K. T. Strongman (Ed.), *International review of studies on emotion* (Vol. 2, pp. 199-218). New York: John Wiley.

Doosje, B., Branscombe, N. R., Spears, R., & Manstead, A. S. R. (1998). Guilty by association: When one's group has a negative history. *Journal of Personality and Social Psychology,* **75**, 872-886.

Duckitt, J., & Fisher, K. (2003). The impact of social threat on worldview and ideological attitudes. *Political Psychology,* **24**, 199-222.

Dweck, C. S., Chiu, C., & Hong, Y. (1995). Implicit theories: Elaboration and extension of the model. *Psychological Inquiry,* **6**, 322-333.

Ekman, P. (1992). Facial expression of emotion: New findings, new questions. *Psychological Science,* **3**, 34-38.

Enright, R. D., & Fitzgibbons, R. P. (2000). *Helping clients forgive.* Washington, DC: American Psychological Association.

Feldman, S., & Stenner, K. (1997). Perceived threat and authoritarianism. *Psychological Psychology,* **18**, 741-770.

Fischer, A. H., & Roseman, I. J. (2007). Beat them or ban them: The characteristics and social functions of anger and contempt. *Journal of Personality and Social Psychology,* **93**, 103-115.

Freud, S. (1959). Inhibitions, symptoms and anxiety. In 3. Strachey (Ed. and Trans.), *The standard edition of the complete psychological works of Sigmund Freud* (Vol. 20, pp. 77-175). London: Hogarth Press.

Frijda, N. H. (1986). *The emotions.* Cambridge: Cambridge University Press.

Frijda, N. H. (2004). Emotions and action. In A. S. R. Manstead, N. Frijda, & A. Fischer (Eds.), *Feeling and emotions: The Amsterdam symposium* (pp. 158-173). Cambridge: Cambridge University Press.

Frijda, N. H., Kuipers, P., & ter Schure, E. (1989). Relations among emotion, appraisal and emotional action readiness. *Journal of Personality and Social Psychology,* **57**, 212-228.

Galinsky, A. D., & Moskowitz, G. B. (2000). Perspective taking: Decreasing stereotype expression, stereotype accessibility, and ingroup favoritism. *Journal of Personality and Social Psychology,* **78**, 708-724.

Gibson, J. (2006). The contribution of truth to reconciliation: Lessons from South Africa. *Journal of Conflict Resolution,* **50**, 409-432.

Gray, J. A. (1989). *The psychology of fear and stress* (2nd ed.). Cambridge: Cambridge University

Press.

Gross, J. J. (1998). The emerging field of emotion regulation: An integrative review. *Review of General Psychology,* **2**, 271-299.

Gross, J. J. (2002). Emotion regulation: Affective, cognitive, and social consequences. *Psychophysiology,* **39**, 281-291.

Gross, J. J. (2007). *Handbook of emotion regulation.* New York: Guilford Press.

Gross, J. J., & Levenson, R. W. (1997). Hiding feelings: The acute effects of inhibiting positive and negative emotions. *Journal of Abnormal Psychology,* **106**, 95-103.

Gross, J. J., & Thompson, R. A. (2007). Emotion regulation: Conceptual foundations. In J. J. Gross (Ed.), *Handbook of emotion regulation* (pp. 3-24). New York: Guilford Press.

Gross, K. (2008). Framing persuasive appeals: Episodic and thematic framing, emotional response, and policy opinion. *Political Psychology,* **29**, 169-192.

Halperin, E. (2008). Group-based hatred in intractable conflict in Israel. *Journal of Conflict Resolution,* **52**, 713-736.

Halperin, E. (2011). Emotional barriers to peace: Negative emotions and public opinion about the peace process in the Middle East. *Peace and Conflict: Journal of Peace Psychology,* **17**, 22-45.

Halperin, E., Bar-Tal, D., Nets-Zehngut, R., & Almog, E. (2008). Fear and hope in conflict: Some determinants in the Israeli-Jewish society. *Peace and Conflict: Journal of Peace Psychology,* **14**, 1-26.

Horowitz, D. L. (1985). *Ethnic groups in conflict.* Berkeley, CA: University of California Press.

Huddy, L., Feldman, S., & Cassese, E. (2007). On the distinct political effects of anxiety and anger. In A. Crigler, M. MacKuen, G. Marcus, & W. R. Neuman (Eds.), *The dynamics of emotion in political thinking and behavior* (pp. 202-230). Chicago, IL: Chicago University Press.

Iyer, A., Leach, C. W., & Crosby, F. J. (2003). White guilt and racial compensation: The benefits and limits of self-focus. *Personality and Social Psychology Bulletin,* **29**, 117-129.

Iyer, A., Schmader, T., & Lickel, B. (2007). Why individuals protest the perceived transgressions of their country: The role of anger, shame, and guilt. *Personality and Social Psychology Bulletin,* **33**, 572-587.

James, W. (1884). What is an emotion? *Mind,* **19**, 188-204.

Jarymowicz, M., & Bar-Tal, D. (2006). The dominance of fear over hope in the life of individuals and collectives. *European Journal of Social Psychology,* **36**, 367-392.

Jost, J. T., Glaser, J., Kruglanski, A., & Sulloway, F. J. (2003). Political conservatism as motivated social cognition. *Psychological Bulletin,* **129**, 339-375.

Kelman, H. C. (1997). Group processes in the resolution of international conflicts: Experiences from the Israeli-Palestinian case. *American Psychologist,* **52**, 212-220.

Klandermans, B., Werner, M., & van Doorn, M. (2008). Redeeming Apartheid's legacy: Collective guilt, political ideology, and compensation. *Political Psychology,* **29**, 331-349.

Kriesberg, L. (1993). Intractable conflict. *Peace Review,* **5**, 417-421.

Kriesberg, L. (1998). Coexistence and the reconciliation of communal conflicts. In E. Weiner (Ed.), *The handbook of interethnic coexistence* (pp. 182-198). New York: The Continuum Publishing Company.

Kriesberg, L. (2007). *Constructive conflicts: From escalation to resolution* (3rd ed.). New York: Rowman and Littlefield Publishers.

Lazarus, R. S. (1966). *Psychological stress and the coping process.* New York: McGraw-Hill.

Lazarus, R. S. (1991). *Emotion and adaptation.* New York: Oxford University Press.

Lazarus, R. S. (1999). *Stress and Emotion: a new synthesis.* NY: Springer Pub Co.

Lederach, J. P. (1997). *Building peace: Sustainable reconciliation in divided societies*. Washington, DC: United States Institute of Peace Press.

Lerner, J. S., & Keltner, D. (2000). Beyond valence: Toward a model of emotion-specific influences on judgment and choice. *Cognition and Emotion,* **14**, 473-493.

Lerner, J. S., Gonzalez, R. M., Small, D. A., & Fischhoff, B. (2003). Effects of fear and anger on perceived risk of terrorism: A national field experiment. *Psychological Science,* **14**, 144-150.

Lerner, J. S., & Keltner, D. (2001). Fear, anger and risk. *Journal of Personality and Social Psychology,* **81**, 1146-1159.

Lewis, M., Haviland-Jones, J. M., & Barrett, L. F. (Eds.) (2008). *Handbook of emotions* (3rd ed.). New York, NY: Guilford.

Lindner, E. G. (2006). Emotion and conflict: Why it is important to understand how emotions affect conflict and how conflict affects emotions. In M. Deutch, P. T. Coleman, & E. C. Marcus (Eds.), *The handbook of conflict resolution* (2nd ed., pp. 268-293). San Francisco: Jossey-Bass.

Mackie, D. M., Devos, T., & Smith, E. R. (2000). Intergroup emotions: Explaining offensive actions in an intergroup context. *Journal of Personality and Social Psychology,* **79**, 602-616.

Mischel, W., Shoda, Y., & Rodriguez, M. L. (1989). Delay of gratification in children. *Science,* **244**, 933-938.

Mitchell, C. R. (1981). *The structure of international conflict*. Basingstoke and London: The Macmillan Press.

Moeschberger, S. L., Dixon, D. N., Niens, U., & Cairns, E. (2005). Forgiveness in Northern Ireland: A model for peace in the midst of the "Troubles". *Peace and Conflict: Journal of Peace Psychology,* **11**, 199-214.

Nadler, A., & Liviatan, I. (2006). Intergroup reconciliation: Effects of adversary's expressions of empathy, responsibility, and recipients' trust. *Personality and Social Psychology Bulletin,* **32**, 459-470.

Niedenthal, P. M., Krauth-Gruber, S., & Ric, F. (2006). *Psychology of emotion: Interpersonal, experiential, and cognitive approaches*. New York: Psychology Press.

Ochsner, K. N., & Gross, J. J. (2008). Cognitive emotion regulation: Insights from social cognitive and affective neuroscience. *Current Directions in Psychological Science,* **17**, 153-158.

Páez, D. (2007). Emotional responses and attitudes to the talks with E.T.A. (Unpublished manuscript).

Pagano, S. J., & Huo, Y. J. (2007). The role of moral emotions in predicting support for political actions in post-war Iraq. *Political Psychology,* **28**, 227-255.

Petersen, R. D. (2002). *Understanding ethnic violence: Fear, hatred, and resentment in twentieth-century Eastern Europe*. Cambridge: Cambridge University Press.

Pettigrew, T. F., & Tropp, L. R. (2006). A meta-analytic test of intergroup contact theory. *Journal of Personality and Social Psychology,* **90**, 751-783.

Reifen-Tagar, M., Federico, C., & Halperin, E. (2008). *The positive effect of negative emotions in protracted conflict: The case of anger*. Paper presented at the ISPP Annual meeting, Dublin, July 2009.

Roseman, I. J. (1984). Cognitive determinants of emotions: A structural theory. In P. Shaver (Ed.), *Review of Personality and Social Psychology* (Vol. 5, pp. 11-36). Beverly Hills, CA: Sage Publications.

Roseman, I. J. (2002). Dislike, anger, and contempt: Interpersonal distancing, attack, and exclusion emotions. *Emotion Researcher,* **16**, 5-6.

Roseman, I. J., Wiest, C., & Swartz, T. S. (1994). Phenomenology, behaviors, and goals

differentiate discrete emotions. *Journal of Personality and Social Psychology, 67,* 206-221.
Royzman, E. B., McCauley, C., & Rosin, P. (2005). From Plato to Putnam: Four ways to think about hate. In R. J. Sternberg (Ed.), *The psychology of hate* (pp. 3-36). Washington, DC: American Psychological Association.
Rozin, P., Lowery, L., Imada, S., & Haidt, J. (1999). The CAD triad hypothesis: A mapping between three moral emotions (contempt, anger, disgust) and three moral codes (community, autonomy, divinity). *Journal of Personality and Social Psychology, 76,* 574-586.
Rubin, J. Z., Pruitt, D. G., & Kim, S. H. (1994). *Social conflict.* New York: McGraw-Hill.
Rydell, R. J., Hugenberg, K., Ray, D., & Mackie, D. M. (2007). Implicit theories about groups and stereotyping: The role of group entitativity. *Personality and Social Psychology Bulletin, 33,* 549-558.
Scherer, K. R. (1984). Emotion as a multicomponent process: A model and some crosscultural data. *Review of Personality and Social Psychology, 5,* 37-63.
Scherer, K. R. (2004). Feeling integrate the central representation of appraisal-driven response organization in emotion. In A. S. R. Manstead, N. Frijda, & A. Fischer (Eds.), *Feeling and emotions: The Amsterdam symposium* (pp. 136-157). Cambridge: Cambridge University Press.
Sharvit, K., Halperin, E., & Rosler, N. (2008). *Forces of stability and change in prolonged occupation: Image threat, emotions, and justifying beliefs.* Paper presented at the 31st annual scientific meeting of the International Society of Political Psychology in Paris, France.
Shechtman, Z., & Basheer, O. (2005). Normative beliefs supporting aggression of Arab children in an intergroup conflict. *Aggressive Behavior, 31,* 324-335.
Sheppes, G., & Meiran, N. (2007). Better late than never? On the dynamics of online regulation of sadness using distraction and cognitive reappraisal. *Personality and Social Psychology Bulletin, 33,* 1518-1532.
Skitka, L. J., Bauman, C. W., Aramovich, N. P., & Morgan, G. C. (2006). Confrontational and preventative policy responses to terrorism: Anger wants a fight and fear wants "them" to go away. *Basic and Applied Social Psychology, 28,* 375-384.
Small, D. A., Lerner, J. S., & Fischhoff, B. (2006). Emotion priming and attributions for terrorism: Americans' reactions in a national field experiment. *Political Psychology, 27,* 289-298.
Smith, E. R. (1993). Social identity and social emotions: Toward new conceptualization of prejudice. In D. M. Mackie & D. L. Hamilton (Eds.), *Affect, cognition and stereotyping: Interactive processes in group perception* (pp. 297-315). San Diego, CA: Academic Press.
Smith, C. A., & Ellsworth, P. C. (1985). Patterns of cognitive appraisal in emotion. *Journal of Personality and Social psychology, 48,* 813-838.
Smith, E. R., & Mackie, D. M. (2008). Intergroup emotions. In M. Lewis, J. M. Haviland-Jones, & L. F. Barrett (Eds.), *Handbook of emotions* (3rd ed., pp. 428-439). New York, NY: Guilford.
Smith, E. R., Seger, C. R., & Mackie, D. M. (2007). Can emotions be truly group level? Evidence for four conceptual criteria. *Journal of Personality and Social Psychology, 93,* 431-446.
Snyder, C. R. (1994). *The psychology of hope.* New York: Free Press.
Staats, S. R., & Stassen, M. A. (1985). Hope: An affective cognition. *Social Indicators Research, 17,* 235-242.
Staub, E. (2005). The origins and evolution of hate, with notes on prevention. In R. J. Sternberg (Ed.), *The psychology of hate* (pp. 51-66). Washington, DC: American Psychological Association.
Stephan, W. G., & Stephan, C. W. (2000). An integrated threat theory of prejudice. In S. Oskamp (Ed.), *Reducing prejudice and discrimination* (pp. 23-45). Mahwah, NJ: Lawrence Erlbaum.
Sternberg, R. J. (2003). A duplex theory of hate: Development and application to terrorism,

massacres and genocide. *Review of General Psychology, 7,* 299-328.
Sternberg, R., & Sternberg, K. (2008). *The nature of hatred.* Cambridge University Press.
Tam, T., Hewstone, M., Cairns, E., Tausch, N., Maio, G., & Kenworthy, J. (2007). The impact of intergroup emotions on forgiveness in Northern Ireland. *Group Processes and Intergroup Relations, 10,* 119-135.
Tam, T., Hewstone, M., Kenworthy, J., Cairns, E., Marinetti, C., Geddes, L., & Parkinson, B. (2008a). Postconflict reconciliation: Intergroup forgiveness and implicit biases in Northern Ireland. *Journal of Social Issues, 64,* 303-320.
Tam, T., Hewstone, M., Kenworthy, J., Voci, A., Cairns, E., & Van-Dick, R. (2008b). *The role of intergroup emotions and empathy in contact between Catholics and Protestants in Northern Ireland* (Unpublished manuscript).
Tangney, J. P., Stuewig, J., & Mashek, D. J. (2007). Moral emotions and moral behavior. *Annual Review of Psychology, 58,* 345-372.
Tangney, J. P., Wagner, P. E., Hill-Barlow, D., Marschall, D. E., & Gramzow, R. (1996). Relation of shame and guilt to constructive versus destructive responses to anger across the lifespan. *Journal of Personality and Social Psychology, 70,* 797-809.
Tooby, J., & Cosmides, L. (1990). The past explains the present: Emotional adaptations and the structure of ancestral environments. *Ethology and Sociobiology, 11,* 375-424.
Volkan, V. (1997). *Bloodlines: From ethnic pride to ethnic terrorism.* New York: Farrar, Straus and Giroux. 水谷 驍（訳）(1999). 誇りと憎悪　民族紛争の心理学　共同通信社
Wohl, M. J. A., Branscombe, N. R., & Klar, Y. (2006). Collective guilt: Emotional reactions when one's group has done wrong or been wronged. *European Review of Social Psychology, 17,* 1-37.
Yzerbyt, V., Dumont, M., Wigboldus, D., & Gordin, E. (2003). I feel for us: The impact of categorization and identification on emotions and action tendencies. *British Journal of Social Psychology, 42,* 533-549.
Zajonc, R. B. (1998). Emotions. In D. Gilbert, S. T. Fiske, & G. Lindzey (Eds.), *The handbook of social psychology* (4th ed., Vol. 1, pp. 591-632). Boston: McGraw-Hill.
Zhou, Q., Valiente, C., & Eisenberg, N. (2003). Empathy and its measurement. In S. J. Lopez & C. R. Snyder (Eds.), *Positive psychological assessment: A handbook of models and measures* (pp. 269-284). Washington: American Psychological Association.

第4章

紛争の集合的記憶

Dario R. Paez and James Hou-fu Liu

　本章では，過去の紛争に関する集合的記憶が，現在の紛争プロセスにどのような影響を与えるのかを検討する。自集団に対して暴力が振るわれたという記憶は，攻撃的な内集団びいき，報復への義務感，憎しみの蔓延といった形となって表面化し，現在の紛争に悪影響を与える。さらに，現在の紛争は以前の暴力紛争のくり返しであるとの認識を生み出す。たとえば，コソボ近郊，ブラックバード平原の戦いといった歴史上の事件に関する集合的記憶が内乱を勃発させ，その紛争を正当化する根拠となる。過去の紛争，特に戦争に関するさまざまな感情に彩られた集合的記憶（collective memory: CM）は，人々に恐怖や不信を植えつけ，協調的解決を目指した交渉を事実上不可能にしてしまう（Bar-Tal, 1998, 2007）。本章では，CMとは何かを簡単に説明した後で，過去の紛争においてCMを生み出し，これを維持・再活性化する要因が何であったかについて論じる。その後，世界大戦や種々の内乱に焦点を当て，これらの紛争がもたらす社会的信念と表象について論じ，それらの違いが紛争支持的態度を変化させることを論じる。最後に，緊張に満ちた過去の暴力的紛争が現在に与える悪影響を断ち切るために，CMにどう対処すべきか，たとえば真実和解委員会による戦争の表象変化や移行期の正義などについて検討する。

集合的記憶の定義

　CMとは，過去の社会的事象に関して広く共有された知識のことである。その事象は，個人的に直接経験されたものとは限らず，伝達力をもつ社会的諸機能を通して集合的に構築されたものである（Schuman & Scott, 1989）。過去について共有された知識や社会的表象は，対人的あるいは制度化されたコミュニケーションを通して練り上げられ，社会の中で継承され，保持される。過去に関する社会的表象は人々にとってさまざまな点で有益である。第1に，CMは所属する自集団に対する肯定的イメージ

の維持に役立つ。第2に，CMはその集団の時空的連続性を生み出す（Bellelli et al., 2000）。第3に，CMは，集団成員に行動の仕方を指示し，その集団を特徴づけるものは何かを示すことによって，集団の価値と規範を提供する（Olick & Robbins, 1998）。第4に，CMは現在あるいは将来の政治的課題を正当化するなど，政治的に利用可能な象徴的資源である（Liu & Hilton, 2005）。

　ある研究者たちは，CMとは個人プロセスが具象化したもので，個人的心理プロセスの特徴を集合的心理プロセスに不適切に応用した典型だと考えている（Winter, 2006）。たとえば，「わが国は決して忘れない」とか「抑圧されていた出来事が再びわれわれの意識に」とか「深刻な過去に悩まされているわが国は過去を清算するために声をあげるべきだ」といった比喩がそうである。この観点からいえば，CMとは，個人的プロセスと国家的プロセスを置き換えたものにすぎず，社会とは個人の心理やパーソナリティが巨大化したものであるといえるだろう（Hamber & Wilson, 2003）。われわれは，こうした，個人の心の上に集団の心が存在するという仮定に基づいたCMの定義には賛同できない。そうではなく，集団成員間の相互作用を通して，時には，公教育や記念行事などの社会状況によって媒介された相互作用を通して，過去の表象が共有され，CMが発生するとみなす考え方に賛同する（Wertsch, 2002）。われわれは，個人や組織が集合的活動を通して記憶を共有するプロセスに注目する。

　CMは，それがインフォーマルなものであったとしても，集団がその経験から得たアイデンティティやその経験の意味を顕在的に伝達するものである。フォーマルな制度的記憶とインフォーマルな大衆的記憶は区別されるべきである。フォーマル・レベルではCMは公式の歴史として，教科書，記念行事，記念碑，儀式を通して伝達されるが，一方，大衆レベルのものは，雑誌や新聞，テレビ，映画などによって伝達される。また，インフォーマル・レベルのCMは会話，手紙，日記などによっても伝達される（Olick & Levy, 1997）。こうした伝達手段からみると，CMはその集団にとって重要な出来事について世代間で交わされる言説コミュニケーションを通しても伝えられるということになる（Vansina, 1985）。CMの中核的特徴は記憶と忘却のダイナミックスにある――記録された物語や制度化された文化的活動に加えて，語られた物語，噂，ジェスチャー，文化的様式など（Halbwachs, 1950/1992）。Assman (1992/ László, 2003より引用) は伝聞的記憶（communicative memory）と文化的記憶（cultural memory）を区別する必要があると述べている。Assmanによると，伝聞的記憶はおもに口頭で伝えられる「鮮明で直接的なもの」である。一方，文化的記憶はその文化が提供した意味的知識である（たとえば，19世紀の戦争に関する知識）。伝聞的記憶の典型は80〜100年間（およそ3〜4世代）にわたる世代間記憶である（Schuman & Scott, 1989）。世代間記憶は，第2次世界大戦や最近生じた他の戦争がなぜCMにとって重要なのかを説明するものである。なぜなら，まだ存命の祖父母

世代がこれらの出来事について語るからである。この場合，記憶は生きており，それらはフォーマルな言説や個人の行動により強い影響を与える。

　一方，文化的記憶は，たいてい，記念行事や歴史教育といった社会的活動の一環として制度的に媒介される。CMのこのような側面は心理学者よりも社会学者や歴史学者によって論じられてきた。しかし，われわれの眼からすると，CMに関しては，2つの伝達モード，すなわち，制度的・文化的モードとインフォーマルな伝聞モードの間の相互作用を検討する必要がある。なぜなら，同一事象に関する異なる記憶の間で，また，制度的記憶とインフォーマル記憶の間で葛藤が頻繁に生じるからである。たとえばドイツの場合，公的には第2次世界大戦における国の責任を認めているが，2000年の調査では「ドイツ国民はナチスを支持し，その活動に関与した」という記述に賛同したドイツ人はわずか30％にすぎなかった（Langenbacher, 2003）。40％は，ドイツ人は積極的でない傍観者であったと信じ，23％はドイツ人がむしろナチスの被害者であったと信じている。大部分の人（51％）は過去と現在の間に一線を画すべきだという考えに賛同している。ドイツ国家は公的に自己批判を示し，ドイツ人判事による戦争裁判を行ない，ホロコーストの否認を防ぐ法整備を行なっているにもかかわらず，最近のドイツ世論は集合的罪悪感を拒絶し，ネガティブな過去を忘却するというものである（Dresler-Hawke & Liu, 2006）。

集合的記憶の構築

　ある出来事に関する共有された記憶であり，また，心理・社会的に重要な機能をもつCMは，予期しないあるいは非日常的な出来事に関するものだが，ポジティブな出来事よりもネガティブな出来事に生じやすい（Wagner et al., 2002）。CMは国家の成員やある政治集団など，多くの人々に影響を与えた出来事について生じる。それはジョン・F・ケネディ大統領暗殺事件のように1回限りの事件である場合もあれば，スターリンの恐怖政治や世界恐慌のように持続的事象である場合もある。これまでの研究によると，人々は社会的アイデンティティに関連する出来事をよく記憶する。たとえば，歴史上重要な国家的出来事として，アフリカ系アメリカ人の54％は公民権運動を想起するのに，第2次世界大戦を思い出す人は2％にすぎない。また，白人で前者を想起する人は10％，後者を思い出す人は23％であった。同様に，キング牧師暗殺事件は，ヨーロッパ系アメリカ人よりもアフリカ系アメリカ人の間で共有された出来事となっている（Gaskell & Wright, 1997）。

　さらに，CMは社会構造の重要な変化，社会的凝集性や社会的価値に深刻な脅威を与えた出来事である場合もある。CMは集団に大きな影響を与え，組織，信念，価値

を変化させるよう人々を動機づける出来事に基づいて形成される。それゆえに，その出来事は今日でも重要なものなのである（Sibley et al., 2008）。Connerton（1989）は，国王の殺害はフランス史上では珍しいことではなかったのに，ブルジョア革命時のルイ16世の死刑執行は大きなインパクトをもち，社会的情景を変えたものとして今日でも記憶されていると分析している。アメリカにおいては，世論調査によると，独立戦争，南北戦争，第2次世界大戦，ベトナム戦争などが国民の記念碑的出来事として記憶され，歴史上重要な出来事としてフォーマルに賛美され想起される。一方，1812年と1847年に起こったメキシコ－アメリカ戦争，フィリピン独立戦争，朝鮮戦争などは忘れ去られている（Neal, 2005; Phieler, 2008）。その理由は，ベトナム戦争や第2次世界大戦は社会の組織に大きな影響を与え，また根本的な社会変化をうながしたが，フィリピン戦争や朝鮮戦争はアメリカ人社会に対して大きな影響をもたらさなかったからである（もちろん，フィリピン人や朝鮮人にとっては大きな影響をもたらしたが）。朝鮮戦争でのアメリカ人犠牲者数はベトナム戦争や第2次世界大戦（太平洋全域）におけるそれと同等であった。しかも，朝鮮戦争におけるアメリカの目的は達成され，朝鮮における軍事行動の必要性はアメリカ国民の合意に基づくものとして認識されていたにもかかわらず，朝鮮戦争はアメリカ人の持続的なCMとはならなかったのである（Neal, 2005）。

共同体の勝利といった出来事は驚嘆，注目，誇りなどの共有された感情を喚起するが，2001年9月11日の攻撃の標的となった事件，また災害，暗殺，政治的危機のような出来事は正反対の感情，つまり悲嘆，怒り，恐怖，不安といった共有感情を喚起する（Conejeros & Etxeberria, 2007）。ケネディ大統領暗殺の記憶のように，その出来事に関して報告された感情喚起量は，その出来事の記憶が永続化するかどうかを予測させる要因である（Luminet & Curci, 2009; Rimé, 1997）。

最後に，予想外で感情的負荷の大きな出来事は，社会構造や集団的アイデンティティに与える影響が大きいので，マス・メディアや対人的なコミュニケーションを通して強い社会的リハーサルをうながす。多くの人々は，まずマス・メディアを通してその出来事に関する知識を獲得し，その後，ニュースがくり返し報道されることを通して他者とそれを共有するようになる。ケネディ大統領暗殺事件は人々の情報共有とリハーサルの典型例である。Neal（2005）によると，「アメリカ国民はケネディ大統領の葬儀……とその後のアーリントン墓地での埋葬を報道するテレビに見入った」（p.108）。理論的見地から，Wagnerら（2002）は，このような象徴的コーピングが社会的信念を形成するおもな原動力であるとみなした。

CMは現在の紛争の展開やその行く末に影響を与える。第1に，過去の紛争に関するCMは内集団と外集団のカテゴリー化や区別を明確にし，内集団の優位性を高める。過去の紛争に関するCMは，内集団に対する同一化を強め（それは，内集団と外集

団の輪郭を顕著にする），内集団信念と外集団信念の非類似性知覚を強め，同一カテゴリー成員性を示唆する上位カテゴリーに疑問を抱かせ，横断的カテゴリーを弱めて除去し，結果として現在の紛争を拡大する（Messick & Smith, 2002）。たとえば，古代コソボでのトルコ人とキリスト教徒の戦闘に関するCMは，現在のイスラム教徒をオスマントルコ帝国の継承者であるとしてセルビア人と明確に区別するためにセルビア人指導者が蘇らせたものである。過去のトラウマに関するCMはアイデンティティ確立の手がかりを増加させ，上位カテゴリーの存在を"忘却"させ，無視させる。国家主義的セルビア人の物語には多民族国家時代（チトー時代のユーゴスラビア）のことは含まれないし，彼らの国家的CMはクロアチア人とアルバニア人に対する非難を含んでいる。なぜなら，その両者とも，第2次世界大戦時に何千人というセルビア人を殺害したファシストとこれに協力した市民軍と関連づけられているからである。セルビア人はユーゴスラビア支配中にクロアチア人を抑圧したことに関しては目をつぶり，非ファシストで実際には共産主義的クロアチア人であったチトー元帥という横断的社会的カテゴリー・タイプの存在に関しては，控えめに触れているだけである（Jones, 2006）。

　第2に，過去の紛争CMは，利害関心，脅威，他者の意図に関する知覚を形成するという認知–知覚的役割を果たす（Bar-Tal, 2007）。知覚されたあるいは現実の脅威は，紛争の重要な要因である。過去の紛争を記憶している集団は，しばしば現在の安全が脅かされていると知覚し，暴力や同化政策によって民族が消滅することを恐れることがある。このような恐怖は外集団に対する信頼を低下させ，その結果，外集団からの和解のサインですら脅威と誤って知覚してしまうことがある。たとえば，最近のバルカン戦争の最中に過去の大虐殺を想起したセルビア人たちは，現在の紛争を激烈なものと知覚し，クロアチア人やアラビア人による残虐行為がくり返されるであろうと信じていた（Jones, 2006）。

　第3に，過去の紛争CMは集合的行動を起こすように集団を刺激し，また，外集団に対する内集団の行為を正当化するなど，集合行動の動機的機能をもつ（Liu & Hilton, 2005）。こうした動機的観点から考えると，過去の残虐行為の想起から生じる恐怖や怒りは，人々を歴史的ライバルと戦い，予防的戦争を「危険の除去」に必要なものであると正当化するように動機づけ，それは現在の紛争を動機づけ，また正当化する。いくつかの研究はCMの正当化機能を確認している。これらの研究は，過去の集合的トラウマや歴史的被害に関する記憶が現在の敵に対してどのような反応をとらせるのかを分析している。ホロコーストを想起させられたユダヤ人は，そうでないユダヤ人よりも，パレスチナ人に対する自分たちの加害行為を肯定する傾向が強かった。アメリカ人の場合も，2001年の同時多発テロや1941年の日本軍による真珠湾攻撃を想起した後は，アメリカがイラクで行なった危害行為をより強く正当化した（集合

的罪悪感を感じなかった）（Wohl & Branscombe, 2008）。

　現在の紛争を激化させる CM には 4 つの特徴がある。①それは通常，外集団に向けられた軽蔑，憎しみ，怒りと結びついている，②過去のトラウマを現在にまで維持したり再生させる儀式や現在の社会状況があったりする，③ CM が依拠するトラウマは同時に栄誉でもあるものが選ばれており，その喪失は癒すことができない，④ CM はしばしば歴史の重要な側面を否認する。選ばれた栄誉とは重要なもので，通常，過去に起こった輝かしい達成であり，一方，選ばれたトラウマとは喪失，敗北，恥辱であり，それらは神話化され，たいていは癒すことができないものである（Pick, 2001）。

　典型的な歴史上の事例は「背中のナイフ神話（myth of the knife in the back）」である。第 1 次世界大戦時，ドイツ軍は勝利キャンペーンを行なった（栄誉）後で，共産主義者，社会主義者，自由主義者，ユダヤ人などの裏切りによって（トラウマ），敗北するにいたったとみなされている。この過去の表象に歴史的根拠はないが，一般には広く信じられている。1930年代におけるドイツ人の CM は1914年の無罪主張に基づいており，第 1 次世界大戦直後に不当に虐待されたことを強調するものである。連合国に対する経済的補償と経済危機が裏切られた無実の表象を復活させ，これがナチズムの台頭や第 2 次世界大戦勃発の温床となったとされる（Pick, 2001；インドの例を引いた心理学的議論は Sen & Wagner, 2005参照）。

　これまで議論してきたように，なぜある過去の特定の紛争がその社会の成員によって維持され再生されやすいかを説明するプロセスには，フォーマルな制度的記憶レベルでも，またインフォーマルな「大衆的」記憶レベルでも社会的要因が関与している。それは，儀式や行事の存在，想起をうながすフォーマル・インフォーマルな行為の活発さ，それに現在の社会問題との関連性である。CM に影響を与えるもっと一般的な要因もあり，それは集団間の勢力関係，集合的自尊心の高揚，集団的事象や文化的価値に対する経験と関与の度合いなどである。次のセクションでは，現在の社会的紛争に強い関連性をもつ過去の戦争事例の CM に関して，これらの要因を扱った研究をレビューしてみるつもりである。

集合的記憶の維持と再活性化における要因

　CM を生み出す事件は，しばしば，人々を政治デモ，礼拝集会，葬儀などの集合行動や儀式に参加するよううながす（De Rivera & Páez, 2007）。同時に，これらは記念行事，博物館展示，歴史教科書などを通して制度化され，最終的には（Assman の表現によれば）文化的記憶の一部を成すようになる。出来事を想起させる制度化され

たあるいはインフォーマルな儀式や活動に，どのように，どれくらいの頻度で参加するかは過去の紛争に関する記憶を維持したり活性化したりする上で重要な役割を果たす。たとえば，日本人はドイツ人よりも第2次世界大戦の終結についてよく覚えている。日本の「終戦記念日」は戦没者を追悼する国家行事の日でもあるが，ドイツでは終戦日の儀式は存在しない（Schuman et al., 1998）。

ある社会調査（1995年）によると，ヨーロッパ，アメリカ，アジアの23か国の標本中，ドイツ人は最も低い歴史的自尊心を報告した（「あなたは自国の歴史を誇りに思うか」という質問に対し「はい」と回答した人の割合は全標本平均で34％だったのに対して，ドイツ人では8％にすぎなかった）。一方，オーストリア人と日本人は中程度の歴史的自尊心を示し（40％と33％），このことは彼らの集団的罪悪感と羞恥が低いことを示唆している（UNESCO, 2000）。この違いを，ドイツ人の学習と日本人の「健忘症」と表現する文化的説明では，内在化された自己批判と結びついた罪の文化と，公的イメージと外罰に焦点を当てる恥の文化に言及している（Conrad, 2003）。しかし，この議論ではオーストリアのケースを説明できない。

低い歴史的罪悪感に関する1つの説明は，公的な自己批判が連合国の政治的決定によってうながされたからというものである（Liu & Atsumi, 2008）。昭和天皇は，戦争犯罪をもたらした日本軍の意思決定に関与していたにもかかわらず，戦争犯罪者として裁かれることはなかった。オーストリアは，国民の間にナチズムに対する広範な支持があったにもかかわらず，ナチス・ドイツの被害国と認定された。戦争裁判は日本やオーストリアよりもドイツの方が大規模だった——人口100万人あたりの戦争犯罪死刑囚の割合は日本（12.4人）やオーストリア（5.8人）よりもドイツ（20人）の方が高かった（Dower, 1991; Rousso, 1992）。

公的教育や政治的文脈における変化も，人々が歴史的事件をどのように記憶するのかに影響を与える。年配のロシア人は第2次世界大戦においてスターリンが果たした積極的な軍事的役割を強調する。ポスト・ソビエト体制で教育を受けた若い世代のロシア人は，スターリンをネガティブに評価し，ドイツ軍に対する戦争初期の失敗について彼のリーダーシップを批判する（Emelyanova, 2002; Merridale, 2003）。1945年の世論調査では，フランス人の57％は，第2次世界大戦時のドイツ軍侵攻阻止に対してソ連赤軍が最も重要な役割を果たしたと信じていた。60年後，冷戦が終結し，ソビエト連邦が崩壊し，イギリス軍やアメリカ軍の活躍を描く映画が数多く上映される今となっては，こうした考えを支持するフランス人は20％しかいない（Lacroix-Riz, 2005）。

最後に，国の設立も集合的記憶に大きな影響を与える（Olick & Robbins, 1998）。たとえば，最近の研究では，東ティモール人が世界史上重要なものとしてあげる出来事すべてが，新ティモール国家の創設に関連したものであったが，それは，インドネ

シアによる侵略，人権保護法に基づく国連の介入などであった。インドと中国の古代文明に関しても，これほど極端ではないが同様の現象がみられ，これらの国の集合的記憶は現代国家の歴史に焦点が当てられている（Liu et al., 2009）。

一般的に，フォーマルな制度的記憶は集合的自尊心，集合的自己効力感，集合的凝集性，国家間の知覚的弁別を促進する。ネガティブな出来事においてさえ内集団びいきは頻繁に生じる。好例は1812年に起きたアメリカとイギリスの戦争である。アメリカ人は多くの戦場で敗北し，カナダへの侵攻も失敗に終わったが，戦争後には（アメリカの今日の歴史教科書によると），全体としては敗北に終始したことは無視し，いくつかの大勝利とアンドリュー・ジャクソンの功績だけに焦点を当てた集合的記憶が形成されている（Phieler, 1995）。インフォーマル・レベルに関する研究は，国家的・民族的所属と同一化が，内集団びいきや関連する政治的事件の想起と結びついていることを示している。たとえば，20世紀における重要な歴史的事件は何かと問われたとき，バスクに強く同一化した人は，ファシストの弾圧に対する政治的抵抗，フランコ独裁から民主主義への移行，バスク人自治州などを想起した（Bellelli et al., 2000）。

しかし，研究において，社会的アイデンティティと内集団びいき関連の記憶が結びついていることが常に見いだされているわけではない。たとえば，アイルランドで行なわれたある研究では，カトリック教徒がプロテスタント教徒よりも政治的紛争をよく思い出すというわけではなかったし，別の社会調査は，カトリック教徒もプロテスタント教徒も1995年のIRA休戦を重要な出来事にあげた（McLernon et al., 2003）。スペインでは，右翼も左翼も20世紀の重要な歴史的出来事としてスペイン内戦をあげていた（Bellelli et al., 2000）。これらの研究知見は，ある出来事は，単に自集団関連であるというよりも，出来事の重要性，メディア報道，記念式典などによって人々に記憶されていることを示している。

第2次世界大戦がその例である。さまざまな研究において，若い世代は世界史上の重要な出来事として政治的事件よりも圧倒的に戦争を思い出すことが多く，とりわけ第2次世界大戦は全標本において最も重要な出来事であったし，アジア人であってもアジアよりもヨーロッパの事件を想起することが多かった（Liu et al., 2005, 2009; Pennebaker et al., 2006）。文化の違いを超えて，歴史的な社会的表象は圧倒的に政治や戦争に関する事柄であることが多い。全体的パターンからすると，民族中心的というよりもヨーロッパ中心的である。これらの表象は西洋諸国のパワーの強さを証明するものであり，世界の富，勢力，資源を彼らが不均衡にコントロールしていることを示すものである（Liu et al., 2005, 2009）。

国家主導の内集団びいきは，他国との関係の中で制限される。歴史とは国家間，超国家的制度間，民族間，あるいは国家内の集団間において競い合う対象でありうる。たとえば，LiuとHilton（2005）は，第2次世界大戦時の不法行為としては，アジア

の近隣諸国において非常に深刻な戦争犯罪を行なった日本よりもドイツがはるかに問題視されたが，それは，日本が被害国であるアジア諸国ではなくアメリカに降伏した島国であるのに対して，ドイツはヨーロッパの中心に位置し，無数のハリウッド映画の題材となったことなどの理由によるものであると述べている（Liu & Atsumi, 2008）。

　国内的なものとして，Liuら（1999）は，支配層の白人移住民と原住民マオリ族の双方がニュージーランド史における最重要の出来事としてワイタンギ条約を記憶していること，また双方ともに「植民地化された」人々の方が支配者たちよりもそれを誇りに思っていることを示した。SibleyとLiu（2007）は，白人移住民とマオリ族はニュージーランドの国家的シンボルと自己を同じ程度に密接に結びつけていることを見いだしたが，これは，白人アメリカ人は他の民族集団よりもアメリカのシンボルと自己を潜在的に強く結びつけているというアメリカのデータとは対照的である。ニュージーランドでは2つの文化的言説が併存しており，それは，マオリ族の社会的パワーが明らかに弱く地位が低いにもかかわらず，歴史を語る際には，国家意識の中で彼らの民族的地位を際立たせるものである（Liu, 2005）。

　文化的記憶は，遠い記憶が政治的に動機づけられた会話や行為を通して日常生活によみがえるという点で重要である（Schwartz, 1996）——500年，ブラックバード平原で起こったキリスト教徒とイスラム教徒の戦闘は，コソボにおけるイスラム教徒らに対する行為を正当化するためにセルビア人指導者によって蘇らされた。過去はしばしば現在の態度や欲求によって都合よく利用される。制度的レベルの好例は，ユダヤの伝統を無視したローマ人に抵抗して全滅した反乱軍，サドの復活である。この事件は，IDF，つまりイスラエル国防軍の起源として表象され，イスラエル国家の正当性に根拠を与えるものである（Zerubavel, 1995）。このように，現在の態度や欲求はインフォーマルな記憶にも影響を与えことがある。1985年にはアメリカ国民の30%が第2次世界大戦を重要な歴史的事件と認識していたが，2000年には20%にまで低下した。2001年の同時多発テロ以降，国際的テロリズムという文脈に刺激され，第2次世界大戦を重大な歴史的事件として認識する割合が28%まで「回復」した（Schuman & Rodgers, 2004）。

　「新しい事件」は，直接経験や伝聞的記憶に基づくものであることから，人々にとってアクセスしやすい。イギリス人はアメリカ人よりも16%ほど第2次世界大戦を想起しやすいが，おそらくイギリス人の方が直接的・個人的にその戦争を経験したからである（Scott & Zac, 1993）。

　集合的記憶は，また，コホート依存でもある。Mannheim（1925/ Schuman & Scott, 1989より引用）は，同じ国でも異なるコホート間，異なる世代間では文化的記憶の共有は限られると主張する。人々は青年期や成人初期の形成期に経験したものを歴史的集合的事件として記憶することが研究によって確認されている（Pennebaker et al., 1997)。1989年の調査において，年長のアメリカ人は世界恐慌や第 2 次世界大戦を頻繁にあげたが，若年のアメリカ人はケネディ大統領暗殺事件やベトナム戦争についてよく言及した。これらはどちらの世代にとっても成人初期に生じた事件である（Neal 2005; Schuman & Scott, 1989）。このコホート効果は，幼児期の社会化に加えて，青年期のアイデンティティ形成に影響を与える出来事によるものと考えられる。まだ，生き方を定めていない青年や若成人は，彼らの形成期の社会的事件や影響を与えたものを特によく想起する傾向があると考えられる。

別の研究者たちは，さらに，経験が CM を制約すると主張する。親族が経験した重要な政治的事件（Pennebaker et al., 1997），あるいは代々伝えられた知識や一族のエピソード情報を尋ねた研究では（Candau, 2005），多くの人がもっている情報は 2 〜 3 世代間のものであったことが確認されている。Assman（1992/ László, 2003 より引用）は，集合的記憶は対人的コミュニケーションを通して約 1 世紀つまり 3 世代にわたって「生き続け」，その後，儀式化された抽象的・意味的知識あるいは「文化的記憶」となるという説を提案した。この説と一致して，Páez ら（2008）も，最近の 3 世代間の戦争（たとえば第 2 次世界大戦）に対するポジティブな想起や評価は将来の紛争における好戦的態度を予測するが，戦争全般（たとえば第 1 次世界大戦）の想起はそうではないことを確認した。このような知見は，生きた記憶には質的に何か特別なものがあり，それは，親や祖父母から子どもや孫へと口頭で伝えられ，現在の政治的決定に影響を及ぼすことを示唆している。

他の研究者たち（Jones, 2006）は，往時の紛争と第 2 次世界大戦時の民族的宗教的紛争の鮮明な記憶をナラティブに結びつけることによって，バルカン戦争の中で何世紀も古い紛争の記憶が活性化されたと主張した。伝聞的記憶が紛争を発生させる決定的要因となる傾向はあるが，このために使われるナラティブの認知的テンプレートは，昔の古傷から生み出されることがある。

最後に，過去に関する社会的表象は，大社会の文脈で優勢な一般的規範と意味構造と関連している。それを中核的表象と位置づけて行なわれた研究では，第 2 次世界大戦の想起，その評価，および好戦主義は，国単位で測定された脱物質主義（postmaterialistic）／個人主義価値と負の関連がみられた（Páez et al., 2008）。脱物質主義価値観はあからさまな個人主義と自己実現を強調する。産業主義と物質主義から脱物質主義へという移行（Inglehart & Baker, 2000）は，英雄，殉教，集合的暴力のポジティブな意味づけに焦点を当てた戦争の社会的表象から，苦難，被害者，市民の殺戮，戦争の無意味さに焦点を当てた表象への移行と結びついているように思われる。脱物質主義的価値観は「英雄の戦争ナラティブ」を退色させ，集合的暴力に対するポジティブな態度を強めるものではない。

第 2 次世界大戦への肯定的評価と好戦主義は，集団主義／物質主義の価値観や階層

主義的価値観（勢力格差：power distance と階層性：hierarchy）と正の関連にある。勢力格差は Schwartz（1994）の保守主義とは正の関連を，自律性とは負の関連を示した。これは，パワー格差が安全および同調の価値と関連し，自主性や刺激とは負の関連にあることを意味している。こうした「パワー格差症候群」は，パワー格差と役割の階層システムを促進し，権威に対する服従と尊敬を強調するが，階層性は内集団や国家などの目標を達成するためにパワーを行使することを正当化するものである（Schwarz, 1994）。パワー格差と階層性はともに Inglehart の脱物質主義および平和文化の社会構造指標と負の関連を示す（De Rivera & Páez, 2007）。

　まとめると，過去の紛争にかかわる記憶は，その集団の文化が有する価値観（階層的・防衛的価値観のような）と適合したとき，その記憶が直接的で鮮明な経験に基づくとき，その事件が現在抱えている社会的課題と関連するときなどに維持され，活性化される。このような記憶は，集合的自尊心を促進し，その記憶に基づく組織的あるいは非組織的行為によって維持される。われわれは，このプロセスを戦争の集合的記憶を用いて検討してきた。次にわれわれは，過去の戦争に関する CM が現在の紛争において果たす役割をより深く理解するために，集合的暴力の社会的表象の主要タイプを検討する。

戦争の集合的記憶とアイデンティティおよび紛争との関係

　多くの国において，独立戦争，その他の集合的暴力は国のアイデンティティ・ナラティブの根幹をなすものである（Huang et al., 2004）。戦争の表象には戦いの高貴さ，戦闘による浄化作用，犠牲者の勇敢さと尊さなどが結びついており，このような表象は国家制度や社会的アイデンティティの正当化において重要な役割を果たす（Winter, 2006）。CM に基づいて紛争に対して強硬な姿勢をもつ社会は，ふつう，憎しみ，恐怖，怒り，誇りといった集合的感情を強調する社会的エートスをもっている（Bar-Tal, 2007；本書第3章参照）。フォーマルに維持されている記憶という観点からみると，戦争に関する英雄的でロマンティックなナラティブは第1次世界大戦以前から広くみられたが，今日でさえ，紛争を激化させるために用いられる。Rosoux（2001）は19世紀から20世紀初頭におけるドイツとフランスに焦点を当て，過去の紛争に関して制度化された表象の中に以下のような共通特徴を見いだした（Bar-Tal, 2007）。

　①表象は紛争を開始し，戦争を継続することを説明し正当化する。敵意や不信感に特徴づけられた集団間関係にあるドイツとフランスの間では，存在そのものが相反するもので，両国は互いに先祖代々の敵として描かれている。

②表象は自国をポジティブに記述する。記念物，モニュメント，教科書では，しばしば集合的暴力による悲劇が美化され，戦争の恐怖を英雄，栄光，聖なる犠牲によって置き換える。死と破壊は国を守るための聖なる課題として評価し直される。「われわれの」羞恥に満ちた過去の戦争エピソードは隠ぺいされる。「われわれの」英雄，献身，勇敢な戦いは記憶される。被害者のような他者は言及されない。
③表象は外集団を非正当なものとして描く（Bar-Tal, 1990）。外集団に対するネガティブなイメージは暴力を正当化する（本書第2章参照）。たとえば，第1次世界大戦中，ドイツ人は野蛮人をイメージさせる「フン族」とよばれていた。敵の非人間化——下等な生き物や動物，道徳性に欠けたものとみなす——は，アメリカ南北戦争や第2次世界大戦での西部戦線よりも，メキシコーアメリカ戦争，アメリカ先住民との戦い，植民地戦争，太平洋戦争，第2次世界大戦における東部戦線においてよくみられた（Neely, 2007）。
④戦争の表象は，内集団成員を敵対集団の被害者として描く。過去の迫害や殉職者について想起すると忠誠の義務が強まり，加害者に対する報復が正当化される。敵に対する攻撃は，敵によってもたらされた損害に対する報復として描かれる（Rosoux, 2001；本書第2章参照）。

集団の歴史に関する表象は，世界がなぜこうであるのかを説明し，その状況に対する対応を正当化するものである（Liu & Hilton, 2005）。アメリカやロシアのような戦勝国の場合，第2次世界大戦は正義の戦争，あるいは「大祖国戦争」（Wertsch, 2002）として表象化されており，こうした表象は新たな戦争に参入することに対してポジティブな態度をうながす。Páezら（2008）は，国の比較において，戦勝国の若者世代は第2次世界大戦の記憶想起が多く，この事件をネガティブに評価することが少なく，母国のために戦争に参加する意志をより強く表明することを見いだした。一方，敗戦国の若者世代には比較的こうしたことは少なく，第2次世界大戦に対しても低い評価を行なっていた。

さらに，勝利についての異なる意味づけが，1つの国の中で生じることもある。ロシアには第2次世界大戦を意味する言葉が2つある。第2次世界大戦（56％）と大祖国戦争（44％）（Pennebaker et al., 2006）である。6％の人だけは両方をあげた。前者に対する評価の平均得点は2.09で，後者は4.0だった。ソビエト連邦崩壊後に教育を受けた若い世代の大部分は「第2次世界大戦」という言葉を用いるものの，それに対する評価は低い。おそらく，スターリンによる劣悪なリーダーシップ，ドイツ軍への対処の失敗，それに犠牲者の多さによるものであろう。他方，Wertsch（2002）は，「大祖国戦争」という言葉は，ロシアに対する「異国からの脅威を退けた勝利」という重要な正のナラティブ・テンプレートと考えるべきであると主張する。

たとえ敗戦国が，第2次世界大戦中に彼らが行なったネガティブな行為を隠ぺいしたとしても（たとえば，大日本帝国やドイツによる戦時中の行為の否認（Buruma, 2002））, 彼らの戦争表象は，戦争や自国軍に対するポジティブ評価をうながすものではない（あるいは，うながしえない）。敗戦国は戦争を内集団の困難を強調して防衛目的に行なわれたと記憶しているので，集合的暴力の否定的側面を次世代に教える（Conrad, 2003）。若い世代はこれを受けて，戦争を「社会的惨事」であると学習する。
　戦争後に生じた内戦，国内で勃発した政治的暴力は，第2次世界大戦についての記憶，評価，新たな戦争への介入意思とは関連していない（Páez et al., 2008）。この場合，集合的暴力の直接的経験が戦争に対する積極的志向を生み出すということにはならない。内戦は国家間戦争と同様に暴力的なものではあるが，それらは美化されることはほとんどない。実際，凄惨な内戦（19世紀フランスのコミューンのような）の記憶が政治的エリートに対する敵対的態度を減少させ，ヴィシー政府から第4共和政への移行に際して社会的紛争の程度を低減させる役割を果たしたと主張する研究者もいる（Rousso, 1992）。スペイン内戦でも類似の社会的表象があり，それはフランコによるファシスト独裁政治末期に形成された。ある研究者たちは，スペイン内戦を大惨事として表象化することが，合意と社会的紛争回避の必要性を若い世代に教え，フランコ死後の独裁制から民主主義への移行を容易にしたと主張している（Barahona et al., 2001）。
　大衆的記憶の観点からみると，多くの兵士が戦争をネガティブなものとして記憶しているが，それは当然のことであろう——赤軍のような戦勝国の兵士ですらそれはネガティブなものだし，ドイツ軍のような敗戦国の兵士たちにとってはいっそうそうである（Bourke, 2001）。ソビエト連邦のような戦勝国でも，第2次世界大戦後のドイツや日本などの敗戦国でも，どの国民も自分たちが受けた苦難は記憶しているが，他国民が受けたそれは隠蔽して口をつぐむか，黙殺する（Dower, 1991; Wette, 2006）。戦闘の悲惨さを思い出して人に話し，自分自身が実行者として暴力や犯罪に加担したことを語る退役軍人はごく少数である（大多数が喜んで話すのは軍隊仲間のことだけである）（Phieler, 1995）。
　第1次世界大戦や第2次世界大戦時の集合的苦悩は大きすぎて，浄化できなかった。大規模な集合的被害の直接的記憶は，英雄的，叙事詩的，ポジティブな出来事としての戦争表象をしだいに劣化させ，文化的価値を変化させる。過度に理想化された献身的兵士像，リーダーシップ，有意義な目的のための自発的自己犠牲などは，甚大な非戦闘員被害者，トラウマを負った退役軍人，イデオロギー理念の破綻によって置き換えられた。第1次世界大戦は最後の社会的大惨事のシンボルとよばれた。たとえ第2次世界大戦がましなイメージを維持し続けたとしても，主要なシンボルは英雄的な戦闘員ではなく，大量殺戮やホロコーストであり（Bourke, 2001），それらは戦争に対

する人々の幻想を打ち砕く（Winter, 2006）。人々は戦争に対する非ロマンティックな表象をもち，集合的暴力の邪悪さを十分に認識するようになった——たとえ，国の制度がロマンティックでポジティブな表象を重視し，これを支持していたとしても。重要な点は，現在においては，戦勝国においても戦争に対する平均的評価はポジティブなものではなく，中性的水準にあるか，敗戦国のものほどネガティブではないという程度であることを認識することである（Páez et al., 2008）。

過去の紛争に関する表象と現在の集団間関係の改善

　過去の集団的犯罪にどのように対処するか，これをどう記憶するかはよく問題となる（集団間紛争における交渉と和解については本書第10〜13章参照）。このセクションでは，過去の戦争や集合的暴力がもたらす悪影響を克服する2つの方法についてレビューする。それは，戦争表象の変容，および過去の紛争 CM をつくり出すことを目的とした移行期の正義（transitional justice）の儀式である。

　上で述べたように，過去の戦争を社会的悲劇として表象化することは長期的紛争の抑制に効力がある。他方，社会的表象の再構築は，激烈な集団間紛争の過去を克服することを可能にする（Bar-Tal, 2008）。1つの例は，解釈の余地はあるが，19世紀末に起こったアメリカ南北戦争の記念日である。この記念日は戦場と英雄的行為，両陣営の兵士が経験した苦難などに焦点を当てたが，政治的争点，原因となった奴隷制度，黒人兵士の参加などには極力触れないようにしていた。記念碑，記念物，記念日などは死者を追悼するものであり，攻撃的な感情を喚起する象徴は使っていない。公的な記念碑は和解をうながし，この内戦で戦ったすべての犠牲者に敬意を表わし，戦争の原因は曖昧にしていたし，南北戦争記念日の創立者は戦争の残忍さや怒りには触れていない（Phieler, 1995）。それにもかかわらず，1876年のアメリカ独立100周年祝賀会はアメリカ北東部主導で行なわれ，戦争の傷が癒えていない南部は軽視された（Spillman, 1997）。エイブラハム・リンカーン大統領ですら，北部諸州の保護者から人種平等のシンボルとなるまで100年かかったのである（Schwartz, 1997）。

　シンボルの再構築の別の例は，ドイツおよびフランスにおける第1次・第2次世界大戦の表象である。第1次世界大戦後，25万人の犠牲者を出したベルダンの戦いなど大きな戦闘の意味は，愛国主義的，国家主義的なものであった。ベルダンの戦いはドイツ，フランス両国において，輝かしい英雄的戦闘，兵士の高い闘争心を顕彰するものとされてきた。第2次世界大戦後，ベルダンのような戦いは両陣営において大量殺戮のシンボルとなってきた。戦った兵士たちは陣営にかかわらず同じ墓地に埋葬された。この表象はフランスのミッテラン大統領とドイツのコール首相が，フランスにあ

る共同軍人墓地の前で握手をしてつくり上げたものである（Rosoux, 2004）。

　これらの実例は，事件の受容が，過去に関する共有表象をつくり上げる第1段階であることを示唆している。他者の苦悩を含め，現実を受け入れることが和解にとって必須である。「そのようなことが二度と起こらないように」，しかし憎しみの感情を忘れるために重要なことは，被害の実態と被害者の存在を認識することである（Hayner 2001; Rosoux, 2001）。フランスの元首相は「記憶とは過去の苦悩を蘇らせるものではなく，過去の傷を忘れることなく人々が過去と和解することを可能にする道具であるべきだ」と述べた（Rosoux, 2001, p.107）。紛争を完全に中和することなく，当事者双方に相応しい位置を与えるように事実を意味づけして構成するナラティブが試みられるなら，癒しのサイクルが完遂されるであろう（Liu & László, 2007; Wertsch, 2002）。

　謝罪や良心の呵責を公に表明することは，損なわれた集団間関係を修復するのに有効である。典型例は，反ナチスで知られたビリー・ブラント元ドイツ首相が，ワルシャワのユダヤ人街にある抵抗運動記念碑の前でひざまずき，非言語的に赦しを請うたことである。しかしながら，こうした儀礼は，大社会レベルではポジティブな効果をもたらすと知覚されるが，最前線で暴力にさらされている直接の被害者に対して，その苦しみを取り除く効果はない（Lillie & Janoff-Bulman, 2007）。暴力の直接の被害者は敵からの謝罪を拒否し，受容しない傾向がある——「軽すぎる，遅すぎる」というのが謝罪に対してよく行なわれる非難で，それは，アメリカ，ヨーロッパ，ニュージーランド，アフリカで観察された。集団的暴力の実行者と同じ集団の成員は謝罪の効果を肯定するが，一方，直接的あるいは間接的な被害者たちは，謝罪の受け入れをためらう（Ferguson et al., 2007; Manzi & Gonzalez, 2007）。

　南アフリカの真実和解委員会（Truth and Reconciliation Commission: TRC）のような真実・正義・補償委員会は，過去の集団的犯罪の処置と記憶に対する1つのよくみられる反応である。1970年代から世界中で30以上の公的な委員会が設立されてきた（Hayner, 2001）。真実和解委員会は報復の連鎖を断ち切り，新たな戦争犯罪や集合的暴力を抑制するといった長期的な全社会的目標に貢献することができる。この委員会と裁判は，政府，軍隊，警察，武装した政治集団に対して説明責任を求めるなど法の支配を強め，また，政治的権利の尊重を目指している。これによって社会規範を強化し，将来の人権侵害を低減することができるであろう。これらの儀式の中心的側面は，共有された包括的CMの再構成である。過去の紛争の記憶は，すべてのグループのすべての実際の残虐行為を記述し，「手を汚している」としてすべてのグループを非難しながら（アメリカ南北戦争に対する今日の認識に類似した表象によって）和解を促進する。責任と被害者性を共有することは，選択的な被害者意識と内集団の理想化を防止し，対話のための空間を広げる（Gibson, 2004）。移行期の正義に基づく公式の儀式（たとえば，真実委員会）は苦難に関するCMの再構成をうながすが，それ

は個人的水準での「治療的」目標を達成するものではなく，むしろ反対に，負の感情を強めた。たとえば，南アフリカにおける全国的世論調査において，3分の2の回答者は，TRCが暴き出したことは人々を怒らせ，集団間関係をいっそう複雑にしたとみていた（Gibson, 2004）。しかし，CM構築・再構築のこうした手続きは，個人的レベルと全社会的レベルあるいは国民レベルにおいて，内集団凝集性を強めたり，長期的に和解に取り組むなど，他のポジティブな効果をもつとみなされている（Lillie & Janoff-Bulman, 2007）。Gibson（2004）が南アフリカで行なった研究で，TRC版の真実，すなわち，敵も自分も責任があり「汚れた手」をもっていることを宣言するCMを受け入れようとする人は，この「真実の効果」が優位な加害者集団に対してより強く働くものだとして，和解に賛同する傾向があることを明らかにした。真実受容と和解の間の相関はアフリカ人において0.23，白人の間で0.53であった。もちろん現実には，過去の「相対主義的」再構築には制約がある。両集団間において被害者数と犯罪行為が類似していたケースもあったが，どちらが被害者でどちらが加害者か明瞭であるケースもあった。

　研究知見は，過去の苦悩，集合的罪悪感と責任に関するCMについて，これを共有させ，受け入れさせようとする真実委員会はポジティブな心理・社会的影響をもつことを示している。紛争にかかわった全集団は「汚れた手をもち」，ともにそれぞれ苦しんだということが共通に受容されるようになると，これらのケースで例証されているように，このタイプのCMは紛争を激化させないだけでなく，現在の紛争を低減させることもできる。その理由は，①それは悲しみを喚起し，また，多少の怒りが喚起される場合も，大規模な外集団に対してではなく，少数の個人に向けられたものであること，②トラウマとなった集合的経験を維持したり，強めたりするような儀式やイベントがないこと，③栄誉を伴わず，それゆえ，嘆くだけの明瞭なトラウマに基づいていること，④歴史の否認度が低いこと，などである。このタイプCMの例は，アメリカ南北戦争の表象や第1次世界大戦時のフランス−ドイツ表象である。戦闘による人命の喪失は否定しないが，その出来事に栄誉の側面はないし，敵に対する怒りや憎しみは強調されず，憎しみを永続化し，報復欲求を掻き立てるような儀式も存在しない（Pick, 2001）。

結　論

　集合的経験が，①長期にわたる社会的変容をうながし，現在においても社会的に関連が深いものであるとき，②感情を喚起するものであるとき，③社会に広く共有されたものであるとき，④マス・メディアによってくり返し報道されるとき，⑤集合的行

為や記念行事と関連するとき，集合的出来事は長く保持されてCMや過去に関する一連の社会的表象を形成するようになり，それは制度や個人によって首尾一貫したものとして語られる。

どのタイプの文化においても，人々は自分たちの戦争を神話化する一方で，外集団犠牲者のことは忘れがちである。社会は内集団の英雄や兵士を記憶し，自集団の犯罪行為や悪行は忘却するので，内集団成員を被害者，外集団成員を攻撃者・加害者として定義し，それを反すうし続ける。こうして，暴力こそが報復の正しい形式であると解釈するようになる。過去の社会的表象は，攻撃行動を活発にし，戦争や集合的暴力を，外集団による過去の攻撃に対する合理的で正当な反応だとみなし，互いに競い合うように被害者意識を強めるといった悪循環を生み出す。

暴力的紛争に関連した歴史的悲劇を集合的観点から考えると，次のような仮説的結論を導き出すことができる。第1に，敵対集団の非人間化をやめて人間化を行ない，彼らの苦しみを理解することが和解を前進させる重要なステップである。それは必ずしも事件に関する相手の意味づけを受け入れることではない。少なくとも，ともに経験された事実に関して異なる表象が複数存在することを認めることである。第2に，個人的あるいは集合的罪悪感の欠如は，集合的犯罪や暴力に加担した加害者によくみられる共通した反応様式である（Marques et al., 2006）。それゆえ，加害者に罪悪感をもち，償いや賠償の行動を期待するのは現実的ではない。加害者たちは，否認，正当化，その他の認知方略を用いてポジティブな集合的アイデンティティを維持し，人道の罪という批判を受け入れようとはしない（Branscombe & Doosje, 2004; Sibley et al., 2008）。少数の人は罪悪感を感じているかもしれないが，多くの人が示す罪悪感や羞恥は制度化された規範に従っただけのものである。逆説的かもしれないが，加害者集団では事件から3世代目の人々の方が直接的な加害者世代よりも集合的罪悪感，羞恥，責任を感じやすい。それは感情的隔たりが受容をうながすからである（Dresler-Hawke & Liu, 2006）。こうした場合でも，過去の集団的犯罪行為を否認し，最小化し，ポジティブに再構築する「防衛的メカニズム」が働く可能性は十分に考えられる（Marques et al., 2006; Sibley et al., 2008）。

第3に，世論の形成にとっては，外部の人間による裁判や手続きよりも，内部の人間による手続きの方が重要であろう。ドイツにおいては，ニュルンベルク裁判よりも，人道の罪に対して行なわれた通常の国内裁判の方が世論に対して大きな影響を与えた（Evans, 2003）。地域あるいは内集団の信頼できる指導者たちなら，過去の犯罪と過失に対して責任を受容する社会的表象を一般の人々が支持するようにうながし，さらに，真実と和解の傾向を強めることができる——ちょうど，南アフリカのマンデラ大統領やツツ大主教のように（Rosoux, 2001）。過去のネガティブな集合的行動の証拠に直面すると，人々は情報源の信憑性を疑う傾向がある。彼らは，感情的反応を最小

に抑え，事件の重要性を疑問視する——これは昔のことで，今は重要ではない——といった認知的対処メカニズムに従事する（Sibley et al., 2008）。彼らは，自集団が行なった犯罪行為をその歴史的文脈では理解可能なものだったとして再構成し，ネガティブで犯罪的な行為を集団の中の嫌われ者であるマイノリティ——国の中で最も非典型的成員たち——に帰属し，犯罪行動の頻度を最小化しようとする。

　第4に，マイノリティを罰しようとする傾向は，一般的なアパシーの現実を否認し，全体責任を曖昧にするように全体をポジティブに再構築することと正の相関を示すように思われる（Marques et al., 2006）。公式のレポートでは，こうした集合的な防衛メカニズムが克服されなければならない。こうしたケースでは，内集団の高地位者による自己批判が加害者集団にとって重要である。しかし，公式の謝罪が過去の集合的暴力の直接的・間接的被害者に与える効果は限定的である。移行期の正義（たとえば，真実和解委員会やガカカ法廷のような犯罪裁判）による公式の裁判は個人レベルの苦しみを克服する助けにはならず，通常は，むしろ有害な影響を与える。しかしながら，こうした儀式は被害者のパワーを強め，過去の暴力に対する説明の真実度を高めるなど，多少は個人レベルでも有益な効果があり，このことが和解と集団間関係の改善をうながす。移行期の儀式はマクロ社会レベルでも国レベルでも，凝集性と和解，人権の尊重をうながすなどポジティブな効果をもつ。

　最後にまとめると，血なまぐさい過去の紛争を和解させる上でさまざまの程度の効果をもついくつかの基本的ナラティブがあるように思われる。第1の，最も強力だが，最も生じにくい形態のものは，国民アイデンティティの意味を認知的に完全に再構成し直すことである。これは，ドイツではホロコーストに，ニュージーランドでは先住民に対する植民地化の苦い果実に対処するために行なわれた。もっとよくみられるのは，解決困難な戦争の意味づけの違いを克服するために，過去の紛争を無菌化することである。これは南北戦争後にアメリカで試みられ，また，ラテン・アメリカにおける説明の特徴にみられる。Moscovici（1988）の用語によれば，これらは拘束されない表象群（emancipated representations）とよばれ，違いを認め合った上で交り合うというものである。この形態の危険性は，バルカン半島でみられたように，ナラティブが不完全なために，醜い過去が頭をもたげ，非難と報復の悪循環が新たに生み出されてしまうことである。最も頻繁に生じるのが否認，自己の被害者性の強調，そして内集団びいきである。この形態の特徴は，他の説明を抑制したり無視する力をもっていたりすることである。これは加害者集団にとっては心理的に美味な形態だが，日中戦争における中国のように，かつての被害者がこれに対抗できるほど強い勢力をもつようになったときには，非常にリスキーである。この場合には，紛争の再燃を防ぐために，双方の政治的エリートたちによる積極的な調停が必要である（Liu & Atsumi, 2008）。

紛争に関するナラティブの再構成とCMは，心理学が世界平和に寄与する最も有望なアプローチの1つである。なぜなら，これらはまさに，われわれ人間の意味をつくり出す遺伝的体質がもつ短所や欠陥だからである。

訳注
- 1：1389年，侵略してきたオスマントルコ軍と迎え撃つセルビア軍の戦闘。
- 2：ユーゴスラビアにおいて，1991年のスロバキア独立から生じた一連の戦争のこと。
- 3：1936年にスペインで起こったクーデターと，その後の政府側との内戦。反政府側が勝利し，フランコ政権の独裁へとつながった。
- 4：2002年にルワンダ政府によって設置された裁判制度。ジェノサイドについての大量の訴えを処理するために，コミュニティで容疑者を裁くことを目的としている。

引用文献

Barahona, A., Aguilar, P., & Gonzaléz, C. (2001). *The politics of memory: Transitional justice in democratising societies.* Oxford: Oxford University Press.
Bar-Tal, D. (1990). Causes and consequences of delegitimization: Models of conflict and ethnocentrism. *Journal of Social Issues,* **46**(1), 65-81.
Bar-Tal, D. (1998). Societal beliefs in times of intractable conflict: The Israeli case. *International Journal of Conflict Management,* **9**, 22-50.
Bar-Tal, D. (2003). Collective memory of physical violence: its contribution to the culture of violence. In E. Cairns & M. D. Roe (Eds.), *The role of memory in ethnic conflict* (pp. 75-93). London: Palgrave McMillan.
Bar-Tal, D. (2007). Sociopsychological foundations of intractable conflicts. *American Behavioral Scientist,* **50**, 1430-1453.
Bar-Tal, D. (2008). Reconciliation as a foundation of culture of peace. In J. de Rivera (Ed.), *Handbook on building cultures for peace* (pp. 363-377). New York: Springer.
Bellelli, G., Bakhurst, D., & Rosa, A. (Eds.) (2000). *Trace: Studi sulla memoria collective.* Napoli: Liguori. (Studies on collectives memories).
Bourke, J. (2001). *The Second World War. A people's history.* Oxford: Oxford University Press.
Branscombe, N. R., & Doosje, B. (2004). *Collective guilt: International perspectives.* Cambridge: Cambridge University Press.
Buruma, I. (2002). *The wages of guilt: Memories of war in Germany and Japan.* London: Phoenix Paperback.
Candau, J. (2005). *Anthropologie de la mémoire.* Paris: Armand Colin. (*Anthropology of memory*).
Conejeros, S., & Etxeberria, I. (2007). The impact of Madrid bombing on personal emotions, emotional atmosphere and emotional climate. *Journal of Social Issues,* **63**, 273-288.
Connerton, P. (1989). *How societies remember.* Cambridge: Cambridge University Press.
Conrad, S. (2003). Entangled memories: Versions of the past in Germany and Japan, 1945-2001. *Journal of Contemporary History,* **38**, 85-99.
De Rivera, J., & Páez, D. (2007). Emotional climate, human security and cultures of peace. *Journal of Social Issues,* **63**, 233-253.
Dower, J. W. (1991). *Embracing defeat: Japan in the wake of World War II.* New York: Norton & Company.
Dresler-Hawke, E., & Liu, J. H. (2006). Collective shame and the positioning of German national

identity. *Psicologia Politica*, **32**,131-153.
Emelyanova, T. (2002). Les Représentations Sociales des événements historiques: le cas de la Deuxiéme Guerre Mondiale. In S. Laurens & N. Roussiau (Eds.), *La mémoire Sociale* (pp. 259-268). Rennes: Presses Universitaires de Rennes. (*Social representations of historical events: The case of the Second World War. In social memory*).
Evans, R. J. (2003). Introduction. Redesigning the past: History in political transitions. *Journal of Contemporary History*, **38**, 5-12.
Ferguson, N., Binks, E., Roe, M. D., Brown, J. N., et al. (2007). The IRA Apology of 2002 and forgiveness in Northern Ireland troubles: A cross national study of Printed Media. *Peace and Conflict*, **13**, 93-114.
Gaskell, G. D., & Wright, D. (1997). Group differences in memory for a political event. In J. Pennebaker, D. Páez, & B. Rimé (Eds.), *Collective memory of political events* (pp. 175-190). Mahaw, NJ: Lawrence Erlbaum.
Gibson, J. L. (2004). *Overcoming apartheid: Can truth reconcile a divided nation?* New York: Russell Sage Foundation.
Halbwachs, M. (1950/1992). *On collective memory*. Chicago: The University of Chicago Press.
Hamber, B., & Wilson, R. A. (2003). Symbolic closure through memory, reparation and revenge in post-conflicts societies. In E. Cairns & M. D. Roe (Eds.), *The role of memory in ethnic conflict* (pp. 144-168). London: Palgrave McMillan.
Hayner, P. B. (2001). *Unspeakable truths: Confronting state terror and atrocity*. New York: Roudedge.
Huang, L. L., Liu, J. H., & Chang, M. L. (2004). The double identity of Chinese Taiwanese: A dilemma of politics and identity rooted in history. *Asian Journal of Social Psychology*, **7**(2), 149-189.
Inglehart, R., & Baker, W. E. (2000). Modernization, cultural change and the persistence of traditional values. *American Sociological Review*, **65**, 19-51.
Jones, L. (2006). *Then they started shooting*. Harvard: Harvard University Press.
Lacroix-Riz, A. (2005). L'Union Sovietique par perte and profits. *Le Monde Diplomatique*, **52**(614), 24-25. [Soviet Union loss and benefits.]
Langenbacher, E. (2003). *Memory regimes in contemporary Germany*. Paper for ECPR Joint Session, Edinburgh 2003. Workshop 16: Politics and Memory.
László, J. (2003). History, identity and narratives. In J. László & W. Wagner (Eds.), *Theories and controversies in societal psychology* (pp. 180-182). Budapest: New Mandate Publishers.
Lillie, C., & Janoff-Bulman, R. (2007). Macro versus microjustice and perceived fairness of truth and reconciliation commissions. *Peace and Conflict*, **13**, 221-236.
Liu, J. H. (2005). History and identity: A systems of checks and balances for Aotearoa/New Zealand. In J. H. Liu, T. McCreanor, T. Mcintosh, & T. Teaiwa (Eds.), *New Zealand identities: Departures and destinations* (pp. 69-87). Wellington, NZ: Victoria University Press.
Liu, J. H., & Atsumi, T. (2008). Historical conflict and resolution between Japan and China: Developing and applying a narrative theory of history and identity. In T. Sugiman, K. J. Gergen, W. Wagner, & Y. Yamada (Eds.), *Meaning in action: Constructions, narratives, and representations* (pp. 327-344). Tokyo: Springer-Verlag.
Liu, J. H., Goldstein-Hawes, R., Hilton, D. J., Huang, L. L., Gastardo-Conaco, C., Dresler-Hawke, E., et al. (2005). Social representations of events and people in world history across twelve cultures. *Journal of Cross Cultural Psychology*, **36**,171-191.
Liu, J. H., & Hilton, D. (2005). How the past weights on the present: Social representations of history and their impact on identity politics. *British Journal of Social Psychology*, **44**, 537-556.

Liu, J. H., Páez, D., Slawuta, P., Cabecinhas, R., Techio, E., Kokdemir, D., et al. (2009). Representing world history in the 21st century: The impact of 9/11, the Iraq war, and the nation-state on the dynamics of collective remembering. *Journal of Cross-Cultural Psychology*, **40**, 667-692.

Liu, J. H., & László, J. (2007). A narrative theory of history and identity: Social identity, social representations, society and the individual. In G. Moloney & I. Walker (Eds.), *Social representations and identity: Content, process and power* (pp. 85-107). London: Palgrave Macmillan.

Liu, J. H., Wilson, M. S., McClure, J., & Higgins, T. R. (1999). Social Identity and the perception of history: Cultural representations of Aotearoa/New Zealand. *European Journal of Social Psychology*, **29**, 1021-1047.

Luminet, O., & Curci, A. (Eds.) (2009). *Flashbulb memories: New issues and new perspectives*. London: Psychology Press.

Marques, J., Páez, D., Valencia, J., & Vincze, O. (2006). Effects of group membership on the transmission of negative historical events. *Psicologia Politico*, **32**, 79-105.

Manzi, J., & Gonzalez, R. (2007). Forgiveness and reparation in Chile. *Peace and Conflict*, **13**, 71-92.

McLernon, F., Cairns, E., Lewis, C. A., & Hewstone, M. (2003). Memories of recent conflict and forgiveness in Northern Ireland. In E. Cairns & M. D. Roe (Eds.), *The role of memory in ethnic conflict* (pp. 125-143). London: Palgrave McMillan.

Merridale, C. (2003). Redesigning history in contemporary Russia. *Journal of Contemporary History*, **38**(1), 13-28.

Merridale, C. (2006). *Ivan's war*. Washington: Metropolitan Books.

Messick, D. M., & Smith, E. R. (2002). *From Prejudice to Intergroup Emotions*. New York: Psychology Press.

Moscovici, S. (1988). Notes towards a description of social representations. *European Journal of Social Psychology*, **18**, 211-250.

Neal, A. G. (2005). *National trauma and collective memory* (2nd ed.). Armonk, NY: M.E. Sharpe.

Neely, M. E. (2007). *The Civil War and the limits of destruction*. Harvard: Harvard University Press.

Olick, J. K., & Levy, D. (1997). Collective memory and cultural constraint: Holocaust myth and rationality in German politics. *American Sociological Review*, **62**, 921-936.

Olick, J., & Robbins, J. (1998). Social memory studies: From "collective memory" to the historical sociology of mnemonic practices. *Annual Review of Sociology*, **24**, 105-140.

Páez, D., Liu, J. H., Techio, E., Slawuta, P., Zlobina, A., & Cabecinhas, R. (2008). Remembering World War II and willingness to fight: Socio-cultural factors in the social representation of historical warfare across 22 societies. *Journal of Cross Cultural Psychology*, **39**, 373-380.

Pennebaker, J., Páez, D., & Rimé, B. (1997). *Collective memory of political events*. Mahaw, NJ: Lawrence Erlbaum.

Pennebaker, J. W., Rentfrow, J., Davis, M., Páez, D., Techio, E., Slawuta, P., et al. (2006). The social psychology of history: Defining the most important events of world history. *Psicología Político*, **7**, 15-32.

Pick, T. M. (2001). The myth of trauma/The trauma of mydi. *Peace and Conflict: Journal of Peace Psychology*, **7**, 201-226.

Phieler, G. K. (1995). *Remembering war the American way*. Washington: Smithsonian Books.

Phieler, G. K. (2008). *Remembering war the American way* (2nd ed.). Washington: Smithsonian Books.

Rimé B. (1997). How individual emotional episodes feed collective memory. In J. W. Pennebaker, D. Páez, & B. Rimé (Eds.), *Collective memory of political events* (pp. 131-146). Mahwah, NJ: Lawrence Erlbaum.

Rosoux, V. (2001). National identity in France and Germany: From mutual exclusion to negotiation. *International Negotiation,* **6**, 175-198.

Rosoux, V. (2004). Human rights and the work of memory in international relations. *International Journal of Human Rights,* **3**, 159-170.

Rousso, H. (1992). *Vichy: L'evenement, la memoire et l'histoire.* Paris: Gallimard. (*Vichy: the event, memory and history*).

Schuman, H., Akiyama, H., & Knauper, B. (1998). Collective memories of Germans and Japanese about the first half century. *Memory,* **6**, 427-454.

Schuman, H., & Rodgers, W. L. (2004). Cohorts, chronology, and collective memories. *Public Opinion Quateriy,* **68**, 217-254.

Schuman, H., & Scott, J. (1989). Generations and collective memory. *American Sociological Review,* **54**, 359-381.

Schwartz, B. (1996). Memory as a cultural system: Abraham Lincoln in World War II. *American Sociological Review,* **61**, 908-927.

Schwartz, B. (1997). Collective memory and history: How Abraham Lincoln became a symbol of racial equality. *The Sociological Quarterly,* **38**, 469-496.

Schwartz, S. (1994). Beyond individualism/collectivism: New cultural dimensions of values. In U. Kim, H. C. Triandis, C. Kagitcibasi, S. Choi, & G. Yoon (Eds.), *Individualism and collectivism* (pp. 85-119). Thousands Oaks, CA: Sage.

Scott, J., & Zac, L. (1993). Collective memories in Britain and die United States. *Public Opinion Quarterly,* **57**, 315-351.

Sen, R., & Wagner, W. (2005). History, emotions and hetero-referential representations in intergroup conflict: The example of Hindu-Muslim relations in India. *Papers on Social Representations,* **14**, 2.1-2.23.

Sibley, C. S., & Liu, J. H. (2007). New Zealand=bicultural? Implicit and explicit associations between ethnicity and nationhood in the New Zealand context. *European Journal of Social Psychology,* **37**, 1222-1243.

Sibley, C. S., Liu, J. H., Duckitt, J., & Khan, S. S. (2008). Social representations of history and the legitimation of social inequality: The form and function of historical negation. *European Journal of Psychology,* **38**, 542-565.

Spillman, L. (1997). *Nation and Commemoration: Creating national identity in the USA and Australia.* Cambridge: Cambridge University Press.

UNESCO (2000). *World culture report.* Paris: UNESCO Press.

Vansina, J. (1985). *Oral tradition as history.* London: Academic Press.

Wagner, W., Kronberger, N., & Seifert, F. (2002). Collective symbolic coping with new technology: Knowledge, images and public discourse. *British Journal of Social Psychology,* **41**, 323-343.

Wertsch, J. (2002). *Voices of collective remembering.* Cambridge: Cambridge University Press.

Wette, W. (2006). *La wehrmacht.* Barcelona: Critica. (*The German Army*).

Winter, J. (2006). *Remembering war.* New Haven, CT: Yale University Press.

Wohl, M. J. A., & Branscombe, N. R. (2008) Remembering historical victimization: Collective guilt for current ingroup transgressions. *Journal of Personality and Social Psychology,* **94**, 988-1006.

Zerubavel, Y. (1995). *Recovered roots: Collective memory and the making of Israeli national tradition.* Chicago: University of Chicago Press.

第5章

アイデンティティと紛争

Marilynn B. Brewer

> 近年起こったすべての殺戮は，血まみれの戦争の多くと同様に，複雑で延々と続くアイデンティティの「実例」である。……アイデンティティから生じる紛争に直接かかわった人にとって，また苦しみ，不安を感じた人にとっては，「われわれ」と「彼ら」，侮辱と罪滅ぼし以外，そこには何も存在しないのだ。
> 『アイデンティティの名のもとに（*In the Name of Identity*）』
> （Maalouf, 2003, p.33）

レバノン系フランス人の著者Maaloufからの引用文に描かれているように，アイデンティティ——特に，集団的アイデンティティ（group identity）もしくは集合的アイデンティティ（collective identity）——が，集団間紛争の起源と維持に重要であることはしばしば指摘されてきた。アイデンティティは，少なくとも2つの方向性において，集団間関係の方向性を決定づけるのに重要な役割を担うと考えられる。第1は，個人レベルにおける同一化（identification）プロセスそれ自体に関するものである。同一化（たとえば，社会的アイデンティティ）とは，自己感覚と自己利益が集団全体に対する愛着へと拡大することを意味している。集団的アイデンティティが重要となり顕現化したときに，個人は集団を繁栄させ，集団の利益を守ろうと動機づけられるが，それは侵略から集団の境界を守ることや，集団の価値観が汚されることを防ごうとすること，集団の統一感を維持することなどを含んでいる。集団に強く同一化した人にとって，集団全体に対して知覚された脅威は，たとえ自分自身に直接的被害が及ばなくても，自分自身への脅威とみなされる。

集団間紛争においてアイデンティティが重要である第2の点は，集合の象徴的な意味づけから，また，集団象徴やアイデンティティのナラティブ（たとえば，集合的アイデンティティ）に対する承認と正当化への欲求から生じる。集団行動の合理的行為者理論においては，集団の価値観や聖像（icons）に対する象徴的脅威，尊重や承認の欠如に対する関心は，物質的繁栄や集団存続に対する客観的で「現実的」な脅威への関心に比べると，集団間敵意や恐怖を引き起こす主観的で「非合理」なものとみな

されてきた。しかし，紛争の客観的評価とアイデンティティへの脅威の主観的知覚とは表裏一体の関係にある。特に現代世界では，資源（たとえば，土地や勢力）をめぐる競争は，まるで実際の集団の存続そのものと同様に，アイデンティティの意義と深く関連している（Ledgerwood et al., 2007; Rothman, 1997）。

本章の目的は，集団間紛争における社会的アイデンティティと集合的アイデンティティの役割を示すことである。はじめに，集団同一化を人間性の基本的特徴とみなす主要理論を簡単に概観する。次に共有されたアイデンティティに対する物理的・象徴的脅威の知覚が，破壊的集団間紛争の生起と維持においてどのように重要な役割を担っているかを論じる。最後に，紛争解決や和解の観点からアイデンティティのダイナミックスをどのようにとらえるべきかについて検討する。

集団同一化の理論

社会心理学の中で，集団同一化の研究は社会的アイデンティティ理論と密接に関連している（Tajfel & Turner, 1979）。しかし，集団的アイデンティティが人間心理の基礎的特徴であるという認識は，人類学，精神力動論，シンボリック相互作用論，発達心理学などでも指摘されてきた。これら異なる領域からの視点はいずれも，個人と社会集団の本質的な関係を制御し維持する人間心理の特徴として集団同一化の概念を強調してきた。

■ 自民族中心主義：内集団と自己

Sumner（1906）は豊富な人類学的観察に基づいて，集団成員性に基づいて人々を区分する普遍的と思われる傾向が人間に存在することを述べた。Sumner は自分が所属する社会集団を内集団（in-group），所属しない社会集団を外集団（out-group）とよんだ。家族や友だちといった対面的小集団から，性別，宗教，国籍といった大規模な社会集団にいたるまで，内集団には多くの種類が含まれる。集団成員性の心理学的な意味は，集団サイズや成員間の直接的相互作用には限定されない。内集団成員性は単なる認知的分類以上のもの——感情的な重要性——も含んでいる。内集団愛着と，外集団よりも内集団を好むことは，人間の社会生活における普遍的な特徴であろう。Sumner（1906）は自民族中心主義（ethnocentrism）という言葉をつくり出し，この社会心理現象を次のように述べている。

　　　……私たち，つまり我々集団（we-group）もしくは内集団（in-group）と，その他の誰か，つまり他者集団（others-group）もしくは外集団（out-group）

との間には区別が生じる。我々集団の人々は，互いに平和，秩序，法律，政府，産業から成るある関係の中で暮らしている。……　自民族中心主義とは，自分たちの集団がすべての中心であり，すべてのものはそれに基づいて判断されるという考え方を指す用語である。……それぞれの集団は誇りと虚栄を増長させ，優越を鼻にかけ，自己の神聖さを称え，そして，よそ者を侮蔑する。(pp.12-13)

　内集団びいきの証拠は民族や国家アイデンティティの研究分野を超えて広くみられる。実験社会心理学者は，実験室で個人を恣意的なカテゴリーに分類するだけで内集団－外集団感覚を引き起こせることを示している（Brewer, 1979; Tajfel et al., 1971; Turner, 1978）。また，「我々」という概念は自動的で無意識的に活性化され，正の感情価をもつという実験的証拠も得られている（Perdue et al., 1990）。

■ 進化心理学

　人間進化理論では，人類が集団生活の中で進化したという豊富な根拠に基づいて議論を進めている（Caporael & Brewer, 1991）。狩猟採集社会で生存するということの分析から人類という種に固有の特性と能力の多くが推論されてきた（Buss, 1991）。人間の社会行動の進化に関する社会生物学的モデルは，包括適応度の概念に大きく依存してきた。このモデルでは，淘汰の基本単位は遺伝子であること，淘汰は，同一家系や血縁に属し，同じ遺伝子をもつ人に益する行動を生み出す遺伝子を好むことなどが仮定される（Archer, 1991）。

　この進化モデルは，「身内」（共通の遺伝子をもつ血縁者）と「よそ者」（非血縁者，外集団）に対して異なるふるまいをすることは，遺伝的な性質であることを示唆している。この考えは「自民族中心主義の社会生物学」の基盤となっており（Reynolds et al., 1987; van den Berghe, 1981），それによれば，自民族中心主義行動は，遺伝的な包括適応度の観点から自己利益追求の産物である。近親者の援助は自己の遺伝子生存に利するので，遺伝子の共有度が高い人々の間では協力が生じやすい。反対に，遺伝的共有率が低下するほど，個人間ならびに集団間の葛藤が起こりやすくなる（van den Berghe, 1981, p.7）。

　社会生物学では，原始的民族集団は100～200人の近親者からなる小さな群れだったので，その中で人間は協力傾向を進化させてきたとみなす。熟知性の低い人々の間で遺伝的関連性を示す「マーカー」（肌や髪の色，顔の特徴，独特の癖など）が形成されることで，自民族中心の傾向はより大きな社会集団に拡張されてきた（Johnson, 1989）。あるモデルはさらに，中核的（血縁的）民族集団の利益を最大化するような大集団に選択的に愛着をもつよう「同一化のメカニズム」が進化したと仮定する（Shaw & Wong, 1989）。最近の進化理論は，内集団びいきと自民族中心主義を形成する要因として，淘汰圧の強い環境（Brewer & Caporael, 2006）や集団間紛争（van

Vugt & Park, 2010) における集団内協力の適応価に注目している。

■ **精神力動論**

　フロイト派の理論は，進化生物学モデルとは違って，自民族中心的同一化の起源として経験と発達に大きな役割を与える。フロイト自身の集団同一化理論は，同一化の対象として集団のリーダーに注目する（Freud, 1921/1960）。新フロイト派は対象関係論（Ashbach & Schermer, 1987; Klein, 1975）を拡張し，同一化の対象として集団のすべての象徴的表象を組み込んだ。この観点からすると，社会的アイデンティティとは，自己を外的対象に投影する，あるいは対象を自己感覚に取り入れる／取り込んだ結果である。

　フロイトはまた，集団間のわずかな差異に対する集団成員のこだわりを指して「小異のナルシシズム」という言葉をつくった（Freud, 1912/1957）。Volkan（1988）はこの言葉を用いて，「味方」と「敵」を定義分けする普遍的プロセスを通じて個人的アイデンティティが達成されることをアイデンティティ形成の理論的基盤とした。このプロセスは，新生児が養育者との絆を形成し，見知らぬ人と親しい人を区別することを学ぶ誕生後数か月の間に始まる。その後，このわれわれ－彼らの分化プロセスは安定した自己定義を獲得する基盤として継続される。

　集団的アイデンティティに対する最近の精神分析的アプローチは存在脅威管理理論（terror management theory）であり（Solomon et al., 1991），これは，人類が自己意識を進化させたとき，死すべき運命と自己の死の不可避さに気づくようになったという考えに基づくものである。人間には普遍的な自己保存の本能があるために，死の自覚は，十分に抑制されていないと強い不安を感じさせ，無力感を伴った恐怖を引き起こす。この理論によると，死の不安に対処し，適応するために人類社会は共有された世界観と文化的価値観を進化させた。この世界観を支持し，文化的価値観に従って生きることによって個人は妥当性，自己価値，心理的不死性を獲得し，これが死の恐怖を抑制する。

　存在脅威管理理論の1つの重要な示唆は，死の不可避性の思考が顕現化すると，個人は自己の文化的世界観を確証することによってこれに対処しようとするが，これは異なる価値観や文化観に対する非寛容を伴うこととなる。多くの実験結果は，死の不可避性の顕現性と内集団びいきのこうした関係を示してきた（Greenberg et al., 1992; Harmon-Jones et al., 1996; Nelson et al., 1997）。実験参加者たちが自分の死の可能性について考えるよう誘導されると（たとえば苦痛を伴う歯の治療のような他のネガティブな経験と比べて），内集団選好，他者への非寛容，集団間バイアスが有意に強まった。

■ 社会的アイデンティティと自己カテゴリー化理論

　Tajfel と Turner が最初に示したように（Tajfel, 1981; Tajfel & Turner, 1979; Turner, 1975），社会的アイデンティティ理論家たちの基本前提は，内集団－外集団区別が社会的カテゴリー化プロセスから生じるということである。社会的アイデンティティ理論は，集団間の態度と行動の研究における 2 つの伝統——社会的カテゴリー化と社会的比較——を合わせたものである。その理論構成は 2 つの基本仮定に基づく。

1. 人々は，連続変数を群に分けるカテゴリー区分に基づいて社会的世界を理解しようとする。カテゴリー化には，カテゴリー内部では知覚された差異を最小化し，カテゴリー間の差異を拡大するという効果がある。
2. 人々は，ある社会的カテゴリーの成員であり，他の社会的カテゴリーの成員ではないので，社会的カテゴリー化は暗黙の内集団－外集団（われわれ－彼ら）分化を伴う。社会的カテゴリー化は自己関連性に基づくため，それは感情的・情動的意味の負荷されたカテゴリー分化である。カテゴリー差異の拡大は，有利な差異に対する欲求（集団間社会的比較）と結びつき，内集団びいきや自民族中心主義を引き起こす。

　集団形成と内集団選好の認知的基盤をさらに精緻にしたものが Turner の自己カテゴリー化理論（self-categorization theory）である（Turner, 1985; Turner et al., 1987）。この理論によると，個人的アイデンティティと社会的アイデンティティは自己カテゴリー化の抽象性（包含性）の程度において異なる。集団レベルの自己カテゴリー化（社会的アイデンティティ）は，それが自己知覚の「脱個人化（depersonalization）」，つまり，自己を外集団と区別される特徴をもつ内集団カテゴリーの代表として知覚することを伴うという点で，個人レベルのカテゴリー化とは異なるものである。自己カテゴリー化理論によると，自民族中心主義，協力，感情伝染，集団規範への同調など，基本的集団現象の基盤となっているものが自己知覚の脱個人化である（Turner et al., 1987）。

■ 社会的同一化の動機理論

　自己カテゴリー化理論は，集団同一化の基本的性質に関する理論として大きな影響力をもってきたが，しかし，多くの社会心理学者にとって社会的同一化が——重要な感情的・行動的性質を伴うものであるのに——認知的カテゴリー化のプロセスのみに基づくという見方は直感的に見て不完全なものであった。集団的アイデンティティは集団の繁栄や連帯のために時には自己犠牲を引き起こすので，個人がいつ，なぜ自己

感覚を重要な集団的アイデンティティに委ねようとするかを理解するためには，認知的分析とともに動機的分析が必要である。

自尊心　社会的アイデンティティ理論と最も関連の深い動機づけ概念は自尊心高揚動機である。初期の社会的アイデンティティ理論（Tajfel & Turner, 1979; Turner, 1975）が内集団−外集団比較における「肯定的弁別性（positive distinctiveness）」欲求を論じた際，そこには明らかに自尊心が含意されていた。しかし，ポジティブな自尊心が，社会的アイデンティティ自体を求める動機として喚起されるのか，それとも社会的アイデンティティが形成されたことによる内集団びいきへの動機として喚起されるのかは，彼らの論述からは不明である。本来の意図は何であれ，内集団バイアスにおける自尊心の役割を検討した一連の研究は，高められた自尊心が，ポジティブで明確な社会的アイデンティティの結果であるという考え方を支持している。しかし，自尊心高揚欲求が何よりも社会的同一化を動機づけるという証拠はほとんど得られていない（Rubin & Hewstone, 1998）。逆に，不利な立場にあり，烙印が押され，ネガティブな集団間比較を受ける集団に人々が強く同一化するという証拠の方が多い（Branscombe, Schmitt & Harvey, 1999; Crocker et al., 1994; Jetten et al., 2001; Turner et al., 1984）。

認知的動機：不確実性の低減　人が社会的アイデンティティをもつ理由の説明として自尊心だけでは不十分であるとして，集団への愛着や集団成員としての自己定義の根拠として，内集団の高地位を求めること以外の動機が提唱されてきた。その1つは，集団的アイデンティティが社会文脈における不確実性を低減させ，意味と明瞭さに対する基本的な欲求を満たすというものである（Hogg & Abrams, 1993; Hogg & Mullin, 1999）。この仮説を支持する研究として，Hoggとその同僚たちは（Grieve & Hogg, 1999; Mullin & Hogg, 1998），同一化と内集団バイアスは認知的不確実性の高い状況では強まり，不確実性が低い状況では弱くなることについて説得力のある証拠を示した。集団成員性とアイデンティティが個人に自己の定義を与え，曖昧な社会状況における行動指針となる働きをしていることはまちがいない（Deaux et al., 1999; Vignoles et al., 2000）。しかし，集団的アイデンティティは社会的不確実性を低減する利用可能な多くの方法の1つでしかない。役割，価値観，法律などは，社会的同一化プロセスとは無関係に類似の機能を提供する。したがって，不確実性の低減だけでは，集団同一化が人間生活の基本的側面であるとの説明にはならない。

所属　社会的アイデンティティ理論の1つとしての不確実性低減説は，意味，確実性，構造に対する欲求など認知的動機システムの中で集団同一化を説明するものである。

一方，社会的同一化動機が安全・安心というより基本的な欲求から生じるという別の説明もある。BaumeisterとLeary（1995）は，孤独な人間たちが生存のために他者との結びつきを求めるなど，所属を求める普遍的欲求を人間性の一面として提案した。

最適弁別性　所属欲求と不確実性低減欲求を組み合わせることによって，なぜ人々が集団的アイデンティティをもつのか，またどの集団がアイデンティティ欲求を満たすのかという疑問に答えることができるであろう。集団成員性が個人の意味と一貫性への欲求を満たすためには，内集団の成員性を非成員性から分離する境界の明瞭性が特に重要となるが，このことは集団同一化の要因として社会的カテゴリーの弁別性の重要性に目を向ける。弁別性とは，個々の社会的カテゴリーの特性として，カテゴリーの顕著さと集団成員性の排他性を含むものである。

　Brewer（1991）の最適弁別性理論（optimal distinctive theory: ODT）は，弁別的な社会的アイデンティティを好む性向の背後にある心理的動機のモデルを示している。ODTは，人間は2つの強力な社会的動機をもつと仮定する。自己をより大きな集合に同化（assimilation）させることによって満たされる包摂（inclusion）欲求と，自己を他者から分け隔てることで満たされる差異化（differentiation）欲求である。これらの欲求をともに満たすことができるために，包摂的すぎる集団よりもむしろ排他的集団の方が，より愛着と同一化が強い。弁別的社会的アイデンティティは包摂欲求（カテゴリー内同化）を満たす一方で，自己と他者の差異化欲求（カテゴリー間対比）を満たす。このモデルによると，弁別的社会的アイデンティティが個人的アイデンティティよりも満足度が高いのは，それが自己カテゴリー化の好ましい水準だからである。

　最適弁別性モデルの基本的仮定は，2つのアイデンティティ欲求（包摂／同化と差異化／弁別性）は独立的で，対立しながら，集団同一化を動機づけるということである。最適なアイデンティティは，内集団の中で包摂されるという欲求を満たすと同時に，内集団と外集団の間の弁別を通じて差異化の欲求を満たす。事実，最適な社会的アイデンティティは共有された弁別性を含んでいる（Stapel & Marx, 2007）。個人は，包摂過剰な社会的カテゴリーにも，また，差異化過剰な社会的カテゴリーにも同一化をためらい，最適に弁別された社会的アイデンティティによって自己を定義しようとする。最適性からの逸脱を修正することによって均衡が維持される。個性化が過剰な状況では同化欲求が活性化され，個人はより包摂的な社会的アイデンティティを採用するよう動機づけられる。これに対して，没個性化の感覚が喚起された状況では差異化欲求が活性化され，より排他的で弁別的なアイデンティティを求めるようになる。

アイデンティティ脅威と集団間紛争

　集団同一化に関する認知理論と動機理論はともに，安定した集団的アイデンティティが個人の機能にとっていかに重要かを強調する。内集団成員に対する有利な処遇，自民族中心的な内集団重視，内集団への愛着と忠誠などはすべて，生存，安全，心理的安寧のための重要な機能に資するものである。自己カテゴリー化と集団同一化のプロセスを通じて，個人の自己感覚と自己利益は，集団の利益と繁栄に密接に結びつくようになる。Brewer（1991）が述べているように，社会的アイデンティティは自己利益の意味を再定義する自己の変容である。社会的アイデンティティが強く顕現化されると，内集団——国家であれ，民族であれ，宗教であれ，職業であれ——の存続と繁栄は自己の生存と等しくなる。

　内集団同一化のプロセスと機能は，必ずしも外集団への敵意や憎しみを意味するものではない（Brewer, 1999, 2007）。内集団をポジティブに見ることと外集団蔑視は相互に関連していると広く信じられているが，実証研究では一貫した関係はほとんどみられていない。実験室実験であれ，フィールド調査であれ，研究結果は，内集団をポジティブに見る程度，あるいは社会的アイデンティティの程度が，外集団に対するバイアスや外集団をネガティブに見ることと一貫して相関することを示しているわけではない（Brewer, 1979; Hinkle & Brown, 1990; Kosterman & Feshbach, 1989; Struch & Schwartz, 1989）。ある特定の社会集団に強いアイデンティティをもっている人であっても，外集団に対する態度は集団間状況しだいで，ネガティブなものから，無関心，ポジティブなものまで広範にわたる（Duckitt et al., 2005）。外集団との葛藤がなくとも，内集団への忠誠心と愛着を抱くことは可能である。

　集団間葛藤と敵意に関して内集団同一化が担う役割を理解するためには，どのような条件のもとで，内集団の存続と繁栄が特定の外集団と関連してくるのかを明らかにする必要がある。外集団への敵意と集団間紛争を正当化するためには，外集団の存在，目標，価値観が，内集団の維持と自己の社会的アイデンティティにとって脅威であるとみなされなければならない。したがって，内集団同一化と外集団敵意の関連性を理解するためには，内集団の利益およびアイデンティティと，外集団の利益およびアイデンティティが葛藤状況でどのように知覚されているかを理解する必要がある。

■ 同一化と集団間脅威

　内集団成員性と愛着は個人の安全と安寧に資するので，内集団の存続，繁栄，倫理，弁別性に対する脅威の知覚は，同一化した集団成員にとって感情的重要性をもつものである。特定の外集団に関して知覚された意図，動機，利益が内集団への脅威として

解釈されたとき，内集団に対する同一化と外集団に対する態度・行動が互いに関連づけられる。集団間関係における統合的脅威理論（integrated threat theory）によると（Stephan & Stephan, 2000; Stephan & Renfro, 2002），集団レベルの脅威は大きく2種類に分けられる——現実的脅威（realistic threat）と象徴的脅威（symbolic threat）[*1]。現実的脅威とは，領土，資源，勢力，身体的安寧など集団が有する物質的，経済的，政治的福利資源に対する脅威である。象徴的脅威は実在しないもの——内集団の価値観や共有された信念，世界観，特に集合的アイデンティティへの脅威である。自分たちが何者であるかという共有感覚，確固たるアイデンティティの主張が外集団によって否定されたり軽視されたりしたとき，象徴的脅威は内集団の安寧にとって有形の脅威と同等のインパクトをもつようになる。

一度，外集団が内集団の統合性に対する脅威——物質的であれ象徴的であれ——として知覚されると，集団間紛争の火種がまかれる。集団間敵意から紛争の顕在化へと発展する際には，もちろん，多くの外的・内的要因が関与するが，集団同一化と集団間脅威の密接な関連性が集団間紛争の発生と長期化において重要な役割を果たす。

■ 脅威知覚における同一化の役割

すべての集団間脅威がアイデンティティへの脅威となるわけではないが，内集団成員の全体に対する同一化の程度は，少なくとも2つの点で集団間脅威知覚のダイナミックスに影響をもたらす。第1に，同一化の強さは，内集団に対する脅威が個人にとってどれくらい重要であるか，また，内集団の利益を守るために個人がどれくらい熱心に行動しようとするかを左右する（Branscombe, Ellemers et al., 1999）。集合的脅威に対する感情的反応の強さは——怒りであれ恐怖であれ，もしくはその両方であれ——集団同一化の強さと密接にリンクしている（Doosje et al., 1998; Smith et al., 2007）。

第2に，内集団同一化の強さは，集団間脅威がそもそも知覚されるかどうかに影響する。集団に強く同一化した人々にとって，集団の利益と個人の安寧はリンクしている。このような人々は低同一化の人々と比べて，外集団の目標や行為を内集団の利害にとってどのような意味があるかという点から解釈する傾向があり，また，内集団アイデンティティや価値観に対する象徴的脅威に対してより過敏である（Smith et al., 2007）。実際，同一化が高いことで，脅威を知覚する閾値が低くなり，象徴的脅威と現実的脅威の間の区別が曖昧になってしまう。

■ 攻撃の正当化における同一化の役割

脅威知覚は，脅威外集団に対する先制的あるいは防衛的攻撃の動機づけを十分に正当化するが，解決困難な集団間紛争の中で暴力や攻撃がエスカレートする際には，紛

争の継続を正当化するよりいっそうの集合的認知の働きが必要である。集団同一化のプロセスはここでも重要な役割を担っている。社会心理学的研究によると，高く同一化した人は，外集団に対する内集団の攻撃を正当なものだと知覚し，集団間攻撃に対して罪悪感よりも満足感を抱き，その結果その後の攻撃をも強く支持するようになる (Maitner et al., 2007)。正当化の認知には，外的環境への原因帰属や外集団非難，加害の深刻さの過小評価 (Branscombe & Miron, 2004)，外集団非人間化 (dehumanization) と道徳的排除 (moral exclusion) などが含まれる (Bar-Tal, 1990; Castano & Giner-Sorolla, 2006; Staub, 1990)。

　他の研究はさらに，内集団の攻撃，特に道徳原理に反する残酷で非人間的な攻撃行為を正当化するスパイラルの中に，あるタイプの内集団同一化がみられることを示唆している。集団同一化は，実際，内集団の道徳違反に対する感情的反応とパラドキシカルな関係にある。一方で，強い同一化は内集団の行為に責任を感じることと結びついており，それは集合的罪悪感 (collective guilt) の先行条件となる。その一方，同一化の強い人は，ポジティブな集団的アイデンティティを維持し守るために，内集団の行為を正当化しようとする。この矛盾を念頭に，Roccas ら (2006) は，同一化それ自体が必ずしも内集団の悪事に対する防衛的正当化を動機づけるわけではなく，「賛美 (glorification)」(Staub, 1997の「盲目的国家主義」と類似した概念) と彼らがよぶ種類の内集団愛着がそうした正当化をもたらすと主張した。仮説と一致して，彼らのイスラエルにおける国家アイデンティティ研究は，内集団の残虐行為の記事に対する反応において，内集団賛美は正当化と正の関連があり，集合的罪悪感とは負の関連があることを見いだした。賛美を統制すると，内集団愛着は正当化を弱め，罪悪感を強めた。しかし，内集団優越信念と内集団アイデンティティ象徴に対する強い愛着が結びついているときは，国家への同一化は集団間紛争と暴力の激化を促進する心理的要因だった。

解決困難な紛争における集合的アイデンティティの役割

　特定の外集団に対して知覚された脅威は，集団間の反発と敵意を強めるが，集団間紛争の中でいつでもこうした敵対心が噴出するわけではないし，もしそうであれば，紛争は軍事行動や外交交渉によって比較的短期間のうちに解決されるであろう。長い年月にわたる2つの集団の暴力的衝突や軍事行動を含む持続的な紛争状態を指す，いわゆる「解決困難な紛争」に対しては特別な関心が寄せられてきた。解決困難な紛争には国家的，民族的，宗教的アイデンティティ集団が関与していることが多いが，それはまた組織や小さなコミュニティの中でも観察されてきた (Fiol et al., 2009;

Rothman, 1997）。

　解決困難な紛争の中核的特徴は，数年あるいは数世代にもわたって長期間続いているということである（Coleman, 2003; Rouhana & Bar-Tal, 1998; Zartman, 2005）。解決困難な紛争は，また，紛争にかかわっている人々にとって中心的なものであり，慢性的に顕在化されているものでもある（Bar-Tal, 2007; Northrup, 1989）。多くの研究者が，アイデンティティは解決困難な紛争において重要なものとみている。解決困難な紛争がどのように発展するかを分析した研究は，ある集団的アイデンティティが他集団から否定されたり軽視されたりしたとき，解決困難な紛争が発生しやすいことを示している（Kriesberg, 2005; Northrup, 1989; Zartman, 2005）。人々が自分の住む世界を理解する上でアイデンティティは中心的なものなので，これに合致しない情報は従来の信念に適合するように歪曲される。こうした紛争の解決困難さとその中心的性質からみて，原因に関する信念と敵意の正当化は，社会的に共有された信念として深く浸透するようになるが（Bar-Tal, 1998; Rouhana & Bar-Tal, 1998），それは，内集団の動機と目標の正しさに関する確信，外集団の立場の非正当化，過度の自民族中心的自己知覚，被害者性信念などから成る。どちらの集団においても，自己と他者に関する概念化は共有信念として集合的アイデンティティと集団史のナラティブに組み込まれていく（Hammack, 2006）。

　解決困難な紛争を持続させるものとしてもアイデンティティの役割は特に重要であるが，それは，紛争による物的資源と人命の膨大なコストからすると，集団行動に関する合理的選択理論では説明できないからである。紛争の継続から個人的に利益（物質的な富や政治的力）を得る少数の人を除いて，両集団の成員の多くは，紛争が解決された方が集団的にも好ましいとみなしている。しかし，深く浸透したアイデンティティへの関心が解決交渉の障碍となる（Kelman, 1999, 2001）。集合的アイデンティティの2つの側面，すなわち，内集団を被害者と知覚することと，ゼロ-サム的対抗アイデンティティの形成が破壊的紛争を永続化させる原因であると指摘されてきた。

■ 被害者アイデンティティ

　敵外集団からの不公正な扱いや攻撃の被害者として内集団を知覚することは，脅威の知覚を強め，集団間紛争を維持する状況を正当化するものである。自己を被害者として見ることは，内集団の徳性を高めると同時に，外集団に危害を加えることが正当化される。被害者意識（および，関連した道徳的義憤）が集合的アイデンティティの一部として形成されるプロセスは，少なくとも2通りある。1つは，内集団成員が屈辱や虐殺を受けた特定の歴史的事件（もしくは期間）の表象が集合的記憶の一部となり，世代継承を経て内集団アイデンティティの象徴となることである——Volkan（2007）はこれを選ばれた心的外傷とよび，Staub（1999）は癒されない傷とよんだ。

たとえ現在の外集団が歴史上の加害者と同一でないとしても，共有された信念システムである記憶された被害性は，知覚された現在の脅威に対する反応において，脆弱性，内集団防衛，道徳的正当性などの心理を活性化する。

被害者意識が内集団の一部となる第 2 のプロセスは，紛争の最中に発生する。内集団を外集団の攻撃的意図の被害者とみなすことは，しばしば共有された信念の本質部分を構成し，それが敵意をもち続けることを正当化する（Rouhana & Bar-Tal, 1998）。この信念は，内集団に対する外集団からの危害や虐殺に焦点を当て，永続的紛争の中で報復的行為を正当化する。多くの解決困難な紛争では，双方ともに自己を相手からの攻撃被害者とみていることが多く，内集団が被害者であるという知覚は集合的アイデンティティの中心的な構成要素となる。この場合，紛争状態にある集団同士のアイデンティティは，自集団アイデンティティの要素が相手集団のアイデンティティの重要な要素と集合的ナラティブを否定するという意味において，まさに敵対的なものとなる。

■ 対立的ないしゼロ-サム・アイデンティティ

相互の被害者意識と同様に，解決困難な紛争はアイデンティティのゼロ-サム概念をもつという特徴がある（Coleman, 2003; Fiol et al., 2009; Kelman, 1999, 2001; Zartman, 2005）。解決困難な紛争状態にある集団同士のアイデンティティは，各集団のアイデンティティの中核成分が相手集団を否定することに基づいているという点で負の相互依存関係にある（Kelman, 1999）。さらに，一方の集団が自己の正当性を維持するためには，他集団を不当とみなさなければならない。この例として Kelman（1999）は，イスラエル・パレスチナ紛争において，両者が「領土のみならず，もっと重要な意味において，国家のアイデンティティと存在という点でゼロ-サム紛争であると知覚していること」（p.588）が紛争の心理的核心部分であると論じている。このようなゼロ-サム概念のもとでは，各集団は，どちらか一方だけが国として正当に承認され，自国のアイデンティティは相手国の存在を否定することによってのみ成立しうると感じている。

Staub（1999）は，これに関連した対立的アイデンティティの概念を「反目のイデオロギー（ideology of antagonism）」──他者を敵として知覚し，他集団への憎しみがその中心的な構成要素である内集団アイデンティティ（p.183）──と表現した。つまり，A と B の 2 集団があるとき，集団 A のアイデンティティにとっては集団 B の成員ではないことが重要であり，その逆も同様である。この意味で集合的アイデンティティ同士が対立したとき，外集団の成功や利益獲得は内集団への脅威と解釈され，内集団の繁栄は外集団よりも相対的に恵まれているという意味で定義される。「自己のアイデンティティを維持するものは他者のアイデンティティを脅かす」（Kelman,

1999, p.592)。相互に対立した，あるいはゼロ - サムの内集団アイデンティティという概念は，解決困難な紛争のまさしく本質的要素であり，実質的に紛争を解決困難にするものである。Kelman（1999）が述べているように，「この負の相互依存関係は，紛争解決と最終的な和解の障碍となるだけでなく，各集団が自己のアイデンティティを形成することを困難かつコストのかかるものにする。国家集団として……自己の正当性を……示すだけでは不十分である。加えて，他集団の……非正当性を示すことが必要である」（p.589）。

紛争鎮静化におけるアイデンティティの役割

Rothman（1997）が指摘したように「最も重要な集団への所属から表現され，維持されている人々の本質的アイデンティティが脅かされたり満たされなかったりすると，ほとんど不可避的に，解決困難な紛争が生じる。このような紛争にとって，慣習的な紛争処理法は通常不十分であり，事態を悪化させることさえある」（p.5）。これは，集団間紛争が「アイデンティティ紛争」として一度定義されてしまうと，紛争解決が困難となることを簡潔に述べたものである。

■ アイデンティティ変容としての紛争解決

紛争状態にある集団が互いにゼロ - サム・アイデンティティの特徴をもつとき，平和と和解を目指すためには，集合的アイデンティティの変容以外の方法はない。イスラエル・パレスチナ紛争の分析を行なっている Kelman（1999, 2004）は，和平を目指すには超越的アイデンティティ（transcendent identity）の達成が必要であることを強調するが，同時に，こうしたアイデンティティ変容に対しては根深い抵抗があることも認める。長期にわたる紛争が集団的アイデンティティと結びついてしまうと心理的コミットメントが生じ，それが紛争関係の変化に対する大きな障碍となる。対決的アイデンティティを共有的アイデンティティに変えることは至難の業である。そこで Kelman は，個別のアイデンティティと平行して超越的な上位アイデンティティを生成し，その中で下位集団の個別アイデンティティを承認し，維持することが重要であると考えている。

集団間紛争の解決策として，入れ子構造となった二重アイデンティティ（dual identity）が提唱されてきたが（Gaertner & Dovidio, 2000; Hornsey & Hogg, 2000），多くの社会心理学研究は，下位集団と上位集団の二重の同一化において適切なバランスを達成し，これを維持することとはむずかしいことを示唆している（Brewer, 2000; Mummendey & Wenzel, 1999）。認知的にも動機的にも，利害対立が起こった

ときには，上位集団への忠誠よりも下位集団への同一化と忠誠が優先される。このように，集団間紛争解決の二重アイデンティティ方略は脆弱なものである。

■ アイデンティティの複雑さと紛争鎮静化

集合的アイデンティティが本質的に人々の間で共有されていると考えると，その変容は困難であり，直接的，意図的にそれができるというのは稀なことであろう。集団間紛争に直面したときには，より間接的に，アイデンティティのダイナミックスを変化させる方略の方が有効であろう。

本章の初めにあげた Maalouf（2003）の洞察に戻ろう。彼は，諸悪の根源は集団的アイデンティティそれ自体ではなく，むしろ個人の愛着と所属の複雑さを単純なわれわれ－彼らという区分に還元してしまう単一アイデンティティへと注目することであると指摘する。「人々は，自分が愛着を抱いているもののある側面が攻撃を受けると，それが何であれ，自分自身が攻撃を受けていると感じることがよくある……そして，それが肌の色であれ，宗教であれ，言語であれ，社会階層であれ，自分のアイデンティティ全体が侵害を受けたと感じるのである」（Maalouf, 2003, p.26）。ひとたび自分が不当な扱いや屈辱を受けたと感じると，人々は政治的リーダーや扇動者の影響を受けやすくなるが，彼らは，恐怖，屈辱，被害の感覚を利用して自分たちを被害者アイデンティティとして定義し，愛着の他の面は抑制し，加害者である「他者」に対する復讐心を煽り，戦争や殺戮の舞台を調えるのである。

社会的アイデンティティに対するこの単一的な見方と対比させて，Maalouf（2003）は，次に，アイデンティティの複雑性を認識することの効果を論じる。

> 他方，自己のアイデンティティを多くの愛着側面から成るものとみなすと，ある側面は民族の過去と結びついているが，他の側面はそうではない，ある側面は宗教的伝統と結びついているが，他の側面はそうではないということに気がつくと，……その人は，他の人々とも，また自分自身の「仲間」ともこれまでとは異なる関係に入っていく。もはや「彼ら」と「われわれ」という問題は存在しない。……そうしてみると，「われわれの」側に存在する人々と私はほとんど共通点がないということがある一方で，「彼らの」側には私が非常に親密に感じる人々がいるという……。(p.31)

Maalouf がここで示唆していることは，社会科学者が交差的連帯あるいはカテゴリー成員性とよんだものである。社会的カテゴリー分化の多くの基盤——性別，年齢，宗教，民族，職業——は交差的な分類である。交差カテゴリー化では，社会的カテゴリーのアイデンティティが入れ子になっているのではなく，2つの異なる内集団の成員性が部分的に重なっているだけである。一方の内集団が他の内集団に完全には包含

されていない。ある個人からみると，むしろ，他の人々はあるカテゴリー分化の次元においては仲間の内集団成員であり，別の次元では外集団成員である。

　横断的構造の特徴をもつ社会は，単一の階層構造の特徴をもつ社会よりも，分断や集団間紛争が少ないことが人類学（Gluckman, 1955）と政治社会学（Coser, 1956）の研究において以前から示唆されてきた。社会心理学者たちは，近年，多元交差社会的アイデンティティ（multiple cross-cutting social identities）が個人レベルの集団間バイアスの低減に有効であるとみなすようになった（Deschamps & Doise, 1978; Crisp & Hewstone, 2007; Marcus-Newhall et al., 1993; Roccas & Brewer, 2002）。集団成員性を交差させることが内集団バイアスや集団間差別を低減させる理由に関しては，多くのメカニズムが提唱されている。その1つとして，多元的社会的カテゴリー化によって複雑性が増すことで，内集団と外集団の区別に関する差異化と顕現性が低下することがあげられる。カテゴリー複雑性の認知的効果以上に，動機的要因もまた内集団－外集団差別を低減させる。まず，多元的集団への愛着は，自己定義や所属において特定の社会的カテゴリーの重要性を低下させる。さらに，交差カテゴリー結合のもとでは，外集団もあるカテゴリー次元において仲間である内集団成員を含むことがあるので，一貫性（バランス）動機によってこれに対する拒否的な態度は和らげられる。最後に，交差カテゴリーの成員性は，すべてのカテゴリー境界線を越えて，対人的相互作用と接触の度合いを増加させる（Brewer, 2000）。

　集団間関係に対してアイデンティティ複雑性がもつ意味は，個人の場合と同様で，紛争中のアイデンティティ集団の成員たちは，敵の外集団成員の一部と成員性を共有する別のアイデンティティ集団（たとえば，農家，科学者，キリスト教徒など）に所属していることがあるという点である。このように，アイデンティティの交差構造を重視することは，アイデンティティの変化を，少なくとも全面的な変化を求めることなく，単一アイデンティティの紛争強度を和らげる方策を提供するであろう。さらに，交差カテゴリー化が超越的な上位アイデンティティの形成を促進するということや，逆に，両カテゴリーの差異が1つの共通な上位アイデンティティに組み込まれると交差カテゴリー化の効果が強まるといった証拠がある（Crisp et al., 2006）。このように，交差カテゴリー化と共通の内集団アイデンティティが協働することによって，包摂性が高まり，集団間紛争を減らすことができよう。

アイデンティティと紛争：要約

　本章の初めに示したように，多くの解決困難な集団間紛争は「アイデンティティ紛争」だといわれている。本章の目的は，集団的アイデンティティがなぜ紛争を発生さ

せるのか，また紛争はなぜ，どのように維持されるのか，その多くの異なる道筋を示すことであった。特に本章では，個人レベルの集団同一化（社会的アイデンティティ）と関連したプロセスと，集団レベルで共有された集合的アイデンティティの維持に関連したプロセスの区別を行なった。もちろん，社会的アイデンティティと集合的アイデンティティは表裏一体の関係にある。共有された価値観，規範，集合的歴史と「われわれ」の定義に対する共通理解は，集団成員が同一化している意味のある集団の実体に対する知覚を形成し，これを維持するために重要である。同様に，同一化は，集合的アイデンティティが自己感覚や時間を越えた連続性の感覚と結びついていることを意味している（Hammack, 2008）。したがって，同一化が強まるにつれて，首尾一貫し，見解の一致した集合的なナラティブを維持する重要性が高まる。そして，（集団の制度，実践，談話においての結びつきではあるが）皆が合意した集合的アイデンティティの顕性が高まるにつれて，同一化はさらに強まり，それが続く。

　この集合的アイデンティティの内容と社会的同一化プロセスの相互関係は，なぜアイデンティティが重視される集団間紛争は解決困難となりやすいのか——特に紛争自体が集合的アイデンティティそれ自体の一部となったとき——を説明するものであろう（Bar-Tal, 2007）。紛争もまた，集合的アイデンティティと社会的アイデンティティの結びつきと，個人の生存と集団の生存の間の結びつきを強化する。集合的アイデンティティと社会的アイデンティティの相互関係もまた，なぜアイデンティティの変容がこれほどむずかしいのかを説明する。それは，共有された集合性の定義と集団同一化とその維持が相互に強め合って結びついているのに，それを切り離さなければならないからである。そのため，代替的社会的アイデンティティや交差結合を強調する間接的方略が，アイデンティティ紛争の困難な悪循環を打破する鍵となることを私は示唆してきたのである。

原注
★1：「現実的脅威」とは，必ずしも客観的な妥当性を必要とせず，知覚された脅威の一種である。どちら（現実的脅威・象徴的脅威）の場合でも，脅威の主観的知覚であるという点を理解しておく必要がある。

■■■ 引用文献 ■■■

Archer, J. (1991). Human sociobiology: Basic concepts and limitations. *Journal of Social Issues,* **47**(3), 11-26.
Ashbach, C., & Schermer, V. (Eds.) (1987). *Object relations, the self, and the group.* London: Routledge & Kegan Paul.
Bar-Tal, D. (1990). Causes and consequences of delegitimization: Models of conflict and ethnocentrism. *Journal of Social Issues,* **46**, 65-81.
Bar-Tal, D. (1998). Societal beliefs in times of intractable conflict. The Israeli case. *International*

Journal of Conflict Management, **9**, 22-50.
Bar-Tal, D. (2007). Sociopsychological foundations of intractable conflicts. *American Behavioral Scientist*, **50**, 1430-1453.
Baumeister, R. F., & Leary, M. R. (1995). The need to belong: Desire for interpersonal attachments as a fundamental human motivation. *Psychological Bulletin*, **117**, 497-529.
Branscombe, N. R., Ellemers, N., Spears, R., & Doosje, B. (1999). The context and content of social identity threat. In N. Ellemers, R. Spears, & B. Doosje (Eds.), *Social identity: Context, commitment, content* (pp. 35-58). Oxford: Blackwell.
Branscombe, N. R., & Miron, M. (2004). Interpreting the ingroup's negative actions toward another group: Emotional reactions to appraised harm. In L. Tiedens & C. Leach (Eds.), *The social life of emotions* (pp. 314-335). New York: Cambridge University Press.
Branscombe, N. R., Schmitt, M. T., & Harvey, R. D. (1999). Perceiving pervasive discrimination among African-Americans: Implications for group identification and well-being. *Journal of Personality and Social Psychology*, **77**, 135-149.
Brewer, M. B. (1979). In-group bias in the minimal intergroup situation: A cognitivemotivational analysis. *Psychological Bulletin*, **86**, 307-324.
Brewer, M. B. (1991). The social self: On being the same and different at the same time. *Personality and Social Psychology Bulletin*, **17**, 475-482.
Brewer, M. B. (1999). The psychology of prejudice: In-group love or out-group hate? *Journal of Social Issues*, **55**, 429-444.
Brewer, M. B. (2000). Reducing prejudice through cross-categorization: Effects of multiple social identities. In S. Oskamp (Ed.), *Reducing prejudice and discrimination. The Claremont symposium on applied social psychology* (pp. 165-183). Mahwah, NJ: Erlbaum.
Brewer, M. B. (2007). The importance of being "we." Human nature and intergroup relations. *American Psychologist*, **62**, 728-738.
Brewer, M. B., & Caporael, L. R. (2006). An evolutionary perspective on social identity: Revisiting groups. In M. Schaller, J. Simpson, & D. Kenrick (Eds.), *Evolution and social psychology* (pp. 143-161). New York: Psychology Press.
Buss, D. M. (1991). Evolutionary personality psychology. *Annual Review of Psychology*, **45**, 459-491.
Caporael, L. R., & Brewer, M. B. (1991). Reviving evolutionary psychology: Biology meets society. *Journal of Social Issues*, **47**(3), 187-195.
Castano, E., & Giner-Sorolla, R. (2006). Not quite human: Infrahumanization in response to collective responsibility for intergroup killing. *Journal of Personality and Social Psychology*, **90**, 804-819.
Coleman, P. (2003). Characteristics of protracted, intractable conflict: Toward the development of a meta-framework-I. *Peace and Conflict: Journal of Peace Psychology*, **9**, 1-37.
Coser, L. A. (1956). *The functions of social conflict*. New York: Free Press.
Crisp, R. J., & Hewstone, M. (2007). Multiple social categorization. In M. Zanna (Ed.), *Advances in experimental social psychology* (Vol. 39, pp. 163-254). Orlando, FL: Academic Press.
Crisp, R. J., Walsh, J., & Hewstone, M. (2006). Crossed categorization in common ingroup contexts. *Personality and Social Psychology Bulletin*, **32**, 1204-1218.
Crocker, J., Luhtanen, R., Blaine, B., & Broadnax, S. (1994). Collective self-esteem and psychological well-being among White, Black, and Asian college students. *Personality and Social Psychology Bulletin*, **20**, 503-513.
Deaux, K., Reid, A., Mizrahi, K., & Cotring, D. (1999). Connecting the person to the social: The functions of social identification. In T. Tyler, R. Kramer, & O. John (Eds.), *The psychology of*

the social self (pp. 91-113). Mahwah, NJ: Erlbaum.

Deschamps, J-C., & Doise, W. (1978). Crossed category memberships in intergroup relations. In H. Tajfel (Ed.), *Differentiation between social groups* (pp. 141-158). Cambridge: Cambridge University Press.

Duckitt, J., Callaghan, J., & Wagner, C. (2005). Group identification and outgroup attitudes in four South African ethnic groups: A multidimensional approach. *Personality and Social Psychology Bulletin,* **31**, 633-646.

Fiol, C. M., Pratt, M. G., & O'Connor, E. J. (2009). Managing intractable identity conflicts. *Academy of Management Review,* **34**, 32-55.

Freud, S. (1912/1957). Totem and taboo. In *The standard edition of the complete works of Sigmund Freud,* Vol. 13. London: Hogarth Press. 高橋義孝（訳）(1969). トーテムとタブー　フロイト著作集 3　人文書院

Freud, S. (1921/1960). *Group psychology and the analysis of the ego.* New York: Bantam.

Gaertner, S. L., & Dovidio, J. F. (2000). *Reducing intergroup bias: The common ingroup identity model.* Philadelphia: Psychology Press.

Gluckman, M. (1955). *Customs and conflict in Africa.* London: Blackwell.

Greenberg, J., Simon, L., Pyszczynski, T., Solomon, S., & Chatel, D. (1992). Terror management and tolerance: Does mortality salience always intensify negative reactions to others who threaten one's worldview? *Journal of Personality and Social Psychology,* **63**, 212-220.

Grieve, P. G., & Hogg, M. A. (1999). Subjective uncertainty and intergroup discrimination in the minimal group situation. *Personality and Social Psychology Bulletin,* **25**, 926-940.

Hammack, P. L. (2006). Identity, conflict, and coexistence: Life stories of Israeli and Palestinian adolescents. *Journal of Adolescent Research,* **21**, 323-369.

Hammack, P. L. (2008). Narrative and the cultural psychology of identity. *Personality and Social Psychology Review,* **12**, 222-247.

Harmon-Jones, E., Greenberg, J., Solomon, S., & Simon, L. (1996). The effects of mortality salience on intergroup bias between minimal groups. *European Journal of Social Psychology,* **26**, 677-681.

Hinkle, S., & Brown, R. (1990). Intergroup comparisons and social identity: Some links and lacunae. In D. Abrams & M. Hogg (Eds.), *Social identity theory: Constructive and critical advances* (pp. 48-70). Hemel Hempstead, UK: Harvester Wheatsheaf.

Hogg, M. A., & Abrams, D. (1993). Towards a single-process uncertainty-reduction model of social motivation in groups. In M. Hogg & D. Abrams (Eds.), *Group motivation: Social psychological perspectives* (pp. 173-190). Hemel Hempstead, UK: Harvester Wheatsheaf.

Hogg, M. A., & Mullin, B-A. (1999). Joining groups to reduce uncertainty: Subjective uncertainty reduction and group identification. In D. Abrams & M. A. Hogg (Eds.), *Social identity and social cognition* (pp. 249-279). Oxford: Blackwell.

Hornsey, M. J., & Hogg, M. A. (2000). Subgroup relations: A comparison of the mutual intergroup differentiation and common ingroup identity models of prejudice reduction. *Personality and Social Psychology Bulletin,* **26**, 242-256.

Jetten, J., Branscombe, N. R., Schmitt, M. T., & Spears, R. (2001). Rebels with a cause: Group identification as a response to perceived discrimination from the mainstream. *Personality and Social Psychology Bulletin,* **27**, 1204-1213.

Johnson, G. R. (1989). The role of kin recognition mechanisms in patriotic socialization: Further reflections. *Politics and the Life Sciences,* **8**, 62-69.

Kelman, H. C. (1999). The interdependence of Israeli and Palestinian national identities: The role of the other in existential conflicts. *Journal of Social Issues,* **55**, 581-600.

Kelman, H. C. (2001). The role of national identity in conflict resolution. In R. D. Ashmore, L. Jussim, & D. Wilder (Eds.), *Social identity, intergroup conflict, and conflict reduction* (pp. 187-212). New York: Oxford University Press.

Kelman, H. C. (2004). Reconciliation as identity change: A social-psychological perspective. In Y. Bar-Siman-Tov (Ed.), *From conflict resolution to reconciliation* (pp. 11-124). Oxford, England: Oxford University Press.

Klein, M. (1975). *Love, guilt, and reparation and other works: 1921-1945*. New York: Delta.

Kosterman, R., & Feshbach, S. (1989). Toward a measure of patriotic and nationalistic attitudes. *Political Psychology*, 10, 257-274.

Kriesberg, L. (2005). Nature, dynamics, and phases of intractability. In C. Crocker, F. Hampson, & P. Aall (Eds.), *Grasping the nettle: Analyzing cases of intractable conflict* (pp. 65-97). Washington, DC: United States Institute of Peace Press.

Ledgerwood, A., Liviatan, I., & Carnevale, P. (2007). Group-identity completion and the symbolic value of property. *Psychological Science*, 18, 873-878.

Maalouf, A. (2003). *In the name of identity*. New York: Penguin Books.

Maitner, A. T., Mackie, D. M., & Smith, E. R. (2007). Antecedents and consequences of satisfaction and guilt following ingroup aggression. *Group Processes and Intergroup Relations*, 10, 223-237.

Marcus-Newhall, A., Miller, N., Holtz, R., & Brewer, M. B. (1993). Cross-cutting category membership with role assignment: A means of reducing intergroup bias. *British Journal of Social Psychology*, 32, 125-146.

Mullin, B-A., & Hogg, M. A. (1998). Dimensions of subjective uncertainty in social identification and minimal intergroup discrimination. *British Journal of Social Psychology*, 37, 345-365.

Mummendey, A., & Wenzel, M. (1999). Social discrimination and tolerance in intergroup relations: Reactions to intergroup difference. *Personality and Social Psychology Review*, 3, 158-174.

Nelson, L. J., Moore, D. L., Olivetti, J., & Scott, T. (1997). General and personal mortality salience and nationalistic bias. *Personality and Social Psychology Bulletin*, 23, 884-892.

Northrup, T. (1989). The dynamic of identity in personal and social conflict. In L. Kriesberg, T. Northrup, & S. Thorson (Eds.), *Intractable conflicts and their transformation* (pp. 55-82). Syracuse, NY: Syracuse University Press.

Perdue, C., Dovidio, J., Gurtman, M., & Tyler, R. (1990). Us and them: Social categorization and the process of intergroup bias. *Journal of Personality and Social Psychology*, 59, 475-486.

Reynolds, V., Falger, V., & Vine, I. (Eds.) (1987). *The sociobiology of ethnocentrism*. London: Croom Helm.

Roccas, S., & Brewer, M. B. (2002). Social identity complexity. *Personality and Social Psychology Review*, 6, 88-106.

Roccas, S., Klar, Y., & Liviatan, I. (2006). The paradox of group-based guilt: Modes of national identification, conflict vehemence, and reactions to the in-group's moral violations. *Journal of Personality and Social Psychology*, 91, 698-711.

Rothman, J. (1997). *Resolving identity-based conflict in nations, organizations, and communities*. San Francisco, CA: Jossey-Bass.

Rouhana, N. N., & Bar-Tal, D. (1998). Psychological dynamics of intractable ethnonational conflicts: The Israeli-Palestinian case. *American Psychologist*, 53, 761-770.

Rubin, M., & Hewstone, M. (1998). Social identity theory's self-esteem hypothesis: A review and some suggestions for clarification. *Personality and Social Psychology Review*, 2, 40-62.

Shaw, R. P., & Wong, Y. (1989). *The genetic seeds of warfare: Evolution, nationalism and patriotism*.

Boston: Unwin & Hyman.

Smith, E. R., Seger, C. R., & Mackie, D. M. (2007). Can emotions be truly group level? Evidence regarding four conceptual criteria. *Journal of Personality and Social Psychology, 93*, 431-446.

Solomon, S., Greenberg, J., & Pyszczynski, T. (1991). A terror management theory of social behavior: The psychological functions of self-esteem and cultural worldviews. In M. Zanna (Ed.), *Advances in experimental social psychology* (Vol. 24, pp. 91-159). San Diego, CA: Academic Press.

Stapel, D. A., & Marx, D. M. (2007). Distinctiveness is key: How different types of self-other similarity moderate social comparison effects. *Personality and Social Psychology Bulletin, 33*, 437-448.

Staub, E. (1990). Moral exclusion, personal goal theory, and extreme destructiveness. *Journal of Social Issues, 46*, 47-64.

Staub, E. (1997). Blind versus constructive patriotism: Moving from embeddedness in the group to critical loyalty and action. In D. Bar-Tal & E. Staub (Eds.), *Patriotism in the lives of individuals and nations* (pp. 213-228). New York: Nelson-Hall.

Staub, E. (1999). The roots of evil: Social conditions, culture, personality, and basic human needs. *Personality and Social Psychology Review, 3*, 179-192.

Stephan, W G., & Renfro, C. L. (2002). The role of threat in intergroup relations. In D. Mackie & E. Smith (Eds.), *From prejudice to intergroup emotions* (pp. 191-207). Philadelphia, PA: Psychology Press.

Stephan, W. G., & Stephan, C. W. (2000). An integrated threat theory of prejudice. In S. Oskamp (Ed.), *Reducing prejudice and discrimination* (pp. 23-45). Mahwah, NJ: Erlbaum.

Struch, N., & Schwartz, S. H. (1989). Intergroup aggression: Its predictors and distinctness from in-group bias. *Journal of Personality & Social Psychology, 56*, 264-373.

Sumner, W. G. (1906). *Folkways*. New York: Ginn. 青柳清孝・園田恭一・山本英治（訳）(2005). フォークウェイズ　現代社会学大系　青木書店

Tajfel, H. (1981). *Human groups and social categories*. Cambridge: Cambridge University Press.

Tajfel, H., Billig, M., Bundy, R., & Flament, C. (1971). Social categorization and intergroup behaviour. *European Journal of Social Psychology, 1*, 149-178.

Tajfel, H., & Turner, J. C. (1979). An integrative theory of intergroup conflict. In W. Austin & S. Worchel (Eds.), *Social psychology of intergroup relations* (pp. 33-47). Chicago, Nelson.

Turner, J. C. (1975). Social comparison and social identity: Some prospects for intergroup behaviour. *European Journal of Social Psychology, 5*, 5-34.

Turner, J. C. (1978). Social categorization and social discrimination in the minimal group paradigm. In H. Tajfel (Ed.), *Differentiation between social groups*. London: Academic Press.

Turner, J. C. (1985). Social categorization and the self-concept: A social cognitive theory of group behavior. In E. Lawler (Ed.), *Advances in group processes* (Vol. 2, pp. 77-122). Greenwich, CN: JAI Press.

Turner, J. C., Hogg, M., Oakes, P., Reicher, S., & Wetherell, M. (1987). *Rediscovering the social group: A self-categoriztaion theory*. Oxford: Basil Blackwell. 蘭　千壽・磯崎三喜年・内藤哲雄・遠藤由美（訳）(1995). 社会集団の再発見—自己カテゴリー化理論　誠信書房

Turner, J. C., Hogg, M., Turner, P., & Smith, P. (1984). Failure and defeat as determinants of group cohesiveness. *British Journal of Social Psychology, 23*, 97-111.

van Vugt, M., & Park, J. (2010). The tribal instinct hypothesis: Evolution and the social psychology of intergroup relations. In S. Sturmer & M. Snyder (Eds.), *The psychology of prosocial behavior* (pp. 13-32). Chichester, UK: Wiley-Blackwell.

Volkan, V. D. (1988). *The need to have enemies and allies*. Northvale, NJ: Jason Aronson.

Volkan, V. D. (2007). *Killing in the name of identity. A study of bloody conflicts.* Charlottesville, VA: Pitchstone Publishing.

van den Berghe, P. L. (1981). *The ethnic phenomenon.* New York: Elsevier.

Vignoles, V. L., Chryssochoou, Z., & Breakwell, G. M. (2000). The distinctiveness principle: Identity, meaning, and the bounds of cultural relativity. *Personality and Social Psychology Review,* **4**, 337-354.

Zartman, I. W. (2005). Analyzing intractability. In C. Crocker, F. Hampson, & P. Aall (Eds.), *Grasping the nettle: Analyzing cases of intractable conflict* (pp. 47-64). Washington, DC: United States Institute of Peace Press.

第6章

イデオロギー葛藤と極化
——社会心理学の視点から

Margarita Krochik and John T. Jost

> けんか口論にまきこまれぬよう用心せねばならぬが，万一まきこまれたら，そのときは，目にもの見せてやれ。相手が，こいつは手剛い，用心せねばならぬと懲りるほどな。
> ポローニアス
> 『ハムレット』第1幕 第3場

　社会心理学者は他の研究者たちと同様，文化，民族，宗教，言語集団間の紛争を理解し，解決しようと長い間取り組んできた（Bar-Tal et al., 2009; Brewer & Miller, 1996; Brown, 2000; Deutsch et al., 2006; Gaertner & Dovidio, 2000; Lewin, 1948; Prentice & Miller, 1999; Ross & Ward, 1995; Stephan & Stephan, 2001; Tajfel, 1982; Worchel, 1999）。しかし，左派と右派（すなわちリベラル派と保守派）のイデオロギー間の葛藤はあまり分析されていない。それにはいくつかの理由があるが，社会科学者，行動科学者の間で，一般市民がイデオロギー的関心に基づく動機をもつことはありえないと思われてきたことがあげられる（歴史的なレビューとして Jost, 2006を参照）。一方，イデオロギーが人々の社会的・政治的生活に大きな影響力をもつと仮定する研究者たちの間では，イデオロギー葛藤は必然的だし，望ましいものでもあるとみなされてきた。

　本章では，イデオロギー葛藤と極化に付随した4つの互いに関連しあった疑問を取り上げる。これらの疑問は2001年9月11日のあの出来事の余波の中で急速に浮上したものである。第1は，もしあるとしたら，一般の人々が「イデオロギー」的になるとはどのような意味か。第2に，イデオロギー葛藤と極化は「現実」か，それとも単なる神話か。第3に，イデオロギー極化を調整する社会的・心理的要因は何か。第4に，もしもそれが起きているならば，イデオロギー葛藤とその極化の社会的なメリットとデメリットは何か。他の形態の集団間紛争の低減に有益な介入方法によってイデオロギー葛藤を低減することが可能であると仮定すれば，この最後の疑問に対する答えいかんによって，イデオロギー葛藤にわれわれが介入すべきかどうかが決定されるであろう。右派と左派のイデオロギー葛藤は民族紛争とは明らかに異なるが，民族的，宗

教的緊張はイデオロギー対立から高まることが多いことは重視すべきである。すなわち，移民，テロリズム，戦争に関する対立はイデオロギー分裂を深めるとともに，社会内あるいは社会間にすでに存在する右派‐左派のイデオロギー葛藤を強めるものである。

どんな意味で人は「イデオロギー的」か

　イデオロギーの定義はかなり単純なもので，それは社会がどのように運営されるべきか（また，現在どのように運営されているか）に関する社会的に共有された信念システムである。この信念システムは，社会的・政治的世界に関する考え方を構造化するのに役立ち，現状を維持しようあるいは変更しようという行動を動機づける（Denzau & North, 1994; Freeden, 2003; Jost, 2006; Tedin, 1987）。20世紀初頭以降，哲学者と社会科学者の多くは，市民の大半が何らかのイデオロギー傾向をもっていると仮定してきたが，Converse（1964）は，一般市民は政治イデオロギーに関してはほとんど「けがされていない」と主張する。特に，彼はペアワイズ相関を用い，有権者において，政治的争点に関する立場の一貫性は基本的に存在しないと主張した。1950年代からの世論調査データを利用してConverseは，右派‐左派とかリベラル派‐保守派といった次元上に政治的態度をもつのは一般人口のせいぜい10〜15％にすぎないと論じた。イデオロギー論争に関する多くの研究にみられるように，彼の主張は有権者の動機と能力に関する社会科学者たちの考え方に多大の影響を与えている（特にBishop, 2005; Fiorina et al., 2006; Kinder & Sears, 1985; Luskin, 1987; McGuire, 1985）。

　社会学，政治学，心理学の研究を統合しようと試みたJost（2006）は，たいていの人はイデオロギーをもたないとする考え方に疑問を呈した。人の政治的態度は確かにConverse（1964）が言うように完全に一貫してはいない（あるいは忠実ではない）が，彼らの政治的態度や行動がランダムに決定されているわけではないということを示す十分な事例や実証的証拠がある。さらに，そこに存在する一貫性や構造化の程度は，（論理的というよりも）心理的プロセスに起因するものである。イデオロギーは単なる「合理的」な個人的・集合的利益を表わすものではない。むしろ個人や集団における社会心理的な要求，動機，特徴を反映し，それを強化するものである。この主張は，動機的基盤が個人の思考，信念，原因帰属を形成するという社会心理学の一般的仮定と合致している（Kruglanski, 1996; Kunda, 1990）。

　この考え方に基づいてJostら（2003a, 2003b）は，政治的イデオロギーを動機づけられた社会的認知（motivated social cognition）として概念化した。彼らはまず，左

派（たとえばリベラル派）と右派（たとえば保守派）のイデオロギー的差異を特徴づける2つの比較的安定した一貫性をもつ基本的態度次元を提案した。それは，①社会変革の唱導 対 抵抗，②社会経済的不平等への異議 対 受容である。リベラリズム・保守主義の周辺的態度は不安定で一貫性に乏しく，「拘束力」が小さいと考えられている。Jost ら（2003a, 2003b）はまた，2つの中核的態度次元（それに，一般的な右派－左派スペクトラム）上における個人の立場は，部分的には彼自身の認識的動機と実存的動機に規定されると主張した。これと一致して，政治的保守主義（反リベラリズム）の支持と，不確実性や脅威に対する低減欲求との関連性が一貫して実証されてきた（Jost et al., 2003a, 2003b, 2007）。

Bar-Tal ら（2009）は，近年，たとえば現代のイスラエルにみられるような社会政治状況では，蔓延した紛争エートスが暴力連鎖を維持するイデオロギーとして働いていると主張した（本書第9章参照）。一見，「紛争エートス」は左派－右派といった政治的志向性とは無縁にみえる。しかし，それが（リベラル派ないし左派と比べて）保守派ないし右派の支持者の間で広く抱かれやすい理由がいくつかある。第1に，保守主義者は国際関係を考える際，愛国的で国家主義的な志向性をもつ傾向がある（Kerlinger, 1984; Kosterman & Feshbach, 1989; Rathbun, 2007）。第2に，保守主義者はリベラリストと比べて，権威主義的，支配志向的である（Altemeyer, 1996, 1998; Napier & Jost, 2008; Sidanius & Pratto, 1999）。第3に，自己を右翼として認識している人は，左翼として認識している人と比べて，道徳的・民族的にきわめて非寛容である（Lipset & Raab, 1978; Napier & Jost, 2008）。第4に，保守主義者は外交において一般に孤立主義者であるが，国家の利害がかかわるときには軍事的積極性を示し，戦争を主張する傾向がある（Herrmann et al., 1999; Holsti & Rosenau, 1988, 1996; Murray et al., 1999; Rathbun, 2007）。つまり，一般的に保守主義者は「タカ派」であるのに対して，リベラリストは「ハト派」である（Liebes et al., 1991; Zaller, 1992）。これらの理由からすると，左派－右派というイデオロギーの違いは（少なくともおおまかには），社会の人々が集団間紛争をどうみるかの違いに対応する面があるように思われる。ある社会の中でリベラル派と保守派がどの程度極化しているかは，民族的その他の政治的問題に関する論調と議論の動向に影響を与えると思われるが，同様に，民族紛争，テロリズム，戦争といった争点が右派と左派の論争を際立たせることにもなる。

■ 動機づけられた社会的認知としてのイデオロギー

動機づけられた社会的認知の観点からすると，イデオロギーは人間の幅広い動機を満たすものなので，それは信念を活性化させ，情熱を喚起し，行動に駆り立てるものである（Jost et al., 2003a）。人は意味と安心を求めるが，イデオロギーは，人が社会

的・政治的世界を説明し,正当化し,批判するための強力で効果的なスキーマを与えることでこの欲求を満たす (Jost, 2006)。この観点からすると,イデオロギーとは,その内容にかかわらず,心理的に動機づけられたものである (Jost et al., 2003b)。近年 Jost, Ledgerwood ら (2008) は,認識ないし実存的な動機だけではなく,共有された現実を維持し,集団成員仲間との連帯感を育む関係動機によってもイデオロギーは動機づけられると主張した。以下の節では,これら3タイプの動機と政治的イデオロギーとの関連について論じる。

認識動機 認識動機は人間の知識と意味を求める願望を表わすものであり,個人が自己の環境について情報を獲得し,処理し,これに適応するための方略を形成するものである (Kruglanski, 1989)。ある結果(たとえば,正確さ)やある結論(たとえば,既有信念の確証)に到達したいという個人の願望が情報探索や解釈の仕方を拘束するが,推論過程もこれによって影響を受けるとされる (Kunda, 1990)。一般的には,正確さや包括的知識への願望が関連情報の包含的,体系的な統合を導き (Cacioppo & Petty, 1982; Freund et al., 1985; Petty & Cacioppo, 1984),一方,即時的で,確実で,曖昧さのない知識への欲求は,容易に入手でき,明瞭で,単純な情報に対する性急な探求を導くが,後者は,重要性を秘めていても矛盾する情報に対しては認知的抵抗を示す (Webster & Kruglanski, 1994)。

認識動機に関する近年の研究では,リベラル派は保守派と比較して,複雑で抽象的に考えることを楽しむ程度を測る認知欲求尺度の得点が高いことが示されている (Cacioppo & Petty, 1982; Federico & Schneider, 2007; Sargent, 2004)。この結果は,中道左派の政治家は中道右派の政治家よりも高い認知的複雑性(個々の情報を考慮に入れ,これらを統合しようとする操作傾向)を示すというエリート政治家の演説に関する先行研究と一致する (Tetlock, 1983, 1984; Tetlock et al., 1985)。確実で明瞭な回答に「こだわり」「硬化」する傾向——認知的完結性の衝動に突き動かされる——は,リベラル派よりも保守派の間で広くみられている。自分を保守派とみなす人 (Jost et al., 1999),右派政党支持者 (Golec, 2001; Chirumbolo & Leone, 2008; Kemmelmeier, 1997),また死刑 (Jost et al., 1999) やイラク戦争 (Federico et al., 2005) を支持するなど右翼的態度をもつ人々の認知欲求尺度 (Webster & Kruglanski, 1994) の得点も高かった。

Jost ら (2003a, 2003b) のメタ分析でも,リベラル派と保守派のイデオロギーは認識欲求によって顕著に動機づけられていることが確認された。さまざまな国で行なわれた数十の研究,数千の観測を平均し,著者らは保守派(もしくは右派)の政治志向性と単純性,安定性,予測性,秩序に対する認知的傾向との間に一貫した正の関連があることを見いだした。対照的に,リベラル派(もしくは左派)の政治志向性は,経

験への開放性や不確実性への耐性と関連していた。これらの知見はまた，保守派の政治的社会的判断は内的に一貫したものであるという観察（Krochik et al., 2007），あるいは，リベラル派は保守派よりも態度修正の2次的プロセスに従事しやすいという結果（Skitka et al., 2002; Skitka & Tetlock, 1993）と一致したものである。

実存的動機 実存的動機は人間が安全と安心を求めることと関連している（Jost et al., 2003a, 2003b）。それは，一定の感情的平衡状態（たとえば，平静）を維持しようとする動機，あるいは恐怖，不安，コントロールの欠如といった脅威的な感情経験を回避しようとする動機として概念化される（Higgins, 1996）。つまり，実存的安全欲求は，潜在的脅威に対処しようとする個人の努力の中にみられる。脅威を排除することが不可能なときには，意味，予測可能性，秩序，公正などを与える信念システムが心理的緩衝材として機能するであろう（Jost, Banaji et al., 2004; Kay et al., 2008; Lerner, 1975; Pyszczynski et al., 2003）。イデオロギーとは，混乱し，不安を喚起するような騒然たる状況をクリアーにし，正当化し，また，不安を鎮める広範な道徳的解釈の枠組みを提供するもので，安全が脅かされ，安全を求めるときには，人々はイデオロギーによる説明を探し，それにしがみつこうとすると考えられる。存在脅威管理理論によると，存在に意味を与え，死に対する恒常的恐怖を乗り越えるために，人々はステレオタイプ，イデオロギー，「文化的世界観」を支持しようとする（Laudau et al., 2009; Solomon et al., 2004）。

　さまざまの文化的世界観が，ある程度，実存的な安全と意味をその支持者に与えるというのは正しいが，ある特定タイプの信念システムは他のタイプよりも実存的利益をもたらす傾向が強い（Jost, Fitzsimons et al., 2004）。たとえば，慢性的ないし一時的に脅威を受けた個人が保守的イデオロギーに引き寄せられることは多くの研究で指摘されている（Bonanno & Jost, 2006; Cohen et al., 2005; Jost et al., 2003a, 2007, 2009; Lavine et al., 1999; Thorisdottir & Jost, 2011）。死の恐怖と世界が危険だという知覚において高得点を示す人々は，リベラル派よりも保守派になりやすい（Altmeyer, 1996; Duckitt, 2001; Jost et al., 2007; Wilson, 1973）。心理的反応の研究では，国内的・国際的問題（たとえば，死刑の支持，軍事費，攻撃的外交政策，同性婚への反対，移民）に関して社会的に保守的な人は，脅威の画像刺激に対して敏感に反応した（Oxley et al., 2008）。国際関係について述べると，対立している国々（たとえば，アメリカとイラン）では，部分的には相手によって与えられる脅威のために強硬派（特に，右派の過激派）のパワーと影響力が強められるが，そうした状況においてテロや軍事攻撃によって紛争スパイラルが生じやすいことは容易に想像できる。

関係動機 共有された信念システムに参加することは，それが人々の間の感情的親密

さを形成し，相互理解を深め，集合行為を育むための「共通の土台」を強化するものであれば，関係動機を満たすことにもなる (Bar-Tal, 1990; Jost, Federico et al., 2009)。HardinとHiggins (1996) によれば，社会的相互作用の最大の目的は，重要な他者と現実を共有することによって自分の知覚を外部から確認し，主観的経験をより信頼できる「客観的」なものにすることである (Hardin & Conley, 2000; Turner, 1991)。社会的確認機能のために重要な他者と信念を共有することは，それが主観的確信度と認知的完結性を高めるのであれば（関係欲求と同様），認識欲求をも満たすであろう。この理由で，たぶんほかにも理由はあるかもしれないが (Jost et al., 2008a)，保守派はリベラル派に比べて，社会的合意の強い信念に惹かれ，比較的均質な集団に同一化し，主流である慣習的な価値観，ステレオタイプ，規範などを支持するよう動機づけられている (Graham et al., 2009; Jost, Nosek et al., 2008; Kruglanski et al., 2006)。

一方，リベラル派のイデオロギーもまた，保守派と同様，社会的結びつきを通して伝達されることは重要である。つまり，イデオロギー・スペクトラム全体を通して，関係動機はおそらくイデオロギー信念の基礎にあるものである。エリートからの一方的コミュニケーションという純粋の「トップダウン」プロセスを強調し，大衆はイデオロギーを受動的に吸収すると仮定する理論に対して，動機づけられた社会的認知理論は，社会的影響プロセスにおいて人々は積極的に——影響源になるとともに——影響対象にもなるのである (Jost, Federico et al., 2009)。社会心理学における数十年に及ぶ理論的・実証的研究は，影響対象がコミュニケーションに対して好意的に反応し，影響源に同一化する心理的傾向をもっているとき，直接的影響も間接的影響もともに促進される (Kelman, 1958; McGuire, 1985; Moscovici, 1976; Turner, 1991)。たいていの人々は仲間，友達，家族，社会的ネットワーク，他の参照集団の人々との間でイデオロギー信念を共有しているため (Beck & Jennings, 1975; Jennings & Niemi, 1981; Jost, Ledgerwood et al., 2008)，左派か右派かという問題は個人的にも対人関係上も重要なものとなる。

イデオロギーの極化：神話か現実か

「紛争エートス」——この場合は，紛争のイデオロギー・エートスとみるべきだが——がどのようにして国民の多くをとらえるのかを考える事例，あるいはケース研究として，アメリカにおけるイデオロギー葛藤の展開と軌跡を考察することには意味があるかもしれない。最初に，コメンテーターから政治家に転向し，右派の大統領候補となったブキャナン (Buchanan, 2004) から議論を始めよう。彼は——共和党全国大会における有名な「文化戦争」スピーチの12年後——アメリカの大義というコラムの

中で，アメリカは深く分断されているという主張をくり返し強調した。「われわれはもはや同じ道徳の世界に住んでなどいない。われわれは2つの国家なのだ」。ブキャナンは，1960年代の公民権運動のころから生じ，アメリカのリベラル派と保守派の間で激化しつつあるイデオロギー対立について論じた。彼の言葉に影響を受けた社会学者の Hunter（1991）はその議論をさらに発展させたが，アメリカ人の日常的言説に関する分析から，彼は宗教的保守派と非宗教的リベラル派の間で文化戦争が燃え上がっていると結論した。Hunter は，イデオロギー葛藤は大半のアメリカ人の生活とかかわっており，家族，さらにはコミュニティ全体が，重要な（しかし，対立する）価値観や本質的に和解不能な道徳的立場をめぐって交戦状態にあると論じた。中東における紛争は，しばしば，アメリカも含め西欧諸国において宗教的・イデオロギー的極化を引き起こしてきた。

2000年以降（特に9.11テロ攻撃の後）のアメリカの大統領選挙は，深いイデオロギー断絶が（多くの観察者にとっては）有権者の間に広範に存在することを明瞭に示してきた。同時に，多くの学術討論の場でも，イデオロギー極化に関する議論が行なわれてきた。ある研究者は，多くのアメリカ人は政治的に中道であり，政治的対立よりも合意の方が多く，選挙にみられる極化は，実際には，政治的エリートの小むずかしい議論から生まれた人為的なものにすぎないと主張する。この考え方を代表する著名な主張は Fiorina ら（2006）のものである。

> われわれがアメリカの政治階層とよんでいるものは明らかに極化しているし，おそらくここ数十年でより顕著になってきた。しかし……政治的に積極的なアメリカ人のごく一部にあてはまることが，われわれの大半にあてはまると仮定するのは誤りである。一般的に，ふつうのアメリカ人は生計を維持し家族を養うのに手一杯である。彼らは政策や公共問題についてあまり知らず，政治にそれほど関心をもたず，特別強い立場というものをもっているわけでもなく，イデオロギー的でもない。(p.19)

この見解は Converse（1964）に負うところが大きく，それは Fiorira ら（2006）の著作に対して重要な示唆を与えたものだが，すでにみてきたように，彼の主張は，平均的な有権者の態度には本質的にイデオロギー的な内容や構造は存在しないというものであった。

Abramowitz と Saunders（2008）は，Fiorina ら（2006）の「極化＝神話」仮説に強く反発し，アメリカ全国選挙研究のデータを用いて，イデオロギー，支持政党，文化の面で大きな分断が存在することを示した。彼らはさらに，政党支持は真のイデオロギー的信念からのものではなく，特定社会集団に対する愛着を反映したものにすぎないという考え方を否定する証拠を示した（Cohen, 2003; Conover & Feldman, 1981;

Green et al., 2002)。AbramowitzとSaundersは1952年から2004年にわたるアメリカ国民の支持政党への同一化とイデオロギーの変化を調べ，両者の結びつきが1970年代以降徐々に強まったことを確認した。

さらに，過去数十年の間に教育水準が上がり（Jacoby, 1991; Tedin, 1987），自分の考えに最も近い政党を多様な視点から選択ができるようになり（Abramowitz & Saunders, 2006, 2008），その結果，国民のイデオロギーに対する関心と知識が深まってきた。アメリカ全国選挙研究に基づき，MoskowitzとJenkins（2004）は次のように結論づけた。有権者たちは，(a)ある論点に関しておおむね首尾一貫した立場を表明する，(b)相互に関連した3次元（すなわち，社会，経済，人種）を用いて自己の態度を体制化する，(c)3次元上の自己の立場を統合し，自分自身をリベラル派－保守派の連続体のどこかに位置づける，(d)自己のイデオロギー的立場に基づいて，候補者と政党に対する選好を決定する，(e)政治的判断においておおむね民主的能力を示す。

言い換えると，イデオロギー的思考は必ずしも政治エリートの専売特許ではないが，政党指導者（および，メディアの代弁者）が「トップダウン」機能を果たすのは確かである。この機能とは，市民を政治に関与させること，政党支持を明確にすること，さまざまな論点について市民がイデオロギー的知識に基づいて自己の見解を形成することをうながすなどである（Abramowitz & Sunders, 1998; Baldassari & Gelman, 2008; Layman & Carsey, 2002a, 2002b; Lodge & Hamill, 1986; Nie et al., 1979; Zaller, 1992）。しかし，われわれの考えによれば，有権者を純粋なトップダウン方式でエリートが発信する情報の受動的な受け手とみなすのは誤りである。そこには，特定の政治的メッセージに対する感受性など，パーソナリティやイデオロギー傾向といった「ボトムアップ」要因も存在する（Jost, Federico et al., 2009; Jost, West et al., 2009）。

有権者のイデオロギー極化は，社会，経済，人種にかかわる論点において広く観察されている（Brewer, 2005; Dalton, 1987）。たとえば，政治的コミュニケーション研究によると，環境問題，経済問題，犯罪などに関して集団間で討議させると，リベラル派と保守派のイデオロギー距離はいっそう拡大する（Gastil et al., 2008; Gastil & Dillard, 1999）。政治学者もまた，政党間のある論点に関する不一致が他の論点に一般化されるという「葛藤拡大」の事例を数多く観察している。たとえば，民主党と共和党の間には人種政策において対立があるので，社会福祉やアファーマティブ・アクションに関する政策論議においても容易に対立が生じるが，それは，社会的・経済的平等の促進において政府が果たすべき役割に関して，人種的・経済的態度が異なるからである（Carmines & Stimson, 1989; Layman & Carsey, 2002b）。言い換えると，極化（すなわち，政党間の距離）が進むにつれて，政党内での意見の不一致は重要ではなくなり，文化，人種，福祉，外交政策における政党間の違いばかりに注意が向けられるようになる（Layman et al., 2006）。

要約すると，純粋の心理的葛藤と極化がアメリカ（Abramowitz & Sanders, 2006, 2008; Jost, 2006）および他の地域（Bobbio, 1996; Fuchs & Klingemann, 1990）でみられることがさまざまな証拠から示唆されてきた。ここで紹介した知見もまた，「トップダウン」（たとえば，エリート・コミュニケーション）プロセスと「ボトムアップ」（たとえば，イデオロギー）プロセスがともにイデオロギー論争の頻度と強度に影響するという見方と一致するものである。次にわれわれは，イデオロギーの極化を左右する社会心理学的変数を考察することにする。

イデオロギー極化の程度を調整する社会心理学的変数は何か

近年の研究ではイデオロギー極化を調整するいくつかの社会心理学的変数が指摘されている。それは「社会的同一化，自己カテゴリー化，典型的内集団規範への同調」「内集団びいきと外集団蔑視」「集団間脅威，競争，支配」「素朴なリアリズムと集団差異過大視」「ゼロ-サム思考」「ステレオタイプ化」「競争状況での集団間接触」などである（表6.1の1列目）。以下，それぞれについて論じる。

■ イデオロギー葛藤と極化を激化させる社会心理学的要因

社会的同一化と自己カテゴリー化過程　集団極化に関する最も影響力のある社会心理学理論は，社会的アイデンティティ理論（Tajfel & Turner, 1979）から派生した自己カテゴリー化理論である（Mackie, 1986; Turner, 1991; Turner et al., 1987）。この理論では，集団成員は「典型的」と知覚される立場，すなわち，集団内で共有された価値観と規範（たとえば，自己の政党を支持する立場），外集団から内集団を区別する価

▶ 表6.1　イデオロギーの紛争と極化の程度を調整する社会心理学的過程

イデオロギー極化の激化過程	イデオロギー極化の低減過程
• 社会的同一化，自己カテゴリー化，典型的内集団規範への同調 • 内集団びいきと外集団蔑視 • 集団間脅威，競争，支配 • 素朴なリアリズムと集団差の過大視 • ゼロ-サム思考 • ステレオタイプ化 • 競争状況での集団間接触	• 上位集団同一化と共通運命の経験 • 脱カテゴリー化と再カテゴリー化 • 体制正当化と外的（社会的）脅威への反応 • 自己確証，防衛性の低減 • 自己開示，個人に基づく判断 • イデオロギー上の離脱，トレードオフ，統合的交渉 • 協力状況での集団間接触

値観（たとえば，他政党が支持する立場）を顕著に示す立場に引きつけられる。典型的な集団成員（たとえば，著名な政党リーダー）は，集団の理想，規範，価値観を体現し，内集団の類似性を示すとともに，外集団との対照的な比較を行なう。集団成員が集団内でもつ影響力の強さは，集団の価値観や信念においてその成員がどの程度典型的であるかに依存すると仮定される（Hogg, 2001; Turner, 1991）。典型性の高い集団成員は，典型性の低い成員と比べて，他の集団成員から好まれ（Hogg, 2001），リーダーとして選ばれ（Fielding & Hogg, 1997），集団の目標と方向性に大きな影響を与える（van Knippenberg et al., 1994）。

MillerとHoffman（1999）は，総合的社会調査のデータを分析して，自己カテゴリー化による極化の説明が実証的に支持されることを示した。この分析結果は，1970年代と1980年代，道徳関連の論点対立に注意が向けられ，これがイデオロギー・ラベルを顕著にし，イデオロギー次元に沿った自己カテゴリー化が強くなり，同時に外集団蔑視が強まることを示していた。これらの結果は，「イデオロギー再編（ideological realignment）」（Carmines & Stanley, 1990）に関する一般的認識と合致したものである。リベラル派－保守派の次元に沿って政党が極化し構造化していくにつれて，市民は自分のイデオロギーを代表する政党にさらに強く同一化するようになる（Abramowitz & Saunders, 1998; Putz, 2002）。

社会的同一化と自己カテゴリー化のプロセスは，イデオロギー葛藤が起こる状況と関連が深いように思われる。たとえば，Cohen（2003）は社会福祉政策の評価における政治的参照集団の役割に着目して，一連の実験的研究を実施した。その中で参加者は，福祉政策に対する比較的「厳しい」レポート（たとえば，保守派）と「寛大な」レポート（たとえば，リベラル派）を提示されたが，これらのレポートは，子ども1人あたりの世帯配分額，保険特例，援助，福祉給付者への追加給付などの観点から書かれたものであった。参加者は，次に，この政策に対する政治的内集団（民主党か共和党）の成員による評価を示され，最後にこれを支持するかどうか聞かれた。4つの研究結果は，自分の支持政党が提唱したものだと信じているときには，人々はその政策を支持する傾向があることが示し，社会的アイデンティティが論点の解釈に影響を与えることを示唆するものであった。

内集団びいきと外集団蔑視 集団間極化に対する自己カテゴリー化理論による説明は，社会的アイデンティティのプロセスと結びついている。たとえば，自己概念が集団の典型に適合するように変化し，内集団が自己の中に包含されると，信頼，協力，内集団への共感を含め，内集団びいきが生起する（Hewstone et al., 2002）。怒り，嫌悪，恐怖といったネガティブな感情が生じると，内集団びいきは外集団蔑視を引き起こす（Mackie et al., 2000）。そして，政治的領域において，イデオロギー・ラベルと党派

心は「排他的アイデンティティを中心に個人と集団を組織化し，利害は党派間の対立へと結晶化する」（Baldassari & Gelman, 2008, p. 409）。民主党と共和党の政策の違いがメディアの後押しを得たリーダーによって顕著になると，有権者からみて政党内の亀裂は縮小し，集団間対立は拡大する（Carsey & Layman, 2006; Huckfeldt & Kohfeld, 1989; Sinclair, 2006）。これは国会議員においても同様であり，集団間バイアスを引き起こす社会的アイデンティティ・プロセスの結果，民主党と共和党の間にあるリベラル派‐保守派の一般的基盤の違いが拡大されやすい（Hetherington, 2001）。

　個人差の研究では，右翼的権威主義，プロテスタント勤労倫理，宗教性，社会的支配志向，政治的保守主義が人種，民族，文化，宗教，言語といった諸集団の内集団びいきや外集団拒否と関連していることが示されている（Altemeyer, 1998; Batson & Burris, 1994; Biernat et al., 1996; Jost, Banaji et al., 2004; Nosek et al., 2009; Sidanius & Pratto, 1999）。同時に，政治的ラディカルは（一般的に）右派・左派のイデオロギー分裂を強く知覚することと関連している。たとえば，スウェーデン，イギリス，オランダ，アメリカにおいて政党間の知覚されたイデオロギー差異を検討したところ，自分が政治的中間派から離れていると思う人ほど，対立政党間のイデオロギー距離が大きいと知覚していた（Granberg & Brown, 1992）。もちろん，ラディカルの政党知覚が中道派の人の知覚と比べて正しいかどうかはこれらのデータからはわからない。

集団間脅威と競争　究極的には，典型的集団地位が極端なものになると，共有された価値観は集団成員によって，対立相手の価値観と対比して主張されるようになる。つまり，自己カテゴリー化理論によると，集団内凝集性と集団間競争が存在する状況ではイデオロギーの極化が（イデオロギーの一般化や一致とは対照的に）強まっていく。リベラル派と保守派が社会の運営を巡って対立する「両陣営」を代表するようになればなるほど，特定政策に関する両派の態度は分離すると思われる。集団間状況が単に顕現化するだけで集団間分化が高まるという自己カテゴリー化理論に一致して，内集団あるいは外集団に対する自動的連合が政治的極化をもたらすことが研究によって示されている（Ledgerwood & Chaiken, 2007）。支持政党を表象する刺激をプライムされた参加者も対立政党を表象する刺激をプライムされた参加者もともに，中性語をプライムされた参加者と比較して，政治的内集団に典型的な記述を支持し，政治的外集団に典型的な記述に反対するようになる。集団間状況の競争性がますます顕在化するになるにつれて，この効果は強くなると考えられる。

　集団間状況はまた脅威感情を誘起することがあり，それは敵意，集団間差異の知覚，それに紛争の解決困難さから構成される（Stephan & Stephan, 2000）。われわれの知る限り，リベラル派と保守派の対人相互作用と脅威を直接に結びつける証拠は存在しないが，対立する世界観に遭遇し，右派あるいは左派としての自己の信念が挑戦を受

けていると感じると，それは多少なりとも脅威を引き起こす。ブキャナン（Buchanan, 2004）の熱烈な軍へのコールにみられるように，保守派の政治的言説はしばしば，政治的左派とその政策を，マイノリティ（たとえば，黒人，同性愛者，移民など）を代弁し，既存の生活様式の変化を唱導するものとして，これに対する脅威の知覚を明瞭に示している。保守派はリベラル派との相互作用を脅威として経験することによって，彼らの政治的立場はより右翼的になり，態度の極化は進んでいく。同様に，リベラル派（進歩派）は保守派の存在を発展と人道的目的に対する障害とみなし，自己の政治的課題を実現するためにより攻撃的になる。脅威は動機づけられたかたくなな姿勢をもたらし，それは政治的保守派に対する心理的親近感を強める（Thorisdottir & Jost, 2011）。保守派はさまざまの脅威に対して敏感なので（Oxley et al., 2008），政治的右派に近い人々が最も左派の政策に直面したときには，その逆のときよりも高いレベルの脅威を経験すると推測される。

　保守系集団は特に自分たちに類似した意見を好み，類似しない他者を嫌う傾向があるとされるが，Kruglanskiら（2006）は（文献の広範なレビューに基づいて），彼らは完結性欲求が強く，内集団びいき，外集団蔑視，同調者賞賛，意見の斉一性，多様性と規範逸脱への不寛容，一般的保守主義といった一連の行動の中で「集団中心主義」を示すと結論づけた。集団が与える明確な目標，説明，現実は共有された現実という強い感覚を生み出すので，均質な集団は曖昧さのない知識を求める欲求を満し，これによって集団成員は集団一致性に対する自分たちの信念を確認することができると研究者は説明する（Kruglanski et al., 2006）。このように，イデオロギー上の外集団を逸脱者で，自己中心的で，不道徳とみなす傾向は——ブキャナンの「不道徳」なリベラル文化という批判に例示されているように——自己の信念体系の確からしさを維持したいとする心理的願望から生じるものであろう。

　認知的完結性が相対的に高い人々は競争的な紛争スキーマをもっているが，それは，反応戦略を形成する際，彼らがただちに利用可能な競争的な手がかりを「とらえる」からであろう（De Zavala et al., 2008）。社会的支配志向性（social dominance orientation）もまた，政治やイデオロギーにおいて競争的姿勢を強める。社会的支配志向の強い人々は他集団（典型的には，下位集団）に対する自集団の支配を強めようとする（Duckitt, 2006; Sidanius & Pratto, 1999）。この競争的姿勢によって集団間知覚はネガティブになり（Esses et al., 2001），イデオロギー，民族，その他の点で集団間において極化と紛争が強まる。

素朴な現実主義と集団差異の過大視　素朴なリアリズム（naive realism）とは，自分たちの意見こそが真に客観的かつ合理的なものだとみなし，これに同意しない人は非合理的で無知な人だとみなす信念のことである（Keltner & Robinson, 1993; Robinson et al., 1995)。たとえば，アファーマティブ・アクションの議論において Sherman ら（2003）は次のように述べている。

> その政策を支持する人々は，雇用機会の人種差や性差が存在し続けているのが理由であるとみなす傾向がある。……彼らは，自分たちの政策支持は注意深く客観的な状況評価の結果であるとみているが，それはアファーマティブ・アクションの反対者からは，おざなりなリベラル思考あるいは集団利害に基づくものとみなされる。……対照的に，アファーマティブ・アクションの反対者たちは自分たちの立場を，アメリカの基本的価値観の観点からその政策の公正さを評価した結果であるとみなすが（Sniderman & Piazza, 1993），政策支持者の目には，反対派は人種差別主義者で，偏見が強く，自分たちの利益を守りたいと望む人たちとみえる。……言い換えると，反対派も賛成派もともに，自分たちの見解は根拠のある評価に基づくものだとみなす一方で，相手の見解をイデオロギーや自己利益に基づくものだとみなしている。(p.276)

もちろん，政治的論争において一方の立場が他方よりも論理的，実証的に妥当性が高いということはありうる（実際，そうであることが多い）。しかし，いくつかの研究は，党派心が自他の意見の違いを誇張させることを示唆している（Chambers et al., 2006; Robinson et al., 1995; Sherman et al., 2003）。その結果，双方ともに相手を敵意的・非好意的にみているときには，両集団間で目標の共有や潜在的に合意可能な領域があっても，それらは見過ごされやすい（Keltner & Robinson, 1993）。

ゼロ-サム思考 ゼロ-サム思考とは，分割不能な資源をめぐって複数の当事者が競争しているとみなす思考のことである。双方にとって潜在的に利益となるものが見逃されると，頑固なゼロ-サム思考が始まり，当事者間の利益対立が過度に強調される（Bazerman & Neale, 1993）。葛藤をゼロ-サムの観点から認識すると，一方にとって望ましいことは他方にとって望ましくないものとして解釈される。Ross（1995）はこの考え方を「反発的低評価（reactive devaluation）」と名付けた。ゼロ-サム思考は，認知的完結欲求の高い状況や（De Dreu, 2006）右翼的権威主義者（Halevy et al., 2006）によくみられる。それによって，必要以上に「双方に不利益（lose-lose）」な結果がもたらされ，葛藤は激化され，（人種や民族と同様に）イデオロギー的外集団成員に対する敵意が強められる（Pruitt & Kim, 2003; Thompson & Hrebec, 1996）。

ステレオタイプ化 リベラル派と保守派を特徴づけるために用いられるステレオタイプなど，「相手方」を特徴づける過度に単純な見方やステレオタイプに依存することによって政治的葛藤もまた悪化する（Brewer, 2005; Moscovici & Zavalloni, 1969; Tetlock & Mitchell, 1993）。Farwell と Weiner（2006）の研究によると，右派と左派

がカテゴリー基盤のステレオタイプを用いることによって，保守派の強欲さ，リベラル派の見境のない寛大さが過度に強調される。2つの研究において，自分のせいで困窮状況に陥った人を助けるかどうかに関してリベラル派と保守派の参加者の反応は異なっていたが，明らかに外的環境のせいである場合には，分配方式の選好に差はなかった。言い換えると，自己責任ではない被害者を援助するかどうかを決めるときには，リベラル派と保守派の間には言われているほどの差はない。むしろ，リベラル派と保守派のステレオタイプがアクセス可能になると，人々は共有された価値観や仮定に対して感受性が低くなる。

　政治的保守主義を動機づけられた社会的認知の一形態として分析した研究と一致して，FarwellとWeiner（2006）の研究においても，保守派の参加者たちはリベラル派の参加者よりもリベラリストに関する大衆化されたステレオタイプを誇張する傾向があった。典型的リベラル派が種々の困窮者集団にどの程度援助を提供するかを保守派に推定させると，いわゆる「リンボー効果[1]」がみられた——彼らはリベラル派（および中道派）の人よりも，自分のせいで不幸な状態にあるとみられる人々に対してリベラル派は「同情しすぎ」であると過剰に推定する傾向があった。これらの知見は，リベラル派と保守派の葛藤が心理的・イデオロギー的差異に根ざしている一方で（Jost, 2006），政治的差異を過大視する文化的ステレオタイプを反映したものであることを示唆している。イデオロギー葛藤におけるステレオタイプ化と集団間知覚の役割を深く理解することは，葛藤の中に信念，動機，価値観において基本的な違いがない領域，イデオロギー分断を橋渡しし，人種的，民族的，宗教的，その他の葛藤の解決を導きうる領域を研究者たちが（そして，おそらく実践家たちも）発見することを可能にするであろう。

集団間接触　Allportが最初に集団間接触を通じて集団間紛争を低減するために必要となる条件をあげて以来，集団間接触の効果に関して多くの研究がなされてきた（Allport, 1954; Dovidio et al., 2003; Pettigrew & Tropp, 2006）。接触仮説は広範囲にわたる集団間状況において相当程度実証的支持を得てきたが，リベラル派と保守派の間では接触によって分断されたイデオロギーをつなぐことは困難である。それは，両者が接触する場面は，一般的に競争的で非協調的なものであるためである。たとえば，政治的議論の場でイデオロギー的に距離のある集団成員同士が相互作用するときには，集団内のイデオロギー一貫性が高まり，比較的中立的だった人も多数派の方向に態度を変え，イデオロギー関与の強い成員はより過激な意見をもつようになる（Gastil et al., 2008）。この研究はさらに，保守派が特に「反発」傾向を示すことを指摘する。保守派の人は，自分たちよりも多数のリベラル派と討論すると，より右寄りになった。イデオロギー討論はしばしば競争的で敵対的になるために，実際，集団間接触はリベ

ラル派と保守派の極化を強める可能性がある。次節では，イデオロギー極化を低減する要因を取り上げ，（望ましい状況における）対立相手との接触がイデオロギー葛藤の低減をもたらす可能性について考察する。

■ イデオロギー葛藤と極化を低減する社会心理学的要因

社会心理学の理論と研究は，イデオロギー葛藤と極化に関して可能性のあるいくつかの解決方法を提示している（表6.1の2列目）。一般的に，政治的な左派と右派が協力することは，人種，民族，宗教的な紛争に対して建設的成果をもたらす上で重要なものである。極化を低減すると期待される要因は，上位集団同一化，共通目標，共通運命の経験，脱カテゴリー化と再カテゴリー化のプロセス，体制正当化と外的脅威への反応，自己確証，自己開示，個人レベルの判断，イデオロギーの交換取引と統合的交渉，それに，好条件下での集団間接触などである。それぞれを順に考察していく。

上位集団同一化，共通目標，共通運命　ある社会的対象に対して特定の社会的カテゴリーを適用しようとすると，これには自己と他者の社会的カテゴリー化が伴うが（Tajfel & Turner, 1986），それは一定の柔軟性をもったものである（Turner, 1991）。この柔軟性のために，自己カテゴリー化と社会的同一化のプロセスを極化の低減に利用できる可能性がある。分断された下位集団アイデンティティを超越する上位集団アイデンティティ（superordinate identity）が強調されると，それまで対立相手だった二者間の社会的距離が縮まる（Gaertner et al., 1999; Smith & Tyler, 1996）。アメリカの政治的状況に関する研究では，これが集団間協力を促進することが示されている。Transue（2007）は，自己の人種や民族集団に固有の特徴に注目したとき（下位集団アイデンティティ顕現化条件）よりも，他のアメリカ人たちとの共通特徴に注目したとき（上位集団アイデンティティ顕現化条件）の方が，参加者はマイノリティの外集団成員の利益となる増税を支持するようになった。このことは，国家という上位集団への同一化が——おそらく，人類への同一化も同様——（競争的ないし自己利益的行動よりも）向社会的行動を促進しうることを示している。

KramerとBrewer（1984）は「共通運命」の統合効果を実証的に示した。彼らは上位集団アイデンティティを顕現化することで，集団間協力が強まり，共同資源の消費が抑制されることを明らかにした。それに加えて，集合的な資源プールが枯渇する可能性を集団成員が知っており，その結果を平等に引き受けなければならない（たとえば，誰が引き受けるかを平等にくじびきで決める）ときには，個々人が共通プールから引き出す金額は小さくなった。同様に，共通の上位目標を目指した共同作業は，協力，親密さ，紛争解決を促進した（Sherif et al., 1961）。イデオロギー葛藤に関しては，リベラル派と保守派が共有している社会的価値観や理想（たとえば，言論の自由と機

会の平等）を強調すること，社会・経済政策がもつ社会全体に対する長期的意義に焦点を当てることなどがリベラル派と保守派の間の建設的交流を促進するであろう。

脱カテゴリー化と再カテゴリー化　同様の考え方に立って，GaertnerとDovidioは共通内集団アイデンティティ・モデル（common in-group identity model）を提唱した。これは，集団間紛争を解消する条件とその効果のプロセスに焦点を当てた理論である。この理論は，平等，協力，相互依存性の条件によって外集団成員に関する情報処理が影響を受けると仮定する（Gaertner et al., 1993）。このような状況では外集団成員は脱カテゴリー化され，その結果，その個人についてはカテゴリー成員性としてではなく，対人的側面から心的表象がつくられる（Fiske & Neuberg, 1990）。いったんその人が「彼らの一員」としてカテゴリー化されなくなると，その人は，包括的で「共通な」内集団の一員として再カテゴリー化がなされる（Gaertner et al., 1994）。上位集団成員性のカテゴリーに注目し，社会的接触によって上位集団の中で互いの類似性が顕著になると，それまで下位集団間で強調されていた差異は背後に消失する（Dovidio et al., 2003）。

　共通内集団アイデンティティ・モデルは，大集団への同化のために，個人にとって意味のある下位集団アイデンティティを犠牲にするという批判を受けてきた（Hornsey & Hogg, 2000; Krochik & Tyler, 2009）。そこで，Dovidioら（2009）は，集団間紛争低減の方略に改善を加えた。集団成員は下位集団アイデンティティから価値観や自己知識を得ていることが多いので，集団間関係を改善したいと考えるリーダーは「二重アイデンティティ（dual identity）」を強調するのがよいと彼らは述べる。同様に，HorseyとHogg（2000）は，下位集団アイデンティティが確立し維持されると同時に，人々が上位集団の下で結束することの重要性を論じた。リベラル派と保守派の葛藤に関しては，共通目標に到達するためにイデオロギー対抗者同士が協力しなければならないような状況に対して共通内集団アイデンティ・モデルが応用可能であろう。

体制正当化と外的脅威への反応　リベラル派と保守派は対立集団であると（自分たち自身，あるいは他の人たちから）みなされているとき，互いにとって心理的脅威となる。しかし，上位集団や社会システム（たとえば国家）への外的脅威が両者を結びつけることがある。たとえば，ニューヨークとワシントンで発生した2001年の9.11テロ攻撃の後，アメリカの大学生たちは自分の大学に対する愛着とともに自国に対する愛着も強くなった（Moskalenko et al., 2006）。テロ攻撃後に観察された大統領支持率の大幅な上昇は，強い「旗の下に集え」効果を示唆している（Jones, 2003; Jost et al., 2010）。

　体制正当化——社会システム全体を守り，強化しようとする動機づけとして定義さ

れる——が極化の低減と関連するという考え方は意外で，直感に反するものである。人はさまざまなサイズ（たとえば地方の高校，国家）をもつさまざまな領域（文化，経済，政治システム）の社会システムに所属しているため，体制正当化の対象も多様である（Blasi & Jost, 2006; Jost & Kay, 2005）。現状を脅かす外的脅威が心理的に顕現すると，リベラル派は政治的により保守的になる——その結果，リベラル派と保守派はイデオロギー的に接近する（Bonanno & Jost, 2006; Cohen et al., 2005; Landau et al., 2004; Nail et al., 2009; Thorisdottir & Jost, 2011; Ullrich & Cohrs, 2007; Weise et al., 2008）。外的脅威からシステムを守ろうとする動機づけはリベラル派と保守派を結びつけはするが，しかし，それが民族間あるいは他の様態の集団間紛争を強める可能性があることは強調されなければならないであろう。

自己確証　自己の価値観と自尊心を確証することは，防衛性を低下させ，心的開放性を高めるため，イデオロギー葛藤に対して有益な効果をもたらすことが指摘されてきた（Cohen et al., 2007）。人々はイデオロギーへの固執と自己の信念や知覚の客観性に対する頑固な主張を通してポジティブな自己価値を追求する傾向があるが，自己確証はこうした自己関心欲求を満たす代替的手段となる。このように自己確証は，特に政治的アイデンティティが顕現したとき，政治的対立相手から与えられるさまざまの形態の脅威に対して緩衝材として働く。

集団間接触と自己開示　PettigrewとTropp（2006）は515の研究のメタ分析を行ない，広範囲の状況において，集団の種類が違っても，さらにはAllportがあげた最適条件が満たされていないときでも，集団間接触が集団間バイアスや紛争を効果的に低減することを示す有力な証拠を提示した。集団間接触の効果自体も注目に値するものであるが，対等な集団地位，協力的相互依存，共通目標，集団間接触へのポジティブな規範，集団間友情や個人的知り合いの存在といった条件はすべて接触の偏見低減効果を強めるものである（Brewer & Miller, 1984; Dovidio et al., 2003; Eller & Abrams, 2004; Pettigrew, 1998）。イデオロギー論争が頻繁に生じるような競争的状況は，リベラル派と保守派の間の生産的な集団間接触の妨げとなる。とはいえ，協力的問題解決状況が政治領域でみられないわけではない。政治的コミュニケーションや議論の規範をより協力的で市民的なものにつくり変えることは可能で，それは集団間接触を通じてイデオロギーの極化低減に役立つであろう。

　自己開示によって好意を引き出す（Jourard, 1959）という確認済みの原理に基づき，交渉においても個人的自己開示は，協力，譲歩，合意を達成する可能性を高めることが見いだされている（Moore et al., 1999）。KeltnerとRobinson（1993）もまた，イデオロギーの異なる交渉者が予算交渉を行なう際，事前に立場や価値観を開示して相

違を明確にしておいてから討論すると，統合的合意が達成され，高水準の協力が可能で，相互に交渉相手に対してポジティブな感情を経験することを見いだした。これは事前討論によってステレオタイプと歪んだ知覚が弱められたためと思われる。純粋に個人的あるいは二者関係の場合には自己開示が葛藤解決を促進するといえるであろうが，集団の場合にそれが起こるのは，上でみた研究のように，下位集団間の（たとえば，イデオロギー上の）差異が顕現していないときだけである。

　Brewer と Miller（1984）の個人化モデル（personalization model）によると，自己開示は相互作用する者同士の間で認知関係をうながす。イデオロギーの「ライバル」に関して識別性の高い個人的情報が与えられると，それはカテゴリー・ベースの情報やステレオタイプを希薄化し，ネガティブな期待が弱められて協力が増加する。社会的所属欲求から生じる上位集団ないし共通内集団アイデンティティの形成をもたらす方略とは対照的だが，個人化は個人的弁別性欲求を満たすものである（Brewer, 1991; McGuire, 1984）。

イデオロギー上の相互譲歩と統合的交渉　イデオロギー葛藤を軽減するものとしてこれまで議論されてきた社会心理学的要因は，社会的，認知的，動機的なバイアスを克服する方略を示唆している。それは，右派と左派の実際の差異は，それぞれの支持者が考えているほど大きいものではないという意味を含んでいる（Cohen, 2003; Fiorina et al., 2006; Sherman et al., 2003）。とはいえ，不確実性や脅威に対する心理的構えの違いがあるように，社会変革と結果の平等性に対する態度に関しても，真の思想的差異が存在する（Jost, 2006; Jost et al., 2003a, 2003b, 2007, 2008, 2009）。それゆえ，イデオロギー分断を橋渡しするためには，自我防衛，ステレオタイプ化，その他の歪んだ知覚を減らすだけでは不十分である。イデオロギー不一致が根深く，それが本質的なものであるなら，左派と右派が――彼ら自身にとって望ましいことかどうかはさておき――政策決定において協力しあうことが果たして可能かどうかは疑わしい。

　Kerlinger（1967, 1984）は，リベラル派と保守派は1つの軸で対立関係にあるというよりも，それらは直交した次元であるという提案を行なった。彼は，リベラル派にとって特に重要な論点が保守派にとってはそうではなく，その逆も同様であることを特に強調した。実証的知見によると，リベラリズムと保守主義の間には負の相関があるので，次元が完全に直交しているわけではない（Jost et al., 2009a）。しかし，それほど高い相関ではないことから，一方だけが重要だと考えている論点が存在する可能性は否定できない。この点からみて Kerlinger のアプローチは，妥協や譲歩の可能性に関する理論的基盤を提供するものである（Carsey & Layman, 2006; Conover & Feldman, 1981）。これが可能であれば，双方向的交渉で行なわれる（Bazerman & Neale, 1993）「ログ・ローリング（log-rolling：交換取引）」や戦略的「トレードオフ」

を試みることで,「価値を新たに生み出す」ことが可能となるであろう。言い換えると，相手側が重視する論点で譲歩する代わりに，自分たちが重視する論点で好ましい結果を得ることができるであろう。

　この可能性を検討すべく，われわれは数十の政治ブログの管理人に依頼を行なった。彼らはわれわれの調査ホームページにリンクを貼ることに同意し，右派と左派の政治的優先課題に関する研究に参加するように読者に呼びかけてくれた。データは2008年の大統領選挙のおよそ1か月前に収集された。表6.2は，リベラルないし保守的読者サンプルの評定に基づいて24個の論点を知覚された重要性に沿って並べたものである。明らかにいくつかの論点においては相対的重要度にズレがあり，これは「相互譲歩」の可能性を示唆している。両集団はともに「戦争と平和」「外交政策」「イラク」を上

▶表6.2　重要度順に並べたリベラル派と保守派の論点の重要性の平均と標準偏差

リベラル派の論点の評定	M	SD	保守派の論点の評定	M	SD
経済	6.68	0.73	国防	6.90	0.44
戦争と平和	6.62	0.75	税金	6.67	0.74
環境とエネルギー	6.53	0.92	石油採掘	6.64	0.82
医療	6.51	0.97	戦争と平和	6.60	0.82
外交政策	6.50	0.84	外交政策	6.58	0.83
イラク	6.29	1.07	イラク	6.49	0.92
反テロ法	5.89	1.44	経済	6.47	0.98
同性愛者の権利	5.74	1.40	イラン	6.43	0.97
女性とマイノリティ	5.67	1.44	移民	6.37	1.12
政府の倫理改革	5.58	1.44	政府の倫理改革	6.20	1.38
国防	5.46	1.33	妊娠中絶	6.20	1.54
税金	5.38	1.47	犯罪	6.05	1.29
イラン	5.31	1.58	外国貿易	5.96	1.25
妊娠中絶	5.29	1.84	環境とエネルギー	5.95	1.42
幹細胞研究	5.27	1.54	反テロ法	5.90	1.59
外国貿易	5.09	1.35	社会における宗教価値	5.89	1.57
犯罪	4.22	1.57	学校における宗教	5.52	1.72
学校における宗教	4.21	2.17	銃規制	5.33	2.12
移民	4.16	1.65	医療	4.82	1.88
石油採掘	3.82	2.02	幹細胞研究	4.32	2.07
銃規制	3.55	1.83	女性とマイノリティ	4.22	1.88
宇宙探査への投資	3.28	1.79	宇宙探査への投資	3.73	1.89
社会における宗教価値	2.54	1.95	同性愛者の権利	3.42	2.42

注）リベラル派とは，自身を「強くリベラル的だ」とみなし，政治志向性の7件法尺度でリベラリズム度合いの端に評定をつけた個人である。それに対して，保守派とは，自身を「強く保守的だ」とみなし，政治志向性の7件法尺度で保守的度合いの端に評定をつけた個人である。リベラル派の評定は $Ns = 811-826$，保守派の評定は評定は $Ns = 236-246$である。重要性の評定は，1（全く重要ではない）から7（とても重要である）であった。

位6位以上の重要論点と判断している。しかし，保守派は「国防」と「税金」を2大論点と判断しているが，リベラル派は明らかにこれらをあまり重視していない。また，保守派は「石油採掘」と「宗教の社会的意義」をリベラル派よりも重視している。これに対して，リベラル派は保守派と比べて「環境とエネルギー」「医療」「同性愛者の権利」「女性とマイノリティ」を重視している。

したがって，左派と右派の（もしくはタカ派とハト派の）イデオロギー葛藤を克服するのは確かに困難なことだが，その葛藤はおそらく，本書の他の章で取り上げられている民族紛争や宗教紛争ほど解決困難なわけではないであろう。少なくとも，両者が比較的重要度の低い論点で妥協する意思があれば，交渉プロセスを通じて新たな価値をつくり出すことは可能と思われる。もちろん，共同利益を目指してイデオロギー・ライバルと交渉するには，ある程度の信頼と協力が必要であるが（Bazerman & Neale, 1993）。こうした協力が可能であれば，イデオロギー分断によって強められてきた人種，民族，宗教間の紛争に対して対処の道が拓けるであろう。他方，右派と左派の一致点が多くなれば，民族紛争の解決方法のために必要な議論が停滞することも考えられる。

結論：イデオロギー葛藤は望ましいのか，望ましくないのか

本章では，イデオロギー葛藤と極化に影響を与える多くの社会心理学的要因を論じてきたが，イデオロギー葛藤の存在が実際のところ望ましいのか，それとも望ましくないのかという点についてはこれまで不問にしてきた。われわれは，イデオロギー葛藤を小さくするという目標が必要なものであり，よいものだということを前提にしているわけではない。この点で，偏見や他の集団間紛争の研究者たちの大半とは異なっている。本章を閉じるにあたって，イデオロギーの葛藤と多様性がもつかなり明瞭なデメリットと，それほど明瞭ではないメリットについて述べる。

党派対立とイデオロギー極化が国会議員のような政治エリートに起こると，それは「立法の停滞」，政治的行き詰まり，膠着状態を引き起こすので，政治主導，改革，集団間の緊張低減が強く求められているときでさえ，国会議員たちはどんな法案も通すことができないことに気づくであろう（Alden & Schurmann, 1990; Binder, 2003; Brady & Volden, 2005; Carsey et al., 2006）。また，選挙で選ばれた人たちが外交政策などの基本的問題に関して合意しようとしないことに市民が気づくと，イデオロギー葛藤は民主主義精神にダメージを与える危険性がある。特に，イデオロギー葛藤が，単にある議員たちがまちがっているということを意味するとき，その危険性が大きい（Shapiro & Block-Elkon, 2006）。イデオロギー極化が社会集団間の両立不能な

利害を反映し（McCarty et al., 2006），それが政治エリートたちの中にあるとき，それは経済的，人種・民族的な亀裂を拡大する恐れがある。一般市民に関して言うと，イデオロギーの極化と葛藤は，民主制度が機能するために必要な節度ある政治的言説，意見の多様性に対する寛容さなどに対して深刻な悪影響を及ぼす（Barker, 2002; Brock, 2004; Dean, 2006）。このような右派と左派の分断が嘆かわしい社会的帰結をもたらすことについてはほとんどの人が同意するであろう。

それにもかかわらず，イデオロギー葛藤がよい帰結をもたらすと考えることにも理由がある。第1に，イデオロギー多様性をもつ問題解決集団の成員は，均質な集団成員と比べて，認知的により詳細な精緻化を行ない，より創造的な解決策を生み出すことが社会心理学的研究から明らかとなっている（Basadur & Head, 2001; Nemeth, 1986; Schultz-Hardt et al., 2006）。つまり，イデオロギー多様性は創造的政策を生み出し，社会の中に起こる人種，民族，宗教紛争を低減する優れた方略をもたらすことが期待できる（Alden & Schurmann, 1990）。さらに，選挙の際の激しいイデオロギー抗争は市民の政治参加をうながし（Jackson & Carsey, 2006; Sinclair, 2006），政治エリートから一般市民への情報の流れを活発化する効果をもたらす（Blumkin & Grossman, 2004）。最後に，社会の中に本質的矛盾が存在するからこそ左派と右派の葛藤が生じるし，社会的公正というものは必然的にこれらの矛盾を表面化させるものであると主張する人たちもいる。そして，民族紛争や他の形態の社会的紛争が基本的な社会問題となっているとき，もしも単純に一方が正しく，他方がまちがっていたならば，葛藤当事者（たとえば，民族的暴力の被害者）や社会全体にとって最善の結果を得るよりも，単に紛争や葛藤を鎮静化することだけを目指した社会心理学的あるいはその他の介入手段を擁護することはむずかしいであろう。この点においてわれわれは，少なくとも本章のテーマに関する最大の難問に直面する。それは，イデオロギー対立が必然的で，正しく，有益である歴史的瞬間と，それが平和と進歩に対して妨げになる瞬間をどのように区別すべきか，という難問である。

訳注
- 1：原語は Limbaugh effect。右派で知られる有名なラジオ番組司会者 Rush Limbaugh の発言によって選挙結果が大きく左右されること。

■■ 引用文献 ■■

Abramowitz, A. I., & Saunders, K. L. (1998). Ideological realignment in the US electorate. *Journal of Politics,* **60**, 634-652.

Abramowitz, A. I., & Saunders, K. L. (2006). Exploring the bases of partisanship in the American electorate: Social identity vs. ideology. *Political Research Quarterly,* **59**, 175-187.

Abramowitz, A. I., & Saunders, K. L. (2008). Is polarization a myth? *The Journal of Politics,* **70**,

542-555.
Alden, E. H., & Schurmann, F. (1990). *Why we need ideologies in American foreign policy: Democratic politics and world order.* Berkeley: Institute of International Studies, University of California.
Allport, G. W. (1954). *The nature of prejudice.* Cambridge, MA: Addison-Wesley.
Altemeyer, B. (1998). The other "authoritarian personality." In M. Zanna (Ed.), *Advances in experimental social psychology* (Vol. 30, pp. 47-92). San Diego: Academic Press.
Altemeyer, R. A. (1996). *The authoritarian specter.* Cambridge, MA: Harvard University Press.
Baldassari, D., & Gelman, A. (2008). Partisans without constraint: Political polarization and trends in American public opinion. *American Journal of Sociology,* **114**, 408-446.
Barker, D. C. (2002). *Rushed to judgment: Talk radio, persuasion, and American political behavior.* New York: Columbia University.
Bar-Tal, D. (1990). *Group beliefs.* New York: Springer-Verlag.
Bar-Tal, D., Raviv, A., Raviv, A., & Dgani-Hirsh, A. (2009). The influence of the ethos of conflict on Israeli Jews' interpretation of Jewish-Palestinian encounters. *Journal of Conflict Resolution,* **53**, 94-118.
Basadur, M., & Head, M. (2001). Team performance and satisfaction: A link to cognitive style within a process framework. *Journal of Creative Behavior,* 35, 227-248.
Batson, C. D., & Burris, C. T. (1994). Personal religion: Depressant or stimulant of prejudice and discrimination? In M. P. Zanna (Ed.), *Ontario symposium: The psychology of prejudice* (pp. 149-169). Hillsdale, NJ: Erlbaum.
Bazerman, M. H., & Neale, M. A. (1993). *Negotiating rationally.* New York: Free Press.
Beck, P. A., & Jennings, M. K. (1975). Parents as "middlepersons" in political socialization. *Journal of Politics,* **37**, 83-107.
Biernat, M., Vescio, T. K., & Theno, S. A. (1996). Violating American values: A "value congruence" approach to understanding outgroup attitudes. *Journal of Experimental Social Psychology,* **32**, 387-410.
Binder, S. A. (2003). *Stalemate: Causes and consequences of legislative gridlock.* Washington, DC: Brookings Institution.
Bishop, G. (2005). *The illusion of public opinion.* Lanham, MD: Rowman & Littlefield.
Blasi, G., & Jost, J. T. (2006). System justification theory and research: Implications for law, legal advocacy, and social justice. *California Law Review,* **94**, 1119-1168.
Blumkin, T., & Grossman, V. (2004). *Ideological polarization, sticky informatbn, and policy reforms.* CESinfo Working Paper No. 1274.
Bobbio, N. (1996). *Left and right: The significance of a political distinction.* Cambridge, UK: Polity Press.
Bonanno, G. A., & Jost, J. T. (2006). Conservative shift among high-exposure survivors of the September 11th terrorist attacks. *Basic and Applied Social Psychology,* **28**, 311-323.
Brady, D. W., & Volden, C. (2005). *Revolving gridlock: Politics from Jimmy Carter to George W. Bush.* Boulder, CO: Westview.
Brewer, M. B. (1991). On being the same and different at the same time. *Personality and Social Psychology Bulletin,* **17**, 475-482.
Brewer, M. B., & Miller, N. (1984). Beyond the contact hypothesis: Theoretical perspectives on desegregation. In N. Miller & M. Brewer (Eds.), *Groups in contact: The psychology of desegregation.* New York: Academic Press.
Brewer, M. B., & Miller, N. (1996). *Intergroup relations.* Pacific Grove, CA: Brooks/Cole.
Brewer, M. D. (2005). The rise of partisanship and the expansion of partisan conflict within the

American electorate. *Political Research Quarterly*, **58**, 219-229.
Brock, D. (2004). *The Republican noise machine*. New York: Crown Publishers.
Brown, R. (2000). *Group processes: Dynamics within and between groups* (2nd ed.). Maiden, MA: Blackwell.
Buchanan, P. (2004). The aggression in the culture wars. PBJ Columns, The American Cause. Path: Pat's Columns. 〈http://www.theamericancause.org〉 (March 8, 2004.)
Cacioppo, J. T., & Petty, R. E. (1982). The need for cognition. *Journal of Personality and Social Psychology*, **42**, 116-131.
Carmines, E. G., & Stanley, H. W. (1990). Ideological realignment in the contemporary south: Where have all the conservatives gone? In R. P. Steed, L. W. Moreland, & T. A. Baker (Eds.), *The disappearing South? Studies in regional change and continuity* (pp. 21-33). Tuscaloosa: University of Alabama.
Carmines, E. G., & Stimson, J. A. (1989). *Issue evolution: Race and the transformation of American politics*. Princeton, NJ: Princeton University.
Carsey, T. M., & Layman, G. C. (2006). Changing sides or changing minds? Party identification and policy preferences in the American electorate. *American Journal of Political Science*, **50**, 464-477.
Chambers, J. R., Baron, R. S., & Inman, M. L. (2006). Misperceptions in intergroup conflict: Disagreeing about what we disagree about. *Psychological Science*, **17**, 38-45.
Chirumbolo, A., & Leone, L. (2008). Individual differences in need for closure and voting behavior. *Personality and Individual Differences*, **44**, 1279-1288.
Cohen, R., Ogilvie, D. M., Solomon, S., Greenberg, J., & Pyszczynski, T. (2005). American roulette: The effect of reminders of death on support for George W. Bush in the 2004 presidential election. *Analyses of Social Issues and Public Policy*, **5**, 177-187.
Cohen, G. L. (2003). Party over policy: The dominating impact of group influence on political beliefs. *Journal of Personality and Social Psychology*, **85**, 808-822.
Cohen, G. L., Sherman, D. K., Bastardi, A., Hsu, L., McGoey, M., & Ross, L. (2007). Bridging the partisan divide: Self-affirmation reduces ideological closed-mindedness and inflexibility in negotiation. *Journal of Personality and Social Psychology*, **93**, 415-430.
Conover, P. J., & Feldman, S. (1981). The origins and meaning of liberal/conservative self identifications. *American Journal of Political Science*, **25**, 617-645.
Converse, P. E. (1964). The nature of belief systems in mass publics. In D. E. Apter (Ed.), *Ideology and discontent* (pp. 206-261). New York: Free Press.
Dalton, R. J. (1987). Generational change in elite political beliefs: The growth of ideological polarization. *The Journal of Politics*, **49**, 976-997.
Dean, J. (2006). *Conservatives without conscience*. New York: Viking.
De Dreu, C. K. W. (2006). Rational self-interest and other-orientation in organizational behavior: A critical appraisal and extension of Meglino and Korsgaard (2004). *Journal of Applied Psychology*, **91**, 1245-1252.
De Zavala, A. G., Federico, C. M., Cislak, A., & Sigger, J. (2008). Need for closure and competition in intergroup conflicts: Experimental evidence for the mitigating effects of accessible conflict-schemas. *European Journal of Social Psychology*, **38**, 84-105.
Denzau, A. T., & North, D. C. (1994). Shared mental models: Ideologies and institutions. *Kyklos*, **47**, 3-31.
Deutsch, M., Coleman, P. T., & Marcus, E. C. (Eds.) (2006). *The handbook of conflict resolution: Theory and practice* (2nd ed.). Hoboken, NJ: Wiley Publishing.
Dovidio, J. F., Gaertner, S. L., & Kawakami, K. (2003). Intergroup contact: The past, present, and

die future. *Group Processes and Intergroup Relations, 6,* 5-21.
Dovidio, J. F., Gaertner, S. L., & Saguy, T. (2009). Commonality and the complexity of "we": Social attitudes and social change. *Personality and Social Psychology Review, 13,* 3-20.
Duckitt, J. (2001). A dual-process cognitive-motivational theory of ideology and prejudice. *Advances in Experimental Social Psychology, 33,* 41-113.
Duckitt, J. (2006). Differential effects of right-ring authoritarianism and social dominance orientation on outgroup attitudes and their mediation by threat from competitiveness to outgroups. *Personality and Social Psychology Bulletin, 32,* 684-696.
Eller, A., & Abrams, D. (2004). Come together: Longitudinal comparisons of Pettigrew's reformulated intergroup contact model and the common ingroup identity model in Anglo-French and Mexican-American contexts. *European Journal of Social Psychology, 34,* 229-256.
Esses, V. M., Dovidio, J. F., Jackson, L. M., & Armstrong, T. M. (2001). The immigration dilemma: The role of perceived group competition, ethnic prejudice, and national identity. *Journal of Social Issues, 57,* 389-412.
Farwell, L., & Weiner, B. (2006). Bleeding hearts and the heartless: Popular perceptions of liberal and conservative ideologies. *Personality and Social Psychology Bulletin, 26,* 845-852.
Federico, C. M., Golec, A., & Dial, J. L. (2005). The relationship between the need for closure and support for military action against Iraq: Moderating effects of national attachment. *Personality and Social Psychology Bulletin, 31,* 621-632.
Federico, C. M., & Schneider, M. (2007). Political expertise and the use of ideology: Moderating effects of evaluative motivation. *Public Opinion Quarterly, 71,* 221-252.
Fielding, K. S., & Hogg, M. A. (1997). Social identity, self-categorization, and leadership: A field study of small interactive groups. *Group Dynamics: Theory, Research, and Practice, 1,* 39-51.
Fiorina, M. P., Abrams, S. A., & Pope, J. C. (2006). *Culture war? The myth of a polarized America* (2nd ed.). New York: Pearson Longman.
Fiske, S. T., & Neuberg, S. L. (1990). A continuum of impression formation, from categorybased to individuating processes: Influences of information and motivation on attention and interpretation. In M. P. Zanna (Ed.), *Advances in experimental social psychology* (Vol. 23, pp. 1-74). New York: Academic Press.
Freeden, M. (2003). *Ideology: A very short introduction.* New York: Oxford University Press Inc.
Freund, T., Kruglanski, A. W., & Shpitzajzen, A. (1985). The freezing and unfreezing of impressional primacy: Effects of the need for structure and the fear of invalidity. *Personality and Social Psychology Bulletin, 11,* 479-487.
Fuchs, D., & Klingemann, H. D. (1990). The left-right schema. In M. K. Jennings & J. W. van Deth (Eds.), *Continuities in political action* (pp. 203-234). Berlin, Germany: deGruyter.
Gaertner, S. L., & Dovidio, J. F., (2000). *Reducing intergroup bias: The common ingroup identity model.* Philadelphia, PA: Psychology Press.
Gaertner, S. L., Dovidio, J. F., Anastasio, P. A., Bachman, B. A., & Rust, M. C. (1993). The common ingroup identity model: Recategorization and the reduction of intergroup bias. In W. Stroebe & M. Hewstone (Eds.), *European Review of Social Psychology* (Vol. 4, pp. 1-26). New York: Psychology press.
Gaertner, S. L., Dovidio, J. F., Nier, J. A., Ward, C. M., & Banker, B. S. (1999). Across cultural divides: The value of a superordinate identity. In D. Prentice & D. Miller (Eds.), *Cultural divides: Understanding and overcoming group conflict.* New York: Russell Sage.
Gaertner, S. L., Rust, M. C., Dovidio, J. F., Bachman, B. A., & Anastasio, P. A. (1994). The contact hypothesis: The role of common ingroup identity on reducing intergroup bias. *Small Group Research, 25,* 224-249.

Gastil, J., Black, L., & Moscovitz, K. (2008). Ideology, attitude change, and deliberation in small face-to-face groups. *Political Communication*, **25**, 23-46.

Gastil, J., & Dillard, J. P. (1999). Increasing political sophistication through public deliberation. *Political Communication*, **16**, 3-23.

Golec, A. (2001, July). *Need for cognitive cbsure and political conservatism: Studies on the nature of the relationship.* Paper presented at the annual meeting of the International Society of Political Psychology, Cuemavaca, Mexico.

Graham, J., Haidt, J., & Nosek, B. N. (2009). Liberals and conservatives rely on different sets of moral foundations. *Journal of Personality and Social Psychology*, **96**, 1029-1046.

Granberg, D., & Brown, T. A. (1992). The perception of ideological distance. *The Western Political Quarterly*, **45**, 727-750.

Green, D., Palmquist, B., & Schickler, E. (2002). *Partisan hearts and minds: Political parties and the social identities of voters.* New Haven, CT: Yale University Press.

Halevy, N., Sagiv, L., Roccas, S., & Bornstein, G. (2006). Perceiving intergroup conflict: From game models to mental templates. *Personality and Social Psychology Bulletin*, **32**, 1674-1689.

Hardin, C. D., & Conley, T. D. (2000). A relational approach to cognition: Shared experience and relationship affirmation in social cognition. In G. B. Moskowitz (Ed.), *Future directions in social cognition* (pp. 3-17). Hillsdale, NJ: Erlbaum.

Hardin, C., & Higgins, E. T. (1996). Shared reality: How social verification makes the subjective objective. In R. M. Sorrentino & E. T. Higgins (Eds.), *Handbook of motivation and cognition: Foundations of social behavior* (Vol. 3, pp. 28-84). New York: Guilford Press.

Herrmann, R. K., Tetlock, P. E., & Visser, P. S. (1999). Mass public decisions to go to war: A cognitive-interactionist framework. *American Political Science Review*, **93**, 553-573.

Hetherington, M. (2001). Resurgent mass partisanship: The role of elite polarization. *The American Political Science Review*, **95**, 619-631.

Hewstone, M., Rubin, M., & Willis, H. (2002). Intergroup bias. *Annual Review of Psychology*, **53**, 575-604.

Higgins, E. T. (1996). Knowledge activation: Accessibility, applicability, and salience. In E. T. Higgins & A. W. Kruglanski (Eds.), *Social psychology: Handbook of basic principles* (pp. 133-168). New York: Guilford.

Hogg, M. A. (2001). A social identity theory of leadership. *Personality and Social Psychology Review*, **5**, 184-200.

Holsti, O. R., & Rosenau, J. N. (1988). The domestic and foreign policy beliefs of American leaders. *Journal of Conflict Resolution*, **32**, 248-294.

Holsti, O. R., & Rosenau, J. N. (1996). Liberals, populists, libertarians, and conservatives: The link between domestic and international affairs. *International Political Science Review*, **17**, 29-54.

Hornsey, M. J., & Hogg, M. A. (2000). Assimilation and diversity: An integrative model of subgroup relations. *Personality and Social Psychology Review*, **4**, 143-156.

Huckfeldt, H. R., & Kohfeld, C. W. (1989). *Race and the decline of class in American politics.* Urbana, IL: University of Illinois.

Hunter, J. D. (1991). *Culture wars: The struggle to control the family, art, education, law, and politics in America.* New York: Basic Books.

Jackson, R. A., & Carsey, T. M. (2006). Presidential voting across the American states. *American Politics Quarterly*, **27**, 379-402.

Jacoby, W. G. (1991). Ideological identification and issue attitudes. American *Journal of Political Science*, **35**, 178-205.

Jennings, M. K., & Niemi, R. G. (1981). *Generations and politics.* Princeton: Princeton University Press.
Jones, J. M. (2003, September 9). *September 11 effects, though largely faded, persist.* The Gallup Poll. ⟨http://www.gallup.com/poll.content/?ci=9208⟩ (September 27, 2004.)
Jost, J. T., (2006). The end of the end of ideology. *American Psychologist,* **61**, 651-670.
Jost, J. T., Banaji, M. R., & Nosek, B. A. (2004). A decade of system justification theory: Accumulated evidence of the conscious and unconscious bolstering of the status quo. *Political Psychology,* **25**, 881-919.
Jost, J. T., Federico, C. M., & Napier, J. L. (2009). Political ideology: Its structure, functions, and elective affinities. *Annual Review of Psychology,* **60**, 307-338.
Jost, J. T., Fitzsimons, G., & Kay, A. C. (2004). The ideological animal: A system justification view. In J. Greenberg, S. L. Koole, & T. Pyszczynski (Eds.), *Handbook of experimental existential psychology* (pp. 263-282). New York: Guilford Press.
Jost, J. T., Glaser, J., Kruglanski, A. W., & Sulloway, F. (2003a). Political conservatism as motivated social cognition. *Psychological Bulletin,* **129**, 339-375.
Jost, J. T., Glaser, J., Kruglanski, A. W., & Sulloway, F. (2003b). Exceptions that prove the rule: Using a theory of motivated social cognition to account for ideological incongruities and political anomalies. *Psychological Bulletin,* **129**, 383-393.
Jost, J. T., & Kay, A. C. (2005). Exposure to benevolent sexism and complementary gender stereotypes: Consequences for specific and diffuse forms of system justification. *Journal of Personality and Social Psychology,* **88**, 498-509.
Jost, J. T., Kruglanski, A. W., & Simon, L. (1999). Effects of epistemic motivation on conservatism, intolerance, and other system justifying attitudes. In L. Thompson, D. M. Messick, & J. M. Levine (Eds.), *Shared cognition in organizations: The management of knowledge* (pp. 91-116). Mahwah, NJ: Erlbaum.
Jost, J. T., Ledgerwood, A., & Hardin, C. D. (2008). Shared reality, system justification, and the relational basis of ideological beliefs. *Social and Personality Psychology Compass,* **2**, 171-186.
Jost, J. T., Liviatan, I., Van der Toorn, J., Lederwood, A., Mandisodza, A., & Nosek, B. A. (2010). System justification: How do we know it's motivated? In D. R. Bobocel, A. C. Kay, M. P. Zanna, & J. M. Olson (Eds.), *The psychology of justice and legitimacy: The Ontario symposium* (pp. 173-202). Hillsdale, NJ: Erlbaum.
Jost, J. T., Napier, J. L., Thorisdottir, H., Gosling, S. D., Palfai, T. P., & Ostafin, B. (2007). Are needs to manage uncertainty and threat associated with political conservatism or ideological extremity? *Personality and Social Psychology Bulletin,* **33**, 989-1007.
Jost, J. T., Nosek, B. A., & Gosling, S. D. (2008). Ideology: Its resurgence in social, personality, and political psychology. *Perspectives on Psychological Science,* **3**, 126-136.
Jost, J. T., West, T. V., & Gosling, S. D. (2009). Personality and ideology as determinants of candidate preferences and "Obama conversion" in the 2008 US presidential election. *Dubois Review: Social Science on Race,* **6**, 103-124.
Jourard, S. M. (1959). Self-disclosure and other-cathexis. *Journal of Abnormal and Social Psychology,* **59**, 428-431.
Kay, A. C, Gaucher, D., Napier, J., Callan, M. J., & Laurin, K. (2008). God and the government: Testing a compensatory control mechanism for the support of external systems. *Journal of Personality and Social Psychology,* **95**, 18-35.
Kay, A. C, Jost, J. T., & Young, S. (2005). Victim derogation and victim enhancement as alternate routes to system justification. *Psychological Science,* **16**, 240-246.
Kelman, H. C. (1958). Compliance, identification, and internalization: Three processes of attitude

change. *Journal of Conflict Resolution,* **2**, 51-60.
Keltner, D., & Robinson, R. J. (1993). Imagined ideological differences in conflict escalation and resolution. *International Journal of Conflict Management,* **4**, 249-262.
Kemmelmeier, M. (1997). Need for closure and political orientation among German university students. *Journal of Social Psychology,* **137**, 787-789.
Kerlinger, F. N. (1967). Social attitudes and their criteria] referents: A structural theory. *Psychological Review,* **74**, 110-122.
Kerlinger, F. N. (1984). *Liberalism and conservatism: The nature and structure of social attitudes.* Hillsdale, NJ: Erlbaum.
Kinder, D. R., & Sears, D. O. (1985). Public opinion and political action. In G. Lindzey & E. Aronson (Eds.), *Handbook of social psychology* (Vol. 2, pp. 659-741). New York: Random House.
Kosterman, R., & Feshbach, S. (1989). Toward a measure of patriotic and nationalistic attitudes. *Political Psychology,* **10**, 257-274.
Kramer, R. M., & Brewer, M. B., (1984). Effects of group identity on resource use in a simulated commons dilemma. *Journal of Personality and Social Psychology,* **46**, 1044-1057.
Krochik, M., Jost, J. T., & Nosek, B. (2007). *Ideology informs structure: Social and motivational influences on the attitude strength of liberals and conservatives.* Paper presented at the 30th annual meeting of the International Society for Political Psychology, Portland, OR.
Krochik, M., & Tyler, T. R. (2009). Leading amid pluralism: The benefits and limits of superordinate identification. In T. L. Pittinsky (Ed.), *Crossing the divide: Intergroup leadership in a world of difference.* Boston: Harvard Business School Press.
Kruglanski, A. W. (1989). *Lay epistemics and human knowledge: Cognitive and motivational bases.* New York: Plenum.
Kruglanski, A. W. (1996). Motivated social cognition: Principles of the interface. In E. T. Higgins & A. W. Kruglanski (Eds.), *Social psychology: A handbook of basic principles* (pp. 493-522). New York: Guilford Press.
Kruglanski, A. W., Pierro, A., Mannetti, L., & De Grada, E. (2006). Groups as epistemic providers: Need for closure and the unfolding of group-centrism. *Psychological Review,* **113**, 84-100.
Kunda, Z. (1990). The case for motivated reasoning. *Psychological Bulletin,* **108**, 480-498.
Landau, M. J., Greenberg, J., & Rothschild, Z. K. (2009). Motivated cultural worldview adherence and culturally loaded test performance. *Personality and Social Psychology Bulletin,* **35**, 442-453.
Landau, M. J., Solomon, S., Greenberg, J., Cohen, F., Pyszczynski, T., & Arndt, J. (2004). Deliver us from evil: The effects of mortality salience and reminders of 9/11 on support for President George W. Bush. *Personality and Social Psychology Bulletin,* **30**, 1136-1150.
Lavine, E. L., Polichak, J., & Lodge, M. (1999, September). *Authoritarianism and threat: A response latency analysis.* Paper presented at the annual meeting of the American Political Science Association, Atlanta, GA.
Layman, G. C., & Carsey, T. M. (2002a). Party polarization and "conflict extension" in the American electorate. *American Journal of Political Science,* **46**, 786-802.
Layman, G. C., & Carsey, T. M. (2002b). Party polarization and the structuring of policy attitudes: A comparison of three NES Panel studies. *Political Behavior,* **24**, 199-236.
Layman, G. C., Carsey, T. M., & Horowitz, J. M. (2006). Party polarization in American politics: Characteristics, causes, and consequences. *Annual Review of Political Science,* **9**, 83-110.
Ledgerwood, A., & Chaiken, S. (2007). Priming us and them: Automatic assimilation and contrast in group attitudes. *Journal of Personality and Social Psychology,* **93**, 940-956.

Lerner, M. J. (1975). The justice motive of social behavior: Introduction. *Journal of Social Issues,* **31**, 1-19.
Lewin, L. (1948). *Resolving social conflicts: Selected papers on group dynamics.* New York: Harper.
Liebes, T., Katz, E., & Ribak, R. (1991). Ideological reproduction. *Political Behavior,* **13**, 237-252.
Lipset, S., & Raab, E. (1978). *The politics of unreason: Right-wing extremism in America, 1790-1977.* Chicago: University of Chicago Press.
Lodge, M., & Hamill, R. (1986). A partisan schema for political information processing. *The American Political Science Review,* **80**, 505-520.
Luskin, R. C. (1987). Measuring political sophistication. *American Journal of Political Science,* **31**, 856-899.
Mackie, D. M. (1986). Social identification effects in group polarization. *Journal of Personality and Social Psychology,* **50**, 720-728.
Mackie, D. M., Devos, T., & Smith, E. R. (2000). Intergroup emotions: Explaining offensive action tendencies in an intergroup context. *Journal of Personality and Social Psychology,* **79**, 602-616.
McCarty, N., Poole, K. T., & Rosenthal, H. (2006). *Polarized America.* Cambridge, MA: MIT.
McGuire, W. J. (1984). Search for the self: Going beyond self-esteem and the reactive self. In R. A. Zucker, J. Aronoff, & A. I. Rabin (Eds.), *Personality and the prediction of behavior* (pp. 73-120). New York: Academic Press.
McGuire, W. J. (1985). Attitudes and attitude change. In G. Lindzey & E. Aronson (Eds.), *Handbook of social psychology* (pp. 233-346). New York: Random House.
Miller, A. S., & Hoffman, J. P. (1999). The growing divisiveness: Culture wars or a war of words? *Social Forces,* **78**, 721-745.
Moore, D. A., Kurtzberg, T. R., & Thompson, L. L. (1999). Long and short routes to success in electronically mediated negotiations: Group affiliations and good vibrations. *Organizational Behavior and Human Decision Processes,* **77**, 22-43.
Moskalenko, S., McCauley, C., & Rozin, P. (2006). Group identification under conditions of threat: College students' attachment to country, family, ethnicity, religion, and university before and after September 11, 2001. *Political Psychology,* **27**, 77-97.
Moscovici, S. (1976). *Social influence and social change.* London, UK: Academic Press.
Moscovici, S., & Zavalloni, M. (1969). The group as a polarizer of attitudes. *Journal of Personality and Social Psychology,* **12**, 125-135.
Moskowitz, A. N., & Jenkins, J. C. (2004). Structuring political opinions: Attitude consistency and democratic competence among the US mass public. *The Sociological Quarterly,* **45**, 395-419.
Murray, S. K., Cowden, J. A., & Russett, B. M. (1999). The convergence of American elites' domestic beliefs with their foreign policy beliefs. *International Interactions,* **25**, 153-180.
Nail, P. R., McGregor, I., Drinkwater, A. E., Steele, G. M., & Thompson, A. W. (2009). Threat causes liberals to think like conservatives. *Journal of Experimental Social Psychology,* **45**, 901-907.
Napier, J. L., & Jost, J. T. (2008). The "anti-democratic personality" revisited: A cross-national investigation of working class authoritarianism. *Journal of Social Issues,* **64**, 595-617.
Nemeth, C. J. (1986). Differential contributions of majority and minority influence. *Psychological Review,* **93**, 23-32.
Nie, N. H., Verba, S., & Petrocik, J. R. (1979). *The changing American voter.* Cambridge: Harvard University.
Nosek, B. A., Banaji, M. R., & Jost, J. T. (2009). The politics of intergroup attitudes. In J. T. Jost, A. C. Kay, & H. Thorisdottir (Eds.), *Social and psychological bases of ideology and system justification* (pp. 480-506). New York: Oxford.

Oxley, D. R., Smith, K. B., Alford, J. R., Hibbing, M. V., Miller, J. L., Scalora, M. et al. (2008). Political attitudes vary with physiological traits. *Science,* **321**, 1667-1670.

Pettigrew, T. F (1998). Intergroup contact theory. *Annual Review of Psychology,* **49**, 65-85.

Pettigrew, T. F., & Tropp, L. R. (2006). A meta-analytic test of intergroup contact theory. *Journal of Personality and Social Psychology,* **90**, 751-783.

Petty, R. E., & Cacioppo, J. T. (1984). The effects of involvement on responses to argument quantity and quality: Central and peripheral routes to persuasion. *Journal of Personality and Social Psychology,* **46**, 69-81.

Prentice, D. A., & Miller, D. T. (Eds.) (1999). *Cultural divides: Understanding and overcoming group conflict.* New York: Russell Sage Foundation.

Pruitt, D. G., & Kim, S. H. (2003). *Social conflict: Escalation, stalemate, and settlement* (3rd ed.). New York: McGraw-Hill.

Putz, D. W. (2002). Partisan conversion in the 1990s: Ideological realignment meets measurement theory. *Journal of Politics,* **64**, 1199-1209.

Pyszczynski, T., Solomon, S., & Greenberg, J. (2003). *In the wake of 9/11: The psychology of terror.* Washington, DC: American Psychological Association.

Rathbun, B. (2007). Hierarchy and community at home and abroad: Evidence of a common structure of domestic and foreign policy beliefs in American elites. *Journal of Conflict Resolution,* **51**, 379-407.

Robinson, R. J., Keltner, D., Ward, A., & Ross, L. (1995). Actual versus assumed differences in construal: "Naive realism" in intergroup perception and conflict. *Journal of Personality and Social Psychology,* **68**, 404-417.

Ross, L. (1995). Reactive devaluation in negotiation and conflict resolution. In K. Arrow, R. Mnookin, L. Ross, A. Tversky, & R. Wilson (Eds.), *Barriers to conflict resolution* (pp. 26-42). New York: Norton.

Ross, L., & Ward, A. (1995). Psychological barriers to dispute resolution. In M. P. Zanna (Ed.), *Advances in experimental social psychology* (Vol. 27, pp. 255-304). San Diego, CA: Academic Press.

Sargent, M. (2004). Less thought, more punishment: Need for cognition predicts support for punitive responses to crime. *Personality and Social Psychology Bulletin,* **30**, 1485-1493.

Schulz-Hardt, S., Brodbeck, F. C., Mojzisch, A., Kerschreiter, R., & Frey, D. (2006). Group decision making in hidden profile situations: Dissent as a facilitator for decision quality. *Journal of Personality and Social Psychology,* **91**, 1080-1093.

Shakespeare, W. (1909-1914). The tragedy of Hamlet Prince of Denmark (Vol. XLVI, Part 2, Act 1, Scene 3). *The Harvard classics.* New York: P.F. Collier & Son. Bartleby.com, 2001. 〈http://www.bartleby.com/46/2/13.html〉 (July 5, 2010)

Shakespeare, W. (2005). In C. Jordan (Ed.), *Hamlet, prince of Denmark.* New York: Pearson/Longman. 福田恆存（訳）(1967). ハムレット　新潮文庫

Shapiro, R. Y., & Bloch-Elkon, Y. (2006, May). *Political polarization and the rational public.* Paper presented at the annual meeting of the American Association for Public Opinion Research, Montreal, Quebec, Canada.

Sherif, M., Harvey, O. J., White, B. J., Hood, W R., & Sherif, C. W. (1961). *The Robbers Cave experiment: Intergroup conflict and cooperation.* Norman, OK: University of Oklahoma Book Exchange.

Sherman, D. K., Nelson, L. D., & Ross, L. D. (2003). Naive realism and affirmative action: Adversaries are more similar than they think. *Basic and Applied Psychology,* **25**, 275-289.

Sidanius, J., & Pratto, F. (1999). *Social dominance: An intergroup theory of social hierarchy and*

oppression. New York, NY: Cambridge University.
Sinclair, B. (2006). *Party wars: Polarization and the politics of national policy making.* Norman, OK: University of Oklahoma.
Skitka, L. J., Mullen, E., Griffin, T., Hutchinson, S., & Chamberlin, B. (2002). Dispositions, ideological scripts, or motivated correction? Understanding ideological differences in attributions for special problems. *Journal of Personality and Social Psychology,* **83**, 470-487.
Skitka, L. J., & Tetlock, P. E. (1993). Providing public assistance: Cognitive and motivational processes underlying liberal and conservative policy preferences. *Journal of Personality and Social Psychology,* **65**, 1205-1223.
Smith, H. J., & Tyler, T. R. (1996). Justice and power: When will justice concerns encourage the advantaged to support policies which redistribute economic resources and the disadvantaged to willingly obey the law? *European Journal of Social Psychology,* **26**, 171-200.
Sniderman, P. M., & Piazza, R. (1993). *The scar of race.* Cambridge, MA: Harvard University.
Solomon, S., Greenberg, J., & Pyszczynski, T. (2004). The cultural animal: Twenty years of terror management theory and research. In J. Greenberg, S. L. Koole, & T. Pyszczynski (Eds.), *Handbook of experimental existential psychology* (pp. 13-34). New York: Guilford.
Stephan, W. G., & Stephan, C. W. (1996). *Intergroup relations.* Boulder, CO: Westview.
Stephan, W. G., & Stephan, C. W. (2000). An integrated threat theory of prejudice. In S. Oskamp (Ed.), *Reducing prejudice and discrimination* (pp. 23-46). Hillsdale, NJ: Lawrence Erlbaum.
Stephan, W. G., & Stephan, C. W. (2001). *Improving intergroup relations.* Thousand Oaks, CA: Sage Publications, Inc.
Tajfel, H. (1982). Social psychology of intergroup relations. *Annual Review of Psychology,* **33**, 1-39.
Tajfel, H., & Turner, J. C. (1979). An integrative theory of intergroup conflict. In W. G. Austin & S. Worchel (Eds.), *The social psychology of intergroup relations* (pp. 33-47). Monterey, CA: Brooks-Cole.
Tajfel, H., & Turner, J. C. (1986). The social identity theory of intergroup behavior. In S. Worchel & W. Austin (Eds.), *The psychology of intergroup relations* (pp. 7-24). Chicago: Nelson-Hall.
Tedin, K. L. (1987). Political ideology and the vote. *Research in Micropolitics,* **2**, 63-94.
Tetlock, P. E. (1983). Cognitive style and political ideology. *Journal of Personality and Social Psychology,* **45**, 118-126.
Tetlock, P. E. (1984). Cognitive style and political belief systems in the British House of Commons. *Journal of Personality and Social Psychology,* **46**, 365-375.
Tetlock, P. E., Bemzweig, J., & Gallant, J. L. (1985). Supreme Court decision making: Cognitive style as a predictor of ideological consistency of voting. *Journal of Personality and Social Psychology,* **48**, 1227-1239.
Tetlock, P. E., & Mitchell, P. G. (1993). Liberal and conservative approaches to justice: Conflicting psychological portraits. In B. Mellers & J. Baron (Eds.), *Psychological perspectives on justice* (pp. 234-255). Cambridge, MA: Cambridge University.
Thompson, L., & Hrebec, D. (1996). Lose-lose agreements in interdependent decision making. *Psychological Bulletin,* **120**, 396-409.
Thorisdottir, H., & Jost, J. Y. (2011). Motivated closed-mindedness mediates the effect of threat on political conservatism. *Political Psychology,* **32**, 785-811.
Transue, J. E. (2007). Identity salience, identity acceptance, and racial policy attitudes: American national identity as a uniting force. *American Journal of Political Science,* **51**, 78-91.
Turner, J. C. (1991). *Social influence.* Buckingham, England: Open University Press.
Turner, J. C, Hogg, M. A., Oakes, P. J., Reicher, S. D., & Wetherell, M. S. (1987). *Rediscovering the social group: A self-categorization theory.* Oxford: Basil Blackwell. 蘭　千壽・磯崎三喜年・内藤

哲雄・遠藤由美（訳）(1995). 社会集団の再発見—自己カテゴリー化理論　誠信書房
Ullrich, J., & Cohrs, J. C. (2007). Terrorism salience increases system justification: Experimental evidence. *Social Justice Research,* **20**, 117-139.
van Knippenberg, D., Lossie, N., & Wilke, H. (1994). In-group prototypicality and persuasion: Determinants of heuristic and systematic message processing. *British Journal of Social Psychology,* **33**, 289-300.
Webster, D. M., & Kruglanski, A. W. (1994). Individual differences in need for cognitive closure. *Journal of Personality and Social Psychology,* **67**, 1049-1062.
Weise, D. R., Pyszczynski, T., Cox, C. R., Arndt, J., Greenberg, J., Solomon, S. et al. (2008). Interpersonal politics: The role of terror management and attachment processes in shaping political preferences. *Psychological Science,* **19**, 448-445.
Wilson, G. D. (Ed.) (1973). *The psychology of conservatism.* London: Academic Press.
Worchel, S. (1999). *Written in blood: Ethnic identity and the struggle for human harmony.* New York: Worth.
Zaller, J. (1992). *The nature and origins of mass opinion.* New York: Cambridge University.

第7章

政治的暴力，集団間紛争，民族カテゴリー

Guy Elcheroth and Dario Spini

　本章は，民族性（ethnicity），暴力，紛争の相互作用に関する従来の見方について，最近の研究がこれをどのように再検討してきたかを論じるものである。それは，民族集団間の葛藤がいかにして集合的暴力を引き起こすのかという月並みな疑問ではなく，民族カテゴリー自体が，重層的な社会的葛藤とパワー闘争に根差す政治的暴力を通して形成されるという新しい論点を提示するものでもある。本章では3段階に分けてこの問題を論じる。第1節では，集合的暴力研究における民族概念の重要性を取り上げ，その定義と分析の正確さが不十分であることを指摘する。民族葛藤や民族差異だけで暴力が引き起こされるという考え方を批判的に再検討し，非暴力的葛藤から暴力的紛争への質的変化を説明することが必要であることを強調する。第2節では，政治的暴力が集団間関係だけではなく，「民族内集団（ethnic in-group）」をどのように変質させるかを示した研究を考察する。それは共通の敵に対してともに戦うコミュニティの中心にある倫理的風潮や社会構造によって，政治的暴力がどのように影響されるのかを検討することである。第3節では，複雑な暴力経験が一面的忘却によって単純な内集団ナラティブに変容するプロセスについて，また，これらのナラティブが宣言された敵に対する行動の指示的枠組みをどのようにして提供するか，さらに，そのナラティブを効果的に変更するにはどうしたらよいかなどについて詳細に検討する。これは最終的には，政治的暴力後の社会の再構築に対して，刑事裁判所がどのように貢献できるかという議論に行き着くであろう。「民族紛争」を個別に説明することによって，責任，当事者，権力などの範囲は一般に曖昧にされがちであったが，これらを明確にすることに対して，こうした研究はどのように貢献することができるであろうか。

政治的暴力と民族紛争：最新の知見と新たな疑問

　近年の武力紛争のほとんどは民族衝突（ethnic clashes）と表現されてきた。「深刻

な政治的暴力事件（Major Episodes of Political Violence）」データベースによれば（Marshall, 2002），第二次世界大戦後から1990年代半ばにかけて民族的暴力は確実に増加した。そのピークは160件の「民族戦争（ethnic war）」が記録された1985年から1994年である。この期間，民族戦争および他の形態の「民族的暴力」は記録された全政治的暴力の67％を占めた。その割合は，先行する10年間（55％）と比較して——その時期も多数を占めていることに変わりはないが——高いものになっている。また1994年以降の10年間も，ピーク期間と比べて割合（52％）は低かった。1964年から1975年の間に記録された民族戦争および他の形態の民族的暴力は50件だったが，それはこの10年間に報告された政治的暴力の36％にすぎなかった。また，この期間に発生した国内の暴力事例の多くは民族的暴力には分類されていない。こうした傾向は，この現象に関する学術的関心の変化と軌を一にするもので，BrubakerとLaitin（1998）はこれを「政治的暴力の研究において顕著な『民族的転換期』を迎えた」（p.426）と表現した。ある集合的暴力事例を国民国家（nation-states）間戦争とも，また革命運動や（反）植民地主義暴力とも分類できない場合，現代では，当事者たちは「民族戦争」を闘う「民族集団（ethnic groups）」とみなされることが多い。民族アイデンティティもまた，紛争と暴力を扱う社会心理学モデルにおいて徐々に重要な説明概念になりつつある。Worchel（1999）によれば，民族性は「人間のアイデンティティと紛争の歴史という舞台の主役」を演じることさえある（p.13）。しかし，実際のところ，「民族集団」とは何であろうか。

　分析的カテゴリーである民族性の特徴として最も顕著なものは柔軟性である。カテゴリー化の手段として，文化（言語，宗教，習慣，民間伝承）と領土（故国，地理的トポロジー），時には——さらに——特性（表現型，人種，血統）等が集団弁別に用いられる。民族性の1つの問題は，それが集団の（理想化された）過去と現在，さらに（約束された）未来に関する神話的ナラティブが形成される舞台であるという点である。民族性は，紛争状態にある集団同士を区別するための単なる分析カテゴリーではない。実際，それは有用なメタ・カテゴリーとして働くもので，集合的敵意と暴力を理解するために用いられる多様な社会的次元を包含するものである。BrubakerとLaitin（1998）が指摘したように，この概念に柔軟性が含まれるのは偶然ではない。これが民族紛争というラベルを——とりわけ，紛争研究者にとって——興味深いものにする。

　しかし，民族性は紛争中の当事者自身によって使われる概念ではない。政治リーダーは，一般に，「自分たちの民族集団」というよりも「自分たちの国」あるいは「……の人民」という方を好むが，それは，有権者を包括的な言葉で表現し，可能な限り広範囲の人々を動員するためである。こうした動員の仕方は，1つの国家であることを主張することから，ナショナリズムとよぶことができる。対照的に，そうした

主張がない場合は，自民族の識別性を意識している集団でさえ，自分たちを必ずしも国民（nation）とはみなさない。Billig（1995）が述べたように，「たしかに，（アメリカの）都市には民族的，人種的マイノリティのゲットーがある。しかし，イタリア系アメリカ国家のアフリカ系アメリカ人は存在しないし，国境や独立国家の要求もない」（p.146）。しかし，ナショナリズムがもつ重要な点は，ナショナリストが関係者を「国民」とよぶようになるまで，独立国家として承認された国民国家の登場を待ちはしないという点である。たとえば，アイルランド共和国軍やスコットランド国民党が，自分たちを「民族的アイリッシュ軍」や「スコットランド民族党」とよんで独立を要求していたらどうなっていたか，それを想像するのは実にむずかしい。もっと正確に言えば，特定の民族次元の存在は，時には国民を動員する資源となりうるが――これは国民内集団の識別性と連続性を強調する――しばしば障碍にもなりうる。ReicherとHopkins（2001）は，言語を重視する初期のカタルーニャ・ナショナリズム[*1]と言語を重視しない初期のバスク・ナショナリズムとを比較して，この点を強調した。「カタルーニャ語とは対照的に，バスク語はマイノリティ言語となっていた。言語依存のカテゴリーに基づいて動員をはかることは，大多数の人を排除することになるであろう」（p.156）。この指摘はより一般的な問題を暗示しており，ナショナリズムは概して，人々，領土，そして運命という3つの要素の間に説得力のある関係を創出しようとするものだが，民族的属性の中で最も識別的なカテゴリーを強調することは，民族性を自然のものと感じさせるよりも，むしろこれら3要素の不整合をあらわにしてしまうことが多い。それゆえ，民族ナショナリズムはしばしば国民という射影を弱めることがあり，その最も悲劇的な例は大規模な追放や民族浄化または大量虐殺にみられ，不整合を「正す」ための過激な戦略に向かう傾向が生み出されることである。

　結論として，ある集合体を「国民」とラベルづけするか「民族集団」とラベルづけするかは，それらに固有の何かを反映するものではなく，むしろ，そのラベルを用いる人が集団の主権要求の正当性をどう考えているかをよく表わすものである。一般的に表現すると，集団成員と集合的暴力の特徴を指す際に用いられる別々のラベルは，それぞれ異なる正当化モードを暗示している。Roberts（1996）が指摘したように，「旧ユーゴスラビア紛争を『古代からの民族的憎悪』と『内戦』とよぶことは，しばしば，多少なりとも内政不干渉を主張する婉曲表現であった。一方，この紛争を『攻撃』または多民族国家ボスニア防衛とよぶことは，外部からの軍事対応の期待を連想させた」（p.177）。

■ 民族的多様性が民族的暴力を引き起こすというラディカルな主張への疑問

　政治学分野では量的分析が増え，その中に民族と暴力の関連性を直接に検討する試

みも含まれている。現在，世界中の武力紛争に関する膨大なマクロレベル・データセットの中に「民族的分割」や「民族的極化」の指標を含めることが一般的だが，その目的は暴力的衝突の可能性を予測することである（Collier & Hoeffler, 2004; Montalvo & Reynal-Querol, 2005; Vanhanen, 1999）。こうした研究の一般的結論は，（民族的）非均質性が高い場合ほど暴力リスクが高ということである。少々極端な例だが，Limら（2007）の著作に民族の多様性に対する決定論的アプローチをみることができる。分離に関する物理学的・化学的プロセスのアナロジーを用いて，著者らは「もともとあった葛藤の結果というよりも，集団間の境界構造が原因で」暴力が生じると仮定している（p.1541）。このモデルとインドおよび旧ユーゴスラビアにおける民族集団の地理的分布に関する歴史的人口動態調査に基づいて，暴力発生をシミュレーションしたところ，それは報告された暴力の実証的変数と強い相関を示した。これらの知見は彼ら著者たちを「分離は暴力を防ぐ方法である」という驚くべき結論へと導いたが（p.1544），彼らは具体的に，民族領域の「幅が10キロメートル以下は完全な混住であり，100キロメートル以上であれば暴力の機会を減少させるのに十分な分離である」と述べた（p.1544）。

　この議論の欠陥の1つは明らかで，標本抽出バイアスという技術的問題である。このモデルの普遍性を確認するためには，「多民族」国家というもっと大きなサンプルを用いた検証が必要だが，そこには，現在，民族的暴力を経験していない国も含まれる。現状でこの結果が物語るのは，まさに民族集団間の暴力が発生していたという理由で選ばれた文脈では，暴力は，以前これらの民族集団が「混住していた」場所で発生するということだけである。旧ユーゴスラビアの例をみると，こうした証拠に何ら驚くべき点はない。それは過去の多くの戦争に関する報告をくり返しただけのもので，新しい知見はない。Gagnon（2004）やHartmann（2002）は，戦争や民族浄化の扇動者たちが軍隊や準軍隊を派遣する際，どのようにして多民族都市を意図的に攻撃目標として選択したのかを説明したが，それは，彼らが支配をもくろむ人々の間に，回復不能な人口統計学的，政治心理的現実を新たにつくり出すという恐ろしい目的を伴ったものであった。

　もしもLimら（2007）が，同じ期間の分析をより広範な領域――たとえば，ヨーロッパ大陸全体――で行なったとしたら，民族集団間の混住パターンから暴力発生を予測することが非常に困難であるという現実に直面したであろう。彼らは，集団間暴力が発生したボスニアや北アイルランドの宗教的混在パターンと，集団間暴力が発生しなかったスコットランド，スイス，ドイツのそれを区別できるよう空間モデルを構築することに大いに苦労したことであろう。しかし，問題はさらにその先にもある。たとえば，宗教的帰属の異なる諸集団が，なぜ，こうした分析においてきわめて重要とみなされたのだろうか。もしも，ある状況では信仰心によって集団を区別し，別の

状況では言語，表現型，地理的起源によってこれを行なうのが自然であるというのなら，「民族性」のある特定マーカーがある状況において重要になるのはいったいなぜであろうか。1990年代の民族的暴力がなければ，ボスニアが3つの異なる民族で構成されていること，われわれが今では便宜的に「ボスニア人」「クロアチア人」「セルビア人」とよんでいる人たちが，暴力発生まで何世紀にもわたって同じ領土に住み，「セルビア・クロアチア的」とよばれる多くの習慣や言語を共有してきたことに何ら違和感を抱かなかったのではないだろうか。奴隷制の歴史がなかったとしたら，アメリカにはアフリカ系アメリカ人とヨーロッパ系アメリカ人が住んでいるという言い方には特別な意味があっただろうか。ロマ，アルメニア人，ユダヤ人などの少数民族は，世界中の多くの国々に住んでいたせいで，過去において大量虐殺の標的にはならなかったのであろうか。このように，「民族性」という概念の柔軟性には議論の循環性が秘められている。暴力は大集団内の民族的下位集団の定義を方向づけるが，暴力はこれらの民族的下位集団の（共）存在によって説明されもする。

■ 民族的葛藤が民族的暴力を引き起こすという常識的主張への疑問

　民族間関係が暴力を引き起こすという，最近広く知られるようになった考え方では，民族集団間の未解決の問題，不満，緊張などによって暴力が引き起こされるとしている。Petersen（2002）の有名な著作『民族による暴力の理解』はその好例である。彼の目標は，民族集団間関係の構造的変化によって引き起こされ，集団メンバー間で共有される集合的感情が集団暴力を招くことの証明である。彼は，旧ユーゴスラビアの事例にこの方法論を適用し，「イスラム教徒に対する反発がボスニアのクロアチア人とセルビア人を行動へと駆り立てたと思われる……コソボからアルバニア人を追放するセルビア人の行動の中には憎悪が充満していた……恐怖と反発が混じり合ってクロアチア戦争での大虐殺を生み出した」（p.250）と結論づけた。Sekulicら（2006）が指摘したように，類似の思考方法は，「民族的他者」に対する激しい暴力へと大衆を駆り立てる心理的動機の理解に情熱を燃やす人たちの間において，専門家，非専門家を問わず共有されている。

　しかし，クロアチアとボスニアで暴力事件直前に行なわれた民衆の動機に関する実証研究は，上記の考え方が誤った仮定であった可能性を示唆している。代表的調査データの分析において，Hodsonら（1994）は，他民族に対する当初の敵意とその後の暴力との間に相関関係を見いだすことができなかった。民族的非寛容性は民族的均質性が比較的高いスロベニアにおいて最大であったが，その後の戦争は非常に軽度であったのに対して，クロアチア，そして特にボスニア・ヘルツェゴビナにおいては民族的寛容性が比較的に高かったにもかかわらず，きわめて激しい暴力が発生したのである。その後の研究において彼らは，クロアチアの事例に焦点を当て，対象期間を広

げて分析を行なった (Sekulic et al., 2006)。彼らは，1985年，1989年（戦争前），1996年（戦争直後），2003年に実施された4つの比較可能な調査データの分析を行なった。民族間非寛容性の測定には2種類の測度が用いられた。どちらも同じ結論であった。すなわち，民族集団間非寛容性は戦争後に劇的に高まり，最後の調査でも回復は一部にとどまった。この発見は，広く浸透した民族的敵意は，無関係とは言わないまでも政治的暴力の発生を説明するには不十分であること，むしろ民族的敵意は暴力の重要な帰結と考えるべきであることを示唆している。また，人類学者として自らサラエボ包囲を経験し，それを記録したMaček (2009) も，ボスニア周辺地域の研究を通して類似の結論にいたっている。「ボスニアでは，敵のアイデンティティは，国民集団や武装集団間の同盟・対立関係の変化とともに変わってきた。敵は戦争によってつくられるのであり，その反対ではない。……ナショナリストの連帯意識と対立は，戦争そのものによって生み出されるのであり，その逆ではない。この戦争は，排他的な民族国家的主張によって新国家を設立する手段であった」(p.191)。

　他の事例に関する縦断的比較においても類似の結論が得られている。Bal-TalとLabin (2001) は，縦断的研究において，周辺のイスラム諸国から来た人々に対するネガティブなステレオタイプ的知覚と態度は，比較的平和な時期に発生した2度のテロリスト攻撃の翌日に増大したことを示した。事件の3か月後，いくつかの態度測度はネガティブなままであったが，他の測度では回復もみられた。また，Bal-Tal (2004)，OrenとBal-Tal (2007) は，暴力的紛争と集団間知覚の相互作用に関して，中東における別の類似例をあげている。同様に，アメリカとイギリスにおいても，国内外のイスラム教徒一般に対して，9.11のテロ攻撃の直後，ネガティブな態度が強まった (Panagopoulos, 2006; Sheridan & Gillet, 2005)。ルワンダ (Staub & Pearlman, 2001)，北アイルランド (Hewstone et al., 2004; McLernon et al., 2004)，ボスニア・ヘルツェゴビナ (Cehajic et al., 2008) などでの調査によると，大規模な暴力とその後の分断を経験したコミュニティは，民族の境界を越えて，信頼その他のポジティブな態度や感情を形成するのが困難になる傾向がみられた (Staub, 2006のレビュー)。こうした象徴的変化は，しばしば物理的世界の変化に根ざしたものであり，それは若い世代が祖父母たちとはまったく異なる社会の中で成長するという事態を引き起こす。クロアチアのブコバルという都市にその悲劇の例をみることができる。1991年に戦争が勃発するまでは調和のとれた「多民族」都市であったブコバルは，戦争によってコミュニティ生活は広範囲に分断され，子どもたちは民族ごとに別々の学校に通うことになった (Ajdukovic & Corkalo Biruski, 2008)。他の事例では，ベルファストやヨルダン川西岸のように，社会的分離は分断壁によって実体化されており，それらはそれをつくった人たちによって機能的で安全な解決法として維持されている。

189

■ 暴力の状況的要因

　民族集団間の激しい葛藤が，多くの場合，必然的に民族的暴力を引き起こすという仮定は，なぜそれが特定の時期に特定の場所で暴力へと変化するのかという問題を見落としている。Tajfel (1978) の重要な研究以降，社会心理学者たちは社会的に不安定な時期がもたらす影響に関心を寄せてきた。Tajfelによれば，下位集団は，集団間システムが不安定で，かつ移動不能であると知覚したとき，現状に対して異議を唱える可能性が高い。しかし一方で，社会変化を志向する集団的運動は，暴力的闘争を招く集団の過激化とは別の要素によって引き起こされる可能性がある。国民国家におけるマイノリティ集団間の集合行動に関するGurr (1993) の古典的分析は，差別の経験と集団地位の変化が集団の組織化と不満・要求の表明を予測することを示している。しかし，それは暴力的集団行動の発生を予測するものではなく，暴力は，集団自体の社会的地位の変化よりも，集団の政治組織やリーダーシップ，また，特に集団的抵抗に対する国家の（抑圧的な）反応から予測されることが多かった。「客観的条件（貧困，差別的処遇，自治の喪失）は，指導者が集合的行動を扇動する際，何を問題とするかを決定する。……しかし，集団がひとたび特定の戦略に従事し始めると，紛争の自己維持ダイナミックスが展開する。抗争状態にある集団とその敵対者は，脱出困難な作用・反作用の連鎖に陥ってしまう」(p.189)。重要な教訓は，集団間紛争を説明するためにつくられた理論モデルを，集団間暴力の予測に用いる際には慎重でなければならないということである。BrubakerとLaitin (1998) は研究者たちを鼓舞する中で，この点を特に強調した。

　　　　　葛藤状況において暴力が発生するか否かについて具体的な問を立てること，具体的な説明を試みること。暴力の発生に関する問および説明と，葛藤の存在やその程度に関する問および説明とは区別されるべきである。われわれは，葛藤の激しさが（これとは独立の尺度で測られた）暴力の激しさをもたらすという強い証拠をもってはいない。暴力が既存の葛藤に明らかに根差している場合でさえ，その暴力を必然的なものであるとか，葛藤の当然の帰結であるとか，あるいは葛藤がある一定の激しさ，一定の「温度」に達すると自動的に起こるといったものとして扱うべきではない。暴力は葛藤の量的水準なのではなく質的形態であり，それ自体のダイナミックスを備えている。(p.426)

　経済危機や政治危機の時代，大衆の間では不安感が増大し，エリートたちの間には，政治権力や経済的資源に対する支配の喪失という恐怖が存在する。ある集団はこれを政変の機会とみるであろう。旧ユーゴスラビアでは，1980年5月のチトーの死，経済不況，連邦主義の危機，冷戦の終結などに伴って国際地政学上の変化が同時に発生し，それが政治的不安定の雰囲気を生み出し，過激な民族ナショナリズムを招来した (Wilmer, 2002)。Banton (1997) は同様に，大量虐殺前に起こったルワンダの社会

変動と，ツチ対フツの民族的分断の関係に注目してきた。しかし，政治的不一致はどんな政治システムにおいても当然のことである。それは民主主義的機能の基盤でさえあり，多くの集団間関係において不一致は暴力にいたらない。他の選択肢を見いだせない場合を除いて，大多数の人は——軍の将校でさえ——常に暴力の行使を渋るであろう（Brubaker & Laitin, 1998）。

　強大な力をもつ覇権主義的な外集団表象とその意図が形成されたと同時期に政治的不安定が生じると（Bal-Tal, 2004），他の状況ならば個人的行為と解釈される犯罪行動が「内集団」の存続を脅かす「集団間暴力」であると解釈される。さらに，Ajdukovic（2007）は，不安定な時代にメディアやエリートが社会規範をどのように組織的に逸脱し，それを歪めた形で提示するかを明らかにした。たとえば，クロアチアにおける最初の暴力事件は，クロアチアとセルビアの両陣営のマス・メディアによってきわめて恣意的に利用されたが，こうしたメディア統制を行なっていたのはスロボダン・ミロシェビッチ，フラニョ・トゥジマン，それに彼らの側近たちであった（Hartmann, 2002）。その結果，不安定で暴力的な時期には，社会制度や社会的関係は，それ以前のようには機能しないように思われる。人々は存在にかかわる不安を感じ，誰が信じられ，どう行動するのがよいかわからなくなってしまう。暴力が拡大する恐れがある状況では，「自分の集団」に依存することが最も機能的な行為にみえてくる。集団は，政治的暴力に晒された人々にとって防衛的機能を果たし（Muldoon et al., 2009），知覚された脅威と無秩序に対して人々が集合的に反応するよううながす（Ajdukovic, 2007）。

　しかしこれではまだ，人々が他の種類の集団ではなく，なぜ民族集団に向かうのかが説明されてはいない。たしかに，人々は自分が所属するすべての社会的カテゴリーに対してランダムに保護を求めるのではない。彼らは，承認と団結が期待できる集団を好むであろう。それゆえ，民族アイデンティティの主導者たちは，第1に，人々の運命が民族コミュニティの運命と結びついていること，第2に，このコミュニティは他のどんな種類のコミュニティよりも人々に保護と目的を提供するものであることを信じさせなければならない（Reicher et al., 2005）。さらに，このコミュニティが将来団結して行動すると人々に確信させる最善の方法は，過去にもずっとそうしてきたことを示すことである。これは，集合的暴力が民族集団を生み出すことがあるという先の主張をより明確にするものである。重要な点は，それが突然生じるわけではないことである。民族アイデンティティの主導者とはいえ，暴力発生時に何もないところから民族カテゴリーをつくり出すわけにはいかない。過去の経験とそれらがどのように記憶されるかが，危機の際に指導者や活動家のつくり出す集団的アイデンティティの種類を限定するのである。

政治的暴力と「民族的内集団」の変質

　もしも民族的暴力というものが民族的外集団に向けられるだけではなく——われわれが前節で議論してきたように——民族カテゴリー内に新たな連携を生み出し，これを強固にする手段でもあるなら，そこには「集団間」の現象に対応する（往々にして見落されがちな）「内集団」側の変化も存在するであろう。政治的暴力は，「彼ら」（敵として分類された人々）の意味を劇的に変えるだけではなく，気づかないが重要な面として，「われわれ」のあり方をも変えてしまう。その結果，社会的相互作用を制限し，方向づけ，また裁定する規範的，構造的文脈が変化し，領土，言語，宗教，一連の習慣をたまたま共有していた人々の中から，明確な集合体が浮かび上がる。それゆえ本節では，「民族戦争」の中で「味方同士として」共闘している人々の中で，政治的暴力がどのように道徳的風土と社会的紐帯を変質させるのかを詳細に考察することにする。

■ 暴力と道徳的風潮

　最初に考察すべきは，政治的暴力というものは，武力紛争と違って，時間的，領土的，社会的に広範囲の集団成員を暴力に晒す機会を増大するという点である。ArcherとGartner（1987）は，戦時中の国家による組織的殺人と，軍服を着ていない一般人による「通常犯罪」としての殺人との間にどのような関係があるかを明らかにするため，体系的な調査を試みた。20世紀における2つの世界大戦およびその他の12の戦争に焦点を当て——戦争参加国と非参加国の両方ついて——殺人発生率を戦争前後で比較したところ，そこに一貫したパターンが見いだされた。戦争参加国の国民の間では，殺人発生率は，戦後，どの社会でも戦前より総じて高くなっており，一方，統制群の国民にはこうした変化はみられなかった。戦死者数が最も多かった国においても同様で，戦後の殺人発生率は最も高かった。これら直感に反する知見によって，ArcherとGartnerは既存の諸モデルがまちがっていることを証明した。第1に，殺人発生率は女性や45歳以上の人々など非戦闘員集団の間でさえ上昇した。これは，暴力性の高い退役軍人のせいにはできない現象である。第2に，戦後，経済状態が好転した国においても，それが悪化した国と同様に殺人事件は著しく増加した。第3に，敗北した国民よりも勝利した国民において殺人事件の増加が際だっていた。

　著者たちによれば，彼らのデータからみて排除できない唯一の説明は，共有された精神状態によるとするものであり，それは，正当な権威者が殺人は高貴な行ないであるとくり返し宣言した結果である。「戦争には，国家による最高の賛美によって正当化された殺人が含まれている。長年にわたる敵兵の殺害は，合理的だが悲しむべき措

置というだけでなく，賞賛に値する勇敢な措置であるとみなされてきた。……殺人について平時の慣習的禁止事項が戦時に逆転することは，日常生活における葛藤解決手段として，殺人という行為を選択する閾値にいく分とも影響を与えるであろう」(Archer & Gartner, 1987, p.94)。暴力に対するフォーマルな正当化は，さまざまの下位集団に広くみられる。それは多数の死者を伴う大規模かつ長期的戦争に関して顕著に表われる傾向があり，特に，勝利という国民に対する約束が最終的に守られたときの方が，それが破られたときよりも強い説得力をもつ。

ごく最近，Rosler ら（2009）は，ヨルダン川西岸とゴラン高原に展開するイスラエル軍による長期的占領の「道徳的-社会的コスト」(p.21)について類似の議論を展開した。著者たちによれば，パレスチナ住民に対する暴力，権力の恣意的な行使，合法的ダブル・スタンダードなどが徐々に日常化することは，占領軍にとっても災いとなりやすい。機能不全に陥った司法制度と蔓延した行政汚職は，最終的には，すべての人が基本的権利の保護を受けることができない状態を生み出す。暴力的規範の拡散は，ついには学校や街路での激しい暴力という結果を生み出す。自国による暴力を目撃した一般市民たちが不協和や罪悪感を軽減する心的対処メカニズムを形成すると（Bandura, 1999），それは「占領地域の他の生活領域へと拡張され」「むごたらしさの日常化」をもたらし，「結果的には，民族的マイノリティや弱者集団など多様なカテゴリーの市民を危険に晒す」ことになりかねない（Rosler et al., 2009, p.25）。

■ 暴力とジェンダーの関係

社会内部で暴力への賛美が拡大すると，それにつれて立場が弱くなる集団は女性である。Nikolic-Ristanovic（1999）が言及したように，「武器の所持（通例では男性が所持している）は力を意味するので，旧ユーゴスラビアにおける民族紛争の軍事化は，女性と男性との力の不均衡をさらに拡大させ，さまざまな意味で女性は暴力に対して無力な状態に置かれた」(p.69)。残念なことに，これらの戦争時に，武力衝突の延長としてしばしばレイプが発生した（Wilmer, 2002）。他の形態の暴力のように，他の民族集団の女性――または他民族の男性と結婚した女性――に対する性的暴力は，民族の境界線に沿った取り返しのつかない社会的亀裂を生み出した。しかし，暴力が彼女たちの夫や父親，または兄弟たちに屈辱を与えるための手段であったという事実は，必然的に，民族コミュニティ内におけるジェンダー関係を悲惨なものへと変質させた。多くの場合，レイプされた女性たちは，さまざまな公的発信源から二次的被害を受けた。たとえば政治指導者は，外集団を悪に仕立て，報復的暴力に内集団を動員する手段としてレイプ被害者を利用し，また外国のジャーナリストたちはセンセーショナルな個人的証言を探し，宗教指導者はレイプによる妊娠であっても中絶を非難し，特に警察官たちは，この形態の犯罪に対してしばしば見て見ぬふりをした。ユーゴスラビア連

邦共和国におけるクロアチア・ボスニア戦争中，女性によるSOS回線利用は毎年上昇したのに，公的データによると，この時期，警察に告発された性犯罪者数と有罪判決数はともに年々減少したという興味深い報告をみて，Nikolic-Ristanovic (1999) は次のように解釈した。「これらのデータは，犯罪発生率以上に，警察や裁判所を含む公的な社会統制機能が麻痺していたことをわれわれに明確に教えてくれるものである」(p.76)。要するに，組織的レイプという事実，公の発言・制度の両方が，戦前以上にあからさまに女性蔑視の風潮をもたらし，そしてコミュニティ内において立場の弱さを自覚する女性を多く生み出したのである。

クロアチアもまた，「母国のための戦争」に勝利するために高い社会的対価を払ったが，中でも女性が大きな重荷を負うことになった。戦前の社会主義体制下では平等主義的ジェンダー関係が形式的には奨励されていたが，戦争によって方針が変更された。KunovichとDeitelbaum (2004) は，戦争終結から1年後，戦争という社会状況と伝統的ジェンダー役割との間に間接的な関係があることを示した。第1に，多くの戦闘が行なわれた地域の人々は，他国民に対する強い不信と恐怖心を示す傾向がみられ，第2に，他国民に対して不信と恐怖を示した人々は，ジェンダーの平等性にも反対していた。これらの知見はさらに，ジェンダーの社会的価値の変化が，単に戦時下の分業による影響ではないことを明らかにした。それは，人々に，国民に脅威を与える者（民族的外集団），内集団を守護する者（戦闘員），この息子たちを産む者（母親）というふうに，役割を割り振る排他的国民アイデンティティと男性優位性の観点から社会関係全体が再編成された副産物であるとした方がよく理解できる。

■ 暴力と社会構造

戦争を経験した人々は，苦難とトラウマに対して心理的健全さを保つという人間的能力の限界に直面する。これには2つの理由がある。1つは明確だが，もう1つはうまく説明できない。前者は，戦争というものが実存的脅威となる出来事を生み出し，それがトラウマとなる経験を生み，その数も強さも強烈であるというものである。後者の，（いまだに）うまく説明できない理由は，トラウマ経験をした人々は，心理的完結性の感覚を維持または回復するため社会環境に頼る必要があるという事実と関係がある。たとえば，いわゆる交通事故や窃盗によるトラウマとは異なり，政治的暴力は個人生活を脅かすだけでなく，コミュニティ全体にも同じ影響を与える。結果として，戦後の社会的環境はトラウマ支援や対処法を提供するというよりも，むしろトラウマ経験を再生し強化するような事態に人々を直面させる。ある意味で戦後環境はトラウマを生み出す環境の一部ですらある。そこでは，人々は自己の重要な社会的次元の消失という恐怖に直面するのである。

この問題は，シエラレオネやリベリアといった近隣国から軍事的侵略を受けたギニ

アにおいて，その2，3年後，Abramowitz（2005）が2000年から2001年にかけて5つの地域コミュニティを対象に行なった研究によって非常によく説明される。この研究をみると，心理的ストレスのPTSD型症状の蔓延は，コミュニティの社会組織体を持続しようとする努力を反映しているように思われる。心理的被害の徴候は，社会的慣習——市場活動や子どもの学校教育など——と，集合的儀式——結婚や葬式など——が消滅したコミュニティにおいて最大であった。これらの知見は，紛争後のコミュニティにおける精神的統合と社会秩序の相互作用に対して，また，社会的行為の崩壊がインフラの物理的崩壊以上に大きな心理的脅威となることに対して，われわれの注意をうながすものである。人々は，交流の機会がないという理由だけで交流をやめるのではない。彼らはまた，政治的暴力による混乱のために，日常的相互作用に意味と目的を与えてきた共有価値に確信がもてなくなったとき，社会的交流から身を引くのである。

政治的暴力と集団的記憶の構築

本節では，単純かつ重要でありながら見落されがちな問題に取り組む。それは，複雑なはずの暴力経験が，どのようにして集合的・民族的被害という単純なナラティブへと変容するのかという疑問である（Bar-Tal et al., 2009）。この変容プロセスの中心には，多様な手段からなる，かたよった忘却というものがある。第1に，民族的暴力のナラティブが出現するためには，民族の境界を越えた連帯の実体験を無意識に追いやる必要がある。1983年，タミル・イーラム解放のトラ●4によるスリランカ政府に対する反乱が起こったが，Ramanathapillai（2006）が指摘しているように，これに先立つ1956年からタミル人居住地を狙った暴力が混住地域内で定期的に発生し，この政府によって（扇動されたものでないとしても）黙認された暴力事件のようすは，反政府勢力のリーダーたちによって一面的に宣伝された。シンハラ人によるタミル人への残虐行為は大げさにくり返されたが，一方，「暴動の最中，シンハラ人とイスラム教徒が自らの命を危険に晒してまでタミル人を助けた何百もの事例」（p.15）は一言も触れられなかった。タミル人ナショナリストの言説は，これらの事件を引き起こした過激派扇動者の意図をくり返し強調し，それが全体として「シンハラ人群衆」の印象をつくり上げ，「シンハラ人の人種差別主義」へと結晶化して広く浸透した。同様にBroz（2005）は，ボスニア・ヘルツェゴビナ戦争に関する驚くほど多くの忘却された証拠を収集したが，それらはすべて，生死を分ける決定的な瞬間に人々が「民族的外集団」によって助けられた事例であり，中には援助者自身が命を犠牲にした事例までであった。

第2に，民族的被害に関するナラティブでは，民族間の暴力は記憶されるが民族内の暴力は忘却される。Gagnon（2004）は，実際にはセルビアのセルビア人が政治的目的のためにクライナ共和国のセルビア人を攻撃し，（クロアチアの）クロアチア人がヘルツェグ・ボスナのクロアチア人を殺害し，イスラム教徒がボスニア・ヘルツェゴビナの他の地域のイスラム教徒と戦闘を行なったのだが，これらの政治的暴力事例は国内外の観察者によって意図的に看過されたと主張した。これらの事例は単純化された「民族戦争」のナラティブにはふさわしくなかったのである。「内集団政治」と「集団間暴力」が表裏一体の関係にあるという事実は，旧ユーゴスラビア戦争だけの特徴ではないように思われる。BrubakerとLaitin（1998）は，その例として，南アフリカの黒人居住区，北アイルランド，パレスチナ地方，そしてスリランカにおけるタミル・イーラム解放のトラ支配地帯で行使された，「内集団」に対する儀式化された暴力行為をあげている。

　こうした忘却は，「内集団」による抵抗や離脱を懸念したものでもある。1991年，クロアチア戦争が勃発した際，セルビア政府が支配するマス・メディアは進行中の大量虐殺を報道し，クロアチア国内のセルビア人を救うためにセルビアの青年たちに糾合を呼びかけた。しかし，約20万人のセルビア青年はクロアチアで軍務に就くよりも，むしろ身を隠したり，国外逃亡の道を選んだ（Gagnon, 2004）。ここでもまた，草の根レベルの民族憎悪や憤怒によって暴力が引き起こされたという表象に反するこうした証拠は国内の主戦論者によって無視されたが，それは海外のジャーナリストや学者たちも同様で（Petersen, 2002），それは彼らが，根深い集団感情がセルビア人を一体としてクロアチア人に対する戦闘へと熱烈に駆り立てた（クロアチア人のセルビア人に対する激情も同様だが）という図式にこだわったためである。

　第4に，集合的被害ナラティブは，「内集団」成員の被害を単なる共通の運命としてだけではなく，その集団に特有の，例外的なものとしても描く傾向がある。言い換えると，「他集団」の被害は忘れられるか取るに足りないものとして扱われ，コミュニティ内の同じ経験については印象が強められるのである。それゆえ，Vollhardt（2009）は，内集団被害の例外知覚を弱めることが内集団被害ナラティブをよりかたよりのない被害信念へと変容させる第一歩であり，それが集団境界を越えた共感と向社会的行動を促進すると主張した。

■ 集合的記憶と集合的主体性

　かたよった忘却に従って「内集団被害」ナラティブをつくり直す際には，3つの重要な原則がある。第1に，記憶は，宣言された敵に対する行為に影響を与える。出来事の記憶の体系的「歪み」は，外集団の行為と意図に関する表象にも同様の「単純化」をうながす。ひとたび内集団が被害によって結ばれた統一体として描写されると，

この被害に関する説明が必要となる。Bal-Tal（1990）が主張したように，外集団を不当なもの，すなわち極度にネガティブな実体としてカテゴリー化することは，内集団を襲った苦難を「きわめて単純に理解すること」（p.68）を可能にし，それはさらに，「一方において，他集団がなぜ脅威を与えるのかを説明し，他方，他集団が将来何をするかを予見させる」（p.68）。統一体としての内集団の被害は，このとき，統一体としての外集団の悪性を反映するものとなる。これらの解釈枠組みは，問題解決に向けた前向きな取り組みや誠実な譲歩を相手側がしたとしても，それを正確に認識することを困難にするであろう。さらに，内集団被害の集合的記憶が公式の記念式典や歴史書を通して制度化されるように，外集団を非正当化することも制度化される。OrenとBal-Tal（2007）は，パレスチナ人の教科書の中ではユダヤ人は「裏切りと不信がユダヤ人の人格的特徴なので，彼らには用心すべきである」と描かれているが，そのミラー・イメージとして，イスラエル人の教科書ではアラブ人は「盗賊，野蛮，原始的，そして興奮しやすい」と描写されている（p.117）。

　第2に，大規模被害の集合的ナラティブは，それが自然発生的で不可避な結果であることを拒否し，実行者たちによって遂行されたものであると主張する。被害の集合的記憶は，それを記憶する集合体の構築と不可分である。記憶をめぐる争いは，同時にアイデンティティ定義をめぐる争いでもある。さらに，Reicherら（2005）が主張してきたように，共通アイデンティティの定義をめぐる象徴的抗争に勝利した者は，集団行動を主導する特権的地位に就く，すなわち社会的勢力と影響力を行使することができる。過去において誰がどのような理由で被害を受けたかを記憶し，その後の行動の意味を明らかにすることは，それゆえ，本来政治的で論争的プロセスなのである。

　その結果，内集団の社会的構築，それに過去の被害と現在の脅威の社会的構築に対しても疑問が向けられることがある。1940年代初頭，ナチス・ドイツの占領地域において，ユダヤ人住民の迫害・根絶といった恐るべき政策に反対する行動も人々の間にみられた。ブルガリアでは，支配者による――多くの人々の生死を分ける――重大政策に対する効果的な抵抗が試みられたが，これは，ユダヤ人は人種的に外集団であり，脅威に晒された文明を守るために除去されるべきであるという政策の基礎になった考え方に対する，言説的抵抗と連動して行なわれたものであった。反対派の有力者たちは，演説において一貫して，ユダヤ人はブルガリア国民の本質的な一部であり，ナチスの計画はこの国民コミュニティの中心的価値とは相容れないと述べた（Reicher et al., 2006）。

　集団の境界と規範をめぐる争いとは，ほとんどの場合，内集団多数派の立場が正統であるかどうかをめぐる争いでもある。Roccasら（2006）は，その示唆に富んだ研究の中で，現代イスラエルのユダヤ人の若者に対して，1956年にイスラエル軍がアラブ人居住者に対して行なった大量虐殺の歴史的叙述を示した。当然のことながら，イ

スラエル国民を強く称揚する（つまり，他国民に対する優越性を確信し，自国民に対する批判者を見下す）参加者は，軍の行為に罪はないとして，罪悪感を否定する傾向が最も強かった。しかし称揚レベルを統制すると，国民に対する愛着が強い参加者ほど，その行為は批判を免れないと感じ，罪を受け入れた。少数ではあるが相当数の参加者が，内集団の過去に対する批判的評価は裏切りと誤って解釈されるべきではなく，むしろ，真の同一化に基づく道徳的関心によるものと認識されるべきであるとの信念をもっているように思われた。愛着が批判する資格であるというのが彼らの立場であるように思われる。

　第3に，被害ナラティブは進化するものなので，批判的修正が可能な時期というものがあるように思われる。前述のように，Maček (2009) は，まず，サラエボ包囲の初期にみられた民族混住の暫定的停止という現象を取り上げている。興味深いことに，その後，戦闘が続く中で，民族混在への回帰が生じた。防御と連帯のための組織化が民族境界に沿って進められた当初は，人々は生存をかけた戦闘のなかで「彼ら」の民族コミュニティへとしだいに変貌していき，行動モードも「市民」から「兵士」へと変化していった。この段階では多くの人々が，少なくとも公には排他的な民族的国民アイデンティティ（ethno-national identities）を採用し，「彼ら」のコミュニティの闘争を支持するようになった。しかし，包囲攻撃が激化するにつれて，多くの住民は戦闘目的に対してしだいに懐疑的になり，この戦闘をフォーマルに正当化することにたいして距離を置く「脱走兵」モードに移行した。

　Spini ら (2008) によって行なわれた比較分析は，長期化した暴力の後で単純化された現実像が崩壊するようすを示す証拠を提供している。より長期的で，より破壊的な暴力にさらされた住民は，短期間で犠牲者も少なかった地域の住民よりも，戦闘時の基本的人権違反を非難する傾向が強かった。さらに戦争規模が普遍的人権違反に対する非難に与える効果は，民族カテゴリー間の戦闘に関連したリスクが一般化される程度によって完全に媒介されていた。つまり，この知見は，長期化した暴力は戦線を越えて新たな被害コミュニティをつくり出す傾向があること示している。排他的集団成員性が後に問題視されるようになると，多くの場合，人々は包含的規範を採用するようになる。

■ 集合的記憶と制度的枠組み：刑事裁判所の役割

　集合的被害の記憶が何を意味するのかを明らかにしてきたので，これをもとに次にわれわれは，未来の平和基盤構築を目的に，暴力的過去に対処するための特殊な手段である司法を取り上げ，その影響に関して近年増加しつつある社会心理学的研究の貢献を検討したい。集団被害ナラティブが活発に構築され，それが集合的アイデンティティの定義にとって中核的なものとなったあとでも，大規模な残虐行為を誰が命じ，

誰が計画したのかを正確に記録するという根気のいる作業は，民族カテゴリーと完全に一体化した集合的主体に関して過度に単純化されたナラティブを批判的に修正する刺激となるであろう。さらに，もし「内集団」闘争に対する排他的同一化から人々が距離を置く傾向が強まれば，裁判という特別な窓口が開いてくるであろう。

　最初に述べるべきは，裁判が何よりも犠牲者のためのものという常識に対して，最近の知見は疑問を呈している点である。グアテマラでの武力紛争と国家テロで実行された大量虐殺に関する裁判に参加したマヤ族コミュニティを研究したLykesら（2007）は，このプロセスを暴力の直接的被害者に対する心理的苦悩の経験として描いた。裁判に参加した他の証人と比較すると，彼らは強い感情的苦痛，懸念，不安を示した。彼らは，事件を思い出すことよりも忘れたいと思う傾向があり，裁判に対して欲求不満を示した。しかし，興味深いことに，裁判に参加したコミュニティの成員は，参加しなかった成員よりも，この共同行為によって生み出された社会的絆のポジティブな効果をくり返し強調したのである。全体として，この研究は，裁判がまったく個人的に暴力トラウマに苦しむ人を救うというよりも，むしろある重要な意味で，全体としてのコミュニティを強化したことを示唆している。一方，Biroら（2004）は，クロアチアやボスニアの残虐行為に晒された3つの地方コミュニティにおいて，戦争の直接的な被害者はICTY[8]の活動に対してきわめてアンビバレントな感情をもっていることを示した。しかし他方，裁判所に対する支持は，民族境界を越える和解の重要な予測要因であった。

　個人や集団が武力紛争に晒されることは，戦争犯罪の刑事訴追に対する人々の支持を得るには逆効果であるように思われる。2つの比較研究では，戦争被害によって個人生活に直接影響を受けた人は，通常は同じコミュニティの他の成員よりも刑事訴追には懐疑的になるが，その被害がコミュニティ内に広く生じている場合には，その成員たちは戦争犯罪に対する刑事訴追を強く支持することが示された。このパターンは戦争終結後の世界中の14のコミュニティにおいてもみられ（Elcheroth, 2006），旧ユーゴスラビアで行なわれたより精緻な比較研究も同様の結果であった（Elcheroth & Spini, 2009）。これらの知見は，全体としてみると，戦争トラウマに苦しむ人々にとって裁判は何らかの直接的な治癒的価値をもつという常識的な考え方に対して強い懐疑を抱かせるものであるが，同時に，裁判はコミュニティ全体に対しては非常に重要な役割を果たすこと，つまり過去のナラティブ，集合的アイデンティティ，そして昨日の恐怖を明日くり返させないといった，規範的枠組みづくりを進める人々の努力を後押しするものであることを示している。

結 論

　集団間関係に関する最近の理論的考察において Reicher（2004）は次のように主張した。

　　　「……心理学理論は，世界がどういうものであり，われわれがその中でどのように行動するのかを解説するだけのものではない。それはまた，われわれの世界の一部であり，われわれの自己認識を形づくるものである。理論の中で社会的カテゴリーの具体化をもたらすこれらのモデルは，実践においてもカテゴリーの具体化に効果的であろう」。このことは，われわれの理論が有益かどうかということよりも，誰にとって有益なのかという問題に目を向けさせるものである。「社会的行為の具体的説明は，変化を理解しつくり出すことに関心がある人にはほとんど役立たないということはたぶん事実である。反対に，社会的世界を現状のまま維持したいと望む人には，それはきわめて有益である……」。(p.942)

　民族国家の観点から定義された集団間暴力を（和解や寛容についても同様に）われわれが記述するとき，そこで言及する社会的カテゴリーは実在するのか。われわれの忘却をうながすのは社会的現実のどのような側面か。そのような忘却は，なぜ，ある形態の社会的行為を促進し，他の形態を抑制するのか。本章の最初の節で，われわれは，政治的暴力，内集団紛争，民族的カテゴリー間の関係に関するいくつかの伝統的仮定に対して疑問を呈した。そしてわれわれは，「民族集団」とは，それを運命によって結ばれた実体へと変える諸要因と独立には考えられないと主張してきた。個別の民族集団が現存することを当然のように思うとき，「民族的」属性の特定次元に基づいて人々を抑圧する暴力や圧政の歴史があったことを回顧すると，それは，こうした次元がいかに社会関係の構築原理となってきたかをわれわれに教える。そしてわれわれは，政治的暴力がどのようにして集団間境界を現実のものとし，また，それがどのようにして民族内集団を変質させるかを示してきた。最後の節でわれわれは，暴力に関する多面的経験が，戦争の当事者，犠牲者，加害者を民族的観点から区別する単純化されたナラティブによって集合的に想起されると（そのときのみ），将来の民族的暴力の基盤を形成し，戦闘によってあらわになった社会的分裂を包み隠すことを強調した。

　理論レベルでも実践レベルでも，われわれの文献レビューの成果は重要な意味をもつ。とりわけそれは，いまだにこの分野の多くの研究の基礎となっている2つの相互に関連した仮定に疑問を抱かせるものである。第1の仮定は，暴力を（明示的であるかどうかはともかく）連続尺度上における紛争強度とみなすことである。これは，社

会的関係が調和的になればなるほど，それだけ将来の暴力は起こりにくくなるという仮定である。第2に，集団行動は集団を構成する人々の動機の総和によって引き起こされるという考え方である。このことは，もしも集団の暴力行為を抑制しようとするならば，われわれは人々を非暴力的対処法に向かわせる方法を見つけなければならないということを意味している。

基本的に，このことはさらに次のような疑問を喚起する。われわれはパワーの問題を回避するのか，それともこれに取り組むべきなのか。もしも平和社会を構築する最も効果的な方法が大多数の人々の攻撃的動機を消滅させることであると仮定するならば，それはわれわれが，集団的暴力は多数派の意思を反映していると暗黙のうちに仮定していることになる。しかしながら，戦争も大量殺戮も民主的闘争ではない。それゆえ，分析者にとって意味のある疑問は，なぜ多数派が破壊的動機に突き動かされたかではなく，少数の人々がどのようにして，自集団，闘争，敵，意味などの定義においてほかに有益な代替案はないと多数派を説得したかである。活動家にとって重要な課題は，いかにして多数派のふつうの人たちを和解に向かわせるかではなく，疑いないと（少数派が）主張する，過度に単純化された社会的現実の実現に彼らが向かうのを妨げ，抵抗を可能にするような集合的行動の枠組みをいかに構築するかである。

これは，暴力防止のためとはいえ，民族的暴力の現実的結果にのみ焦点を当て，そうした結果を招くプロセスの中核的問題に目を向けない「民族間和解」アプローチの潜在的リスクを指摘するものである。中核的問題とは，民族カテゴリーを同質の社会的統一体として構築することがどのようにして行なわれるのかである。なぜ，民族性は集団的行為の包括的原理となるのだろうか。これらの疑問を無視することは，非暴力的社会の再構築にいたる王道，つまり他のタイプのアイデンティティ，他のタイプの活動主体がどのようにして再構築されうるかという課題を看過することになる。われわれは，「民族紛争」と「民族的暴力」というナラティブの実現に挑戦する特別な方法として刑事裁判所の潜在能力を強調し，これをわれわれのレビューの結論とした。しかし，裁判は平和社会を再構築する出発点にすぎない。裁判が過去の犯罪に対する責任を効果的に明らかにするという目的を達成するとしても，裁判は単に新たな材料を提供するにすぎない。それは民族的暴力の扇動者がつくり出したものではなく，運命コミュニティと集合的活動主体を明らかにする集合的努力によってつくられたものでなければならない。

社会心理学の研究者と実践家にとってより大きな課題は，Kelman の有名な原理を拡張すること，すなわち，国民アイデンティティは紛争集団間におけるオープンな交渉の中で形成される必要があるということ，和平プロセスに対して社会科学者たちは「アイデンティティ交渉手段の開発」（Kelman, 1997, p.334）という面で貢献すべきであるという点を拡張することであろう。今日，われわれにはこのような方法論が不足

している。しかし，社会心理学と隣接分野における最近の研究から得られた知識は，その目的を明確にし，その視野を拡大させることを可能に——そして，促進——している。われわれは今，政治的暴力によってつくり出されたアイデンティティが民族的国民（ethno-nation）集団間だけでなく，それぞれの集団内でも交渉が可能となるような舞台設定が絶対に必要であることに気がついており，この点で，以前よりも有利な立場にある。しかし，アイデンティティ交渉を促進するそうした環境設定が，第三者の手によってのみに可能かどうかに関しては理論的に未知の部分が多いし，また権力者たちが，マス・メディア，市民集会，学校の教室など影響力の大きな「現実世界」の舞台を簡単に手放すと想像することは，政治的にもナイーブすぎるであろう。これらの舞台製作者になろうという使命感は社会心理学者にはほとんどみられないが，そのような舞台設定に対して批判的な，同時に——もちろん——建設的なコメンテーターになるという熱意を抱くことは可能であろう。われわれの理論的ツール・ボックスは，ある舞台設定において暗黙の内に排除された選択肢を想起させるという特別な役割をわれわれに与えてくれる。われわれが積極的に果たすべき批判的検討は，民族的国民の暴力が生み出す社会的現実性の単純化を明らかにすることよりも，その舞台設定が，集合的経験，集合的願望と欲求，集合的自己表現などの背後に存在する，複数の社会的多様性を許容しうるものであるかどうかに向けられるべきであろう。そのとき初めてわれわれの理論は，暴力を利用しようとする者よりも，暴力を阻止しようする者に対して有益なものであると確信できるであろう。

謝　辞

　本章に引用した研究知見，研究者，見解，背景などの多くは，スイス・東欧学術交流（SCOPES Fund No IB-111094）における3年間のプログラムと第一著者への1年間の研究フェロー待遇（Grant No PBLA1-118289）の賜物であり，両者ともスイス国立科学基金（Swiss National Science Foundation: SNF）より資金援助されたものである。

訳注
- ●1：スペイン北部にある，カタルーニャ地方はスペインとは異なる文化を有するとして，完全なる独立を目指す運動。
- ●2：ユーゴスラビアから独立した，ボスニア・ヘルツェゴビナ共和国のこと。セルビア正教会信者，カトリック教徒，イスラム教徒が共存していたが，ユーゴスラビア連邦の崩壊とともに民族間での内戦状態となった。
- ●3：戦争非参加国の国民。

● 4：原語は Liberation Tiger of Tamil Eelam。スリランカからのタミル族国家の分離独立を目指した組織。2009年に敗北宣言をした。
● 5：クロアチア国内のセルビア人勢力が1991年に設立を宣言した国家。その後，クロアチアに復帰。
● 6：ボスニア・ヘルツェゴビナ国内のクロアチア勢力が分離独立を宣言して誕生した国家。国際的にも国内においても承認されていない。
● 7：クロアチアがユーゴスラビアから分離独立する際に生じた戦争。
● 8：International Criminal Tribunal for the former Yugoslavia：旧ユーゴスラビア国際戦犯法廷。

■■ 引用文献 ■■

Abramowitz, S. A. (2005). The poor have become rich, and the rich have become poor: Collective trauma in the Guinean Languette. *Social Science and Medicine,* **61**, 2106-2118.
Ajdukovic, D. (2007). Social contexts of trauma and healing. *Medicine, Conflict and Survival,* **20**(2), 120-135.
Ajdukovic, D., & Corkalo Biruski, D. (2008). Caught between the ethnic sides: Children growing up in a divided post-war community. *International Journal of Behavioral Development,* **32**(4), 337-347.
Archer, D., & Gartner, R. (1987). *Violence and crime in cross-national perspective.* New Haven, CT: Yale University Press.
Bandura, A. (1999). Moral disengagement in the perpetration of inhumanities. *Personality and Social Psychology Review,* **3**(3), 193-209.
Banton, M. (1997). *Ethnic and racial consciousness* (2nd ed.). London: Longman.
Bar-Tal, D. (1990). Causes and consequences of delegitimization: Models of conflicts and ethnocentrism. *Journal of Social Issues,* **46**(1), 65-81.
Bar-Tal, D. (2004). The necessity of observing real life situations: Palestinian-Israeli violence as a laboratory for learning about social behaviour. *European Journal of Social Psychology,* **34**, 677-701.
Bar-Tal, D., Chernyak-Hai, L., Schori, N., & Gundar, A. (2009). A sense of self-collective victimhood in intractable conflict: Nature, antecedents, functions, and consequences. *International Red Cross Review,* 229-258 .
Bar-Tal, D., & Labin, D. (2001). The effect of major event on stereotyping: Terrorist attacks in Israel and Israeli adolescent's perceptions of Palestinian, Jordanians and Arabs. *European Journal of Social Psychology,* **31**, 265-280.
Billig, M. (1995). *Banal nationalism.* London: Sage.
Biro, M., Ajdukovic, D., Corkalo, D., Djipa, D., Milin, P., & Weinstein, H. M. (2004). Attitudes toward justice and social reconstruction in Bosnia and Herzegovina and Croatia. In E. Stover & H. M. Weinstein (Eds.), *My neighbor, my enemy. Justice and community in the aftermath of mass atrocity* (pp. 183-205). Cambridge: Cambridge University Press.
Broz, S. (2005). *Good people in an evil time: Portraits of complicity and resistance in the Bosnian war.* New York: Other Press.
Brubaker, R., & Laitin, D. D. (1998). Ethnic and nationalist violence. *Annual Review of Sociology,* **24**, 423-452.
Cehajic, S., Brown, R., & Castano, E. (2008). Forgive and forget? Antecedents and consequences

of intergroup forgiveness in Bosnia and Herzegovina. *European Journal of Social Psychology,* **29**(3), 351-367.

Collier, P., & Hoeffler, A. (2004). Greed and grievance in civil war. *Oxford Economic Papers,* **56**, 563-595.

Elcheroth, G. (2006). Individual-level and community-level effects of war trauma on social representations related to humanitarian law. *European Journal of Social Psychology,* **36**(6), 907-930.

Elcheroth, G., & Spini, D. (2009). Public support for the prosecution of human rights violations in the former Yugoslavia. *Peace and Conflict: Journal of Peace Psychology,* **15**(2), 189-214.

Gagnon, V. P. J. (2004). *The myth of ethnic war: Serbia and Croatia in the 1990s.* Ithaca and London: Cornell University Press.

Gurr, T. R. (1993). Why minorities rebel: A global analysis of communal mobilization and conflict since 1945. *International Political Science Review,* **14**, 161-201.

Hartmann, F. (2002). *Milosevic, la diagonale du fou.* Paris: Denoël.

Hewstone, M., Cairns, E., Voci, A., McLernon, F, Niens, U., & Noor, M. (2004). Intergroup forgiveness and guilt in Northern Ireland: Social psychological dimensions of "The Troubles". In N. R. Branscombe & B. Doosje (Eds.), *Collective guilt: International perspectives* (pp. 193-215). Cambridge: Cambridge University Press.

Hodson, R., Sekulic, D., & Massey, G. (1994). National tolerance in the former Yugoslavia. *The American Journal of Sociology,* **99**(6), 1534-1558.

Kelman, H. C. (1997). Negotiating national identity and self-determination in ethnic conflicts: The choice between pluralism and ethnic cleansing. *Negotiation Journal,* **13**(4), 327-339.

Kunovich, R. M., & Deitelbaum, C. (2004). Ethnic conflict, group polarization, and gender attitudes in Croatia. *Journal of Marriage and the Family,* **66**(5), 1089-1107.

Lim, M., Metzler, R., & Bar-Yam, M. Y. (2007). Global pattern formation and ethnic/cultural violence. *Science,* **317**, 1540-1544.

Lykes, M. B., Beristain, C. M., & Perez-Arminan, M. L. C. (2007). Political violence, impunity, and emotional climate in Maya communities. *Journal of Social Issues,* **63**(2), 369-385.

Maček, I. (2009). *Sarajevo Under Siege: Anthropology in Wartime.* Philadelphia: University of Pennsylvania Press.

Marshall, M. G. (2002). Measuring the societal impact of war. In O. Hampson & D. M. Malone (Eds.), *From reaction to prevention.* Boulder: Lynne Rienner.

McLernon, F., Cairns, E., Hewstone, M., & Smith, R. (2004). The development of intergroup forgiveness in Northern Ireland. *Journal of Social Issues,* **60**(3), 587-601.

Montalvo, J. G., & Reynal-Querol, M. (2005). Ethnic polarization, potential conflict, andcivil wars. *American Economic Review,* **95**(3), 796-816.

Muldoon, O. T., Schmid, K., & Downes, C. (2009). Political violence and psychological well-being. *Applied Psychology: An International Review,* **58**(1), 129-145.

Nikolic-Ristanovic, V. (1999). Living without democracy and peace. Violence against women in the former Yugoslavia. *Violence Against Women,* **5**(1), 63-80.

Oren, N., & Bar-Tal, D. (2007). The detrimental dynamics of delegitimization in intractable conflicts: The Israeli-Palestinian case. *International Journal of Intercultural Relations,* **31**, 111-126.

Panagopoulos, C. (2006). Arab and Muslim Americans and Islam in the aftermath of 9/11. *Public Opinion Quarterly,* **70**(4), 608-624.

Petersen, R. (2002). *Understanding ethnic violence. Fear, hatred, and resentment in twentieth-century Eastern Europe.* Cambridge: Cambridge University Press.

Ramanathapillai, R. (2006). The politicizing of trauma: A case study of Sri Lanka. *Peace and Conflict: Journal of Peace Psychology, 12*(1), 1-18.

Reicher, S. (2004). The context of social identity: Domination, resistance and change. *Political Psychology, 25*(6), 921-946.

Reicher, S., Cassidy, C., Wolpert, I., Hopkins, N., & Levine, M. (2006). Saving Bulgaria's Jews: An analysis of social identity and the mobilisation of social solidarity. *European Journal of Social Psychology, 36*(1), 49-72.

Reicher, S., & Hopkins, N. (2001). *Self and nation*. London: Sage.

Reicher, S., Hopkins, N., Levine, M., & Rath, R. (2005). Entrepreneurs of hate and entrepreneurs of solidarity: Social identity as a basis for mass communication. *International Review of the Red Cross, 87*(860), 621-637.

Roberts, A. (1996). Communal conflict as a challenge to international organisation. In A. Danchev & T. Halverson (Eds.), *International perspectives on the Yugoslav conflict*. Oxford: MacMillan Press Ltd.

Roccas, S., Klar, Y., & Liviatan, I. (2006). The paradox of group-based guilt: Modes of national identification, conflict vehemence, and reactions to the in-groups moral violations. *Journal of Personality and Social Psychology, 91*(4), 698-711.

Rosler, N., Bar-Tal, D., Sharvit, K., Halperin, E., & Raviv, A. (2009). Moral aspects of prolonged occupation: Implications for an occupying society. In S. Scuzzarello, C. Kinnvall, & K. R. Monroe (Eds.), *On behalf of others: The psychology of care in a global world* (pp. 211-232). New York: Oxford University Press.

Sekulic, D., Massey, G., & Hodson, R. (2006). Ethnic intolerance and ethnic conflict in the dissolution of Yugoslavia. *Ethnic and Racial Studies, 29*(5), 797-827.

Sheridan, L. P., & Gillet, R. (2005). Major world events and discrimination. *Asian Journal of Social Psychology, 8*, 191-197.

Spini, D., Elcheroth, G., & Fasel, R. (2008). The impact of group norms and generalization of risks across groups on judgments of war behavior. *Political Psychology, 29*(6), 919-941.

Staub, E. (2006). Reconciliation after genocide, mass killing and intractable conflict: Understanding the roots of violence, psychological recovery, and steps toward a general theory. *Political Psychology, 27*(6), 867-894.

Staub, E., & Pearlman, L. A. (2001). Healing, reconciliation, and forgiving after genocide and other collective violence. In S. J. Helmick & R. L. Petersen (Eds.), *Forgiveness and reconciliation: Religion, public policy and conflict transformation*. Radnor, PA: Templeton Foundation Press.

Tajfel, H. (1978). *Differentiation between social groups*. London: Academic Press.

Vanhanen, T. (1999). Domestic ethnic conflict and ethnic nepotism: A comparative analysis. *Journal of Peace Research, 36*(1), 55-73.

Vollhardt, J. R. (2009). The role of victim beliefs in the Israeli-Palestinian conflict: Risk or potential for peace? *Peace and Conflict: Journal of Peace Psychology, 15*(2), 135-159.

Wilmer, F. (2002). *The social construction of man, the state and war. Identity, conflict, and violence in former Yugoslavia*. New York: Routledge.

Worchel, S. (1999). *Written in blood: Ethnic identity and the struggle for human harmony*. New York: Worth.

第8章

テロリストの心理
——個人,集団,組織レベルの分析

Arie W. Kruglanski, Keren Sharvit and Shira Fishman

　テロリスト攻撃は，近年の激しい集団間紛争が最も残虐な形で現われたものの1つである。2001年9月11日のアメリカに対する計画的攻撃，2004年3月4日のマドリード駅爆破事件，2005年7月5日のロンドン同時爆破事件，イラク，アフガニスタン，イスラエルで頻繁に起こり，そして現在も続いている自爆テロ，ハマス（Hamas）やヒズボラ（Hezbollah）[*1] 等のテロ組織による政治支配，アルカイダ（Al Qaeda）によって触発された世界規模のイスラム原理主義ジハードの登場などは，テロリズムへの対処を困難かつ切迫した課題とすることとなった。「国際テロリズムは世界の平和と安全に対する最も深刻な戦略的脅威である」ともいわれる（Ganor, 2005, p.293）。

　テロリズムは強い関心を喚起したが，研究者達の間でテロリズムに関する一致した定義を得るにはいたっていない（Schmid & Jongman, 1988）。定義が困難である理由の1つは，テロリズムという言葉がきわめてネガティブなニュアンスをもっており，その言葉を使用する当人が非難したいと考える攻撃と正当と信じる攻撃を恣意的に区別するために用いることが多いからである。それゆえ，テロの定義は，立場と動機に依存する（Carr, 2002; Kruglanski & Fishman, 2006）。激しい紛争に関与している集団は，しばしば敵を非合法なものとみなすよう動機づけられており（Bar-Tal, 1990），その結果，一方からみたテロリストが他方にとっては自由の戦士となるような状況が生み出される。

　しかしながら，多くのテロリズムの定義に共通するいくつかの要素を特定することは可能である。それは，無差別な威力行使，政治的意図，脅威と恐怖の感覚を広めることなどである（Schmid & Jongman, 1988）。本章では，テロリズムを集団および個人が特定の目的を果たすために用いる手段であると定義する。集団間紛争は，しばしば競合する目標をめぐって行なわれ（Mitchell, 1981; Rubin et al., 1994），テロリズムはそのような紛争に巻き込まれた集団が，目標達成を推進するために行使しうる暴力の一形態である（Wilkinson, 2003）。

　われわれは，テロリズムを目標推進のための極端な方法とみなす。なぜならば，そ

れは葛藤の原因となっている目標の推進に役立つ一方で，多くの場合，他の目標（たとえば，人命保護や道徳的価値など）にとってきわめて有害だからである。それゆえ，テロリズムは一般に，推進目標が他の目標よりも重要だと考えられているときに用いられる（Kruglanski & Fishman, 2006）。重要な目標へのコミットが他の目標を抑制することは研究によって示されている（Shah et al., 2002）。したがって，集団成員が集団目標に対して強くコミットしていると，その目標達成のためにテロリズムを用いる可能性が高まる。また，テロリズムの可能性は，集団成員が他の目標推進手段が利用できない，あるいは非効率だと信じているときに高まる（Kruglanski & Fishman, 2006）。このため，テロリズムは民族紛争の状況においてみられやすい。そこでは，マイノリティや分離独立主義者など，自己の目標を他の方法で推進する政治的勢力をもたない集団によってテロリズムが行なわれる（DeNardo, 1985; Miller, 2007; Pape, 2003; Wilkinson, 2003）。しかしながら，時には勢力をもつ国家のような集団によってテロリズムが行なわれることもある。そのようなとき，彼らは，テロリズムによって推進される目標が，それによって阻害される目標よりも重要だと信じているのである（Rummel, 1996）。

　分離独立主義者やマイノリティが用いるテロリズムは，彼らが標的であるマジョリティから期待する反応を引き出そうとするマイノリティ・インフルエンスの一手段とみなすことができる（Kruglanski & Chen, 2009）。標的となったマジョリティは，たいていテロリズムを不法で卑劣であると考え，実力をもってそれを抑圧しようとするが，それにもかかわらず，テロリズムの挑発的な性質は結局彼らの注意をテロリストの要求に向けさせることになる。さらに，テロリストの挑発に対するマジョリティの強硬な反応は，マイノリティの要求に対する国際社会の同情を喚起しうる。その反応が無差別的で，マイノリティの中の非テロリスト・メンバーを傷つけるときには特にそうである（Crenshaw, 1990）。もしもテロリスト達がテロ活動を貫徹し，大規模な人命の喪失，日常生活の破壊，継続的な脅威と恐怖の感覚を生じさせるなら，それはマジョリティの姿勢を「軟化」の方向に向かわせる可能性がある。しかしながら，テロリストがより合法的なマイノリティ活動に転換する機会をつかみ損ねたり，マジョリティがとうてい受容できないと考えるような要求を行なったりすると，テロリズムの行使は紛争を拡大させ，テロリストが意図したものとは正反対の結果を招いてしまう危険もある（Kruglanski & Chen, 2009）。

　以下では，目標達成の手段として個人と集団にテロリズムを選択させる社会心理的プロセスについて考察する。われわれは個人，集団，組織という3レベルで心理学的分析を試みる。個人レベルでは，人々がテロ組織に参加する動機と，テロリストの使命に一様の動機的基盤が存在するかどうかを考察する。集団レベルでは，兵士のリクルートとテロリズムを正当化するイデオロギー教育に含まれる共有された現実の構築

と社会的影響のプロセスについて論じる。組織レベルでは、戦略的手段としてテロリズムを行なうかどうかを意思決定する際、考慮される軍事訓練、ロジステック、費用対効果などの諸問題について論じる。結論の節では、これらの分析から得られる有望なテロ対策法のための示唆を述べる。

個人レベルの分析

■ 個人のテロ参加を理解するアプローチ

精神病理／人格仮説 テロリズムがある種の精神病理を反映しているという仮説は、テロリストが犯す残虐行為（たとえば、冷淡にみえる大量殺戮）から自然に連想されるものである。1970年代初期、テロリストには臨床的サイコパス、ナルシスト、偏執狂者などが例外的に多く含まれていると広く信じられていた（Silke, 2003）。しかしながら、テロリスト特有の精神病理やパーソナリティを探究する試みはほとんど成果をあげることができなかった。西ドイツ赤軍派（Baader Meinhof Gang）、イタリア赤軍、バスク祖国と自由（ETA）、複数のパレスチナ・テロ組織に対する綿密な実証研究は、テロ組織構成員の心理的性質に何ら特別な特徴を見いだすことはできなかった（Horgan, 2003; Victoroff, 2005）。

テロリズムの環境的「根本原因」 テロリズムに寄与する特性的あるいは精神病理要因を見いだすことができなかったことから、その後研究者たちは、テロリズムの「根本的原因」となりうる社会的環境の側面に注意を向けるようになった。検討された要因は、社会経済的地位、貧困、相対的剥奪、外国による占領などである。しかし、この種の研究は理論的および実証的問題を抱えていた。理論的問題とは特殊性に関するものである（Sageman, 2004）。多くの人が抑圧的環境に置かれている一方で、テロ組織への参加を考える者はごくわずかである。実証面としては、これまでの研究は、貧困あるいは社会経済的地位の低さとテロリズムの間に関連性を見いだすことができていない（Atran, 2003; Berrebi, 2003; Kruger & Maleckova, 2002; Pape, 2005; Sageman, 2004; Stern, 2003）。現在、貧困も政治的抑圧もテロの必要十分条件にならないという点で専門家たちの見解は一致している（Kruglanski & Fishman, 2006）。

　Sagemen（2004）は、ヨーロッパに分散するアラブ人たちが、いかに疎外され、不完全雇用を余儀なくされ、差別によって移住国の現住市民との間で相対的剥奪を経験しているかについて詳しく論じている。そうした環境によって生み出された不遇と屈辱の感覚が急進的イスラム主義を奉じることによって緩和されてきたと考えられる。しかし、相対的剥奪がすべてのテロリズム事例の根底にあるものかどうかは疑わしい。

たとえば，アメリカ合衆国のウェザーマン[3]，西ドイツ赤軍派，20世紀半ばの反植民地主義運動が特別に相対的剥奪に関連していたという証拠は乏しい。

　前段の議論は，性格特性や環境条件がテロリズムと無関係であるという意味ではない。それらは，むしろテロリズムの誘因である。テロリズムの十分条件と考えられる「根本的原因」とは対照的に，これら誘因は特定の環境下においてテロリズムに対する人々の支持や関与を予測しうるものであり，また条件が揃えばテロリズムの動機づけを生み出すものである（Silke, 2003）。このテロリストの動機づけに関する主要な議論は次節で行なうことにする。

■ テロリストの動機

　テロリストの動機に関する分析が近年いくつか進められている[1]（Bloom, 2005; Pedahzur, 2005; Sageman, 2004; Stern, 2003）。ある特定の動機がテロリズムにおいて重要であると主張する研究者たちがいる一方で，複数の動機をあげる研究者たちもいる。Sageman（2004）は，感情的・社会的支援がテロリスト集団形成の主要な動機であるとしている。Pape（2005）は，外国の占領に抵抗することが主要な動機的促進因であると主張する。Spekhardと Akhmedova（2005）は個人的喪失経験とトラウマに注目し，多数のハマス兵士に面接を行なった Hassan（2001）は，主要動機は宗教的なものだったと結論している。

　これら単一主要動機を重視する立場とは対照的に，Bloom（2005）と Stern（2003）は複数のテロリズム動機をあげている。それは，名誉，リーダーへの忠誠，社会的地位，自己価値，集団圧力，屈辱，不公正，復讐，暴力被害，希望の喪失，近代化，貧困，道徳的義務，生の単純化，理想化などであり，これ以外にもありうる。Ricolfi（2005, p.106）は「自爆攻撃の動機的原動力は，復讐願望，義憤，犠牲者への義務感覚などからなる感情カクテルにみられることが多い」と主張する。

　こうした不一致に対処する合理的方法は，種々の動機を包括的カテゴリーに統合していくことである。複数の研究者が思想的原因と個人的原因の区別を示唆している（Pedahzur, 2005; Taarnby, 2005）。たとえば，疎外された人々が社会的・感情的支援を求める気持ちは（Sageman, 2004）彼らの個人的経験から生じるものだが，領土の解放，神の意志の遂行などは思想的要因に関連するものである（Atran, 2004, 2006）。

　自爆攻撃にかかわる第3の動機カテゴリーは道徳的義務と責務の感覚にかかわるもので，それらは内面化されたものであったり，社会的圧力によって誘導されたものであったりする。それは日本の神風特攻隊に関する資料によく表われている（Ohnuki-Tierney, 2006）が，今日のテロリズムにも同様に強く関連するものである（Bloom, 2005; Gambetta, 2005; Merari, 2002; Stern, 2003）。

209

■ 包括的動機カテゴリーとしての意味の探求

　われわれは最近，ほとんどのテロ攻撃の根底にある中心的動機は個人的意味の探求であるという考えを提案した（Kruglanski et al., 2009）。それは自己を超越した大義に身を委ねることで，心理学者たちもこれを重要な動機の1つとして認めている。Frankl（2000）によると，目前の生存関心を超越し，そのために戦う意義のある人物，思想，価値があると信じること，これは人間存在の本質である。Maslow（1943）の動機理論は自尊感情と自己実現を人間の最も重要な欲求として位置づけたが，これはFranklが言うところの「意味の探求」ときわめて類似している。

　Frankl（1963）や他の研究者たち（Antonovsky, 1987; Moos & Schaefer, 1986; Taylor, 1983）は，意味と価値の探求を逆境への対処プロセスと結びつけている。重要な社会的意義とそれを正当化するイデオロギーへのコミットメントは，意味の探究を推進するものであろう。先述のように，激しい集団間紛争の多くは社会的に重要な目標をめぐって繰り広げられ（Mitchell, 1981; Rubin et al.,1994），それら目標の正当化は，紛争集団を特徴づけるイデオロギー的信念システムの中枢部分である（Bar-Tal, 1998, 2007）。したがって，逆境を経験した集団成員たちは社会的目標へのコミットメントを強め，人生の意味を追及する手段としてテロリズムに頼るようになるのであろう。実際，チェチェンの自爆テロリストの研究においてSpekhardとAkhmedova（2005）は，テロリストの重要他者や捕虜となった人たちに面接し，彼らがすべて，自爆死したテロリストをテロリズムへと駆り立てたと思われるトラウマ事象について言及していたことを報告した。特に興味深い知見は，研究対象たちが個人的トラウマに対してイデオロギー的啓示を探し求めたことである。

　しかしながら，個人的なトラウマは意味の探求にいたる唯一のプロセスではない。人間の動機に関する最近の分析は，身体的生存の欲求と意味および自己価値への欲求を結びつけている（Greenberg et al., 2004）。この分析によれば，自己の死の不可避性（mortality）に気づき，無意味な存在として生きることに対する恐怖は，人々を社会の「善き」成員であるように動機づける。集団の存続が重大な危機にさらされると，一般的に，集団目標のための自己犠牲が究極の「善」となるが，それは集団間紛争において人々がしばしば経験するものである（Jervis, 1985; Kelman, 1997; Worchel, 1999）。つまり紛争に巻き込まれた集団では，集団防衛のための自己犠牲に高い価値が置かれる（Bar-Tal & Staub, 1997）。このような場合に集団を最優先することは，集団の集合的記憶の中に永遠に刻み込まれる英雄あるいは殉教者となるという形での永遠の生を個人に約束する。したがって皮肉なことに，自爆テロ行為で死を選ぶことは，永遠の生に対する動機から生じるのである。

　われわれの意味追求理論は多くの検証可能な主張を含んでいる。まず，個人的意味の感覚を与える文化的目標を抱くことは死の不安を低減するであろう。さらに，死の

不可避性の自覚以外の原因によって生じた意味の喪失感も，意味回復の努力を強めるであろう。最後に，意味の喪失脅威は予防反応を強めるであろう。これらの主張に関連した実証的知見を，以下で概観する。

集団目標へのコミットメントと死の恐怖　存在脅威管理理論（terror management theory）に沿った実証研究の多くは，死の不可避性を想起させる刺激が，集団文化とイデオロギーの信奉を強めることを示している（Castano & Dechesne, 2005; Greenberg et al., 1997）。CastanoとDechesne（2005）によれば，「集合的実体の一部となることによって，人々は自己を空間的，時間的に拡大し，滅びゆく肉体に縛られた個人的アイデンティティの内在的限界を乗り越えることができる」（p. 223）。Pyszczynskiら（2006）は，死の不可避性の顕現化（salience）がテロリズムへの支持に及ぼす影響を直接的に検討した。イラン人学生が自分自身の死に関する質問に回答した場合，彼らは殉教（自爆）攻撃を支持する同級生をこれに反対する同級生よりも肯定的に評価した。死とは無関係の嫌悪的話題に関する質問に答えた場合には，これとは反対の評価パターンがみられた。したがって，死の恐怖はイデオロギー的に表現された集団目標へのコミットメントを高めると考えられる。

集団目標へのコミットメントが死の不安を低減するというデータも存在する。具体例として，Durlak（1972）は，人生の目的を文化的目標へのコミットメントという観点から定義すると，それは死の恐怖との間に負の相関を示すことを報告している。Arndtら（1997）は，死の想起刺激に接触すると死関連思考のアクセシビリティが高まるが，文化的規範を防衛する機会を与えられるとそれは低下することを見いだしている。

集団目標へのコミットメントが死の恐怖を低減し，テロへの参加が死の危険を孕むのならば，集団の目標へのコミットメントはテロへの支持を高めるだろう。テロリズムとこれに対する対抗措置を研究する米国コンソーシアム（START）による最近の研究は，12のイスラム教国家のインターネット利用者からなるサンプルにおいて，集団目標が西洋諸国に対するテロリズム支持と関連することを見いだしている（Orehek et al., 2010; 図8.1参照）。つまり，自分の人生に意味を見いだしたいとする欲求は，集団コミットメントとイデオロギー運動（西洋諸国への攻撃）の支持を導く可能性があるといえよう。

その他の価値喪失の原因　死の不可避性顕現化は，意味喪失にいたる唯一の経路ではない。たとえば，社会的孤立の感覚，公民権の剥奪（Sageman, 2004），所属集団からの排斥なども意味喪失を生じさせる。自爆テロの中には，実行犯がコミュニティ内での地位回復を目指していたと思われる事例が複数存在する。特に女性の自爆テロの場合，実行犯たちは離婚，不妊，不貞行為，レイプなど恥となる出来事を経験し，コ

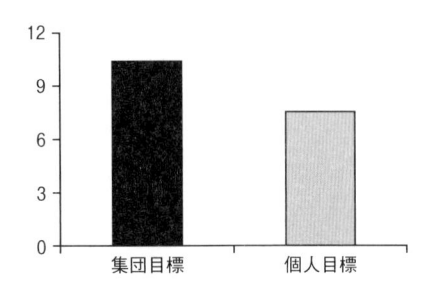

▶ 図8.1　集団目標をもつ人と個人目標をもつ人のアメリカ合衆国への攻撃に対する支持の程度

ミュニティの人々の前で名誉を回復するという使命を負っていたことがしばしば報告されている（Bloom, 2005; Pedahzur, 2005）。規範的命令違反の結果として意味喪失は，意味回復への強い願望を生じさせる。そしてその意味回復は，大義のための自己犠牲によってもたらされると信じられているのである。

　要約すると，意味探究の考え方は，個人的トラウマ，イデオロギー主張，社会的圧力といった一見互いに異なるテロリズムの動機的背景の統合を可能にする。これらの要因すべては意味喪失を表わしており，その探究を動機づけるが，それはおそらく，生の儚さを認識することから生まれる（Greenberg et al., 2004）人間のあくなき意味への希求に起因する（Frankl, 2000）。個人的意味感覚を直接に回復することが不可能と思われるときには，人は集団大義への同一化によってそれを間接的に成し遂げようとするが，集団大義は意味回復の手段として武闘とテロリズムを提供するのである。しかし，個人的不名誉によって生じた意味喪失だけでは，テロリズムの動機として十分でも必然でもないように思われる。テロリズムは，輝かしい「スターの座」を得るチャンスであるといった意味高揚機会を知覚することによって（Sprinzak, 2001），あるいは第二次大戦時の神風特攻隊パイロットが命令拒否による恥と不名誉を避けようとしたように（Ohnuki-Tierney, 2006），将来の意味喪失の回避欲求からも生じる。

　より一般的に言えば，イデオロギーに基づく手段（ここではテロリズムのことだが）は，人生の意味の修復，維持，獲得の手段の一部なのかもしれない（Kruglanski et al., 2002）。イデオロギーは，集団目標の観点から人生の意味を充実させるものが何かを明瞭にし，意味喪失を防ぐ手段を提供する。イデオロギーを正当化するテロリズムは，理想状態との乖離に責任があるとみなす被告人（たとえば，西洋諸国，イスラエル，異教徒）を特定し，これに対する暴力を理想状態へと向かう効果的な手段として描写する。

　自集団に深刻な脅威を与える激しい集団間紛争においては，イデオロギーは成員に

究極の犠牲を求め，それは集団からの尊敬によって報われる。このように，意味増進と喪失回避は，多くのテロリズム事例に共通な動機と考えられる。ある種の「集団移行（collective shift）」を通して，強力な集団イデオロギーは個人の無力さを克服させ，集団イデオロギーの名の下でテロ活動を実行させるのである。この分析は，上で引用したさまざまのデータによって支持されているが，それは，自爆テロ実行犯の談話にはイデオロギー的ナラティブが多いこと（Hafez, 2007），個人的トラウマがこうしたナラティブに心酔することをうながすという知見（Spekhard & Akhmedova, 2005），個人の意味探求が人間行動の主要動機であるという心理学的理論と研究（Frankl, 2000; Greenberg et al., 2004）などである。

　心理学の見地からみて，テロリズムを讃美するイデオロギーに特定の内容があるわけではない。集団に益するテロ任務を意味目的のための手段と位置づける限りにおいて，それは宗教的でも，民族国家主義的でも，また社会主義的でもありうる。この分析によれば，従来の研究で見いだされてきた他の誘因（たとえば，喪失，剥奪，屈辱）の重要性は，イデオロギー目標の採用を促進することにある。

　つまり，「カクテル」の異なる成分を区別しないで，動機の「決定的な組み合わせ」からテロリズムを説明する（Crenshaw, 2007; Ricolfi, 2005）のではなく，むしろわれわれの分析は，①その現象の中核にある動機づけ，つまりイデオロギーに従って集団目標実現の手段としてテロリズムを採用するということと，②そのような目標選択へと個人を駆り立てるさまざまな動機的，認知的要因の間に機能的区別を設けるものである。

集団レベルの分析

　暴力，特に罪科のない者を殺害することは，文明社会の規範から外れる逸脱行為である。しかし，深刻な集団間紛争状況では，そういった暴力行動が助長されるように思われる（Staub, 1989；本書の他の章も参照のこと）。1つの理由は，組織がその成員の暴力活動に対して社会的支持を与え，そのような活動を逸脱的というよりむしろ正当であるかのように思わせる共有された現実とイデオロギー的正当化の中にそれらを位置づけるためである（Bar-Tal, 2007; Hardin & Higgins, 1996; Jost & Major, 2001; Staub, 1989）。ここからは，個々のテロリストとその所属集団の関係に関するいくつかの社会心理的側面について論じる。それは，集団構成員の補充，共有された集団信念の形成と維持（Bar-Tal, 2000），コミュニティによる支援，公的表明のメカニズムなどである。

■ 構成員の補充

1. 人脈　仲介のメカニズムは，テロリスト集団への加入によくみられる特徴である（Horgan, 2005; Reinares, 2001; Sageman, 2004; Weinberg & Eubank, 1987）。テロ組織の成員であることが社会的アイデンティティにとって重要だと考える人が家族，友人，恋人の中にいる場合がある。その人が重視する価値観や関心事を共有することなしに，その人との親密な関係を維持することは困難であろう（Heider, 1958）。このようにして，テロリストを正当化するようなイデオロギーを受け入れ，テロリスト集団への参加を望むような動機プロセスが始動し始める。続いて，集団内での社会化プロセスが起こり（Moreland & Levine, 1982），その中で新参者もしだいに集団内でより中核的役割を獲得していき，これに伴って，テロリスト集団の一員であることが個人の社会的アイデンティティにおいてますます重要になっていく。

2. テロ宣伝機関　人脈によるリクルートは，個々人の社会的関係から始まるボトムアップのプロセスと考えられるが，その集団の雰囲気や顕在的目標がイデオロギー教化的である機関ではよりトップダウン的リクルートも行なわれる。

　　イスラム過激派の場合，要員リクルートのための1つの重要な施設はモスクである。Postら（2003）は，面接したパレスチナ・テロリストのほとんどが，最初にモスクでパレスチナ大義の手解きを受けたことを見いだした。すべての面接においてモスクにおける宗教指導者の存在は顕著だったし，イスラム主義組織の成員で特にその傾向が強かった。

　　イスラム神学校であるマドラサスがテロリズムに寄与しているのではないかという見方もある。しかし，テロ集団へのリクルートや加入をマドラサスが実際に支援しているという決定的な証拠はない（Bergen & Pandey, 2005）。

3. 志願　もう1つのトップダウン型リクルートはインターネットを介して行なわれるが，Coolsaet（2005）は，これを以下のように特徴づけている。

> 通常の会合場所以外のところで自己先鋭化の道筋を歩んだ結果……個人は再同一化の心的プロセスの中で……類似した世界観をもつ他者を探すようになる。……このようにして，集団思考は徐々に他の見方を排除し［それによって］現実を単純化する。(pp.6-7)

専門家たちは，インターネットが思想の先鋭化とテロ集団へのリクルートにおいて重要な役割を果たしているという点で合意している。イラクとアフガニスタンを管轄する米中央軍の諜報責任者は最近，「まちがいなく，インターネットはイスラム教徒の若者を先鋭化させる1つの最も重要な舞台である」と述べている（CBS News, 2007）。実際アルカイダのウェブサイトは，イスラム教徒のインターネット専門家に

対して，メーリング・リスト，ディスカッション・グループ，個人のウェブサイトを通じて，ジハードに関するニュースと情報を広めるよう呼びかけている。

異なるリクルート手段が不可分に絡み合っていることには，注意しなければならない。インターネットのメッセージはイデオロギー議論を活性化するが，一方，個人的な関係はテロリストの世界観やイデオロギーとの接触と妥当化だけではなく，そうしたイデオロギーに盲従しようとする社会的動機づけをもたらすのである（Taarnby, 2005）。

■ 社会的現実

閉鎖的文化の形成　テロリスト集団は，たいてい大社会の中に存在しているが，全体社会の世界観との重なりの程度はさまざまである。多くの場合，社会の側はテロリスト集団の価値観や信念を支持しないであろう。深刻な紛争状況においてさえも，きわめて暴力的なテロリスト活動は，社会成員の一部の目には極端すぎるものに映るであろう。それゆえ，大社会の価値観と接触する中でテロリストの側にも自分たちのやり方の正当性に関する疑念が生じる可能性がある。イデオロギー基盤を外的影響から守るために，テロリストたちはしばしば成員が外部の情報に接触することを制限し，テロを正当化するイデオロギーだけをくり返し強調する独自の文化を形成するようになる。

教化　ある個人が過激派組織に加入し，自爆攻撃への意志を直接的・間接的に表明すると，数多くの社会心理的プロセスが始動し始める。まず，彼女／彼は，将来の「殉教者」という「新しい」アイデンティティを強制的に確証させられる社会的現実に投げ込まれる。Hafez（2006）は「殉教」の社会的現実の形成に文化が果たす役割を強調している。彼の言葉を借りれば，「（暴力は）自分の価値観，家族，友人，コミュニティ，宗教のため義務を遂行するものとして正当化されなければならない。結果として，これを遂行し損なうことは裏切りとみなされる」（p.169）。この意味で，テロリストの活動は「強制的な利他的自殺」（デュルケームの言う自己中心的あるいはアノミー的自殺とは対置されるものである。Jones, 1986を参照）となる。

「生ける殉教者」は自集団，宗教，それらの神聖な地位の讃美，徹底的な敵非難プロパガンダなどの要素などからなる教化（indoctrination）を受ける（Moghadam, 2003）。内集団讃美，敵の非合法化，集合的目標の正当化といったテーマは深刻な紛争に関与している集団の社会信念システムによくみられるもので，それは全社会成員の社会化プロセスを支配する（Bar-Tal, 1998）。テロリスト教化の独特なところは，テロリスト志願者たちに，自分は集団の大義のために活動する特権をもっていると信じ込ませることである。

この「社会的現実」の形成において重要な要素の1つは言い回しの利用である。自

爆テロ候補者は，そのまま自爆テロ候補者ともテロリストとも，さらには自由の戦士ともいわれるわけではない。そうではなく，その者は自爆テロを実行する前であっても「生ける殉教者」（al Shahid al hai）と表現されるのである。自爆テロは非常にすばらしい自己犠牲の行為であり，来世において報われる行為として描かれる。テロ攻撃の後，地元新聞には殉教者の来世の運命を喧伝する記事が掲載されるが，それは彼が高貴な文化的英雄の地位にのぼりつめたことを示す。

一方，敵は「犬と猿の子」「悪魔」「悪鬼」などきわめてネガティブな言葉で描かれる。宗教的テロリスト組織はしばしば敵対者を「神の敵」や「邪悪な異端者」とよぶ（Iannaccone, 2005）。Pape（2005, p.90）によれば，「宗教の違いは極端な悪者扱い――敵は道徳的に劣っており，軍事的に危険で，そのため厳しく対処せねばならないという信念――を可能にする」。ビン・ラディンは以下のようなことを説教の中で説いている。

> ユダヤ人は創造主について嘘をつき，創造主の創造についてはさらに大きな嘘をついた。ユダヤ人は預言者を殺害した者たちであり，契約違反者である。ユダヤ人は高利貸しで女郎屋通いをする者たちである。彼らはあなた方に何も残さない。世界も宗教も。（MEMRI, 2003）

このような言い回しは，敵を非人間的で邪悪なものとして描き，その結果，これに対して深刻な危害を加えることに対する道徳的障碍を取り払ってしまう。それは攻撃対象を非難して貶め，彼らを他の人間には与えられる基本的配慮に値しない存在として描くことを目的としている（Bandura, 1990; Bar-Tal, 1990; Pape, 2005）。

確かに，非合法化や非人間化といった方略はテロリストに特有なものではない。それらは，深刻な紛争にかかわる集団間できわめてよくみられるものであり（Bar-Tal, 2007），さらには，あらゆる人間同士の間でみられる攻撃性の本質的な部分でもある。しかしながら，自らの命を犠牲にするという極端な行為である自爆テロでは，被害者である敵に対する非難も極度に侮辱的なものとなりやすいであろう。

■ 公的表明

テロリスト集団からの脱退は，集団にとって危険であると同時に士気をくじくものである。そこでテロ組織は，意志を曲げない「信用できる」殉教者をつくり上げるために，公的表明を引き出し，さまざまな社会的圧力をかける。訓練の中で自爆テロ志願者に圧力をかける集団プロセスの重要な特徴の1つは，戻ってこられないような心理的「帰還不能点」をつくり上げることである（Merari, 2002）。自爆テロ候補者は遺言を用意させられ，家族や友人に対する最後の手紙を書かせられる。そして彼／彼女は皆に別れを告げ，自分に続くよう他者に勧めるようすをビデオで撮影されるのである。

第 8 章　テロリストの心理——個人，集団，組織レベルの分析

■ 知の権威者

　すべてのテロリストがイデオロギー的主張に関して広い専門性や深い理解をもっているわけではない。むしろ「ヒラ」の自爆テロリストたちはおそらく，彼らにイデオロギーが求めるものを伝達する「知の権威者」を信頼している（Kruglanski et al., 2005）。「知の権威者」の1つのタイプ，すなわち専門的権威者は，社会心理学的研究の中でも特に注目されてきたものである（Chaiken et al., 1989; Petty & Cacioppo, 1986）。

　テロリズムにおける専門的権威者の役割は，ヒズボラの精神的最高指導者サイード・ムハンマド・フセイン・ファドララが1983年の最初のヒズボラ自爆テロにおいて果たした功績に例示されている[5]。1983年初頭，ファドララは自爆攻撃に関して道徳的疑念を表明していたが，その後，明示的なイスラム法の裁定とは別に，最大限の支持を与えることに転じた。これが精神的「承認印」となり，その後さまざまな場所で模倣され，自爆テロ攻撃の連鎖的波及を引き起こしたのである。同様に，パレスチナ内外の宗教的指導者たちも「殉教作戦」（すなわち自爆攻撃）を「至高かつ最も高貴な抵抗の形であり，最も効率的なもの」と表現している（Hafez, 2006, p.179）。

　Friedkin（2005）によれば，その成員が「自分自身の心」をもっておらず，したがって権威者の影響を受けやすいことはテロ組織にとってきわめて重要な利益である。それゆえ，テロ組織は意図的に，その成員が当初信じている権威を貶めようとする。彼らは外的なサポート源を断ち切り，成員の個別性や個人的欲求を消し去り，イデオロギー的目標のみが彼らの意識を占めるようにするのである。端的に言えば，テロリスト「歩兵」に必要なのは「ただ命令に従う」ことだけである。彼らは，自分の命を差しだすという重要な決定に関してすら，指示と解釈を権威者に委ねる。

■ コミュニティの支援

　集団やコミュニティもまた信頼される「知の権威者」に相当し，その合意の如何によって，テロリストの活動の正当性や望ましさが決定される。それだけでなく，コミュニティはテロリストたちに対して物質的な支援を与えるものでもある（McCauly, 2004）。こうした理由のため，コミュニティの支援はテロリスト活動の継続を可能にし，マイノリティ・インフルエンスを成功させる可能性を高める。

　西ドイツ赤軍派やアメリカのウェザーマンのような革命的テロリスト集団は，あまりにも急激な社会変革を唱えるため，コミュニティ内での広い支持を得ることはむずかしい（Miller, 2007）。したがって，そうしたグループが存続し続けるには多くの困難があり，最終的にはとらえられ，敗北することになる。対照的に，分離独立主義のテロ集団は，しばしば彼らが代表する少数派コミュニティから大きな支援を受けるので，それによって，支配的多数派集団の弾圧の中にあってもテロ活動を継続することができる。たとえば，自爆テロに対するパレスチナ人民の支持は1996年3月には20％

であったが，2002年6月には70〜80%に上昇している。1993年9月から2000年9月の間は年平均4件の自爆テロが発生したが，2000年10月から2003年12月の間は，そのペースは年平均36件以上にも増加した。コミュニティは革命的テロリズムの暴力を拒否する一方で，分離独立主義テロリズムに対しては支援しようとする。このことは，後者が集団間紛争の激化に寄与することを部分的に説明するものである。

組織レベルの分析

　テロリスト集団は，その組織化の程度とタイプの点で大きく異なっている。一部の集団は1人の指導者，たとえばクルディスタン労働者党（PKK）であればアブドラ・オジャラン，ペルーの輝く道（Peruvian Shining Path）であればアビマエル・グズマンを中心に組織化されている。実際にこれら2人の指導者の逮捕は，長い期間にわたってそれぞれの組織の活動を大幅に制限した。他の集団は，より指導者中心性の弱い構造をしている（例：パレスチナ・イスラム聖戦やハマス）。

■ テロの意思決定と合理性

　ここまで述べてきたように，テロリズムは目的達成のための手段と考えることができる（Kruglanski & Fishman, 2006）。この観点からの心理学的分析によると，テロ組織は複数の異なる目標をもち，それらは異なる時点で活性化されてテロの意思決定に影響すると考えられる（Kruglanski et al., 2002）。テロ組織は一定の政治的，社会的，経済的条件の下で，目標に最も寄与するものは何かを査定し，それに基づいて攻撃を行なうか否かを決定するのである（Berman & Laitin, 2008; Hafez, 2006; Krueger & Laitin, 2008）。たとえば，ハマスやヒズボラのようなテロ組織は，おそらく国内政治に関連した目標をもっているが，それは時にテロ攻撃とは矛盾する。ヒズボラは，2000年にイスラエルがレバノンから撤退した後，イスラエルに対するロケット攻撃を著しく減少させたが，これはおそらく，彼らの主要な政治的支持基盤である南レバノンのシーア派人民が，イスラエル軍が再侵攻してくる危険を望まなかったためである。しかしながら，イスラエルと戦うというヒズボラの目標は断念されてはおらず，当該地域で起こった事件のために2006年にはテロ活動が再び活発化している。同様に，ハマスは（パレスチナとイスラエル間の）オスロ和平プロセスの初期には自爆テロの実行を控えていたが，おそらくこれはパレスチナ人民がそれを支持しないであろうという懸念のためであった。

　テロ攻撃を行なうか否かの判断は，攻撃の知覚された有効性によっても影響されるであろう。研究者たちは，パワーが非対称な戦争状況で行なわれる，テロ攻撃という

戦法の費用対効果についてコメントしている（Atran, 2006; Berman & Laitin, 2008; Bloom, 2005; Hafez, 2006; Jasso & Meyersson-Milgrom, 2005; Kruglanski, 2006; Moghadam, 2003; Pape, 2005）。全世界の自爆テロ攻撃に関するデータベースによれば，自爆テロ攻撃は「1980年から2003年の間に生じたテロ事件の3％にすぎないが，犠牲者数では48％を占めている」（Pape, 2005, p.6）。自爆テロは非常に安上がりである。たとえば，9.11テロは10万ドルもかかっていないが，数十億ドルの損害を与えた。さらに，工作員が捕まって秘密を漏らす心配もなく，また複雑でコストのかかる逃走計画も必要ない。同時に，テロリズムは実行者側に大きなパワーを与えるものであるが，それはテロリズムが，その標的となる人々の間に，どこも安全ではないという不安感を広めるからである。ThibautとKelley（1959）は社会的パワーを，ある集団が他の集団を主観的に定義された「よい」結果と「わるい」結果の間でゆり動かす能力と定義した。この考え方によれば，テロリストは強大なパワーを振うことになる。なぜならば，彼らが引き起こす可能性のある最悪の結果は大量殺戮という恐ろしい光景だからである。

　この効率性と相対的なコストの低さによって，テロリズムはマイノリティや分離独立主義集団にとって特に魅力的なのであろう。それらの集団は，自分たちには他の方法で目標を追求するパワーがないと信じている。この論理が，まさにタミル・イーラム解放のトラ（LTTE）の指導者，プラバカランの言葉に明瞭に表現されている。「人的資源，武器，物的資源に関して敵の方が豊富で，武力のバランスは彼らに有利であった。しかし，われわれは並外れた武器をもっていた……。われわれの戦士の勇気とコミットメントがあの戦いにおける最も強力な武器であった★2」しかし，こうした集団であっても，目標達成にもっと効果的な他の手段が明らかになれば，テロリズムの使用を放棄したり，停止したりするであろう。たとえば，LTTEは2002年にスリランカ政府と停戦合意をしたが，それは，交渉によって互いに受容可能な紛争解決策に向かって進むことができると思われたときであった。

抑止への示唆　テロ組織の合理性は抑止を考える上でも示唆的である。抑止とはつまり，ある者が攻撃されるか否かの脅威が，その者が望ましくない行動を実行するか否かに依存しているということを意味する（Schelling, 1960/2007）。対テロ戦略としての抑止効果は，組織の大きさに比例する。組織が大きいと，広い支配地域，多くのインフラ，豊富な資金援助などに対する必要性が高まる。こうした面から攻撃や脅威を受ける可能性が高まり，それはテロリズムの継続を困難にするであろう。一方，物質的な意味で脆弱性の低い小規模なテロ組織に対しては，こうした抑止は効果的ではないであろうし，また大義のために自分の命を進んで犠牲にしようとする個人の自爆テロ実行犯には，そうした手段はいっそう役に立たない。

テロ対策

　ここまで考察してきた3レベルの分析は，テロ対策の可能性について示唆を与えるものである。

■ 個人レベル

　個人レベルでは，テロリストの動機づけを低下させることが決定的に重要であろう。それなくしては，多くの場合，テロリストの戦略遂行能力を削ぐことは一時的な効果しか期待できず，その制限された能力もやがては回復してしまう。Brophy-BaermannとConybeare (1994) は，1968年から1989年までのイスラエルのテロリズムに対する報復を研究し，テロリストたちが予期しないほどに激しい反撃は，テロリストの作戦継続能力を削ぎ，テロ活動の一時的な低下を引き起こすと結論した。しかしながら，やがてテロリストたちも報復に対する予想を多少変更して，それに備えるようになるであろう。したがって，攻撃への動機づけが存在し続ける限り「報復は長期的な抑止効果はもたない」(p.196) のである。

　現在の，テロリズムがイデオロギーに基づいていることは，説得力のあるコミュニケーションによってそれを低減できる可能性を示唆するものである。イスラム・テロリズムに関して，Post (2006, p.15) は「過激派に正面から対抗するには，中道イスラム教徒聖職者や政治的リーダーによる強い指導力が必要である」と主張する。近年，多くのイスラム教徒人口を抱えるシンガポール，サウジアラビア，エジプト，ヨルダンなどの国々でこうした試みが始まっている。シンガポールでは，ジュマ・イスラミーヤのメンバーが拘留されている拘置所に，聖職者が武闘や市民殺害の正当性を論駁するために派遣される。サウジアラビアは，2つの大規模な計画を実施しており，その1つは囚人に対するイスラム聖職者およびイスラム法学者によるアウトリーチ活動で，もう1つは過激派とのオンライン対話である。これらの取り組みはどちらも，心理学や社会学の専門家の援助に依存している。これらの国々のテロ対策には慎重な評価が必要だが，これらは「知の権威者 (epistemic authorities)」を利用することで過激派イデオロギーに対抗するという有望な試みである (Kruglanski et al., 2005)。

　しかしながら対話の試みは，潜在的志願者の中にあるテロリズムを正当化するイデオロギーに従おうとする動機づけを低減させなければ，無意味であろう。動機づけを低減するには，テロリストに意味の喪失を経験させ，使命を受容するよう動機づけるような環境の緩和が必要である。そのような環境の中には個別的なものもあるが，共通するものもあり，それらは政策によって変化させることが可能と思われる。軍事的観点から言えば，これはテロに対する報復を最小限にとどめ，甚大な「巻き添え被

害」を引き起こす恐れのある不つり合いに激しい武力行使をしないことを意味する。なぜなら，そうした武力報復は，その被害を受けたり，被害者を目撃した人たちを崖から突き落としてしまうことになりかねないからである（Cordesman, 2006）。

政治的観点からすると，テロリズムの動機づけ基盤を弱めるためには，離散民族の若者たちの孤立と生活難を軽減するような外交政策，移民プログラム，教育キャンペーンなどが必要であろう。ポジティブな集団間接触（Victoroff, in press）と強い反差別規範の強化は集団間の緊張を低減させ，疎外された若者たちが意味喪失をテロリズムによって回復しようとする心的準備性を弱めるであろう（Kepel, 2004）。

■ 社会レベル

社会レベルにおいて主たるテロ対策は，テロリズムに対抗する社会的現実の形成であろう。Lewin（1958）が論じているように，個人に焦点を当てた説得の試みは，その個人の準拠集団に向けたものほど効果的ではないであろう。たとえば，いくつかのイスラム教国家では拘留中のテロリストを対象に脱過激思想の取り組みが行なわれているが，テロリストがひとたび過激思想に傾倒しているコミュニティに戻ってしまえば，長期的効果は期待できないであろう。実際に，シンガポールで現在行なわれている脱過激思想プロジェクトには，拘置中のテロリストに対する介入だけでなく，その家族への物質的支援やコミュニティの青年向け研修会が含まれている。これらはよく知られた社会心理学的原理に基づいて改善を試みる有望な取り組みであり，その有効性については注意深くみていく必要がある。たとえば，それは研修会参加者，拘留者，その家族たちがジハードの同胞たちによって反論されることを想定して，これに対する免疫を与えるものである（McGuire, 1961, 1964）。コミュニティのオピニオンリーダーを探し出して，彼らに焦点を当てた説得の試みも有効であろう（Katz, 1973; Katz & Lazarsfeld, 1955; Lazarsfeld et al., 1944）。要約すると，急進化と武闘に対抗できるような社会的現実を築くために，広範囲の社会心理学的知識が利用可能であろう。

■ 組織レベル

構造の考慮 テロ対策では，その組織の構造と目的を考慮に入れる必要があろう。組織が明確な指導者をもち，高度に階層的な構造をしている場合には，オジャランやグズマンの例に示されているように，指導者を逮捕したり，これに圧力をかけたりすることによって，その組織を無力化できるチャンスがある。

対照的に，組織が拡散的な構造をしている場合，武力攻撃が効果をあげる可能性は低く，むしろ，潜在的志願者の組織参加を思いとどまらせるための対プロパガンダ作戦が重要であろう。アルカイダは2001年にアフガニスタンの拠点を失ったが，そのこ

とが，組織構造を中央集権的なものから拡散的なものへと変化させた。この構造的変化はアルカイダの影響範囲を広げたと指摘されている（Riedel, 2007）。また，これによってアルカイダの宣伝活動は著しく拡大され，ある推計によると，2005年から2006年にかけてその規模は4倍になった（Gunaratna, 2007）。この変化に対応するためには，「知の権威者」としてアルカイダのメッセージに重みを与えている組織の中心的扇動者（特に，ビン・ラディンとアル・ザワヒリ）を逮捕することが重要であろう。

戦略的手段としてのテロリズム　テロリズムが目標達成手段であるという見方からすると，テロ抑止には，①組織目標にとってテロリズムは無意味である，②組織目標からみて，他のより効率的な方法が存在する，③テロリズムは他の重要な目標達成を阻害するといった点から組織を説得することが必要であることが示唆される。これらの説得方法は互いに独立なものではない。つまり，もしもテロリズムが組織目標のための唯一の手段なのであれば，それが他の（より重要でない）目標を害するものであったとしても，組織にそれを放棄するよう説得することは困難であろう。

しかしながら，テロ以外の方法が実行可能に思われる場合があり，それが強調されることもある。たとえば，2005年，テロ以外の方法，つまり和平プロセスの再開を通してイスラエルの占領を終わらせるという立場を代表するマームド・アッバスがパレスチナ自治政府の大統領に選出された後，自爆攻撃に対するパレスチナ人の支持はこの7年間を通し終始低く（Shikaki, 2005），ファタハ（Fatah）のイスラエルに対する攻撃はほとんどなくなった。

多重効果　テロリズムは，組織イデオロギーの目標を追求するという当初の狙いだけでなく，敵が苦しむのを見るという感情的充足を与えるものでもある。その意味で，テロリズムは「多重効果」手段であり，そのことが当該手段の魅力を高める（Kruglanski et al., 2005）。したがって，「民族プロファイリング」のような政策，対テロリスト作戦で生じる「巻き添え被害」などは，報復目標を強めるなど裏目に出る可能性がある（Atran, 2003）。イスラエル軍による「暗殺行為」は「テロリスト潜在兵士数（terrorist stock）[7]」の補給を増やしているが，ある最近の研究は，それはおそらくテロリズムの魅力が高まったせいであることを示唆している。対照的に，挑発的でないようなやり方でテロリストを逮捕することは「テロリスト潜在兵士数」とテロ発生を低減するようである（Kaplan et al., 2005）。

代替目的　組織にテロリズムを思いとどまらせる方法に，テロリズムと両立しない他の目標を再燃させるというものがあるであろう。テロリズムを行なう多くの組織は，外敵と戦うという目標以外に，それぞれのコミュニティ内で勢力と影響力を得るとい

う政治的目的をもっている。たとえば，アイルランドにおいて，シン・フェイン党や他の民兵組織が徐々に政治参加するようになると，彼らの暴力的活動は減少した（Fitzduff, 2002）。一般的にみて，代替目標を活性化し，それがテロリズムと両立しないことを強調することは，組織がテロリズムに訴える傾向を低減する上で重要な方法である。

テロ使用者の手段・目標による分類　テロリズム「手段」理論からすると，テロ組織を，テロ手段への傾倒とそれによって実現されると信じる目標の観点から分類することが可能である。使用者は，テロリズムが与える勢力の感覚や暴力の魅力といった内在的特徴のためにこれに傾倒することがある。この例は，空想的終末思想イスラム集団である（Gunaratna, 2002）。このような組織にテロリズムを放棄させるには完全に組織を崩壊させるしかないだろう。

　テロリズムが利用可能な複数の手段の1つであるような集団に関しては，状況はいくらか異なる。先述のように，ハマス，ヒズボラ，シン・フェイン党などの組織は躊躇せずテロを用いるが，一方で，必要があれば他の手段（外交，メディア，キャンペーン）にも訴えるし，他のさまざまの政治的あるいは社会的目標ももっている。したがって，彼らは，それが目標達成に最も有益と思われる場合には，テロの使用を思いとどまるであろう。

　要約すると，組織によってテロリズムを放棄する可能性は異なると思われる。交渉によって他の目標や手段への移行をうながす方法は，全面的かつ無条件にテロにのみ固執する行為者たちには役立たないかもしれないが，他の目標を重視するようなテロリスト集団には効果があるかもしれない。

結　論

　心理的要因は，個人，集団，組織の3レベルの分析すべてにおいて，テロリズムに重要な役割を果たしている。本章ではこれらの要因のカテゴリーを個別に扱ったが，現実にはそれらは不可分に絡み合っている。個人の信念や態度形成のプロセスは，テロリストの大義を支持する程度を決定し，そのことは組織の政治的基盤と，究極的にはその勢力に影響を及ぼす。翻って，組織の勢力は信頼される「知の権威者」としての地位を高め，それによって新たな志願者を魅きつける力をもつようになる。

　テロリズムの心理学的要因を理解することは，効果的な対テロ戦略にも示唆を与える。しかし，この点では十分な注意が必要である。なぜなら，ある分析レベルで望ましいと思われる対テロ活動が，他のレベルからみると有害となる可能性があるからで

ある。たとえば，脆弱な組織を標的とした武力行使はその組織の活動能力を奪うかもしれないが，同時に，これによって被害を受けたコミュニティの怒りを喚起し，人々のテロリストに対する支持を強め，またテロリストのイデオロギーに対する受容性を強めてしまうかもしれない。テロ組織との交渉は，彼らの目的を達成する他の手段が存在することを伝え，これによってテロ攻撃の傾向を弱めることができるかもしれない。しかし一方で，交渉はテロが効果的な戦術であることを教え，将来におけるその使用を促進してしまう可能性もある。心理学をテロ対策に応用する場合，これらのトレードオフやパラドックスに配慮することが重要である。

テロリズムが激しい集団間紛争を背景に生じることにも注意が必要である。平和的な紛争解決——常に，テロ対策として明確に意図されるわけではないが——はテロの減少を導くであろう。交渉の間にもテロ組織がテロを行ない，「交渉を台なしにする者」としてふるまうことはあるが（Kydd & Walter, 2006; Stedman, 1997），最終的な合意が達成されれば，それはおそらく双方の不満を相互に受容可能な方法で処理し，これによってテロリズムを正当化するイデオロギーの中核要素を弱体化させるであろう。さらに，平和維持が社会の中心的目標となり，テロリズムがこれにとって有害なものとみなされるようになれば，テロはもはや，集団目標のための自己犠牲を通して人生の意味を獲得する手段ではなくなる。まとめると，集団間紛争とテロリズムの根底にある心理プロセスは相互に関連している。それゆえ，心理学に基づくテロ対策の取り組みにおいては，本章で概説したような，集団間紛争において作動するさまざまな心理的プロセスを考慮する必要がある。

原注
　★1：特に，自爆テロといった一見理解不可能な現象の動機に関して（Kruglanski et al., 2009）。
　★2：「スリランカの軍事キャンペーンにおけるLTTEの指導者」イギリス，ロンドンのLTTE国際事務局により1998年3月13日に公開された演説。http://www.eelamweb.com で取得可能。

訳注
　●1：テロの定義に国際的な意味はなく，どの組織をテロ組織として指定しているかは国により異なる。
　●2：少数派集団（マイノリティ）が多数派集団（マジョリティ）に影響を与え，態度変容を引き起こす現象。少数者の影響。
　●3：原語は Weathermen Underground。1970年代に存在したアメリカの極左組織。
　●4：パレスチナの解放と国家としての独立を求める思想・運動。
　●5：急進的シーア派のイスラム主義組織。反欧米，反イスラエルの立場をとっている。
　●6：テロリストに志願することを決意させてしまう，という意味。
　●7：テロの計画と実行に利用可能なテロリストの人数。Kaplanら（2005）はテロの企てを潜在兵士数の関数として概念化している。潜在兵力そのものは直接観察することは不可能だが，暗殺や逮捕，実行前の阻止，また自爆テロ実行による潜在兵士の減少と，実行された

り未遂に終わったりしたテロの件数は観察可能である。それゆえ，さまざまな要因による兵士減少数とテロおよびテロ未遂の件数から，潜在兵士数にどの程度補充がなされているかを推測することができると Kaplan ら（2005）は論じている。
- 8：アイルランド統一を掲げる，アイルランドのナショナリズム政党。

引用文献

Antonovski, A. (1987). *Unraveling the mystery of health: How people manage stress and stay well.* San Francisco: Jossey-Bass.
Arndt, J., Greenberg, J., Solomon, S., Pyszczynski, T., & Simon, L. (1997). Suppression, accessibility of death-related thoughts, and cultural worldview defense: Exploring the psychodynamics of terror management. *Journal of Personality and Social Psychology,* **73**, 5–18.
Atran, S. (2003). Genesis of sucide terrorism. *Science,* **299**, 1534-1539.
Atran, S. (2004). Mishandling suicide terrorism. *The Washington Quarterly,* **27**, 67-90.
Atran, S. (2006). The moral logic and growth of suicide terrorism. *The Washington Quarterly,* **29**, 127-147.
Bandura, A. (1990). Mechanisms of moral disengagement. In W. Reich (Ed.), *Origins of terrorism: Psychologies, ideologies, theologies, states of mind.* (pp. 161-191). Cambridge: Cambridge University Press.
Bar-Tal, D. (1990). Causes and consequences of delegitimization: Models of conflict and ethnocentrism. *Journal of Social Issues,* **46**, 65-81.
Bar-Tal, D. (1998). Societal beliefs in times of intractable conflict: The Israeli case. *Interpersonal Journal of Conflict Management,* **9**, 22-50.
Bar-Tal, D. (2000). *Shared beliefs in a society: Social psychological analysis.* Thousand Oaks, CA: Sage.
Bar-Tal, D. (2007). Sociopsychological foundations of intractable conflicts. *American Behavioral Scientist,* **50**, 1430-1453.
Bar-Tal, D., & Staub, E. (Eds.). (1997). *Patriotism in the life of individuals and nations.* Chicago: Nelson-Hall.
Bergen, P., & Pandey, S. (2005, June 14). The madrassa myth. *The New York Times,* p. A23.
Berman, E., & Laitin, D. D. (2008). Religion, terrorism and public goods: Testing the club model. *Journal of Public Economics,* **92**, 1942-1967.
Berrebi, C. (2003). *Evidence about the link between education, poverty, and terrorism among Palestinians.* Princeton University Industrial Relations Section Working Paper #477.
Bloom, M. (2005). *Dying to kill: The allure of suicide terrorism.* New York: Columbia University Press.
Brophy-Baermann, B., & Conybeare, J. A. C. (1994). Retaliating against terrorism: Rational expectations and the optimality of rules versus discretion. *American Journal of Political Science,* **38**, 196-210.
Carr, C. (2002). *The lessons of terror: A history of warfare against civilians.* New York: Random House.
Castano, E., & Dechesne, M. (2005). On defeating death: Group reification and social identifications as strategies for transcendence. *European Review of Social Psychology,* **16**, 221-255.
CBS News. (2007). http://www.cbsnews.com/stories/2007/03/02/60minutes/main2531546.shtml
Chaiken, S., Lieberman, A., & Eagly, A. (1989). Heuristic and systematic information processing

within and beyond the persuasion context. In J. S. Uleman & J. A. Bargh (Eds.), *Unintended thought* (pp.212-252). New York: Guilford Press.

Coolsaet, R. (2005). *Between al-Andalus and a failing integration: Europe's pursuit of a long-term counterterrorism strategy in the post-al Qaeda era.* Egmont paper 5. Brussels: Royal Institute for International Relations (IRRI-KIB).

Cordesman, A. H. (2006). *Preliminary "lessons" of the Israeli-Hezbollah war.* Center for Strategic and International Studies.

Crenshaw, M. (1990). Questions to be answered, research to be done, knowledge to be applied. In W. Reich (Ed.), *Origins of terrorism: Psychology, ideologies, theologies, states of mind* (pp.247-260). Wahington, DC: Woodrow Wilson Center Press.

Crenshaw, M. (2007). Explaining suicide terrorism: A review essay. *Security Studies,* **16**, 133-162.

DeNardo, J. (1985). *The amateur strategist: Intuitive deterrence theories and the politics of the nuclear arms race.* Cambridge, England: Cambridge University Press.

Durlak, J. A. (1972). Relationship between individual attitudes toward life and death. *Journal of Consulting and Clinical Psychology,* **38**, 463.

Fitzduff, M. (2002). *Beyond violence: Conflict resolution process in Northern Ireland.* Tokyo, Japan: United Nations University Press.

Frankl, V. E. (1963). *Man's search for meaning.* New York: Washington Square Press.

Frankl, V. E. (2000). *Man's search for ultimate meaning.* New York: Basic Books.

Friedkin, N. E. (2005). The interpersonal influence systems and organized suicides of death cults. In E. M. Meyersson-Milgrom (Chair), Workshop on *Suicide Missions and the Market for Martyrs, A multidisciplinary Approach.* Stanford University.

Gambetta, D. (2005). *Making sense of suicide missions.* Oxford: Oxford University Press.

Ganor, B. (2005). *The counter-terrorism puzzle: A guide for decision makers.* Herzliya, Israel: The interdisciplinary Center for Herzliya Projects.

Greenberg, J., Koole, S., & Pyszczynski, T. (Eds.) (2004). *Handbook of experimental existential psychology.* New York: Guilford Press.

Greenberg, J., Solomon, S., & Pyszczynski, T. (1997). Terror management theory of self-esteem and cultural worldviews: Empirical assessment and conceptual refinements. In M. P. Zanna (Ed.), *Advances in experimental social psychology* (Vol. 30, pp. 61-139). New York: Academic Press.

Gunaratna, R. (2002). *Inside Al Qaeda: Global network of terror.* New York; Columbia University Press.

Gunaratna, R. (2007). Ideology in terrorism and counter terrorism: Lessons from Al Qaeda. In A. Aldis & G. P. Herd (Eds.), *The ideological war on terror: Worldwide strategies for counter-terrorism.* New York: Routledge.

Hafez, M. M. (2006). Rationality, culture, and structure in the making of suicide bombers: A preliminary theoretical synthesis and illustrative vase study. *Studies in Conflict and Terrorism,* **29**, 165-185.

Hafez, M. M. (2007). *Manufacturing human bombs: The making of Palestinian suicide bombers.* Washington, DC: United States Institute of Peace Press.

Hardin, C. D., & Higgins, E. T. (1996). Shared reality: How social verification makes the subjective objective. In R. M. Sorrentino & E. T. Higgins (Eds.), *Handbook of motivation and cognition* (Vol. 3, pp. 28-84). New York: The Guilford Press.

Hassan, N. (2001). An arsenal of believers: Talking to the "human bombs." The New Yoker, Retrieved from: http://www.newyorker.com/archive/2001/11/19/011119fa_ Fact1 (Accessed on November 19, 2001).

Heider, F. (1958). *The psychology of interpersonal relations.* New York: Wiley. 大橋正夫（訳）対人関係の心理学　誠信書房
Horgan, J. (2003). The search for the terrorist personality. In A. Silke (Ed.), *Terrorists, victims and society: Psychological perspectives on terrorism and its consequences.* Chichester, UK: John Wiley & Sons.
Horgan, J. (2005). *The psychology of terrorism.* London, Routledge.
Iannaccone, L. R. (2005). The market for martyrs. In E. M. Meyerson-Milgrom (Chair), Workshop on *Suicide missions and the market for martyrs: A multidisciplinary approach.* Stanford University.
Jasso, G., & Meyrsson-Milgrom, E. M. (2005). Identity, social distance and Palestinian support for the road map. In E. M. Meyersson-Milgrom (Chair). Workshop on *suicide missions and the market for martyrs: A multidisciplinary approach.* Stanford University.
Jervis, R. C. (1985). Perceiving and coping with threat. In R. Jervis, R. N. Lebow, & J. G. Stein (Eds.), *Psychology and deterrence* (pp. 13-33). Baltimore: Johns Hopkins University Press.
Jones, A. (1986). *Emile Durkheim: An introduction to four major works.* Beverly Hills, CA: Sage Publications, Inc.
Jost, J. T., & Major, B. (Eds.) (2001). *The psychology of legitimacy: Emerging perspectives on ideology, justice, and intergroup relations.* New York: Cambridge University Press.
Kaplan, E., Mintz, A., Mishal, S., & Samban, C. (2005). What happened to suicide bombings in Israel? Insights from a terror stock model. *Studies in Conflict and Terrorism,* **28**, 225-235.
Katz, E. (1973). The two-step flow of communication: an up-to-date report of a hypothesis. In B. M. Enis & K. K. Cox (Eds.), *Marketing classics* (pp. 175-193). Columbus, OH: Allyn & Bacon.
Katz, E., & Lazarsfeld, P. (1955). *Personal Influence.* New York: The Free Press.
Kelman, H. C. (1997). Social-psychological dimensions of international conflict. In I. W. Zartman & J. L. Rasmussen (Eds.), *Peacemaking in international conflict: Methods and techniques* (pp. 191-237). Washington, DC: United States Institute of Peace Press.
Kepel, G. (2004). *The war for Muslim minds: Islam and the West.* Boston: Harvard University Press.
Krueger, A. B., & Laitin, D. D. (2008). Kto kogo?: A cross-country study of the origins and targets of terrorism. In P. Keefer & N. Loayza (Eds.), *Terrorism, economic development, and political openness* (pp. 148-173). Cambridge: Cambridge University Press.
Krueger, A. B., & Maleckova, J. (2002). Does poverty cause terrorism? *The New Republic,* **226**, 27-33.
Kruglanski, A. W. (2006). Inside the terrorist mind: The relevance of ideology. *Estudios de Psicologia,* **27** (3), 1-16.
Kruglanski, A. W., & Chen, X. (2009). Terrorism as a tactic of minority influence. In F. Butera & J. Levine (Eds.), *Coping with minority status: Response to exclusion and inclusion* (pp. 202-221). Cambridge: Cambridge University Press.
Kruglanski, A. W., Chen, X., Dechesne, M., Fishman, S., & Orehek, E. (2009). Fully commited: Suicide bombers' motivation and the quest for personal significance. *Political Psychology,* **30**, 331-357.
Kruglanski, A. W., & Fishman, S. (2006). The psychology of terrorism: "Syndrome" versus "tool" perspectives. *Terrorism and Political Violence,* **18**, 193-215.
Kruglanski, A. W., Raviv, A., Bar-Tal, D., Raviv, A., Sharvit, K., Ellis, S. et al. (2005). Says who? Epistemic authority effects in social judgement. In M. P. Zanna (Ed.), *Advances in experimental social psychology* (Vol. 37, pp. 346-392). New York: Academic Press.
Kruglanski, A. W., Shah, J. Y., Fishbach, A., Friedman, R., Chun, W., & Sleeth-Keppler, D. (2002).

A theory of goal systems. In M. P. Zanna (Ed.), *Advances in experimental social psychology* (Vol. 34, pp. 331-378). New York: Academic Press.

Kydd, A. H., & Walter, B. F. (2006). The strategies of terrorism. *International Security,* **31**, 49-80.

Lazarsfeld, P. F., Berelson, B., & Gaudet, H. (1944). *The people's choice; How the voter makes up his mind in a presidential campaign.* New York: Columbia University Press.

Lewin, K. (1958). Group decision and social change. In E. E. Maccoby, T. M. Newcomb, & E. L. Hartley (Eds.), *Readings in social psychology* (pp. 197-211). New York: Holt, Reinhart & Winston.

Maslow, A. H. (1943). A theory of human motivation. *Psychological Review,* **50**, 370-396.

McCauley, C. (2004). Psychological issues in understanding terrorism and the response to terrorism. In C. Stout (Ed.), *Psychology of terrorism: Coping with the continuing threat* (pp. 33-66). Westport, CT: Greenwood Publishing.

McGuire, W. J. (1961). The effectiveness of supportive and refutational defenses in immunizing and restoring beliefs against persuasion. *Sociometry,* **24**, 184-197.

McGuire, W. J. (1964). Inducing resistance to persuasion: Some contemporary approaches. In L. Berkowitz (Ed.), *Advances in experimental social psychology* (Vol. 1, pp. 191-229). New York: Academic Press.

MEMRI (2003, March 5). Special Dispatch Series-No. 476.

Merari, A. (2002). Personal communicatin, January 13.

Miller, G. D. (2007). Confronting terrorisms: Group motivation and successful state policies. *Terrorism and Political Violence,* **19**, 331-350.

Mitchell, C. R. (1981). *The structure of international conflict.* London: Macmillan.

Moghadam, A. (2003). Palestinian suicide terrorism in the Second Intifada: Motivations and organizational aspects. *Studies in Conflict and Terrorism,* **26**, 65-92.

Moos, R. H., & Schaefar, J. A. (1986). Life transitions and crises: A conceptual overview. In R. H. Moos (Ed.), *Coping with life crises: An integrated approach* (pp. 3-28). New York: Plenum Press.

Moreland, R. L., & Levine, J. M. (1982). Socialization in small groups: Temporal changes in individual-group relations. In L. Berkowitz (Ed.), In *Advances in experimental social psychology* (Vol. 15, pp. 137-193). New York: Academic Press.

Ohnuki-Tierney, E. (2006). *Kamikaze diaries: Reflections of Japanese student soldiers.* Chicago: University of Chicago Press.

Orehek, E., Fishman, S., Kruglanski, A. W., Dechesne, M., & Chen, X. (2010). *The role of individualistic and collectivistic goals in support for terrorist attacks.* Unpublished manuscript, University of Maryland.

Pape, R. A. (2003). The strategic logic of suicide terrorism. *American Political Science Review,* **97**, 343-361.

Pape, R. A. (2005). *Dying to win: The strategic logic of suicide terrorism.* New York: Random House.

Pedahzur, A. (2005). *Suicide terrorism.* England: Polity Press.

Petty, R. E., & Cacioppo, J. T. (1986). The Elaboration Likelihood Model of persuasion. In L. Berkowitz (Ed.), *Advances in experimental social psychology* (Vol. 19, pp. 123-205). New York: Academic Press.

Post, J. (2006). *The mind of the terrorist: The psychology of terrorism from IRA to Al Qaeda.* New York: Palgrave Mcmillan.

Post, J. M., Sprinzak, E., & Denny, L. M., (2003). The terrorists in their own words: Interviews with 35 incarcerated Middle Eastern terrorists. *Terrorism and Political Violence,* **15**, 171-184.

Pyszczynski, T., Abdollahi, A., Solomon, S., Greenberg, J., Cohen, F., & Weise, D. (2006). Mortality salience, martyrdom, and military might: The Great Satan versus the Axis of Evil. *Personality and Social Psychology Bulletin,* **32**, 525-537.

Reinares, F. (2001). *Patriotas de la muerte. Quines militant en ETA y por que. (Patriots of death: Who fights in the ETA and why?).* Madrid: Taurus.

Ricolfi, L. (2005). Palestinians, 1981-2003. In D. Gambetta (Ed.), *Making sense of suicide missions* (pp. 77-129). New York: Oxford University Press.

Riedel, B. (2007). Al Qaeda strikes back. *Foreign Affairs,* **86** (3), 24-70.

Rubin, J. Z., Pruitt, D. G., & Kim, S. (1994). *Social conflict: Escalation, stalemate, and settlement.* New York: McGraw-Hill.

Rummel, R. J. (1996). *Death by government.* New Brunswick, NJ: Transaction Publishers.

Sageman, M. (2004). *Understanding terror networks.* Philadelphia: University of Pennsylvania Press.

Schelling, T. C. (1960/2007). *The strategy of conflict.* Cambridge, MA: Harvard University Press.

Schmid, A. P., & Jongman, A. J. (1988). *Political terrorism.* Amsterdam: North Holland Publishing.

Shah, J. Y., Friedman, R., & Kruglanski, A. W. (2002). Forgetting all else: On the antecedents and consequences of goal shielding. *Journal of Personality and Social Psychology,* **83**, 1261-1280.

Shikaki, K. (2005). *Palestinian center for policy and survey research.* Retrieved from http://www.pcpsr.org/index.html

Silke, A. (2003). Becoming a terrorist. In A. Silke (Ed.), *Terrorists, victims, and society: Psychological perspectives on terrorism and its consequences* (pp. 29-54). Chichester, UK: John Wiley & Sons.

Spekhard, A., & Akhmedova, K. (2005). Talking to terrorists. *Journal of Psychohistory,* **33**, 125-126.

Sprinzak, E. (2001). The lone gunmen: The global war on terrorism faces a new brand of enemy. *Foreign Policy,* **127**, 72-73.

Staub, E. (1989). *The roots of evil: The origins of genocide and other group violence.* New York: Cambridge University Press.

Stedman, S. (1997). Spoiler problems in peace processes. *International Security,* **22**, 7-16.

Stern, J. (2003). *Terror in the name of God: Why religious militants kill.* New York: Harper Collins.

Taarnby, M. (2005, January 14). Research report funded by the Danish Ministry of Justice.

Taylor, S. E. (1983). Adjustment to threatening events: A theory of cognitive adoption. *American Psychologist,* **38**, 1161-1173.

Thibaut, J. W., & Kelley, H. (1959). *The social psychology of groups.* New York: Wiley.

Victoroff, J. (2005). The mind of the terrorist: A review and critique of psychological approaches. *Journal of Conflict Resolution,* **49**, 3-42.

Victroff, J. (in press). I have a dream: Terrorism as terrible group relations. *Terrorism and Political Violence.*

Weinberg, L., & Eubank, W. L. (1987). Italian women terrorists. *Terrorism: An International Journal,* **9**, 241-262.

Wilkinson, P. (2003). Why modern terrorism? Differentiating types and distinguishing ideological motivations. In C. W. Kegley, Jr. (Ed.), *The new global terrorism: Characteristics, cause, controls* (pp. 106-138.) Upper Saddle River, NJ: Prentice-Hall.

Worchel, S. (1999). *Written in blood: Ethnic identity and the struggle for human harmony.* New York: Worth.

第9章

紛争解決における社会心理的障碍

Daniel Bar-Tal and Eran Halperin

　領土，天然資源，パワー，経済的富，主権，基本的価値をめぐる集団間紛争は世界中のさまざまな地域で現実に存在する。その中心的問題は両立不可能な目標と，それぞれの集団が異なる領域に関心をもつことによる不一致であり，紛争解決においてはこうした現実的問題を扱わなければならない。しかし，よく知られているように，こうした不一致が解決可能であるのは，紛争を促進し維持する他のさまざまな影響要因がない場合である。単純な不一致の場合ですら背後で働いているそうした影響要因は，紛争を平和的に解決する歩みを抑制し妨害するものとなる。それらは交渉の開始，その遂行，合意達成，最後の和解プロセスにいたるまで，大きな障碍として立ちはだかる。これらの障碍となる要因は，紛争に巻き込まれている集団のリーダーだけでなく，その成員たちにもみられる。

　本章では，平和構築に対して重大な妨害要因として働く社会心理的障碍に焦点を当てる（Arrow et al., 1999; Bar-Siman-Tov, 1995; Ross & Ward, 1995）。第1節では，社会心理的障碍に対する多様なアプローチをレビューする。第2節では，さまざまな観点や視点を統合した社会心理的障碍の一般モデルを紹介する。そこでは交渉を停滞させる原因について考察し，構造的，動機的，感情的，状況的要因に焦点を当てる。第3節では，紛争状況において，選択的でかたよった情報処理から生じる社会心理的障碍の働きを説明し，最終的にいくつかの結論を述べる。

紛争解決における社会心理的障碍：従来のアプローチ

　社会心理的障碍に関する文献レビューをすると，そこには少なくとも4つの相互補完的な方向性がみられる。第1は紛争継続を促進する社会的信念（societal belief）[*1] の内容に焦点を当てたものである。Kelman (1987) は，ゼロ-サム関係知覚，他集団アイデンティティの軽視，相手を過度にネガティブで融通性に欠けると知覚すること（そ

して不当な者として定義すること）などが，交渉の成功をもたらすあらゆる試みを遅滞させると述べている。事実，深刻で長期的な紛争に関する主要研究のすべてにおいて，この内容アプローチ（content approach）を見いだすことができる。しかし，障碍として働く信念のリストは膨大なものである。すでに知られているもののほかにも，自己の道徳的美化，自己のパワー過信，被害者意識，強い愛国主義，脆弱さ，無力感などに関連した信念がある（Bar-Tal, 1998; Coleman, 2003; 最近の研究として Eidelson & Eidelson, 2003; Kelman, 1965; 初期の研究として White, 1970；第 2 章参照）。

　紛争解決の最も大きな障碍として頻繁にあげられる，別の重要な心理現象は集団間不信である（Kelman, 2005; Kramer & Carnevale, 2001; Kydd, 2005）。解決可能性を妨害する不信の重要性は，敵対者の将来行動に対する期待にネガティブな影響を与える点にある（Yamagishi & Yamagishi, 1994）。このため，人々は交渉のリスクを避けて，紛争継続を支持するようになる（Larsen, 1997; Lewicki, 2006）。これはおもに，対立の歴史に根差す裏切りへの恐れから生じる。不信には感情的側面もあるが，おもな影響は対立者知覚と行動期待などにみられるので，信念内容に基づく障碍（content-based barriers）リストに分類されるべきものである。

　社会心理的障碍に関する別の視点は，スタンフォード国際紛争・交渉研究センターにおける Ross とその同僚による重要な一連の研究にみられる（Maoz et al., 2002）。彼らは交渉に対する主要な障碍として，認知的および動機的プロセスに焦点を当てている。彼らの観点からすると，社会心理的障碍とは「譲歩に関する相互利益的交換を妨害し，交渉によって解決可能と思われる紛争を解決困難なものへと変えてしまう認知的，動機的プロセス」である（Ross & Ward, 1995, p.254）。これらの障碍は「人間が情報を処理し，危険を評価し，優先順位を設け，損得感を経験するプロセスを左右する」(p.263)。楽観的過信（交渉が失敗しているのに有利な結果が達成できるとする過大評価：Kahneman & Tversky, 1995），逸脱的解釈（紛争当事者たちが所与の情報を過大視し，事象に対して誤った解釈をすること：Ross & Ward, 1995）といった例はほんの一部である。内容に基づく障碍は長期的・持続的心理現象を表わすが，一方，Ross たちの視点は，個々の新事象や新情報に対する反応を生み出す「オンライン」プロセスに焦点を当てたものである。しかし，興味深いことに，これら 2 つの視点を統合しようという実証研究は稀である。

　選択的で，偏向し，歪曲された情報をもたらす顕著な社会心理的障碍の別の例は，多くの紛争の背後にある感情的・動機的要因に焦点を当てた理論にみられる（詳細な全体的議論は第 3 章を参照のこと。恐怖の役割に関する特に有益な研究は Bar-Tal, 2001; Lake & Rothchild, 1998; 嫌悪については Baumeister & Butz, 2005; Halperin, 2008a, 2008b, White, 1984）。この方向の紛争解決研究は，社会心理学が純粋な認知研究から統合的研究へと発展する中で生まれたものである（de Rivera & Paez, 2007;

Lerner et al., 2003)。最も重要なことは,この分野の研究の進展を通して,バイアス的情報処理と平和的解決妨害の両方に関して,感情が独自の影響を与えることが明らかになったことである (Brown et al., 2008; Cheung-Blunden & Blunden, 2008; Halperin, 2008b)。

これらの文献を検討した結果,紛争研究者たちは障碍の一側面だけを検討する傾向があり,パズルの個々のパーツを統合する試みは少ないことが判明した。それゆえ,本章では,異なる視点を結びつける統合的アプローチによって,社会心理的障碍の働きを説明する統合モデルを提唱したい。

統合的アプローチ

ここで提案するアプローチは,相互作用的影響をもつ多くの社会心理的要素を統合したもので,それは概念的プロセス・モデルとして表現される(図9.1参照)。集団成員は信念,価値,態度,感情を共有しているので,この概念モデルは個人レベルと同様,集合レベルの分析にもあてはまる (Bar-Tal, 2000; 第3章参照)。加えて,深刻な紛争にみられる集団同一化には,障碍の利用に関しても成員間の類似性を強める性質

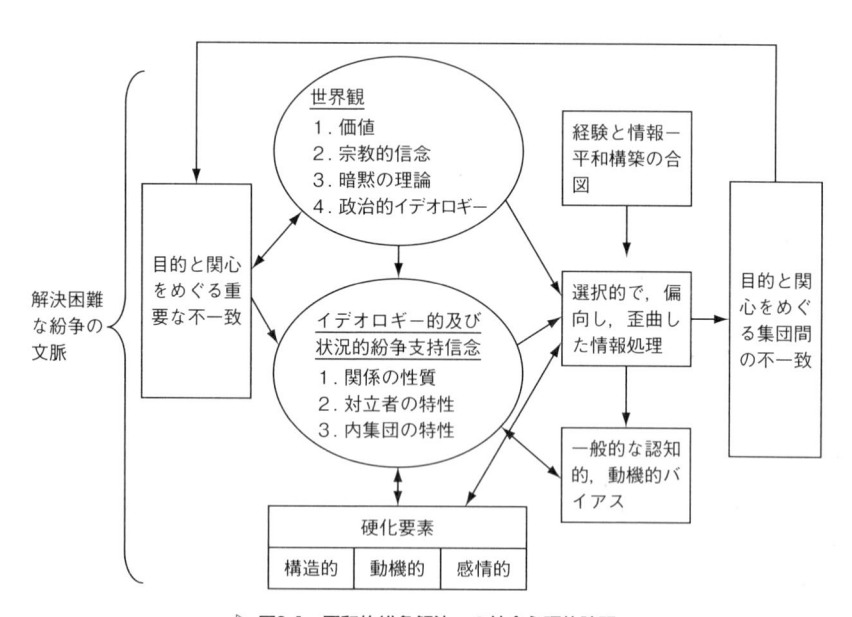

▷ 図9.1 平和的紛争解決への社会心理的障碍

がある（第5章）。

　詳しく説明するにあたって，他の社会心理学分野において広く議論されてきた事柄も多いので，ここでは比較的独自な部分に焦点を当てることにする。

　この理論においてわれわれは，解決困難な紛争状況に含まれる社会心理的障碍に焦点を当てるが，そうした状況というのは，存在にかかわる目標と関心に関して2者（以上）の当事者間に大きな不一致があり，また長期にわたる深刻な暴力的集団対立が存在する状況である（Bar-Tal, 1998; Coleman, 2006）。最近，Bar-Talら（2010）は，イスラエル人とパレスチナ人の代表者同士の交渉が手詰まり状態に陥った状況に焦点を当て，ユダヤ系イスラエル人の側にみられる社会心理的障碍の働きを分析するためにこの統合モデルを適用した。

　大きな不一致は紛争の顕著な原因だが，社会心理的なものを含むさまざまな障碍の発生とその作用によって，不一致状態が解決されず紛争は長期化する。社会心理的障碍は認知的，感情的，動機的プロセスの統合的作用によって生じるもので，それは選択的で偏向と歪曲のある情報処理をもたらす既存の硬直的紛争支持的信念，世界観，感情と結びついている。このプロセスは，和平プロセスを促進させる新情報の取り入れを妨害し抑制する。そこで，われわれはこのモデルに関して，まず，イデオロギーあるいは状況から生み出される紛争支持的信念について述べることとする。

■ イデオロギー的および状況的紛争支持信念

　不一致の背後にあり，それを維持し拡大する社会心理的障碍の核心にあるものは，対決をうながすことから紛争支持信念とよばれる社会的信念である。それらの信念には，イデオロギー的紛争支持信念（ideological conflict supporting beliefs）と状況的紛争支持的信念（circumstantial conflict supporting beliefs）という2つのカテゴリーがある。イデオロギー的紛争支持信念は，解決困難な紛争に巻き込まれている社会成員に対して，自分たちの生きる世界を体制化し理解することを可能にし，また，その世界を維持したり変更したりすることを目指す行動をうながす安定した概念的枠組みを提供する（Bar-Tal et al., 2009；第6章参照）。それらは特定の条件において生じる特定の問題や不一致を扱うのではなく，紛争を展望する際のプリズムとして機能する社会的信念と，これを含む全般的イデオロギーのシステムである。それらは紛争継続を非常に強く促進する，少なくとも3つの主要テーマと関連がある。第1に，それらは紛争を「ゼロ-サム・ゲーム」として描き，紛争の開始，激化，継続（すなわち，これら紛争の本質）を正当化し，それに積極的に参加するよう社会成員を動員する。第2に，それらは紛争の発生と持続に関する責任のすべてを敵対者に押しつけ（すなわち，敵対者の本質），彼らを非合法的存在と位置づける。第3に，それらは内集団を自己栄光化によってポジティブにイメージ化する一方，それを紛争の完全なる被害

者（すなわち，内集団の本質）として提示する。しばしばこれらは，解決困難な紛争の中で経験される激しい暴力とストレス状況に適応するため，成員の間で形成される集合的記憶[*4]や紛争エートス[*5]を反映している（Bar-Tal, 2007b）。これらが生じるイデオロギー的紛争支持信念のテーマは，白か黒かといった一面的で単純化された状況認知をもたらす。それらは紛争の年月の中で多くの課題と直面した人々がその中で形成したもので，彼らが紛争という過酷な状況に適応することを支援する働きをもつとともに，個人レベル，集合レベル両方においてその社会的欲求を満たすものである（Bar-Tal, 2007a; Sharvit, 2008）。

しかし，われわれは同時に，支持信念群の中には，紛争のある特別な条件の中で生じる別の信念があることを認識しなければならない。ある特定の状況で発生し，その後消滅するこれらの信念をわれわれは状況的紛争支持信念とよぶことにする（たとえば，敵対集団の指導者は力が弱いので，和平合意を実行することはできないであろうと知覚することなど）。それにもかかわらず，あらゆる支持信念は不信，敵意，脅威の感覚を生み出す。それらは紛争継続の認識基盤となることによって障碍として姿を現わすのである。

■ 一般的世界観

さらに，これらの紛争支持信念は，しばしば紛争には直接の関連をもたない全体的世界観を反映し，それによって強められる場合がある。特定の紛争に関連をもってはいないが，強調される観点，規範，価値のために紛争継続をうながす一般的世界観信念がある。そのリストは長大なものとなるが，代表的なものは，政治的イデオロギー（権威主義や保守主義）（Adorno et al., 1950; Altemeyer, 1981; Jost, 2006; Sidanius & Pratto, 1999），パワーや保守主義と関連した特定信念（Schwartz, 1992），宗教的信念（Kimball, 2002），人間の本性に関する実体性理論（Dweck, 1999）などがあげられる。これらすべての世界観は，社会成員が紛争での不一致をどのように知覚するか，また紛争，敵対者，自集団それぞれの性質に関する信念をどのように形成するかに影響を与える（Dweck & Ehrlinger, 2006; Golec & Federico, 2004; Jost et al., 2003; Maoz & Eidelson, 2007; Sibley & Duckitt, 2008）。結論として，ここで述べたような2種類の信念（すなわち，紛争支持信念と一般的世界観信念）は，人々が紛争の現実を知覚し解釈するためのプリズムになるのである。

■ 硬化要因

紛争支持信念の内容そのものはじつはあまり重要ではない。理論的にはそれらは容易に変化しうるものかもしれないが，障碍としての機能の本質はその硬化作用（freezing）にある（Kruglanski, 2004; Kruglanski & Webster, 1996）。紛争支持信念

を頑強なものに変える硬化プロセスは構造的，動機的，感情的要因によって促進される。頑強ということは，その社会的信念が変化に抵抗を示し，別の信念とは顕著に異なるものとして単純化され，一貫性をもって体制化されていることを意味する（Rokeach, 1960; Tetlock, 1989）。紛争を支持する社会的信念の内容は容易には変化せず，平和的解決のために非常に説得力のある代替案が提示されてもなお維持されるという事実からみて，それはさまざまな障碍の本質的基盤を構成するものである。ここではそれぞれの要因を示そう。

構造的要因　硬化をもたらす第1の要因は構造的なものであり，それは頑強な紛争支持信念の頑強な構造と関係がある。この頑強な構造の原因は数多くあり，それらは以下のようなものである。

【機能性】　第1の原因は，すでに述べた社会的信念の機能と関係がある。つまりそれらは，激しい紛争に巻き込まれている社会，とりわけ解決困難な紛争段階にある社会において，個人レベル，集団レベルの双方で重要な機能を果たす。アイデンティティ，安全，承認，自律性，自尊心，差異化，正義等への欲求（Bar-Tal, 2007a; Burton, 1990; Kelman & Fisher, 2003; Staub & Bar-Tal, 2003）に対しては特にそうである。人間の諸欲求を満たしている態度，信念，感情を変えるのが困難であることからみて，頑強さには機能性が含まれている（Eagly & Chaiken, 1993, 1998）。Kruglanski（2004）は，社会成員には「もしも，既有知識が自分たちの欲求と一致しているならば，その知識を硬化させる」（pp.17-18）傾向があると主張した。われわれの場合，形成されたレパートリーは，解決困難な紛争から生じる諸課題への対処を可能にする。それは剥奪された欲求の充足を助け，ストレスとその処理を促進し，長年にわたる紛争の間，敵への抵抗を可能にする（Bar-Tal, 2007a）。さまざまな欲求の中でも，特にそれは紛争状況を理解するという認識機能を果たし，暴力や破壊を含め，内集団による敵に対する非道徳行為を正当化する道徳的機能を提供し，ポジティブなアイデンティティ，差別化の感覚と優越感の維持を可能にし，脅威の本質とそれを克服する条件を明確にすることで安全欲求を満たし，そして，大義のための連帯，動員，行動を動機づける。これらの主要機能は社会成員にとって重要であり，それゆえ彼らにとって有用なこうしたレパートリーは，変化の働きかけに抵抗する性質をもっている。

【構造的相互関係】　紛争支持信念が頑強である他の理由として，紛争イデオロギーの一種といえる首尾一貫した相互関連構造があげられる（Bar-Tal et al., 2009; Tetlock, 1989；第6章参照）。イデオロギーとは現実の知覚と行動を誘導する，体系的に構成された信念の閉鎖システムと考えられる（van Dijk, 1998）。このため，相互関連構造は情報とその処理における開放性を低下させる。同様にEaglyとChaiken（1993, 1998）は，相互関連したシステム内に信念と態度が埋め込まれていることは，それら

の間に依存と支持関係があり，変化に対する抵抗が生まれると主張した（Rokeach, 1960）。ある信念や態度を変えるためには他の信念や態度をも変える必要がある。それゆえ，イデオロギーをもつ人の思考モードは（それをもたない人と比較して，相対的に），なじみのあるものに対する執着，情報探索における選択性，そして偏向し，単純化されたステレオタイプ的思考といった特徴をもっている（Feldman, 2003; Jost, 2006; Jost et al., 2003）。

【レパートリーの特徴】　加えて，紛争支持信念の頑強さは，その特徴の中にある。それらは中心的で，強い確信を伴い，社会成員を巻き込んでいる（Eagly & Cheiken, 1993）。中心的（あるいは重要な）とは，その信念と態度が認知的にアクセス容易であり，さまざまな決定に関与するという意味である（Bar-Tal et al., 1994; Krosnick, 1989）。多くの研究が，中心的な信念と態度ほど変化に対して抵抗することを示している（Fazio, 1995）。また正当で真実であると見なされる信念は，仮説や可能性に過ぎないと見なされる信念よりも変化しにくい傾向がある（Kruglanski, 1989）。確信性や確実性の度合いが強ければ強いほど，信念や態度は変化に強く抵抗し，長時間にわたって同じ状態を維持する傾向が多くの研究によって見いだされている（Bassili, 1996; Petrocelli et al., 2007）。加えて，自我関与している信念や態度に対しては，それが重要な価値や欲求と結びついているために，強い執着が生じやすいことが示唆されている。われわれは，過酷で長期化した紛争の中で形成され，社会心理的機能をもつ信念，態度，感情は，多くの深刻な紛争事例において中心的で，真実と考えられ，自我関与しているであろうと考えている。解決困難な紛争状態にあるユダヤ系イスラエル人社会に関して最近行なわれた精緻な分析は，この考え方を明瞭に支持している（Bar-Tal, 2007b）。

動機的要因　認識の素人論に従ってわれわれは，硬化とは，完結欲求という動機的要因によって既存知識が強化されること（Kruglanski, 1989, 2004），すなわち社会成員は既存知識がさまざまな欲求を満たすがゆえに，それを信頼し妥当なものとしてみるよう動機づけられる（Burton, 1990）という事実から硬化が生じると主張する。それゆえ社会成員は，既存知識に一致した結論にいたる可能性を高めるためにさまざまの認知的戦略を用いるのである（Kunda, 1990）。

感情的要因　硬化の程度に影響する第3の要因は感情的要因である。感情はレパートリーを硬化させ，紛争支持信念を強固にするが，それらは情報処理にも直接に影響を与えるであろう。集団間のネガティブな心情は平和的紛争解決が難航する際，重要な役割を果たしていることが見いだされている（Baumeister & Butz, 2005; Corradi et al., 1992; Halperin, 2008a, 2008b; Scheff & Retzinger, 1991; Staub, 2005; White, 1984;

第 3 章も参照）。こうした感情は社会成員に共有されているものである。Averill (1994) は10年以上前に「感情経験（emotional feelings）は，われわれが自分自身の行動をガイドし説明するための物語である」(p.385) と述べた。高い安定性と変化への抵抗力によって特徴づけられる（Abelson & Prentice, 1989）これらの感情的物語は，接着剤として紛争支持信念同士を結びつける働きがあるとわれわれは考えている。

支持内容を安定化させる持続的感情状態は，広く受け入れられている古典的な感情概念，すなわち，特定事象に対する短期的反応としての心理的状態（Frijda, 1986）とは性質が異なる。これらの心情は古典的感情概念のもつすべての特徴をもっているが，より長期間持続するものなので，しばしば慢性的感情とも定義される（Arnold, 1960; Lazarus, 1994）。それらは対象や事象に向けられた一般的なムードとも異なる（Frijda, 1986）。持続的，長期的感情は研究者によってさまざまに定義されてきた。有名なものとしては，「感情風土（emotional climate）」(de Rivera, 1992) と「集合的感情志向性（collective emotional orientation）」(Bar-Tal et al., 2007) があげられる。これら２つ（あるいは，それ以上）の概念の間には違いがあるにもかかわらず，いずれもネガティブな感情状態は紛争文化の一部となり（de Rivera & Peaz, 2007），紛争関連の長期的社会的信念と継続的に相互作用する。

感傷と紛争支持的信念とをつなぐものは，感情の評価的成分である。感情は感情刺激に対する（意識的あるいは非意識的な）評価の独自な組み合わせと結びついている（Roseman, 1984）。つまり，感情と信念は密接な関係にあり，互いに強化しあっている。10年前 Lerner と Keltner (2000) は，感情は，その感情を喚起した中心的評価次元に沿って将来の出来事を評価しようとする認知傾向を活性化させると主張した（Lerner et al., 2003）。この評価傾向という考え方はわれわれの議論にとって非常に重要である。なぜなら，敵対者が示した好意的な行為や発言が，ネガティブな持続的感傷のせいでネガティブに評価されるかもしれず，また，それはすでに非常にネガティブになっている紛争エートスをいっそう強める可能性があるからである。たとえば，状況の脅威評価や低コントロールの評価と関連する恐怖の心情（Lazarus, 1991）は，発言や行為を同じパターンで評価する傾向を生み出す（Jarymowicz & Bar-Tal, 2006）。その結果，この評価は被害者意識，被包囲意識，不信といった既存の信念内容を強化するであろう。憎悪の心情は，敵対者の危害意図の評価，その集団と成員に対する邪悪な品性の評価を含んでいるが（Halperin, 2008b），それは敵対者を完全に非合法化して，ポジティブな自集団イメージを損なうことなく，彼らに対して激しい攻撃を加えることを可能にするであろう。

脅威的文脈　最後に，社会心理的レパートリーの硬化は，社会成員が生きているストレスと脅威に満ちた紛争文脈から生じる。ストレスと脅威を含んだ社会的状況は，完

結的で制限された情報処理をもたらす（Driskell & Salas, 1996; Staal, 2004）。実際，数多くの研究において，脅威とストレスが認知機能に与える影響の実証的証拠が示されている（Staal, 2004による広範囲にわたるレビューを参照のこと）。たとえばその効果は，意思決定の際の代替案に対する時期尚早な完結性（Keinan, 1987），代替案の数や質に関する検討の制限（Janis et al., 1983），既存の知識だけを信頼すること（Bar-Tal et al., 1999; Pally, 1955），すでに有効ではなくなった後でも以前の問題解決方法に固執すること（Staw et al., 1981），そしてスキーマやステレオタイプ化された判断の増加（Hamilton, 1982）などとなって現われるであろう。

　紛争状況に関する研究は，脅威が紛争に関する社会的信念の完結性をうながすことを見いだしたが，それは紛争の継続，暴力の行使，妥協の拒否などを意味するものである（Arian, 1995; Gordon & Arian, 2001; Halperin et al., 2008; Maoz & McCauley, 2005）。脅威とストレスの有害さについてはさまざまの説明があり，ストレスによって生じる感情的覚醒が人々の情報処理範囲を縮小させるという見方（Easterbrook, 1959）から，ストレス処理のため認知的容量が消費され，他の認知課題への配分が減少し，その結果，単純で表面的な認知方略を用いてしまうという見方（Chajut & Algom, 2003）まである。

　Mitzen（2006）によれば，脅威に満ちた紛争状況は人々に存在の安全追及をうながすが，それはアイデンティティ達成の一部として確実性と安定性を形成したいとする欲求である。この欲求は，慣れ親しんだ，信頼できる，よく訓練されたルーチンの確立によって満たされる。これらのルーチンはアイデンティティを支えるが，同時にそれは，状況とともに変化しリスクと不確実性を伴う平和構築運動を妨害することによって，紛争を長期化・永続化させる。紛争社会の成員は，紛争の長い年月の間に平和な状況というものを想像するのが困難となり，既成の思考・行動パターンを維持するだけになりがちだが，これによって彼らは，代替案を検討することなく，慣れ親しんだ紛争社会信念と行動に盲目的に従うようになる。

　要約すると，紛争支持信念の頑固さから生じる硬化は，情報処理に重大な影響を与えるので，社会心理的障碍の主要原因となる。その障碍は，情報の選択的収集，つまり解決困難な紛争に巻き込まれている社会成員が，社会的信念のレパートリーを妥当とする情報を探索して取り入れる一方で，不一致情報は無視し排除するようにうながす（Kelman, 2007; Kruglanski, 2004; Kruglanski & Webster, 1996; Kunda, 1990）。曖昧な，あるいは正反対の情報が取り入れられたときでも，それらは偏向，補填，歪曲などによって既存のレパートリーに合致するように認知的にコード化され処理される。

　さらに，社会制度やコミュニケーション・チャネルを通じて児童期初期からそのレパートリーは教え込まれるので，若い世代のほぼ全員が紛争支持信念の内容を（集合的記憶と紛争エートスとして）吸収していると仮定することができる。おそらく，児

童期の間，この世代のほとんどは紛争支持信念を正当で信頼できると考えているであろう。和平プロセスが始まりそれが進行すると，彼らの何名かは和平プロセスを生み出す代替的信念を獲得するようになる。しかし最近の印象的な知見によると，社会成員が平和構築を支持する代替信念と態度を数年かけて獲得しても，初期に学習したレパートリーは暗黙の信念・態度として心の中に蓄積され続け，彼らの心的機能に影響を与え続けている（Sharvit, 2008）。

　社会心理的障碍がもたらす結果を論じる前に，紛争支持的社会信念の頑強な構造と促進的感情だけではなく，紛争の社会心理的レパートリーを維持するよう設定された社会的メカニズムの中にそれらが存在することだけは強調しておきたい。解決困難な紛争に巻き込まれている社会では，社会成員が支配的なナラティブを受け入れ，代替情報を無視するよう多くの仕組みがつくられている。言い換えると，集合的感情，集合的記憶テーマ，紛争エートスなどを維持するだけでなく，平和構築の可能性を示唆する代替的知識を人々の間から排除し，それらが決して侵入しないようにするメカニズムを社会は構築するのである（Bar-Tal, 2007b; Horowitz, 2000; Kelman, 2007）。われわれが最も注目するメカニズムを以下に簡単に述べる（このメカニズムの詳細な説明とさまざまな紛争からの事例は，Burns-Bisogno, 1997; Miller, 1994; Morris, 2000; Wolfsfeld, 2004を参照）。

マスメディア・コントロール：メディアが政府側にコントロールされ，そこから提供された情報に人々がおもに頼っているときに生じる。コントロールされた状況の中では，政府側は支配的ナラティブに沿った情報のみを提供し，これに反する情報は提供しない。

情報検閲：政府の権力者が情報に対して検閲を行なうときに生じる。このメカニズムは矛盾する情報が，メディアやその他のチャネルに確実に現われないようにするものである。

代替情報とその情報源の非合法化：和平の可能性を示唆する代替情報が登場する可能性を抑制することである。それゆえ権力者は代替情報とその情報源を非合法化し，一般市民がその情報を拒否するよう仕向ける。

罰：支配的なナラティブと一致しない代替情報を提供する者に対してフォーマル，インフォーマルに社会的・物理的制裁を与えることである。

記録の非公開：支配的レパートリーと矛盾する可能性がある情報の提供を，長期間あるいは完全に防止することが権力者によって行なわれる。

推奨と報酬メカニズム：紛争の心理的レパートリーを支持する情報源，チャネル，行為者，制作者などに対して「人参」を使うことである。権力者は紛争レパートリーに属する情報，知識，芸術，その他それを伝達し広める作品等のさまざまな情報源に対して報酬を与え推奨するであろう。

内容に基づく障碍の帰結

　紛争の年月の間，多くの社会成員が頑固に抱いている確立された紛争支持信念は，一般的世界観とともに，社会成員が現実を解釈し，新しい情報を集め，経験を解釈し，行動の筋道を決める際のプリズムとなる。このプロセスは先述の認知構造的，動機的，感情的要因によって結晶化され，促進機能をもつようになる。その結果これらの支持的信念は，個人としての社会成員と社会全体の両方に対して，重要な認知的，感情的，行動的影響を与える。全体的レベルでは，新しい代替情報の表現，取り入れ，議論を抑えるために，選択的で偏向と歪曲のある情報処理が行なわれるが，その特徴は以下[★6]のようなものである。

1．紛争支持信念は，紛争のきざしが顕著になったときに，自動的に活性化する傾向がある（Bargh et al., 1996; Devine, 1989）。
2．紛争支持信念と一致する情報は注目され，想起されやすいが，不一致情報はしばしば無視される（Macrae et al., 1994; Stangor & McMillan, 1992）。
3．曖昧な情報は，紛争支持信念に沿って解釈される傾向がある（von Hippel et al., 1995）。
4．社会成員は自分たちの紛争支持信念を確証する情報に敏感である。言い換えると，彼らは他の情報よりも確証情報に対して選択的に注目し，それを取り入れやすい（Sweeney & Gruber, 1984; Vallone et al., 1985）。
5．社会成員は自分たちの紛争支持信念を確証する情報を積極的に探索する（Schultz-Hardt et al., 2000）。
6．社会成員は自分たちの紛争支持信念を確証する情報を批判的には検討しない（Ditto & Lopez, 1992; Edwards & Smith, 1996）。
7．社会成員は獲得した情報を，既有の紛争支持信念に合致するように解釈する傾向がある（Pfeifer & Ogloff, 1991; Rosenberg & Wolfsfeld, 1977; Shamir & Shikaki, 2002; Sommers & Ellsworth, 2000）。
8．社会成員は自己の紛争支持信念を，新情報を体制化するための枠組みとして用いる傾向がある（Feldman, 1988）。
9．社会成員は自分たちの紛争支持信念を紛争の帰属，評価，判断，意思決定に用いる傾向がある（Bartels, 2002; Sibley et al., 2008; Skitka et al., 2002）。
10．社会成員は自分たちの紛争支持信念に基づいて，出来事，敵対者と他集団の行動，紛争関連経験を予期する傾向がある（Darley & Gross, 1983; Hamilton et al., 1990）。

11. 社会成員は紛争支持信念によって行動を誘導される傾向がある（Jost, 2006）。

　上記の心理的機能は，紛争状況下での情報処理が障碍のせいでトップダウン型の特徴をもつことを示唆している。このプロセスは，紛争支持信念と一致する内容から強い影響を受けるが，不一致情報の内容からはあまり影響を受けない。すなわち，深刻な紛争の中で，「頑固な」傾向と視野狭窄を特徴とする社会心理的障碍が形成され，不一致情報や紛争に対する別のアプローチについて考えることを不可能にする。それらはしばしば，平和構築プロセスを推進するアイデアについて考えることさえも妨害する。

　この視点からみて，人間であればどんな状況でも，新情報と新経験の処理が認知的・動機的バイアスによって影響されるということを述べるのは重要である。社会心理学はその機能を紹介するだけではなく，そのメカニズムの解明にも大きな貢献をしてきた。メカニズムには，認知的ヒューリスティックス，自動的認知処理，自我高揚動機などが含まれている（Bargh, 2007; Jarymowicz, 2008; Kunda, 1990; Nisbett & Ross, 1980）。紛争状態にある集団間状況は，紛争支持信念を伴うことによって，バイアスを生み出す究極のプラットフォームを提供していると仮定することができる（Ross & Ward, 1995）。興味深いことに，これらのバイアスが今度は紛争継続を支持する社会的信念の頑強さと安定性をさらに強化するのである。

　紛争社会の成員の情報処理に対して紛争支持信念が与える効果を示すとか，内容に基づく障碍の機能を扱っている研究は，現時点ではほとんどない（Bar-Tal et al., 2009）。特記すべき例外は，大規模なイスラエル・ユダヤ人サンプルを用いた相関分析によって，ここで説明した情報処理モデルの妥当性を検証しようと試みた最近の研究である（Halperin & Bar-Tal, 2010）。この社会調査では，このモデルに含まれる潜在的な社会心理的障碍の表われを測定する尺度が用いられている。それは，①一般的世界観（価値，集団に関する潜在的理論，権威主義的傾向，政治的志向性），②さまざまの長期的信念（内集団の集合的被害に関する自己知覚と敵対集団の非合法化）と紛争の現状に関する状況的信念からなる紛争支持信念，③ネガティブな持続的感情，などである。従属変数（すなわち障碍の結果）として，紛争関連情報に対する開放性と和平のための妥協を支持する程度が測定された。分析結果は，基本的に理論モデルが予測するパターンを確証した。一般的世界観は紛争関連情報に対する開放性と妥協に対する支持に影響を与えており，しかもその大部分は紛争支持信念とネガティブな長期的感情によって媒介されていた。

　対照的に，多くの研究では紛争状況での情報処理における選択性，偏向，歪曲の効果を単に示しているだけで，紛争に関して集団がもっている心理的レパートリーにはまったく言及していない。これらの研究では，以前から知られていたバイアスを紛争

領域に応用したり，紛争にかかわる新しいバイアスを明らかにしたりしてきた。これらのバイアスは紛争の結果生じたもの，あるいは障碍そのものとして論じられてきた。いくつかの研究では，個人の政治的立場を回帰式に投入したが，ほとんどの場合，それは現在の態度に対するバイアス効果の調整変数として用いられた。つまり，明記されていないし，また実証的に検討もされもいないが，これらの研究の大半において信念内容に基づく障碍が暗に仮定されている。情報処理に関する最も記述すべき効果として，下記に示す結果も見いだすことができるだろう。

【ダブル・スタンダード】　ダブル・スタンダードとは内集団と対立集団が行なった同一の行動に対して，内集団に有利になるように，異なる基準によって判断や評価がなされることである。このバイアスはSandeら（1989）が1985年に行なった研究において明瞭に示され，アメリカの高校生と大学生はソ連とアメリカが行なった同じ行為に対して正反対の説明をすることが見いだされた（鯨を外海に逃がすために流氷に穴を開けるというポジティブな行為と，原子力潜水艦から成る新艦隊を創設するというネガティブな行為）。アメリカの行為は，アメリカ人のポジティブで道徳的な特徴に帰属された一方で，ソ連による同じ行為は彼らの敵イメージに沿うよう，ロシア人の自己中心的でネガティブな動機に帰属された。同様の結果は他の研究でも見いだされている（Ashmore et al., 1979; Burn & Oskamp, 1989; Oskamp, 1965; Oskamp & Levenson, 1968）。われわれの一般モデルと強い関連をもつ知見は1960年代半ばに行なわれた研究からも得られており，そのようなバイアスに関して，タカ派とハト派の間に差があることが見いだされた（Oskamp & Levenson, 1968）。

【基本的帰属錯誤（fundamental attribution error）】　もう1つのバイアスの例は，対立集団のネガティブな行動は内的特性に帰属され，状況的要因は無関係とされることである（Pettigrew, 1979はこの傾向を「究極の帰属錯誤（ultimate attribution error）」と名づけた）。Hunterら（1991）は，北アイルランドのカトリック教徒とプロテスタント教徒の学生に，プロテスタント教徒とカトリック教徒が暴力を振るっている映像を字幕つきで見せ，登場人物がなぜそのような行動をしたのか聞くという方法で，この帰属錯誤を証明した。結果はきわめて明瞭で，内集団の暴力行為は「報復」や「襲撃への恐れ」といった外的原因に帰属されたが，外集団の暴力は「精神異常」や「血に飢えている」といった内的特性に帰属された。最近の研究でもBar-Talら（2009）は，紛争支持信念にこだわるユダヤ人はそうではない者と比べて，基本的帰属錯誤が強いことを見いだした。

【反発的低評価】　紛争社会の成員が用いる情報処理結果の1つとして，反発的低評価（reactive devaluation）とよばれるものがある。これは，ある取引提案や妥協案について，どちら側がそれを提案したかによって評価が決まることである。自分たちの側が提案したものは受容可能だが，同じ提案を対立側からされたときは拒否するという

ものである (Moaz, 2006; Ross, 1995)。Moaz ら (2002) は，イスラエルのユダヤ人に対して，実際にはイスラエル側が作成した和平プランをパレスチナ側が作成したといって提示したところ，同じプランを自分たちの政府が作成したと説明されたときよりも，その提案の好ましさをより低く評価していた。さらに彼らは，提案の評価がユダヤ人とアラブ人の過激派（タカ派）では，同じ集団のハト派よりもよりネガティブになること，つまり，政治的立場と反発的低評価のプロセスの間に相互作用があることを示した。

【誤った極化】　これは内集団，外集団，およびその両者の関係の性質について，いくつかの事前の信念から生じるもう 1 つの特筆すべき認知的バイアスである (Robinson et al., 1995)。それは基本的価値，信念，立場の差異を誇張し，それによって不一致状態を安定化させるものである。先行研究によれば，紛争社会の成員は紛争の核心にある不一致の程度を誇張する傾向がある (Robinson et al., 1995; Rouhana et al., 1997)。この傾向は対立者のイデオロギー信念よりも，自分自身のイデオロギー信念において特に顕著にみられる (Chambers et al., 2006)。事前信念と現在の心理的メカニズムの相互作用に関するわれわれの仮定を支持する知見としては，中東のユダヤ人とアラブ人を対象に行なわれた研究があり，Rouhana ら (1997) はこの傾向が融和的政党支持者（すなわちハト派）よりも非融和的政党支持者（すなわちタカ派）において一般的であることを見いだした。

【バイアス知覚】　これは広範囲のバイアスに共通する重要な一側面で，もともとは Lee Ross たちが素朴なリアリズム（naïve realism）とよんでいたものだが，人々が自分たちの知覚と判断を他の人たちの知覚や判断よりも，客観的で調和のとれたものであると仮定する傾向である (Ross & Ward, 1995, 1996)。この傾向によって，紛争状況にある人たちは敵対者の方がバイアスをもっていると知覚し，それが対立を悪化させ，暴力行為を引き起こす一因となっている (Pronin et al., 2004)。Kennedy と Pronin (2008) は 3 つの研究において，人々は意見が自分と一致しない人にはバイアスがあると知覚して葛藤激化的なアプローチをとり，そしてついには紛争行動をとるようになることを示した。

【バイアス同化】　バイアス同化は，社会成員に信念と一致する情報を不一致情報よりもポジティブに評価させる効果があることから，紛争状況において重要な役割を果たす (Greitemayer et al., 2009)。このバイアスによって，既存の紛争継続信念の軟化（unfreezing）が妨げられる。

　バイアスのリストはここに示したものがすべてではなく，紛争に関するバイアスだけでもさらに追加が可能である（たとえば，特定情報への固着，悪行の無視，自分の欲求・目的の自己焦点化，対立者の共感的情報の無視，内集団の独自性知覚など）。すでに述べたように，現在のところ，紛争レパートリーに関するさまざまな社会的信

念，それらの頑強さ，その機能など理解することを目的に，それらを現実社会の文脈の中で検討した体系的・実証研究は不足している。最も重要なことは，われわれのモデルのように，社会心理的障碍のさまざまな側面を統合する研究が十分でないことである。しかし，不完全な情報処理とともに，信念と感情が紛争の継続を促進し，その平和的解決を妨げることは，さまざまな紛争に関する多くの分析によって言及されている (Chirot & Seligman, 2001; Frank, 1967; Heradstveit, 1981; Jervis, 1976; Kriesberg, 2007; Lake & Rothchild, 1998; Petersen, 2002; Sandole, 1999; Vertzberger, 1991; Volkan, 1997; White, 1970, 1984)。社会心理学は研究領域を拡大し，解決困難な紛争に対する問題解決型研究，とりわけ，紛争を継続させ平和構築を妨げる機能をもつ社会心理的障碍の研究に取り組むべきである。

結　論

　本章でわれわれは，解決困難な紛争の平和的解決を妨げる社会心理的障碍の性質と機能について説明を試みた。認知的，感情的，動機的プロセスの統合的作用は，頑強な紛争支持信念，世界観，感情などからなる既存のレパートリーと統合されて，選択的で，偏向し，歪曲した情報処理を引き起こす。最も重要なこととして，われわれは，紛争支持的社会信念のセットが保守的世界観と感情に支えられて，堅固なイデオロギーを形成すると仮定する。これら2つの信念セットは，平和構築を抑制するという目的論的基盤と結びついて，首尾一貫したシステムを構築するのである。

　ここで提示されたモデルは，平和構築を推進しうるポジティブな新情報や新提案が個人あるいは全社会の認知領域に侵入することを妨害するプロセス，このために働くさまざまの態度，信念，情報処理が一体となった社会心理的プロセスの概略を示している。たとえば，敵対者の平和的態度，第三者あるいは相手側からの提案や妥協の意思などを示す新情報に対しては，適切な注意が払われず，考慮されることがないであろう。この働きの結果，基本的な不一致は維持され，いっそう強化され，同時に紛争支持的信念も強化される。このような状況下では，基本的不一致を克服することは非常に困難である。

　ここで述べた社会心理的障碍のアンサンブル，特にそれらの情報処理に対するオーケストラ効果は，紛争を継続させる触媒として機能し，実際，解決困難な紛争において悪循環の一部として機能する。このプロセスが紛争の両当事者に鏡映されていることを考えれば，暴力の悪循環がどのように働いているかがよく理解できる。紛争が激化するにつれて，対立する双方が紛争支持信念に基づく，ネガティブで頑強な社会心理的レパートリーを発展させる。このレパートリーは，個人レベル，集合レベルの両

方で重要な役割を果たしている。時間経過とともに，このレパートリーは動機づけ，正当化，合理化の主要因として機能することによって，紛争両当事者がとる政策と行動の方向性を決定する要因の1つとなる。そして，過去のネガティブな行為は既存のネガティブな心理的レパートリーを証明する情報となり，それが今度は紛争参加への動機づけとレディネスを強める。双方の行動が既存の社会心理的レパートリーを確証し，相手に対する危害行為を正当化するのである。

　解決困難な紛争にみられるこうした悪循環は，個人と社会，双方の安寧にとって有害であるだけでなく，国際社会にとっても危険なものである。頑強さをもつネガティブな社会心理的レパートリーは，この悪循環において重要な役割を果たしている。それゆえ，対立集団との間に新しい関係を築くためには，このレパートリーの変化が非常に重要である。しかし，平和構築を促進するレパートリーを生み出す可能性をもった変化に対して，それを妨害する別の強力な社会心理的障碍があるため，変化は簡単には起こらない。それにもかかわらず，解決困難な紛争に巻き込まれている社会によって維持されている既存の社会心理的レパートリーを変えることは，和平プロセスを前進させ，暴力を停止させる上で必須の条件である。解決困難な紛争状況における頑強なレパートリーは暴力をもたらし，人命喪失，民族浄化，ジェノサイドなどを伴うが，それゆえに，こうした行動的影響にチャレンジすることはきわめて重要な課題である。したがって，社会心理的なものを含め，平和に対する障碍をどのように克服すべきかを研究することは，社会科学，とりわけ社会心理学の課題解決型研究として最優先で取り組まれるべきでものある。

原注

- ★1：社会的信念（societal belief）は，特に社会と関係があり，その社会の独自の特徴を生み出すトピックや問題について，社会の成員が共有している認知と定義される。それらはテーマによって組織化され，集合的記憶，イデオロギー，目標，神話等から成り立っている（Bar-Tal, 2000）。それらは社会の大多数に共有されていることもあれば，一部の人だけに共有されていることもある。
- ★2：この種の障碍のより詳細なリストは本章の最後に示されている。
- ★3：解決困難な紛争は，最低25年は続き，その目的は実存的，暴力的，解決不能なゼロ-サム的性質をもつと知覚され，社会成員を夢中にさせ，巻き込まれた当事者はその継続に力を注ぐという特徴がある。
- ★4：集合的記憶の社会的信念は，社会的欲求を満たすように解決困難な紛争の歴史を社会成員に示すものとして形成される（Cairns & Roe, 2003）。
- ★5：紛争エートスは，延々と紛争を経験している社会に，特定の支配的志向性を与える，中心的社会的信念の形態と定義される（Bar-Tal, 2000）。解決困難な紛争の文脈では，8つの主題のエートスが発生すると提唱されてきた（Bar-Tal, 1998, 2007a）。それらは，①何よりもまず，紛争の目的の概要を示し，それがきわめて重要であるとして，その目標の正当性を強調する社会的信念，②個人の安全と国家の存続を強調し，そしてその達成の条件を示す，安全に関する社会的信念，③自集団にポジティブな特性，価値，行動を帰属する自

集団中心傾向とこれと結びついたポジティブな自己イメージに関する社会的信念，④特に解決困難な紛争の文脈においてみられる，自分を被害者として自己呈示する，自己被害者化に関する社会的信念，⑤相手の人間性を無視する信念と結びついた，対立者の非合法化に関する社会的信念，⑥国家や社会に対する忠誠，愛，配慮，そして犠牲を強調することで愛着を生み出す，愛国心に関する社会的信念，⑦解決困難な紛争の最中で，外的脅威に直面しているとき，勢力を統一するために内的葛藤と不和を無視することの重要性を強調する一体性に関する社会的信念，⑧そして最後に，平和が社会の究極の望みであることについて述べる，平和の社会的信念，などからなる。

★6：この特徴リストは，情報処理に対して既有の信念（ステレオタイプなど），イデオロギー，価値，感情などが与える効果を示した実証研究に基づいて作成された（Iyengar & Ottati, 1994; Ottati & Wyer, 1993; Smith, 1998; Taber, 2003）。実際には，紛争状況に関して行なわれた研究はほとんどない。しかし，われわれは紛争状況にある社会成員も同じように社会的信念と感情によって影響を受けると仮定する。

■■ 引用文献 ■■

Abelson, R. B., & Prentice, D. A. (1989). Beliers as possessions: A functional perspective. In A. R. Pratkanis, S. J. Breckler, & A. G. Greenwald (Eds.), *Attitude structure and junction* (pp. 361-381). Hillsdale, NJ: Erlbaum.
Adorno, T. W., Frenkel-Brunswik, E., Levinson, D. J., & Sanford, R. N. (1950). *The authoritarian personality.* New York: Harper.
Altemeyer, B. (1981). *Right-wing authoritarianism.* Winnipeg, Canada: University of Manitoba Press.
Arian, A. (1995). *Security threatened: Surveying Israeli opinion on peace and war.* Cambridge: Cambridge University Press.
Arnold, M. B. (1960). *Emotion and personality* (Vols. 1 and 2). New York: Columbia University Press.
Ashmore, D. R., Bird, D., Del-Boca, F. K., & Vanderet, R. C. (1979). An experimental investigation of the double standard in the perception of international affairs. *Political Behavior,* **1**, 123-135.
Averill, J. R. (1994). In the eyes of the beholder. In P. Ekman & R. J. Davidson (Eds.), *The nature of emotion: Fundamental question* (pp. 7-15). New York: Oxford University Press.
Bargh, J. A. (2007). *Social psychology and the unconsciousness: The automaticity of higher mental processes.* New York: Psychology Press.
Bargh, J. A., Chen, M., & Burrows, L. (1996). Automaticity of social behavior: Direct effects of trait construct and stereotype activation on action. *Journal of Personality and Social Psychology,* **71**, 230-244.
Bar-Siman-Tov, Y. (1995). Value-complexity in shifting form war to peace: The Israeli peace making experience with Egypt. *Political Psychology,* **16**, 545-565.
Bar-Tal, D. (1998). Societal beliefs in times of intractable conflict: The Israeli case. *International Journal of Conflict Management,* **9**, 22-50.
Bar-Tal, D. (2000). *Shared beliefs in a society: Social psychological analysis.* Thousand Oaks, CA: Sage.
Bar-Tal, D. (2001). Why does fear override hope in societies engulfed by intractable conflict, as it does in the Israeli society? *Political Psychology,* **22**, 601-627.
Bar-Tal, D. (2007a). Sociopsychological foundations of intractable conflicts. *American Behavioral*

Scientist, **50**, 1430-1453.
Bar-Tal, D. (2007b). *Living with the conflict: Socio-psychological analysis of the Israeli-Jewish society.* Jerusalem: Carmel (in Hebrew).
Bar-Tal, D., Halperin, E., & de Rivera, J. (2007). Collective emotions in conflict situations: Societal implications. *Journal of Social Issues,* **63**, 441-460.
Bar-Tal, D., Halperin, E., & Oren, N. (2010). Socio-psychological barriers' to peace making: The case of the Israeli Jewish society. *Social Issues and Policy Review,* **4**, 63-109.
Bar-Tal, D., Raviv, A., & Freund, T. (1994). An anatomy of political beliefs: A study of their centrality, confidence, contents, and epistemic authority. *Journal of Applied Social Psychology,* **24**, 849-872.
Bar-Tal, D., Raviv, A., Raviv, A., & Dgani-Hirsch, A. (2009). The influence of the ethos of conflict on the Israeli Jews' interpretation of Jewish-Palestinian encounters. *Journal of Conflict Resolution,* **53**, 94-118.
Bar-Tal, Y., Raviv, A., & Spitzer, A. (1999). Individual differences that moderate the effect of stress on information processing. *Journal of Personality and Social Psychology,* **77**, 33-51.
Bartels, L. M. (2002). Beyond the running tally: Partisan bias in political perceptions. *Political Behavior,* **24**, 117-150.
Bassili, J. N. (1996). Meta-judgmental versus operative indexes of psychological attributes: The case of measures of attitude strength. *Journal of Personality and Social Psychology,* **71**, 637-653.
Baumeister, R. F., & Butz, J. (2005). Roots of hate, violence and evil. In R. J. Sternberg (Ed.), *The psychology of hate* (pp. 87-102). Washington, DC: American Psychological Association.
Brown, R., Gonzalez, R., Zagefka, H., & Cehajic, M. J. (2008). Nuestra Culpa: Collective guilt and shame as predictors of reparation for historical wrongdoing. *Journal of Personality and Social Psychology,* **94**, 75-90.
Burn, S. M., & Oskamp, S. (1989). Ingroup biases and the US-Soviet conflict. *Journal of Social Issues,* **45**(2), 73-990.
Burns-Bisogno, L. (1997). *Censoring Irish nationalism: The British, Irish and American suppression of Republican images in film and television, 1909-1995.* Jefferson, NC: McFarland.
Burton, J. W. (Ed.). (1990). *Conflict: Human needs theory.* New York: St. Martin's Press.
Cairns, E., & Roe, M. D. (Eds.). (2003). *The role of memory in ethnic conflict.* New York: Palgrave Macmillan.
Chajut, E., & Algom, D. (2003). Selective attention under stress: Implications for theories of social cognition. *Journal of Personality and Social Psychology,* **85**, 231-248.
Chambers, J. R., Baron, R. S., & Inman, M. (2006). Misperception in intergroup conflict: Disagreeing about what we disagree about. *Psychological Science,* **17**, 38-45.
Cheung-Blunden, V, & Blunden, B. (2008). The emotional construal of war: Anger, fear and other negative emotions. *Peace and Conflict—Journal of Peace Psychology,* **14**, 123-150.
Chirot, D., & Seligman, M. (Eds.). (2001). *Ethnopolitical warfare: Causes, consequences and possible solutions.* Washington, DC: American Psychological Association.
Coleman, P. T. (2003). Characteristics of protracted, intractable conflict: Towards the development of a metaframework—I. *Peace and Conflict: Journal of Peace Psychology,* **9**(1), 1-37.
Coleman, P. T. (2006). Intractable conflict. In M. Deutsch, P. T. Coleman, & E. C. Marcus (Eds.), *The handbook of conflict resolution: Theory and practice* (2nd ed., pp. 533-559). San Francisco: Jossey-Bass Publishers.
Corradi, J. E., Fagen, P. W., & Garreton, M. A. (Eds.). (1992). *Fear at the edge: State terror and resistance in Latin America.* Berkeley, CA: University of California Press.

Darley, J. M., & Gross, P. H. (1983). A hypothesis-confirming bias in labeling effects. *Journal of Personality and Social Psychology,* **44**, 20-33.

de Rivera, J. (1992). Emotional climate: Social structure and emotional dynamics. In K. T. Strongman (Ed.), *International review of studies on emotion* (Vol. 2, pp. 199-218). New York: John Wiley.

de Rivera, J., & Paez, D. (Eds.). (2007). Emotional climate, human security, and culture of peace. *Journal of Social Issues,* **63**(2), Whole issue.

Devine, P. G. (1989). Stereotype and prejudice: Their automatic and controlled components. *Journal of Personality and Social Psychology,* **56**, 680-690.

Ditto, P. H., & Lopez, D. F. (1992). Motivated skepticism: Use of differential criteria for preferred and nonpreferred conclusions. *Jouranal of Personality and Social Psychology,* **63**, 568-684.

Driskell, J. E., & Salas, E. M. (Eds.). (1996). *Stress and human performance.* Hillsdale, NJ: Erlbaum.

Dweck, C. S. (1999). *Self-theories: Their role in motivation, personality and development.* Philadelphia: Taylor & Francis/Psychology Press.

Dweck, C. S., & Ehrlinger, J. (2006). Implicit theories and conflict resolution. In M. Deutsch, P. T. Coleman, & E. C. Marcus (Eds.), *The handbook of conflict resolution: Theory and practice* (2nd ed., pp. 317-330). San Francisco: Jossey-Bass Publishers.

Eagley, A. H., & Chaiken, S. (1993). *The psychology of attitudes.* Fort Worth: Harcourt Brace College Publishers.

Eagley, A. H., & Chaiken, S. (1998). Attitude structure and function. *The handbook of social psychology* (Vol. 1,4th ed., pp. 269-322). New York: McGraw-Hill.

Easterbrook, J. A. (1959). The effect of emotion on cue utilization and the organization of behavior. *Psychological Review,* **66**, 183-201.

Edwards, K., & Smith, E. E. (1996). A disconfinnation bias in the evaluation of arguments. *Journal of Personality and Social Psychology,* **71**, 5-24.

Eidelson, R. J., & Eidelson, J. I. (2003). Dangerous ideas: Five beliefs that propel group toward conflict. *American psychologist,* **58**, 182-192.

Fazio, R. H. (1995). Attitudes as object-evaluation associations. Determinants, consequences, and correlates of attitude accessibility. In R. E. Petty & J. A. Krosnick (Eds.), *Attitude strength: Antecedents and consequences* (pp. 247-283). Mahwah, NJ: Erlbaum.

Feldman, S. (1988). Structure and consistency in public opinion: The role of core beliefs and values. *American Journal of Political Science,* **32**, 416-440.

Feldman, S. (2003). Values, ideology, and the structure of political attitudes. In D. O. Sears, L. Huddy, & R. Jervis (Eds.), *Oxford handbook of political psychology* (pp. 477-508). New York: Oxford University Press.

Frank, J. D. (1967). *Sanity and survival: Psychological aspects of war and peace.* New York: Vintage.

Frijda, N. H. (1986). *The emotions.* Cambridge: Cambridge University Press.

Golec, A., & Federico, C. M. (2004). Understanding responses to political conflict: Interactive effects of the need for closure and salient conflict schema. *Journal of Personality and Social Psychology,* **87**, 750-762.

Gordon, C., & Arian, A. (2001). Threat and decision making. *Journal of Conflict Resolution,* **45**, 196-215.

Greitemayer, T., Fischer, P., Frey, D., & Schulz-Hardt, S. (2009). Biased assimilation. The role of source position. *European Journal of Social Psychology,* **39**, 22-39.

Halperin, E. (2008a). Emotional barriers to peace: Negative emotions and public opinion about the peace process in the Middle East. *Paper presented at the Annual Meeting of ISPP,* July,

2008, Paris, France.
Halperin, E. (2008b). Group-based hatred in intractable conflict in Israel. *Journal of Conflict Resolution,* **52**, 713-736.
Halperin, E., & Bar-Tal, D. (2010). *Socio-psychological barriers to peace making: An empirical examination within the Israeli Jewish society.* Manuscript submitted for publication.
Halperin, E., Bar-Tal, D., Nets-Zehngut, R., & Drori, E. (2008). Emotions in conflict: Correlates of fear and hope in the Israeli-Jewish society. *Peace and Conflict: Journal of Peace Psychology,* **14**, 1-26.
Hamilton, D. L., Sherman, S. J., & Ruvolo, C. M. (1990). Stereotype-based expectancies: Effects on information processing and social behavior. *Journal of Social Issues,* **46**(2), 35-60.
Hamilton, V. (1982). Cognition and stress: An information processing model. In L. L. Goldberg & S. Breznitz (Eds.), *Handbook of stress: Theoretical and clinical aspects* (pp. 105-120). New York: The Free Press.
Horowitz, D. L. (2000). *Ethnic groups in conflict.* Berkeley: University of California Press.
Heradstveit, D. (1981). *The Arab-Israeli conflict: Psychological obstacles to peace.* Oslo: Universitetsforlaget.
Hunter, J. A., Stringer, M., & Watson, R. P. (1991). Intergroup violence and intergroup attributions. *British Journal of Social Psychology,* **30**, 261-266.
Iyengar, S., & Ottati, V. (1994). Cognitive perspective in political psychology. In R. S. Wyer Jr. & T. K. Srull (Eds.), *Handbook of social cognition* (2nd ed., Vol. 2, pp. 143-188). Hillsdale, NJ: Erlbaum.
Janis, I., Defares, P., & Grossman, P. (1983). Hypervigilant reactions to threat. In H. Selye (Ed.), *Selye's guide to stress research* (Vol. 3, pp. 1-42). New York: Van Nostrand Reinhold.
Jarymowicz, M. (2008). *Psychologiczne podstawy podmiotowości (The Self as a subject: Psychological bases).* Warszawa: Wydawnictwo Naukowe PWN (in Polish).
Jarymowicz, M., & Bar-Tal, D. (2006). The dominance of fear over hope in the life of individuals and collectives. *European Journal of Social Psychology,* **36**, 367-392.
Jervis, R. (1976). *Perception and misperception in international politics.* Princeton: Princeton University Press.
Jost, J. T. (2006). The end of the end of ideology. *American Psychologist,* **61**, 651-670.
Jost, T. J., Glaser, J., Kruglanski, A. W., & Sulloway, F. J. (2003). Political conservatism as motivated social cognition. *Psychological Bulletin,* **129**, 339-375.
Kahneman, D., & Tversky, A. (1995). Conflict resolution: A cognitive perspective. In K. Arrow, R. Mnookin, L. Ross, A. Tversky, & R. Wilson (Eds.), *Barriers to conflict resolution* (pp. 44-61). New York: Norton.
Keinan, G. (1987). Decision making under stress: Scanning of alternatives under controllable and uncontrollable threats. *Journal of Personality and Social Psychology,* **52**, 629-644.
Kelman, H. C. (Ed.). (1965). *International behavior: A social psychological analysis.* New York: Holt, Rinehart and Winston.
Kelman, H. C. (1987). The political psychology of the Israeli-Palestinian conflict: How can we overcome the barriers to a negotiated solution? *Political Psychology,* **8**, 347-363.
Kelman, H. C. (2005). Building trust among enemies: The central challenge for peace making efforts. *International Journal of Intercultural Relations,* **29**, 639-650.
Kelman, H. C. (2007). Social-psychological dimensions of international conflict. In I. W. Zartman (Ed.), *Peacemaking in international conflict: Methods and techniques* (rev. ed., pp. 61-107). Washington, DC: United States Institute of Peace Press.
Kelman, H. C., & Fisher, R. J. (2003). Conflict analysis and resolution. In D. O. Sears, L. Huddy,

& R. Jervis (Eds.), *Oxford handbook of political psychology* (pp. 315-353). New York: Oxford University Press.

Kennedy, K. A., & Pronin, E. (2008). When disagreement gets ugly: Perception of bias and the escalation of conflict. *Personality and Social Psychology Bulletin, 34*, 833-848.

Kimball, C. (2002). *When religion becomes evil.* San Francisco: Harper Collins Publishers.

Kramer, R. M., & Carnevale, P. J. (2001). Trust and intergroup negotiation. In R. Brown & S. Gaertner (Eds.), *Blackwell handbook of social psychology: Intergroup processes* (pp. 431-450). Maiden, MA: Blackwell Publishing.

Kriesberg, L. (1993). Intractable conflict. *Peace Review, 5*, 417-421.

Kriesberg, L. (2007). *Constructive conflicts: From escalation to resolution* (3rd ed.). Lanham, MD: Rowman & Littlefield.

Krosnick, J. A. (1989). Attitude importance and attitude accessibility. *Personality and Social Psychology Bulletin, 15*, 297-308.

Kruglanski, A. W. (1989). *Lay epistemics and human knowledge: Cognitive and motivational bases.* New York: Plenum.

Kruglanski, A. W. (2004). *The psychology of closed mindedness.* New York: Psychology Press.

Kruglanski, A. W., & Webster, D. M. (1996). Motivated closing of the mind: 'seizing' and 'freezing'. *Psychological Review, 103*, 263-283.

Kunda, Z. (1990). The case for motivated reasoning. *Psychological Bulletin, 108*, 480-498.

Kydd, A. H. (2005). *Trust and mistrust in international relations.* Princeton: Princeton University Press.

Lake, D. A., & Rothchild, D. (Eds.). (1998). *The international spread of ethnic conflict: Fear, diffusion, and escalation.* Princeton: Princeton University Press.

Larsen, D. (1997). *Anatomy of mistrust: US-Soviet relations during the cold war.* Ithaca: Cornell University Press.

Lavine, H., Borgida, E., & Sullivan, J. L. (2000). On the relationship between involvement and attitude accessibility: Toward a cognitive-motivational model of political information processing. *Political Psychology, 21*, 81-106.

Lazarus, R. S. (1991). *Emotion and adaptation.* New York: Oxford University Press.

Lazarus, R. S. (1994). Universal antecedents of the emotions. In P. Ekman & R. J. Davidson (Eds.), *The nature of emotion: Fundamental question* (pp. 163-171). New York: Oxford University Press.

Lerner, J. S., Gonzalez, R. M., Small, D. A., & Fischhoff, B. (2003). Effects of fear and anger on perceived risks of terrorism: A national field experiment. *Psychological Science, 14*, 144-150.

Lerner, J. S., & Keltner, D. (2000). Beyond valence: Toward a model of emotion-specific influences on judgment and choice. *Cognition and Emotion, 14*, 473-493.

Lewicki, R. J. (2006). Trust, trust development, and trust repair. In M. Deutsch, P. T. Coleman, & E. C. Marcus (Eds.), *The handbook of conflict resolution: Theory and practice* (2nd ed., pp. 92-119). San Francisco: Jossey-Bass Publishers.

Macrae, C. N., Milne, A. B., & Bodenhausen, G. V. (1994). Stereotypes as energy-saving devices: A peek inside the cognitive toolbox. *Journal of Personality and Social Psychology, 66*, 37-47.

Maoz, I. (2006). The effect of news coverage concerning the opponents' reaction to a concession on its evaluation in the Israeli-Palestinian conflict. *The International Journal of Press/Politics, 11*, 70-88.

Maoz, I., & Eidelson, R. (2007). Psychological bases of extreme policy preferences: How the personal beliefs of Israeli-Jews predict their support for population transfer in the Israeli-Palestinian conflict. *American Behavioral Scientists, 50*, 1476-1497.

Maoz, I., & McCauley, C. (2005). Psychological correlates of support for compromise: A polling study of Jewish-Israeli attitudes toward solutions to the Israeli-Palestinian conflict. *Political Psychology,* **26**, 791-808.

Maoz, I., Ward, A., Katz, M., & Ross, L. (2002). Reactive devaluation of an Israeli and a Palestinian peace proposal. *Journal of Conflict Resolution,* **46**, 515-546.

Miller, D. (1994). *Don't mention the war: Northern Ireland, propaganda, and the media.* London: Pluto.

Mitzen, J. (2006). Ontological security in world politics: State identity and the security dilemma. *European Journal of International Relations,* **12**, 341-370.

Mnookin, R. H., & Ross, L. (1995). Introduction. In K. Arrow, R. Mnookin, L. Ross, A. Tversky, & R. Wilson (Eds.), *Barriers to conflict resolution.* New York: Norton.

Morris, B. (2000). Israeli journalism in the "Kiviya" affair. In B. Morris (Ed.), *Jews and Arabs in Palestine/Israel 1936-1956* (pp. 175-198). Tel-Aviv: Am-Oved (in Hebrew).

Nisbett, R., & Ross, L. (1980). *Human inferences: Strategies and shortcomings of social judgment.* Englewood Cliffs, NJ: Prentice-Hall.

Oskamp, S. (1965). Attitudes toward US and Russian actions: A double standard. *Psychological Reports,* **16**, 6-43.

Oskamp, S., & Levenson, H. (1968). *The double standard in international attitudes: Differences between doves and hawks.* Proceedings of the 76th Annual Convention of the American Psychological Association, pp. 379-380.

Ottati, V. C., & Wyer, R. S. Jr. (1993). Affect and political judgment. In S. Iyengar & W. McGuire (Eds.), *Explorations in political psychology* (pp. 296-315). Durham, NC: Duke University Press.

Pally, S. (1955). Cognitive rigidity as a function of threat. *Journal of Personality,* **23**, 346-355.

Petersen, R. G. (2002). *Understanding ethnic violence: Fear, hatred, and resentment in twentieth-century Eastern Europe.* Cambridge: Cambridge University Press.

Petrocelli, J. V., Tormala, Z. L., & Rucker, D. D. (2007). Unpacking attitude certainty: Attitude clarity and attitude correctness. *Journal of Personality and Social Psychology,* **92**, 30-41.

Pettigrew, T. F. (1979). The ultimate attribution error: Extending Allport's cognitive analysis of prejudice. *Personality and Social Psychology Bulletin,* **5**, 461-467.

Pfeifer, J. E., & Ogloff, J. R. P. (1991). Ambiguity and guilt determinations: A modern racism perspective. *Journal of Applied Social Psychology,* **21**, 1713-1725.

Pronin, E., Gilovich, T., & Ross, L. (2004). Objectivity in the eye of the beholder: Divergent perceptions of bias in self versus others. *Psychological Review,* **111**, 781-799.

Robinson, R. J., Keltner, D., Ward, A., & Ross, L. (1995). Actual versus assumed differences in construal: "Naïve realism" in intergroup perception and conflict. *Journal of Personality and Social Psychology,* **68**, 404-417.

Rokeach, M. (1960). *The open and closed mind.* New York: Basic Books.

Roseman, I. J. (1984). Cognitive determinants of emotions: A structural theory. In P. Shaver (Ed.), *Review of personality and social psychology* (Vol. 5, pp. 11-36). Beverly Hills, CA: Sage Publications.

Rosenberg, W, S., & Wolfsfeld, G. (1977). International conflict and the problem of attribution. *Journal of Conflict Resolution,* **21**, 73-103.

Ross, L. (1995). Reactive devaluation in negotiation and conflict resolution. In K. Arrow, R. Mnookin, L. Ross, A. Tversky, & R. Wilson (Eds.), *Barriers to conflict resolution.* New York: Norton.

Ross, L., & Ward, A. (1995). Psychological barriers to dispute resolution. In M. Zanna (Ed.), *Advances in experimental social psychology* (Vol. 27, pp. 255-304). San Diego: Academic Press.

Ross, L., & Ward, A. (1996). Naive realism: Implications for social conflict and misunderstanding. In T. Brown, E. Reed, & E. Turiel (Eds.), *Values and knowledge* (pp. 103-135). Hillsdale, NJ: Erlbaum.

Rouhana, N. N., O'Dwyer, A., & Morrison Vaso, S. K. (1997). Cognitive biases and political party affiliation in intergroup conflict. *Journal of Applied Social Psychology, 27*, 37-57.

Sande, G. M., Geothals, G. R., Ferrari, L, & Worth, L. T. (1989). Value-Guided attributions: Maintaining the moral self-image and the diabolical enemy-image. *Journal of Social Issues, 45*, 91-118.

Sandole, D. (1999). *Capturing the complexity of conflict: Dealing with violent ethnic conflicts of the Post-Cold War era*. London: Pinter/Continuum.

Scheff, T. J., & Retzinger, S. (1991). *Emotion and violence: Shame/rage spirals in intermiable conflicts*. Lexington: Lexington Books.

Schultz-Hardt, S., Frey, D., Luthgens, C., & Moscovici, S. (2000). Biases information search in group decision making. *Journal of Personality and Social Psychology, 78*, 655-669.

Schwartz, S. H. (1992). Universals in the content and structure of values: Theory and empirical tests in 20 countries. In M. Zanna (Ed.), *Advances in experimental social psychology* (Vol. 25, pp. 1-65). New York: Academic Press.

Shamir, J., & Shikaki, K. (2002). Self serving perceptions of terrorism among Israelis and Palestinians. *Political Psychology, 23*, 537-557.

Sharvit, K. (2008). Activation of the ethos of conflict while coping with stress resulting from intractable conflict. Unpublished doctoral dissertation, Tel Aviv University, Tel Aviv.

Sibley, C. G., & Duckitt, J. (2008). Personality and prejudice: A meta-analysis and theoretical review. *Personality and Social Psychology Review, 12*, 248-279.

Sibley, C. G., Liu, J. H., Duckitt, J., & Khan, S. S. (2008). Social representations of history and the legitimation of social inequality: The form and function of historical negation. *European Journal of Social Psychology, 38*, 542-565.

Sidanius, J., & Pratto, F. (1999). *Social dominance*. New York: Cambridge University Press.

Skitka, L. J., Mullen, E., Griffin, T., Hutchinson, S., & Chamberlin, B. (2002). Dispositions, scripts, or motivated corrections? Understanding ideological differences in explanations for social problems. *Journal of Personality and Social Psychology, 83*, 470-487.

Smith, E. R. (1998). Mental representation and memory. In D. T. Gilbert, S. T. Fiske, & G. Lindzey (Eds.), *The handbook of social psychology* (4th ed., Vol. 1, pp. 391-445). Boston: McGraw-Hill.

Sommers, S. R., & Ellsworth, P. C. (2000). Race in the courtroom: Perceptions of guilt and dispositional attributions. *Personality and Social Psychology Bulletin, 26*, 1367-1379.

Staal, M. A. (2004). *Stress, cognition and human performance: A literature review and conceptual framework*. Hanover, MD: NASA, Center for Aerospace Information.

Stangor, C., & McMillan, D. (1992). Memory for expectancy-congruent and expectancy incongruent information: A review of the social and developmental literatures. *Psychological Bulletin, 111*, 42-61.

Staub, E. (2005). The origins and evolution of hate, with notes on prevention. In R. J. Sternberg (Ed.), *The psychology of hate* (pp. 51-66). Washington, DC: American Psychological Association.

Staub, E., & Bar-Tal, D. (2003). Genocide, mass killing and intractable conflict: Roots, evolution, prevention and reconciliation. In D. O. Sears, L. Huddy, & R. Jervis (Eds.), *Oxford handbook of political psychology* (pp. 710-751). New York: Oxford University Press.

Staw, R. M., Sandelands, L. E., & Dutton, J. E. (1981). Threat-rigidity effects in organizational behavior: A multi-level analysis. *Administrative Science Quarterly,* **26**, 501-524.

Sweeney, P. D., & Gruber, K. L. (1984). Subjective exposure: Voter information preferences and the Watergate affair. *Journal of Personality and Social Psychology,* **46**, 1208-1221.

Taber, C. S. (2003). Information processing and public opinion. In D. O. Sears, L. Huddy, & R. Jervis (Eds.), *Oxford handbook of political psychology* (pp. 433-476). Oxford: Oxford University Press.

Tetlock, P. E. (1989). Structure and function in political belief system. In A. R. Pratkanis, S. J. Breckler, & A. G. Greenwald (Eds.), *Attitude structure and function* (pp. 126-151). Hillsdale, NJ: Erlbaum.

Vallone, R. P., Ross, L., & Lepper, M. R. (1985). The hostile media phenomenon: Biased perceptions of media bias in coverage of the Beirut massacre. *Journal of Personality and Social Psychology,* **49**, 577-585.

van Dijk, T. A. (1998). *Ideology: A multidisciplinary study.* London: Sage.

Vertzberger, Y. (1991). *The world in their minds.* Palo Alto, CA: Stanford University Press.

Volkan, V. (1997). *Blood lines: From ethnic pride to ethnic terrorism.* New York: Farrar, Straus and Giroux. 水谷 驍(訳) 1999 誇りと憎悪 民族紛争の心理学 共同通信社

von Hippel, W., Sekaquaptewa, D., & Vergas, P. (1995). On die role of encoding processes in stereotype maintenance. In M. P. Zanna (Ed.), *Advances in experimental social psychology* (Vol. 27, pp. 177-253). San Diego, CA: Academic Press.

White, R. K. (1970). *Nobody wanted war: Misperception in Vietnam and other wars.* Garden City, NY: Anchor Books.

White, R. K. (1984). *Fearful warriors: A psychological profile of US-Soviet relations.* New York: Free Press.

Wolfsfeld, G. (2004). *Media and the path to peace.* Cambridge: Cambridge University Press.

Yamagishi, T., & Yamagishi, M. (1994). Trust and commitment in die United States and Japan. *Motivation and Emotion,* **18**, 129-166.

第10章

紛争解決に対する社会心理学的アプローチ

Janusz Reykowski and Aleksandra Cislak

紛争解決：概念的意味

　対人間および集団間の葛藤に関する指導的研究者の1人であるRonald Fisherは，紛争解決という用語を次のように定義している。「（それは）当事者たちによって生み出された解決が長期にわたって持続可能で自己修正的であるように関係と状況を変容させることである。このためには，違反の認知，被害者による赦し，将来的平和の確認などのプロセスを経て調和が回復されるよう当事者間で十分な程度の和解が行なわれる必要がある」（Fisher, 2006, p.189）。この定義は，紛争解決の理想的モデルを表わしているように思われる。現実の社会状況ではもっと不完全な紛争解決でもよしとされるであろう。すなわち，主要な原因のすべてあるいは大半が除去されるか低減され，当事者たちが暴力的対処や敵対的行為を避けて，ともに生き，協働するすべを学ぶことができたなら，紛争は解決されるといえるであろう。

　紛争解決を，ある社会システムの最終的な均衡状態を達成することとみるべきではない。そうした均衡状態は，長続きはしない。個人間の葛藤や集団間の紛争は日常生活の一部として発生し，進展していく傾向がある。すべての紛争を除去することは不可能だし，紛争は個人と社会にとって変化と発展のための有益な契機なので，これを除去することが望ましいとはいえない（Coleman & Deutsch, 2006; Marcus, 2006）。むしろ紛争解決とは，その激化を防ぎ，暴力的・破壊的な要素を排除し，人々と社会的関係に建設的な変化をうながしながら継続的に取り組むべき課題なのである。

　Fisher (2006) は，紛争解決の概念は結果だけなく，「差異が処理される」(p.189) プロセスを含むことを強調する。集団と社会は紛争解決のためにさまざまな「機構」を発展させてきた。Dunlop (1983) によると，多くの社会において，集団間，組織間，またその成員間の利害対立を解決するために2つの広く認められた制度がある。それは市場原理と政府の規制という機構である。事実，ほとんどすべての社会において

――集団であれ，国家であれ，国際的レベルであれ――紛争解決のためのいくつかのメカニズムが発展してきた。しかしこれらの機構の効果は限定的である。第1に，長期にわたる紛争に従事している人々は現存する規制を無視したり破ったりする傾向があり，彼らは強制あるいはさまざまの隠微なやり方によって自分たちの目的を達成しようとする。さらに，変化する生存条件は，現在の規範，手続き，制度では解決できないような新種の葛藤状況を生み出す。こうした紛争において解決策を見いだすには，集団成員間あるいはその代表者たちによる直接的交渉が必要である。

　解決を目指したこうした交渉は，紛争原因によってさまざまの異なる形態をとる。立場の相違，すなわち，意見，信念，説明などが異なる結果として生じる葛藤は話し合いという手段によって対処できるが，利害の相違，すなわち，資源（空間，金銭，資産，食料，勢力）をめぐる競争は取引，トレードオフ，譲歩，妥協などによって対応可能である。利害の相違が，一方だけが勝利を収めるゼロ-サム状況と知覚されない限り，こうした解決策は可能性があるように思われる。

　基本的（実存的）欲求，神聖な価値（自由，正義，正当性，聖地，シンボルなど），自己に関連した価値（アイデンティティ，名誉，尊厳，ポジティブな自己イメージなど）に対する直接的脅威によって生じた葛藤の場合は，話し合い，取引，トレードオフによっては解決がむずかしい。こうした葛藤の解決には，対立する者同士が互いに相手の欲求や価値を認め合うことが必要である（Atran & Axelrod, 2008）――彼らは同一の関係次元において応化（accommodation）を試みなければならない（Fiske & Tetlock, 1997）。こうした解決方法の一例は「対等な認知（parity of esteem）」――北アイルランド紛争において試みられたアプローチ（完全に成功したというわけではないが）（Mac Ginty & du Toit, 2007参照）である。それは，両者に対等な地位を保証する調停の1つの要素である。正義をめぐる葛藤においても，同種の解決策が求められる。こうした葛藤では，両者にとって正義を保証する解決策が必要である。どんな社会や集団においても，ほとんどの場合，正義を金銭やその他の物の報酬で償うことはできない（タブー・トレードオフ）であろう（Tetlock et al., 2000）。

　危害や違反による紛争の場合，少なくとも多くの社会において交渉という解決方法は役立たない。むしろ，その解決は相互の寛容性と和解に基づくものでなければならないであろう。それは通常，長い時間を要する非常に困難なプロセスなので，ある研究者は，和解が達成される前に，当事者たちは社会的関係の回復，すなわち，社会的再構築に努力しなければならないと主張する（Biruski & Ajducovic, 2009）。

　多くの長期にわたる集団間紛争や社会的葛藤は非常に複雑である。それは，過去，現在，未来の集団間関係に関する信念の不一致，利害葛藤，基本的欲求と価値，アイデンティティと自尊心に対する脅威，それに危害をもたらす深刻な相互の暴力を伴う。こうした紛争は，重要な価値と基本的欲求に対する脅威が顕著な特徴となるとき，ま

た，一方に対する脅威を除去しようと計画された解決策が他方に対するより大きな危害あるいは脅威を生み出す可能性があるときには（パレスチナ自治区ヨルダン川西岸へのユダヤ人入植のケースのように[★3]），解決困難なものとなることがある。それは，Deutsch の用語によれば，両者の重要な利害と基本的価値が妨害的に相互依存すると知覚されている状況である（Deutsch, 1973, p.20）。こうした紛争はある種の心理的・社会的機構システム——紛争の「社会心理的インフラ（socio-psychological infra-structure）」——によって維持される（Bar-Tal, 2007；第 9 章参照）。

　紛争解決は，特に紛争が複雑になれば，おもに当事者の意図に依存する。それは，主たる目標が，敵と知覚された相手を圧倒し，自分の意志を押しつけることであるのか（競争的アプローチ），それとも両者ともに受け入れられる解決策を見いだすことにあるか（協力的アプローチ）である。競争的アプローチは戦闘的であり，敵対的である。それは，優越したパワーや計略を使ったりして相手を打ち負かし，これを罰する方法を探す闘争方略を意味するであろう。こうしたアプローチの結果，紛争はエスカレートし，非建設的な経過をたどる。協力的アプローチは建設的な解決策を見いだすこと，一致点を探ること，そして，緊張を低減し，その原因を除去できるような行為を選択することに焦点が当てられる。現実の多くの紛争では，同一の紛争に両方のアプローチがみられるし，当事者たちはそれらの間を行ったり来たりする。

　どのアプローチを採るかは主として紛争状況に関する認知的理解，すなわち，紛争の本質と紛争当事者をどうとらえるかに依存する。意見や利害の不一致と定義された紛争は（とりわけ，混合動機葛藤と知覚されるとき），脅威や危害と定義された紛争に比べて，協力的な問題解決アプローチを活性化する傾向が高い。脅威や危害は強い感情反応，とりわけ，恐怖，怒り，敵意などを発生させる傾向がある。こうした反応は敵と知覚された相手に対する強い攻撃反応を誘発するであろう。しかし，脅威と危害を含む状況においてすら，相手は不倶戴天の敵などではなく，競争の相手にすぎないと信じるなら，紛争の建設的解決に対して希望をもち続けることはできるであろう（Reykowski, 1993）。

　みてきたように，長期にわたる破壊的な集団間紛争を解決するための主要な心理学的条件は，紛争状況に対する認知的理解と感情反応を変化させることである。

紛争状況の認知的解釈

■ 顕著な紛争スキーマ

　紛争をどのように解釈するかはどのような紛争スキーマが顕著になっているかに依存すると思われる。紛争スキーマとは，紛争とは何か，また，どのような行動が適切

かに関する個人の信念である（Bar-Tal et al., 1989）。対決的紛争スキーマでは，当事者同士は敵であり，解決策は一方の当事者だけが勝利を得るゼロ-サム・ゲームである。それゆえ，強制が紛争における適切な行動とみなされる。協力的紛争スキーマでは，当事者たちはパートナーであり，両者を満足させる解決策が望ましいとされる。それゆえ，建設的な話し合いと協力的な問題解決が適切な方略となる（Golec & Federico, 2004）。対決的スキーマが活性化されると，それはネガティブな感情を誘発し，パートナーに対する言語的・非言語的な敵対的・攻撃的行動を導く（Golec de Zavala et al., 2008）。対決スキーマと協力スキーマのどちらが活性化するのかは，認知能力，個人信念，政治イデオロギー，状況的手がかりなどに依存するが，それらは紛争を理解する枠組みを形成するものである（Golec & Federico, 2004; Golec de Zavala et al., 2010; Zuroff & Duncan, 1999）。

■ 認知能力

紛争解釈における複雑さの水準が紛争解決方略の選好に大きな影響を与えることは理論的にも実証的にも確認されてきた。特に，認知能力が制限されていることや見方が単純であることは外集団に対する競争的・攻撃的傾向を生み出す（Golec de Zavala, 2006; Pruitt & Carnevale, 1982; Suedfeld & Tetlock, 1977; Winter, 2007）。

情報処理の複雑さに影響を与える1つの重要な要因は，認知的完結欲求（NFC），すなわち，曖昧さや不確実性を不快に思い，明瞭であいまいさがなく，安定した知識をもちたいという動機づけである（Webster & Kruglanski, 1994）。この不快感を減少させるために，完結欲求の高い個人は，容易に入手可能な目立った情報に飛びついたり，集団間の行動においてはイデオロギー的手がかりや集団規範に依存したりする傾向がある（Fu et al., 2007）。結果として彼らは，集団間状況を複雑さの低い平板な見方で知覚する傾向があり，内集団びいきが強く，それは強制や敵意をもたらす（De Dreu et al., 2000; Shah et al., 1998）。

高いNFCは紛争に対して対決的反応を促進することが示唆されるが，常にそうだというわけではない。直前に活性化された紛争スキーマは，完結欲求の高い個人にとって容易に入手可能な手がかりとなり，それは彼らが紛争を理解する枠組みを提供する。それゆえ，対決的紛争スキーマが活性化されているときは，それは敵対的・強制的な紛争反応を導くが，協力的紛争スキーマが活性化されていると，完結欲求と強制行動の関係はむしろ弱められる（Golec et al., 2008）。

■ 信念とイデオロギー

政治的イデオロギーあるいは信念体系によって，人々が外集団に対して攻撃的に反応する傾向をもつことがある（第6章参照）。外集団に対して内集団の優位性を強調

するナショナリズムのような（愛国主義とは異なる）(Golec et al., 2004)，あるいはわれわれ・彼らのカテゴリー分けを先鋭化するような政治的・集団的イデオロギーは紛争における敵意と攻撃性に対する完結欲求の効果を強めることが示されてきた。個人的・社会的安全，体制正当化，認識的確実性，曖昧さの回避といった心理的欲求(Jost et al., 2003) を充足させる保守的イデオロギーもまた，とりわけ脅威があるときには，強制と攻撃の傾向を強め（Bonanno & Jost, 2006; McCann, 2008），やはり攻撃性と完結欲求の関連を強めることが証明されてきた（Golec et al., in press）。

紛争の原因，対立相手，試みられるべき必要な行為などに関する信念（紛争エートスについては Bar-Tal, 1998参照）は，紛争状況での方略選択に影響を与える。社会的信念が，高められたポジティブな自己イメージ，強い愛国心，自己の目標の正しさに対する強い信念，同時に，敵とその目標の非正当化を含むなら，それは紛争状況に対する闘争的アプローチを動機づける（第9章参照）。こうしたアプローチはまた，社会的世界の本質を固定和（fixed-pie）とする信念（Thompson et al., 2006）や人生をゼロ-サム・ゲームとみなす信念（Wojciszke et al., 2009）によって促進されるであろう。

しかし，多くの人々が抱く信念というものが，高度に一貫したものでも安定したものでもない点は注意が必要である。Feldman と Zeller (1992) によると，人々の多くはたいていの問題に関して矛盾する見方を心の中にもっている——それによって，彼らはまったく別の意思決定をすることがある。実際，どの意思決定をするかは，特定の考えに対するアクセスビリティに依存するし（Kinder, 1998)，それは状況要因によって影響を受ける。論争上のある主張を異なる価値の文脈で提示すると，政治的選択が提示の仕方によって強く影響を受けることが示されてきた（Chong & Druckman, 2007）。これは，紛争争点に対する認知的フレームあるいは社会・政治的文脈によって，人々が同じ紛争状況に対して協力アプローチをとったり，競争アプローチをとったりすることを意味している。このようなことが起こるのは，人々のかなりの割合が，ごく短時間の間に2つの矛盾する志向間を移動するからと思われる——たとえば，イスラエル社会では，2年の間に人々のかなりの割合（おおむね30％）がハト派からタカ派に，すなわち，協力スキーマから対決スキーマに態度を変化させた（Halperin & Bar-Tal, 2007）。

■ インプリケーション

紛争状況は協力スキーマか対決スキーマを使って解釈される。あるスキーマが活性化される可能性は認知システムの構造的特徴（複雑さと認知欲求）および信念体系（イデオロギー）に依存する。しかし，認知的動機が紛争反応に与える効果と，ある信念体系の認知的利用可能性はいずれも状況要因によって影響を受けるであろう。

第10章 紛争解決に対する社会心理学的アプローチ

感情と紛争状況の認知的解釈[★4]

　感情はわれわれの刺激に対する解釈と反応を形成するが，それは時には即座に，制御不能あるいは非意図的に行なわれる（Bargh, 1994）。正負のサイクル，合意を目指した交渉，和解と償いの動機づけといった紛争解決のダイナミックスを分析するに当たって，個人的感情と集合的感情は基本的に重要である（Bar-Tal & Sharvit, 2008; Brown et al., 2008; Jarymowicz & Bar-Tal, 2006）。

■ 恐怖，希望，紛争ダイナミックス

　現代の紛争解決研究は神経科学の進展に影響を受け，個人レベルに焦点を当てた最近の研究知見は，紛争と対立相手に対する反応の形成において感情プロセスが果たす役割を明らかにしている。たとえば，WheelerとFiske（2005）の最近の研究は，異民族集団成員を知覚した際の反応において，扁桃体活性化が与える効果を調べている。彼らは，社会的カテゴリー化課題において観察された参加者の扁桃体反応が，脅威反応パターンに類似していることを見いだした。この知見は，異民族集団の成員に対するネガティブな感情反応が自動的なもので，民族間紛争が非常に容易に喚起されやすいことを示唆している。

　JarymowiczとBar-Tal（2006）の最近の理論によると，脅威状況で自動的に活性化された原初的な恐怖は，紛争時のポジティブな感情を凌駕する傾向がある。結果として，多くの紛争において恐怖は，先制攻撃と敵意を生み出すことがある。紛争エートスによって高められた恐怖の集合的反応傾向は紛争解決に対する深刻な妨害となる（Bar-Tal, 2000b; Bar-Tal & Sharvit, 2008）。恐怖を克服し，希望を喚起することは紛争解決と和解を成功させる前提条件である（第3章参照）。

　恐怖の反応傾向は対決の紛争スキーマと，希望の反応傾向は協力的紛争スキーマと連合している。政治学研究において一般的なタカ派－ハト派の区別を用いてZafranとBar-Tal（2002）は，イスラエル－パレスチナ紛争において，恐怖の反応傾向は紛争に対するタカ派アプローチと強制方略の選好を強め，一方，希望の反応傾向はハト派によくみられ，彼らは協調方略を好むことを示した。それゆえ，恐怖を低減させる試みは協力的紛争スキーマの活性化を促進するであろう。しかし，紛争解決に対する希望の効果がこの感情独自の方向に依存することを考慮に入れる必要がある。もしも人々が敵に打ち勝つことを強く希望するなら，彼らは紛争解決について考えるよりも戦おうとするであろう。

■ 怒りと憎しみ

　怒りは紛争解決に対して致命的効果と有益な効果の両方をもつことが証明されている。Friedman ら（2004）は，怒りが紛争解決に対して非機能的影響を与えることを示した。さらに，怒りを経験することは推論と意思決定を妨害するように思われる。たとえば，怒っている人は他人と交渉する際，不合理にも，相手を罰するためだけに提案を拒否し，損失さえ受け入れる（Nowak et al., 2000; Pillutla & Murnighan, 1996）。怒りは，ある状況においてパワーを保持しているか高い地位にある人々に生じやすく，低い地位の人々は罪悪感や羞恥を経験する傾向がある（Fischer & Rosenman, 2007; Tiedens, 2001）。結果として，高地位あるいはパワーをもつ人々は紛争解決のために，協力や妥協などの建設的方略よりも強制を使用する傾向がある（Callister & Wall, 2001）。怒り経験のネガティブな効果は怒り喚起刺激を認知的に再評価することによって防ぐことができる。たとえば，対立者の行動を敵意のある行為とするのではなく，異議を唱えているだけだといった別のカテゴリーに分類し直すという試みである（Fabiansson & Denson, in press）。

　短時間の怒りと，強くはないが長く続く嫌悪や憎悪の間には重要な違いがある。怒りは不快な状況を変えるための感情的な引き金として働くので，それは紛争解決と和解をもたらす長期的な肯定的効果をもつであろう。他方，嫌悪は対立相手に関するネガティブな評価で，それは非難や排斥をもたらすであろう。Halperin ら（2009）は，イスラエル人を対象に，怒りや憎しみの感情と妥協案支持の間の関係を検討した。パレスチナ人に対して高水準の怒りと低水準の憎しみを示したイスラエル人は，反対パターンの感情反応（低怒り－高憎しみ）を示した人よりも，妥協案に対してより強い支持を表明した。言い換えると，怒りという感情は他の感情（この場合は憎しみ）によって異なる効果をもちうる。興味深いことに，この研究者たちは，憎しみが対立集団（パレスチナ人）に対するイスラエル人の概念，すなわち，対立集団は不変の性質をもっているという信念，つまり対立集団に関する潜在的な実体性理論と関連していることを見いだした。もしも人々に，対立集団が彼らの憎しみを低減させる方向に変化しうるものであると信じさせることができたなら，彼らは，怒り喚起事象を想起させるものに対して，もっと建設的に反応することができたであろう（第3章参照）。

■ 集団間の和解における危害後の自己批判的感情

　紛争状況における怒りは内集団の不正行為によって喚起されることもあり，その場合，怒りは内集団に（あるいは，むしろ集団の意思決定者に対して）向けられる。これは，被害者に償いをしたり，危害に対して責任のあるものを非難したりする姿勢を強める（Iyer et al., 2007; Leach et al., 2007）。集団レベルの自己批判はまた罪悪感や羞恥の感情を生み出すが，社会的評判への関心があれば羞恥はさらに強いものとなる

であろう（Brown et al., 2008; Brown & Čehajić, 2008）。

■ 感情的互酬性

　紛争に対する最初の反応は紛争解決において決定的な影響を与え，敵意の応酬という悪循環を招く恐れがある。それは，代理報復を通して当初の紛争には関与していない人々にも影響を与えることがある（Lickel et al., 2006）。しかし，最初の反応によっては，好意の交換という建設的なサイクルがもたらされることもある（Friedman et al., 2004）。こうした最近の知見は，最初の反応が紛争解決のダイナミックスを形成し，最終的な解決策にも影響を与えるとするDeutsch（1973）の古典的理論，社会的関係の一般法則（crude law of social relations）と合致するものである。しかし，好循環は稀にしか観察されないが（Weingart & Olekalns, 2004），それはたぶん，紛争によって生み出される自動的でネガティブな感情反応が敵意の応酬を通して持続し，その後の相互作用をいっそう激しいものにするからである（Callister & Wall, 2001）。神経科学分野の最近の発見は，攻撃的報復が，実際，脳神経の報酬システムを活性化させて満足感を生み出していることを示しているが（Krämer et al., 2007），これが負のサイクルを進展させるものである可能性がある。

■ インプリケーション

　紛争状況に対する認知的解釈と感情反応の間には相互影響関係がある。紛争状況の認知的解釈が一定の感情反応を喚起する一方で，その反応自体が解釈に影響を与えることもある。つまり，恐怖と怒りは憎しみや嫌悪と結びつき，それが紛争の激化を招き，紛争解決を妨害する。こうした感情の低減は紛争解決のための重要な先行条件であるが，それは敵対者に対する認知表象を変容させ，感情喚起事象の顕著性を低減させるためである。紛争解決の専門家や仲介者に対する実践的示唆としては，対立相手に対する感情反応に対し，可能であれば紛争の初期段階において介入し，これを低減させることであろう。ネガティブな感情を低減させ，希望などポジティブな感情を喚起することは，好意の交換サイクルを始動させやすくするものである。特に，大きなパワーをもっていると知覚される側がこうした一歩を踏み出すならより効果的であろう。

自己関与[5]

　紛争状況は，課題関連の争点として，あるいは関係関連の争点として認知的に解釈される。言い換えると，紛争状況は，信念，利害，目標の相違によって生み出された

不一致と知覚されるか，あるいは自己関与における不一致——自己と社会の不一致と知覚される（Tjosvold, 1998; Tjosvold & Sun, 2000）。これら2種類の不一致は実生活における紛争にはともに含まれているし，紛争が激化するにつれて，関係関連の争点はますます重要となる。この事実は，紛争解決プロセスに対して重要な意味がある（De Dreu & Weingart, 2003; Shnabel & Nadler, 2008）。

■ 紛争における所有自己

多くの紛争は不一致の問題からスタートする。資源をどのように分割するか，これを適切に行なうため諸課題をどのように設定し，どのように取り組むかなどに関する不一致から生じる。両者は問題に関するそれぞれの主張に基づいて異なる立場をとる。しかし，こうした主張はすぐに自己と連合し，やがて拡張された自己の一部となる（De Dreu & van Knippenberg, 2005）。結果として，異なる主張は自己の立場に対して脅威を与えるだけでなく，自我脅威となる。それゆえ，当事者は自己の立場を合理的帰結と信じて相手の立場を変えようと説得するが，それは相手にとっては個人的攻撃と知覚される。

紛争を予期するだけで，自己高揚効果あるいは自己防衛効果を生み出すことがある。他者の見解や主張が自己のものと異なるであろうと予期すると，彼らは自分の立場と自己を同一化し，自分の主張の価値を過大視する傾向がある。こうした効果は自己概念の明瞭性が高い人ではあまりみられないが（De Dreu & van Knippenberg, 2005），もっと重要なこととして，この効果は，意思決定者の認知的動機が高まると，あるいは意思決定プロセスの説明責任を意識することによって消失する（De Dreu et al., 2000, 2008; Sedikides et al., 2002）。意思決定の背後にある推論を他者に説明することを予期すると，彼らの潜在的な認知的バイアスは低減する。

■ 自己イメージと社会的面子

自分の立場にただちに個人的同一化をすることは，動機づけの面でも影響を生じさせるが，それは評判や社会的面子（social face）に対する関心とも連動する。社会的面子とは社会的に望ましい属性の観点から定義された自己イメージであり（Goffman, 1967），対人間葛藤や集団間紛争の場面では，パワーと強さがそうした属性にあたる（Duetsch, 1962）。Cohenら（1996）が示したように，侮辱を受けて社会的面子を失ったと自己知覚することは，とりわけ名誉の文化（アメリカの南部諸州に共通）の成員にとっては，知覚された敵に対する攻撃性を高める。

西洋，東洋いずれの研究においても，相互の社会的面子に対する関心は，以下に詳しく述べるように，特に協力的紛争スキーマと競争的紛争スキーマのどちらが喚起されるか，また認知的動機づけが高まるかどうかなどにおいて重要な役割を果たすこと

が確認されている。立場と主張をめぐる話し合いの前に，対立相手の社会的面子を認めることは友好的な社会的雰囲気をつくる。対立相手のパワーと強さを認めることは，異なる意見を述べたり，批判を行なうことを認め合ったりすることであり，有害な自我脅威効果を最小にすることができる（Tjosvold & Sun, 2000）。紛争相手に対して尊重の気持ちを伝えることは，協力的目標を強め（あるいは協力的紛争スキーマ），それが受容性と寛容性を高める。社会的面子関心が満たされた個人は対立相手の主張にも関心をもち，それを正しく理解し，共同の利害を追及しようと努力する。こうした結果は，社会的評判に対する関心が満たされることによって，課題遂行と交渉において，実際に，より満足すべき結果がもたらされることを示唆している。Simon と Stuermer（2003）が集団内関係に関して示したように，個人的尊重を示すことは集団や制度に対する成員のコミットメントの基礎となり，彼が不利な決定ですら受容することをうながす。対照的に，対立相手の強さを過小視して，その社会的自己イメージを傷つけることは，寛容性を低下させ，差異を強調することになりやすい（Tjosvold & Sun, 2000）。

■ 紛争における被害者と加害者のアイデンティティ脅威

敵意のある紛争においては，両者ともたいていアイデンティティに対する脅威を経験するが，その脅威は被害者と加害者では異なる。被害者は，被害者であることから生ずるすべての不利な事柄に加えて，パワー喪失と自己イメージに対する脅威を経験するが，一方，加害者は，尊敬されるべき人間であるという自己の道徳的イメージに対する脅威を経験する。対立相手のアイデンティティに対するこうした象徴的脅威を除去することは，集団間の和解にとって重要な前提条件のように思われる（Shnabel & Nadler, 2008）。ユダヤ−アラブ関係，ドイツ−ユダヤ関係に関して示されてきたように（Shnabel et al., 2009），被害者と過去の加害者が異なる社会的欲求を互いに満足させ合うことは，和解への意欲を高める。加害者（ユダヤ人とドイツ人）に送られた社会的受容のメッセージと被害者集団のエンパワーメント（言い換えると，社会的面子の確認）は，アイデンティティ脅威関心を満足させる社会的交換である。

こうした知見からみて，長い紛争の歴史をもつ解決困難な紛争のケースでは，社会的面子関心と尊重欲求は，被害者集団と過去の加害者集団の両方にとって特に重要と思われる。

■ インプリケーション

長期化した紛争では，個人的・集合的アイデンティティと自尊心が重要な関心事となる。自己防衛と自己高揚は——個人にとっても社会的自己にとっても——紛争における重要な動機となり，これらの動機は競争的紛争スキーマを助長する傾向がある。

紛争解決プロセスでは，それゆえ，ポジティブな自己イメージに対する欲求を認め合う必要がある。研究知見は，長い攻撃の歴史をもつ大規模な（解決困難な）紛争において社会的面子関心と尊重への欲求が特に重要であることを示唆している。こうした社会的欲求は相互に満たされる必要があるが，それは現実の紛争では特に達成困難なものであろう。

紛争解決とパーソナリティ

紛争状況に対するアプローチを形成する際，性格傾向が重要な役割を果たすと期待することには十分な理由がある。

■ 協調性と他者に対する無条件の尊重

主要5因子モデルでは，紛争状況における社会的機能と一般的に結びついている性格特性は協調性（agreeableness）であるとみられている。協調性とは，社会的調和と協力への願望における個人差を表わす（Graziano & Eisenberg, 1997）。協調性の高い個人は他者に対して感情的反応性が高く，血縁関係や共感といった援助の一般的促進因がないときですら，他者を援助する傾向がある（Graziano et al., 2007）。協調性の高い個人は低い個人に比べて，強制やパワーの主張を不適切として容認しない。協調性の低い個人は高い人に比べて，紛争をより永続的と知覚し，対立相手をより激しく攻撃する（Graziano et al., 1996）。発達心理学者たちが示唆しているように，協調性の発達は社会的状況における欲求不満と怒りの制御努力から生じる（Ahadi & Rothbart, 1994）。協調性は（外向性とあわさると）分配的交渉，すなわち，増えることのない固定資源をどう分配するかをめぐる交渉において成功するかどうかに影響を与えることが見いだされてきた（Barry & Friedman, 1998）。協調性の高い個人は，その高い交渉能力のおかげで，「ウィン-ウィン（win-win）」解決策を発見する統合的交渉においても成功する可能性が高い（Amanatullah et al., 2008）。

紛争状況において重要な役割を果たす別の性格特性は，地位，勢力，集団成員性，個人業績などにかかわらず無条件に他人を尊重することである。無条件の尊重とは，どんな社会的場面においても，道徳的に他者を同じ人間とみなす一般化された態度である。集団間紛争の文脈においては，無条件の尊重は個人レベルの変数として，外集団に対する敵対的行動傾向を低減させる（Lalljee et al., 2009）。自分の立場がどうであれ他者を尊重する傾向をもつ人々は，紛争において，たとえ外集団が脅威と知覚されても，これに対する攻撃行動や回避行動をとる傾向が低い（北アイルランドにおけるプロテスタント教徒とカトリック教徒のケースのように）。

■ 純粋の共同性

　純粋の共同性（unmitigated communion）は協調性のより極端な形態であり，それは「自己を無にして他者に関心を向けること」である（Fritz & Helgeson, 1998, p.121）。そうした特徴をもつ個人は，極端に高い自己評価基準をもち，自己を否定的に評価する傾向があることが見いだされている（Helgeson & Fritz, 1998）。人格特性としての純粋の共同性は，それゆえ，自己防衛性であり，自己の社会的イメージ，あるいは社会的場面において他者の眼に映る自己価値に不安をもっている。紛争解決において，相互協力が適切な反応である時にも，純粋の共同性は一方的な譲歩をもたらす。こうした不必要な譲歩は，付加的な経済的価値を生み出す前に交渉を終わらせるので，統合的交渉を妨害するが，対立相手は交渉自体については満足するであろう。興味深いことに，こうした効果は企業の重役たちの間にも観察される（Amanatullah et al., 2008）。

■ 社会的価値志向

　社会的価値とはある特定の社会的帰結に対する個人的選好と定義され（McClintock, 1972），1973年に刊行された Deutsch の古典的著作以来，紛争解決研究の中心テーマとなってきた。社会的価値志向の理論は，紛争当事者双方の安寧に対する関心には個人差があるという仮定に基づいている（Messick & McClintock, 1968）。実証研究においては3種類の社会的価値に焦点が当てられてきた。それは，他者に対する自己の優位を最大化しようという傾向（競争的志向），共同利益を最大化しようという傾向（順社会的志向），他者への配慮なく自己の利益のみを追求しようとする傾向（個人主義的志向）である。順社会的志向は，個人主義的志向や競争的志向よりも社会的ジレンマにおいて協力を促進すること，一方，競争的志向は最も裏切りを促進し，協力を促進しないことが見いだされてきた。

　おそらく，社会的価値の行動に対する効果は，異なる社会的志向をもつ個人がジレンマを認知的に異なるものに「変換」するということから生じる（Kelley & Thibaut, 1978）。異なる社会的志向をもつ人々は紛争状況に対して異なる解釈をする傾向がある（Simpson, 2004）。たとえば，社会的価値志向研究において一般に使用される囚人のジレンマ・ゲームを，個人主義者は競争の観点から解釈する傾向がある。結果として，彼らには有意に協力反応が少ない。反対に，順社会的志向の人々は，同じ水準の囚人のジレンマを信頼ジレンマ（assurance dilemma）と解釈して，裏切りではなく協力反応を行なうことが示されている。重要な点として，社会的価値志向に関する近年の統合モデルによれば（Van Lange, 1999），順社会的志向は共同の成果に関心があるだけではなく，それら成果の平等性にも関心がある。順社会主義者たちは，実際，相手の知覚された協力度に応じて協力を返報することが示されているが，成果の平等

性に関心をもつことは，不必要に大きな譲歩をしたり相手から搾取されたりすることを防ぐものである。この理論も，順社会的・保護的な関係志向と純粋の共同性が紛争時の社会的機能に与えるさまざまな影響を理論化したものの1つとみなすことができる。

社会的志向性が状況的手がかりによって変化しうることを示唆する多くの研究があることは，もっと重要である（Grzelak, 1994）。葛藤を競争的とフレーミングするか協力的とフレーミングするかによって，それがたとえ潜在レベルのものであっても，競争に向けた反応が増えたり，協力に向けた反応が増えたりする。たとえば，囚人のジレンマ・ゲームのプレーヤーはゲームの名称（認知的プライミングとして用いられる）によって方略選択が変化する。同じゲームだが，コミュニティ・ゲーム（協力プライミング）とよばれるときよりもウォール・ストリート・ゲーム（競争プライミング）とよばれるときの方が，プレーヤーたちははるかに頻繁に協力よりも裏切りを選択した（Kay & Ross, 2003）。社会的行動に対する状況的手がかりの効果は自己概念の顕著さによって制限される（Smeesters et al., 2009）。社会的価値志向（向社会的であれ向自己的であれ）と結びついた自己概念に対して慢性的にアクセシビリティが高いとか，最近これが活性化されたことがあったりすると，紛争をフレーム化する状況的手がかりの効果は緩和される。他方，一貫性の低さは社会的行動に対する状況的手がかりの効果を強める。

■ むずかしい人格

時には，紛争当事者が，紛争解決のプロセスを強く妨害する性格特性の特殊な組み合わせをもっていることがある。敵意，極度の顕在的攻撃性，受動的攻撃志向，強い他罰傾向などは，交渉を台なしにする性格特性のほんの一部である（Sandy et al., 2006）。こうした特性が集団の指導者のものである場合には特に有害である。しかし，こうした属性も，他の性格特性がそうであるように，状況によって強さが変化するであろう。

■ インプリケーション

協調性や社会的価値志向などの性格特性は紛争状況の認知的解釈において重要な役割を果たす。しかし，それらの影響は状況的手がかりによって変容される。変容の程度はある特性の安定性（内的一貫性）に依存するし，一貫性の高い特性は状況的手がかりに対して一定の抵抗力を示すであろう。[★6]

集団プロセス

紛争ダイナミックスと紛争解決プロセスはさまざまの心理的メカニズム——知覚的,認知的,情動的,人格的メカニズム——に依存する。集団の力はこれらのメカニズムの重要な特徴に影響を与える。

■ 集団の力

Abelson, R. B. によると,集団の力は集団内と集団間によって異なる。集団の力は,集団内文脈では等質化を,集団間文脈では極化をうながす (Huckfeldt et al., 2004)。内集団 – 外集団の区別はカテゴリー化プロセスと社会的アイデンティティ形成の結果である (Hogg, 2003; Tajfel et al., 1971; Turner et al., 1987)。内集団等質性は,信念の一致 (Siegel & Siegel, 1957),共有された認知 (Bar-Tal, 2000a; Tindale et al., 2003),ライフ・スタイル,嗜好などの類似性拡大,共通の集団規範の形成 (Sherif, 1936; Turner & Kilian, 1987),好意,連帯感,内集団びいき (Tajfel et al., 1971) などさまざまな形で現われる。これら集団の力は相乗傾向 (synergic tendencies: ST) とよばれる。他方,差異の拡大,嫌悪,ネガティブな反応傾向などのネガティブなプロセスは内集団 – 外集団関係において生じやすいが (Turner & Reynolds, 2003),これは拮抗傾向 (antagonistic tendencies: AT) とよばれる。事実,こうしたネガティブな反応は,内集団 – 外集団の単なる差異が内集団 – 外集団対比 (正反対の特徴) と知覚されることによって喚起される。特に,ライフ・スタイルと価値の差異は内集団に対する象徴的脅威と解釈され (Brewer, 2007),偏見を発生させる傾向がある。

内集団 – 外集団区別の1つの重要な効果は劣等人間化 (infrahumanization) である。これは,人間的性質は内集団に限定されたもので,外集団成員はより劣等な性質をもっているという信念である (Cortes et al., 2005; Leyens et al., 2001)。この区別はまた道徳的優位性の感覚や不信感と結びついている。こうした態度は集団指導者の意図的な政治的操作により先鋭化することがあるが,外集団に対する加害の結果として生じることもある (Castano & Giner-Sorolla, 2006)。こうした効果の強さは内集団同一化の程度に依存する。内集団と外集団の差異は,内集団に強く同一化し,集団間紛争をより激しいものと知覚する人たちではより拡大して知覚される (Riketta, 2005)。このことは,集団同一性を強化し,それをより顕著にする要因が拮抗傾向を強めるものであることを意味する。

拮抗傾向は競争的紛争スキーマを促進する傾向があり,一方,相乗傾向は協力的紛争スキーマを促進する。内集団文脈で起こる紛争と不一致は不協和を発生させるが,相手を説得したり自己の立場を変えたり,あるいはその他の手段によって集団合意を

形成する動きを生み出す（Matz & Wood, 2005）。しかし，十分に解決されない内集団紛争は集団の崩壊をもたらすであろう。

■ **集団規範**

紛争状況における反応は集団規範によって変化する。たとえば，手続き的公正の規範が尊重されている組織では，紛争は平和的に解決されやすい（Aquino et al., 2006）。紛争状態にある集団間の相互作用の結果として集団規範が形成されることもある。このプロセスの好例は，群衆と警察の衝突の中から形成された集団規範を記述したReicher（1996）にみられ，彼は，双方の行動がお互いの対決的規範の形成に貢献したことを示している。集団はまた，審議規範の例のように，紛争状況に対する協力的アプローチを促進する規範を採用することもある（Gutmann & Thompson, 1996; Reykowski, 2006）。

紛争状況における行動は，特定の集団や環境の中で形成されてきた規範に依存するだけではなく，全体文化や下位文化の中で機能しているより一般的な規範にも依存する。紛争解決に関連した文化的規範としては，特に集団主義・個人主義の違いがある（Jetten et al., 2006; Tinsley, 2001）。集団主義文化においては，さまざまな規範が集団内紛争における調和維持方略を推奨し，一方，外集団との関係においては競争を適切な反応としている。個人主義文化では内集団関係と外集団関係にかかわる規範の違いはあまり顕著ではない（Triandis & Trafimow, 2003）。それは，個人主義者が凝集性の高い集団の形成に積極的ではないという事実と関連がある。とはいえ，内集団－外集団カテゴリー化は普遍的な現象であり，その効果も普遍的である。紛争を抑制し，怒りや敵意の表出を制御する規範（礼儀正しさのように）においても重要な文化的差異がある（Cohen et al., 1999）。名誉の文化において，報復の規範は紛争当事者たちの行動を規定する（Nisbett & Cohen, 1996）。

■ **集団の力と紛争解決**

集団の力に関してわれわれがもっている知識からすると，どんな社会システムにおいても社会的カテゴリー分化こそが人々の間に分断を生じさせる原因であるように思われる（Brewer, 2007）。それゆえ，この「分断」を除去し，変容させることこそが紛争予防と紛争解決のための重要な因子であると考えることができる。こうした変容の前提条件に関してはいくつかの理論的提案が行なわれてきた。その1つは，Allport（1954）が最初に提起したものだが，近年，Pettigrew（Brown et al., 2006; Eller & Abrams, 2004; Pettigrew & Tropp, 2008）が理論的に再構築を試みている集団間接触の理論である。集団間接触は一定の条件下では偏見の低減をうながすが，より深刻な紛争ではあまり効果が期待できない。深刻で激しい紛争，特に解決困難な紛

争では，敵意をもった集団同士の接触が互いの敵意を交換するだけになりやすい。それは，実際には，紛争を鎮めるというよりもむしろ激化させることになりかねない。

　別の理論的提案は，支配的な社会的カテゴリー化を変容させることを強調するものである。共通内集団アイデンティティ・モデル（common in-group identity model: CIIM）によると，複数の集団に共通した1つの内集団カテゴリーを付与し，それぞれ自分たちをその中の一単位であると知覚するように再カテゴリー化を行なわせるなら，それは外集団バイアスを低減させ，集団間接触に参加しようという意欲を高める。この効果は多くの実験的研究において示されている（Dovidio et al., 2007; Gomez et al., 2008）。

　このモデルが示唆する重要な点は，対立する集団の成員たちが，1つの共通集団の成員となることによって互いに対する態度を変化させることである。これは紛争解決プロセスにとっても重要な意味をもつに違いない。とりわけ，上位アイデンティティの基盤形成はネガティブな感情の強度を弱め，紛争解決手段を見いだす上で有益な相乗傾向をうながすであろう。

　しかし多くの状況において，この共通した上位アイデンティティの形成は容易ではない。なぜなら，人々は既存のアイデンティティを新しいものに交換することを好まないからである。既存のアイデンティティに対して強力な社会的サポートがある場合は特に困難である。この問題に取り組んだDovidioら（2007）は「二重アイデンティティ」の創生を示唆している。「もしも人々が自分たちを別々の集団のメンバーとみなし続けていても，同時に同一の上位集団の一員でもあるとみなすなら，これら下位集団間の関係はよりよいものになるであろう……」（p.301）。Dovidioらはこの主張を支持する実証的知見を提供しているが，一方，二重アイデンティティの問題を示すさまざまなデータもある。とりわけ共通アイデンティティは，それが人々にとって個別の社会的アイデンティティによって生きることを妨害するように感じられたときには拒否される傾向がある。その例はSindicとReicher（2008）の研究にみられ，英国人（British）アイデンティティが自分たちの規範，価値，重要性に従って生きる能力を蝕んでいると感じたスコットランド人参加者たちは，かなり強い分離主義的態度を示し，上位アイデンティティを拒否した。

　二重アイデンティティのアプローチがもつもう1つの限界点として，Wenzelら（2007）は，内集団投影モデル（in-group projection model, Mummendey & Wenzel, 1999）に基づいて，二重アイデンティティの形成は集団間に共通の比較基準をつくることであり，どの集団がより典型的であるか，ひいては，どの集団がより重要で高い威信を与えられるべきかといった競争を集団間に生み出す傾向があると主張する。つまり，共通内集団アイデンティティ・モデルとは違って，この内集団投影モデルは，上位アイデンティティを単に共有するだけでは友好的な集団間関係の構築に不十分で

あると指摘する。友好的関係のためには，上位アイデンティティについて，それが集団間の差異を正当と認めるものであり，同時に，各集団に対してポジティブな価値を付与する——それらは同じように典型的とみなされる——という共通理解を形成することが必要である。このことは，共通アイデンティティというものは，かなり複合的なもの——互いに他の集団を対等と知覚するようにうながす複合的表象——であることを意味している。

共通アイデンティティあるいは二重アイデンティティは，おそらく，互いに対するバイアスの低減と紛争解決プロセスの活性化のために重要な因子であるが，その効果は，紛争状況においてどの規範が焦点を当てられるかに依存する。共通アイデンティティは，紛争への協力的アプローチをうながすさまざまな規範を活性化するであろうが，しかし，実際には，その中に紛争解決に特に有益なものとそうでないものが含まれている。強制よりも説得の方が優勢な方略であるべきだという信念は，内集団紛争では紛争激化を防ぐ上では役に立つが，多くの場合，紛争を処理する上でこれだけでは不十分である。対立者同士が双方向的討論規範（norms of deliberative debate）を受け入れるなら，紛争の建設的解決は促進されるといわれてきた。双方向的討論規範では，平等性と相互尊重の態度，視点取得，差異の理性的分析などを必要とする（Gutmann & Thompson, 1996; Reykowski, 2006; Rosenberg, 2003）。

国家間，宗教集団間，民族集団間に起こっている大規模な紛争の場合でも，ある種の共通アイデンティティや共通規範の形成は可能であろうか。こうした紛争においても，両陣営を分離するのではなく統合すると知覚される要素を探求することは一定の潜在的可能性を秘めている。Pyszczynski ら（2008）は，多くの世界観は——宗教的であれ，非宗教的であれ——慈悲や非暴力といった共通の価値を推奨していると主張する。実存的不安が喚起されたとき，こうした価値を強調することは紛争の平和的解決志向を強めるであろう。この研究者たちはこの推論を支持すると思われるデータを提供している。

集団間紛争の解決：主要因子の概観

集団間紛争は，当事者たちの経済的・社会心理的な資源が枯渇し，あるいは外部からの介入や調停などの圧力によって低減，抑制，あるいは終熄することがある。しかし，紛争当事者の一方が強大な相手によって圧倒され打ち負かされる場合も同様の結果となる。この場合，紛争解決が満足のいくものでない限り，機会さえあれば，たとえ何百年後であろうと，紛争は再燃する可能性がある。紛争解決には当事者たちの協調努力が必要である。つまり，当事者たちは，脅迫，強制，計略，欺瞞などではなく，

集合的な問題解決への動機づけを多少なりとももたなくてはならない。当事者たちは協力的アプローチをとらなければならない。それは交渉という考えを受け入れることと同じではない。交渉は紛争解決のための重要な道具とみなされるが，紛争が続くときにはそれは新たな戦場と化してしまう恐れもある（第11章参照）。

■ 協力的アプローチをうながす因子

ある人々にとって協力的アプローチは，彼らの道徳的あるいはイデオロギー的思考から生じるであろう。しかし，悪意に満ちた延々と続く紛争の場合，こうした考え方をとることができる人は少ない。大多数の人がこうしたアプローチをとることができるのは特別な状況，すなわち，完全な勝利は不可能であり，また闘争の継続は物的・人的コストを増やすだけであることをはっきりと理解したときである（Bar-Tal & Halperin, 2009）。このようなとき，紛争解決策を見いだすための重要な前提条件は，知覚されたパワー・バランスである（Coleman, 2006a）。客観的なパワー・バランスは，強い情動や願望的思考によって誤って知覚されることがある。情動は，客観的にはその可能性がきわめて低いときにも究極の勝利という非現実的希望を育み，敵に協力するという考えを拒絶させる。さらに，ある紛争では，人々は勢力関係を無視し，人的・物的コストにこだわらないことさえある。それは，自分たちの基本的・実存的欲求と神聖な価値が根本から脅かされていると感じ，対立者を，人間性をもたない許すことのできない敵と知覚している場合であり，そうした場合，紛争解決は考慮の範囲外に置かれる。ただ1つの選択肢は「勝利か，死か」なのである。

■ 共通価値と共通目標の重要性

「われわれ」対「彼ら」という峻別があるにもかかわらず，両者がある共通点をもっていることを理解し始めるなら，パワーバランスが協力的アプローチを引き出すこともある。実際，紛争中の集団同士は社会的真空状態に置かれているわけではないので，こうした考え方には確かな根拠がある。両者はより大きな社会システムに所属し，彼らの規範と価値は上位の規範・価値システムと結びついている。さらに，彼らの利害もまた，客観的には多くの点で相互に関連し合っている（Deutsch, 1973）。紛争状態にある家族同士はいくつかの社会的ネットワークにともに所属している。対立する社会経済的集団同士あるいは民族集団同士も，通常，国家という組織の一員である。紛争状態にある国家同士もまた，国際的組織に所属している。結果として，上位の価値，規範，利害は敵対するもの同士に影響を与え，その行動を制限することができる。そしてもっと重要なことは，上位システムが，紛争当事者に対して共通の価値空間と共通の利害関心を提供するという点である。つまり，多くの違いはあるにしても，両陣営がともに分かち合う何がしかの要素は存在するということである。紛争状

況ではこうした共通要素は認知されないが，それらに関係者全員の注意をうながし，それらを際立たせることは常に可能である。

　最も悪性の紛争，最も野蛮な行為は，共通価値空間を伴う上位集団の一員であるという感覚が完全に失われているときに発生する。たとえば，内戦を引き起こすのは国家システムの崩壊であり，これに加わる人々は，対立する民族的，宗教的，政治的集団と自分たちは何1つ共通点がないと信じるようになる。大規模な非人間化と歯止めのない破壊的行為はこうした事態の結果である。紛争当事者たちが何か重要な共通点をもっていることに気づくこと，特に，少なくとも部分的には共通の価値空間を共有し，共通の利害と目標をもっていると認識することは，紛争状況を協力の観点から解釈する，すなわち，協力的紛争スキーマを活性化する基礎となるものである。

■ 態度と規範

　協力的紛争スキーマは，相手との間でパートナーシップ関係を育むような態度や規範を強める。こうした態度の1つは相互尊重である。尊重の態度は，相手からみて攻撃あるいは利害・価値を軽視していると知覚されかねない行動を抑制する。多くのあるいはたいていの紛争においては，自己アイデンティティと自己価値感を保護することが主要な目標にあるという事実からみて，尊重の態度は合意を妨害する深刻な問題を改善するであろう。紛争に巻き込まれている当事者は，こうしたアプローチの意義を明瞭には意識していない。彼らの多くは，紛争時の「自然な」行動とは，自己の強さと相手に対する優位を誇示することであると信じている。紛争解決のためにはこうした行動は何の役にも立たない。

　パートナーシップの規範は，多少なりとも，視点取得——紛争状況を相手のサイドからみる努力——を求める。視点取得は効果的コミュニケーションの前提条件である。しかし，それは，自己の目標を引き下げる純粋の共同性と同じではない。それはむしろ，両陣営の価値と利害を協応させることを目指すものである[★7]。

■ 紛争状況の合理的分析の重要性

　利害と優先事項が異なるとき，これを一致させることは，とりわけ根深い紛争においては非常に困難な課題である。これには，豊富な知識と高度の認知的能力に基づく合理的分析が必要である。つまり，この課題には高水準の認知機能が求められる。認知機能の水準は紛争状況に対する人々のアプローチと関連している。競争的志向は協力的志向と違って，個人の問題解決能力を低下させ，心をかたくなにし，自己中心的バイアスを喚起する（Carnevale & Probst, 1998）。

　認知機能の低下は恐れ，怒り，憎しみなどの強い情動覚醒からも生じる。こうした情動は，過去の不正，被害，残虐行為などの記憶が強まると喚起されやすい。強い負

の情動覚醒をもたらす事象（たとえば，対立者の敵対的行為を想起すること）は紛争解決プロセスを抑制するであろう。しかし，過去の被害は集団的経験の非常に重要な一部なのでそれらを無理に抑えることは道徳的に不当であるだけでなく集団アイデンティティにとっても有害である。事実，過去の不正義が無視されるなら，満足できる紛争解決を実現することはできない。しかし，このことは，過去の記憶と現在の問題とを同時に扱うべきであるということを意味するものではない。紛争解決は2段階のプロセスとして扱うのがより現実的であろう。第1段階では問題解決に焦点を当て，主として現在の問題と未来に目を向け，第2段階では苦痛に満ちた経験と和解をメインテーマとする。[★8] これら2つの段階は互いに妨害し合うので，紛争解決を成功させるにはそれらを分離することが重要であろう。しかも，現在直面する問題を成功裏に解決できれば，それは実際，将来の和解にも有益であろう。

■ 結びに

紛争状況ではたいていの場合，紛争解決が望ましく，またそれが正当な目標である。しかし，これを合意と混同してはならない。基本的人間性と道徳的価値が危機に瀕しているような紛争では，第2次世界大戦がそうであったように，強大な力の行使が避けられないであろう。

原注

- ★1：本章は主として1995～2010年に刊行された近年の研究に焦点を当てている。それは，それ以前の研究は1998年に刊行されたGilbertらの大著によってカバーされていると考えるからである。
- ★2：第2著者は本執筆に際して，ポーランド科学財団のSTART奨学金による助成を受けた。
- ★3：Bar-Tal（2007）とColeman（2006b）は制御不能な紛争についてさまざまな定義を紹介している。彼らはこの現象の特徴を広範に論じている。
- ★4：第5章参照。
- ★5：第5章参照。
- ★6：紛争ダイナミックスと紛争解決におけるパーソナリティの役割についてのより幅広いレビューについてはSandyら（2006）を参照のこと。
- ★7：心理学の文献では，紛争参加者の態度や規範を変えるためのさまざまな手続が示されてきた。最もよく知られているのは，Kelmanによって開発された相互作用的問題解決ワークショップである（Kelman & Fisher, 2003）。
- ★8：和解の問題は第12章において論じる。

■■■ 引用文献 ■■■

Ahadi, S. A., & Rothbart, M. K. (1994). Temperament, development, and the Big Five. In W. C. F. Halverson, G. A. Kohnstamm, & R. P. Martin (Eds.), *The developing structure of temperament and personality from infancy to adulthood* (pp. 189-208). Hillsdale, NJ: Erlbaum.

Allport, G. W. (1954). *The nature of prejudice*. Garden City, NY: Doubleday Anchor.
Amanatullah, E. T., Morris, M., & Curhan, J. R. (2008). Negotiators who give too much: unmitigated communion, relational anxieties, and economic costs in distributive and integrative bargaining. *Journal of Personality and Social Psychology*, **95**, 723-738.
Aquino, K., Tripp, T. M., & Bies, R. J. (2006). Getting even or moving on? Power, procedural justice, and types of offense as predictors of revenge, forgiveness, reconciliation, and avoidance in organizations. *Journal of Applied Psychology*, **91**, 653-668.
Atran, S., & Axelrod, R. (2008). Refraining sacred values. *Negotiation Journal*, **24**, 221-246.
Bargh, J. A. (1994). The four horsemen of automaticity: Awareness, efficiency, intention, and control in social cognition. In R. S. Wyer, Jr. & T. K. Srull (Eds.), *Handbook of social cognition* (2nd ed., pp. 1-40). Hillsdale, NJ: Erlbaum.
Barry, B., & Friedman, R. (1998). Bargainer characteristics in distributive and integrative negotiation. *Journal of Personality and Social Psychology*, **74**, 345-359.
Bar-Tal, D. (1998). Societal beliefs in times of intractable conflict: The Israeli case. *International Journal of Conflict Management*, **9**, 22-50.
Bar-Tal, D. (2000a). *Shared beliefs in a society*. Thousand Oaks, CA: Sage.
Bar-Tal, D. (2000b). From intractable conflict through conflict resolution to reconciliation: Psychological analysis. *Political Psychobgy*, **21**, 351-365.
Bar-Tal, D. (2007). Socio-psychological foundations of intractable conflicts. *American Behavioral Scientist*, **50**, 1430-1453.
Bar-Tal, D., & Halperin, E. (2009). Overcoming psychological barriers to peace process: The influence of beliefs about losses. In M. Mikulincer & P. R. Shaver (Eds.), *Prosocial motives, emotions and behaviors: The better angels of our nature* (pp. 431-448). Washington, DC: American Psychological Association Press.
Bar-Tal, D., Kruglanski, A. W., & Klar, Y. (1989). Conflict termination: An epistemological analysis of international cases. *Political Psychobgy*, **10**, 233-255.
Bar-Tal, D., & Sharvit, K. (2008). Psychological foundations of Israeli Jews' reactions to Al Aqsa Intifada: The role of the threatening transitional context. In V. M. Esses & R. Vernon (Eds.), *Explaining the breakdown of ethnic relations: Why neighbors kill* (pp. 147-170). Oxford: Blackwell.
Biruski, D. C., & Ajducovic, D. (2009). Intergroup reconciliation or social reconstruction: A scale for measuring social recovery after the war. *Paper presented at Small Group Meeting of European Association of Social Psychology*, September 7-10, 2009, Herzliya.
Brewer, M. B. (2007). The social psychology of intergroup relations: Social categorization, ingroup bias, and outgroup prejudice. In A. W. Kruglanski & E. T. Higgins (Eds.), *Social psychology* (pp. 695-715). New York: Guilford Press.
Brown, R., & Čehajić, S. (2008). Dealing with the past and facing the future: Mediators of the effects of collective guilt and shame in Bosnia and Herzegovina. *European Journal of Social Psychology*, **38**, 669-684.
Brown, R., Eller, A., Leeds, S., & Stace, K. (2006). Intergroup contact and intergroup attitudes: A longitudinal study. *European journal of Social Psychology*, **37**, 692-703.
Brown, R., González, R., Zagefka, H., Manzi, J., & Čehajić, S. (2008). Nuestra Culpa: Collective guilt and shame as predictors of reparation for historical wrongdoing. *Journal of Personality and Social Psychology*, **94**, 75-90.
Callister, R. R., & Wall, J. A. Jr., (2001). Conflict across organizational boundaries: Managed care organizations versus health care providers. *Journal of Applied Psychology*, **86**, 754-763.
Carnevale, P. J., & Probst, T. M. (1998). Social values and social conflicts in creative problem

solving and categorization. *Journal of Personality and Social Psychology,* **74**, 1300-1309.
Castano, E., & Giner-Sorolla, R. (2006). Not quite human: Infrahumanization in response to responsibility for intergroup killing. *Journal of Personality and Social Psychology,* **90**, 804-818.
Chong, D., & Druckman, J. N. (2007). Framing public opinions in competitive democracies. *American Political Science Review,* **101**, 637-655.
Cohen, D., Nisbett, R. E., Bowdle, B. F., & Schwarz, N. (1996). Insult, aggression, and the soudiem culture of honor: an "experimental ethnography". *Journal of Personality and Social Psychology,* **70**, 945-960.
Cohen, D., Vandello, J., Puente, S., & Rantilla, A. (1999). "When you call me that, smile!" how norms for politeness, interaction styles, and aggression work together in southern culture. *Social Psychology Quarterly,* **62**, 257-275.
Coleman, P. T. (2006a). Power and conflict. In M. Deutsch, P. T. Coleman, & E. C. Marcus (Eds.), *The handbook of conflict resolution* (pp. 120-143). San Francisco: Jossey-Bass.
Coleman, P. T. (2006b). Intractable conflict. In M. Deutsch, P. T. Coleman, & E. C. Marcus (Eds.), *The handbook of conflict resolution* (pp. 533-559). San Francisco: Jossey-Bass.
Coleman, P. T., & Deutsch, M. (2006). Some guidelines for developing a creative approach to conflict. In M. Deutsch, P. T. Coleman, & E. C. Marcus (Eds.), *The handbook of conflict resolution* (pp. 402-413). San Francisco: Jossey-Bass.
Cortes, B. P., Demoulin, S., Rodrigues, R. T., Rodrigues, A. P., & Leyens, J. P. (2005). Infrahumanization or familiarity? Attribution of uniquely human emotions to the self, the ingroup, and the outgroup. *Personality and Social Psychology Bulbtin,* **31**, 243-253.
De Dreu, C. K. W., Koole, S., & Steinel, W. (2000). Unfixing the fixed pie: A motivated information-processing approach to integrative negotiation. *Journal of Personality and Social Psychology,* **79**, 975-987.
De Dreu, C. K. W., Nijstad, B. A., & van Knippenberg, D. (2008). Motivated information processing in group judgment and decision making. *Personality and Social Psychology Review,* **12**, 22-49.
De Dreu, C. K. W., & van Knippenberg, D. (2005). The possessive self as a barrier to conflict resolution: Effects of mere ownership, process accountability, and self-conceptclarity on competitive cognitions and behavior. *Journal of Personality and Social Psychology,* **89**, 345-357.
De Dreu, C. K. W., & Weingart, L. R. (2003). Task versus relationship conflict, team performance and team member satisfaction: A meta-analysis. *Journal of Applied Psychology,* **88**, 741-749.
Deutsch, M. (1962). Cooperation and trust: Some theoretical notes. In M. Jones (Ed.), *Nebraska symposium on motivation* (pp. 275-319). Lincoln, NE: University of Nebraska Press.
Deutsch, M. (1973). *The resolution of conflict: Constructive and destructive processes.* New Haven, CT: Yale University Press.
Dovidio, J. F., Gaertner, S. L., & Saguy, T. (2007). Another view of "we": Majority and minority group perspectives on a common ingroup identity. *European Review of Social Psychology,* **18**, 296-330.
Dunlop, J. T. (1983). The negotiation alternative in dispute resolution. *Villanova Law Review,* **29**, 1421-1448.
Eller, A., & Abrams, D. (2004). Come together: Longitudinal comparisons of Pettigrew's reformulated intergroup contact model and the common ingroup identity model in Anglo-French and Mexican-American context. *European Journal of Social Psychology,* **34**, 229-256.
Fabiansson, E. C., & Denson, T. F. (in press). Anger regulation in negotiations. In C. Quin & S. Tawse (Eds.), *Handbook of aggressive behavior research.* Hauppauge, NY: Nova Science Publishers.

Feldman, S., & Zaller, J. (1992). The political culture of ambivalence: Ideological responses to the welfare state. *American Journal of Political Science,* **36**, 268-307.
Fischer, A. H., & Roseman, I. J. (2007). Beat them or ban them: The characteristics and social functions of anger and contempt. *Journal of Personality and Social Psychology,* **93**, 103-115.
Fisher, R. J. (2006). Intergroup conflict. In M. Deutsch, P. T. Coleman, & E. C. Marcus (Eds.), *The handbook of conflict resolution* (pp. 176-196). San Francisco: Jossey-Bass.
Fiske, A. P., & Tetlock, P. E. (1997). Taboo trade-offs: Reactions to transactions that transgress the spheres of justice. *Political Psychology,* **18**(2), 255-298.
Friedman, R., Anderson, C, Brett, J., Olekalns, M., Goates, N., & Lisco, C. C. (2004). The positive and negative effects of anger on dispute resolution: Evidence from electronically mediated disputes. *Journal of Applied Psychology,* **89**, 368-376.
Fritz, H. L., & Helgeson, V. S. (1998). Distinctions of unmitigated communion from communion: Self-neglect and over involvement with others. *Journal of Personality and Social Psychology,* **75**, 121-140.
Fu, H. J., Morris, M., Sau-lai, L., Chao, M., Chi-yue, C., & Ying-yi, H. (2007). Epistemic motives and cultural conformity: Need for closure, culture, and context as determinants of conflict judgments. *Journal of Personality and Social Psychology,* **92**, 191-207.
Gilbert, D. T., Fiske, S. T., & Lindzey, G. (Eds.). (1998). *The handbook of social psychology.* Boston: McGraw-Hill.
Goffman, E. (1967). *Interaction ritual: Essays in face-to-face behavior.* Hawdiorne, NY: Aldine de Gruyter. 浅野敏夫 (訳) (2012). 儀礼としての相互作用—対面行動の社会学 法政大学出版局
Golec, A., & Federico, C. (2004). Understanding responses to political conflict: Interactive effects of the need for closure and salient conflict schemas. *Journal of Personality and Social Psychology,* **87**, 750-762.
Golec, A., Federico, C., Cislak, A., & Dial, J. (2004). Need for closure, national attachment, and attitudes toward international conflict: Distinguishing the roles of patriotism and nationalism. *Advances in Psychology Research,* **33**, 231-251.
Golec de Zavala, A. (2006). Cognitive and motivational factors underlying individual responses to political conflicts. In A. Golec de Zavala & K. Skarzynska (Eds.), *Understanding social change: political psychology in Poland* (pp. 13-32). Hauppauge, NY: Nova Science Publishers.
Golec de Zavala, A., Cislak, A., & Wesolowska, E. (2010). Political conservatism, need for cognitive closure and inter-group hostility. *Political Psychology,* **31**, 521-541.
Golec de Zavala, A., Federico, C., Cislak, A., & Sigger, J. (2008). Need for closure and coercion in inter-group conflicts: Experimental evidence for the mitigating effect of accessible conflict schemas. *European Journal of Social Psychology,* **38**, 84-105.
Gomez, A., Dovidio, J. F., Huici, C., Gaertner, S. L., & Cuadrado, I. (2008). The other side of we: When outgoup members express common identity. *Personality and Social Psychology Bulletin,* **34**(12), 1613-1626.
Graziano, W. G., & Eisenberg, N. (1997). Agreeableness: A dimension of personality. In R. Hogan, J. Johnson, & S. Briggs (Eds.), *Handbook of personality psychology* (pp. 767-793). San Diego: Academic Press.
Graziano, W. G., Habashi, M. M., Sheese, B. E., & Tobin, R. M. (2007). Agreeableness, empathy, and helping: A person X situation perspective. *Journal of Personality and Social Psychology,* **93**, 583-599.
Graziano, W. G., Jensen-Campbell, L. A., & Hair, E. C. (1996). Perceiving interpersonal conflict and reacting to it: The case for agreeableness. *Journal of Personality and Social Psychology,* **70**, 820-835.

Grzelak, J. (1994). Conflict and cooperation. Motivational basis. In P. Bertelson, P. Eelen, & G. d'Ydewalle (Eds.), *International perspectives on psychological science, II: The state of the art* (Vol. 2, pp. 249-264). New York: Erlbaum.

Gutmann, A., & Thompson, D. (1996). *Democracy and disagreement*. Cambridge, MA: The Belknap Press of Harvard University Press.

Halperin, E., & Bar-Tal, D. (2007). The influence of Prime Minister Ehud Barak on Israeli public opinion: July 2000-February 2001. *Conflict & Communication Online*, 6, 1-18.

Halperin, E., Russell, G. A., Dweck, C., & Gross, J. J. (2009). Anger, hatred, and the quest for peace: Prospective emotion regulation in the Israeli-Palestinian conflict. *Paper presented at the annual meeting of ISPP*, July 14-17, 2009, Dublin.

Helgeson, V. S., & Fritz, H. L. (1998). A theory of unmitigated communion. *Personality and Social Psychology Review*, 2, 173-183.

Hogg, M. A. (2003). Social categorization, depersonalization, and group behavior. In M. A. Hogg & R. S. Tindale (Eds.), *Group processes* (pp. 56-85). Maiden, MA: Blackwell.

Huckfeldt, R., Johnson, P. E., & Sprague, J. (2004). *Political disagreement*. Cambridge, UK: Cambridge University Press.

Iyer, A., Schmader, T., & Lickel, B. (2007). Why individuals protest the perceived transgressions of their country: The role of anger, shame, and guilt. *Personality and Social Psychology Bulletin*, 33, 572-587.

Jarymowicz, M., & Bar-Tal, D. (2006). The dominance of fear over hope in the life of individuals and collectives. *European Journal of Social Psychology*, 36, 367-392.

Jetten, J., McAuliffe, B. J., Horsney, M. J., & Hogg, M. A. (2006). Differentiation between and within groups: The influence of individualist and collectivist group nonns. *European Journal of Social Psychology*, 36, 825-844.

Jost, J. T., Glaser, J., Kruglanski, A. W., & Sulloway, F. (2003). Political conservatism as motivated social cognition. *Psychological Bulletin*, 129, 339-375.

Kay, A. C., & Ross, L. (2003). The perceptual push: The interplay of implicit cues and explicit situational construal in the Prisoner's Dilemma. *Journal of Experimental Social Psychology*, 39, 634-643.

Kelley, H. H., & Thibaut, J. W. (1978). *Interpersonal relations: A theory of interdependence*. New York: Wiley.

Kelman, H. C., & Fisher, R. J. (2003). Conflict analysis and resolution. In D. O. Sears, L. Huddy, & R. Jervis (Eds.), *Oxford handbook of political psychology* (pp. 315-356). Oxford: Oxford University Press.

Kinder, D. R. (1998). Opinion and action in the realm of politics. In D. T. Gibert, S. T. Fiske, & G. Lindzey (Eds.), *The handbook of social psychology* (pp. 778-867). Boston: McGraw-Hill.

Krämer, U. M., Jansma, H., Teinpelmann, C., & Münte, T. F. (2007). Tit-for-tat: The neural basis of reactive aggression. *Neuroimage*, 38, 203-211.

Lallje, M., Tarn, T., Hewstone, M., Laham, S., & Lee, J. (2009). Unconditional respect for persons and the prediction of intergroup action tendencies. *European Journal of Social Psychology*, 39, 666-683.

Leach, C. W., Iyer, A., & Pedersen, A. (2007). Angry opposition to government redress: When the structurally advantaged perceive themselves as relatively deprived. *British Journal of Social Psychology*, 46, 191-204.

Leyens, J. P., Rodrigues-Perez, A., Rodrigues-Torres, R., Gaunt, R., Paladino, M. P., Vaes, J. et al. (2001). Psychological essentialism and the differential attribution of uniquely human emotions to ingroup and outgroup. *European Journal of Social Psychology*, 31, 395-411.

Lickel, B., Miller, N., Stenstrom, D. M., Denson, T. F., & Schmader, T. (2006). Vicarious retribution: The role of collective blame in intergroup aggression. *Personality and Social Psychology Review,* **10**, 372-390.

Mac Ginty, R., & du Toit, P. (2007). A disparity of esteem: Relative group status in Northern Ireland after the Belfast agreement. *Political Psychology,* **28**, 13-32.

Marcus, E. C. (2006). Change and conflict: Motivation, resistance and commitment. In M. Deutsch, P. T. Coleman, & E. C. Marcus (Eds.), *The handbook of conflict resolution* (pp. 436-454). San Francisco: Jossey-Bass.

Matz, D., & Wood, W. (2005). Cognitive dissonance in groups. The consequences of disagreement. *Journal of Personality and Social Psychology,* **88**, 22-37.

McCann, S. (2008). Societal direat, authoritarianism, conservatism, and US state death penalty sentencing (1977-2004). *Journal of Personality and Social Psychology,* **94**, 913-923.

McClintock, C. G. (1972). Social motivation: A set of propositions. *Behavioral Science,* **17**, 438-454.

Messick, D. M., & McClintock, C. G. (1968). Motivational bases of choice in experimental games. *Journal of Experimental Social Psychology,* **4**, 1-25.

Mummendey, A., & Wenzel, M. (1999). Social discrimination and tolerance in intergroup relations: Reactions to intergroup difference. *Personality and Social Psychology Review,* **3**, 158-174.

Nisbett, R. E., & Cohen, D. (1996). *Culture of honor: The psychology of violence in the South.* New York: Perseus Publishing. 石井敬子・結城雅樹（訳）(2009). 名誉と暴力―アメリカ南部の文化と心理　北大路書房

Nowak, M. A., Page, K. M., & Sigmund, K. (2000). Fairness versus reason in die ultimatum game. *Science,* **289**, 1773-1775.

Pettigrew, T. F., & Tropp, L. R. (2008). How does intergroup contact reduce prejudice? Meta-analytic test of three mediators. *European Journal of Social Psychology,* **38**, 922-934.

Pillutla, M. M., & Murnighan, J. K. (1996). Unfairness, anger, and spite: Emotional rejections of ultimatum offers. *Organizational Behavior and Human Decision Processes,* **68**, 208-224.

Pruitt, D. G., & Carnevale, P. J. (1982). The development of integrative agreements. In P. Derlega & J. Grzelak (Eds.), *Cooperative and helping behavior: Theories and research* (pp. 151-181). New York: Academic Press.

Pyszczynski, T., Rothschild, Z., & Abdollahi, A. (2008). Terror, violence, and hope for peace: A terror management perspective. *Current Directions in Psychological Science,* **17**, 318-322.

Reicher, S. D. (1996). The Batde of Westminster: Developing the social identity model of crowd behavior in order to explain the initiation and development of collective conflict. *European Journal of Social Psychology,* **26**, 115-134.

Reykowski, J. (1993). Resolving large-scale political conflict: The case of Round Table negotiations in Poland. In S. Worchel & J. A. Simpson (Eds.), *Conflict between people and groups* (pp. 214-232). Chicago: Nelson-Hall.

Reykowski, J. (2006). Deliberative democracy and "human nature": An empirical approach. *Political Psychology,* **27**, 323-346.

Riketta, M. (2005). Cognitive differentiation between self, ingroup, and outgroup: The roles of identification and perceived intergroup conflict. *European Journal of Social Psychology,* **35**, 97-106.

Rosenberg, S. (2003). Restructuring the concept of deliberation. *Paper presented at the annual meeting of the American Political Science Association,* September 6, 2003, Philadelphia.

Sandy, S. V., Boardman, S. K., & Deutsch, M. (2006). Personality and conflict. In M. Deutsch, P. T. Coleman, & E. C. Marcus (Eds.), *The handbook of conflict resolution* (pp. 331-366). San

Francisco: Jossey-Bass.
Sedikides, C., Herbst, K. C., Hardin, D. P., & Dardis, G. J. (2002). Accountability as a deterrent to self-enhancement: The search for mechanisms. *Journal of Personality and Social Psychology,* **83**, 592-605.
Shah, J., Kruglanski, A. W., & Thompson, E. (1998). Membership has its (epistemic) rewards: Need for closure effects on ingroup bias. *Journal of Personality and Social Psychology,* **75**, 383-393.
Sherif, M. (1936). *The psychology of social norms.* New York: Harper.
Sherif, M. (1958). Superordinate goal in the reduction of intergroup conflicts. *American Journal of Sociology,* **63**, 349-356.
Shnabel, N., & Nadler, A. (2008). A needs-based model of reconciliation: Satisfying the differential emotional needs of victim and perpetrator as a key to promoting reconciliation. *Journal of Personality and Social Psychology,* **94**, 116-132.
Shnabel, N., Nadler, A., Ulrich, J., Dovidio, J. F., & Carmi, D. (2009). Promoting reconciliation through the satisfaction of the emotional needs of victimized and perpetrating group members: The needs-based model of reconciliation. *Personality and Social Psychology Bulletin,* **35**, 1021-1030.
Siegel, E., & Siegel, S. (1957). Reference groups, membership groups, and attitude change. *Journal of Abnormal and Social Psychology,* **55**, 360-364.
Simon, B., & Stuermer, S. E. (2003). Respect for group members: Intragroup determinants of collective identification and group-serving behaviour. *Personality and Social Psychology Bulletin,* **29**, 183-193.
Simpson, B. (2004). Social values, subjective transformations, and cooperation in social dilemmas. *Social Psychology Quarterly,* **67**, 385-395.
Sindic, D., & Reicher, S. (2008). "Our way of life is worth defending": Testing a model of attitudes towards superordinate group membership through study of Scots' attitudes toward Britain. *European Journal of Social Psychology,* **39**, 114-129.
Smeesters, D., Yzerbyt, V. Y., Corneille, O., & Warlop, L. (2009). When do primes prime? The moderating role of the self-concept in individuals' susceptibility to priming effects on social behavior. *Journal of Experimental Social Psychology,* **45**, 211-216.
Suedfeld, P., & Tetlock, P. (1977). Integrative complexity of communications in international crises. *Journal of Conflict Resolution,* **21**, 169-184.
Tajfel, H., Billig, M. G., Bundy, R., & Flament, C. (1971). Social categorization and intergroup behavior. *European Journal of Social Psychology,* **1**, 149-178.
Tetlock, P. E., Kristerl, O. V., Elson, S. B., Green, M. C., & Lerner, J. S. (2000). The psychology of unthinkable: Taboo trade-offs, forbidden base rates, and heretical counterfactuals. *Journal of Personality and Social Psychology,* **78**, 853-870.
Thompson, L., Nadler, J., & Lount, Jr., R. B. (2006). Judgmental biases in conflict resolution and how to overcome them. In M. Deutsch, P. T. Coleman, & E. Marcus (Eds.), *Handbook of Conflict Resolution: Theory and Practice* (2nd ed., pp. 243-267). San Francisco, CA: Jossey-Bass.
Tiedens, L. Z. (2001). Anger and advancement versus sadness and subjugation: The effect of negative emotion expressions on social status conferral. *Journal of Personality and Social Psychology,* **80**, 86-94.
Tindale, R. S., Meisenhelder, H. M., Dykema-Engblade, A. A., & Hogg, M. A. (2003). Shared cognition in small groups. In M. A. Hogg & R. S. Tindale (Eds.), *Group processes* (pp. 1-30). Maiden, MA: Blackwell.

Tinsley, C. (2001). How negotiators get to yes: Predicting die constellation of strategies used across cultures to negotiate conflict. *Journal of Applied Psychology,* **86**, 583-593.

Tjosvold, D. (1998). The cooperative and competitive goal approach to conflict: Accomplishments and challenges. *Applied Psychology: An International Review,* **47**, 285-313.

Tjosvold, D., & Sun, H. (2000). Social face in conflict: Effects of affronts to person and position in China. *Group Dynamics: Theory, Research, and Practice,* **4**, 259-271.

Triandis, H. C., & Trafimow, D. (2003). Culture and its implications for intergroup behavior. In R. Brown & S. Gaertner (Eds.), *Intergroup processes* (pp. 367-385). Maiden, MA: Blackwell.

Turner, J. C., Hogg, M. A., Oakes, P. J., Reicher, S. D., & Wetherell, M. S. (1987). *Rediscovering the social group.* Oxford: Blackwell. 蘭　千壽・磯崎三喜年・内藤哲雄・遠藤由美（訳）(1995). 社会集団の再発見—自己カテゴリー化理論　誠信書房

Turner, J. C., & Reynolds, K. J. (2003). The social identity perspective in intergroup relations: Theories, themes, and controversies. In R. Brown & S. Gaertner (Eds.), *Intergroup processes* (pp. 133-152). Maiden, MA: Blackwell.

Turner, R. H., & Kilian, L. M. (1987). *Collective behavior.* Englewood Cliffs, NJ: Prentice-Hall.

Van Lange, P. A. M. (1999). The pursuit of joint outcomes and equality in outcomes: An integrative model of social value orientation. *Journal of Personality and Social Psychology,* **77**, 337-349.

Webster, D., & Kruglanski, A. W. (1994). Individual differences in need for cognitive closure. *Journal of Personality and Social Psychology,* **67**, 1049-1062.

Weingart, L. R., & Olekalns, M. (2004). Communication processes in negotiation: Frequencies, sequences, and phases. In M. Gelfand & J. Brett (Eds.), *The handbook of negotiation and culture* (pp. 143-157). Palo Alto, CA: Stanford University Press.

Wenzel, M., Mummendey, A., & Waldzus, S. (2007). Superordinate identities and intergroup conflict: The ingroup projection model. *European Review of Social Psychology,* **18**, 331-372.

Wheeler, M. E., & Fiske, S. T. (2005). Controlling racial prejudice: Social-cognitive goals affect amygdala and stereotype activation. *Psychological Science,* **16**, 56-63.

Winter, D. G. (2007). The role of motivation, responsibility, and integrative complexity in crisis escalation: Comparative studies of war and peace crises. *Journal of Personality and Social Psychology,* **92**, 920-937.

Wojciszke, B., Różycka, J., & Baryla, W. (2009). Belief in life as a zero-sum game: A conviction of losers. Unpublished manuscript, The Warsaw School of Social Sciences and Humanities, Warsaw.

Zafran, A., & Bar-Tal, D. (2002). The dominance of fear over hope in situations of intractable conflict: The Israeli case. *Paper presented at the annual meeting of the International Society of Political Psychology,* July 16-19, 2002, Berlin.

Zuroff, D. C., & Duncan, N. (1999). Self-criticism and conflict resolution in romantic couples. *Canadian Journal of Behavioural Science,* **31**, 137-149.

第11章 集団間紛争における交渉と調停

Dean G. Pruitt

　本章の主題は，集団間交渉や調停が多くの平和構築に不可欠であるということである。交渉（negotiation）とは，二者間あるいは複数の当事者間において紛争状態を改善あるいは解決するために合意形成を目指して行なうコミュニケーションのことである。調停（mediation）とは，当事者間の合意形成を外部者が支援する形で，交渉を拡張したものである。ここでは，交渉と調停に密接な関連した3つの概念について議論する。それは，仲介（intermediation），裏ルート・コミュニケーション（back-channel communication），外交の代替手段（alternatives to diplomacy）である。

　ここでは，主としてマクロ・レベルでの集団間紛争——とりわけ国際紛争および内戦（政府と叛徒間での紛争）——に分析の焦点を向ける。しかしながら，ここでの分析の大部分は，民族間紛争，組織間の縄張り争い，盛り場におけるギャング集団同士の争いなどに対しても応用可能である。あらゆるレベルの集団が「当事者」になりうる。

　交渉と調停に関してはすでに多くの先行研究が存在するが[*1]，本章では集団間紛争に応用可能なもの，あるいは集団間紛争の文脈で発展してきたものに焦点を当てる。本章の前半部分の論述は伝統的な社会心理学の実験に基づいている。後半部分では国際関係の分野の理論と事例を用いる。

集団間交渉と個人間交渉

　実験室実験には今でも集団間交渉と個人間交渉を比較するという伝統が力強く生きている。これらの先行研究を理解するにあたっては，まず交渉担当者（negotiators）によって用いられる以下の3つの主要な交渉戦略を定義づける必要がある。これらの戦略はおのおの明確に区別されるが，しばしば組み合わせても用いられる。①対決：紛争における勝利を目指す戦略であり，高い要求を突きつけた上での段階的譲歩，脅

迫,ボトムラインの設定といった競争的戦術が用いられる。対決戦略は合意形成の可能性を低下させるが,いったん合意が形成されれば当事者がその合意を遵守する可能性は高くなる。②妥協：これは譲歩ともいわれる。この戦略は,早期の合意形成,相手当事者が交渉から離脱することを阻止する,相手の過去の譲歩に対する埋め合わせをする (repay),相手からの信用を得ることなどを目的として行なわれる。妥協戦略は合意形成の可能性を高めるが,形成された合意が遵守される可能性は低下する。③問題解決：両当事者の欲求充足を目指す戦略である。各当事者の目標と価値に関する情報の要求,ウィン・ウィン選択肢の追求といった戦術が用いられる。問題解決は同意にいたる可能性を高め,また合意した双方にとってその価値も高い。その上,しばしばそれは自分たちにとっても利益となる最良の方法でもある。

集団間交渉の場合,個人間の場合と比較して過大な要求を行なうことから対決的になる傾向があり (Robert & Carnevale, 1977),またより攻撃的な戦術を好む傾向があることが指摘されている (McGillicuddy et al., 1987)。しかし個人の場合でも,交渉の相手方を外集団と認識することによって対決的になるとされている (Troetschel & Hueffmeier, 2007)。これらの傾向に関する1つの説明は,集団間の場合には個人間の場合よりも社会的距離が大きくなるため貪欲になりやすく,また不信感が強まるというものである。

■ 代表者による交渉

集団はしばしば代表者 (representitive) を通じた交渉を行なうが,彼らは自分自身の利益のために交渉する個人よりも対決的になる傾向がある (Drukman, 1994)。その理由はおそらく,代表者は所属集団から支持を得る必要があり,多くの場合,その構成員は対決的な戦略を好むと代表者が推測していることにある (Pruitt & Carnevale, 1993)。ときおり,代表者はこれとは正反対に「集団構成員は協力を好む」と推測することがあるが,その際には,個人の方が集団よりも対決的になるという正反対の効果が生じる (Benton & Druckman, 1974)。

先行研究は代表者を対決的にするいくつかの状況,①所属集団への報告義務など,集団に対する代表者の説明責任が大きい場合 (Druckman, 1994),②所属集団の代表者に対する信頼が低い場合 (Wall, 1975),③所属集団内での代表者の地位が低い場合 (Kogan et al., 1972),④交渉過程において代表者が所属集団から監視されている場合 (Carnevale et al., 1979) を明らかにしている。これらの状況が,代表者がより強硬な態度を示して集団構成員の歓心を買うことをうながす効果をもっている。

興味深いことに,説明責任に関する一般的な知見では,集団主義者の場合は反対になり,説明責任が大きいと交渉における協力の可能性が高まる (Gelfand & Realo, 1999)。これはおそらく,集団構成員は協力を好むという集団主義者の信念に由来し

ている。

■ チームによる交渉

　テーブルを挟んでチームで交渉が行なわれる場合，先行研究の知見はいっそう複雑なものとなる。チーム間交渉では個人間交渉よりも問題解決志向の戦略が採用される傾向があり，交渉目標の優先順位と基本的価値について多くの情報交換がなされ，大きな共同利益（joint benefit）が達成される（Thompson et al., 1996）。しかし同時に，チームというものは対決姿勢を維持し続けているようにみえることがある（Morgan & Tindale, 2002）。これは，集団内にしばしばみられる視点の多様性を反映している可能性がある。多様性そのものは集団内の意志決定の質を向上させるものであることが見いだされているが（Behfar et al., 2008），あるメンバーは当初の要求に固執し，他のメンバーは無制限に問題解決を志向するなど，集団内の分業体制から生じるものかもしれない。

仲介者

　集団間交渉における代表者は，通常，彼らが属する集団の構成員と交渉相手集団の代表者との間で仲介者（intertmediaries）として行動する。彼らは両者の間でメッセージを伝達し，双方の立場を相手方に提示し，解説し，時にはこれを支持する。さらに彼らは仲介者として問題解決に頻繁に関与し，合意が可能となるよう，両者の間の利害を調和させる道を探ろうとする。[★2]

　交渉ドラマにおける他の多くの役割も同様に解釈することができる。調停者（mediator）が両交渉当事者間でシャトル外交をくり広げる場合，この調停者は仲介者としての役割を果たしている。交渉当事者が報告義務を負う相手方，すなわち後方支援者（backups）もまた同様である。後方支援者は，集団の願望を交渉当事者に対する指示の中に組み込む一方，交渉当事者からのメッセージや提言を集団に伝達するという二重の役割を担っている。より大きな組織において，後方支援者は他の部局やオフィスを代表する別の仲介者とコミュニケーションをとる場合があり，これらの仲介者はさらに他の仲介者とやりとりすることもある。議員，オンブズマン，報道官，あるいは問題解決ワークショップの参加者もまた仲介者であると考えられる。

　これまで取り上げた種々の仲介者は多くの点で異なっているが，仲介の一般理論を構築するに足るだけの共通点を有している。以下に，理論化のもとになる予備的アイデアを提示する。

■ なぜ仲介者が必要なのか

　なぜ仲介者が存在するのであろうか。なぜ両勢力の人々は直接的に対話し，彼らの間の相違を解決しようとしないのだろうか。この問いに対する答えはさまざまであるが，そこには以下の4点が含まれる。

　理解と信頼　成果をあげる仲介者は，交渉に臨む両当事者について知識を有し，彼らとの間に暫定的信頼関係（trusting working relationship）を築いている。知識とは，両勢力の主張，要求，表面上の敵対的な行動について，詳細かつ共感的に解説できることを意味する。これは紛争がエスカレートする可能性を低下させ，合意形成に必要な譲歩と問題解決を促進する。信頼とは，両当事者が仲介者に対して，彼らの要求の基になっている価値と欲求に関する情報を伝える際，交渉の相手方によってその情報が利用されるのではないかという懸念をもつことなくそれができるということを意味する。そうした情報を得ることで，仲介者は反対されずにすむような合意を策定することが可能となる。信頼を得ることによって，仲介者は時として両当事者に対し，そうした信頼なしには困難と思われる譲歩を迫ることもできる。

　紛争からの距離　二者が深刻な紛争に陥っている場合，彼らはしばしば客観性を失っている。彼らは争点を彼ら自身の立場からのみ認識し，相手方に関する歪曲されたネガティブなイメージを形成していく。仲介者は通常，紛争からは一定の距離を置いており，それによってこうしたネガティブなイメージに取り組み，バイアスのかかった熱狂的支持者からの反対を回避し，二者間の相違を克服するような提案を行なうことが可能になる。

　両当事者へのアクセス　紛争が深刻化すると，紛争当事者たちはしばしば直接顔を合わせることを拒否する。この場合，仲介者は合意形成の唯一の手段となる。紛争当事者はまた，組織上あるいは慣習上の障碍や言語的な相違，あるいは相手方の存在に安全上の不安を感じるなどの理由によって，相互のアクセスが欠如している場合がある。この場合もまた，仲介者がその欠落を埋める役割を果たす。

　政策立案の外部情報源　何らかの複雑性をもつ組織では，コミュニケーションは仲介者を通じて行なう必要がある。なぜなら彼らは，目下検討中の事案から影響を受ける可能性があるさまざまな政策についての情報保管庫だからである。たとえば，アメリカの対フランス外交において，国務省のフランス担当官はしばしば交渉担当者あるいは後方支援者の役割を担っている（Pruitt, 1964）。彼の仕事の1つは，進行中の交渉によって形成される合意の内容が，それより先に結ばれた合意や，フランスに関する

アメリカの他の外交政策と矛盾しないようにすることである。

ここで述べた仲介者が必要な理由の最初の3点は仲介者に関する次の2つの仮説を導く。

仮説1：二者間の紛争が深刻化すればするほど仲介者の必要性は高まる。
仮説2：仲介者が紛争当事者に関する知識を多く有し，当事者と親密な関係を築くほど，紛争解決の可能性は高まる。

■ 仲介者の連鎖

連鎖理論（Pruitt, 1994, 2003）は仲介を理解する上で有効な考え方である。図11.1の（a）の実線部分が示すように，仲介者は一方の当事者からのコミュニケーションを他方へと伸延させる役割を果たしており，三者間コミュニケーション・チェーンにおける中心部分とみなすことができる。また図11.1の（a）の点線が示すように，仲介者が他の仲介者との間でやりとりする場合，このチェーンは拡張される。さらに，組織間あるいは国家間での交渉の場合，このチェーンの形状は図11.1の（b）に示されるように，中心に位置する直線と両端での分岐によって構成される一種の分岐連鎖（branching chain）となる。

図11.1の（b）において，大きな円は互いに交渉を行なう2つの組織を示し，点は個人を示している。このうち，円内部の点は組織構成員を示し，円外部の点（ただし点7を除く）は組織のクライアントを示している。点1と点2は交渉担当者を示し，点3と点4は後方支援者である。分岐の末端に位置する点は，この交渉に表出される利害の関係者を示している。たとえば，この組織を政府であると仮定した場合，点5は原油取引に関する合意を他国と結ぼうとする商務担当者を表わし，点6は原油輸送を希望する海運業協会を表わすと考えることができる[★3]。仮にこの交渉において外部調停者が利用される場合，点7がそれを示す。

チェーンが長くなった場合，利害関係者間の仲介者は二者あるいはそれ以上の数になりうる。チェーンの中に存在する仲介者の数は，部分的には利害関係者間の社会的距離によるものであり，また部分的には彼らが属する上位コミュニティの分極化の結果でもある。仮に両利害関係者がおのおの大きく異なる世界に属しているとしたら，両者を等しく理解できる人物は非常に少なく，結果的に単独で仲介が可能な仲介者は見つからないかもしれない。さらに，当事者間の敵意が非常に大きく，コミュニティが2つの交戦状態にある陣営に引き裂かれているような場合，両当事者から同時に信頼されるような仲介者を見つけ出すのは困難であろう。このどちらの事例においても，解決策は二者あるいはそれ以上の仲介者を置くことである。おそらくは二者で十分であろう。この場合，二者の仲介者はおのおのの陣営と対話しながら，仲介者同士で交

▷ 図11.1　仲介の連鎖の例

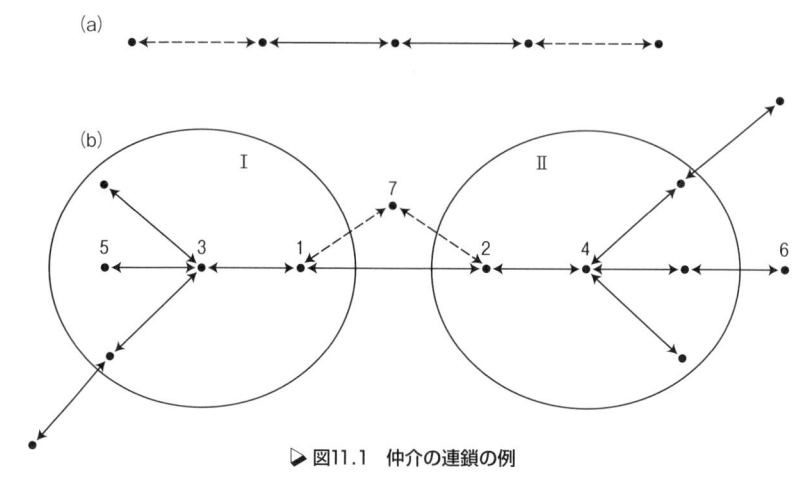

(a) 三者間（実線）および五者間（実線と破線）のコミュニケーション連鎖。(b) 2つの組織（ⅠとⅡ）を含めた，分岐連鎖。2つの矢印が向いている点は仲介者。1つの矢印しか向いていない点は利害関係者。

▷ 図11.2　北アイルランドでの和平プロセスの最中に活動した，六当事者のコミュニケーションの連鎖

渉を行なうことになる。しかし，これらの仲介者が互いに効果的な対話を行なえない場合には，さらに多くの仲介者が必要となる。

　図11.2は1997〜1998年の北アイルランド和平合意にいたる9年間の交渉において形成された六者間コミュニケーション・チェーンを示している。北アイルランド共和国軍（Irish Republican Army: IRA）の闘士とアルスター統一党（Ulster Unionist Party: UUP）指導者は互いに激しく対立し，完全に異なる世界に属しているので，いかなる仲介者も単独では両者の間をつなぐことはできなかった。[★4] そのため，以下のように四者の仲介者からなるチェーンが形成された。IRAはパートナー政党であるシン・フェイン党と対話を行なう一方，UUPは政治的協力者であるは英国政府と対話を行なった。しかし，シン・フェイン党と英国政府もまた，効果的な意志疎通を図るには距離が離れすぎていた。そこでシン・フェイン党はより穏健なナショナリスト政党である社会民主労働党（Social Democratic and Labor Party: SDLP）と対話を行ない，英国政府はアイルランド共和国政府と対話したのである。幸運にもSDLPとアイルランド共和国政府はともに穏健派ナショナリスト勢力であり，建設的な対話が可能で

あった。こうしてチェーンが完成したのである。公式の交渉開始までには，このチェーンを通じた数年間にわたる裏ルート・コミュニケーションが必要であった（Pruitt, 2007）。

これらのことから第3の仮説が導かれる。

仮説3：紛争当事者間の社会的距離が大きく，両者の存在する社会の分極化が進むほど，紛争解決に必要とされる仲介者のチェーンは長くなる。

■ 内部仲介者

図11.1の（b）において，交渉担当者（点3と点4）は，おのおのが彼らを交渉の場に送り出す組織の一部であり，それらの組織に対する報告義務を負うという意味で「内部仲介者」[★5]であるといえる。それゆえ，彼らは紛争の両当事者に対して完全に公平な態度をとることはできない。彼らは自分が属する組織をより強力に代弁する必要がある。集団間紛争が激しくなればなるほど，内集団バイアスは強まり，仲介者としての彼らの役割は低下し，ウィン・ウィンの合意形成は困難なものとなる。先に検討した代表性に関する研究では，仲介者が集団内において強い信頼と高い地位を得ており，集団からの監視圧力が強くない場合，内集団バイアスは弱まるとされている。しかしいずれにせよ，バイアスは常に存在している。

上記すべてのことから，さらに2つの仮説が導かれる。

仮説4：集団間紛争が深刻化すればするほど，集団内での信頼と高い地位を得て，内集団バイアスをある程度克服できるほど個人的信用のある内部仲介者の必要性が高まる。
仮説5：集団間紛争が深刻化すればするほど，内部仲介者のバイアスを補正するために外部仲介者（調停者）の必要性が高まる。

Adams（1976）は，内部仲介者は役割葛藤を経験することになると指摘する。彼らは相手方の主張を伝達し，解説し，さらにはある程度支持しなければならない。しかしそうすることによって，内部仲介者は不忠義の疑念を仲間から抱かれ，組織内での地位をあやうくするというリスクを冒すことになる。GelfandとCai（2004）は，集団主義的社会においては，個人主義的社会と比較して，交渉担当者は集団に対してより忠実で，また集団からより強く信頼されるので，こうした役割葛藤が弱いと主張している。

なぜ集団は交渉を開始し継続するのか

　交渉は多くの起源を有する。時にそれは1つの契約の終了に伴って始まるし、当事者が共同のプロジェクトに取り組む必要から生じる場合もある。しかし、通常は争議（disputes）から生じる。争議はさまざまな方法で扱われうるし、闘争（fighting）はその1つである。しかし、一般的には交渉が行なわれる。争議の当事者に交渉をうながす力としては、たとえば、ある争議に関して他の戦略に訴える前に対話を行なうべきとする西洋的規範（Merry & Silbey, 1984）のような慣習、雇用者に対して労働組合との対話を義務づけている連邦法のような法律、友好的関係の崩壊に対する恐怖、等々があげられる。

　当事者が争議に関する対話に失敗したり、友好的な関係になかったりした場合、しばしば事態は悪化する。その結果、法的手段、ストライキ、禁輸措置、軍事行動などが行なわれる。しかし、このようにひどく悪化してしまった「解決困難な」紛争であっても、その多くが最終的には交渉によって処理される。ではこうした交渉はいかにして実現されるのであろうか。

■ 成熟度理論とレディネス理論

　Zartman（1989, 2000）は、内戦に関する事例研究をもとに、深刻化した紛争においては、交渉（もしくは調停）を開始する前に「機が熟する」必要があると主張している。成熟度（ripness）は以下の2つの要素によって構成される。

1. 紛争が当事者双方に甚大な損害を与えるような手詰まり状態に陥り、両当事者がともに、自分たちが、犠牲が大きく勝利のみえない紛争状態にあることを認識している。そうした手詰まり状態が、最近の、あるいは緊急の難事によって増幅された場合、特に強い動機づけを生み出す。
2. 「打開策に関する両当事者の知覚」、すなわち「取引は可能である」という感覚（Zartman, 2000, p.231）。成熟は交渉の開始にあたり必要条件ではあるが十分条件ではない。紛争の成熟によって生じた機会は、当事者間の過度の敵意などさまざまな理由によって無視されることがありうる。仮に交渉が開始された場合、交渉継続のためには、紛争の持続的成熟が必要である。

　イスラエルとパレスチナ解放機構（Palestine Liberation Organization: PLO）との間で1993年のオスロ交渉が開始される前、両者は相互に損害が拡大する手詰まり状態にあったとみられる（Pruitt, 1997）。その紛争は、両者ともに自分たちが勝利を収め

るのは不可能であると認識するような膠着状態に陥っていた。イスラエルはパレスチナとの紛争継続に伴うコストとリスクの大きさをしだいに認識しつつあった（ラビンは紛争終結を公約に掲げて1992年に首相に選出されていた）。一方，PLO は第1次湾岸戦争の際にイラクを支持したことでアラブ諸国からの支持を失い，また，パレスチナ解放闘争の指導者としての役割をハマスに奪われたこともあり，存亡の危機に瀕してきた（Lieberfeld, 2008）。1993年のはじめの段階で，両者は紛争打開の糸口を見いだせずにいた。しかし，この認識はオスロ交渉（全部で12回行なわれた）の最初の5回の間に進展がみられたことによって覆された。これらの交渉は，イスラエル側の交渉担当者が大学教授によって構成される非公式な代表団であったため，厳密には本当の意味での交渉ではなかった。しかし，第6回交渉以降，イスラエルは外交官によって構成された代表団を派遣し本物の交渉が開始された。

Pruitt（2005, 2007）は成熟度理論に対する修正案を提案している。レディネス理論とよばれるこの理論では各当事者に焦点を当て，また必要条件に代えて変数という用語を用いている。レディネスとは，紛争指導者の精神状態を意味する。レディネスが高ければ高いほど，指導者たちは交渉に向けて積極的に動き，また相手方のレディネスを示す兆候を見逃すまいと注意深くなる。次の2つの変数は乗算的にレディネスを強めるものとしてあげられる。

1．強力な第三者，あるいは紛争に関する自陣営の知覚された能力不足，コスト，リスクの間の何らかの組み合わせから生じる圧力が紛争終結への動機づけを強める。
2．交渉を通じて相互に受け入れ可能な合意を見いだすことに対して楽観的見通しを抱く。

交渉開始には，一定のレディネスが両当事者に存在していることが必要である。レディネスが大きければ大きいほど，交渉の可能性は高まる。楽観的見通しは交渉継続に必要な要素である。

紛争終結への動機づけは，時として突発的な出来事（Goertz & Diehl, 1997）や，第1次湾岸戦争において PLO がアラブ諸国の支持を失ったケースのような，突然の情勢変化によって生じる。動機づけはまた，紛争に対する新たな見方をもたらすような指導者の交代によっても促進される。その一例は，南アフリカにおいて白人と黒人の間の交渉機運を促進したF・W・デ・クラーク大統領の就任である（Lieberfeld, 1999）。第三者は紛争終結の動機づけを促進する助けとなりうるが，主たる役割は楽観的見通しを引き出すことである。

楽観的見通しは，部分的には暫定的信頼[★6]（working trust），すなわち相手方は紛争

終結に向けた動機を有しており，こちら側の譲歩に対して相応の対応をする用意があるという知覚に基づいている。また部分的には，相手方の交渉担当者が権限を与えられた正当なスポークスパーソンであるという知覚にも依存している。もしも相手陣営に一体性が欠けていれば，正当なスポークスパーソンは存在せず，楽観的見通しは生じないであろう。さらに，楽観的見通しは，部分的に実質的な進展の度合いにも依存する。深刻化した紛争において公式の交渉を開始するには基本原則の相互確認が必要で，その全部もしくは一部が達成されるのを待つ必要がある——合意内容は原則として交渉の中で具体化されるものである。深刻でない紛争においては，基本原則の策定は交渉開始後に行なわれる場合もある。

　成熟度理論とレディネス理論に共通しているのは，紛争が非生産的であるという知覚によって交渉が動機づけられるという考え方である。では，たとえば白人と黒人が協力しあってより強い南アフリカをつくるといった，相互に利益をもたらすような積極的な見通しは必要ないのであろうか。そうした見通しも紛争からの離脱を動機づけるのであろうか。それとも交渉の動機は常に相互に損害のみが生じる手詰まり状態からしか生じないのであろうか。Zartman（2000）はこの点について，そうした「お互いにとって魅力的な機会」は，開始された交渉を継続させようという機運を強めはするが，交渉自体の原動力となることはめったにないと結論づけている。この主張の根拠は，深刻な段階にまでエスカレートした紛争では，勝利に対する強迫観念が非常に強く，その他の事柄は問題にされないということである。したがって，当事者が自分たちの勝利は不可能であると認識し，紛争によって生じるコストとリスクが受け入れ難い状態になった場合にのみ，当事者は戦略を再考する気になるのである。

　強迫観念という考え方は，なぜ突発的な出来事や新指導者が和平プロセスの開始をうながすのかを理解する手助けとなる。予想もしていなかった難事の発生やそれまで紛争に関与してこなかった新しい指導者の登場だけが，強迫観念にとりつかれて盲目となった人々を別の方向に向けて動かすことができるのである。

　成熟度理論およびレディネス理論は，おもに事例研究によって支持されている。これは証拠としては弱いかもしれないが，考察の出発点としては有益なものであろう。これらの理論は紛争下における意思決定者の考え方に関するものであり，そのため，理論を検証するに当たっては，その測定手段が問題とされてきた。しかし，紛争コストの増大が交渉を促進させるという，これらの理論から導かれる予測を支持する2つの統計的研究が存在する。1つはナゴルノ・カラバフ紛争に関する時系列研究である。この研究は，戦場において突然，劇的に死傷者が増大した直後に停戦合意の交渉が行なわれたことを発見した（Mooradian & Druckman, 1999）。もう1つはロール・プレイングを用いた実験であり，内戦が自国に大きな損害をもたらすとみなす参加者ほど交渉を好む傾向がみられた（Ford, 2008）。

成熟度理論およびレディネス理論は交渉の結果を予測するためにデザインされたモデルではない。しかし，これらの理論を一歩進めるなら，当事者を交渉へ駆り立てた動機をみるだけで，最低限，どんな合意形成が可能かを示唆することができる（Druckman & Lyons, 2005）。たとえば，ナゴルノ・カラバフ紛争の事例にみられるように，閉塞状態の知覚や過大なコストが交渉を動機づけている場合は，単純な停戦合意の締結で事足りるであろう。紛争が相互の破滅をもたらすほどにエスカレートしかねないという当事者のリスク知覚が交渉を動機づけている場合は，キューバ危機後のアメリカとソ連の交渉にみられたように，紛争管理が必要となるであろう。

　しかし，多くの交渉事例では，集団間の不公正を是正するような政治構造の変化といった，紛争原因に対するより根本的な解決がもたらされている。おそらくこうした事例の多くにおいて，紛争当事者の一方あるいは双方は，根本的変化がもたらされた場合にのみ紛争を解決する意向であるという条件を明確に表明している。1993年の南アフリカにおける交渉や1998年の北アイルランド交渉において，反政府側はそうしたメッセージを強力かつ明確に発信しており，それによって政治状況の根本的変化がもたらされた。

　成熟度理論とレディネス理論に対する妥当な批判の1つは，これらの理論が，交渉へと向かう集団内のメカニズムについてほとんど触れていないことである。

交渉の前段階と後段階

　交渉プロセスは3つの段階に分けられる。交渉前（prenegotiation），交渉，そして交渉後（postnegotiation）である。これまでは交渉段階について検討してきたが，他の2つの段階に関しても注意を払う必要がある。これらの段階に関するわれわれの既存の知識は大部分が国際交渉の分野に由来するものである。

■ 交渉前段階

　交渉が開始される前には多くの作業を完了させる必要があり（Stein, 1989; Zartman, 1996），そこには以下の要素が含まれる。

1．両当事者が意志疎通可能となるよう，両者の間の橋渡しをする。
2．交渉開始にあたっての前提条件について合意する。多くの場合，当事者は「頭に銃を突きつけられた状態」での交渉を拒否するので，停戦合意がその条件となる。
3．問題を特定する——両当事者の目標と要求を明確にする。

4．議題を設定する——どの問題をいかなる順序で議論するのかについて。
5．集団を代表して発言する，あるいはその他の方法で集団の立場を支援する交渉参加者を選定あるいは募集する。
6．調停者を置くか否か，置くとすれば誰にするかを決定する。
7．交渉の日程と場所を設定する。
8．交渉が長引いた場合の補給計画を立てる。

これに加え，前述のように，当事者は交渉の基本原則——原則として，合意を目指すという——について，一部あるいはすべてを策定する必要がある。基本方針の策定は，実際の交渉が始まってからでも可能な場合がある。

交渉前段階は，時として非常に長いものとなる。特に多くの複雑な問題が存在し，当事者の相互不信が根深い場合には，交渉そのものよりも長い時間が必要となることもある。そのため，北アイルランドでは9年，南アフリカでは6年の歳月が必要であった。もっと困難な事例では，交渉を開始した後で計画の不適切さに気づき，交渉前段階と交渉が交互に行なわれることもある（Stein, 1989）。

■ 交渉後段階

いかなる条件の下で合意は継続され，紛争の再発は回避されるのであろうか。

第1の答えは，合意が両陣営において幅広い下位集団から支持される場合に，それは継続されやすいというものである。これを支持しない下位集団は妨害者[★8]となり，合意を台なしにしてしまう恐れがある。広範な支持を得る方法の1つは，指導者が合意に向けた交渉をオープンに行ない，公式声明においてこれを力強く主張することである。別の方法は，北アイルランドで行なわれたように，一般市民の大多数から合意に対する支持を得るために，住民投票を実施するというものである。

第2の，そして最も重要な答えは，紛争当事者の両陣営から可能な限り多くの政治的・軍事的集団を交渉に取り込むこと——可能な限り幅広い「中央連合」の形成を目指すことである（Pruitt, 2005, 2007）。とはいえ，交渉よりも闘争を継続すべきだと考える抵抗者（holdouts）は常に存在しており，すべての派閥を取り込むことは不可能である。しかし，抵抗者が少数だったり軍備が貧弱な場合には，交渉参加者は彼らを孤立させ，強力な妨害者となることを防ぐことは可能であろう。

22の和平合意事例を比較検討したWanis-St.JohnとKew（2006）は，市民社会の代表者が和平プロセスに参加するかどうかが合意の成否を左右することを示した。1つの説明としては，彼らの所属する集団が全体社会の中で合意を積極的に推進する役割を担うことがあげられる。

合意の成否はまた，それが当事者の根本的欲求，とりわけBurton（1990）が「基

本的欲求」とよぶものを満足させるものであるかどうかに依存している。「集団的剥奪（fraternalistic deprivation）」に関する研究（Brown, 2000）は，集団的欲求が個人的欲求よりも重要であることを示している。集団の基本的欲求とは，安全欲求（われわれの集団の構成員は安全である），アイデンティティ（われわれの集団は自分たちの自己定義を維持することが可能である），尊重（他の集団はわれわれの集団に対して十分な敬意を払っている），公平感（われわれの集団は他の集団と平等に扱われている），正義（われわれの集団は適正な利益分配を得ている）といった要素が含まれる。多くの基本的欲求はいくつかの手段によって満たすことができるが，他の利益との間で簡単に妥協あるいは交換できるものではない。というのも，それは後に再び主張されることになるからである（Avruch, 1998）。

　内戦の事例においては，合意によって社会が安定し豊かになっていくのなら，それは継続され，紛争の再発は回避されるであろう。こうした状態は，反政府集団が合法的政党へと衣替えし，かつての戦闘員が武装解除されて労働力として社会に統合され，隣接諸国が合意を支持し，経済が健全で，政治・司法制度が強固かつ公正で，そして今，かつての対立集団が和解したときに可能となるであろう（Jeong, 2005）。そうした発展を確実にするためには，しばしば，外部の平和維持団体や平和構築団体がある一定期間に当該国に入り，現地の人々と協働することが必要である。

裏ルート・コミュニケーション

　裏ルート（back-channel）・コミュニケーションは，交渉を成功に導くことを意図して行なわれる，公式ではあるが秘密のコミュニケーションである（Pruitt, 2008）。これは一般市民の目に触れることはないという点で，その存在が公となっている表ルート（front-channel）・コミュニケーションとは対照をなすものである。裏ルート・コミュニケーションには，交渉前段階としての手段，表ルートでの交渉の補助手段，表ルート交渉の代替手段，といった3通りの使用方法がある。国際紛争（Iklé, 1964），民族・政治紛争（Bartoli, 1999; Wanis-St.John, 2006），労働争議（Walton & Mckersie, 1965），政府調達（Pruitt, 1971）といった多様な状況においてこうした手段の利用が報告されている。

　裏ルート・コミュニケーションは，直接的と間接的といった2つの形態をとる。直接的コミュニケーションとは，指導者あるいはその他の公的関係者が私的事務所など人目につかない場所で行なうものである。時には第三者が進行役（facilitator）として参加することもあるが（Nan, 2005），これは一般的ではない。間接的裏ルート・コミュニケーションでは，仲介者が両当事者の間を行き来する。後者の例は図11.2に示

されるコミュニケーション・チェーンであり，これは北アイルランド紛争を解決に導いた交渉の際，交渉前段階において用いられたものである。そのようなチェーンにおいては，一般市民はチェーンの中の2点間のコミュニケーションには気づいているかもしれないが，具体的なメッセージや提案のやりとりにまでは気づいていない。

コミュニケーション・チェーンは必ずしも図11.2に示されるほど長いものである必要はない。実際，非公式の代表者が相手方の指導者と対話するとか，両指導者間を1人の中立的立場の仲介者が行き来するといったケースもしばしばみられる。

■ 裏ルート・コミュニケーションの利点

裏ルート・コミュニケーションは表ルートと比較して多くの利点をもっている。

柔軟性と未来志向　紛争における表ルート・コミュニケーションの問題点の1つは，柔軟性の欠如である。参加者はあらかじめ発言内容を用意し，自分たちの要求と主張をくり返す傾向になり，その結果，対話はしばしば行き詰まる。対照的に，裏ルート・コミュニケーションでは，互いの動機と関心についてインフォーマルな場で率直な議論が行なわれる。欲求，目標，価値観，相手方の提案に対する恐怖などが容易に表明され，またそれらの優先順位に関する情報も明かされる。したがって，両当事者が共通の立場を発見し，いかなる解決策においても配慮が必要な基本的欲求が何であるかを確認し，これによってウィン・ウィンの解決策をもたらす可能性が高まるのである。

表ルート・コミュニケーションにおけるもう1つの問題点は，しばしば参加者が過去を蒸し返し，相手方の行為を非難しあうことに多くの時間を費やすことである。裏ルート・コミュニケーションでは参加者はより未来志向となり，紛争をいかに解決するかを議論する。コミュニケーションの柔軟性と未来志向については4つの理由が考えられる。それは，聴衆からの影響が弱い，話し合いに参加する人数が少ない，交渉参加者間での感情的な絆が形成される，発言内容に拘束性がないなどである。

柔軟性と未来志向という利点は，コミュニケーションの完全な秘匿性が維持されなくとももたらされうる。たとえば，対話の実施それ自体は公に知られていても，その内容を知ろうとする一般市民から距離を置き，また参加者から情報を得ようとするメディアを避けるために日程と場所を秘密にしたままで対話が行なわれる場合がある。これは，モザンビーク内戦を終結させた1990年のローマ交渉の際に実際に行なわれたやり方である（Bartoli, 1999）。

政治的ベール　軍事的手段に訴えるなどの深刻化した紛争においては，指導者が相手方と公然と接触し，表ルートで対話を始めると，自集団成員や同盟団体との間でトラ

ブルになることがある。政治的圧力によって対話が中止に追い込まれたり（Lieberfeld, 2008），指導者自身がそれまでに得てきた賞賛や地位，あるいは生命までも失うといった危険にさらされることもある。仮に相手方との対話が政治的に受け入れ可能なものであったとしても，対話が失敗すると指導者は苦境に陥る（Lieberfeld, 2008）。対照的に，裏ルート・コミュニケーションは，政治的妨害を回避しながら交渉による解決の可能性を模索したいと考える指導者に対して，政治的ベールを提供する。ANC のネルソン・マンデラ（Mandela, 1994），IRA のゲリー・アダムス（Moloney, 2002），エジプトのアンワル・サダト（Stein, 1989），イスラエルのイツハク・ラビン（Lieberfeld, 1999）といった歴史的指導者たちは，裏ルートでの接触を通じて彼らの集団構成員者たちよりもずっと先を進んでいたのである。

　裏ルートでの対話は秘密裏に行なわれるため，仮に外部の人間がその存在を発見したとしても，通常は否認可能である。指導者たちはそうした対話に関する報道について，誤報であるとか，無関係の出来事が誤って解釈されただけであるとか，あるいは対話の参加者は仲介者としての権限を有していないなどと主張することができる。間接的対話は直接的対話よりも秘匿性を有していることからその存在を否定することが容易であるし，複数の仲介者によってチェーンが形成されている場合は特にそうである。

　指導者たちが裏ルート・コミュニケーションを認知し，これに実際に参加していながら，公式には，相手方に対する攻撃的発言や敵対的行動を継続している場合にもこうした目隠しは有効である。ゲリー・アダムスが秘密裡に英国と接触していた当時においても，彼自身やその仲間たちは公式には非常に激しい発言をくり返していたし，IRA（おそらく彼自身もその軍事評議会の席に居たと思われるが）は武力闘争を継続していた（Moloney, 2002）。

前提条件の欠如　当事者はしばしば，交渉開始の前提条件を相手方に要求する場合があり，最も一般的なものは停戦合意である。しかし，こうした前提条件が満たされていない場合であっても裏ルートでのコミュニケーションは行なわれる可能性がある。たとえば，マンデラ（Mandela, 1994）は，南アフリカ政府と ANC の表ルートでの対話は，マンデラ釈放と ANC 合法化の直後の1990年4月に予定されていたと報告している。しかし，この年の3月に警察が ANC のデモ参加者に対して発砲したため，ANC はこの対話を中止した。マンデラは F・W・デ・クラーク大統領に対し「交渉について語りながら，いったいどうして，われわれの仲間を殺すようなまねができるのか」と非難した（p.577）。しかし，マンデラ自身は「交渉の機運を維持するため，ケープタウンにおいて私的にデ・クラークと会っていた」（p.557）のである。

相手方の正当性承認の回避　表ルートでの交渉は——相手方の正当性を承認するとか，

その主張や要求を受け入れるといった——誤ったシグナルを送ることへの懸念から，それが避けられる場合がある（Spector, 2003）。これは特に，政府軍と反政府軍が一般市民や世界の環視の下で正当性をめぐって争うような内戦の場合に問題となる。裏ルート・コミュニケーションは公にされないため，こうした問題を惹起しない。

■ 裏ルート・コミュニケーションのリスクとその解決策

表ルートの場合と比較して，裏ルートでのコミュニケーションには特有のリスクが存在する。その1つは，指導者にとって，一般市民に最終的な合意を受け入れてもらうよう準備することが十分にできないことである（Liberfeld, 2008）。もう1つの問題は，重要なプレイヤーを排除したり，きわめて重要な問題の取り組みを回避したいとする誘惑に駆られたりすることであり，いずれの場合も，そうして得られた合意は結果的には失敗に終わる可能性が高い（Wanis-St.John, 2006）。こうしたリスクは，表ルートでの交渉が結局は行なわれず，一般市民に知らされることなく最終合意が結ばれるような場合に特に大きな問題となる。これはパレスチナ暫定自治機構を成立させた1993年のオスロ交渉において実際に生じた問題である。問題は裏ルートの使用そのものではなく誤った使用にあり，この場合は，集団を正当に代表しないものたち——狭い中央連合——が，異論の多い危うい合意をしてしまったことであった（Pruitt, 2008）。このようなリスクをあらかじめ認識していれば，潜在的妨害者を孤立させるに足るだけの広範な政治的代表性を有する交渉チームを編成し，裏ルート・コミュニケーションを通して表ルートの交渉可能性を計ることができるであろう。北アイルランドにおける和平交渉はこれを裏づけている（Pruitt, 2007）。

■ 裏ルート・コミュニケーションの諸段階

深刻な紛争において，当事者がお互いに対して強いネガティブな信念や感情をもっていながらも，紛争を停止しようと動機づけられているような場合，通常，当事者間の最初の接触はためらいがちで試行錯誤的なのものとなる。対話の当初は，激しい言葉づかいとともに，曖昧な表現や微妙な言い回しによって，紛争停止への関心をごく弱いシグナルによって発信することから始まるであろう。もしも，相手方も同じ動機づけをもっているならば，このシグナルに気づき，これに微妙なやり方で応えてくれるであろう。当初のシグナルはこうして強化され，より直接的なアプローチが採用されるようになる。その結果生じるのは，好意の循環——ピンポンのように宥和的メッセージと行動を交換する——である。この交渉前段階のどこかの時点で裏ルート・コミュニケーションが開始され——多くの場合，最初は間接的ルートだが，その後は直接的ルートによって——このプロセスはしだいに交渉そして解決へと近づいていく。

こうした進展の中で，交渉成果に対する楽観的見通しが確実に広がっていくであろ

う。楽観的見通しが立たない場合には，曖昧なアプローチの方が現実的な選択肢となる。楽観主義が強まるにつれて，裏ルート・コミュニケーションも進展する。最終的には，両当事者は交渉を開始するのに十分な程度にまで楽観的となる。微妙なシグナルや裏ルート・コミュニケーションの利用がなければ，多くの深刻化した紛争は交渉の段階に進めず，解決ももたらされないであろう。

公式外交の代替手段：トラック２，トラック1.5，その他の革新的手法

　トラック２およびトラック1.5外交は裏ルート・コミュニケーションの親戚である。トラック２外交においては，両陣営の民間人エリート同士が非公認の仲介者として非公式に会合をもつ。[★10]トラック1.5外交においては，一方の当事者側のエリート民間人が他方の公人と非公式に会談する。[★11]会合の実施自体が秘密にされることはまれだが，会合は常に非公開である。裏ルート・コミュニケーションと同様に，こうした会合は柔軟性と未来志向を可能にし，前提条件の設定を回避し，交渉の相手方を公に承認する必要はない。これらの手法は両陣営の人々に対し，相手方は紛争解決に利益を見いだしているふつうの人間なのだということを認識させ，相手方の「中心的関心事……すなわち，合意の中で配慮されるべき彼らの基本的欲求と根本的恐怖」（Fisher, 1997, p.60）についての理解を促進する。これらの手段を通じて，共同プロジェクトや実現可能性のある紛争解決策が練り上げられるであろう。

　トラック２外交の１例は，Burton（1969）とKelman（2002）によって考案された問題解決ワークショップである。このワークショップにおいては，両陣営内で強い影響力をもつ人々が集められ，数日間にわたり，訓練を積んだ学識経験者の指導の下で紛争について話し合う。同じ参加者による会合が複数回くり返されることもある（Rouhana & Kelman, 1994）。問題解決ワークショップは，公式の交渉を補完するものとして理解されるべきである。これらは交渉前段階において最も頻繁に実施され，相手の交渉姿勢に関する楽観的な見方を醸成し，相手の動機，優先順位，前提条件に関する正確な情報を提供し，指導者層が紛争離脱の動機をもち始めた際，迅速にこれを実行できるだけの知識をもった要員を養成するものである。これに加え，公式の交渉段階においても，新たな知見や解決策の可能性を模索する非公式の場を提供するものとして問題解決ワークショップがしばしば実施される。

　また，トラック２外交では，両陣営から参加者を募り，ローカル・コミュニティ・ミーティングやアクション・グループを開催することもある。そうした会合は，和平へ向けた指導者たちの動きを後押しし，一般市民の間に交渉による解決への支持を広げることで和平プロセスの推進に寄与することができる。Fitzduff（2002）は，北ア

イルランド和平プロセスにおけるこうしたプログラムの貢献について記している。

　トラック1.5外交の実例は，黒人反政府組織である ANC の亡命指導者たちと南アフリカの白人たちの間で行なわれた2度の非公式会合である。最初の会合は1985年にザンビアで6時間にわたって行なわれた。会合には4名の英語を話す企業人と3名のレポーターが参加し，彼らは ANC の指導者について「多くの白人参加者と同様に，南アフリカという国家に対し情熱をもって深くコミットしている愛国者であり，また同じ人間であった──そして，穏健な人々であった」（Waldmeir, 1998, p.74）というポジティブな印象を残している。この会合は，1987年，より多くのアフリカーナーのエリートたちを集めてセネガルで実施された3日間の会合へとつながったが，その際にも，彼らは ANC 指導者について同様の結論にいたっている。

　これらの会合での結論は白人参加者によって広く一般市民に伝えられ，「ANC を交渉による解決策の正当な参加者として受け入れる素地を構築した」（Liberfeld, 2002, p.368）とされる。これらの会合はまた，ANC 側からの和解声明をうながした。セネガルでの会合後まもなく，南アフリカ政府代表と ANC 指導者の仲介者たちの間で一連の間接的な裏ルート会合が行なわれ，その後，直接的裏ルート会合，そして統一政府の樹立を目指す公式交渉へとつながっていった（Lieberfeld, 2002）。つまり，トラック1.5での接触は楽観主義を構築する好意の循環を始動させ，建設的交渉にいたるための実質的な進展をもたらしたのである。

　もう1つの革新的手法として，両陣営の高地位の代表団が，成功にいたった過去の和平プロセスの参加者から説明を受けるというものがある。たとえば，Arthur（1999）は，北アイルランドの広範な政治勢力の代表者たちを南アフリカに連れていき，南アフリカの和平プロセスにかつて携わった人たちと対話する機会を設けた。Arthur によれば，北アイルランドからの参加者たちは，南アフリカの人々の経験を聞くだけではなく，互いに対話し，彼ら自身の紛争に関しても理解を深めることができた。

調　停

　調停（mediation）は第三者の支援を得た交渉の形態であり，これまで述べてきた交渉に関する事柄の多くが調停にも適用可能である。調停は紛争当事者の要請によって行なわれることもあるし，調停者自身あるいは調停者が属する集団の主導によって行なわれることもある。深刻度の低い紛争では，調停者はしばしば，当事者同士の交渉が失敗し，彼らが外部の支援を求めるようになった後に交渉へ加わる。しかし，深刻で解決困難な紛争では，調停者が交渉を主導することがある──当事者同士の直接交渉が可能となるまで，調停者が彼らの間を行き来するのである。

■ 調停者の性質

調停者は，ジミー・カーター元アメリカ大統領のように個人の資格で活動することもあれば，特定の集団の代表者としてふるまうこともある。国際調停においては，調停者はどこかの国，国連のような国際機関の代表者として，あるいはモザンビーク内戦で調停活動を行なった聖エジディオ共同体のような民間団体の代表者として活動することもある（Bartoli, 1999）。

どのようにリクルートされたかにかかわらず，調停者は図11.1の（b）の点7に示されるような仲介者となり，ゆえに両当事者組織の間に形成されるチェーンの一部となる。しばしば複数の調停者が存在する場合があり，その際には調停者たちが図11.2のようなチェーンを形成したり，チームとして活動したり，あるいは異なる調停者が順番に調停活動を行なったりする。

調停チームは少なくとも2つの機能を果たす必要がある。1つはチーム・メンバーの数と地位を紛争当事者たちに対して印象づけることである。もう1つは人々の努力を結合して，さまざまなキー・プレイヤーたち——紛争集団内の高官と一般市民，あるいは妨害者を支援して合意を台なしにする可能性をもつ近隣諸国など——に対し広く働きかけることである（Crocker et al., 1999b）。

異なる調停者が順番に登場するケースは，①ナゴルノ・カラバフ紛争でみられたように，ある調停者が失敗した後で別の調停者が登場する場合（Mooradian & Druckman, 1999），②交渉サイクルの異なる段階において，異なる資質をもつ調停者が必要とされる場合（Crocker et al., 1999b）の2種類に分けられる。これは北アイルランド和平プロセスにおいてみられ，交渉前段階では図11.2のような仲介者のチェーンによって調停が行なわれたが，実際の交渉ではアメリカの元上院院内総務であるジョージ・ミッチェルが調停者となった。

調停者はなぜ調停を行なうのであろうか。何が彼らの活動の動機なのであろうか。さまざまな答えが可能であろう。職業意識によって調停に乗り出す者もいるだろうし——調停活動が仕事の一部である——愛国的あるいは人道的懸念から行なう者もいるであろう。国際機関の代表者は，調停活動が彼らの組織の設立憲章に示された目的の一部であるから，あるいは組織の理事会に指示されたという理由で調停を行なうかもしれない。国の代表者が調停者になる場合，紛争が彼ら自身の国益を脅かしているからという場合もあれば，紛争当事国や関係国に取り入ることが目的である場合もある（Touval & Zartman, 1985）。

■ 調停者は何を行なうのか

調停者は，合意を妨げる勢力に対抗するためにさまざまな戦術を用いる（Wall & Lynn, 1993）。集団内紛争においては，柔軟性と紛争解決への強い動機をもつ人々を

両陣営から募って問題解決ワークショップを行なったり，交渉プロセスとその結果に対する支持を得るため，交渉担当者の所属集団に働きかけたりする。後者のやり方は反発を招くこともあるが，手詰まりを解消するためには必要とされることもある。

国際関係の専門家であるTouvalとZartman（1985）は，調停者が用いる戦術を次の3つに分類している。

伝達者（communicator）としての調停者：当事者双方と接触し，双方の間でメッセージ，提案，譲歩を伝達する（会合日程の設定，会合実施場所の調整，楽観主義と仲間意識の促進といった軽い役割も含まれる）。

議題整理者（formulator）としての調停者：争点の明確化，議題の提案，当事者の立場と前提への問いかけ，新しいアイデアの奨励などを行なう。

操作者（manipulator）としての調停者：基本原則を受け入れるよう，しばしばアメとムチを用いながら当事者に働きかける。これは「腕力による調停」ともいわれる。

BercovitchとWells（1993）は，国際調停の多くの事例をもとに，いかなる状況下でこれらの戦術が用いられるかに関して統計的な分析を行なった。それによると，驚くべき事ではないが，高地位でパワーをもつ調停者ほど操作的調停を行なう傾向があった。また，紛争当事者双方と以前から関係をもっている調停者は，社会的距離のある調停者に比べて，操作的調停を避けようとする傾向があった。

調停者の戦術に関する別の分類法は，調停者の専門性に着目したもので，ここでは以下の3つのおおまかなカテゴリーを提案する。

仲介者としての調停者：当事者間を行き来し，双方のメッセージと提案を伝達あるいは解説し，彼らに新しいアイデアの提案を求める。仲介に関する理論は本章においてすでに述べた。

グループリーダーとしての調停者：紛争当事者たちを集めて会合をもち，建設的な議論を奨励する。

治療者としての調停者：現在の紛争の根本にある問題を追求する。KresselとGadlin（2009）は，アメリカ国立保健研究所のオンブズマンが見いだした根本原因のタイプについて論じている。

これらさまざまな戦術は，調停者による介入の最適なタイミングと関係がある。Crockerら（1999a）は成熟度理論に基づき，深刻で解決困難な紛争は一定のサイクルで進展することを示唆した。はじめのうちは，当事者は対立関係に陥っても大規模な敵対行為には及ばない。次に彼らは大規模な敵対行為（たとえば戦争）に移行する。

どちらの当事者も勝利を収めることができなければ，最終的には相互に被害を与え合うだけの手詰まり状態に陥る。Crockerらはこれらのうち，当事者が武力行使によって勝利を追求することに熱中している第2段階よりも，第1段階および第3段階において調停は受け入れられやすいと指摘する。しかし，腕力による調停は，時として第2段階にある当事者を第3段階に移行させる目的で用いられる場合もある。

この理論と部分的には矛盾するが，先行研究は，深刻化した国際紛争の第1段階で調停が行なわれることはまれであることを示している（Bercovitch & Diehl, 1997）。おそらくは，国際社会が紛争の深刻化を予見する優れた早期警戒体制をいまだもっていないためか，あるいは第1段階の紛争当事者たちは，外部からの介入が必要であると感じるほど事態を重大視していないせいであろう。

■ 調停者の有効性

調停者が紛争当事者を合意に導けるかどうかは何によって決まるのであろうか。上で述べたことから推察されるのは，当事者に対するアメとムチを提供する能力，すなわち調停者がもつパワーの大きさに部分的には依存するということである。低パワーの調停者は，当事者が敵対行為にコミットしている第2段階での調停にはあまり成功しそうもないと考えられるが，高パワーの調停者ならどの段階でも成果をあげることができる（Pruitt, 2000）。紛争当事者の一方に対して調停者がバイアスをもっていたり，もっているとみなされることも調停の成功を妨げる。調停者バイアスが形成される原因の1つは，調停者自身の出身母体が紛争当事者の一方を他方よりも支持している場合である（Crocker et al., 2009）。このバイアス問題の解決策は，もう一方の当事者に好意的なバイアスをもつ調停者を追加することである。

調停者の有効性に関する知見の大部分は，1945年以降300件以上に及ぶ国際調停事例からなるデータセットを用いてBercovitchと彼の同僚たちが行なった一連の統計的解析に基づいている（Bercovitch & Houston, 1996）。それによれば，調停者の成功とは，「紛争それ自体，あるいは紛争当事者の行動に対して与えた弁別可能な影響」の度合いと定義される（p.19）。調停は，一方の当事者の支配地域ではなく中立的場所で開催される，紛争当事者が紛争以前は友好的な関係にあった，紛争当事者の勢力がおおむね同程度である，調停以前に生じた犠牲者が少ない，一方の当事者や調停者だけというのではなく両当事者が調停を望んでいる，調停者が当事者の一方だけではなく双方と政治的同盟関係にある，調停者が操作的戦術を用いる，等々の場合に成果をあげやすいことが見いだされている。

有効度の別の指標は，合意が維持され，深刻な紛争がその後回避されるかどうかである。Bercovitchらのその後の研究では，調停によって達成された合意が継続的なものになるのは，合意に先立つ紛争において犠牲者が少ない，調停者が伝達者ではな

く争点整理者あるいは治療者としてふるまう，調停がより長い時間をかけて行なわれる，単なる停戦合意ではなく根本的な問題の解決が図られる，等々の場合である（Gartner & Bercovitch, 2006）。

結　論

　集団間紛争はさまざまな形で終結を迎える。一方が他方に対して完全な勝利を収めたり，問題自体が消滅してしまったり，あるいは交渉やその派生形である調停を通じて解決にいたることもある。深刻な国際紛争や内戦においては，交渉や調停による解決がより標準的になりつつある。解決困難な紛争において交渉や調停が開始されるには，通常，当事者双方が紛争解決の動機づけをもっていることと，受容できる合意形成が可能であるという楽観主義が醸成され，これらを結びつける成熟プロセスが進展することが必要である。交渉前プロセスにおいては，和解シグナルの交換，エリート民間人による非公式会合，裏ルート・コミュニケーションなどによって楽観的見方が醸成されることが多い。交渉や調停による合意の達成は，それ自体が紛争解決を保証するものではない。合意が両当事者内部から広範な支持を獲得し，両当事者の基本的欲求を満たし，そして――特に内戦のケースにおいては――それが，安定して豊かなコミュニティの発展に結びつく場合に成功の可能性は高まる。

　集団間の交渉と調停に関する統計的研究には，2つのささやかな伝統があるだけである。一方は少人数集団による実験室実験，他方は過去の国際調停のアグリゲート・データである。この分野におけるその他の理論的知見は，個別事例研究あるいは複数事例の比較研究に基づいている。この現状からみて，今後は，事例に基づく理論を最終的には標本統計値を用いて検証することが重要な課題となるであろう。

原注

　★1：交渉一般に関する理論と研究に関しては次を参照。Bazerman et al.（2000）; Fisher & Ury（1991）; Gelfand & Brett（2004）; Kremenyuk（2002）; Lewicki et al.（2006）; Pruitt（1981）; Pruitt & Carnevale（1993）; Thompson（2005, 2006）. 調停一般に関する理論と研究に関しては次を参照。Bercovitch（1984）; Herrman（2006）; Kolb（1983）; Kressel（2006）; Kressel et al.（1989）; Menkel-Meadow et al.（2006）; Moore（2003）; Wall & Lynn（1993）.

　★2：Putnam（1988）はこれを，代表者が相手方および所属集団の双方と交渉することから「2レベルゲーム」とよんでいる。Crump（2006）は，中間に位置する集団はむしろ自分たちの利得のために紛争当事者たちと交渉を行なうことがあると指摘する。この主張によれば，紛争当事者たちが協力関係になると，中間の集団は損害を被ることになる。

　★3：点5および点6にいる人たちは図11.1の（b）には示されていない別のプレイヤーとの間の

　　　　仲介者であることがある。しかし，図の大きさの制約上，ここでは利害関係者としてある。
- ★4：IRAはナショナリストを代表して闘争を行なっていたが，その多くはアイルランド系先住民の子孫でカトリック教徒であった。UUPはユニオニストの主要政党で，初期の英国人入植者の子孫であるプロテスタント教徒であった。
- ★5：シン・フェイン党のような集団を仲介者とよぶ場合，集団内の1人あるいは複数の個人が仲介者としての役割を果たすことを意味する。
- ★6：この概念の発案者はKelman（1997）である。
- ★7：この概念の発案者はZartman（1977）である。
- ★8：妨害者理論を提唱したのはStedman（2000）である。
- ★9：図11.2に示されるコミュニケーションの鎖のうち，最も重要な区間はシン・フェイン党と英国政府をつなぐ部分であった。
- ★10：エリート民間人の中には，公式に委任されたものではなく，個人の資格で行動する政府関係者や議員も含まれる。
- ★11：「トラック1.5」という表現は他の2人の研究者によって若干異なる意味で用いられている。Lieberfeld（2005）は，公的な承認を得て，政府への報告義務が課されたエリート民間人という規定を加えている。これは，先に「相手方の公人との接触を公式に委任された単独の仲介者による裏ルート・コミュニケーション」として本章で説明した考え方に似ている。Nan（2005）は「紛争当事者のハイレベルの公的代表者」を含む「非公式で記録に残らない紛争解決ワークショップ」のファシリテーションに言及する際，この表現を用いている（p.161）。

訳注

- ●1：原語はformula。公正など手続きのルール。
- ●2：アルメニアとアゼルバイジャンの間のナゴルノ・カラバフ自治州の帰属問題をめぐる紛争。
- ●3：原著ではジンバブエとなっていたが，この時期にジンバブエでの内戦はない。出典よりモザンビークのこととと判断した。
- ●4：African National Congress：アフリカ民族会議。
- ●5：南アフリカ生まれの白人。
- ●6：集積データともいう。

■■ 引用文献 ■■

Adams, J. S. (1976). The structure and dynamics of behavior in organizational boundary roles. In M. Dunnette (Ed.), *Handbook of industrial and organizational psychology* (pp. 1175-1199). Chicago: Rand-McNally.

Arthur, P. (1999). Multiparty mediation in Northern Ireland. In C. A. Crocker, F. O. Hampson, & P. Aall (Eds.), *Herding cats: Multiparty mediation in a complex world* (pp. 469-501). Washington: United States Institute of Peace.

Avruch, K. (1998). *Culture and conflict resolution.* Washington, DC: United States Institute of Peace Press.

Bartoli, A. (1999). Mediating peace in Mozambique: The role of die community of Sant' Egidio. In C. A. Crocker, F. O. Hampson, & P. Aall (Eds.), *Herding cats: Multiparty mediation in a complex world* (pp. 247-273). Washington: United States Institute of Peace.

Bazerman, M., Curhan, J. R., Moore, D. A., & Valley, K. L. (2000). Negotiation. *Annual Review of*

Psychology, 51, 279-314.
Behfar, K., Friedman, R., & Brett, J. (2008). *The team negotiation challenge: Defining and managing the internal challenges of negotiating teams.* Paper presented at the annual meeting of the International Association of Conflict Management, Chicago.
Benton, A. A., & Druckman, D. (1974). Constituents bargaining orientation and intergroup negotiations. *Journal of Applied Social Psychology, 4,* 141-150.
Bercovitch, J. (1984). *Social conflicts and third parties: Strategies of conflict resolution.* Boulder, CO: Westview.
Bercovitch, J., & Diehl, P. F. (1997). Conflict management of enduring rivalries: The frequency, timing, and short-term impact of mediation. *International Interactions, 22,* 299-320.
Bercovitch, J., & Houston, A. (1996). The study of international mediation: Theoretical issues and empirical evidence. In J. Bercovitch (Ed.), *Resolving international conflicts: The theory and practice of mediation* (pp. 11-35). Boulder, CO: Lynne Rienner.
Bercovitch, J., & Wells, R. (1993). Evaluating mediation strategies: A theoretical and empirical analysis. *Peace and Change, 18,* 3-25.
Brown, R. (2000). *Group processes: Dynamics within and between groups* (2nd ed.). Oxford, England: Blackwell.
Burton, J. (1969). *Conflict and communication.* London: Macmillan.
Burton, J. (1990). *Conflict: Human needs theory.* New York: St. Martin's Press.
Carnevale, P. J., Pruitt, D. C., & Britton, S. (1979). Looking tough: The negotiator under constituent surveillance. *Personality and Social Psychology Bulletin, 5,* 118-121.
Crocker, C. A., Hampson, F. O., & Aall, P. (Eds.) (1999a). Multiparty mediation and the conflict cycle. In *Herding cats: Multiparty mediation in a complex world* (pp. 19-45). Washington: United States Institute of Peace.
Crocker, C. A., Hampson, F. O., & Aall, P. (Ed.) (1999b). Rising to die challenge of multiparty mediation. In *Herding cats: Multiparty mediation in a complex world* (pp. 665-699). Washington: United States Institute of Peace.
Crocker, C. A., Hampson, F. O., & Aall, P. (2009). Why mediation matters: Ending intractable conflicts. In J. Bercovitch, V. Kremenyuk, & I. W. Zartman (Eds.), *Handbook on conflict resolution* (pp. 492-505). London: Sage.
Crump, L. (2006). Competitively-linked and non-competitively-linked negotiations: Bilateral trade policy negotiations in Australia, Singapore and the United States. *International Negotiation, 11,* 431-466.
Druckman, D. (1994). Determinants of compromising behavior in negotiation: A meta-analysis. *Journal of Conflict Resolution, 38,* 507-556.
Druckman, D., & Lyons, T. (2005). Negotiation processes and post-settlement relationships: Comparing Nagorno-Karabakh with Mozambique. In I. W. Zartman & V. Kremenyuk (Eds.), *Peace versus justice: Negotiating forward-and backward-looking outcomes* (pp. 265-285). Lanham, MD: Rowman & Littlefield.
Fisher, R., & Ury, W. (1991). *Getting to yes: Negotiating agreement without giving in* (2nd ed.). New York: Penguin.
Fisher, R. J. (1997). *Interactive conflict resolution.* Syracuse, NY: Syracuse University Press.
Fitzduff, M. (2002). *Beyond violence: Conflict resolution process in Northern Ireland.* New York: United Nations University Press.
Ford, S. E. (2008). *An experimental investigation of ripeness in internal war.* Dissertation accepted by the Institute for Conflict Analysis and Resolution, George Mason University.
Gartner, S. S., & Bercovitch, J. (2006). Overcoming obstacles to peace: The contribution of

mediation to short- lived conflict settlements. *International Studies Quarterly,* **50**, 819-840.

Gelfand, M. J., & Brett, J. M. (Eds.) (2004). *The handbook of negotiation and culture.* Stanford, CA: Stanford Business Books.

Gelfand, M. J., & Cai, D. A. (2004). Cultural structuring of the social context of negotiation. In M. J. Gelfand & J. M. Brett (Eds.), *The handbook of negotiation and culture* (pp. 238-257). Stanford, CA: Stanford Business Books.

Gelfand, M. J., & Realo, A. (1999). Individualism-collectivism and accountability in organizations: Variations in forms of social control across cultures. *Journal of Applied Psychology,* **84**, 721-736.

Goertz, G., & Diehl, P. F. (1997). The initiation and termination of enduring rivalries: The impact of political shocks. *American Journal of Political Science,* **39**, 30-52.

Herrman, M. S. (Ed.) (2006). *The Blackwell handbook of mediation: Bridging theory, research, and practice.* Oxford, England: Blackwell.

Iklé, F. C. (1964). *How nations negotiate.* New York: Harper & Row.

Jeong, H-W. (2005). *Peacebuibling in postconflict societies: Strategy and process.* Boulder, CO: Lynne Rienner.

Kelman, H. C. (1997). Some determinants of the Oslo breakthrough. *International Negotiation,* **2**, 183-194.

Kelman, H. C. (2002). Interactive problem-solving: Informal mediation by the scholar-practitioner. In J. Bercovitch (Ed.), *Studies in international mediation* (pp. 167-193). Houndmills, England: Palgrave Macmillan.

Kogan, N., Lamm, H., & Trommsdorff, G. (1972). Negotiation constraints in the risk-taking domain: Effects of being observed by partners of higher and lower status. *Journal of Personality and Social Psychology,* **23**, 143-156.

Kolb, D. M. (1983). *The mediators.* Cambridge, MA: MIT Press.

Kremenyuk, V. A. (Ed.) (2002). *International negotiation: Analysis, approaches, issues* (2nd ed.). San Francisco, CA: Jossey-Bass.

Kressel, K. (2006). Mediation revisited. In M. Deutsch, P. T. Coleman, & E. C. Marcus (Eds.), *The handbook of conflict resolution* (2nd ed., pp. 726-756). San Francisco, CA: Wiley.

Kressel, K., & Gadlin, H. (2009). Mediating among scientists: A mental model of expert practice. *Negotiation and Conflict Management Research,* **2**, 308-343.

Kressel, K., Pruitt, D. G., & Associates (1989). *Mediation research: The process and effectiveness of third-party intervention.* San Francisco: Jossey-Bass.

Kriesberg, L. (1998). *Constructive conflicts: From escalation to resolution.* Lanham, MD: Rowman & Littlefield.

Lewicki, R. J., Saunders, D. M., & Barry, B. (2006). *Negotiation* (5th ed.). New York: McGraw/Hill/Irwin.

Lieberfeld, D. (1999). *Talking with the enemy: Negotiation and threat perception in South Africa and Israel/Palestine.* Westport, CT: Praeger.

Lieberfeld, D. (2002). Evaluating the contributions of track-two diplomacy to conflict termination in South Africa, 1984-90. *Journal of Peace Research,* **39**, 355-372.

Lieberfeld, D. (2005). Contributions of a semi-official prenegotiation initiative in South Africa: Afrikaner-ANC meetings in England, 1987-1990. In R. J. Fisher (Ed.), *Paving the way* (pp. 103-125). Lanham, MD: Lexington.

Lieberfeld, D. (2008). Secrecy and "two-level games" in the Oslo accord: What the primary sources tell us. *International Negotiation,* **13**, 133-146.

Mandela, N. (1994). *Long walk to freedom.* New York: Little Brown.

McGillicuddy, N. B., Welton, G. L., & Pruitt, D. G. (1987). Third-party intervention: A field experiment comparing three different models. *Journal of Personality and Social Psychology,* **53**, 104-112.

Menkel-Meadow, C., Love, L. P., & Schneider, A. K. (2006). *Mediation: Practice, policy, and ethics.* New York: Aspen.

Merry, S. E., & Silbey, S. S. (1984). What do plaintiffs want? Reexamining the concept of dispute. *Just ice System Journal,* **9**, 151-178.

Mitchell, C. (2000). *Gestures of conciliation.* London: Macmillan.

Moloney, E. (2002). *A secret history of the IRA.* New York: Norton.

Mooradian, M., & Druckman, D. (1999). Hurting stalemate or mediation? The conflict over Nagorno-Karabakh, 1990-95. *Journal of Peace Research,* **36**, 709-727.

Moore, C. W. (2003). *The mediation process: Practical strategies for resolving conflict* (3rd ed.). San Francisco, CA: Jossey-Bass.

Morgan, P. M., & Tindale, R. S. (2002). Group vs. individual performance in mixed-motive situations: Exploring an inconsistency. *Organizational Behavior and Human Decision Processes,* **87**, 44-65.

Nan, S. A. (2005). Track one-and-a-half diplomacy: Contributions to Georgian-South Ossetian peacemaking. In R. J. Fisher (Ed.), *Paving the way* (pp. 161-173). Lanham, MD: Lexington.

Pruitt, D. G. (1964). *Problem solving in the Department of State* (Social Science Foundation and Department of International Relations Monograph Series in World Affairs, University of Denver), Denver, CO: University of Denver.

Pruitt, D. G. (1971). Indirect communication and the search for agreement in negotiation. *Journal of Applied Social Psychology,* **1**, 205-239.

Pruitt, D. G. (1981). *Negotiation behavior.* New York: Academic Press.

Pruitt, D. G. (1994). Negotiation between organizations: A branching chain model. *Negotiation Journal,* **10**, 217-230.

Pruitt, D. G. (1997). Ripeness theory and the Oslo talks. *International Negotiation,* **2**, 237-250.

Pruitt, D. G. (2000). The tactics of third-party intervention. *Orbis: A Journal of World Affairs,* **44**, 245-254.

Pruitt, D. G. (2003). *Communication chains in negotiation between organizations.* Occasional Paper #3, Program on International Conflict Resolution, Sabanci University, Istanbul, Turkey. http://conf.sabanciuniv.edu/sites/conf.sabanciuniv.edu/files/finding_integrative_agreements.pdf

Pruitt, D. G. (2005). *Whither ripeness theory?* Working Paper #25, Institute for Conflict Analysis and Resolution, George Mason University, Fairfax, VA. http://www.gmu.edu/departments/ICARAvp_25_pruitt.pdf

Pruitt, D. G. (2007). Readiness theory and the Northern Ireland conflict. *American Behavioral Scientist,* **50**, 1520-1541.

Pruitt, D. G. (2008). Back-channel communication in the settlement of conflict. *International Negotiation,* **13**, 37-54.

Pruitt, D. G., & Carnevale, P. J. (1993). *Negotiation in social conflict.* Buckingham, England: Open University Press and Pacific Grove, CA: Brooks/Cole.

Pruitt, D. G., & Kim, S. H. (2004). *Social conflict: Escalation, stalemate and settlement* (3rd ed.). New York: McGraw-Hill.

Putnam, R. D. (1988). Diplomacy and domestic politics: The logic of two-level games. *International Organization,* **42**, 427-460.

Robert, C., & Carnevale, P. J. (1977). Group choice in ultimatum bargaining. *Organizational Behavior and Human Decision Processes,* **72**, 256-279.

Rouhana, N. N., & Kelman, H. C. (1994). Promoting joint thinking in international conflicts: An Israeli-Palestinian continuing workshop. *Journal of Social Issues, 50*, 157-178.

Schopler, J., & Insko, C. A. (1992). The discontinuity effect in interpersonal and intergroup relations: Generality and mediation. In W Stroebe & M. Hewstone (Eds.), *European review of social psychology* (Vol. 3, pp. 121-151). Chichester, England: Wiley.

Spector, B. I. (2003). Negotiating with villains revisited: Research note. *International Negotiation, 8*, 613-621.

Stedman, S. J. (2000). Spoiler problems in peace processes. In P. C. Stern & D. Druckman (Eds.), *International conflict resolution after the cold war* (pp. 174-228). Washington: National Academy Press.

Stedman, S. J. (2002). Policy implications. In S. J. Stedman, D. Rothchild, & E. M. Cousens (Eds.), *Ending civil wars: The implementation of peace agreements* (pp. 663-671). Boulder, CO: Lynne Rienner.

Stein, J. G. (1989). *Getting to the table: The processes of international prenegotiation.* Baltimore, MD: Johns Hopkins University Press.

Thompson, L. L. (2005). *The mind and heart of the negotiator* (3rd ed.). Upper Saddle River, NJ: Prentice-Hall.

Thompson, L. L. (2006). *Negotiation theory and research.* New York: Psychology Press.

Thompson, L., Peterson, E., & Brodt, S. E. (1996). Team negotiation: An examination of integrative and distributive bargaining. *Journal of Personality and Social Psychology, 70*, 66-78.

Touval, S., & Zartman, I. W. (1985). *International mediation in theory and practice.* Boulder, CO: Westview.

Troetschel, R., & Hueffmeier, J. (2007). *Creating and claiming value in intergroup and interpersonal negotiation.* Paper presented at the annual meeting of the International Association of Conflict Management, Budapest.

Waldmeir, P. (1998). *Anatomy of a miracle: The end of Apartheid and the birth of the new South Africa.* New Brunswick, NJ: Rutgers University Press.

Wall, J. A. (1975). Effects of constituent trust and representative bargaining orientation on intergroup bargaining. *Journal of Personality and Social Psychology, 31*, 1004-1012.

Wall, J. A., & Lynn, A. (1993). Mediation: A current review. *Journal of Conflict Resolution, 37*, 160-194.

Walton, R. E., & McKersie, R. B. (1965). *A behavioral theory of labor negotiations.* New York: McGraw-Hill.

Wanis-St. John, A. (2006). Back-channel negotiation: International bargaining in the shadows. *Negotiation Journal, 22*, 119-144.

Wanis-St. John, A., & Kew, D. (2006). *The missing link? Civil society and peace negotiations: Contributions to sustained peace.* Paper presented at the annual convention of the International Studies Association, San Diego.

Zartman, I. W. (1977). Negotiation as a joint decision-making process. *Journal of Conflict Resolution, 21*, 619-638.

Zartman, I. W. (1989). *Ripe for resolution: Conflict resolution in Africa* (2nd ed.). New York: Oxford.

Zartman, I. W. (1996). Bargaining and conflict reduction. In E. A. Kolodziej & R. E. Kanet (Eds.), *Coping with conflict after the cold war* (pp. 271-290). Baltimore: Johns Hopkins Press.

Zartman, I. W. (2000). Ripeness: The hurting stalemate and beyond. In P. C. Stern & D. Druckman (Eds.), *International conflict resolution after the cold war* (pp. 225-250). Washington: National Academy Press.

第12章

和解をめぐる主要論点
── 紛争解決とパワー力動に関する伝統的仮定への挑戦

Nadim N. Rouhana

序

　「和解（reconciliation）」という用語が政治的発展に伴って紛争研究のアカデミックな言説に導入されて以来，さまざまな分野の研究者たちがこの用語の定義を試み，その性質を分析し，和解プロセスを紛争解決や紛争鎮静化など他のプロセスから区別し，こうしたプロセスが紛争当事者間に起こるため何が必要かを明らかにしようと努力してきた。こうした分野の1つが社会心理学──特に，紛争と紛争解決の社会心理学──だったが，しかしそれが唯一ではない。本章では，社会心理学的アプローチによる理論的・実証的成果に焦点を当てるが，同時に，紛争研究に貢献した他の関連分野にも言及する。これを通してわれわれは，それらが和解のプロセスと帰結の両面に関して，われわれの知識をどの点で豊かにしてきたか，また，限界は何かなどについて論じたい。

　留意すべき重要な点として，和解プロセスに関する理論の多くがもともと社会心理学の分野外から生まれたものであること，また，最近まで，紛争解決研究が和解の基本要件，すなわち，真実，歴史的責任の受容，正義に基づいた政治的枠組みの構築といった問題を扱うことを避けてきたことがあげられる。本章では，私は，なぜそうであったのか，その原因を論じてみたいと思う。和解とはある意味で紛争解決に課せられた課題である。私からみると，社会心理学は今なお，和解プロセスをどう理解し，これを実践的にどう促進するかに関して手探りの状態にある。

　和解について議論する際の1つの大きな問題点は，この用語が社会心理学の文献では多義性に覆われていることである。一方，移行期の正義（transitional justice）など他の分野に導入されたものには一定の明瞭性がある（これについても，その道徳的な立場や過剰な意味合いに関して議論が行なわれてきた（Van Antwerpen, 2008））。南アフリカにおける真実和解委員会（Truth and Reconciliation Commission）の余波

の中で和解という言葉は自己増殖し，学問領域間の違いだけでなく，社会心理学の内部ですら，さらに，紛争解決研究においてもさまざまに異なる意味で用いられるようになっている。

学問領域間ではこの用語はルーズに用いられている。政治学や国際メディアでは，紛争集団同士が何らかの合意にいたることを指して用いられる。さらに，停戦協議を行なったり，紛争当事者が交渉を始めたりすることを指して用いられることも稀ではない。Hermann（2004）は，いくつかの文献を調べた上で，「和解とその要素に関して広く承認された定義が欠けていることは……これを流行語の域を出ないものとしている。使い勝手はよいが，使用者の学問的基盤，文化的背景，事例の特殊性などによって内容が異なる曖昧な枠組みである」（pp.40-41）と指摘している。社会心理学においても，この用語は，敵対するもの同士が共存することや実行可能な合意にいたることから，集団間関係の変容に基づく平和的関係にいたるまで，広範囲の条件やプロセスを表現するためにルーズに用いられている。Malloy（2008）は和解を「紛争から平和共存，あるいは可能ならば協力へと移行すること」（p.347）と定義している。HarrisとFiske（2008）は和解を定義することなく，集団間の和解を妨げる障壁について論じているが，彼らはこれを集団間紛争の解決という意味で用いているように思われる。それゆえ，最も重要なことは，少なくとも社会心理学の分野内だけでも「和解」の用語について一定の明瞭さを確保し，それが紛争の鎮静化や解決といった他のプロセスとどう異なるかを明確にすることである。

ある点で，和解という問題をアカデミックなテーマとして位置づける上で貢献した，2つの相互に影響し合った政治的・思想的運動がある。その第1は，移行期の正義という政治的手法――独裁体制や大規模な人権侵害体制を民主主義に変容させ，その中でこうした歴史を克服し，社会的和解と修復的正義を追求すること――の登場である（Crocker, 1999; Dwyer, 1999; Van Zyl, 1999）。第2の運動は「差異のポリテックス（politics of difference）」から派生したもので，その中でマイノリティは，西欧民主主義においてマジョリティによる明瞭な差別は除去されたが，政治的，文化的，経済的不平等と階層構造が生み出されたと主張している。こうした運動は，過去の不正義と歴史的説明責任をどのようにして民主主義と平等性構築の中に導入すべきかという論争を刺激し，それを達成できなかった民主化プロセスと思想に対して疑問を抱かせ，それを可能にする民主化プロセスを探求することをうながしてきた（Bashir, 2008; Bashir & Kymlicka, 2008; Rouhana, 2008）。

本章における私の基本的主張は，社会心理学がこうした運動とそれが提供する理論的挑戦に十分には対応してこなかったということである。公式の紛争解決は，敵対者同士の間で真の平和的関係を構築するには遠く及ばないこと，それゆえにこそ和解の必要性があることなどが認識されるようになってきたが，紛争解決を扱った社会心理

学研究と出版物の多くは紛争の非対称性を認識することができず，非対称的紛争に対して対称的な分析を加えるにとどまってきた。私の考えでは，和解の概念をどう定義すべきかについて示唆的なのは，上で述べた2つの運動の間の相互作用である。和解は，それが起こるために必要な社会的および政治的な必須条件を含んで，2つの特徴をもつプロセスと考えられる。それはまた，社会的帰結と心理的土台をもつものでもある。それゆえ，少なくとも社会心理学と関連領域の紛争解決研究においては，対立する集団が相互の差異を克服しようと試みるプロセスとは別の，特別なプロセスを意味するようにこの用語を使うことが重要であろう。

　紛争解決の分野では，異なる背景と動機をもち，異なる手順を志向する研究者，フリーランサー，団体などによる理論的貢献の中で種々のプロセスが生み出され，発展してきたが，和解はこれらとは異なり，独裁体制と大規模人権侵害体制を民主主義に変容させるという画期的・歴史的展開によって紛争解決の一事項に加えられたものである。それゆえ，紛争解決分野でこれに不慣れな人たちは，そのプロセスが提案する大胆なアイデア——過去の不正義の直視，多様な形態の正義の遂行，おもには修復的正義（restorative justice）だが——を受け入れることはできなかった。それは，紛争解決の多くの方法に含まれる実践的仮定のほとんどが，これらのアイデアとかみ合わないためである。私は，紛争当事者間で和解が達成されるためには，紛争解決の里程標として従来確立されてきた伝統的な実践的仮定を大きく超える必要があるし，社会心理学と紛争解決は，このプロセスの政治的性質を理解し，それを単なる心理プロセスに矮小化しないよう警戒すべきであると主張したい。

紛争処理の3種のプロセス：鎮静化，解決，和解

　和解の概念を明確にしてその特徴を定義づけるために，私は他の論文において，紛争研究文献に現われる質的に異なる3つのプロセスを区別した。それは，鎮静化（settlement），解決（resolution），和解（reconciliation）である（Rouhana, 2004a, 2004b）。この3プロセスは合意の目標，合意にいたる当事者，求められる政治的関係の質，相互受容の重要性，社会的・政治的前提条件，心理的ダイナミックスなどの点において異なる。最初の2つの違いは文献の中でしばしば言及されてきたもので，紛争研究において目新しいものではない。それを導入したのは，おもに，Burton（1990）および欲求理論の信奉者たち（Richmond, 2001）であった。このあと，私は最初の2つのプロセスの意味を簡単に述べ，その後，和解がそれらとどう異なるかを詳細に論じ，その政治的・社会的ダイナミックスを分析したいと思う。

第12章 和解をめぐる主要論点——紛争解決とパワー力動に関する伝統的仮定への挑戦

紛争の鎮静化

　この区分（Rouhana, 2004b）に従うと，紛争鎮静化とは，双方の利害に基づいて無制限の暴力的抗争を公式に終結させようとすることである。これは，鎮静化が達成される時点における勢力関係を反映する形で紛争当事者たちが合意するものである。結果として，鎮静化は必ずしも当事者双方の広範な集団的欲求を平等に反映するとは限らないし，しばしば，弱者の側の長期的利害を反映してはいない。鎮静化は，多くの場合，社会集団間の関係を根本的に変容させたり，当事者同士が互いの存在を承認し合ったりすることを目指すものではない。それが目指すものは，無制限の抗争を停止させ，何らかの共存をはかり，可能であれば協力——政府間の協力を達成しようとするものである。それゆえ，紛争鎮静化は，公然の紛争事態を終結させるためにあらゆる方略——交渉，撤退，強制など——を利用する（Ramsbotham et al., 2005）。こうした理由で，WorchelとCoutant（2008）は「平和共存」という用語を使うことを好むが，それは，集団同士が共存し，平和的に相互作用する状態という意味である。これには外集団恐怖を低減することが含まれるが，それは，「集団と個人の安全を強調することと外集団の文化的慣習に対する啓蒙」（p.436），外集団の非等質性に気づくこと，集団間の差異を当然のものとすること，いくつかの領域で共同作業をするなど平和共存に結びつく行動を促進すること，等々によって達成されうる。長期化した社会的紛争や大規模人権侵害を伴う紛争では，紛争の鎮静化だけでは多くの問題を未解決のままに残し，それが将来の再発を招くことがある。実際，そうした問題は将来必然的に再燃すると多くの研究者が指摘している（Azar, 1990; Burton, 1990）。

紛争解決活動

　紛争解決活動は，紛争の根底にある原因に目を向け，従って，勢力関係がどうであれ，両当事者の人間としての基本的欲求に対処できるような合意の達成を目指すものである。そこでは，両当事者の政治的欲求は平等に取り上げられるが，それは現在の勢力関係に考慮したものではなく，平等性と互恵性を増進する新しい関係枠組みの観点から行なわれる。その合意は，エリートたちによって達成されるものではあっても，社会集団間の平和的関係を達成することが目標であり，また，当事者間の相互受容を表わすものとみなされる。それは単に共存だけでなく協力を目指すものだが，それは，当事者たちが互いに対してもはやどんな批判も行なわないといった温かく持続可能な平和を反映するものでなければならない。また，両当事者の物質的不満に対しても満

311

足できるように対処する必要がある。Burton の基本的欲求理論（Burton, 1990; Kelman, 1996; Mitchell, 1990）によって強く影響されたこのプロセスは，相互の暴力，アイデンティティと社会的承認に関する強い不満を含んだような社会的紛争に対して最も有効であろう。ここで用いられる方法には，ファシリテーションやコンサルテーション，それに最も重要なものとして，Burton やその他の研究者（Fisher, 1997）が導入した相互作用的問題解決ワークショップ（interactive problem-solving workshop）などがある。

　私は，これらの方法，少なくともここで論じた方法は，大量殺戮，武力制圧，制度化された人権侵害，植民地化，民族浄化，人道犯罪，戦争犯罪など，大規模で非対称的な人権侵害を含む紛争には不向きであると主張したい。なぜなら，この方法，特に問題解決ワークショップは本質的に対称的枠組みであり，それは，すべての紛争当事者を平等に扱うことによって「バランス」を構築しようとする試みだからである。紛争の対称性仮定に基づくこうした方法では，結果として，意図的あるいは故意に，歴史的責任，正義，真実，その他の移行期の正義関連の諸事項など，紛争解決において中核的な課題が回避されてしまうであろう。

　ある研究者たちは，成功した紛争解決の目標は和解であると主張してきた。たとえば，Ramsbotham ら（2005）は「紛争解決が目指す最終的な変容の本質は和解の長期的プロセスである」(p.231) と主張する。同様に，Kelman (2004) は，和解とは「成功した紛争解決の結果」(p.112) であると主張する。しかし上で述べたように，また，この後詳しく論じるように，加害者と被害者を含み，決して対称的ではないような紛争において，修復的正義，歴史的真実，歴史と責任の直視などによって導かれる政治的変容プロセスである和解が，こうした社会心理学的な紛争解決方法論によって達成されたためしはない。もしも，これらの紛争解決方法論が社会的・政治的変容の達成を志向するものだというなら，私は，それは，和解のプロセスで浮上する諸事項を無視するものであったがゆえに，完全に失敗してきたのだといいたい。

和　解

　これまでの2つのプロセスとは対称的に，和解は，当事者間の紛争に対して，真に正義に叶った永続的終結と，相互に絡み合った政治的・社会的な変化を含む一連のアクションによって社会集団間の関係の質を変容させることを追求するプロセスである。それは，権力配分と組織体制の構築といった政治的に目に見える課題と，歴史的真実と責任といった目に見えない課題の両方に対処するプロセスである。このプロセスは，そうしたアクションとともに心理的な変化も伴う（Rouhana, 2004a, 2004b）。このプ

ロセスは本質的に社会的・政治的である——つまり，そこで得られる合意は，権力配分と民主体制の再構築，修復的正義の枠組みにおいて平等と人権に対する法律上の保証を与えることなどを含むものであるが，同時に，歴史的真実に関する相互主観的な合意を達成すること，また，どんな形であれ過去に発生した大規模な人権侵害に対する歴史的責任の問題に対処することを含むものでなければならない。結果として，このプロセスは，新しい道徳的・政治的枠組みの中で獲得される共同的正当性（mutual legitimacy）に基づくものとなる。

　オープンで全国民的に承認された社会的正当性——これが，このプロセスの目指す頂点だが——は，変容された関係を定義づける特徴であり，相互の承認と真の安全を達成するための礎石である。しかし，相互承認は対称的プロセスではなく，非対称的プロセスに基づくものでなければならない。非対称プロセスとは，これまで当事者間の交渉には登場しなかった不正義の歴史的真実が，たとえば，真実委員会において明らかにされ，国際法や国際的規範によって定義された正義の原理に基づいて政治的合意がなされることである。この場合，相互承認とは，当事者たちが相互に承認し合うことを意味するものではないし，そうであってはならない——一方の集団にのみ優先的に権利を付与したり，一方の民族人種集団を他方の集団の上位に位置づけたりすることを明示的・暗示的にうながすようなイデオロギーや集団アイデンティティが存在するケースでは，とりわけそうであってはならない。真の和解は，だからといって集団間の緊張が完全に除去されるとか，将来，紛争が再燃しないことを保証するものではないが，当事者たちの存在の正当性そのものが脅かされるような状態に集団関係が後退することは防ぐことができる。

　私が2004年に導入したこれら3種類のプロセスを区別することは，多くの学者によって受け入れられてきた。たとえば，Kelman（2004）はこの区別を採用して，それを社会的影響プロセスと結びつけている。Nadler ら（2008）も，多くの他の研究者同様，これに従っている。他の多くのアプローチは和解と他の2つのプロセスの違いを論じている。たとえば，Bar-Tal & Bennink（2004）は，和解とは「紛争解決の伝統的な立場を超えて，社会の構成員に効力を及ぼすようなマクロ社会的プロセスに進む必要があるという認識から生じる」（p.11）と述べている。この点からみて，「安定した持続的平和を構築する」のは和解のプロセスであって紛争解決ではない。しかし，後に示すように，多くの社会心理学的アプローチが3種類のプロセスの違いを受け入れてはいるが，和解の本質とその必要条件に関しては必ずしも同意していない。

■ 政治駆動プロセスとしての和解

　本質において，和解とは当事者間において法律的・制度的変化を伴う勢力関係の変

容をもたらす政治駆動プロセスである。そうした変化は，社会的諸関係とこの政治的プロセスを受容する心理的土台に広範な影響を与える。このプロセスは，主として，非対称的紛争における勢力関係の政治的変化によってもたらされるもので，対称的分析に基づく紛争解決方法論にみられるように心理的プロセスを発動させるだけでは達成されない。和解は，過去の不正義，Galtung（1969，1990）によって定義された意味での構造的・文化的暴力などを含む大規模暴力，集団的人権侵害，民族浄化，アパルトヘイト，占領，大量虐殺，集合的刑罰，戦争犯罪，市民を差別する排他的民族イデオロギーの上に樹立された国家，そして国家的テロリズムなどに特徴づけられる紛争にとってとりわけ重要である。こうした紛争では，伝統的紛争解決行動は，それが特に対称的な分析枠組みを是認するものである場合には，加害者側に立ったものとみられるであろう。本稿において私は，誰が被害者で誰が加害者であるかといった主観的知覚，あるいは異なる歴史的ナラティブの問題などを中心的論点とするつもりはない。アパルトヘイトのような最も不当な枠組みにおいてすら，当事者たちはどちらも自己を被害者とみなす傾向があるので，確かにこれらの論点は，研究テーマとなるべき重要な課題である。しかし，本章の目的に照らして，私は，上で述べたように，移行期の正義に関する文献の中で取り上げられてきた事項に議論を限定するつもりである。このカテゴリーに入らない紛争が少なくないことは断っておかなければならない。要するに，本章では移行期の正義を必要とする非対称的紛争における和解の性質に焦点を当てる。こうした焦点化が必要なのは，このタイプの紛争が特殊な性質をもつからという理由だけでない。むしろ，紛争が非対称的であるときですら，既存の文献の多くが誤って対称的分析の立場をとっているからである。

　和解は，アプローチの背景にある道徳的視点や政治理論が異なるときにも，基本的には政治駆動型の社会的プロセスとみなされる。Van Antwerpen（2008）が示したように，議論の内容が宗教的であれ非宗教的であれ，和解が政治的プロセスであることに疑問の余地はない。神学的議論が行なわれた際にも解放と政治闘争が強調され，和解は政治的・国家建設的対話の主要な部分となったのである。寛容性の議論においてキリスト教の論調が強いことを批判する人たちは，社会全体に単一の道徳的立場を付与することを問題視した（Gutmann & Thompson, 1996）。彼らは，和解に対して，非宗教的民主主義の立場からもっと幅広い道徳的視点を与えるよう求めてきた。「それをもっと広範なものとし，また神学論争に陥らず，また，国家の移行期の状況および移行後の平和と正義のポリテックスにも適用可能なものとすることを目指すことが重要だが」（p.37）。しかし，このプロセスが政治駆動型であることを十分に認識する必要がある。

　紛争解決分野のいくつかのアプローチは，勢力配分を最も重要な要素とみなしてきた。たとえば，Curle（1971）は，勢力が不均衡なケースでは，第三者は社会的不平

第12章 和解をめぐる主要論点――紛争解決とパワー力動に関する伝統的仮定への挑戦

等に関する認識を高めることに焦点を当てるべきであると主張した。Lederach (1997) はこの方針をさらに強調して，当事者の不平不満に対処する調停プロセスをスタートさせるためには，均衡のとれた勢力配分を達成することが必要であると主張した。Lederach が紛争解決の目標として紛争転換（conflict transformation）を唱えた先駆者であったことは，この点から驚くに値しない。同様に Laue と Cormick (1978) は Curle と類似の議論を行ない，当事者間の勢力配分という基本的事項が扱われないのなら，介入の倫理そのものが問われると指摘した。しかし，こうした主張は社会心理学の伝統の枠外で行なわれたものであり，アカデミックな議論の中では無視されてきた。[★1]

多くの社会心理学的アプローチ，特に，紛争解決方法に焦点を当てたアプローチがなぜ対称的な分析枠組みを乗り越えられないのか，その原因を明らかにすることは本章の範囲を超える。少なくとも実証研究では，多くの社会心理学者が和解プロセスの本質と，そこに含まれるこのプロセスに必須の無形の要素のいくつかを理解するにいたりつつあるとはいえる。これらの発展については以下で概観するつもりである。

しかし，政治駆動プロセスであるとはいえ，和解は紛争後の政治的体制づくりの一環として生じる無形の諸事項を扱わなければならない。それはまた，新しい和解関係の要となるかなりの心理的変化を必然的に伴うが，これについては後で触れよう。無形の諸事項とは被害者や低勢力集団にとって特に重要なもので，移行期の正義に関する文献において詳細に議論されてきたものである。

以前の論文で私は，和解プロセスがその目的を達成するために扱うべき4つの重要事項をあげた（Rouhana, 2004a）。それは，正義，真実，歴史的責任，そして――事情によっては――当事者間において，集団と個人の法律上の権利，民主主義，そして平等性を保証する枠組みの中で社会的・政治的関係を再構築することである。第1に，和解の枠組みは，当事者間に現存する勢力関係ではもちろんない。また，当事者自身が主張する基本的欲求やイデオロギーでもなく，正義である。第2に，和解は歴史的真実，とりわけ，罪業の真実に特別な重きを置く。真実は中心に位置づけられ，このプロセスを進展させるためには当事者双方が共通にこれを認識することが必要であると私は主張したい（Crocker, 1999; Dwyer, 1999; Little, 1999; Minow, 1999; Peled & Rouhana, 2004; Popkin & Bhuta, 1999; Tutu, 1999）。第3に，人権侵害に対する歴史的責任に対して当事者たちが同意することが和解にとって重要である。植民地化，占領，大量虐殺，民族浄化，国家的抑圧と差別などに関与した当事者は，歴史的責任と自らが人権侵害において果たした役割を直視することが求められる。第4に，和解は，何らかの正義の原理に従った政治的・構造的変容を伴う。構造的変化は激的に生じることがあり，平等性・人間の尊厳という普遍的原理，国際法，国際的人権法などによって規定される。それは，加害者がもつ既存の特権や優位なアイデンティティに顧

慮することなく行なわれる。そうした特権は被害者を犠牲にして不当に獲得されたものであるから，構造的変化の中でそのいくつかが失われるのは避けられないであろう。

これら4事項のすべて，あるいはいくつかが和解プロセスにとって必須であることは多くの学者が認めている。たとえば，和解の心理的前提条件に焦点を当てたBar-TalとBennink（2004）の分析は，主として対称的枠組みの中で行なわれたものだが，彼らは，正義，真実，責任の直視が和解にとって必須であるという点については同意しているように思われる。同様に，Kriesberg（2004）は，4つの必須要素に真実と正義を含めたが，彼のアプローチは歴史的責任の導入とも矛盾しないものである。[★2]Kelman（2004）もまた，和解の定義の中に歴史を直視し責任を認めることを包含している。しかし，彼は，それらを対称的アプローチに押し込むことによってそれらのパワーを弱めてしまっている。イスラエル－パレスチナ紛争を分析した時もそれは顕著にみられたが，しかし，彼は正義と和解を互いに緊張関係にあるものとみている。Ross（2004）は，真実を語ることと過去の不正義を認めることを重視する。不正義を認めることは，部分的な和解の達成を促進するだろうと彼は主張している。Bar-Siman-Tov（2004）は，完全に対称的なやり方ではあるが，当事者は「自己の罪業に対する責任」（p.74）を認めるべきであり，「過去を客観的にまたバランスのとれたやり方で提示」（p.74）すべきであると主張する。正義と公正に関して，彼は，これらが当事者間に紛争を生み出し，合意形成を妨害するものであると主張する。なぜなら，何が公正で，何が正義であるに関して当事者たちは意見が一致しないことがあるからである。[★3]

■ 全体的な社会的プロセスとしての和解

もしも和解が，移行期の正義のケースや上述したような大規模な人権侵害を伴うケースに適用可能なプロセスであると考えられるなら，また，もしもそれが社会の中で勢力分配の変容を伴うものであるなら，それは，集団が互いに対して害を与えるような条件を排除し，すべての関係者が平等に参加できる機会を保証する真に民主的な制度を確立し，そして尊厳，平等，人権の回復に基づく新しい関係性の創生を目指す多面的なアクションからなる全体的プロセスであることは明らかである。これが成功するためには，ある集団が他の集団の権利を侵害し，しばしばこれを非人間あるいは劣等人間として扱うようなことを可能にするダイナミックスを強力に変容させる，劇的で根底からの社会的変化が必要である。つまり，和解のプロセスは政治的に駆動されるが，これが成功するためには，和解は単に政治的なレベルにとどまることなく，社会，法律，道徳，集団心理のレベルにまで深く到達しなければならない。

このように，和解とは，ある意味で社会の全構成員にかかわる多面的で深く浸透したプロセスからなるとみなすのが適切である。和解の社会心理的次元について議論す

る際にも，このプロセスをその全体性の中でとらえることが有益であろう。以下において私は，他の学問分野において検討されてきた和解プロセスの4要素と私が注目している問題について述べよう。

1. 道徳的枠組み——移行期の正義：和解は，非対称的な不正義と大規模な人権侵害に苦しんできた紛争当事者間の勢力関係を変容させる。共有された道徳的基盤が1つの枠組みとなるが，それは社会正義，真実，歴史的責任の直視，そしてこの枠組みを反映する制度の構築などによって特徴づけられる。あるタイプの紛争では移行期の正義がもつツールが適切なものとして利用される。それは，真実委員会（truth commission），正義の回復と補償方法，歴史的責任の直視，謝罪と責任受容，さらに，ある場合には人権侵害を行なった個人に裁きを加えることなどを含むものである。これらのツールは機械的に適用することはできない。おそらく，新しい道徳的枠組みとの調整が必要である。移行期の正義がもつジレンマが重要な課題として浮上してくる。それは，共有された道徳的枠組みに立脚した新しい民主的体制づくりを脅かすことなく，移行期の正義をどう進展させるかというジレンマである。これは，ある時期，移行期の正義の中心的課題であったが，以下に述べるように，これにかかわる事項のいくつかを検討した社会心理学的研究がある。
2. 政治的：和解とは，平等性と民主性を備えた未来を確実にするために，また，人権侵害から人々を守るために，新しい民主的制度をつくり上げ，組織的変容を導入するプロセスである。こうした未来を確実にする組織形態は——統合，連邦，二重ナショナリズム，自立，あるいはその他のどの形態であれ——個々のケースがもつ独自の歴史と特徴によって異なるであろうが，いずれにしても，修復的・分配的正義と勢力の公平な分配に基づくものとなるであろう。
3. 社会心理学的：和解プロセスはこうした変容を支える認知的，感情的，行動的変化を伴う。これらの変化は上記の枠組みの中で可能となる。それらはこうした枠組みの主要な所産であるが，それらがいったん活性化されると枠組みを持続させる力となる。同様に，精神的癒しも，こうした道徳的・政治的枠組みの中で促進され，達成が容易になるであろう。
4. 大衆とエリートの巻き込み：これらのプロセスは全国民的なものであり，大衆とエリート双方の新しい政治行動を含むものである。こうした枠組みの中では，国家の諸機関が公的でオープンなサポートを生み出すことに従事するが，その正当性が，枠組みそのものとこれが導く変容に対する共同的正当性へと転化される。

後にみるように，社会心理学的研究は道徳的枠組みに関連した諸事項を見据えてス

タートしたが，それは真の和解に伴う社会心理学的態度の変容を含んだものであった。これらの研究を取り上げる前に，和解に対する社会心理学的アプローチについて考察しておきたい。

■ 和解に対する社会心理学的（および関連する）アプローチ

いかに政治的に駆動されたプロセスとはいえ，集団間の和解は，政治的変容に平行して生じる全当事者たちの広範な認知的・感情的変化によって特徴づけられる。当然ながら，社会心理学者はこのプロセスの心理的次元に焦点を当てる。しかし，これらの変化は，政治的変容および当事者間の勢力関係と密接に絡み合っていること，それゆえ，現在の勢力関係を無視して心理的プロセスを論じても，それは当該の紛争を理解する上で，むしろ妨げになる可能性があることを心に留めておくべきである。

このテーマに関する社会心理学研究の多くは，一般的な理論枠組みの中で議論を行なってはいるが，イスラエル-パレスチナ紛争を事例として取り上げることが多かった（Baron, 2008; Kelman, 1998; Nadler & Liviatan, 2006; Shnabel & Nadler, 2008）。他の社会心理学研究には，たとえばオーストラリアや北アイルランドのように，和解が公共政策あるいはアカデミックな関心事となっているような地域に言及したものもある。移行期の正義を扱った研究の意義について論じるところでは，私はもっと広範な事例を取り上げるつもりである。

私は和解に対する心理学的アプローチを2つのグループに分け，その違いに焦点を当ててみたい。ただし，将来は，もっと精緻な分類が可能になるであろう。

第1のアプローチは，和解を基本的に心理的プロセスとみなすものである。すべてではないが，社会心理学研究の多くは和解の認知的・感情的プロセスに焦点を当てているように思われる。もちろん，それは必要なことである。しかし，ここには和解のプロセスを過剰に心理学的にしてしまうというリスクがある。それは，より広範かつ多面的な社会的・政治的プロセスの中で現われる現象，必要条件，影響などを心理学的に論じるというよりは，和解の本質自体が心理学的であるとみなすリスクである。それはまた，和解を主として心理的事項として扱うという結果を招く。

たとえば，Maoz（2004）は，和解を「認知的・感情的プロセス」（p.225）と述べた。Noorら（2008a）は「和解の核心には，紛争と対立集団に関する自己の『認知と感情（mind and heart）』を変化させる心理プロセスがある」（p.99）と主張した。Kelman（2004）は，特にイスラエル-パレスチナ紛争に言及しながら，和解を当事者のアイデンティティ変容の観点から定義する。このケースにおいては相互のアイデンティティ拒否が中核にあるので，アイデンティティ変容とは「自己のアイデンティティの中核要素にある他者の存在拒否を取り除くこと」であり，これが和解の一部を成すとされる（p.119）。この後の節で，私はこの定義をもう一度取り上げ，イスラエル-パ

レスチナ紛争に対して対称的枠組みを設定することの危険について論じるつもりである。Bar-Siman-Tov（2004）はBar-TalとBenninkに従い，和解では次の3つの事項に関する集団の信念を認知的に変化させることが必要であると主張する。それは，自己の目標が正義に叶うという信念，ポジティブな自己イメージ，対立相手の非正当性認知である。同様に，Bar-Tal（2009）も，「和解の本質には，社会の多数派の動機づけ，目標，信念，態度，感情の変化といった社会心理学的プロセスが含まれる」（p.365）と主張する。Staubら（2005）は，ジェノサイド後のルワンダ研究の中で，和解を相互受容とポジティブな態度といった心理的プロセスの観点から定義している。彼らは和解を促進する構造と制度の必要性に言及しているが，彼らにとって和解プロセスの本質は心理的態勢の変化なのである。

　さらに，多くの社会心理学的実践によると，和解が起こるために必要なものは心理的変化である。Bar-Tal（2009）は「和解のための第1の条件は，ライバルを正当化，人間化することである」と主張する（p.366）。彼は和解のための心理的条件があると主張し，これに従って彼は「和解に必要と思われる認知的・感情的変化のタイプ」（p.368）を素描しようと試みる。その際，彼は「和解には紛争の中で形成された以下のような集団的信念の変化が必要である」（p.368：傍点は本章の著者による），あるいは「和解には，制御不能な紛争においてしばしば集団を支配する恐怖，怒り，憎しみといった集団の感情的態度を変化させることが必要である」（p.369）と主張する。

　Baron（2008）は，おそらく，勢力配分，真実，社会正義といった現実の問題からも政治的現実からも離れて，和解を心理プロセスとみなす最も顕著な例である。上で述べた他のアプローチの多くは，心理的プロセスの観点から，あるいはこれに結びついたものとしてそうした問題にも触れているが，彼は契約の力についてのみ論じ，紛争の現場ではそれは政治的現実から乖離しているにもかかわらず，これについて長々と論じるのである。彼のアプローチを取り上げるのは，彼を第1のアプローチに含めるという意味ではまったくなく，むしろ，政治的現実や道徳的枠組みと関連づけることなく和解のための心理的要件を論じることが，いかにそれが潜在的にもつ価値を損なうものであるかを示すためである。

　Baronは，和解を寄り沿うことによる癒しであるという。この定義の心理的本質は彼があげる例を通して明らかである。それは「断酒会に出席して飲酒をやめたアル中患者は，自分の飲酒行動を持続的にモニターしなければならない」（p.283）こととまったく同様の持続的変化のプロセスである。癒しが達成可能であることを中東紛争の例から引きながら，彼は必然的に，「Kelmanのワークショップ」方針に従って，目立たないように介入の焦点を小集団レベルに移行させる。彼はKelmanのワークショップを盲信して無批判に取り上げ，（Kelmanのワークショップが最も効果的だった1990～1995年の時期にもなかった）実証されていない達成，成功，効果をこれに帰

属させているし,「こうしたワークショップは勢力格差を排除する条件を構築する」(p.283)と疑わしい主張をしている。

このアプローチによると,癒しとしての和解は中東において次のように2つのやり方で可能となるであろう。①一方は,地域のサッカーチームをつくるといったボトムアップである——「イスラエル人とシリア人からなるチームがあると想像してみなさい」と彼は書く(p.289)。この紛争の基本的現実を直視するなら,こうしたことを勧めることがいかに現実離れしているかはすぐにわかるであろう。②他方はトップダウンで,「テロリストがイスラエル市民を何人殺したかを成功の指標とするのをやめることを,パレスチナ人リーダーが明確に一貫して手本を示さなければならず」,そうした活動を通して,「イスラエルの破壊の上にではない,パレスチナ人としてのアイデンティティ形成が可能となる」であろう(p.293)。

この分析では,過去の罪業,パワーの配分,植民地化,征服,民族浄化,大規模な人権侵害などの事項を扱うことは回避されねばならず,結果として,南アフリカ・モデルは「中東には適用されないであろう」(p.296)。

現実の政治的課題から乖離した,和解の道徳的・政治的枠組みをもたないこうした極端な分析例は,研究者が心理学領域に偏向していることを示すだけではなく,その分析が頑迷な偏見や時代遅れの国民性理論に依拠しているためでもある。それはまた,歴史的基盤をもたない社会心理学的分析がいかに不適切であるかを示す例でもある。

第2のアプローチは,和解のプロセスとその前提条件を明確に全体社会の政治的観点から分析するものである。この観点から,研究者たちは和解に含まれる社会心理学的変数の複雑さを分析している。たとえば,Spears(2008)は,社会的アイデンティティ理論の伝統に従って,和解を「現実の集団間差異をあらわにした集団間紛争が闘争によって解決された後の段階で,集団が勢力と地位の変更を無理やり承服させられるもの」(p.338)と定義している。この和解概念に従うと,紛争後の状態にある集団は地位と勢力が等しい新しい関係に正当性を付与し,過去が正当でなかったことを認識し,(社会)正義を達成しこれに報いようとする。Spearsは,このプロセスが高勢力集団よりも低勢力集団にとって容易であることに気づいている。

Stephan(2008)は,全社会的和解(societal reconciliation)を失効した社会的契約の更新と定義する。これは「機能的社会の基本的諸制度の修復」(p.370)を必要とするが,とりわけ,包含性,差別と排他的政策を防止するための法制度の平等性,「真実和解委員会」(p.370),人道的犯罪の訴追,こうした活動におけるメディアと戦略の利用などを強調する。つまり,心理的変化は政治的変化に伴うものである。Stephanは,和解の促進に協力する心理学者たちに,南アフリカ,ペルー,チリなどさまざまな国で試みられたプログラムを学ぶよう指示する。彼は,心理学者たちが個人的和解に焦点を当てた手法をもっていると主張する。全社会的変化と個人的変化の

間の時間的関係がどうであるのかは不明だが,少なくとも和解の社会的側面は明瞭に示されている。

オーストラリア人権と機会平等委員会の公式の報告を検討し,オーストラリア原住民に対する植民地主義の影響を分析した後で,BrethertonとMellor(2006)は,和解という言葉が意味をもつためには,非原住民であるオーストラリア人が過去の植民地時代のこと,それが原住民族に与えた影響,彼らのアイデンティティに与えた影響について知ることが必要であると主張している。

要するに,和解を理解するために少なくともふたつの社会心理学的アプローチがある。1つは,このプロセスの本質を心理的変化とみなし,それを政治的プロセスが生起するための前提条件であると位置づけ,政治的変容を心理的変化に伴うものとして重要性において劣るプロセスに格下げするものである。他方は,正当性をもった新しい秩序をつくり上げ,パワーの再配分を生み出すために必要な社会全体の政治的変化を強調し,心理的変化はその中で起こるとするものである。

私の見解では,心理的プロセスは,上で述べたような明瞭な道徳的枠組みに基づいて起こる政治的プロセスに相関するものである。私が「相関」という言葉を用いるのは,社会的・政治的プロセスと,これと連動する社会心理的ダイナミックスの間に一方向の強い因果関係があるかのように解釈されることを避けるためである。明らかにこの関係は相互作用的であり,ある心理的変化は政治的プロセスに先行するであろう。しかし,社会心理的変化の分岐点が政治的プロセスを駆動するために必須ということではなく,むしろ,それは政治的変容の結果である。政治的変容こそが,真実,責任,集団的人権侵害,修復的正義といったハードな事項に対処するためのメカニズムを機能させる統合的要素である。

■ 社会心理学と和解の重要事項

非対称的文脈のもとで真実,正義,歴史的責任を強調する和解の政治学,それに真実和解委員会などがアカデミックな討論の場に持ち出され,これによって——紛争解決という研究分野の誕生にかかわる複雑な事情によって——これまで無視され,棚上げされ,重要でないとされてきた紛争解決事項が取り上げられた。こうした委員会が設置された紛争では,歴史的展開それ自体によってこれらの問題が浮上し,その結果,学者たちもこれらの事項にかかわらざるをえなくなってきた。言い換えると,何らかの形でこれらの事項を扱うことなく,その後は,紛争解決の検討を続けることが不可能になったのである。

その後,ある意味で,紛争解決分野は,政治的主張と学問的闘争を通して,正義,民主主義,過去の不正義の直視,歴史的真実などを主張する集団によって提起されたこれらの新しい事項を扱うことが避けられなくなった。このようにして,この分野は,

低地位の立場から抑圧，排斥，不正義，植民地化，差別などに対して戦いを挑んできた集団によって提起された政治的変化に反応しようとしている。こうした集団とは，圧政や独裁体制に抵抗したアフリカ，南アメリカ，ヨーロッパの人々，それに人種差別体制に抵抗した南アフリカの人々を含む。これはまたマイノリティ——自分たちの歴史を認知すること，過去の不正義が取り上げられることを求める原住民，移住民など——の主張を含む。

　多くの，延々と続く紛争が起こっている第3世界とよばれる地域で，紛争解決研究に対して疑念が抱かれている理由は，まさに，この分野の理論家と実践家たちがこうした諸事項——低パワー集団の抱える諸問題——をあからさまに避けてきたことである。この状況の中で，紛争解決分野は，これらの事項を扱う適切な方法論を開発し，おそらくその中で実証的・理論的知見を生み出すよう求められている。他方，単に和解に伴う心理プロセスに焦点を当てることによって，既存の伝統的紛争解決方法論の枠内にこれらの事項を取り入れることは深刻な誤りである。紛争解決法が和解の達成を目指していたと主張することは，ある意味で正しい。しかし，これこそが問題点である。なぜなら，紛争解決法の主要な失敗は，安易な方法で和解を達成しようとした点にあるからである。それは，真の全社会的和解が求めるものを正当に評価せず，それゆえ，紛争に悩む社会を，不平等，差別，侮辱を構造的に伴うシステムから，尊厳，平等性，正義の原理を基盤とし，こうした暴力が集団的に行なわれることが二度と起こらないことを正当に保証できるシステムにどのように変容させるかを検討しようとしなかった点である。既存の紛争解決法は，概して，対称的な分析枠組みを用いたことによって，また，和解プロセスと結びついた困難な事項を回避してきたことによって，ほとんど和解に貢献することはできなかった。

　実証的レベルでは，社会心理学において，移行期の正義研究と交流しながら，実験的なものを含め，多くの研究がようやく国際政治の変化を取り上げ始めた。そして，和解のダイナミックスに関していくつかの重要な知見を提供してきた。それは寛容性を促進する謝罪の役割（Philpot & Hornsey, 2008），紛争後の状況における政治的エンパワーメントと寛容性（David & Choi, 2006），和解プロセスにおける集団的罪悪感の重要性（Halloran, 2007），パワー関係が優勢なアイデンティティと和解に対する態度にどう影響を与えるか（Green & Sonn, 2006）などに関する研究である。最近の研究は，集団間の和解における責任表明の重要性（Nadler & Liviatan, 2006），和解を促進する寛容性の役割（Noor et al., 2008b）を検討している。同様に，被害者の苦難と補償に対する他のコミュニティの支援（Starzyk & Ross, 2008），同一化の諸形態——愛着，集団美化といった——間の関係が集団的罪悪感に与える影響（Branscombe, 2004; Roccas et al., 2006）なども研究されてきた。これらの研究の多くは，この後示すように，パワー関係とその影響に対して特に注目して遂行されてきた。

紛争解決法の背後には，対称的分析パラダイムへの囚われ，中核的事項の回避，それらを対称的パラダイムに押し込もうとするやり方などが潜んでいる。以下において，私は社会心理学の最近の研究のいくつかとその紛争解決法が重要な和解事項に対してどのように対処しているかを論評しようと思う。本章の残りの部分で，私はパワー非対称性と責任問題に関する議論に焦点を当てるが，スペースの都合から正義と真実の問題については簡潔に触れるにとどめたい。

パワー非対称性と和解

移行期の正義によって導入された和解の研究では，概して，当事者間の，すなわち，不正義の加害者と被害者の間の非対称的関係をその出発点とする。それが生じる文脈は，植民地化とこれに対する闘争，征服とこれに対する反抗，独裁と抵抗，民主的体制への移行などで，これらすべては非対称的枠組みにおいて起こる。

和解に関するいくつかの実証的研究が，政治的な勢力非対称性に明確に言及して遂行されていること，あるいは責任の帰属が必ずしも対称的ではなく，実際それはしばしば非対称的である方がより適切であるという事実を認識して遂行されているのをみることは興味深い。たとえば，GreenとSonn（2006）は，優勢な集団の承認されるべきでないパワーが和解の対話とその政治的行為にどう影響を与えるかを検討した。和解活動に参加した白人オーストラリア人を対象に実施された彼らの研究は，白人のパワーを説明する4つの異なる解釈を明らかにした。それらはそれぞれ，和解および「正義と衡平に向けた行為」（p.391）に異なる意味を与えるものである。同じ文脈において，Halloran（2007）は，和解を「ヨーロッパ人による植民地化の結果として原住民に課せられた過去の不正義を認め」（p.2），コミュニティ間の非対称的関係を解決したいとする一般的願望」と定義した。回帰分析を用いて，この研究は，非原住のオーストラリア人において，平等主義的価値への支持が和解に対するポジティブな態度の有意な予測因子であることを見いだした。関連する研究においてHalloran（2007）は，オーストラリア原住民がどのように扱われてきたかに関して，集団的罪悪感が強い回答者ほど，和解に対する強い支持を示したことを報告した。同様に，BrethertonとMellor（2006）は，和解が意味をもつためには，オーストラリア非原住民が植民地主義の歴史と，それが彼ら自身のアイデンティティにどう影響を与えたかを直視すべきであると主張した。この事例で必要な心理的態度とは，歴史を閉じることではなく，むしろ，過去の直視から生じる苦痛を引き受け，集団的罪悪感と羞恥心をもって反省することである。彼らによると，心理学が努力すべきことは，修復的正義の文脈の中で，構造的暴力を和らげるためにこうした問題に対処することである。

つまりこれらの研究者たちは，明確に政治的・道徳的枠組みについて論じているのである。明らかに，対称的分析にかたくなにこだわることはこうした枠組みを曖昧にし，これらの微妙な問題を俎上に載せることを困難にする。対照的に，多くの実験的研究は（Nadler & Liviatan, 2006; Roccas et al., 2006; Shnabel & Nadler, 2008; Shnabel et al., 2009），パワーの非対称性を自分たちの知見を解釈する出発点とし，それらのいくつかを集団間和解の心理学へと発展させてきたのである（以下を参照）。

　紛争解決分野には依然として一貫した対称的な分析枠組みがみられる。この分析枠組みは，これらの問題に対するわれわれの理解を妨げ，和解のための微妙な政治的枠組みを覆い隠してしまう。紛争解決分野における顕著な例外は「紛争変容（conflict transformation）」パラダイムで，それは本章が和解と定義したものに類似したプロセスを表わすものとして導入された（Lederach, 1997）。このアプローチは，もともとは非対称的文脈の中で正義を明瞭に強調するものして構想された。しかし，問題解決ワークショップ，多角的外交，対話などの関連活動を紛争解決分野の主として応用的な非公式の方法とみなすなら，対称的枠組みはこの分野のほとんど全体を通して支配的なものである。

　和解を定義しようとする実践家たちがこのプロセスの対称化を主張し続けるなら，彼らはまちがいなく紛争解決活動として同じ欠陥をもつことになるであろう。イスラエル－パレスチナ紛争に関して一貫して対称性や並行主義にこだわろうとした1人である Kelman（2004）は，和解が生じるためには「相手の正当性を政治的に認知し受容することを［含め］……相互に国家としての独立性と人間性を認め合うこと」（p.122），あるいは「相手のナラティブに完全に同意する必要はないが，その正当性を承認すること」（p.119）が必要であると主張してきた。彼によると，紛争の根本的原因の1つは，イスラエル－パレスチナ紛争を特徴づけているように，相互のアイデンティティを否認し合うことである。この公式は，紛争を解決する公式というよりは，実際には，紛争を永続させる公式ではないかと私は主張したい。

　この場合，相互承認とは何を意味するのだろうか。イスラエル人にとってそれは，シオニズム計画がスタートする前，パレスチナには固有の国民──パレスチナ人──が住んでいたという現実を認め，これを否認することをやめるべきであるということを意味する。これはイデオロギーの立場ではない。それは単純な歴史的現実である。一方，この枠組みの対称的要請を満たすためにパレスチナ人が承認するよう求められるものは何だろうか。Kelman が相互承認として強調したこと（Kelman, 1982, 1986）を分析すると，パレスチナ人に求められているのは，イスラエルが存在する，あるいはイスラエルが国家であるという現実を承認することではなく，むしろシオニズムが正当であり，そのナラティブが妥当で正当なものであるというイデオロギーを承認することであることがわかる。相互受容の観点からこうした要求をすることは，

控えめに言っても，紛争の根底にある本質をぼかしてしまう。それは，パレスチナ人に対して，パレスチナに排他的なユダヤ人国家を樹立するという明確な目標をもった運動の正当性を容認することを求めるということである。Kelmanはそのやり方や結果を承認しているわけではないが，シオニズムは事実上パレスチナ人の社会を分断し，パレスチナ国家を破壊し，彼らの国土を支配している。シオニズムは，排斥され強制的に転住させられた人々が母国と自分の土地に帰ることを拒否してきたが，それは彼らの帰還がシオニズムに反するからである。パレスチナ人が承認を求められている事項とはまさにこれなのである。

パワーの巨大な非対称性の中で起こっているイスラエル人とパレスチナ人の紛争の場合，そこに和解の準備ができているとは言い難い。それは，高パワーをもつ当事者にとって，和解を構成する主要事項（Rouhana, 2005）のどれをとっても，それを考慮することに何のインセンティブも感じないからである。紛争を鎮静化させることは容易かもしれない。しかし，そのための交渉ではパレスチナ人にシオニズムの容認を求めるという事項は避けられるであろう。なぜなら，鎮静化は原則として，シオニズムに対する疑問を含んだ歴史的真実や責任を俎上に載せることなく達成可能だからである。現在のイスラエル政府がそうであるように，（対称的な論法で主張することによって）こうした要求に固執することは，真の和解はおろか，紛争の鎮静化のチャンスすら危険にさらす恐れがある。

歴史的責任

紛争とは，パワーの非対称性にかかわらず，通常，関係者が皆被害を受けるプロセスである。延々と続く社会的紛争の多くのケースにおいて，また，過去の不正義を伴う紛争においても同様だが，すべての紛争当事者が暴力に訴えている。最も極端なケースでは，加害者も被害者もともに暴力を使用し，ともに傷ついている。たとえば，南アフリカの黒人たちはアパルトヘイトに対抗して暴力を使ったが，それを，アパルトヘイト時代に全黒人が受けた構造的，政治的，軍事的暴力と同じものとはいえない。実際のところ，南アフリカ真実和解委員会は，当事者双方が大規模な人権侵害を犯したと結論づけた。しかし，このことは，研究者や政治家たちが対称的枠組みを用いてこの紛争を分析し，この観点から歴史的責任に対してアプローチすることで十分とするものではない。同委員会は，アパルトヘイトは人道犯罪であるとも結論づけている（Gibson, 2004, 2006）。重要な点は，相互に暴力を振るったということが，責任に対する対称的分析に十分な正当性を与えるものではないということである。

過去の不正義に対する責任を直視することは，紛争後の和解においては特に困難な

事項である。前世紀における最も残虐で紛れもなく人道に対する明瞭な犯罪といえば，ナチス・ドイツがユダヤ人に対して行なったホロコーストであるが，ドイツ人たちがこの犯罪に対して責任を認め謝罪したことは，きわめて自然で当然のことであると人々は考えるであろう。しかし，Lustick (2005) は，1951年，被害補償とドイツ首相の声明を巡って行なわれた世界ユダヤ人会議とドイツ連邦の交渉において，罪と責任が表明されるにはいたらなかったことを指摘している。この声明はドイツ人の「圧倒的多数」がナチス政策に反対したことを述べる一方，邪悪な計画，悔恨，被害者の潔白，ドイツ軍の役割などにはまったく触れていない。国会において首相は「言葉にはできないような犯罪がドイツ国民の名のもとで行なわれ，道徳的・物質的補償が求められている」と述べたが (Lustick, 2005, p.111)，これはドイツ国民がこの犯罪と直接にはかかわりがないことを強調するものであった。

戦争に敗北したとはいえ，ドイツは新しい民主体制を導入し，ヨーロッパや世界との関係を正常化させる努力を続けてきた。この声明は，人道犯罪の被害者代表との交渉の中でつくられたものあることから，将来の和解可能性を強くシンボライズするものであるが，しかし依然としてドイツ人は，責任と罪を認めることはできないでいる。これが一方的な犯罪であり，両当事者が互いに暴力を振るったという紛争ではないことを考えると，この点はいっそう奇異にみえる。それ以来，ドイツ国家と社会は，文化的，象徴的，政治的，社会的に，これらの犯罪において自分たちが果たした役割から目を背け続けてきたのは確かである[★4]。いずれにしろ，これは移行期において責任の事項を扱うことのむずかしさを強烈に示すものである。

この例は，なぜ，ある研究者たちが責任の問題を扱うことや被害者と加害者を同定することを避けようとするのかを説明するもののように思われる。先に述べたように，多くの研究者たちは責任を引き受けることが和解を促進するという考え方を受け入れている (Bar-Siman-Tov, 2004; Bar-Tal & Bennink, 2004; Kelman, 2004; Kriesberg, 2004)。しかし，移行期の正義研究に従事する研究者たちとは違って，これらの研究者たちは，両当事者が対称的に責任を引き受けなければならないという枠組みを使用している。責任の受容は有益ではないと主張する研究者もいる。たとえば，WorchelとCoutant (2008) は，社会的紛争に関与した集団の観察から，「両当事者とも，自集団こそ被害者であると固く信じている」(p.434) ことを明らかにしたという理由で，加害者・被害者という見方そのものに反対する。当事者の知覚自体を問題とすることなく，それを分析や行為の根拠とすることは紛争の本質を理解することには役立たないであろうし，むしろ逆効果でさえある。こうした知覚そのものが集団間の勢力関係の中で生じるからである。たとえば，セルビア人，イスラエル人，アフリカーナー（南アフリカ生まれの白人），それに北アイルランドのプロテスタント教徒たちの恐怖心は疑ってかかるべきである。支配する集団と支配される集団の恐怖の理由が何であ

るか，これらの恐怖がどのように異なるのか，また，それらをどう扱うべきかについて理解するには，より深く分析が必要である。

ドイツ人－ユダヤ人の紛争事例から学ぶことは，責任問題を放擲したり，これを対称的なやり方で扱ったりすべきではないということである。Ross（2004）は，当事者たちが自分を被害者であると主張するときは，謝罪の遂行は心理的にも政治的にも不可能になると主張する。しかし彼は，承認を表わす手段として，また，紛争当事者間の関係を定義し直す機構として，さらに部分的に和解を達成する手段として，象徴的行為，儀式，文化的表現の使用を推奨する。

実際，責任，罪の意識，共感，またこれらに関連する諸事項を扱う研究の数が増え，理論的作業と知見の解釈に非対称的な枠組みを使うものも少なくない。MironとBranscombe（2008）は，「人々が集団的罪悪感を経験するには２つの条件が満たされなければならない。第１に，人々は自分たちを恵まれた集団の成員であるとカテゴリー化しなければならない。第２に，自集団が他集団に対する道徳的違反に対して責任があることを認識しなければならない」（p.80）と主張する。集団的罪悪感が和解プロセスにとって必須なのは，それが加害者に補償を動機づけ，被害者集団との間で公正な関係を築くよううながすからである。加害者集団の成員は，自集団が被害者集団の成員に対して不正義を行なったことを認めなければならない。MironとBranscombeは，集団成員が罪悪感を回避するために用いるいくつかのメカニズムを記述している。こうした議論の意義は，対称的な枠組みの中では失われてしまったであろう。

非対称的文脈の中で責任受容の重要性に関して行なわれた数少ない実験的研究は，責任を受容すること，他者の行為について共感を表現することの重要性を示しているように思われる。NadlerとLiviatan（2006）はイスラエルの大学生を対象に巧みにデザインされた実験的研究を行ない，（架空の）パレスチナ人リーダーが紛争の相手方の苦しみに対して共感を表現し，責任を認めることが和解の受容度にどのように影響を与えるかを検討した。実験は２回行なわれたが，１回目はイスラエルのパレスチナ占領に対抗するパレスチナ人による，第２次インティファーダ[2]が始まる前の2000年に，２回目は（基本的には追試だが），インティファーダにおいて暴力が起こっている最中の2001年である。パレスチナ人に対する信頼も連続変量として測定された。

これら２つの実験は，イスラエルのユダヤ人参加者の中でパレスチナ人に対して比較的高い信頼をもっているものにとって，共感の表現が和解の意向に対して有意な正の効果をもつことを示した。対照的に，パレスチナ人に対する信頼が低い参加者は和解に対するその意向も低くなる傾向があったが，それはたぶん，パレスチナ人リーダーの発言を作為的なものと知覚したせいであろう。さらに，責任の受容はこうした効果をもたないことが報告された。こうした知見の意義は，それがパワー非対称性の

文脈で行なわれた点にある。高パワー集団,すなわち,イスラエル人にとって最も必要とするものは,彼らの過去の不当な行為も「理解できる」ということを伝える被害者からの共感である。一方,低パワー集団にとって最も重要なものは,加害者からの責任の表現であると仮説を立てることができよう。なぜならそれは,彼らの正義の感覚を支持し,不正義のナラティブに妥当性を与えるものだからである。

 ShnabelとNadler (2008) は,実験的に支持された対人間・集団間和解の欲求ベース・モデルを提唱した。このモデルによると,和解は非対称的な欲求をもつ被害者と加害者の間で行なわれる社会的交換行為である。被害者の欲求とは損なわれた地位を回復することであり,加害者の欲求とは理解と共感である。彼らの研究は (Shnable et al., 2009),このモデルが集団間の文脈において一般的に妥当性をもつことを確認している。加害者側(1956年のイスラエルのアラブ市民に対して行なわれた大量虐殺に参加したユダヤ人)はエンパワーメントの感覚——「母国において尊重され,顔をあげて生きる権利,強さと誇りを感じること」——を提供し,一方,アラブ人は加害者が「殺戮の後抱く感情」に対して「理解と受容」を提供する (p.1024)。

 実験室ではなく,実際に,イスラエル−パレスチナ紛争に和解が提案されるときが来たなら,この節の最初に示したジレンマが姿を現すであろう。NadlerとSaguy (2004) が主張したように,現時点では,和解は2つの理由でイスラエル−パレスチナ紛争には適用できない。第1に,不信感が強いとき,和解(彼らが社会感情的和解とよぶもの)は非効果的であり,むしろ関係を傷つける恐れがある。第2に,双方とも自分たちを被害者とみなし,相手方を加害者とみなしているので,誰が加害者で誰が被害者であるかに関して合意が得られない。NadlerとSaguyの見解によれば,こうしたケースでは,和解に先立って,長期にわたる漸進的な協力のプロセスが必要である。そのプロセスでは現在に焦点が当てられ,その変化は緩やかなもので,最終目標は当事者間の分離である。

 このアプローチには惹きつけるものがあるが,しかしそれは矛盾を内包している。イスラエル人とパレスチナ人の間にパワー非対称性があり,イスラエル人が高パワー者として現状(著者の表現)を維持したいという動機をもっているとするなら,どうやって,この「長期にわたる漸進的な協力」のプロセスによって,高パワー集団の動機を変化させ,現状を転換したいと望むようにさせることができるのだろうか。この主張は,「協力さえ可能なら,すべてはうまくいく」といっているようにみえる。著者たちは和解プロセスを開始する前に当事者たちの恐怖を取り除いておきたいのだろうが,実際にそれができるのは高パワー者についてだけである。同様に,彼らは当事者間で知覚された非対称性を拡張し,これを被害者性と責任の問題にまで敷衍しようとしているようにはみえない。むしろ,上で示唆したように,彼らは被害者性の「知覚」をそれを疑問視することなく強調しているだけである。

和解における他の重要事項

　本章において，私は和解における2つの重要事項としてパワー非対称性と歴史的責任に焦点を当てた。紙面の都合上，真実と正義は扱わなかったが，私はそのどちらも和解プロセスの中心的事項であるとみなしている（Rouhana, 2004a）。移行期の正義と社会心理学の分野における和解研究は，集団間の寛容性，寛容性と和解の関係などを検討しているが，私はそれらを政治的和解にとって中心的事項とは考えていない。

　社会心理学関連の紛争解決研究にみられる諸理論は，正義を和解に役立たないものとみなして放棄するか，あるいは対称的枠組みの中で「知覚」の問題として扱っている。たとえば，MironとBranscombe（2008）は，「和解は，たぶん，集団間紛争の両当事者が『何をもって正義とするか』に関して合意し，これによって，過去について類似した結論に達するなら，もっと容易に達成されるであろう」（p.90）と主張した。こうした主張はきわめて重要なものだし，相互主観的枠組みは実際非常に有益な場合がある。しかし，正義をどう定義するかが集団間のパワー関係に影響されてはならない。他に利用できる資源としては，国際的規範，国際法，人権に関する普遍的価値，それに一般的な立場から正義の枠組みづくりに参加できる外部の専門家などがあり，紛争当事者はこれらすべてを活用すべきである。既存の紛争解決法が，国際法など，正義に言及した枠組みを何ら利用していないことは，ある意味で驚くべきことである。

　真実の事項に関しては，移行期の正義に関してたくさんの研究があり，過去の人権侵害に関する真実が和解プロセスに貢献しうるという強い確信が得られている（Gibson, 2006; Hayne, 2001; Minow, 1999）。社会心理学におけるこの事項の扱いはまだ始まったばかりであるが，歴史的真実の重要性に注目した研究がいくつか始まっている。Bar-Tal（2009）は，和解のためには，過去に関する社会全体の信念を変化させる必要があると述べている。すなわち，「集団的記憶に関する交渉プロセスを通して，自集団の過去を批判的に改訂し，他集団の過去と同期させていくことによって，新しいナラティブが生まれる」（p.367）。多くの移行期状況において，当事者間の「交渉」ではなく，真実委員会にこうした事項が任されたが，これを達成することは容易ではなかった。

要　約

　心理的プロセスを超えて和解の定義を拡張し，和解のプロセスをより広範に検討している他の研究領域と歩調を合わせることは重要である。和解の重要事項を社会心理

学者たちも検討し始めている。本章で論評した文献を見ると，いくつかの実証研究によって重要な知見が得られてきたが，一方，それらが応用研究，とりわけ紛争解決法の中で活用されるまでにはいたっていない。もしも社会心理学が低パワー集団の表現する関心にもっと注意を向けるようになったら，その理論的ベースはより豊かなものとなり，紛争解決法は，高パワー集団を代表する者だけでなく，より広範な聴衆に受け入れられやすくなるであろう。加えて，今こそ，長い間紛争解決法と研究を支配してきた対称的な分析枠組みを乗り越える時である。社会的・政治的和解の研究は，それにふさわしい機会を提供している。なぜなら，パワー非対称性は和解が必要とされている状況の多くに内在する特徴だからである。

原注
- ★1：たとえば，この分野の創始者の1人である Ron Fisher の著書 (Fisher, 1997) では，彼らの研究は周辺的なものとして扱われている。
- ★2：つまり，彼は，過去の罪業に対する謝罪の可能性を，広義の「尊重 (respect)」の中で論じている。
- ★3：もちろんこれは正しい。しかし，Fisher (1991) や Rubin と Salacuse (1990) などの交渉理論家が，低パワー当事者は公正性を確保するために外的基準を利用するよう求めるべきであると勧めるのはこれが理由である。こうした基準は国際法を含みうる。
- ★4：1951年のアデナウアー元首相の声明と，アウシュビッツ強制収容所開放60周年における2005年のシュレーダー元首相の声明とを比較してみよ。シュレーダーはアデナウアーが放棄しようと試みたものを引き受けようとしている。彼は「ナチスのイデオロギーに現われた悪は何もないところから現われたわけではない。この野蛮なイデオロギーの興隆とこれに伴う道徳的抑制の欠如の背後には，ある伝統があった。畢竟，ナチス・イデオロギーとは，人々がいつの時代かには自ら支持したことがあるものであり，それを実現しようと自ら手を貸したことがあるものであると言わざるを得ない」と述べている (http://www.historyplace.com/speeches/schroeder)。

訳注
- ●1：ユダヤ人によるイスラエル建国および文化復興運動。
- ●2：p.82，第2章訳注●4参照。

■■ 引用文献 ■■

Azar, E. E. (1990). *The management of protracted conflict*. Hampshire, England: Dartmouth Publishing Company.
Bar-Siman-Tov, Y. (2004). Dialectics between stable peace and reconciliation. In Y. Bar-Siman-Tov (Ed.), *From conflict resolution to reconciliation* (pp. 61-80). Oxford, NY: Oxford University Press.
Bar-Tal, D. (2009). Reconciliation as a foundation of culture of peace. In J. Rivera (Ed.), *Handbook on building cultures of peace* (pp. 363-375). New York: Springer Science.
Bar-Tal, D., & Bennink, G. H. (2004). The nature of reconciliation as an outcome and as a process. In Y. Bar-Siman-Tov (Ed.), *From conflict resolution to reconciliation* (pp. 11-38).

Oxford, NY: Oxford University Press.
Baron, R. M. (2008). Reconciliation, trust, and cooperation: Using bottom-up and top-down strategies to achieve peace in the Israeli-Palestinian conflict. In A. Nadler, T. Malloy, & J. Fisher (Eds.), *The social psychology of intergroup reconciliation* (pp. 275-300). Oxford, NY: Oxford University Press.
Bashir, B. (2008). Accommodating historically oppressed social groups: Deliberative democracy and the politics of reconciliation. In B. Bashir & W. Kymlicka (Eds.), *The politics of reconciliation in multicultural societies* (pp. 48-69). Oxford, NY: Oxford University Press.
Bashir, B., & Kymlicka, W. (Eds.) (2008). Introduction: Struggles for inclusion and reconciliation in modern democracies. *The politics of reconciliation in multicultural societies* (pp. 1-24). Oxford, NY: Oxford University Press.
Branscombe, N. R. (2004). A social psychological process perspective on collective guilt. In N. R. Branscombe & B. Doosje (Eds.), *Collective guilt: International perspectives* (pp. 320-334). New York: Cambridge University Press.
Bretherton, D., & Mellor, D. (2006). Reconciliation between aboriginal and other Australians: The "Stolen Generations". *Journal of Social Issues, 62*(1), 81-98.
Burton, J. W. (1990). *Conflict: Resolution and prevention.* New York: St. Martin's Press.
Crocker, D. A. (1999). Reckoning with past wrongs: A normative framework. *Ethics & International Affairs, 13*, 43-64.
Curle, A. (1971). *Making peace.* London: Tavistock Press.
Dwyer, S. (1999). Reconciliation for realists. *Ethics & International Affairs, 13*, 81-98.
Fisher, R. (1991). Negotiating power: Getting and using influence. In J. W. Breslin & J. Z. Rubin (Eds.), *Negotiation theory and practice* (pp. 127-140). Cambridge: PON Books.
Fisher, R. J. (Ed.) (1997). *Interactive conflict resolution.* Syracuse, New York: Syracuse University Press.
Galtung, J. (1969). Violence, peace, and peace research. *Journal of Peace Research, 6*(3), 167-191.
Galtung, J. (1990). Cultural violence. *Journal of Peace Research, 27*(3), 291-305.
Gibson, J. L. (2004). Does truth lead to reconciliation? Testing the causal assumptions of the South African truth and reconciliation process. *American Journal of Political Science, 48*(2), 201-217.
Gibson, J. L. (2006). The contributions of truth to reconciliation: Lessons from South Africa. *Journal of Conflict Resolution, 50*(3), 409-432.
Green, M. J., & Sonn, C. C. (2006). Problematising the discourses of the dominant : Whiteness and reconciliation. *Journal of Community and Applied Social Psychology, 16*, 379-395.
Gutmann, A., & Thompson, D. (1996). *Democracy and disagreement.* Cambridge, MA: Harvard University Press.
Halloran, M. J. (2007). Indigenous reconciliation in Australia: Do values, identity and collective guilt matter? *Journal of Community and Applied Social Psychology, 17*(1), 1-18.
Harris, L. T., & Fiske, S. T. (2008). Diminishing vertical distance: Power and social status as barriers to intergroup reconciliation. In A. Nadler, T. Malloy, & J. Fisher (Eds.), *The social psychology of intergroup reconciliation* (pp. 301-318). Oxford, NY: Oxford University Press.
Hayner, P. B. (2001). *Unspeakable truths: Confronting state terror and atrocities.* New York: Routledge.
Hermann, T. (2004). Reconciliation: Reflections on the theoretical and practical utility of the term. In Y. Bar-Siman-Tov (Ed.), *From conflict resolution to reconciliation* (pp. 39-60). Oxford, NY: Oxford University Press.
Kelman, H. C. (1982). Creating die conditions for Israeli-Palestinian negotiations. *Journal of

Conflict Resolution, **26**, 39-75.
Kelman, H. C. (1986). Overcoming die barriers to negotiation of the Israeli-Palestinian conflict. *Journal of Palestine Studies,* **16**(1), 13-28.
Kelman, H. C. (1996). Negotiation as interactive problem-solving. *International Negotiation: A Journal of Theory and Practice,* **1**, 99-123.
Kelman, H. C. (1998). Building a sustainable peace: The limits of pragmatism in the Israeli-Palestinian negotiation. *Journal of Palestine Studies,* **28**, 36-50.
Kelman, H. C. (2004). Reconciliation as identity change: A social psychological perspective. In Y. Bar-Siman-Tov (Ed.), *From conflict resolution to reconciliation* (pp. 111-124). Oxford, NY: Oxford University Press.
Kriesberg, L. (2004). Comparing reconciliation actions within and between countries. In Y. Bar-Siman-Tov (Ed.), *From conflict resolution to reconciliation* (pp. 81-110). Oxford, NY: Oxford University Press.
Laue, J., & Cormick, G. (1978). The ethics of intervention in community disputes. In G. Bermant, H. C. Kelman, & D. P. Warwick (Eds.), *The ethics of social intervention* (pp. 205-232). Washington, DC: Halsted Press.
Lederach, J. P. (1997). *Building peace: Sustainable reconciliation in divided societies.* Washington, DC: United States Institute of Peace Press.
Little, D. (1999). A different land of justice: Dealing with human rights violations in transitional societies. *Ethics & International Affairs,* **13**, 65-80.
Lustick, I. S. (2005). Negotiating truth: The Holocaust, Lehavdil, and al-Nakba. In A. Lesch & I. Lustick (Eds.), *Exile and return: Predicaments of Palestinians and Jews* (pp. 106-127). Philadelphia, PA: University of Pennsylvania Press.
Malloy, T. E. (2008). Intergroup relations and reconciliation: Theoretical analysis and methodological implications. In A. Nadler, T. Malloy, & J. Fisher (Eds.), *The social psychology of intergroup reconciliation* (pp. 345-368). Oxford, NY: Oxford University Press.
Maoz, I. (2004). Social-cognitive mechanisms in reconciliation. In Y. Bar-Siman-Tov (Ed.), *From conflict resolution to reconciliation* (pp. 197-224). Oxford, NY: Oxford University Press.
Minow, M. (1999). *Between vengeance and forgiveness: Facing history after genocide and mass violence.* Boston: Beacon Press.
Miron, A. M., & Branscombe, N. R. (2008). Social categorization, standard of justice, and collective guilt. In A. Nadler, T. Malloy, & J. Fisher (Eds.), *The social psychology of intergroup reconciliation* (pp. 77-96). Oxford, NY: Oxford University Press.
Mitchell, C. (1990). Necessitous man and conflict resolution: More basic questions about basic human needs theory. In J. Burton (Ed.), *Conflict: Human needs theory* (pp. 149-176). New York: St. Martin's Press.
Nadler, A., & Liviatan, I. (2006). Intergroup reconciliation: Effects of adversary's expressions of empathy, responsibility, and recipients' trust. *Personality and Psychology Bulletin,* **32**(4), 459-470.
Nadler, A., & Saguy, T. (2004). Reconciliation between nations: Overcoming emotional deterrents to ending conflicts between groups. In H. Langholtz & C. E. Stout (Eds.), *The Psychology of Diplomacy* (pp. 29-46). Westport, CT: Praeger.
Nadler, A., Malloy, T. E., & Fisher, J. D. (Eds.). (2008). *The social psychology of intergroup reconciliation.* Oxford, NY: Oxford University Press.
Noor, M., Brown, R., & Prentice, G. (2008a). Prospects for intergroup reconciliation: Social-psychological predictors of intergroup forgiveness and reparation in northern Ireland and Chile. In A. Nadler, T. Malloy., & J. Fisher (Eds.), *The social psychology of intergroup*

reconciliation (pp. 97-116). Oxford, NY: Oxford University Press.

Noor, M., Brown, R., Gonzalez, R., Manzi, J., & Lewis, C. A. (2008b). On positive psychological outcomes: What helps groups with a history of conflict to forgive and reconcile with each other? *Personality and Social Psychology Bulletin,* **34**(6), 819-832.

Peled, Y., & Rouhana, N. N. (2004). Transitional justice and the right of return of the Palestinian refugees. *Theoretical Inquiries in Law.* **5**, 317-332.

Philpot, C. R., & Hornsey, M. J. (2008). What happens when groups say sorry: The effect of intergroup apologies on their recipients. *Personality and Social Psychology Bulletin,* **34**(4), 474-486.

Popkin, M., & Bhuta, N. (1999). Latin America amnesties in comparative perspective: Can the past be buried? *Ethics & International Affairs,* **13**, 99-122.

Ramsbotham, O., Woodhouse, T., & Miall, H. (2005). *Contemporary conflict resolution.* Cambridge, UK: Polity Press.

Richmond, O. P. (2001). Towards a genealogy of peacemaking: The creation and recreation of order. *Alternatives: Global, Local, Political,* **26**(3), 317-343.

Roccas, S., Klar, Y., & Liviatan, I. (2006). The paradox of group-based guilt: Modes of national identification, conflict vehemence, and reactions to the in-group's moral violations. *Journal of Personality and Social Psychology,* **91**(4), 698-711.

Ross, M. H. (2004). Ritual and the politics of reconciliation. In Y. Bar-Siman-Tov (Ed.), *From conflict resolution to reconciliation* (pp. 197-224). Oxford, NY: Oxford University Press.

Rouhana, N. N. (2004a). Group identity and power asymmetry in reconciliation processes: The Israeli-Palestinian case. *Peace and Conflict,* **10**(1), 33-52.

Rouhana, N. N. (2004b). Identity and power in the reconciliation of national conflict. In A. Eagly, R. Baron, & V. Hamilton (Eds.), *The social psychology of group identity and social conflict: Theory, application, and practice* (pp. 173-187). Washington, DC: American Psychological Association.

Rouhana, N. N. (2005). Truth and reconciliation: The right of return in die context of past injustice. In A. Lesch & I. Lustick (Eds.), *Exile and return: Predicaments of Palestinians and Jews* (pp. 261-278). Philadelphia, PA: University of Pennsylvania Press.

Rouhana, N. N. (2008). Reconciling history and equal citizenship in Israel: Democracy and the politics of historical denial. In B. Bashir & W. Kymlicka (Eds.), *The politics of reconciliation in multicultural societies* (pp. 70-93). Oxford, NY: Oxford University Press.

Rubin, J. Z., & Salacuse, J. W. (1990). The problem of power in negotiation. *International Affairs,* **1**, 24-34.

Shnabel, N., & Nadler, A. (2008). A needs-based model of reconciliation: Satisfying the differential emotional needs of victim and perpetrator as a key to promoting reconciliation. *Journal of Personality and Social Psychology,* **94**(1), 116-132.

Shnabel, N., Nadler, A., Ullrich, J., Dovidio, J. R., & Carmi, D. (2009). Promoting reconciliation through the satisfaction of the emotional needs of victimized and perpetrating group members: The needs-based model of reconciliation. *Personality and Social Psychology Bulletin,* **35**(8), 1021-1030.

Spears, R. M. (2008). Social identity, legitimacy, and intergroup conflict: The rocky road to reconciliation. In A. Nadler, T. Malloy, & J. Fisher (Eds.), *The social psychology of intergroup reconciliation* (pp. 319-344). Oxford, NY: Oxford University Press.

Starzyk, K. B., & Ross, M. (2008). A tarnished silver lining: Victim suffering and support for reparations. *Personality and Social Psychology Bulletin,* **34**(3), 366-380.

Staub, E., Pearlman, L. A., Gubin, A., & Hagengimana, A. (2005). Healing, reconciliation, forgiving and the prevention of violence after genocide or mass killing: An intervention and its experimental evaluation in Rwanda. *Journal of Social and Clinical Psychology,* **24**(3).

Stephan, W. G. (2008). The road to reconciliation. In A. Nadler, T. Malloy, & J. Fisher (Eds.), *The social psychology of intergroup reconciliation* (pp. 369-394). Oxford, NY: Oxford University Press.

Tutu, D. (1999). *No future without forgiveness.* New York: Doubleday.

Van Antwerpen, J. (2008). Reconciliation reconceived: Religion, secularism, and the language of transition. In B. Bashir & W. Kymlicka (Eds.), *The politics of reconciliation in multicultural societies* (pp. 25-47). Oxford, NY: Oxford University Press.

Van Zyl, P. (1999). Dilemmas of transitional justice: The case of South Africa's truth and reconciliation commission. *Journal of International Affairs,* **52**, 647-667.

Worchel, S., & Coutant, D. K. (2008). Between conflict and reconciliation: toward a theory of peaceful coexistence. In A. Nadler, T. Malloy, & J. Fisher (Eds.), *The social psychology of intergroup reconciliation* (pp. 423-446). Oxford, NY: Oxford University Press.

第13章

平和構築
——社会心理学的アプローチ[*1]

Klaus Boehnke, Henning Schmidtke and Maor Shani

序

　「紛争管理（conflict management）[*2]」の研究は，国際法，心理学，社会生物学，経済学，社会人類学などからなる典型的な学際的統合的学問分野である。紛争解決研究は，紛争の原因と性質，それに第三者介入とその特徴に焦点を当てているために，この研究コミュニティは，紛争解決の全側面にわたって最先端の科学的知識を提供するにはいたっていない（Reimann, 2004）。こうした判断から，本章では，この分野の中の特定の下位領域についてレビューを行なうつもりである。

　Galtung（1969）によれば，平和研究とは，①直接的暴力を停止させる方略を探り，個人，集団，国家による直接的暴力行為から人々を保護し，安全を提供する社会構造の実現を目指す状態と定義される消極的和平（negative peace, Woolman, 1985）と，②暴力を生み出す紛争の根本的原因を解決するために，協力と統合のパターンを社会内に生成することによって暴力の完全な克服を目指す積極的和平（positive peace, O'Kane, 1992）からなる。前者に関する研究は，ゲーム理論や合理的選択理論に基づいて紛争を政治的秩序の問題とみなし，直接的暴力のコントロールを重視するが，後者のアプローチでは，紛争を「間接的で威嚇的なコミュニケーション，信頼と尊重の欠如，善悪のイメージ優位，基本的欲求の不満足，当事者間でのウイン・ルーズ（win-lose）の防衛的競争」（Fisher, 2005, p.221）などの特徴をもつものと認識し，このため，高水準の社会的相互作用を特徴とする複合的方略に焦点が当てられる。後者の平和研究は，人間の欲求理論（Burton, 1990）や古典的非暴力コンセプト（Gandhi, 1950; King, 1963）に基づいて構築され，紛争の社会心理学的背景を俎上に載せるものである。この種の平和研究をわれわれは中心に扱うつもりである。

　さらに，焦点が①和平の障碍にあるか，②和平の触媒にあるかによって研究を区別することができる（Cohrs & Boehnke, 2008）。本書の第9章が前者に焦点を当てて

いるので，本章は積極的和平の触媒に焦点を当てる。つまり，本章では，紛争管理の社会心理学的側面に関する近年の研究を論評したいと思う。その中で，和平の触媒の短期的側面と長期的側面について考察したい。

何が積極的和平の触媒となるかを明らかにするには，一般論として，解決困難な紛争を抱えた社会が紛争文化を特徴としてもっていることを認識する必要がある。それは人々の間の共通な社会的信念から生まれるもので，集合的記憶と感情志向を含んだものである。紛争文化は社会の構成員によって広く共有され，社会生活の多くの領域を包含しているもので (Bar-Tal, 2007; Baumeister & Hastings, 1997)，紛争の変容にとって大きな障碍となるものである。したがって，紛争管理は，政治的・社会的エリートでも草の根レベルでも，紛争文化を平和文化に徐々に変容させることを目指して行なわれる (de Rivera, 2004; Montiel & Wessells, 2001)。国際連合総会 (United Nations General Assembly, 1998) が2000年を「平和の文化国際年」と決定した際，平和文化という言葉は自由，民主主義，正義と寛容性 (justice tolerance)，非暴力，対話などの原理に基づき，社会の構成員によって共有された価値観，態度，行動を特徴とするものとされた。平和の文化運動は，社会とその諸機関のすべてをあげて取り組むべきものである。この点において，心理学は平和文化に結びついた認知的・感情的プロセスを促進するという重要な役割を果たしうる (Brenes & Wessells, 2001)。Bar-Tal (2004, 2009) によると，新しい平和文化は平和エートスを含んだものでなければならないが，これは，平和と紛争解決に関する社会的信念，過去の対立者との平等化，内集団に対する批判的認識などを内包するものである。このかなり政治的な提案を一貫性のある有益な社会科学的コンセプトに変換しようと試みた Fernández-Dols ら (2004) は，これを変更可能なスクリプトとして理解すべきであると主張する。彼らは戦争を生み出す主要活動に関連した3つの価値を見いだした。それは，人々の戦略的利用，豊かさを倫理に従属させる論理，不公正を知性とするレトリックであり，それらが低水準であることは社会の中に平和的相互作用の文化が存在することを意味する。

紛争解決には，それぞれが分析単位となりうる多くの側面がある。そこで，本論評では，紛争解決の中心的プロセス含む諸段階——積極的和平を目指す第三者介入によって促進される共感と理解，創造的な問題解決，学習——を簡潔に述べる。本章では積極的和平の触媒に対する2つの異なるアプローチについて考察する。第1に，平和構築のトップダウン思考，つまり，和平交渉を促進する政治的環境の創成を扱った研究系列をレビューする。特に中核的事項は，「トラック2 (track-two)」および「トラック1.5 (track-one-and-a-half)」外交やトレーニングといったアプローチである[1]。第2に，構造的・社会政治的促進と平行して平和構築 (和解) のために進められるべき草の根レベルの社会的プロセスを概観し，ネガティブな社会心理的ダイナミックス

——しばしば，平和教育に関して言及される——を除去することを目指して集団間関係に介入する試みについて考察する。本章の最後に，短い節を設け，これらの領域で行なわれた研究の全体について質的観点から考察する。そこでは，主として2つの方法論的事項，すなわち，参加者の選択バイアスと厳密な評価に焦点を当て，平和構築に対する社会心理学的アプローチの研究が，将来どのように進展しうるかについていくつかの見解を述べる。

エリート・レベルにおける積極的和平の触媒

　破壊的行動が長期にわたって制度化されてきた解決困難な紛争状況（Gray et al., 2007）においては，たとえ共同利益的解決が可能な時でも，恐怖，不信感，疑心暗鬼などの障壁が交渉を不安定にするので，政治的合意を達成することは容易ではない（Chigas, 1997）。それゆえ，紛争管理に対する多くの社会心理学的アプローチは，敵対する集団において政治的影響力のある構成員たちの「認知的・感情的レパートリー」（Bar-Tal, 2007, p.1435）がどのように変化して公式の合意にいたるかに焦点を当てている。解決困難な紛争にみられる紛争文化の発生と制度化に関する社会心理学的理論については上で触れたが，これらトップダウン・アプローチは，交渉のテーブルで政治的合意を達成する際，共同利益的解決策の利用可能性は，必要条件ではあるが十分条件ではないという基本仮定からスタートする。つまり，この種の第三者介入のパイオニアたちは，「対立者の欲求に対する反応性と互恵性に基づいた」（Kelman, 2006, p.21）方略を用いることによって，紛争当事者間において社会的関係の価値を高める必要があると結論づけた。敵対する集団の中で政治的に影響力のある構成員が，紛争バイアスを含んだ社会心理学的特徴をもつことがあるが，このバイアス——当事者が和平プロセスに進むことを妨げる主要な障壁——は克服することが可能であると仮定することによって，これらのトップダウン・アプローチはこのプロセスを促進する手段と技法を開発し，これを応用することを目指している。それらは，このプロセスにおいて重要と仮定される2つの成分に焦点を当てる。それは，①非公式で，拘束力がない場面であることと，②信頼の要となる第三者が受動的役割を果たすことである。非常に一般的な水準では，研究者も実践家も，個人が重要な分析単位であるという前提をもっている。さらに，これらの個人は，結果の論理に従う単なる合理的な効用最大化者としてではなく，むしろ，紛争の社会心理的構造の中に組み込まれており，適切さの論理に従う社会的存在として扱われる。

　積極的和平を目指した第三者介入を扱う研究の中でも，卓越したものは「トラック2」外交に焦点を当てたものである。このアプローチでは，態度と知覚を変化させる

ことに焦点が向けられ，当事者たちが公式の交渉外で解決策を探り，これを発見していくことを可能にするものである（Fisher, 2007）。それらは問題解決とプロセス促進の両方の活動を含むが，前者は政策に影響を与えること，後者は当事者に影響を与えることに主眼がある（Funk, 2000）。すべてが公式レベルで行なわれる「トラック１」外交とは対照的に，「トラック２」外交は政府の公式機関の活動外で起こるすべての外交活動を含んでいる。

　Burton（1969）の先駆的研究の上に，Kelman ら（Fisher, 1972; Rouhana & Kelman, 1994）は国際紛争やコミュニティ間紛争（Chigas, 1997）の解決に向けた社会心理学的アプローチを発展させた。基本的には問題解決とプロセス促進の両方を目指すこの相互作用的問題解決アプローチは[★3]，アイデンティティ集団間の長期にわたる紛争を対象に，非公式の，アカデミックな基礎をもつ第三者アプローチとしてデザインされたものである（Kelman, 2005）。紛争集団の中で政治的に影響力のある構成員の認知的レパートリーに焦点を当てて行なわれるこのアプローチの中核的ツール——問題解決ワークショップ——は，二重の目的を追求するものである。一部の人々であっても，まず彼らの間に新しい紛争解決のアイデアを生み出すことを目指すこのワークショップでは，プロセス促進を優先し，参加者たちが相互に影響を与え合うようにデザインされる。しかし，参加者の個人レベルの変化自体が最終目標ではない。それは，政治的レベルでの変化をうながす手段である。つまり，このワークショップの第２の目標は交渉プロセスの促進だが，それは個々人の形成した理解と認識が，政治的討論およびそれぞれの社会集団内での政策形成へと変換される可能性を高めることによって推進される（Kelman, 2005）。

　プロセス促進の目標に関してだが，相互不信と疑心暗鬼はもともと存在すると仮定し，ワークショップは低いコミットメントの当事者でも参加でき，これを通して，彼らが協力的プロセスを促進する基盤となる十分な量の信頼を形成できるよう場面設定をする必要がある。その信頼はこの作業を進める上で必要な水準のもので，同情や友情の上に形成される真の信頼である必要はないが（Pelzmann, 2005），相手もまた自己の利害関心から和解の方向に向かっているという確信の上に形成されなければならない（Kelman, 2005）。第２に，このアプローチのプロセス促進は，ワークショップの中核的特徴の１つに表われている。そのワークショップは，「非公式，個人的，非拘束的な文脈を与えるもので，紛争当事者間の相互作用を支配している一般的規範とは異なる別のタイプの相互作用をうながす，独自の規範をもつアカデミックな場面」の中で行なわれる（Kelman, 1999, p.185）。

　このワークショップの一般的状況は，不信を抱いている敵同士が参加するというものなので，第三者が信頼の要となることが重要である（Kelman, 2005）。参加した当事者がこの第三者に信頼を置くことができるよう，このワークショップはアカデミッ

クな実践家によって主導され，この中だけの特別なグランド・ルールに従って運営される (Kelman, 1999)。第三者は，解決策を提案するとか，利害にかかわる実質的討論を積極的に主導するなど，当事者間の相互作用プロセスに直接介入することはしないが，プライバシーと匿名性を保証し，ハーバーマス的議論モード，すなわち，相互理解と非戦略的コミュニケーションである問題解決型分析モードに向かって交流を導き，ファシリテーターとしての役割を果たす。グランド・ルールとは，必ずしも合意する必要はないこと，参加者はそれぞれ自己の欲求，恐れ，関心を大切にする権利をもっていることを保証するものである (Rouhana & Korper, 1997)。

参加者の選抜はプロセス促進と問題解決をリンクさせる上で重要である。個人の側の変化を最大化するためには，参加者はいったん意思決定プロセスから完全に離れ，戦略的思考に拘束されないようにすることが必要であるが，ワークショップから意思決定水準への転移を最大にするという観点からすると，ワークショップの中で形成された新しい洞察を直接応用できるよう，参加者はできるだけ意思決定機関に近い人で，その一部となっている人の方が望ましい (Kelman, 2005)。これら2つの目標を結びつけるために，参加者選抜では，これらの矛盾する要件のバランスをとり，公式の立場にはないが政治的に影響力のある個人に焦点を当てる。

要するに，問題解決アプローチに従うトラック2介入は，次の3つの中核的機能を満たすことが期待される。それは，①参加者間に共通アイデンティティの感情を生み出すことによって，意思決定者の間でも交渉が可能であるという感覚を強める，②参加者たちが個々の提案の受容可能性を評価するための探索的機能と，相手側の一貫性をチェックできる確認機能を通して脅威知覚を減少させる，③トラック2経験を通して交渉志向のリーダーを育てる，などである (Lieberfeld, 2002)。

トラック2効果を体系的に評価する試みは，多くの概念的・方法論的制約のために，残念ながらほとんど行なわれていない。個々の紛争では，それらの展開に影響を与えるあまりにも多くの独立変数と交互作用効果があるので，トラック2介入に関する評価研究の大半は，主としてワークショップ参加者の発言に基づいており，それらを体系的に分析して成功・不成功を判断するということは行なわれていない。さらに，この領域は概念的明晰さに欠ける傾向がある。Kaye (2001) のような研究者は，1991年以降750人の地域エリートを糾合して行なわれた中東の地域和平対話が，参加者たちの価値観に影響を与え，その後，徐々に政策にも影響を与えることによって，地域に対する理解と認識を構築する上で重要なメカニズムとなったと結論した。Kelman (1999) など，他の研究者はこれをさらに一歩進める。彼らにとって，相互作用的問題解決アプローチは，その定義からして非公式で非拘束的な介入であり，それは将来，意思決定プロセスに導入される可能性をもつ新しいアイデアを生み出すための，探索的相互作用機会を提供するものである。彼らは，トラック2活動が幹部（生産的な交

渉を遂行する技量をもつ人々）の育成を援助し，交渉に役立つ実質的アイデアを提供し，ポジティブな政治的雰囲気を育んできたという点で，「イスラエル－パレスチナ和平プロセスに対して，ささやかだが非有意とはいえない貢献をした」（Kelman, 1999, p.24）と結論するにいたっている。

　長期的紛争の別の顕著な事例，キプロス紛争に関して行なわれたさまざまの調停活動を分析した Fisher は，トラック 2 介入のアセスメントを試みた。彼の見地からすると，1966年の Burton 構想（Burton, 1969），1973年の Talbot セミナー（Talbot, 1977），それに1979年から1993年にわたって行なわれた Kelman と Fisher のワークショップは，「交渉の前後において有益な機能を果たしたが」（Fisher, 2001, p.323），その範囲と効果に関しては結局のところ限定的なものだった。もっと体系的な方法を用いた Lieberfeld（2002）は，南アフリカにおけるトラック 2 外交のプロセスを追跡し，ANC と反対派アフリカーナーの間でもたれた会合が白人世論に直接的影響を与え，ANC に対する正確な知識の普及をもたらしたと結論づけた。加えて，その会合は ANC を交渉パートナーとして正当化することに貢献し，ANC 指導者たちに対して，将来プランを具体化し，交渉のための前提条件を明らかにするよう求めた。これが結果として，その後のトラック 1 交渉を促進することとなった。

　要するに，参加者個人を変化させるプロセスは長期的な社会心理学的理解の上に形成され，それは実証的評価を通して詳細に記録される必要があるが，研究資料の多くは逸話的証拠に基づくもので，個々の介入について体系的な評価を与えるものではない。これは，成果を政治的レベルに転移させるチャンネルについても同様である。それは明らかでもないし確実なものでもない。「非公式対話の成果が積み重ねられ，それが主導権をもつようになるという希望と期待」（Chigas, 1997, p.412）はあるが，このアプローチの問題解決的側面は依然として未知数である。転移プロセスを長期間にわたって追跡することが困難であることが，面対面の相互作用から好意的感情，信用，信頼などを構築することが，どの程度意思決定機構に転移されうるのか，また，実際されているのかを評価する上で障碍となっている。

　古典的な相互作用的問題解決アプローチにこうした深刻な欠陥があることから，Martinez と Susskind（2000），Chigas（1997）は，このアプローチの基本的仮定と他のタイプの第三者介入の知見を組み合わせて用いようとしている。

　Martinez と Susskind（2000）は，合意形成研究所（the Consensus Building Institute, マサチューセッツ州ケンブリッジにある NGO）での気候変動と生物多様性に関する相互作用的交渉のファシリテーション経験を活用し，並行的非公式交渉（parallel informal negotiations: PIN）とよばれる試みを提案している。基本的には相互作用的問題解決ワークショップと同じ目的をもつが，このアプローチは参加者選抜の基準を変化させることによって転移の際の障碍を排除しようとするものである。

PINでは，敵対する集団の公式の代表者たちを招いて，プロセス促進と問題解決の両方を目指し，ファシリテーターつきの討論に参加させる。つまり，相互作用的問題解決ワークショップがもつ深刻なギャップを克服するために，両敵対集団の公式の代表者に非公式の問題解決プロセスを担うNGO専門家を交え，中立的ファシリテーターの主導のもとで話し合いを行なおうとするものである。こうした話し合いを始めるには，両当事者に，多少なりとも，政治的解決の可能性を探ろうという動機づけが前提条件であり，同時に，準公式（semi-official）の対話を可能にする環境条件も必要である。

　準公式の対話あるいはトラック1.5介入は，とりわけパレスチナ－イスラエル紛争や南アフリカにおいて用いられた。Lieberfeld（2007）は，それ以前にはなかった敵対者同士での直接コミュニケーションの機会を設け，善対悪というイメージを和らげることによって，最小限ではあったが，どちらの紛争においても解決可能性が高まったと結論づけた。解決困難な紛争状況において検証はなされてはいないが，こうしたトラック1.5交渉や準公式対話は，公式の合意のための基盤をどう形成するかに関して，重要なアクター間で「暫定的信頼（working trust）」を構築する新たな選択肢を提供するものとなる可能性がある。

　相互作用的問題解決アプローチの転移ギャップを除去することを目指し，プロセス促進に焦点を絞った相互作用的紛争解決支援のためのいくつかのトレーニング法がある。こうしたトレーニング法[★4]は，紛争当事者たちを同席（Tyler-Wood et al., 1990）あるいは平行形式で（Chigas, 1997）学習経験を積ませようとするものである。それは――相互作用的問題解決とは対照的に――紛争の現実には触れず，もっぱら交渉プロセスに的を絞っている。これらの非公式・非公開で行なわれるワークショップでは，公式の交渉チーム構成員が同席あるいは平行形式で一緒に，紛争プロセス，一般的な交渉と紛争ダイナミックス，それにこれらが彼らの紛争の中に存在するかどうかなどについて学習する。具体的なやり方は違っても，こうしたトレーニング法はすべて，公式の交渉を支配している――交渉とは決して譲歩しないものだといった――一般的メタファーを，協力して紛争解決を試みるといった新しい交渉メタファーに置き換えることを目指している。つまり，トレーニング法は，紛争の現実は棚上げにし，公式の代表者たちに，問題解決志向の交渉テクニックを教えることによって，当事者たちが公式の交渉において敵対ではなく協力し合う姿勢をうながすようデザインされている。

　トレーニング法はキプロス（Diamond, 1997），エルサルバドルおよび南アフリカ（Chigas, 1997），イスラエル－パレスチナ紛争（Rothman, 1997）などの紛争状況，また，ブルンジの戦後復興（Wolpe & McDonald, 2006）において用いられた。こうした介入の大半は交渉プロセスの促進に焦点を当てており，研究者も実務家もトッ

プ・レベルでのトレーニング評価は困難という点で一致しているが，この方法の使用経験に基づいて彼らは，このトレーニングが交渉の障碍に適切に対処し，交渉プロセスを改善させることによって，「交渉を成功裏に進展させることに貢献しうる」という結論に達している（Chigas, 1997, p.423）。さらに，WolpeとMcDonald（2006）は，ブルンジにおける指導者養成トレーニングを主導した経験から，「制度的変容をうながす指導者養成に焦点を当て，また，外交と組織論の両方の専門家スキルを結びつけることによって，平和構築と国際紛争後の介入の効果を有意に向上させることが可能である」（p.138）と結論している。

これらからすると，交渉プロセスの促進に対する社会心理学的アプローチは公式の交渉プロセスを後押しする広範なテクニックを提供するものであるといえよう。これらをより大きな交渉プロセスの統合的一部とみるなら，それがこのプロセスの全段階にかかわることは理論的に明らかである。それらは，紛争当事者たちを交渉テーブルに近づけるという意味で前交渉段階にかかわる。それらはまた，交渉が停滞したり膠着状態に陥ったり，あるいは勢いを失ったときなど，新しいアイデアを提供して可能性の感覚をくり返し高めることによってそのプロセスを活性化させ，障碍を克服することを手助けするという意味において，交渉の進展にも関与している。それらは交渉による合意を履行する上で問題が生じた場合，その解決に貢献しうるという点で，交渉後の段階でも有意義だし，最終的には，平和構築や和解といった紛争後のプロセスにおいても，持続的な平和文化を創生することによって，かつての敵同士の間の関係を変容させることにもプラスに働く可能性をもっている。しかし，これらすべての活動が真に効果的であるかどうかに関しては，今後，実証研究を通して体系的に検討する必要がある。体系的研究の中で十分に注意が向けられてこなかったもう1つの問題は，これら平和構築活動に関与する第三者の地位である（Montiel & Boehnke, 2000）。

積極的和平のための草の根レベルの触媒

もしも和平形成のプロセスが成功し，両派の指導者間で広範に支持されるような合意が達成されたとしても，政治的プロセスだけでは，紛争後の集団間に平和的関係を形成するには不十分である。紛争の公式の解決は平和を達成する上で必要な段階ではあるが，それだけで，草の根レベルでの集団間関係が変容し，平和的な集団間関係が創生されるとは限らない。この分野の研究者の間では，草の根レベルでの社会心理的な変化がなければ，また，紛争を支え永続させるような社会心理学的変数が基本的に変えられない限り，長期に及んだ紛争の後の集団間関係を改善するプロセスは成功しないであろうという認識が強まっている（Rothstein, 1999）。政治的エリートではな

第13章　平和構築——社会心理学的アプローチ

く集団の成員自身が，和平形成プロセスの中で，また，和平合意が得られた後でみえてくる平和的関係というものに適応しなければならない。

平和文化が創造され，社会に浸透するプロセスが，しばしば和解とよばれる（Staub, 2006；第12章も参照）。Bar-Tal ら（2009, p.23）は，和解とは「相互承認と受容，平和的関係の形成における利害と目標，相互信頼，建設的態度，相手の欲求と利害に関する感受性と配慮」を含む建設的関係を構築することを含むものでなければならないと主張する。つまり和解とは，人々が，長期に及んだ非人間化と非正当化のプロセスを放棄し，対立する集団を合理的な目標と欲求をもった信頼に足る正当なパートナーと認めることである。

しかし，紛争文化は一夜で変わるものではない。和解はマクロ・レベルで認識され実行されなければならないし，また，平和に向けた建設的メッセージを普及させるために教育機関，メディア，他の社会・文化組織の協力も必要である（Bar-Tal, 2009）。紛争状態では，通常，敵対的関係こそ標準的であるとして社会の構成員によって受け入れられている（Bar-Tal, 2004）。この敵対的関係を変化させようとすると，しばしば，どちらの集団内でも抵抗や反発にあう。敵対的集団関係の変化を目指す試みは，集団内で影響力のある少数の構成員やセグメントから生じることが多いが，集団間関係を永遠の宿命的対立と信じさせる古いプリズムではなく，新しいプリズムによってそれらを建設的に解釈・理解し直すためには外部からの支援や介入が必要である。

Bar-Tal（2009）によると，かつての敵対していた集団成員間の和解を草の根レベルで促進するには，多様な全社会的手段が必要である。それは，紛争の時代になされた犯罪や悪行に対して双方が公式に謝罪する，和解と真実委員会が正義と積極的和平を目指す，双方において紛争被害者に賠償をする，それぞれの集合的記憶を徐々に融合して歴史の共有化を図りそれを記録する，平和構築プロセスにマス・メディアを参加させる，文化的・経済的な共同プロジェクトを立ち上げるなどである。

草の根レベルでの平和文化という全社会的変化を目指す方法はさまざまあるが，中でも重要なものは教育場面での介入である。政治家は政治的水準において紛争解決に努力し，さまざまな集団や組織は市民社会の中で和平活動に従事するが，その一方で，建設的な集団間関係を促進することのむずかしさを自覚しながらもこれを目指している教育者，心理学者，その他の研究者および実務家は，個人レベルあるいは小集団レベルにおいて態度と行動を変化させるように特別にデザインされた教育プログラムを開発してきた。これらの介入は，通常，和解の促進にとって最も重要な社会制度である教育システム内で行なわれる（Gordon, 1994）。かつては紛争の社会化の担い手だった学校システムが，新しい平和文化を促進することもできる。加えて，学校システムを通して，社会は伝達されるメッセージを最大限コントロールすることができる。それゆえ，この枠組みを使って実施される大規模な集団間介入は，社会の全領域に及ぶ

ことになる (Bar-Tal et al., 2009)。

　敵対する者同士の理解を目指す教育的介入は，社会心理学の文献では平和教育とよばれている (Bjerstedt, 1995; Burns & Aspeslagh, 1996; Salomon & Nevo, 2002)。平和教育という概念はとらえどころがなく (Harris, 2002)，「紛争解決トレーニング」「民主主義教育」「市民教育」「多文化教育」などと重なるところが多い (Salomon, 2002)。平和教育は，イデオロギー，目標，強調点，カリキュラム，内容，実践などの点で異なる多様な手段と技法を覆う傘のような概念である。しかし，それらはすべて，平和と調和する価値，態度，信念，スキル，行動傾向などを伝達することによって，不平等，不公正，非寛容といったネガティブな現象を減らすことを目指し，それゆえ，社会化プロセスに介入しようとするものである (Bjerstedt, 1995)。

　平和教育においては，単に，知識を伝達するだけでなく，若者の心の枠組みを形成し，感情，態度，行動レパートリーを変化させる試みが含まれている。この枠組みで行なわれる介入は，能力，価値，態度を形成することであり，それは最終的には平和的な認知と行動として現われるであろう (Nelson & Christie, 1995; Staub, 2002)。平和教育の実践家は，教育プログラムに参加する個々人の認知的，感情的変化が全体的なボトムアップの社会心理学的プロセスを生み出し，長期的には，それが制度的・全社会的レベルの変化を可能にするという仮定によって動機づけられている。それゆえ，マクロ・レベルに焦点を当ててはいるが，多くの介入プロジェクトは，全社会的レベルにおける対立集団間の寛容性と相互理解の創生に貢献し，和平形成の社会的・政治的プロセスを支える平和文化を確立することを目指している。

　平和教育は，社会的・政治的文脈によって異なる意味をもつ。相対的に静穏な地域では，平和教育は調和や積極的和平に向けた教育を強調し，民主主義，多様性に対する寛容性，人権，平和なグローバル・コミュニティといった平和文化のコンセプトに関連した基本理念を育成しようとする。緊張と紛争の地域で行なわれる平和教育介入は，暴力の予防，平等性の拡大，現実の敵やマイノリティとの現実的共存に向けられている (Bar-Tal, 2002; Salomon, 2002; Stephan & Stephan, 2001)。しかし，永続的な紛争での平和教育は，一般的には，公式のプロセスで紛争解決を促進し，当事者集団の社会心理的レパートリーに働きかけることによって全社会的レベルでの和解を促進することを目指すものである (Bar-Tal et al., 2009; Salomon & Nevo, 2001)。こうした文脈における平和教育では，「他集団の集合的ナラティブの知覚を相手の視点から見る」(Salomon, 2002, p.9) ことができるように変化させることが直接に試みられる。Salomon は平和教育の4つの理念的目標をあげている。それは，他者のナラティブの正当化，他集団に向けた自己のナラティブと行為を批判的に見直す意志の形成，相手の苦しみに対する効果的な共感，それに非暴力的活動に参加しようとする意欲の形成である。

平和教育は，理論的には，長期にわたるネガティブな集団間関係を平和構築プロセスの前，途中，その後のそれぞれにおいて変容させるという重要な役割を果たす。平和教育の中で，平和と調和する新しい社会心理的レパートリーを促進しようとしたり，集団成員の間で広く抱かれている信念や態度を変更しようとしたりすると，しばしば集団成員から拒否に遭うことがあるので，Bar-Talら（2009）は，平和教育が成功するためのいくつかの条件をあげている。それは，政治的・全社会的レベルでは，並行した積極的和平形成プロセスが存在すること，影響力のある構成員たちが試みる和平形成と平和構築作業に持続的サポートが与えられることであり，教育レベルでは，最も高水準の教育的サポート，平和教育の実践に関する明確で決然たる政策などである（Johnson & Johnson, 2005）。

Bar-Talら（2009）は，上で述べた集団関係に関する社会・政治的条件に基づいて，2つの平和教育モデルを示唆する。条件が不利な場合には，平和教育は間接的であるべきである。すなわち，寛容性，非暴力，共感，人権，葛藤解決などの一般的テーマに焦点を当て，紛争の具体的問題には焦点を当てるべきではない。しかし，社会・政治的条件が有利な場合には，紛争の年月の間に生じた紛争文化を俎上に載せ，それに代わる平和文化を促進することを目指す直接的な平和教育を展開することが可能である。不幸にして，これらすべてを包含した学校をつくり出すことや，新しい平和の教育目的を促進し，平和構築と和解を育む雰囲気を生み出すことを目的とした，全社会的アプローチの中で平和教育が行なわれることは稀である（Bar-Tal et al., 2009が示唆したように）。むしろ，学校ベースあるいはキャンパス外のワークショップにおいては，小規模で短期的，制限された教育的介入が行なわれることが多い（Salomon & Nevo, 2002）。これらのプロジェクトは集会で実施されることがある。つまり，教育施設での集会，あるいはサマー・キャンプ，野外集会，祭礼，その他さまざまな形態の閉鎖的会合において実施されている（Salomon, 2004）。

こうした形態の教育的介入は解決困難な紛争に巻き込まれた社会においても効果的に実施されうるが，通常，それは両集団のNGOによって行なわれる[★5]。平和教育活動は，解決困難な紛争に巻き込まれている世界中の集団と社会において実施されている（北アイルランド：Niens & Cairns, 2005；ボスニア・ヘルツェゴビナ：Clarke-Habibi, 2005；ルワンダ：Staub et al., 2005；シエラレオネ：Bretherton et al., 2003）。単一国家内での平和教育は北アイルランド（Church & Visser, 2001）および中東（Rosen, 2006）において広範に実施されてきた。北アイルランド社会に存在する深刻な社会・政治的障碍や宗派対立にもかかわらず，その地域に住むカソリック教徒とプロテスタント教徒の間に平和文化を促進することを目的に，平和教育介入が1960年以降広範囲に実施されてきた。とりわけ言及する価値があるのは，学童たちの偏見を減少させることに焦点を当てたクエーカー平和教育プロジェクト（Quaker Peace Education

Project: QPEP）と社会連携委員会（Community Relations Council）の人権教育プログラムで，これはともに1980年代と1990年代に精力的に実施された（Duffy, 2000）。

政治的平和構築プロセスが成功する前の段階，解決困難な紛争のただ中で行なわれる平和教育プログラムは，競合する集団的ナラティブと過去の出来事に関する歴史的記憶などの妨害的な社会心理的因子（Bar-Tal, 2004），持続する暴力や構造的不平等などのネガティブな社会政治的因子（Salomon, 2004）といった問題に直面する。扱う範囲の狭いワークショップに単に参加するだけでこうした障碍に取り組むのは困難である。そしてまた，こうしたプログラム参加者に対する効果を確かなものにするには，平和教育に関するシステマティックな評価が必要である。平和教育プログラムの評価は，どのモデル，どの側面がより効果的かを明らかにすることによってそれらの改善に重要な役割を果たす。関係する組織や機関は評価研究にもっと関心をもつべきである。それはプログラムに資金提供する寄付者を納得させ，その開発と実施のために投資される費用と努力が正当なことを証明するものであるからである。

近年，この分野における教育的介入の効果に関する出版物が増加している。解決困難な紛争では，イスラエル－パレスチナ紛争に関して，特にユダヤ人とパレスチナ人の集団間関係に関して行なわれた研究が大半である。評価研究は，たいていは，準実験的デザインを用い，プレ-ポスト調査によって行なわれている（Hertz-Lazarowitz et al., 1998; Maoz, 2000）。質的評価研究が最近 Halabi と Zach（2006）によって公刊されたが，彼らはネベ・シャローム平和学校（Neve Shalom School for Peace）においてユダヤ人とアラブ人のエンカウンターに参加した人たちを対象に深層面接を実施した。加えて，平和教育プログラムの成果よりもむしろプロセスに焦点を当て，その機能，すなわち，2か国プログラムの中で起こる対話型の変容過程（Sagy et al., 2002）と集団間接触にみられる話し合い（Bekerman, 2002）を評価する研究論文も増えている。最近の評価研究は，平和教育が行なわれる環境が不利なものであるにもかかわらず，短期の制約が多い介入であっても参加者間のポジティブな態度と知覚をうながすことができると結論づけている。

平和教育評価がこのように有望な知見を生み出している一方で，解決困難な紛争領域における平和教育は高いハードルに遭遇しているし，また，この分野の研究者や実務家の間には，集団間関係にあまり影響を与えることができないことから生じる失望感（Bar-On, 2006; Maoz, 2004b）も根強い。Salomon（2004, 2006）は，こうした不一致について次のように解釈している。第1に，Salomon（2004）は，平和教育とは，既存の平和思想を強化するとともに，ネガティブな態度や信念が悪化することを防ぐという意味において，「態度強化」あるいは「予防機能」をもつと結論づける（pp.271-272）。また，最近の論文において Salomon（2006）は，平和に対する社会心理的障碍の多くを生み出している中核的な態度や集団社会的信念（Abelson, 1988;

Krosnick & Petty, 1995）に比べると，周辺的な態度と信念は変化しやすいことから，解決困難な紛争状況での平和教育でも，これらに対してはポジティブな影響を与えることができると主張している。

平和教育の長期的効果に関する研究になると，この矛盾がいっそう際立つように思われる。しかし，この点を論ずる上で利用可能なデータはほとんど存在しない（Hert-Lazarowitz et al., 1998; Salomon, 2004）。遅延事後テストを用いた最近の研究では，有益な知見は得られていない。たとえば，Bar-Natan（2004）は，反復測定によって，イスラエル人－パレスチナ人のエンカウンター・グループで生まれた交友関係が，6か月後，敵対集団成員に対する受容度を高めたかどうかを検討したが，エンカウンター直後と同様，相関はみられなかった。Rosen（2006）は，単一国家の枠組みで，平和教育プログラムが参加者の態度と信念に与える影響を検討した。プログラムは短期的にはステレオタイプ，偏見，負の感情に対してポジティブな影響をもつことが見いだされたが，介入2か月後の事後テストでは，これらの変化は事実上消滅し，初期の水準に戻ってしまった。ただ，同じ参加者に対して数か月後にフォローアップ介入を行なったところでは，再びポジティブな態度と信念が強められはした。

教育レベルでの介入に加えて，別の有力な社会心理学的介入方法にも注目すべきである。それは，集団間エンカウンター（intergroup encounter）として知られているもので，紛争によって苦しんでいる集団成員間で，対面的接触をうながす試みである（Fisher, 1997; Maoz, 2000, 2004a）。そのエンカウンターが教育場面で生じるとき（Bar & Eady, 1998; Maoz, 1997），それは平和教育の特殊な方法とみることができる。しかし，集団間エンカウンターは，さまざまな社会的場面，職業的場面において，すべての年代の集団成員を対象に広範囲に実践されている（Baskin et al., 2004; Sagy et al., 2002）。

ネガティブな信念や態度を低減する手段としてのエンカウンターは，社会心理学における先駆的理論である接触仮説（contact hypothesis）を根拠としてきた。それは，敵対集団の成員間においてポジティブな接触を促進することによって集団間関係が改善されると仮定するものである。認知的レベルでのポジティブな効果を生み出すためには，集団間接触は，親密で持続可能で，かつ，制度的・社会的サポートがある環境下で対等な立場で生じなければならない（Allport, 1954; Pettigrew, 1998）。この仮説に基づいて，たとえば，北アイルランドでは，大規模な介入によってコミュニティ間の接触を活発化し，コミュニティ間の文化的・政治的差異に対する寛容と受容をうながす試みが行なわれてきた（Cairns et al., 1992）。

初期の接触仮説は対人間の接触あるいは非カテゴリカルな接触を提案している。これによると，障壁を下げるために，人々はお互いを集団成員としてではなく個人として知り合う必要がある（Brewer & Miller, 1984）。しかし，解決困難な紛争に巻き込

まれた集団間のエンカウンターを研究している社会心理学者たちは（Suleiman, 2004; Wilder, 1984），相互作用の間も集団カテゴリーが顕著なままのカテゴリー化接触（Hewstone & Brown, 1986）の考えに基づいて，改訂版接触理論を提案する。この理論は，エンカウンターとは，集団間レベル，すなわち，それぞれ所属集団との同一化が推奨される集団成員間の接触に焦点を当てたものでなければならないと主張する[★6]。研究では，対人的エンカウンターは参加者にとってポジティブで快適な経験を生み出す可能性が高いが，一方，集団次元での相互作用は集団間差異に関する信念と知覚を強化するリスクがあることから，集団間エンカウンターにおいては外集団に対する一般化が起こりやすいことが示されている（Kenworthy et al., 2005; Pettigrew, 1998）。

　カテゴリー化された相互作用と非カテゴリー化された相互作用の違いは，集団間エンカウンターの計画や構造化のモデルにおいて異なる発展をもたらした。KatzとKahanoff（1990），Rothman（1998）は，2つの理想的なエンカウンター構造に言及している。エンカウンターとは，本来は，「人間関係」の伝統的精神に則って行なわれるワークショップの中で試みられてきた（心理モデル）。そこでは，エンカウンター経験の心理的側面に焦点が当てられ，両集団成員に共通する特徴が強調され，集団間の政治的問題を討論することは回避される。こうしたワークショップは，通常，集団間の共感を強めること，ステレオタイプ的知覚やネガティブな態度を弱めること，そして，参加者の間で信頼できる友好的関係を育むことを目指している（Maoz, 2004a）。最近の構造化された集団間エンカウンターは，しばしば，上で述べたような問題解決型ワークショップの経験を利用して，「紛争解決」あるいは「集合的アイデンティティ」アプローチ（政治モデル）に基づいて行なわれる。このモデルのエンカウンターでは，ファシリテーターは対人的次元や心理的次元は強調せず，個人は集団を代表するよう求められ，その立場で行なわれる対話プロセスに焦点が当てられる。Maoz（2000, p.722）によると，カテゴリー化された相互作用に基づく対話型エンカウンターの目的は，「両陣営が自己を表現するとともに，相手に傾聴し，その感情，経験，見解，価値観を理解し，これらを通して両者の間の不一致や対立の解決に取り組む」プロセスを促進することである。

　これらは，個人対個人の教育的介入の2つの「理想型」だが，ポジティブな接触に対するさまざまな異なるアプローチと，集団間関係を変容させる効果的プロセスを結びつける他の多くのモデルがつくられ，さまざまな領域において解決困難な紛争に応用されてきた。たとえば，GaertnerとDovidio（2000）が提起した共通内集団アイデンティティ・モデルでは，対面的ワークショップにおける集団間相互作用は，2つの対立する集団間の区別にではなく，両集団を含む上位カテゴリーに焦点を当てるべきであると主張する。それは，両集団の成員が自分たちを1つのユニットとみなすようながすことで，これによって快適な接触の可能性が最大化される。対人間と集団間

を橋渡しする別のモデルは，Brewer（2000）が提案した交差カテゴリー化モデルである。これによると，カテゴリー横断的な区別は社会的カテゴリー化をより複雑なものにし，内集団・外集団区別の強度と影響力を減少させる。

考　察

　最近の研究は，解決困難な紛争において社会心理学的介入が果たす効果を理解する上で有益な知見を提供しているが，平和志向介入がエリート・レベルと草の根レベルでもたらす効果を検討した実証研究を見たとき，1つの問題点としては，「釈迦に説法」だが，平和研究者たちが自分の仮説を大切にするあまり，そのことが多少なりとも厳密な評価研究の遂行を妨げていることである。

　これらの点について簡潔に論じてみよう。第1にわれわれは，平和志向介入の分野において，社会科学の方法論で言われるようなランダム・サンプルを使った研究を見たことがない。これは，実験的研究で言われるランダム配置のことではない。後者のタイプの研究は，多くはないが存在する（Staub et al., 2005）。しかし，われわれが意味しているのは，理想的には自主的参加の要素を完全に排し，確率まかせでランダムに参加者を選抜する方法である。当然ながら，この目標を達成することは容易ではない。なぜなら，今日，すべての社会科学的研究は，インフォームド・コンセント規定に従う自主的参加研究に依存する傾向が強いからである。それにもかかわらず，ここでは非自主的参加の研究が求められる。極端なやり方だが，無謀運転者が再教育ワークショップへの出席を強制され，従わなければ運転免許証の再交付が認められないように，エリート構成員を平和志向介入に参加させることが国際団体による強制的「パッケージ」の一部として実行されるといったことが考えられないだろうか。これが実行可能かどうかは今後の検討課題である。第2に，草の根レベルでは，社会科学研究において一般的なインセンティブ法を用いるなら，平和志向介入に対してランダム・サンプルを集めることができるであろう。さらに，将来の評価研究では，統制群をもつ真の実験的研究が求められるであろう。第3に，こうした研究としては，伝統的なプレ-ポスト・デザインではなく，相当の時間間隔をおいたフォローアップによる継時的あるいは縦断的デザインが求められるであろう。

　上で言及した問題点の第2の側面はどうだろうか。心理学的な平和研究に携わる「われわれ」の多くは，厳密な評価研究というよりも新しい平和志向の介入研究に従事している。逸話的証拠だが，われわれは介入が何らかの点で有害であったとする研究のことはあまり聞いたことがない。同僚同士の話の中ではときおり有害な介入のことが話題になるが，それは主として，異文化場面で介入を行なう際に必要とされる文

化的知識と感受性が欠如していることによるものである。しかし，平和志向の介入に携わることが「われわれ」を気持ちよくしてくれるし，それがアプリオリによい効果をもつのは，介入の参加者に対してではなく，われわれ自身に対してであるということは自明の事実である。平和志向介入に関する最高水準の評価研究を遂行する上で障碍となるこの問題を克服するために，1つの優れたアイデアは，将来，研究者とは独立のグループによってこの種の研究が行なわれることであろう。平和志向介入を援助する財団に対しても，将来は，こうした介入の提案が，アクション・リサーチだけでなく，独立した評価を含むときにのみ資金提供するようアドバイスするのがよいであろう。平和志向の活動家は，たぶん，きちんとした評価研究には費用がかかること，その資金があるなら介入そのものに回すべきだと反論するであろう。しかし，われわれが論じているのは，短期的，緊急的介入のことではない。それが必要であることは言うまでもない。われわれが主張しているのは，平和志向「キャンプ」の研究者たちが，介入を計画しては追求するということをくり返すだけでなく，将来は，厳密な評価研究にもっと精力を注ぐべきであるということである。それは，長期的には，平和志向プログラムを普及させることが必要であることを，彼らが今よりももっと強い説得力をもって主張することを可能にするであろう。

原注
- ★1：本章の大部分は，第1著者がシンガポール国立大学の心理学部に客員教授として滞在していた時期に書かれた。第2著者は，本章の執筆期間の大半，ドイツのブレーメン大学に所属していた。
- ★2：紛争管理という語は，紛争の鎮静化，紛争解決，紛争転換を包含するアンブレラ用語として用いる。つまり，それは，第三者介入による純粋に結果志向の形態である軍事的介入，停戦の遂行と監視などから，ファシリテーションやコンサルテーションなどのプロセス志向で非公式のアプローチに及ぶ。後者は，能力形成，開発，人権ワークなどの主としてプロセス・ベースのあるいは構造ベースの活動を伴う（Reimann, 2004）。一般的に表現すると，紛争管理とは，さまざまな方法で紛争を終結させるプロセスを促進することを目指した第三者による平和志向の介入と定義することができる。
- ★3：このアプローチの発展，その社会心理学的基盤，実践的応用に関しては，Herb Kelmanのウェブサイト（http://www.wcfia.harvard.edu/node/4262）を参照。
- ★4：紛争解決への社会心理学的アプローチのトレーニングに関する概観は，Fisher（1997）を参照。
- ★5：パレスチナ／イスラエルにおけるこうした活動はAdwanとBar-On（2000）に詳しい。
- ★6：対人間接触 vs. 集団間接触のモデルは，人々や集団の間の相互作用次元を論じるためにTajfelとTurner（1986）が提案した対人間－集団間次元（interpersonal-intergroup continuum）に基づいている。

訳注
- ●1：第11章参照。

●2：p.303，第11章訳注●4 参照。
●3：アフリカーンス語を話す，プロテスタント系白人民族集団。

■■ 引用文献 ■■

Abelson, R. (1988). Conviction. *American Psychologist,* **43**, 267-275.
Adwan, S., & Bar-On, D. (2000). *The pole of non-governmental organizations in peacebudding between Palestinians and Israelis.* Jerusalem: Peace Research Institute in the Middle East.
Allport, G. W. (1954). *The nature of prejudice.* Garden City: Doubleday.
Bar, H., & Eady, E. (1998). Education to cope with conflicts: Encounters between Jews and Palestinian citizens of Israel. In E. Weiner (Ed.), *The handbook of interethnic coexistence* (pp. 514-534). New York: Continuum Press.
Bar-Natan, I. (2004). *Does friendship between adversaries generalize?* Haifa: University of Haifa, unpublished doctoral dissertation (in Hebrew).
Bar-On, D. (2006). *Tell your life story: Creating dialogue among Jews and Germans, Israelis and Palestinians.* Beer Sheva: Ben-Gurion University of die Negev (in Hebrew).
Bar-Tal, D. (2002). The elusive nature of peace education. In G. Salomon & B. Nevo (Eds.), *Peace education: The concept, principles and practice in the world* (pp. 27-36). Mahwah, NJ: Lawrence Erlbaum.
Bar-Tal, D. (2004). Nature, rationale, and effectiveness of education for coexistence. *Journal of Social Issues,* **60**, 253-271.
Bar-Tal, D. (2007). Sociopsychological foundations of intractable conflicts. *American Behavioral Scientist,* **50**, 1430-1453.
Bar-Tal, D. (2009). Reconciliation as a foundation of culture of peace. In J. de Rivera (Ed.), *Handbook on building cultures for peace* (pp. 363-377). New York: Springer.
Bar-Tal, D. (in press). Challenges for constructing peace culture and peace education. In E. Matthews, D. Newman, & M. Dajani (Eds.), *The Israeli-Palestinian conflict: Parallel discourses.* London: Routledge.
Bar-Tal, D., & Bennink, G. H. (2004). The nature of reconciliation as an outcome and as a process. In Y. Bar-Siman-Tov (Ed.), *From conflict resolution to reconciliation* (pp. 11-38). Oxford: Oxford University Press.
Bar-Tal, D., Rosen, Y., & Nets-Zehngut, R. (2009). Peace education in societies involved in intractable conflicts: Goals, conditions, and directions. In G. Salomon & E. Cairns (Eds.), *Handbook of peace education* (pp. 21-43). New York: Psychology Press.
Baskin, G., Al-Qaq, Z., & Yes, P. M. (2004). Years of experience in strategies for peace making: Israeli-Palestinian people-to-people activities 1993-2002. *International Journal of Politics, Culture and Society,* **17**, 543-562.
Baumeister, R. R., & Hastings, S. (1997). Distortions of collective memory: How groups flatter and deceive themselves. In J. W. Pennebaker, D. Paez, & B. Rime (Eds.), *Collective memory of political events: Social psychological perspectives* (pp. 277-293). Mahwah, NJ: LEA.
Bekerman, Z. (2002). The discourse of nation and culture: Its impact on Palestinian-Jewish encounters in Israel. *International Journal of Intercultural Rebtions,* **26**, 409-427.
Bjerstedt, A. (1995). *Peace education: A world perspective for the 1990s.* Malmö, Sweden: School of Education.
Brenes, A., & Weseels, M. (2001). Psychological contributions to building cultures of peace. *Peace and Conflict: Journal of Peace Psychology,* **7**, 99-107.

Bretherton, D., Weston, J., & Zbar, V. (2003). Peace education in a post-conflict environment: The case of Sierra Leone. *Prospects, 33*, 219-230.

Brewer, M. B. (2000). Reducing prejudice dirough cross-categorization: Effects of multiple social identities. In S. Oskamp (Ed.), *Reducing prejudice and discrimination* (pp. 165-184). Mahwah, NJ: LEA.

Brewer, M. B., & Miller, N. (1984). Beyond the contact hypothesis: Theoretical perspectives on segregation. In N. Miller & M. B. Brewer (Eds.), *Groups in contact: The psychology of desegregation* (pp. 281-302). Orlando, FL: Academic Press.

Burns, R. J., & Aspeslagh, R. (Eds.) (1996). *Three decades of peace education around the world.* New York: Garland.

Burton, J. W. (1969). *Conflict and communication: The use of controlled communication in international relations.* London: Macmillan.

Burton, J. W. (1990). *Conflict: Human needs theory.* London: Macmillan.

Cairns, E., Dunn, S., & Giles, M. (1992). *Surveys of integrated education in Northern Ireland.* Coleraine, UK: Centre for the Study of Conflict.

Chigas, D. V. (1997). Unofficial interventions with official actors: Parallel negotiation training in violent intrastate conflicts. *International Negotiation, 2*, 409-436.

Church, C., & Visser, A. (2001). Single identity work. *Derry/Londonderry: Local International Learning Project, INCORE.* ⟨http://www.incore.ulst.ac.uk/publications/occasional/single_i.pdf⟩ (October 16, 2008.)

Clarke-Habibi, S. (2005). Transforming worldviews: The case of education for peace in Bosnia and Herzegovina. *Journal of Transformative Education, 3*, 33-56.

Cohrs, C., & Boehnke, K. (2008). Social psychology and peace: An introductory overview. *Social Psychology, 39*, 4-11.

De Rivera, J. (2004). Assessing die basis for a culture of peace in contemporary societies. *Journal of Peace Research, 41*, 531-548.

Diamond, L. (1997). Training in conflict-habituated systems: Lessons from Cyprus. *International Negotiation, 2*, 353-380.

Duffy, T. (2000). Peace education in a divided society: Creating a culture of peace in Northern Ireland. *Prospects: Quarterly Review of Comparative Education, 30*, 15-29.

Fernández-Dols, J., Hurtado-de-Mendoza, A., & Jiménez-de-Lucas, I. (2004). Culture of peace: An alternative definition and its measurement. *Peace and Conflict: Journal of Peace Psychology, 10*, 117-124.

Fisher, R. J. (1972). Third-party consultation: A method for the study and resolution of conflict. *Journal of Conflict Resolution, 16*, 67-94.

Fisher, R. J. (1997). Training as interactive conflict resolution: Characteristics and challenges. *International Negotiation, 2*, 331-351.

Fisher, R. J. (2001). Cyprus: The failure of mediation and die escalation of an identity-based conflict to an adversarial impasse. *Journal of Peace Research, 38*, 307-326.

Fisher, R. J. (Ed.) (2005). Evidence for the essential contributions of interactive conflict resolution. *Paving the way: Contributions of interactive conflict resolution to peacemaking in protracted ethnopolitical conflicts* (pp. 203-230). Lanham, MD: Lexington Books.

Fisher, R. J. (2007). Assessing die contingency model of third-party intervention in successful cases of prenegotiation. *Journal of Peace Research, 44*, 311-329.

Funk, N. C. (2000). Theory and practice of track-II diplomacy: Impact and dynamics of the search for common ground in the Middle East initiative. Washington, DC: American University. Unpublished PhD dissertation.

Gaertner, S. L., & Dovidio, J. F. (2000). *Reducing intergroup bias: The common ingroup identity model*. Philadelphia, PA: Psychology Press.
Galtung, J. (1969). Violence, peace, and peace research. *Journal of Peace Research,* **3**, 176-191.
Gandhi, M. (1950). *Satyagraha in South Africa*. Ahmedabad: Navajivan Publishing House.
Gordon, H. (1994). Working for peace in die Middle East: The educational task. In E. Boulding (Ed.), *Building peace in the Middle East: Challenges for states and civil society* (pp. 311-317). Boulder, CO: Lynne Rienner.
Gray, B., Coleman, P., & Putnam, L. L. (2007). Introduction: Intractable conflict-New perspectives on the causes and conditions for change. *American Behavioral Scientist,* **50**, 1415-1429.
Halabi, R., & Zach, M. (2006). *Youth encounters at the School for Peace* (in Hebrew). Neve Shalom: School for Peace. 〈http://sfpeace.org/index.php?_lang=heandpage=articleandid=164and_section=publication〉 (October 17, 2008.)
Harris, I. (2002). Conceptual underpinnings of peace education. In G. Salomon & B. Nevo (Eds.), *Peace education: The concept, principles, and practices around the world* (pp. 15-25). New York: LEA.
Hertz-Lazarowitz, R., Kupermintz, H., & Lang, J. (1998). Arab-Jewish student encounter: Beit Hagefen coexistence programs. In E. Weiner (Ed.), *The handbook of interethnic coexistence* (pp. 565-584). New York: Continuum Press.
Hewstone, M., & Brown, R. J. (1986). Contact is not enough: An intergroup perspective on the contact hypothesis. In M. Hewstone & R. J. Brown (Eds.), *Contact and conflict in intergroup encounters* (pp. 1-14). Oxford: Blackwell.
Johnson, D. W., & Johnson, R. T. (2005). Essential components of peace education. *Theory into Practice,* **44**, 280-292.
Katz, I., & Kahanoff, M. (1990). Some dilemmas in the analysis of Arab-Jewish encounters (in Hebrew). *Megamot: Behavioral Sciences Quarterly,* **23**, 29-47.
Kaye, D. D. (2001). Track-two diplomacy and regional security in the Middle East. *International Negotiation,* **6**, 49-77.
Kelman, H. C. (1999). Experiences from 30 years of action research on the Israeli-Palestinian conflict. *Züricher Beiträge zur Sicherheitspolitik und Konfliktforschung* (Nr. 54, pp. 173-197).
Kelman, H. C. (2005). Building trust among enemies: The central challenge for international conflict resolution. *International Journal of Intercultural Relations,* **29**, 639-650.
Kelman, H. C. (2006). Interests, relationships, identities: Three central issues for individuals and groups in negotiating their social environment. *Annual Review of Psychology,* **57**, 1-26.
Kenworthy, J. K., Turner, R. N., Hewstone, M., & Voci, A. (2005). Intergroup contact: When does it work and why? In J. Dovidio, P. Glick, & L. Rudman (Eds.), *Reflecting on the nature of prejudice* (pp. 278-292). Maiden, MA: Blackwell.
King, M. L. (1963). *Why we can't wait?* New York: New American Library.
Krosnick, J., & Petty, R. (1995). Attitude strength: An overview. In R. Petty & J. A. Krosnick (Eds.), *Attitude strength: Antecedents and consequences* (pp. 1-24). Mahwah, NJ: LEA.
Lieberfeld, D. (2002). Evaluating the contributions of track-two diplomacy to conflict termination in South Africa. *Journal of Peace Research,* **39**, 355-372.
Lieberfeld, D. (2007). Promoting tractability in South Africa and Israel/Palestine: The role of semiofficial meetings. *American Behavioral Scientist,* **50**, 1542-1562.
Maoz, I. (1997). A decade of structured educational encounters between Jews and Arabs in Israel. In D. S. Halperin (Ed.), *To live together: Shaping new attitudes to peace through education* (pp. 47-56). Geneva: Geneva University and Paris, UNESCO International Bureau of Education.
Maoz, I. (2000). An experiment in peace: Reconciliation-aimed workshops of Jewish-Israeli and

Palestinian youth. *Journal of Peace Research,* **37**, 721-736.

Maoz, I. (2004a). Coexistence is in the eye of the beholder: Evaluation intergroup encounter interventions between Jews and Arabs in Israel. *Journal of Social Issues,* **60**, 437-452.

Maoz, I. (2004b). Peacebuilding in violent conflict: Israeli-Palestinian post-Oslo people-to-people activities. *International Journal of Politics, Culture and Society,* **17**(3), 563-574.

Martinez, J., & Susskind, L. (2000). Parallel informal negotiation: An alternative to second track diplomacy. *International Negotiation,* **5**, 569-586.

Mitchell, C. R. (1999). Negotiation as problem solving: Challenging the dominant metaphor. *Peace and Conflict: Journal of Peace Psychology,* **5**, 219-224.

Montiel, C. J., & Boehnke, K. (2000). Preferred attributes of effective conflict resolvers in seven societies: Culture, development-level and gender differences. *Journal of Applied Social Psychology,* **30**, 1071-1094.

Montiel, C. J., & Wessells, M. (2001). Democratization, psychology, and the construction of cultures of peace. *Peace and Conflict: Journal of Peace Psychology,* **7**, 119-129.

Nelson, L. L., & Christie, D. J. (1995). Peace in the psychology curriculum: Moving from assimilation to accommodation. *Peace and Conflict: Journal of Peace Psychology,* **1**, 161-178.

Niens, U., & Cairns, E. (2005). Conflict, contact, and education in Northern Ireland. *Theory into Practice,* **44**, 337-344.

O'Kane, M. (1992). Peace: The overwhelming task. *Veterans for Peace Inc. Journal,* **19**, 3.

Pelzmann, L. (2005). Gegenseitige Rückversicherung-unverzichtbar für strategisches Vertrauen. In W. Krieg, K. Galler, & P. Stadelmann (Eds.), *Richtiges und gutes Management: Vom System zur Praxis* (pp. 329-343). Bern: Haupt.

Pettigrew, T. F. (1998). Intergroup contact theory. *Annual Review of Psychology,* **19**, 185-209.

Reimann, C. (2004). Assessing die state-of-die-art in conflict transformation. *Berghof handbook for conflict transformation.* ⟨http://www.berghofhandbook.net/std_page.php?LANG=e&id=1⟩ (October 17, 2008.)

Rothman, J. (1997). Action evaluation and conflict resolution training: Theory, method and case study. *International Negotiation,* **2**, 451-470.

Rothman, J. (1998). Dialogue in conflict: Past and future. In E. Weiner (Ed.), *The handbook of interethnic coexistence* (pp. 217-235). New York: Continuum Press.

Rothstein, R. (Ed.) (1999). *After the peace: Resistance and reconciliation.* London: Lynne Rienner.

Rosen, Y. (2006). The impact of peace education programs on core and peripheral attitudes and beliefs regarding the Israeli-Palestinian conflict. Haifa: University of Haifa. Unpublished doctoral dissertation (in Hebrew).

Rouhana, N. N., & Kelman, H. C. (1994). Promoting joint thinking in international conflicts: An Israeli-Palestinian continuing workshop. *Journal of Social Issues,* **50**, 157-178.

Rouhana, N. N., & Korper, S. H. (1997). Power asymmetry and goals of unofficial third party intervention in protracted intergroup conflict. *Peace and Conflict: Journal of Peace Psychology,* **3**, 1-17.

Sagy, S., Steinberg, S., & Faheraladin, M. (2002). The personal self and die collective self in group encounters between Jews and Arabs in Israel: Two intervention strategies (in Hebrew). *Megamot: Behavioral Sciences Quarterly,* **16**, 534-556.

Salomon, G. (2002). The nature of peace education: Not all programs are created equal. In G. Salomon & B. Nevo (Eds.), *Peace education: The concept, principles, and practices around the world* (pp. 3-13). New York: LEA.

Salomon, G. (2004). Does peace education make a difference in the context of an intractable conflict? *Peace and Conflict: Journal of Peace Psychology,* **10**, 257-274.

Salomon, G. (2006). Does peace education really make a difference? *Peace and Conflict: Journal of Peace Psychology,* **12**, 37-48.
Salomon, G., & Nevo, B. (2001). The dilemmas of peace education in intractable conflicts. *Palestine-Israel Journal,* **7**, 64-68.
Salomon, G., & Nevo, B. (Eds.) (2002). *Peace education: The concept, principles, and practices around the world.* New York: LEA.
Staub, E. (2002). From healing past wounds to the development of inclusive caring: Contents and processes of peace education. In G. Salomon & B. Nevo (Eds.), *Peace education: The concept, principles, and practices around the world* (pp. 73-86). Mahwah, NJ: Erlbaum.
Staub, E. (2006). Reconciliation after genocide, mass killing and intractable conflict: Understanding the roots of violence, psychological recovery, and steps toward a general theory. *Political Psychology,* **27**, 867-894.
Staub, E., Pearlman, L. A., Gubin, A., & Hagengimana, A. (2005). Healing, reconciliation, forgiveness and the prevention of violence after genocide of mass killing: An intervention and its experimental evaluation in Rwanda. *Journal of Social and Clinical Psychology,* **24**, 297-334.
Stephan, W. G., & Stephan, C. W. (2001). *Improving intergroup relations.* Thousands Oaks, CA: Sage.
Suleiman, R. (2004). Jewish-Palestinian relations in Israel: The planned encounter as a microcosm. In R. Halabi (Ed.), *Israeli and Palestinian identities in dialogue: The School for Peace approach* (pp. 31-46). London: Rutgers University Press.
Tajfel, H., & Turner, J. C. (1986). The Social Identity Theory of intergroup conflict. In S. Worchel & G. Austin (Eds.), *Psychology of intergroup relations* (pp. 7-24). Chicago: Nelson-Hall.
Talbot, P. (1977). The Cyprus seminar. In M. R. Berman & J. E. Johnson (Eds.), *Unofficial diplomats* (pp. 159-167). New York: Columbia University Press.
Tyler-Wood, I., Smith, C. M., & Barker, C. (1990). Adversary into ally. *American School Board Journal,* **177**, 26-28.
United Nations General Assembly. (1998). *Resolution adopted by the General Assembly 52/12.* Proclamation of the year 2000 as the International Year for the Culture of Peace. Annex. A/RES/52/15, January 15,1998.
Wilder, D. A. (1984). Intergroup contact: The typical member and the exception to the rule. *Journal of Experimental Social Psychology,* **20**, 177-194.
Wolpe, H., & McDonald, S. (2006). Burundi's transition: Training leaders for peace. *Journal of Democracy,* **17**, 132-138.
Woolman, D. C. (1985). Education and peace in die thought of Johan Gaining, *Current Issues in Education and Human Development Education and Peace,* **3**, 7-20.

終章

クローゼットを開けるために

Daniel Bar-Tal [★1]

　本書は，紛争とその解決の社会心理学的視点を体系的かつ首尾一貫した形で理解できるよう，互いに補い合うような章構成となっている。各章とも紛争論議の中心テーマを扱っているが，全体的構図をジグソーパズルにたとえるなら，各章はそれぞれ1つのピースにあたる。各章とも理論的概念を提起して実証研究をレビューし，少数の具体的な紛争を取り上げているが，特定の紛争事例だけの分析を行なった章はない。本書を通して積み上げられた知見は，人々が過酷な紛争状態にあるとはいえ，彼らもまた心理学の一般原理，特に社会心理学が解明してきた人間の法則に基づいて知覚し，思考し，経験し，評価し，推論し，感情をもち，意思決定し，行動することを示している。

　この法則の範囲内で，個人間および集団間の多様な差異を認識しなければならない。人々は，たとえばスキル，経験，知識，態度，価値観といったさまざまな点でそれぞれに異なる。同様に集合体もその心理レパートリーにおいて異なり，それぞれ異なる歴史，政治文化，構造，資源，経済的水準，文化的伝統，一連の社会的信念などをもって紛争状況にいたる。これらの要因は，直面する紛争に対して社会がどのようにアプローチし，管理し，解決しようとするかに強い影響を与えるに違いない。しかしこうした差異があるにもかかわらず，自己および自集団が強大な実存的脅威に直面したときの人のふるまいには，あまり選択の余地はないであろう。

　悲惨な暴力的紛争状況は，いついかなる場所で起こっても，脅威，ストレス，危険，要求，圧力，不安定さ，不確実性，予測不可能性などを強めるという共通の特徴がある。そしてそれは，個人と集団の行動に対してある特定方向での影響を与えるが，それは，恐怖，怒り，困難と苦境の感覚，欲求不満，悲嘆，苦痛，被害者意識，非難，怨恨，復讐心，嫌悪，敵意，完結性などを引き起こすことである。それはほとんどすべてネガティブな反応である。紛争状況でのネガティブな特徴（特に知覚された脅威）が強く，明瞭になればなるほど，人間の反応はより予測可能になる。[★2] 過酷で悲惨な暴力的紛争状況に対するこうした反応傾向は，脅威に対する人類の反応を特徴づけ

る，種としての性質を反映している．自己制御，内省，自己統制，視点取得，道徳的熟慮といった反応も生じうるが，暴力的紛争状況ではあまり多くはない．それらは，状況，対立者，結果などに関する高いレベルのスキルを必要とするもので，それらを解決困難な紛争状況で用いることができる者はそれほど多くはいない．

　紛争は勝手に勃発することはなく，あらゆる紛争は，発生とその維持のために認識的基盤を整えるエージェントを必要とする．彼らは社会成員に紛争への支持と参加をうながし，その継続に関する意思決定を行なう．認識的基盤とは紛争を実行するための原理，説明，正当化などだが，これらは民族的，歴史的，宗教的，政治的，経済的，社会的，道徳的，文化的資産を利用して構築される．ある紛争のエージェントたちは，偏りと歪曲のある選択的情報を提示し，脅威を強調し，アイデンティティを操作して方向づけを行ない，集合的記憶の中で感情喚起的要素を活用し，影響力のあるシンボルを用いるなどして感情をかきたてる．そして多くの場合，それは成功する．こうしたエージェントたちは，比較的容易に社会成員を暴力的対立の大義に呼び込むことができる．

　私は，紛争社会が画一的な行動を取ると言いたいわけではない．紛争はそれぞれの歴史や文脈によって異なるが，そのほとんどにおいて，集団内部に規模と影響力の異なる下位集団を見いだすことができる．たとえば，紛争を熱烈に支持し，自分の命すら犠牲にしてもかまわないと考える成員もいれば，紛争の継続から利益を得たり，それ傍観するだけの成員，その過程で被害を受けて苦しむ成員もいるし，紛争に反対する成員もいる．それらの下位カテゴリーは必ずしも相反的なものではなく，紛争のダイナミックスが変化するにしたがって内実とパワーが変化することを認識する必要がある．

　このような理解に立つと，紛争の社会心理的ダイナミックス研究における根本問題の1つは，さまざまな紛争に適用できる法則と原理を生み出し，紛争の一般的なプロセスと概念を論じることができるかどうかである．これは言い換えると，各紛争は独自性が強いので，ある分析や他の紛争に関して蓄積された知識を借用することは困難で，それぞれについて新たな知識を生み出す必要があるのか，それとも多くの紛争には同一の社会心理的基盤とダイナミックスがあり，これらを特定紛争の分析に応用することが可能なのかどうかという問題である．

紛争の知識

　私の観点からすると，個別の紛争は特定の政治的－社会的－文化的－経済的－地理的－歴史的文脈において発生し維持されるが，すべての紛争に共通の社会心理的特徴

があり，これに関する共通の知識を得ることは可能であろうと考えている。すでに述べたように，紛争の文脈はそれぞれ異なり，各集団を特徴づけるプロセス，要因，内容においてもそれぞれ異なるが，個別の特徴を超えて，一定範囲においてではあるが，紛争状況における人間行動の法則を確立することは可能である。

　本書で例としてあげたように，解決困難な紛争はある共通の条件のもとで発生し，ある共通のプロセスによって発展し，それらは必然的に，関連した感情，信念，態度などの社会心理的レパートリーを発展させ，暴力のサイクルを通じてその平和的解決を妨害する社会心理的障碍を発展させる。その後，ある共通の条件が紛争支持的な社会心理的レパートリーを変化させ，和平形成の兆候を生み出す。また，和解を含め，平和構築プロセスもまたある共通な特徴をもっており，成功のためにはある共通の条件を必要とする。

　共通知識の可能性は，各紛争は独自であるという紛争社会に多くみられる頑固な見方を否定するものである。これらの社会にとって，自分たちの紛争はきわめて特殊で，他の紛争知識は応用できないと見ることはおそらく便利なのだろう。このアプローチは通常，社会成員が平和の道に目を向けず，それに向かって歩み出せないことを正当化する。ある紛争を理解困難な特別なダイナミックスと原理を備えた独特の現象と見ることは，その紛争を正確な知識の場から彼方へと追いやってしまう。この主張に従うなら，ある特定の紛争を他の紛争の観察結果から理解することは困難である。というのは，その知識をこの紛争には適用できないからである。このことが意味するのは，そうした主張をする人々にとって，彼らの紛争は特別に困難な事情と特殊な特徴のために，それを平和的に解決することはできないということである。

　さらに，この主張はしばしば，外部の観察者にはその紛争のダイナミックスを理解することはできないため，彼らの認識は役に立たないという別の主張を伴っている。多大の努力によって生み出された創造的で明晰な研究結果をみると，そうではないことは明らかである。社会心理学を含め，社会科学は紛争，その発生，発展，維持とともに，平和構築と和平形成のダイナミックスに関する非常に多くの知見をもたらしてきた。これら蓄積された知識は理解可能な図式を示しているが，それらは今後も追加され，さらに拡張され，改善されていくであろう。

紛争研究と社会心理学

　紛争研究は社会心理学における主要分野の1つとなるべきものである。第1に，紛争は人間の集団間関係と不可分な問題であり，それは同調や攻撃と同様，人間行動の一部として社会心理学者によって研究されるべきである。集団間の経験に関する知識

終章　クローゼットを開けるために

を普及させることは彼らの義務である。第2に，暴力的で解決困難な集団間紛争は，世界中の人々や諸集団，それに国際的コミュニティ全体が憂う最も深刻な問題であるが，特に苦しんでいるのは紛争社会の成員自身である。社会的紛争研究には，現実の現象を理解するだけではなく，たとえば紛争を予防したり，その平和的解決を促進する啓蒙活動といった実践的意義もある。社会心理学者には，人間性の問題に対して傍観者でいることは許されない。微生物学者がさまざまな病気の克服に向けて協力して努力しているように，社会心理学者は紛争対処の試みに参加しなければいけない。そうした努力を通して，社会心理学は人類全体の願いにより深くコミットする学問となることができるであろう。

　しかし，紛争の発生，予防，解決をよりよく理解のためだけに社会心理学的知識が必要とされるわけではない。社会心理学はその使命の一部として，紛争状況における個人と集団の研究にも関心をもつべきである。本書あるいは他の研究において示されているように，紛争状況は，人間行動に特別な影響を与えるものである。それはすでに述べたように，脅威や危険の知覚，恐怖と憎悪の感情，対立者の非正当化，苦難，根深い個人的・集団的被害意識といった反応とともに，テロリズム，大量殺戮，民族浄化，ジェノサイドといった暴力的行動を引き起こす。それは，ストレスの限界，忍耐と苦悩にかかわる能力，動員方法，指導者の行動，被害者と加害者の感情・思考・行動，人間の善性と悪性，同調と服従，流血沙汰，また，それを停止させるために社会成員のレパートリーを変化させようと粘り強く努力する少数派の影響力等々，人間行動を研究する独特の機会を提供するものである。紛争研究は，個人への焦点と実験が支配的なクローゼットの奥から，さまざまな研究方法を用いた集団研究へと社会心理学者を引き出す研究領域である。そうした活動は，集団や集団間行動の研究をマクロ・レベルで観察し，現実現象の解明こそ社会心理学の基本的課題であるという現代社会心理学の創設者たちの精神を現代に甦らせるものであろう。

　紛争研究は，社会心理学者が取ることのできる最善の方向性の1つであろう。しかし，基本的かつ実践的な知識を有意義に生み出すためには，この研究はいくつかの特徴をもたなくてはならない。第1に，社会調査，インタビュー，実験，内容分析，事例研究などさまざまな研究法が用いられるべきである。紛争を分析するのに最適な方法などない。研究方法は，提起された研究課題に基づいて選択されるべきである。このような開放性がさまざまな課題と問題に対する幅広い研究を可能にする。第2に，紛争研究には，学際的アプローチが必要である。社会心理学は提起された研究課題に対して，政治学，歴史学，社会学，文化人類学，コミュニケーション学，文化研究など他の社会科学や人文科学において蓄積された知識を取り込まなければ，完全な回答を得ることはできない。たとえば，紛争の発生，動員，交渉などは，さまざまな蓄積された知識を利用し，多角的に解明しなければならない多面的現象と見るべきである。

社会心理学は，他の社会科学同様，他領域から得られた知識と連携できる開放性をもたなければならない。そのような連携によって，まず第1に，異なる概念や枠組み，異なるデータを用いて同一の現象の解明にあたるという学際的アプローチを取ることができる。そして第2に，このことは当該現象に関する研究の視野を拡大するという意義がある。この方法によって，より高い説明力と予測力のある統合的認識を構築することができる。最後に，社会心理学における紛争研究では，自然の実験室である現実のフィールドに出向くべきである。この分野の研究者は自分の実験室にこもっていることは許されない。現実の状況を観察し，紛争参加者にインタビューし，その状況を自分で経験すべきである。現実の状況は，自然観察を通じて概念枠組みを形成し，そこでデータ収集を行なうマクロな実験室として機能するであろう。

　過去に研究された多くの領域でも，その知識を広げるためにはまだ相当多くの研究が必要である。加えて，これまでは比較的無視されてきたが，検討が必要な領域もある。後者の例として，紛争への動員，紛争発生時の傍観者，紛争開始への抵抗とその持続，被害者の反応，加害者の行動，暴力に反対する少数者の登場，紛争エージェントの活動，紛争を維持する社会的メカニズム，平和運動の発展，平和構築に対する障碍の克服，平和的紛争解決に向けた指導者と大衆の説得，持続的な暴力的紛争が紛争参加者や社会に与える影響，和解の方法とその効果，紛争の予防などがあげられる。概してわれわれ社会心理学者は，深刻で過酷な紛争の発生，その条件，ダイナミックスについて，その解決と予防よりもよく知っているようである。しかし，研究によっていっそう解明すべきことはまだ数多く存在する。

　あらゆる側面から紛争を研究し，その知識を公にし，少なくともアカデミックなチャネルでこれを明らかにすることは，社会心理学者の責任であり義務である。しかし，紛争に直接巻き込まれている人々，その紛争の進展に多大な影響を及ぼす人々はおそらく学術雑誌や専門書を読まないので，社会心理学的知識をこうした出版物の範囲に留めておくべきではない。それゆえ，もう一歩前進するために最低限必要なことは，獲得した知識を広く大衆に向けて公表することである。特に重要なことは，紛争に巻き込まれている社会において，そうした知識，特にその特定紛争のプロセス，要因，内容などを具体的に解明している部分の知見を公にすることである。これら蓄積された知見は，国際機関，全国レベルのNGO団体，政府機関で働く人たちにとって有益なものとなるに違いない。それは紛争社会の欲求に関する重要な情報を与えることができるので，彼らが行なうフォーマルな言説をより豊かなものにすることができる。たとえば，社会成員の大多数が平和的紛争解決の話を聞きたくないとしても，フォーマルな言説にそうした情報が取り入れられるなら，平和的紛争解決を導く説得プロセスの一部として効果を発揮する可能性がある。偏りと歪曲のある選択的情報提供プロセスの一部である，情報操作や虚偽情報の解明は絶対に必要である。また，被

害者から話を聞き，彼らの苦しみを人道的援助，救済，正義，癒しへと転換する必要がある。私は，過酷な暴力紛争に巻き込まれた社会では，その各部分が異なる目標，異なる課題，異なる欲求をもっていると思う。社会心理学者には，それらに注目し，それらを取り上げることが期待されている。

　私は，意思決定者がすぐに聞く耳をもつほど単純ではないことを理解している。アカデミックな社会心理学者と，社会の方向性を決定する権力をもつ意思決定者は，しばしば高い壁によって分断されている。意思決定者は，彼らの社会の紛争について啓蒙しようとする意見にはめったに耳を傾けない。彼らには通常，助言者，お気に入り，優先すべき人物たちからなるサークルがある。社会心理学者は通常，紛争を管理する政治的・軍事的指導者たちとコネクションをもっていない。こうした状況では，すでに述べたように，社会心理学者は少なくとも大衆向けの言説に参加して，自分たちの知識を大衆のものへと変えなければならない。

紛争研究の限界

　紛争研究を専門とする社会心理学者が象牙の塔に閉じこもるべきでないというのは理想論である。しかし，紛争の平和的解決方法に関してある具体的な提案するときは，特にその限界について自覚すべきである。彼らの貢献は，紛争の発生および進展プロセスの分析を通して紛争支持的レパートリーを解明し，また平和的紛争解決を妨害する障碍を明らかにしたことである。彼らはまた，和平形成に着手し，これを維持するために必要な手続きを示すことができる。しかし，暴力的紛争から平和的解決や和解に進むよう指導者や社会成員の考え方を改めさせるため，具体的なアクションを提案しようとすると，彼らはある困難に直面する。われわれの学術的知識が，実践家や意思決定者の直面する具体的な実践的課題の解決に適切に応用可能であるという保証は必ずしもあるわけではない。このためには，既存の信念と態度の軟化，和平形成をうながす新しい代替レパートリーの採用などを進める具体的な手続き，メッセージ，条件整備，アクションなどの提案が求められている。複雑な条件を考慮すると，そのように知識を編成することは容易ではない。

　平和な世界をつくるための優れた介入方法がなぜ成功しないのか，その理由は本書で取り上げられた数多くの要因から説明可能である。強力な心理的，政治的，社会的，経済的，軍事的，文化的要因は共働しながら和平形成を妨害する有害な働きをしている。社会心理学の観点から見て，敵意，猜疑，偏見，不信，恐怖，嫌悪，その他紛争の中で発展するネガティブなレパートリーの克服は，われわれの学術領域における最重要課題である。

ここで示された限界は，解決困難な紛争において特に際立つものである。少なくとも数十年間続き，社会機構とコミュニケーション・チャネルもその継続を支持している解決困難な紛争において，紛争についての見方を変えようとすることは，宗教的信念にどっぷり漬かっている人々を無理やり世俗的な世界観へと引きずり出すことに等しいであろう。紛争支持の堅固に確立されたイデオロギー的信念は，頑強で高い凝集性をもって認知システムに絡みつき，感情と結びつき，経験によって妥当化されているため，説得的コミュニケーション，不一致情報，妥当性を脅かす経験などに対して容易に抵抗できる。[★3]

われわれ社会心理学者は，人々に決定的な影響を与えるさまざまな作用をもつ複雑な条件を，自分たちではコントロールできないことに気がつかなければならない。また大きな変化とは，望ましいがコントロール不能な条件が現われてくるのを待つしかない長期的プロセスである。このことは，人々や集団の社会心理的レパートリーを変更させるために具体的な実践的アドバイスを与えることが容易ではないこと，そして彼らに平和，妥協，交渉などに価値を置く社会心理的レパートリーを伝達することがきわめて困難な課題であることを意味している。しかしこのことは，一般原理が役立たないとか，それに基づいてわれわれが個別の有益な実践的アドバイスを与えることはできないということを意味するわけではない。こうしたことに鑑み，社会心理学者たちは自分たちの知恵，批判的意見，知識，創造性，実生活での経験などを総動員すると同時に，魔法のような提案は存在しないことを肝に銘ずる必要がある。紛争支持的イデオロギー信念の変化には事例への息の長い関与，積極的運動，参加などを必要とするが，われわれの多くは象牙の塔にこもり，現実世界の紛争とかかわらないことを好む。Kurt Lewin がわれわれに語ったことは，よい理論ほど実践的なものはないということであった。彼の研究は，厳密な科学と現実の問題に実践的にかかわることを統合した究極の例であった。

結論として，私は，あらゆる紛争がその道徳的評価において対称的であると主張するつもりはない。紛争はその原因と目標においてそれぞれ異なる。紛争の主導者は常に正当化を求めるが，数年後には，彼らを評価し裁断する新しい道徳基準が登場する。私は，社会成員が奴隷制と差別を廃止し，不平等，搾取，支配，植民地主義，あるいはジェノサイドをやめさせるために，正当化される紛争が存在すると信じている。これらの紛争なしには，地位，特権，支配，統制，富，領土，資源を不当に得た個人や集団が自らそれを認めることは通常ないし，したがってそこには，平等，正義，自由などの重要な価値が存在しなくなるであろう。そうした紛争においては，アルジェリアや南アフリカでの紛争解決でみられたように，正義の原理がその平和的解決において示されなければならない。また紛争は，軍事力，人道主義，道徳基準などを含め，多くの変数に関して対称的ではない。さらに，ナチスが行なったように，一方的に紛

争を始め，道徳的・人道的基準のあらゆる基本原理を踏みにじった紛争もある。こうしたケースにおいて国際的コミュニティが選択すべき唯一の解決方法は，しばしば，完全な勝利によってこの完全な悪行を止めることである。こうした紛争がわれわれの手によって詳しく研究される必要があると同時に，被害者と加害者を区別し，それらの善悪を判断するわれわれ自身の価値観を打ち立てる必要があると私は信じている。

　私が言いたいのは，紛争のない社会は道徳的価値，進歩，革新をもたらすことができないけれども，人間性を増進する建設的なやり方で紛争管理法を学ぶことは，人類の義務だということである。破壊的紛争は死，苦痛，不幸をもたらす。社会心理学者には，暴力と悪性の紛争をやすやすと遂行する人類の暗黒面を明らかにするという重要な役割がある。社会心理学者には人間の社会的行動を解明する役割があるが，彼らが破壊的紛争を遂行する原因とその要因を理解するだけでは不十分である。社会活動家として，人類が集団間紛争を建設的に管理する方法を知る努力をし，それを人々に教示することにより多くの努力を捧げるべきである。さらに，知的な人間コミュニティの一員として，破壊的紛争の発生とそれを維持する諸力を明らかにするだけではなく，紛争に参加している人々を平和の道へと歩み出させる方法を解明することもわれわれの義務である。しかし，特に重要なことは，発生当初から血にまみれ，延々と果てしなく続くような紛争をいかにして予防できるか，大切な道徳的価値や目標を妥協することなく，どうやったらそれが可能なのか，その方法を解明するために絶え間なく努力することである。これこそがわれわれにとって最も重要な使命である。

原注
★1　本稿の原稿に有益なコメントを与えてくれたKlaus Boehnke, Guy Elcheroth, Henning Schmidtke, Dario Spani, Stephen Worchelに感謝する。
★2　私は，紛争に関するこれらのネガティブな特徴が，オピニオン・リーダーやマスメディアによって説得された結果として知覚されることがあることも理解している。
★3　言うまでもないが，私は道徳的観点において，国際的コミュニティから平和的紛争解決が必要であるとみられるタイプの紛争（紛争の大半はそうである）について述べている。

人名索引

A
Abramowitz, A. I.　159, 160
Abramowitz, S. A.　195
Abrams, D.　44, 137
Allport, G. W.　166, 268
Archer, D.　192
Arndt, J.　45, 211
Averill, J. R.　96, 237

B
Bandura, A.　193
Baron, R. M.　319
Bar-Siman-Tov, Y.　230, 316, 319
Bar-Tal, D.　8, 22, 47, 48, 68, 189, 197, 233, 237, 241, 259, 313, 316, 319, 329, 343, 345
Baumeister, R. F.　138
Bennink, G. H.　313, 316, 319
Bercovitch, J.　300, 301
Berkowitz, L.　51
Bloom, M.　209
Branscombe, N. R.　26, 100, 327, 329
Bretherton, D.　323
Brewer, M. B.　45, 138, 139, 144, 146, 167, 170, 349
Bronfenbrenner, U.　69
Brown, R.　26, 293
Brubaker, R.　190
Burton, J. W.　297, 312, 338

C
Campbell, D. T.　65
Cantril, H.　44
Carnevale, P. J.　231
Castano, E.　211
Cehajic, S.　26
Chaiken, S.　235
Cohen, D.　262, 268
Cohen, G. L.　162
Coutant, D. K.　42, 53, 55, 311, 326
Crisp, R. J.　45, 146
Crocker, C. A.　300, 301
Crosby, F.　52
Crutchfield, R. S.　5

Curle, A.　314

D
de Rivera, J.　89, 237
Dechesne, M.　211
Deschamps, J-C.　146
Deutsch, M.　5, 6, 261, 265
Doise, W.　146
Dollard, J.　51
Doosje, B.　26
Dovidio, J. F.　66, 144, 166, 168, 269, 348
Duckitt, J.　164

E
Eagly, A. H.　235
Eisenberg, N.　264

F
Festinger, L.　43, 73, 76
Fisher, R. J.　254, 312, 340
Fishman, S.　207, 218
Fiske, S. T.　168, 259, 309
Flamenbaum, C.　69
Frankl, V. E.　210
Freud, S.　135

G
Gaertner, S. L.　144, 167, 168, 348
Gagnon, V. P. J.　196
Galtung, J.　24, 314, 335
Gartner, R.　192
Giddens, A.　2
Graziano, W. G.　264
Green, M. J.　323
Green, D. P.　51
Grieve, P. G.　137
Gurr, T. R.　52, 190

H
Hall, G.　56
Halloran, M. J.　323
Halperin, E.　22, 92, 96, 97, 99, 241, 260

365

Hardin, C.   158
Harris, L. T.   309
Hastorf, A. H.   44
Hayner, P. B.   26
Heider, F.   76
Herrmann, R.   69
Hewstone, M.   45, 146
Higgins, E. T.   158
Hodson, R.   188
Hoffman, J. P.   162
Hogg, M. A.   44, 137, 168
Hopkins, N.   186
Horsey, M. J.   168
Hoveland, C. I.   51
Hunter, J. D.   159

■ J

Jacobson, L.   78
James, W.   88
Jarymowicz, M.   259
Jervis, R.   77
Jost, J. T.   154-156
Jussim, L.   78

■ K

Kahanoff, M.   348
Kahneman, D.   22
Katz, I.   348
Kelly, H. H.   5
Kelman, H. C.   5, 6, 26, 143, 144, 201, 230, 231, 273, 297, 312, 313, 316, 318, 319, 324, 325, 338
Keltner, D.   164
Kerlinger, F. N.   170
Kimmel, P. R.   5, 56
Klineberg, O.   5
Kluckholn, F. R.   56
Kramer, R. M.   167, 231
Krech, D.   4, 5
Kriesberg, L.   7, 26, 90, 316
Kruglanski, A. W.   164, 207, 210, 217, 218, 234, 235
Kydd, A. H.   231

■ L

Labin, D.   189
Laitin, D. D.   190
Le Bon, G.   46
Leary, M. R.   138

Lederach, J. P.   25, 315
LeVine, R. A.   65
Lewin, K.   5, 21, 221, 362
Lickel, B.   51
Lieberfeld, D.   340, 341
Lim, M.   187
Liviatan, I.   327
Lustick, I. S.   326
Lykes, M. B.   199

■ M

Maalouf, A.   145
Mackie, D. M.   48, 89, 161
Maoz, I.   318
Marcus-Newhall, A.   146
Marrow, D.   25
Martinez, J.   340
Maslow, A. H.   210
McDonald, S.   342
Mellor, D.   323
Miller, A. S.   162
Miller, N.   170
Miron, A. M.   327, 329
Moghadam, A.   215
Moul, W.   54
Mullen, B.   44
Mullin, B-A.   137
Mummendey, A.   52, 144, 269
Murphy, G.   5

■ N

Nadler, A.   313, 327, 328
Neuberg, S. T.   168
Nisbett, R. E.   268
Noor, N.   318

■ O

Oren, N.   189

■ P

Petersen, R.   188
Pettigrew, T. F.   77, 166, 268
Pratto, F.   164
Pruitt, D. G.   5, 6, 285, 289, 293
Pyszczynski, T.   211, 270

R

Ramanathapillai, R. 195
Ramsbotham, O. 312
Rapoport, A. 5
Reicher, S. 186, 197, 200, 268, 269
Robinson, R. J. 164
Roccas, S. 141, 146, 197
Roseman, I. J. 88
Rosenthal, R. 78
Rosler, N. 193
Ross, L. 230, 231, 243
Ross, M. H. 316, 327
Rothman, J. 17, 348
Rouhana, N. N. 310, 311
Rubin, J. 6
Runciman, W. G. 52

S

Sagemen, M. 208
Saguy, T. 328
Salomon, G. 346
Saunders, K. L. 159, 160
Schmitt, M. T. 45
Schwartz, S. H. 56
Sears, R. R. 51
Sherif, M. 5, 52, 65, 167
Sherman, D. K. 165
Shnabel, N. 328
Sidanius, J. 164
Silverstein, B. 69
Sindic, D. 269
Smith, E. R. 48, 89
Smith, H. J. 167
Solomon, S. 135
Sonn, C. C. 323
Spears, R. M. 320
Spini, D. 198
Stagner, R. 5

Staub, E. 142, 143, 319
Stephan, W. G. 53, 140, 320
Stern, J. 209
Strodbeck, F. L. 56
Sumner, W. G. 133
Sun, H. 263
Susskind, L. 340

T

Tajfel, H. 6, 43, 65, 133, 136, 161, 190
Teichman, Y. 68
Tjosvold, D. 263
Touval, S. 300
Trafimow, D. 268
Triandis, H. C. 268
Tropp, L. R. 166
Turner, J. C. 43, 45, 65, 133, 136, 161
Tversky, A. 22
Tyler, T. R. 167

V

Volkan, V. D. 142

W

Ward, A. 230
Wells, R. 300
Wenzel, M. 144, 269
Wheeler, M. E. 259
White, R. K. 6, 71, 73
Wolpe, H. 342
Worchel, S. 42, 46, 50, 53, 311, 326

Y

Yamagishi, M. 231
Yamagishi, T. 231

Z

Zartman, I. W. 22, 288, 290, 300

事項索引

■あ
アイデンティティ脅威　263
悪魔化　73
温かい和平　24
誤った極化　243

■い
怒り　28, 92, 96, 97, 99, 260, 272
生ける殉教者　216
移行期の正義　123, 127, 308, 309, 314, 317, 329
逸脱的解釈　231
一般的世界観　240, 241
一般的世界観信念　234
イデオロギー　154-157, 211-213, 224
イデオロギー葛藤　153, 158, 159, 162, 166, 167, 170, 172, 173
イデオロギー再編　162
イデオロギー的紛争支持信念　18, 233, 234
イデオロギー（の）極化　153, 159-161, 167, 169, 172
意味および自己価値への欲求　210
意味回復　212
意味喪失　211, 212
意味追求理論　210
イメージ　69
癒し　319, 320
インフォーマルな大衆的記憶　111, 115

■う
裏ルート・コミュニケーション　293-297

■え
エリート　158, 190, 191, 317, 337
エリートと大衆の分離　71
エンカウンター　348

■お
置き換え攻撃　51
恐れ　272
オンライン（の）再評価　94, 97

■か
解決　310
解決困難な紛争　7-10, 13-15, 17-19, 23, 27, 28, 68, 141-143, 233, 234
外集団敵意　139
外集団同質視効果　67
外集団蔑視　139, 162
階層性　120
確証的情報　75
葛藤　6
関係動機　158
完結欲求　258
感情　88, 89
感情経験　237
感情制御　87, 89, 90, 93, 94, 97, 100, 102, 103
感情の評価的成分　237
感情風土　89, 237
寛容　101

■き
拮抗傾向　267
帰属理論　70, 77
機能性　235
希望　16, 28, 98, 99, 101, 259
基本的帰属錯誤　77, 242
基本的欲求理論　312
究極の帰属錯誤　77, 242
教育的介入　344-346
脅威的文脈　237
教科　215
共感　101, 327
競争　53
競争的アプローチ　256
競争の志向　265
競争的紛争スキーマ　267
協調性　264
共通アイデンティティ　270
共通運命　47, 167
共通価値空間　272
共通内集団アイデンティティ・モデル（CIIM）　168, 269, 348
共通の価値空間　271

368

事項索引

共通の利害関心　271
共通目標　50
恐怖　16, 28, 54, 88, 96, 98, 100, 259
恐怖の心情　237
協力的アプローチ　256, 271
協力的紛争スキーマ　257, 259, 263, 267, 272
記録の非公開　239

■く
群衆　268
群衆心理学　46

■け
ゲーム理論　5
Kelman のワークショップ　319
嫌悪　260
現実的葛藤理論　52, 65
現実的脅威　140

■こ
硬化　18, 234-238
交差カテゴリー　146
交差カテゴリー化　145
交差カテゴリー化モデル　349
交渉　281, 288, 342
交渉後　291
交渉後段階　292
交渉前　291
交渉前段階　292
肯定的弁別性　137
公的表明　216
後方支援者　283
国民アイデンティティ　127
個人化モデル　170
個人主義価値　119
個人主義的志向　265
個人主義文化　268
コミュニケーション　56, 57, 113, 158, 220
コミュニティ　221, 224
コミュニティの支援　217

■さ
罪悪感　198, 260
差異化欲求　138
最適弁別性理論（ODT）　138
再人間化　102
差異のポリティックス　309

裁判　199
暫定的信頼　26, 289, 341
暫定的信頼関係　284

■し
ジェンダー　193, 194
志願　214
時期尚早な完結性　238
自己イメージ　67
自己開示　169
自己確証　169
自己カテゴリー化　139, 162
自己カテゴリー化理論　45, 136, 161, 163
自己犠牲　210, 212
自己と社会の不一致　262
自己の剛健・道徳的イメージ　73
自集団中心主義　67, 68
死すべき運命　211
事前の感情制御　94
事前（の）再評価　94, 97
自尊心　137
自尊心高揚動機　137
実存的動機　157
指導者　50
死の恐怖　211
死の不可避性　211
自爆テロ　217, 219
自民族中心主義　133, 134
社会　2
社会心理的インフラ　11, 13-15, 48, 256
社会心理的障碍　230, 231, 233, 241, 244
社会心理的障碍の一般モデル　230
社会心理的レパートリー　11, 14, 15, 24, 245
社会生物学的モデル　134
社会的アイデンティティ　6, 18, 139
社会的アイデンティティ理論（SIT）　43-46, 65, 133, 135, 136, 161, 320
社会的圧力　209
社会的格差　54
社会的価値　265
社会的価値志向　265, 266
社会的カテゴリー　45
社会的カテゴリー化　46, 67, 136
社会的関係の一般法則　261
社会的支配志向性　164
社会的所属欲求　170
社会的信念　27, 30, 258

369

社会的同一化　136, 162
社会的比較　43, 136
社会的紛争　90
社会的面子　262, 263
集合的アイデンティティ　2, 17, 18, 46, 47, 132
集合的感情　48, 89
集合的感情志向　30
集合的感情志向性　11, 13, 237
集合的記憶（CM）　11-13, 23, 48, 110-115, 118-120, 123-125, 238
集合的罪悪感　125, 126, 141
囚人のジレンマ　5, 265, 266
集団イデオロギー　213
集団カテゴリー　45
集団間エンカウンター　347, 348
集団間感情　89
集団間感情理論　48
集団間脅威知覚　140
集団間接触　102, 166, 169, 268, 347
集団間の勢力格差　55
集団間の和解　318
集団間不信　231
集団間紛争　5, 41
集団間暴力　191, 200
集団規範　268
集団凝集性　50
集団極化　161
集団主義文化　268
集団心　47
集団（的）アイデンティティ　49, 50, 132, 198
集団的感情　89, 92
集団的記憶　48, 49, 329
集団的罪悪感　94, 99, 327
集団的羞恥　99, 100, 116
集団的信念　48, 49
集団的剝奪　323
集団同一化　133, 139-141
集団の発達サイクル　50
集団被害ナラティブ　198
集団文化　211
羞恥　260
柔軟性　294
修復的正義　310
準公式　341
順社会的志向　265
純粋の共同性　265
上位集団アイデンティティ　167

状況帰属　77
状況的紛争支持の信念　233, 234
消極的和平　24, 335
象徴的脅威　140
情報検閲　239
情報源の非合法化　239
称揚　198
所属　138
進化心理学　16, 134
真実委員会　125, 329
真実和解委員会（TRC）　124, 308
心情　89
身体的生存の欲求　210
信念内容に基づく障碍　231
シンボルの再構築　123
人脈　214
信頼　284

■ す
推奨　239
スケープゴート理論　51
ステレオタイプ　67-69, 165
ステレオタイプ化　166
ストレス　238

■ せ
性質帰属　77
政治的ベール　295
政治的暴力　192
成熟度　288
成熟度理論　289, 290, 300
精神病理　208
正当化　141
正当性承認の回避　295
勢力均衡理論（BOP）　54
勢力非対称性　323
勢力配分　314, 315
勢力変遷理論（PT）　54
責務の感覚　209
積極的和平　24, 335, 337, 344
積極的和平の触媒　336
接触仮説　347
背中のナイフ神話　115
ゼロ-サム　165
ゼロ-サム・アイデンティティ　144
ゼロ-サム概念　143
ゼロ-サム・ゲーム　233, 257, 258

ゼロ - サム思考　165
世論　126
善 – 悪イメージ　70
全社会的信念　47
全社会的和解　320
戦争表象　122
前提条件の欠如　295
専門的権威者　217

■そ
憎悪　28, 96, 237, 260
争議　288
相互関連構造　235
相互作用的問題解決アプローチ　338, 340, 341
相互作用的問題解決ワークショップ　273, 312, 340, 341
相互受容　324
相互承認　324
相互尊重　272
相乗傾向（ST）　267
相対的差異　44
相対的剥奪　51, 52
双方向的討論規範　270
素朴なリアリズム　164, 243
存在脅威管理理論　16, 45, 135, 157, 211
尊重の態度　272

■た
対決　281
対決的紛争スキーマ　257, 259
第三者　339
第三者アプローチ　338
第三者介入　337, 340
大衆　19, 23, 28, 158, 190, 317, 360, 361
大衆の記憶　122
対称性　72
対称的枠組み　329
体制正当化　168
代替情報　239
態度　75
対等な認知　254
対人間・集団間和解の欲求ベース・モデル　328
代表者　282, 283
代理報復　51
妥協　19, 99, 100, 282
多元交差社会的アイデンティティ　146
多元的社会的カテゴリー化　146

多重効果　222
多数派　201
脱カテゴリー化　168
脱個人化　136
脱個性化　73
脱人間化　70, 73
脱物質主義　119, 120
脱物質主義価値観　119
ダブル・スタンダード　242

■ち
チーム間交渉　283
知覚されたパワー・バランス　271
知の権威　220, 222
知の権威者　217
仲介　283, 284, 286, 287
超越的アイデンティティ　144
長期的信念　241
調停　281, 298, 301
調停者　283, 299-301
調停者の有効性　301
鎮静化　23, 310

■つ
冷たい和平　24

■て
敵イメージ　67, 77-80
敵の邪悪イメージ　73
テロ宣伝機関　214
テロ対策　220, 221
テロ抑止　222
テロリスト　209, 210, 220, 224
テロリスト集団　214-216, 218
テロリズム　206-208, 210-213, 218, 219, 222, 224
伝聞の記憶　111

■と
同一化　2-4, 49, 132, 135, 137, 140
動員　3, 4
動機づけられた社会的認知　154, 155
統合的脅威理論　139
闘争　288
道徳感情　99
道徳的義務　209
道徳的排除　141
道徳的憤慨　17

371

道徳的枠組み　317, 321
独自性　47
トラウマ　194, 210
トラック1.5外交　297, 298
トラック1.5介入　341
トラック2外交　297, 337, 338
トラック2介入　339, 340
泥棒洞窟実験　5

■な
内集団賛美　141
内集団同一化　139, 140
内集団投影モデル　269
内集団等質性　267
内集団バイアス　137
内集団びいき　45, 117, 134, 135, 137, 162
内集団被害ナラティブ　196
内戦　122
内部仲介者　287
内容に基づく障碍　241
ナショナリズム　185
軟化　21, 243

■に
憎しみ　99, 272
二重アイデンティティ　144, 168, 269, 270
認識的基盤　357
認識動機　156
認識の素人論　236
認知的一貫性　76
認知的完結性　77, 164
認知的完結欲求（NFC）　165, 257
認知的バランス理論　76
認知的不協和　19
認知的不協和理論　76

■ね
ネガティビティ・バイアス　16

■は
パーソナリティ　208
パートナーシップの規範　272
バイアス　241, 242
バイアス知覚　243
バイアス同化　243
罰　239
パワー　325

パワー格差　120
パワー（の）非対称性　325, 327-330
反証情報　79
反発的低評価　165, 242, 243
反目のイデオロギー　143

■ひ
被害コミュニティ　198
被害者意識　74, 142, 143
被害ナラティブ　198
非合法化　216
非対称　72
非対称性　15, 30, 310
非対称的関係　323
非対称的（な）紛争　26, 30, 310, 314
非対称的な欲求　328
非対称的プロセス　313
非対称的文脈　321, 327
非人間化　102, 126, 141, 216
評価基盤フレームワーク　91-93, 95

■ふ
フォーマルな制度的記憶　111, 117
フォーマルな制度的記憶レベル　115
不確実性の低減　137
フラストレーション・攻撃仮説　51
フレーミング　92
プロスペクト理論　22
文化　55, 56
文化的価値　56
文化的記憶　111, 112, 118
文化的世界観　157
紛争　1, 6
紛争解決　23, 254
紛争解決活動　311
紛争管理　335-337, 350
紛争研究　4, 5, 359, 360
紛争コスト　290
紛争支持信念　18, 239-241, 244
紛争社会信念　238
紛争スキーマ　256
紛争妥結　24
紛争エートス　11-13, 23, 155, 158, 238
紛争（の）鎮静化　24, 98-100, 311
紛争（の）文化　14, 15, 17, 24, 336, 343
紛争変容パラダイム　324
紛争レパートリー　23

文脈性　56
分離独立主義者　207
分離独立主義集団　219

■へ
並行的非公式交渉　340
閉鎖的文化　215
平和教育　344-347
平和教育介入　345
平和教育プログラム　346
平和共存　311
平和構築　18, 20, 24
平和構築の社会心理的障碍　18
平和構築の障碍　19
平和志向（の）介入　349, 350
平和の紛争解決　360, 361
平和（の）文化　120, 336, 343-345
偏見　5
偏見の統合脅威モデル　53
弁別性欲求　170

■ほ
報酬　239
包摂欲求　138
暴力　9
暴力的紛争　126

■ま
マイノリティ　21, 127, 164, 207, 219
マイノリティ・インフルエンス　207, 217
マクロ・レベルの紛争　2
マス・メディア　113
マスメディア・コントロール　239
守るべき価値　17

■み
ミラー・イメージ　69-73, 80
未来志向　294
民族アイデンティティ　185, 191
民族カテゴリー　199
民族間関係　188
民族間非寛容性　189
民族（間）紛争　9, 10, 201
民族国家　200

民族コミュニティ　191
民族集団　185, 200
民族衝突　184
民族性　2, 184, 185, 188
民族的国民　202
民族的国民アイデンティティ　198
民族的敵意　189
民族的被害　195, 196
民族的暴力　187, 188, 190, 192, 201

■む
矛盾情報に対する抵抗　75
無条件の尊重　264

■め
名誉の文化　262, 268

■も
問題解決　282
問題解決ワークショップ　297, 338

■ゆ
赦し　101

■よ
抑止　219
予言の自己成就　78

■ら
楽観的過信　231

■れ
レイプ　193
歴史的罪悪感　116
歴史的責任　329
劣等人間化　267
レディネス　289
レディネス理論　289, 290
連鎖理論　285

■わ
和解　20, 25-28, 99, 101, 102, 124, 127, 308-310, 312-320, 343
和平形成　20-24

監訳者あとがき

　本書は *Intergroup Conflicts and Their Resolution: A Social Psychological Perspective*（New York: Psychology Press）の全訳である。
　戦争に代表される集団間紛争の心理メカニズムと，それを解決し平和を構築するために，社会心理学は何ができるのか，何をすべきなのか。このテーマに対して，長年研究を重ねてきた社会心理学の権威から，新進気鋭の若手まで，さまざまな社会心理学者がそれぞれ専門とする分野からそのアイデアを本書に寄稿している。
　本書の序章にあるように，紛争と平和に関する社会心理学研究は，欧米においては歴史があり関心も高い分野である。それに対してわが国ではこれらを扱う研究は少ない。これには第2次世界大戦以降，わが国が大規模な暴力的紛争や戦争を経験してこなかったことと関係があるかもしれない。これは大変幸福なことであるが，一方でこれによって戦争や紛争とは何か，平和とは何か，人類はなぜ戦争や紛争を起こしてしまうのか，そして人類はそれを克服することができるのかといった重要な問題について，日本の社会心理学者が検討する必要性を失ってしまった可能性がある。しかし何事も，現在必要ないからといって将来も必要ないという保証はない。このような危機感から，監訳者は紛争と平和構築を社会心理学的に扱うための体系的知識を提供する必要性を感じ，最新の研究をまとめた本書の翻訳を企画した。
　作業を通じて監訳者が特に強く考えさせられた点が3つある。第1に，紛争というものがいかに容易に発生し，それに対して平和の実現はいかに困難であるか，という点である。紛争は悪循環によって容易に進行するが，本書で紹介されている通り，平和構築はまさに知恵を「絞る」ともいえる知的努力に加え，気の遠くなるような忍耐を伴う持続的活動が不可欠である。紛争と平和構築にみられる，自集団－他集団や加害者－被害者の「非対称性」は本書の大きなテーマであるが，紛争を理解することは必ずしも平和を理解することではないという「非対称性」の理解も，平和構築を実現するための重要な要素であるといえるだろう。
　第2に，紛争と平和構築という問題は，社会心理学の一分野というよりも，まさに社会心理学的問題であるということである。Immanuel Kant によれば「一緒に生活する人間の間の平和状態は，なんら自然状態ではない。自然状態はむしろ戦争状態である」（宇都宮芳明（訳）（1985）『永遠平和のために』第二章　岩波文庫）。本書の前半部分は，人間の心理メカニズムがいかに紛争を引き起こすことに都合よくできており，また紛争状態に適応しやすいようにできているかが述べられている。その一方でKant が続けて「それゆえ，平和状態は，創設されなければならない」（同上）と述べ

たように，本書の後半部分では，人間にとって自然である紛争から脱し，不自然である平和状態をつくり出すことが人間には可能であることが議論されている。このように，紛争からは「人間はどのようにできているか」，平和からは「人間は自分たちの力で何ができるのか」という2つの側面について本書では議論されている。これは単なるメカニズム解明にとどまらず，知見の応用による実践的価値も重視する，社会心理学の特徴そのものであるといえるだろう。

　そして第3に，本書を日本語に翻訳することによって，本書の日本人読者を増やすことの意義がある。原著の編者である Daniel Bar-Tal のような紛争下にある人々の観点とは異なり，「平和」な状況下にある日本人だからこそ，紛争当事者とは異なる視点で，紛争の心理メカニズムと，それに対してわれわれは何ができるのかを捉え直すことができるのではないかと監訳者は考えた。さらにはその成果を他国へと発信することで，人類社会全体の問題解決に日本人も貢献できるようになるであろう。本書の監訳作業の最終的な目標と願いはそこにある。「世界平和のために何かしたいが，どうしたらよいのかわからない」という方に何らかの答えを示せれば幸いである。

　本書の各章の翻訳作業は，日本において集団間の葛藤を研究している若手研究者を中心にお願いした。監訳者の依頼に対して，皆が快く引き受けてくれたことに深く感謝したい。このような若手研究者がいる限り，日本における紛争・平和研究の将来は明るいであろう。一方で，訳者の方々からは早めに原稿を頂きながら，監訳作業に手間どり，出版が予定よりも遅れてしまったのはひとえに監訳者の責任である。監訳にあたっては原著者の意図を可能な限り正確に表現するよう心がけたが，不十分な点があるかもしれない。読者の方々には，お気づきの点をご指摘いただきたい。

　最後に，翻訳出版の計画に対して，快くお引き受けくださった北大路書房の奥野浩之氏，訳出・編集作業において忍耐強くご助力くださった北川芳美氏には特に心から感謝を申し上げたい。

　　2012年9月　サラエボにて

監訳者を代表して
熊谷智博

■訳者一覧（執筆順）

熊谷　智博（監訳者）　　　　　　　　　　　　　序章，第1章，第2章，第7章，
　　　　　　　　　　　　　　　　　　　　　　　第9章，終章
後藤　伸彦（名古屋大学大学院環境学研究科）　　第3章
山口奈緒美（東北福祉大学総合福祉学部）　　　　第4章
縄田　健悟（九州大学大学院人間環境学研究院）　第5章，第6章
岡田　成能　　　　　　　　　　　　　　　　　　第7章
脇本竜太郎（明治大学情報コミュニケーション学部）　第8章
大渕　憲一（監訳者）　　　　　　　　　　　　　第10章，第12章，第13章
小山　雅徳（同志社大学大学院総合政策科学研究科）　第11章

■監訳者紹介

熊谷智博（くまがい・ともひろ）
1971年　埼玉県に生まれる
2005年　東北大学大学院文学研究科博士課程単位取得満了，博士（文学）
　　　　東北大学を経て，
現　在　大妻女子大学文学部助教
〈主著・論文〉
　　『コンフリクト』（共訳）　培風館　2007年
　　『Social Justice in Japan』（分担執筆）　メルボルン：Trans Pacific Press　2007年
　　『葛藤と紛争の社会心理学』（分担執筆）　北大路書房　2008年
　　非当事者攻撃に対する集団同一化と被害の不公正さの効果　社会心理学研究，24
　　　　(3)，200-207　2009年
　　『Studies in the Psychology of Language and Communication』（分担執筆）　ワル
　　　　シャワ：Matrix　2010年
　　『Inequality, Discrimination and Conflict in Japan』（分担執筆）　メルボルン：
　　　　Trans Pacific Press　2011年

大渕憲一（おおぶち・けんいち）
1950年　秋田県に生まれる
1977年　東北大学大学院文学研究科博士課程中退，博士（文学）
　　　　大阪教育大学を経て，
現　在　東北大学大学院文学研究科教授
〈主　著〉
　　『日本人の公正観』（編著）　現代図書　2004年
　　『犯罪心理学』　培風館　2006年
　　『思春期のこころ』　ちくまプリマー新書　2006年
　　『Social Justice in Japan』（編著）　メルボルン：Trans Pacific Press　2007年
　　『社会階層と不平等』（共編著）　放送大学教育振興会　2008年
　　『葛藤と紛争の社会心理学』（編著）　北大路書房　2008年
　　『親を殺すふつうの子どもたち』　PHP研究所　2009年
　　『謝罪の研究』　東北大学出版会　2010年
　　『新版　人を傷つける心：攻撃性の社会心理学』　サイエンス社　2011年
　　『Inequality, Discrimination and Conflict in Japan』（共編著）　メルボルン：
　　　　Trans Pacific Press　2011年
　　『犯罪心理學』（共著）　台北：雙葉出版社　2012年

紛争と平和構築の社会心理学
―集団間の葛藤とその解決―

| 2012年10月10日　初版第1刷印刷 | 定価はカバーに表示 |
| 2012年10月20日　初版第1刷発行 | してあります。 |

編　者　　ダニエル・バル・タル
監訳者　　熊　谷　智　博
　　　　　大　渕　憲　一
発行所　　㈱北大路書房
　　　　　〒603-8303　京都市北区紫野十二坊町12-8
　　　　　電　話　(075) 431-0361㈹
　　　　　FAX　(075) 431-9393
　　　　　振　替　01050-4-2083

©2012　　　　　　　　　　　印刷・製本／創栄図書印刷㈱
　　　　検印省略　落丁・乱丁本はお取り替えいたします。
　　　　　　ISBN978-4-7628-2787-7　　Printed in Japan

・ JCOPY 〈㈳出版者著作権管理機構 委託出版物〉
本書の無断複写は著作権法上での例外を除き禁じられています。
複写される場合は，そのつど事前に，㈳出版者著作権管理機構
(電話 03-3513-6969,FAX 03-3513-6979,e-mail: info@jcopy.or.jp)
の許諾を得てください。